Stefan Terzibaschitsch · Flugzeugträger der U.S. Navy
Teil 1: Flottenflugzeugträger
Teil 2: Geleitflugzeugträger

Stefan Terzibaschitsch

Flugzeugträger der U.S. Navy

Teil 1: Flottenflugzeugträger
98 Skizzen und 429 Fotos schwarz-weiß und farbig
sowie zahlreiche Tabellen

Teil 2: Geleitflugzeugträger
21 Skizzen und 238 Fotos sowie zahlreiche Tabellen

3. erweiterte Auflage

Bernard & Graefe Verlag

Das vordere Bild des Schutzumschlages zeigt *Abraham Lincoln* (CVN-72).
Die Aufnahme entstand Anfang 1997.   Sammlung

Die Fotos auf der Rückseite des Schutzumschlages zeigen:

obere Reihe: Drei Ansichten der Insel von *Enterprise* CVN-65);
               von links nach rechts: Steuerbordseite, etwas von achtern (10/1987, Dr. Grygiel),
               Backbordseite: (11/1987, J. Kürsener),
               Steuerbordseite, etwas von vorne (2/1993, N. Sifferlinger).

untere Reihe: *George Washington* (CVN-73) beim Ablegen von Pier 12 in Norfolk am 3. 9. 1992   Verfasser

© Bernard & Graefe Verlag, Bonn 1999
Nachdruck, auch einzelner Teile, ist verboten. Das Urheberrecht und sämtliche weiteren Rechte sind dem Verlag vorbehalten.
Übersetzung, Speicherung und Verbreitung einschl. Übernahme auf elektronische Datenträger wie CD-Rom, Bildplatte u.ä. sowie
Einspeicherung in elektronische Medien wie Bildschirmtext, Internet usw. ist ohne vorherige schriftliche Genehmigung des Verlages unzulässig und strafbar.

Lithos: Repro GmbH, Landshut;
Karl Wenschow GmbH, München
Satz: Karl Wenschow GmbH, München;
Datentechnik Gruber, Regensburg
Druck und Bindung: Wiener Verlag, Himberg b. Wien
Herstellung und Layout: Walter Amann, München
Printed in Austria

ISBN 3-7637-5803-8

Inhalt

Teil 1

Vorwort	7
Vorwort zur 2. Auflage	9
Vorwort zur 3. Auflage	10
Abkürzugs- und Stichwortverzeichnis	11
Namensgebung amerikanischer Flugzeugträger	14
Klassifikation und Kennungen	15

Flugzeugträger 1920–1950 *19–135*

Waffen	20
Schiffs-Elektronik	22
Passiver Schutz	25
Farbanstriche und Tarnung	25
Kriegsteilnahme, Beschädigungen und Totalverluste	27
Bordflugzeuge 1939–1950	31
Gliederung der Träger-Flugzeuggeschwader	32
Flugzeugträger-Klassen der U.S. Navy (1920–1950)	33–135

Erläuterungen zu den Informationen im Schiffsteil	34
Langley	35
Lexington	38
Ranger	47
Yorktown	52
Wasp	61
Essex	65
Independence	105
Saipan	119
Midway	122
Schulträger Wolverine und Sable	133

Flugzeugträger ab 1950 *137–308*

Waffen	139
Schiffs-Elektronik	141
Passiver Schutz	143
Farbanstriche und Tarnungen	144
Kriegsteilnahme, Beschädigungen	144
Gliederung der Flugzeugträger	145
Bordflugzeuge und Hubschrauber ab 1950	146
Gliederung der Träger-Flugzeuggeschwader	146

Flugzeugträger-Klassen der U.S. Navy (ab 1950)	149
Essex/Ticonderoga	151
Independence	212
Saipan	218
Midway	222
United States	244
Forrestal	246
Kitty Hawk/America	270
John F. Kennedy	284
Enterprise	289
Nimitz	300

Anhang *329–331*

Bestand an aktiven Flugzeugträgern zwischen 1941–1978	330
Schiffsnamenregister	331

Tabellenteil *332–402*

Baudaten, Antriebsanlage	333
Technische Angaben und Bewaffnung	342
Besonderheiten bei Trägern der *Essex*-Klasse in der Reihenfolge ihrer Fertigstellung	352
Zugehörigkeit der im Zweiten Weltkrieg eingesetzten Flugzeugträger zu den einzelnen Verbänden	355
Geschwader und Staffeln im Trägereinsatz	360
Flugzeuge, Hubschrauber	397
Das Träger-Flugzeuggeschwader des Jahres 1998	401

Teil 2

Vorwort	7
Abkürzungs- und Stichwortverzeichnis	9
Berichtigungen und Ergänzungen zu Band I	12
Namensgebung amerikanischer Geleit-Flugzeugträger	13
Klassifikation und Kennungen amerikanischer Geleit-Flugzeugträger	15
Schiffs-Elektronik/Ortungsgeräte	16
Schiffs-Elektronik/Feuerleitgeräte	18
Farbanstriche und Tarnungen	19
Kriegsteilnahme, Totalverluste und Beschädigungen	22
Bordflugzeuge und ihre Gliederung	24

Entstehung und Entwicklung amerikanischer Geleit-Flugzeugträger	25–34

Geleitträger-Klassen	35–162
Anmerkungen zum Abschnitt Geleitträger-Klassen	36
Long Island-Klasse und CVE-30 Charger	37
AVG-2 bis AVG-5	41
Bogue/Prince William-Klasse	42
Sangamon-Klasse	67
Casablanca-Klasse	74
Commencement Bay-Klasse	134

Hilfsschiffe der Luftwaffe	163–196
Einführung und Klassifikation	164
Hilfsschiffs-Kategorien und -klassen	165

Anhang	197–200
Literaturverzeichnis	198
Schiffsnamenregister	199

Tabellenteil	201–229
Baudaten britischer CVE	202
Bau- und Reklassifizierungsdaten amerikanischer CVE	204
Technische Angaben, Bewaffnung (Geleitflugzeugträger)	214
Baudaten der Hilfsschiffe	217
Technische Angaben, Bewaffnung (Hilfsschiffe)	220
Geschwader und Staffeln im Trägereinsatz	224

Vorwort

Bei Beendigung des Zweiten Weltkrieges war die amerikanische Marine die stärkste der Welt, womit Großbritannien die bis zum Beginn jenes Krieges innegehabte Vormachtstellung zur See an die Vereinigten Staaten abgeben mußte. Amerikanische Flugzeugträger waren es, die geholfen hatten, die entscheidenden Siege in den Weiten der pazifischen Kriegsschauplätze zu erringen. Auch im Atlantik halfen amerikanische Geleitträger ihren britischen Schwesterschiffen bei der Bekämpfung deutscher U-Boote. Mit Beginn des Einsatzes dieser Schiffe wurde für die damalige deutsche Seekriegsführung der U-Boot-Krieg wesentlich problematischer und die relative Sicherheit der alliierten Schiffsgeleitzüge größer.
Die organisatorischen, finanziellen und personellen Anstrengungen der Vereinigten Staaten, eine dem japanischen Gegner überlegene Flotte zu erbauen, fand beim Bau der Flugzeugträger ihren besonderen Niederschlag. War die amerikanische Marineleitung schon Mitte der 20er Jahre zu der Erkenntnis gekommen, daß ein künftiger Krieg zur See ohne die Unterstützung durch eine eigene Seeluftwaffe nicht mehr denkbar sei, so verhinderten zunächst die Beschränkungen des Washingtoner Flottenvertrages einen wirksameren Aufbau der amerikanischen Trägerflotte. Nach Wegfall dieser Beschränkungen und als klar wurde, daß die USA auf die Dauer einer Teilnahme am bereits im Gang befindlichen globalen Krieg nicht entrinnen konnten, setzte ein zielstrebiges Bauprogramm ein, das jedoch erst so spät zur Auswirkung kam, daß nach den ersten verlustreichen Kämpfen der amerikanischen Flotte im Pazifik zeitweilig nur ein einziger halbwegs kampfbereiter Träger zur Verfügung stand; ein Zustand, der sich erst ab Ende 1942, dann aber bald entscheidend, zu ändern begann.
Beim Überfall Japans auf Pearl Harbor besaß die U.S. Navy sieben aktive Flugzeugträger, die bald der vollen Wucht japanischer Angriffe ausgesetzt waren. Vier von ihnen gingen 1942 durch Feindeinwirkung verloren. Seit Ende 1942 bis zum Kriegsschluß im August 1945, d. h. in nur 2½ Jahren, kamen 17 Flottenträger der *Essex*-Klasse und 9 leichtere Träger-Umbauten der *Independence*-Klasse hinzu. Trotz zum Teil schwerer Beschädigungen zahlreicher Träger ging bis zum Kriegsschluß nur noch ein leichter Träger verloren. Der Kampf der Flottenträger wäre jedoch in seiner erwiesenen Wirksamkeit kaum mit solchen Erfolgen gekrönt gewesen, wenn es nicht noch auch die kleineren, gebrechlichen Geleitflugzeugträger gegeben hätte. 124 wurden erbaut, 38 davon an die Royal Navy ausgeliehen. Sechs amerikanische Geleitträger wurden während der Kämpfe versenkt. Das gesamte Bauprogramm war ursprünglich noch viel größer; als sich das für die Alliierten erfolgreiche Kriegsende abzuzeichnen begann, wurden die Bauaufträge für 27 Träger annulliert; darunter waren 3 CVB, 8 CV und 16 CVE.
In den 50er und 60er Jahren waren es wieder Trägerflugzeuge, ohne deren Unterstützung die Erdkämpfe in Korea und Vietnam nicht erfolgreich hätten bestanden werden können. Hierbei konnten zunehmend die guten Eigenschaften von Hubschraubern genutzt werden. Während der Einsätze vor Korea und vor Vietnam ging kein Flugzeugträger verloren, auch waren keine Beschädigungen durch Feindeinwirkung zu verzeichnen, es gab jedoch Ausfälle durch Unglücke, die zu Wochen und Monate dauernden Reparaturen führten.
Auch heute noch, 35 Jahre nach dem Ende des Zweiten Weltkrieges, steht außer Zweifel, daß es die amerikanische bordgestützte Seeluftwaffe ist, die den schmalen Grat der gerade noch vorhandenen amerikanischen Übermacht zur See darstellt. Dem gegenüber steht eine stetig wachsende Sowjet-Flotte, die sich seit einigen Jahren ebenfalls anschickt, ihre bordgestützte Seeluftwaffe auf die Weltmeere zu bringen. Die Notwendigkeit der Beibehaltung der amerikanischen Übermacht zur See ist offensichtlich und wird kaum bezweifelt. Um die wirtschaftlichste Art, die Seeluftwaffe zu erhalten und ihr die am besten geeigneten seegehenden Plattformen bereitzustellen, wird gegenwärtig – wie übrigens fast ständig seit dem Zweiten Weltkrieg – zäh gerungen. Gefahren werden dabei sichtbar – bedingt durch mangelnde Einsicht in Mindestprioritäten und verursacht durch das beständige Anwachsen der Schiffbaukosten – daß durch unangebrachte Schiffbau-Auftragsreduktionen Fehler gemacht werden könnten, deren Folgen an die Substanz des Verteidigungspotentials der USA und damit der NATO gehen würden.
Mitten in diesem andauernden Prozeß erscheint dieses Werk, das sich erstmalig in der deutschspra-

chigen Marineliteratur mit den Flugzeugträgern der U.S. Navy befaßt, einer Marine, die zahlenmäßig mehr Träger hatte als alle übrigen Flotten der Welt zusammen. Der Bogen, der dabei gespannt wird, reicht von den Anfängen der Trägerwaffe überhaupt, d. h. vom ersten Flugzeugträger *Langley* (CV-1) bis in die Gegenwart zum letzten fertiggestellten Atomträger *Dwight D. Eisenhower* (CVN-69). Damit wird die vom Verfasser begonnene Serie von geschlossenen Bild-Dokumentationen einzelner Schiffsgattungen der U.S. Navy, die mit den im Zweiten Weltkrieg eingesetzten Kreuzern und Schlachtschiffen eingeleitet wurde, fortgesetzt. Der Ordnung halber darf hier nicht unerwähnt bleiben, daß die vom gleichen Verfasser stammenden Bände „Die Seeluftwaffe der U.S. Navy und des Marine Corps", erschienen 1974, und „Das FRAM-Modernisierungsprogramm der U.S. Navy", erschienen 1975 beim J. F. Lehmanns Verlag in München, als hilfreiche Ergänzung des hier vorliegenden Bandes angesehen werden müssen. Dies gilt sinngemäß auch für die zahlreichen Einzel-Veröffentlichungen des Verfassers über Flugzeugträger, die in verschiedenen Jahrgängen der „Marine-Rundschau" erschienen sind.

Der Umfang der gebotenen Materie machte es notwendig, eine Teilung in zwei Bände vorzunehmen. Der vorliegende Band behandelt Schiffe der Kategorien CV, CVB, CVA, CVL, CVS und CVN einschließlich deren teilweise zweckentfremdeten Umbauten, während die Masse der Geleitflugzeugträger (CVE) und die wenigen Klassen der mit der Luftwaffe in Verbindung stehenden Hilfsschiffe in einem später erscheinenden zweiten Band vorgestellt werden. Das *Aussehen* der Flugzeugträger steht hier mehr im Mittelpunkt als deren *schiffbautechnische Details*. Flugzeugträger wurden während des Zweiten Weltkrieges und in der Zeit danach mehrmals grundlegend umgerüstet und modernisiert. Aber auch bei den neueren Trägerklassen werden ständig Änderungen vorgenommen, deren Art und Umfang hier in Text, Bild und Zeichnung festgehalten werden.

Einige der älteren Zeichnungen und Deckspläne stammen aus der Feder von Herrn Klaus-Dieter Schack. Der größere Teil wurde von Herrn Eberhard Kaiser neu angefertigt. Ihm dankt der Verfasser für den Eifer, mit dem er an die Herstellung der Zeichnungen herangegangen ist. Unterschiede im Stil der beiden Zeichner ergeben sich verständlicherweise schon dadurch, daß die älteren Zeichnungen ursprünglich für den viel kleineren Maßstab vorgesehen waren, wie er beim „Weyers Flottentaschenbuch" Verwendung findet. In diesem Band werden die Zeichnungen – wie bei den übrigen Büchern des Verfassers – im internationalen Modellbau-Maßstab 1:1250 wiedergegeben.

Großer Wert wurde auf die Foto-Auswahl gelegt. Der größte Teil besteht aus amtlichen Fotos der U.S. Navy, die den Sammlungen der Bibliothek für Zeitgeschichte in Stuttgart, des Verfassers sowie der Herren Gerhard Albrecht, Siegfried Breyer und Jürg Kürsener entnommen wurden. Allen Beteiligten sei Dank für die leihweise Überlassung gesagt. Ein kleiner Teil der Fotos stammt von den Berufsfotografen Marius Bar, Wright & Logan und Real Photographs; die meisten wurden bisher noch nicht publiziert. Einzelfotos trugen bei die Herren G. Ghiglione, A. Fraccaroli, G. Gotuzzo, Dr. W. Noecker (†), N. Polmar, P. H. Silverstone, Pradignac & Leo und Fr. Villi.

An dieser Stelle sagt der Verfasser seinen besonders tief empfundenen Dank seinem maritimen Freund A. D. Baker, III, der nicht nur mit einer großen Anzahl von Fotos aushalf, sondern auch zahlreiche unschätzbare Einzelinformationen lieferte.

Schließlich dankt der Verfasser herzlich dem Verlag Bernard & Graefe, daß er in folgerichtiger Fortsetzung der beim J. F. Lehmanns Verlag begonnenen Serie diesen Band in sein Verlagsprogramm aufgenommen hat; Herrn Arnold Kludas für das sorgfältige Lesen des Manuskriptes; Herrn Prof. Dr. Jürgen Rohwer für die Genehmigung, Fotos aus dem Archiv seiner Bibliothek für Zeitgeschichte in Stuttgart verwenden zu dürfen; dem Department of the Navy in Washington, dort den Herren R. A. Carlisle beim Office of Naval Informations, R. T. Speer beim Naval Historical Center, Cl. van Vleet, dem „Naval Aviation Historian", für die Belieferung mit Fotos und sehr wertvollen Einzel-Informationen; den Kommandanten und Presseoffizieren zahlreicher U.S.-Flugzeugträger und der Werft Newport News S. B. & D. D. Co. für die Zusendung von Fotos und Informationsmaterial.

Leonberg, im Sommer 1978

Stuttgarter Str. 25   Stefan Terzibaschitsch

Vorwort zur 2. Auflage

Seit der Erscheinung der ersten Auflage des vorliegenden Buches im Jahre 1978 sind beinahe acht Jahre vergangen. In diesem Zeitraum hat die Flugzeugträgerwaffe bei der U.S. Navy, ja bei den Überlegungen der verantwortlichen amerikanischen Politiker an Bedeutung gewonnen. Der Bau von atomangetriebenen Trägern hat sich durchgesetzt, die Bauzeiten sind kürzer, als dies in den 70er Jahren der Fall gewesen war. Alle sind sich darüber im klaren, daß die Zahl von 13 aktiven Flugzeugträgern unter Berücksichtigung der diversen Spannungsfelder rund um die Weltkugel nicht mehr als ausreichend angesehen werden kann. Gegenwärtig wird die Zahl von 15 aktiven Trägern anvisiert, wobei berücksichtigt werden muß, daß die beiden alten Träger *Midway* und *Coral Sea* altersmäßig ebenso negativ zu Buche schlagen wie der uralte Schulträger *Lexington*. Es gilt nun, sie alle im Laufe der frühen 90er Jahre zu ersetzen. Die Lebenserwartung der ohnehin stabiler gebauten „Super"-Flugzeugträger wird durch das SLEP-Modernisierungsprogramm noch verlängert. Dennoch darf man nicht übersehen, daß auch die ersten Super-Träger der *Forrestal*-Klasse rund 30 Jahre alt sind. Will man unter den gegebenen Umständen eine Flotte von 15 aktiven Trägern aufrechterhalten, so darf mit dem Bau neuer Träger zu keinem Zeitpunkt aufgehört werden. Während der Regierungszeit der Reagan-Administration sind zwei neue CVN kommissioniert worden, zwei weitere wurden im Tandemverfahren zum Bau vergeben. Ein weiterer CVN soll kurz nach 1990 in Auftrag gegeben werden. Hierbei ist man den klugen Weg gegangen, nicht immer wieder neue Typen zu entwickeln; man hält sich an das bewährte Spitzenmodell *Nimitz*, von dem es bis zur Mitte der 90er Jahre vermutlich sieben Einheiten geben wird.

Bei den Flugzeugen ist die Umrüstung der Jagdstaffeln auf die F-14A abgeschlossen, und durch den Zugang der Doppelzweck-Maschine F/A-18 wird eine neue Ära eingeleitet. Die Bordgeschwader erfahren bei Verwendung der neu aufgestellten VFA-Staffeln zugleich eine Erweiterung der Jagdkapazität, alternativ mit der Verbesserung der Qualität der leichten Jagdbomberflugzeuge. Einen wesentlichen Fortschritt bringt auch die Einführung der verbesserten „Harrier"-Version AV-8B in acht Staffeln des Marine Corps, als Ersatz für die veraltete A-4M. Hierdurch wird die Voraussetzung geschaffen, daß die neue Klasse von amphibischen Mehrzweckschiffen – *Wasp* (LHD-1) – zusammen mit ihrer Vorgängerklasse *Tarawa* (LHA-1)-Senkrechtstarter aufnehmen und bei Bedarf in der „Sea Control"-Rolle eingesetzt werden kann.

Bei der Aufstellung der Konzeption für die zweite Auflage des Flugzeugträgerbuches waren sich Verlag und Autor darüber im klaren, daß all dieser Entwicklung der vergangenen Jahre Rechnung getragen werden sollte. Das Resultat dieser Überlegungen liegt jetzt vor.

Weit über seine eigentliche Aufgabe, Zeichnungen auch für diesen Band zu liefern, ist mir Herr Eberhard Kaiser im Laufe der langjährigen Zusammenarbeit zu einem unentbehrlichen Berater geworden, wofür ich ihm vielmals danke.

Zusätzlich zu all den im Vorwort der ersten Auflage erwähnten Personen und Institutionen möchte ich ausdrücklich danken

- Herrn Willi Donko, der zahlreiche Schiffsfotos beigesteuert hat und mir auch sonst in mancher Hinsicht geholfen hat,
- den Herren L. van Ginderen, Pradignac & Léo und Zeitlhofer für die uneigennützige Zurverfügungstellung von Schiffsfotos, wie auch
- Herrn Roger Pfister, meinem jungen schweizerischen Marinefreund, für manchen stillen aber unentbehrlichen Dienst.

Leserzuschriften auch zu dem nun vorliegenden Band sind mir stets willkommen. Auf langwierige briefliche Erörterungen kann ich mich aus zeitlichen Gründen jedoch nicht einlassen und bitte um Verständnis hierfür.

Leonberg, im Frühjahr 1986　　　　　　　　　　Stefan Terzibaschitsch

Vorwort zur 3. Auflage

Seit dem Erscheinen der 2. Auflage des Teiles I dieses Buches wurden mehrere Flugzeugträger der U.S. Navy außer Dienst gestellt. Während dieser Zeit kamen jedoch fünf neue Atom-Flugzeugträger der *Nimitz*-Klasse zur aktiven Flotte.

Ziel dieser neuen Auflage ist die Aktualisierung der Entwicklung der amerikanischen Trägerwaffe seit dem Jahr 1986. Hierzu gehören:

– die zeitliche Fortsetzung der Kurzlebensläufe bis zur Gegenwart, d.h. bis zur zweiten Hälfte des Jahres 1998,
– die Vorstellung der neu hinzugekommenen Einheiten durch aktuelle Fotos,
– die Fotoergänzung zu *Enterprise* (CVN-65), dem ältesten, jedoch noch für längere Zeit im aktiven Dienst verbleibenden Atomträger,
– die Aktualisierung der technischen Informationen und die Ergänzung der entsprechenen Übersichten am Ende des ersten Teils dieses Bandes,

... womit zum Ausdruck kommen soll, daß es zweiteilig ist. An die Vorstellung der mittleren und der großen Flugzeugträger schließt sich der seinerzeitige zweite Band dieses Werkes an, in dem die während des Zweiten Weltkrieges aufgekommenen Gleitflugzeugträger (CVE) im Mittelpunkt stehen.

71207 Leonberg,
Postfach 1734

im Frühjahr 1999   Stefan Terzibaschitsch

Abkürzungs- und Stichwort-Verzeichnis

Abkürzung bzw. Stichwort	englische Bedeutung	deutsche Bedeutung
Schiffs-Kategorien		
AC	Collier	Kohlenfrachter
AV	Seaplane Tender	Seeflugzeugtender (hier Reparaturschiff)
AGMR	Major Communication Relay Ship	Nachrichtenverbindungs- und Relaisschiff
CC	Command Ship	Kommando- und Hauptquartier-Schiff
CV	Aircraft Carrier	Flugzeugträger
CVA	Attack Aircraft Carrier	Angriffs-Flugzeugträger
CVAN/CVN	Attack Aircraft Carrier, nuclear powered	Atomangetriebener Angriffs-Flugzeugträger
CVB	Large Aircraft Carrier	Schwerer Flugzeugträger
CVL	Small Aircraft Carrier	Leichter Flugzeugträger
CVE	Escort Aircraft Carrier	Geleit-Flugzeugträger
CVS	ASW-Support Carrier	U-Jagd-Flugzeugträger
CVT	Training Aircraft Carrier	Schul-Flugzeugträger
LHA	Multi-purpose Amphibious Assault Ship	Mehrzweck-Hubschrauberträger
LPH	Amphibious Assault Ship	Hubschrauberträger
AVT	Auxiliary Aircraft Transport	Flugzeugtransporter
IX	Unclassified Miscellaneous	Sonstiges Hilfsschiff
Schiffsverbände		
ASW-Group	Anti-Submarine Warfare Group	U-Jagd-Trägergruppe (CVS + Begleitschiffe)
CARDIV	Carrier Division (heute nicht mehr gültig)	Trägerdivision
CARGRU	Carrier Group (heutige Bezeichnung)	Trägerdivision
CTF	Carrier Task Force	Träger-Einsatzverband
TF	Task Force	Einsatzverband
TG	Task Group	Einsatzgruppe (mehrere bilden eine TF)
TU	Task Unit	Teil-Verband
I, III etc FL	I, III etc Fleet	I., III usw. Flotte (Kurzbezeichnung für den größtmöglichen Schiffsverband der Navy)
HUK	Hunter/Killer Group	Andere Bezeichnung für den U-Jagdverband der früheren 50er Jahre
Träger-Flugzeugverbände		
CVG/CAG/ CVBG/CVW/ CVLG/ CVSG/CVEG	Carrier Air Group/Wing	Verschiedene Kürzungen für die diversen Bezeichnungen der Träger-Flugzeuggeschwader zwischen ca. 1940 und 1978
CVG (N)	Night Carrier Air Group	Nacht-Flugzeuggeschwader der End-40er Jahre
ATG	Air Task Group	Ad-hoc-Geschwader, zumeist zusammengesetzt aus verschiedenen, nicht zueinander gehörenden Staffeln verschiedener anderer Geschwader
Sq.	Squadron	Staffel (Grundeinheit auch bei der bordgestützten Seeluftwaffe)
VF	Fighting Sq.	Jagdstaffel
VF (N)	Night Fighting Sq.	Nachtjagdstaffel
VB	Bombing Sq.	Bomberstaffel
VS	Scouting Sq.	Bordaufklärungsstaffel (bis Kriegsende)

Abkürzung bzw. Stichwort	englische Bedeutung	deutsche Bedeutung
VS	Air Anti-Submarine Sq.	U-Jagdstaffel (ab 1955)
VSB	Scouting/Bombing Sq.	Bomber/Aufklärerstaffel (sowohl für VB, wie für VS als auch VSB wurden zumeist die selben Flugzeugtypen – mit unterschiedlicher Zuladung – verwendet)
VT	Torpedo Sq.	Torpedostaffel (bis Kriegsende)
VT	Training Sq.	Schulstaffel (gegenwärtig)
VTB	Torpedo/Bombing Sq.	Torpedo/Bomberstaffel
VC	Composite Sq.	Zumeist größere Staffel, in denen mehrere Flugzeugtypen vorhanden waren
VA	Attack Sq.	Jagdbomberstaffel
VAH	Heavy Attack Sq.	Bomberstaffel (ab ca. 1951)
RVAH	Reconnaissance Attack Sq.	Bord-Fernaufklärerstaffel
VAP	Heavy Photographic Sq.	Fotoaufklärungsstaffel mit A-3-Maschinen
VFP	Light Photographic Sq.	Fotoaufklärungsstaffel mit F-8-Maschinen
VAW	Carrier Early Warning Sq.	Radar-Frühwarnstaffel
VAQ	Tactical Electronic Sq.	ECM-Staffel
VQ	Fleet Air Reconnaissance Sq.	Flotten-Erkundungsstaffel
HS	Helicopter Anti-Submarine Sq.	Hubschrauber-U-Jagdstaffel
HSL	Helicopter Sea Control Sq.	Hubschrauber-U-Jagdstaffel mit Maschinen für den Einsatz auf Zerstörern und Fregatten
HU	Helicopter Utility Sq.	Hubschrauber-Hilfsdienststaffel (aufgehoben)
HC	Helicopter Combat Support Sq.	Neue Bezeichnung für die HU-Staffeln
MAW	Marine Air Wing	Flugzeuggeschwader des Marine Corps
MAG	Marine Air Group	Flugzeug- bzw. Hubschraubergruppe des USMC
VMF/VMFA	Marine Fighting Sq.	USMC-Jagdstaffel
VMA	Marine Attack sq.	USMC-Jagdbomberstaffel
VMA/AW	Marine All-Weather Attack Sq.	USMC-Allwetter-Bomberstaffel (mit A-6)
VMAQ	Marine Tactical Electronic Sq.	USMC-ECM-Staffel
VMFP	Marine Light Photographic Sq.	USMC-Fotoaufklärerstaffel
VMCJ	Marine Composite Reconnaissance Sq.	Alte Bezeichnung für die nunmehr getrennten VMAQ- und VMFP-Staffeln
VMC	Marine Composite Sq.	Gemischte USMC-Staffel (nicht mehr vorhanden)
HMH	Marine Heavy Helicopter Sq.	Schwere USMC-Hubschrauber-Transportstaffel
HMH	Marine Medium Helicopter Sq.	Mittlere USMC-Hubschrauber-Transportstaffel
HML	Marine Light Helicopter Sq.	Leichte USMC-Hubschrauber-Transportstaffel
HMA	Marine Attack Helicopter Sq.	USMC-Erdkampf-Unterstützungsstaffel

Sonstige Abkürzungen und Stichworte

AN/SPS...		voll ausgeschriebener Serien-Präfix bei neueren Radargeräten der Army/Navy-Serie
BPDMS	Basis Point Defence Missile System	Abkürzungen für Nahabwehrbereichs-Lenkwaffenanlagen mit Sea Sparrow-Flugkörpern
IPDMS	Improved Point Defence Missile System	
CHAFROC	Chaff Rocket	Radartäusch- (Düppel-) Raketen
CTOL	Conventional Take-off and Landing	Konventionell startende und landende Flugzeuge

Abkürzungs- und Stichwortverzeichnis

Abkürzung bzu. Stichwort	englische Bedeutung	deutsche Bedeutung
COD	Carrier-on-board-delivery	Abkürzung für die Bord-Kurierflugzeuge der Flugzeugträger (bisher C-1A und C-2A)
CV-Konzept		Neue Zusammensetzung des Bord-Flugzeuggeschwaders in den 70er Jahren, wobei neben taktischen auch U-Jagdstaffeln mitgeführt werden
ESM	Electronic Countermeasures (passive)	Elektronische Kriegführung (passiv)
ECM	Electronic Countermeasures (active)	Elektronische Kriegführung (aktiv)
ECCM	Electronic Counter-Countermeasures	Abwehr Elektronischer Gegenmaßnahmen
FLG		Feuerleitgerät
FL-Radar		Feuerleitradar
FRAM	Fleet Rehabilitation and Modernization Program	Umfangreiches Modernisierungsprogramm der U.S. Navy in den frühen 60er Jahren
IFF	Identification friend/foe	Gerät zur Freund-Feind-Unterscheidung
L/25		Kaliber × 25 = Rohrlänge (bei Geschützen)
Mk 51, Mod. 3	Mark 51 Model 3	Seriennummer und Version eines Gerätes
NRT	Naval Reserve Training Ship	Trainingsschiffe der Marine-Reserve
NTDS	Naval Tactical Data System	datenverarbeitendes Kommando- und Übermittlungsgerät auf größeren Kriegsschiffen
SCB	Ship Characteristic Board	In Verbindung mit einer Serienzahl: Bau- bzw. Umbaumaßnahmen-Bezeichnung (nur bis 1966)
SLEP	Service Life Extension Program	FRAM-ähnliches Modernisierungsprogramm für Flugzeugträger ab *Forrestal*-Klasse, beginnend Anfang der 80er Jahre
SPN...		Standard-Präfix bei Landeanflug-Radarantennen
SPS...		Standard-Präfix bei Radargeräten (ab etwa 1950)
SPG...		Standard-Präfix bei Flugkörper-Leitgeräten
SQS...		Standard-Präfix bei Sonargeräten auf Überwasserschiffen
SRN...		Standard-Präfix bei TACAN-Anlagen
STOL	Short take-off and landing	Kurzstreckenstarter
TACAN	Tactical Air Navigation Aid	Navigationshilfe für Flugzeuge und Hubschrauber
URN...		Standard-Präfix bei TACAN-Anlagen
USMC	United States Marine Corps	Abkürzung für das U.S. Marine Corps
USN	United States Navy	Abkürzung für die Marine der U.S.A.
USS	United States Ship	Präfix vor Schiffsnamen U.S. Navy
USNS	United States Naval Ship	Präfix vor Schiffsnamen nicht kommissionierter U.S.-Schiffe
USAAF	United States Army Air Force	Abkürzung für die Luftstreitkräfte der U.S.A., als diese noch keine selbständige Waffengattung waren, sondern dem Heer (U.S. Army) unterstanden
USAF	United States Air Force	Luftwaffe der Vereinigten Staaten
VTOL	Vertical Take-off and Landing	Senkrechtstarter
WSC-		Präfix für Nachrichtenverbindungs-Anlagen über Satelliten

Namensgebung amerikanischer Flugzeugträger

Bei der Namensgebung amerikanischer Kriegsschiffe gab es viele Jahre lang eine gewisse Systematik. So wurden z. B. benannt:
- Schlachtschiffe nach Bundesstaaten der U.S.A.
- Kreuzer nach Städten
- Zerstörerführer und schwere Fregatten nach verdienten Admiralen
- Zerstörer nach verdienten Offizieren
- Geleitschiffe nach verdienten Mannschaftsdienstgraden der Navy und des Marine Corps
- U-Boote nach Fischen und Meerestieren
- Strategische U-Schiffe nach für die amerikanische Geschichte verdienten Personen.

Diese Systematik wurde in den letzten Jahren durchbrochen, so daß gegenwärtig – nicht zuletzt auch wegen etlicher Umklassifizierungen – bei der Namensgebung erhebliche Konfusion herrscht.

Die Namensgebung der Flugzeugträger war niemals homogen und erfolgte schon immer nach unterschiedlichen Gesichtspunkten. Im Anfang wurden Namen von
für das Flugwesen verdienten Personen gewählt, wobei in den dreißiger Jahren auch die damals noch vorhandenen Seeflugzeugtender einbezogen waren. Hiervon zeugen die Namen *Langley* und *Wright*.

Beliebt war die Benennung nach
Kampforten oder Schlachten der amerikanischen Kriege.
Hiernach wurden benannt *Antietam, Belleau Wood, Bennington, Bunker Hill, Cowpens, Lake Champlain, Lexington, Monterey, Oriskany, Princeton, San Jacinto, Saratoga, Ticonderoga, Valley Forge* und *Yorktown*.

Einige Träger wurden nach
früheren, historisch bedeutenden Schiffen
benannt, wie z. B. *Bon Homme Richard, Boxer, Enterprise, Essex, Franklin, Hancock, Intrepid, Kearsarge* und *Ranger.*

Nur zwei Träger erhielten *Insekten*-Namen, nämlich *Wasp* und *Hornet.* Dies sind zugleich Traditionsnamen der Marine.

Manche der im II. Weltkrieg erbauten Träger – wie übrigens auch ein Teil der Geleitflugzeugträger (CVE) – erhielten Namen *großer Seeschlachten und Landungen, wie z.B. Bataan, Coral Sea, Leyte, Midway, Phillippine Sea, Saipan* und *Tarawa.*

Erst ab Ende des II. Weltkriegs wurden Träger nach *verdienten Präsidenten der Vereinigten Staaten* benannt, so *F. D. Roosevelt, Dwight D. Eisenhower, John F. Kennedy, Theodore Roosevelt, Abraham Lincoln* und *George Washington,*
aber auch nach *anderen verdienten Persönlichkeiten,* wie *Cabot, Forrestal, Nimitz, Randolph* und *Carl Vinson.* Beim letztgenannten Namen handelt es sich um eine höchst eigenwillige, nicht allgemein gutgeheißene, persönliche Entscheidung des Präsidenten Nixon, CVN-70 nach dem *noch lebenden* Kongreßmitglied Carl Vinson zu benennen, der sich als langjähriger Vorsitzender eines Verteidigungsausschusses für die Stärkung der Navy eingesetzt hat.

Etwas seltener geschieht die Namensgebung nach sonstigen, z.T. *traditionellen Begriffen,* wie z. B. *America, Constellation, Independence, Kitty Hawk.* Einmalig ist die Benennung *nach einem berühmt gewordenen imaginären Begriff,* nämlich *Shangri La.*

Wie aus den Tabellen am Ende des Buches zu ersehen ist, wurden etliche Flugzeugträger bereits während der Bauzeit umbenannt. Dies geschah, um diesen Trägern *Traditionsnamen gesunkener oder sonst bekanntgewordener Flugzeugträger* zu geben. Hierzu gehören *Enterprise, Hornet, Independence, Langley, Lexington, Princeton, Wasp* und *Wright.*

Klassifikation und Kennungen amerikanischer Flugzeugträger

Jedes Schiff der U.S. Navy besitzt neben dem Schiffsnamen eine Kennung, die aus zwei bis vier Buchstaben (für die jeweilige Schiffs-Kategorie) und einer innerhalb der Kategorie fortlaufenden Nummer besteht. Die Kennung wird nur einmal vergeben, und zwar dann, wenn feststeht, daß der Bau des Schiffes autorisiert ist. Die Namensgebung erfolgt in der Regel erst wesentlich später, jedoch stets noch vor der Kiellegung.
Am 17. Juli 1920 wurden für die Gattung der Flugzeugträger die Kenn-Buchstaben CV eingeführt. Am 15. Juli 1943 erhielten die neun leichten Flugzeugträger der *Independence*-Klasse, und später auch die beiden letzten der *Saipan*-Klasse, die Kennbuchstaben CVL. Sie wurden als „small aircraft carrier" bezeichnet, das „L" stand aber offensichtlich für „light". Die Bezeichnung „large aircraft carrier" erhielten am 15. April 1945 die schweren Träger der *Midway*-Klasse; zugleich wurde für sie die Kennung CVB eingeführt, wobei das „B" für „battle" gestanden hat. Für den ersten fertiggestellten Superträger *Forrestal* war noch vor Baubeginn ebenfalls diese Kennung vorgesehen, jedoch wurden dann am 1. Oktober 1952 alle CV und CVB zu CVA = „attack aircraft carrier" umklassifiziert. Als Folge der damaligen Intensivierung der bordgestützten U-Jagd erhielten bereits am 8. Juli 1953 etliche Träger die Bezeichnung CVS für „anti-submarine warfare carrier", wobei das „S" für „support" gestanden hat. Darunter waren alle SCB-27A-Umbauten. Diese Trennung in CVA bzw. CVS bestand bis 1973, als aus wirtschaftlichen Erwägungen alle CVS nacheinander ausrangiert wurden. Nach Einführung des sogenannten „CV-Konzeptes" wurde *Saratoga* II bereits 1970 wieder zu CV reklassifiziert. Es folgten weitere Einzel-Umklassifizierungen, bis dann auch die restlichen aktiven Träger am 1.7.1975 wieder die frühere Kennung CV erhielten. Dies galt auch für die nicht direkt vom CV-Konzept betroffenen Träger der *Midway*-Klasse. – Ab 29.5.1956 wurde der Zusatzbuchstabe „N" für atomangetriebene Träger eingeführt (CVAN bzw. gegenwärtig CVN).
Sämtliche CV, CVL, CVA, CVS, CVAN, und CVN sind fortlaufend von 1 bis z.Zt. 73 durchnumeriert. Nur sie sind Gegenstand dieses Buches. In einer gesonderten Nummern-Reihe waren die wesentlich kleineren Geleitflugzeugträger erfaßt.

Über deren Klassifizierung wird in einem der letzten Abschnitte dieses Buches die Rede sein.
Mehrere leichte und auch große Träger schieden im Laufe ihrer Dienstzeit aus der Organisation der Seeluftwaffe aus und erhielten in Verbindung mit ihrer neuen Verwendung auch neue Kennungen. Dies galt auch für eine Anzahl von älteren, eingemottet in der Reserveflotte befindlichen Trägern. Es wurden eingeführt:
☐ Am 27. Oktober 1955: LPH = Amphibious Assault Ships (Hubschrauberträger)
☐ Am 20. April 1959: AVT = Auxiliary Aircraft Transport (Flugzeugtransporter)
☐ Am 15. April 1961: CC = Command Ship (Führungsschiffe)
☐ Am 1. Juni 1963: AGMR = Major Communication Relay Ships (Nachrichtenverbindungs-Relaisschiffe)

Die den großen und mittleren Trägern zugewiesenen Kenn-Nummern und die dazugehörigen Namen sowie die im Laufe der Dienstzeit erfolgten Umklassifizierungen ergeben sich aus der nachfolgenden Übersicht:

Kenn-Nr.	Name	begonnen als	umklassifiziert als							Bemerkungen
			CVL	CVA	CVS	LPH	AVT	CC	AGMR CV	
1	*Langley*	(AC)/CV								21.4.37 als AV-3 reklassifiziert
2	*Lexington*	(CC)/CV								
3	*Saratoga*	(CC)/CV								
4	*Ranger*	CV								

Klassifikation und Kennungen

Kenn-Nr.	Name	begonnen als	umklassifiziert als							Bemerkungen
			CVL	CVA	CVS	LPH	AVT	CC	AGMR CV	
5	Yorktown	CV								
6	Enterprise	CV		1.10.52	8. 8.53					
7	Wasp	CV								
8	Hornet	CV								
9	Essex	CV		1.10.52	8. 3.60					
10	Yorktown	CV		1.10.52	1. 9.57					
11	Intrepid	CV		1.10.52	8.12.61					
12	Hornet	CV		1.10.52	27. 6.58					
13	Franklin	CV		1.10.52	8. 8.53		15.5.59			
14	Ticonderoga	CV		1.10.52	21.10.69					
15	Randolph	CV		1.10.52	31. 3.59					
16	Lexington	CV		1.10.52	1.10.62					1.1.69 als CVT-16 reklassifiziert, am 1.7.78 als AVT-16
17	Bunker Hill	CV		1.10.52	8. 8.53		15.5.59			
18	Wasp	CV		1.10.52	1.11.56					
19	Hancock	CV		1.10.52					30.6.75	
20	Bennington	CV		1.10.52	30. 6.59					
21	Boxer	CV		1.10.52	1. 2.56	30.1.59				
22	Independence	(CL)/CV	15.7.43							
23	Princeton	(CL)/CV	15.7.43							
24	Belleau Wood	(CL)/CV	15.7.43							
25	Cowpens	(CL)/CV	15.7.43				15.5.59			
26	Monterey	(CL)/CV	15.7.43				15.5.59			
27	Langley	(CL)/CVL	15.7.43							
28	Cabot	(CL)/CVL	15.7.43				15.5.59			1950: CVL(K) – 28 bzw. 29; Kennung nicht wirksam geworden
29	Bataan	(CL)/CVL	15.7.43				15.5.59			
30	San Jacinto	(CL)/CVL	15.7.43				15.5.59			
31	Bon Homme Richard	CV		1.10.52						
32	Leyte	CV		1.10.52	8. 8.53		15.5.59			
33	Kearsarge	CV		1.10.52	1.10.58					
34	Oriskany	CV		1.10.52					30.6.75	

Klassifikation und Kennungen 17

Kenn-Nr.	Name	begonnen als	umklassifiziert als								Bemerkungen
			CVL	CVB	CVA	CVS	LPH	AVT	CC	AGMR	CV	
35	*Reprisal*	CV										
36	*Antietam*	CV			1.10.52	8.8.53						
37	*Princeton*	CV			1.10.52	1.1.54	2.3.59					
38	*Shangri La*	CV			1.10.52	6.69						
39	*Lake Champlain*	CV			1.10.52	21.8.57						
40	*Tarawa*	CV			1.10.52	10.1.55		1.5.61				
41	*Midway*	CV		15.7.43	1.10.52						30.6.75	
42	*F. D. Roosevelt*	CV		15.7.43	1.10.52						30.6.75	
43	*Coral Sea*	CV		15.7.43	1.10.52						30.6.75	
44		CV										
45	*Valley Forge*	CV			1.10.52	1.1.54	1.7.61					
46	*Iwo Jima*	CV										
47	*Philippine Sea*	CV			1.10.52	15.11.55	15.5.59					
48	*Saipan*	CV	15.7.43					15.5.59	1.1.64	21.8.64		Sollte CC-3 werden
49	*Wright*	CV	15.7.43					15.5.59	1.9.63			
50–55		CV										
56–57		CV	15.7.43									
58	*United States*	CV	15.7.43									
59	*Forrestal*	CVB			1.10.52						30.6.75	
60	*Saratoga*	CVB			1.10.52						1.7.72	
61	*Ranger*	CVA									30.6.75	
62	*Independence*	CVA									28.2.73	
63	*Kitty Hawk*	CVA									29.4.73	
64	*Constellation*	CVA									30.6.75	
65	*Enterprise*	CVAN									30.6.75	
66	*America*	CVA									30.6.75	
67	*John F. Kennedy*	CVA									1.12.74	
68	*Nimitz*	CVAN									30.6.75	
69	*Dwight D. Eisenhower*	CVAN									30.6.75	

Kenn-Nr.	Name	begonnen als	umklassifiziert als									Bemerkungen
			CVL	CVB	CVA	CVS	LPH	AVT	CC	AGMR	CV	
70	*Carl Vinson*	CVN										
71	*Theodore Roosevelt*	CVN										
72	*Abraham Lincoln*	CVN										
73	*George Washington*	CVN										
74	*John C. Stennis*	CVN										
75	*Harry S. Truman*	CVN										
76	*Ronald Reagan*	CVN										

Flugzeugträger 1920 – 1950

Nach anfänglichen Versuchsstarts und -landungen der ersten bordfähigen Flugzeuge in den Jahren vor dem I. Weltkrieg war es das Jahr 1911, das als Gründungsjahr der amerikanischen Seeluftwaffe angesehen werden kann. In diesem Jahr wurden die ersten Gelder bewilligt und die ersten Offiziere erhielten ihre Pilotenausbildung. 1914 erklärte der damalige Secretary of Navy Josephus Daniels, daß die Waffe Flugzeug einen großen Teil der amerikanischen Seestreitkräfte bilden muß, und zwar in defensiver wie in offensiver Hinsicht. Trotz alledem gab es im April 1917 erst 48 Navy-Piloten, einschließlich derer des Marine Corps, sowie 54 zumeist gebrechliche Flugmaschinen; danach aber ging der Aufbau rapide voran. Die Marineflieger versenkten bereits im I. Weltkrieg etwa ein Dutzend deutscher U-Boote.

In den 20er Jahren konnte dann ein enormer Aufschwung verzeichnet werden. Die Flugzeuge wurden stabiler, sie hatten größere Reichweiten und flogen höher. Die meisten Schlachtschiffe und Kreuzer erhielten schwenkbare Katapulte, und die mit Schwimmern ausgerüsteten Aufklärungsflugzeuge wurden zum verlängerten Arm der Seestreitkräfte. Neue Kampftaktiken für Jagd- und Bombenflugzeuge wurden entwickelt. Zugleich aber waren dies auch Jahre der Unsicherheit und der Diskussion über das umstrittene Thema „Flugzeug contra Schlachtschiff".

Der enorme Unterschied bei den Einsatzmöglichkeiten von CV-1 *Langley* und den nur relativ kurze Zeit später fertiggestellten beiden Schlachtkreuzer-Umbauten *Lexington* und *Saratoga* könnten darauf schließen lassen, daß die letzteren eher so etwas wie eine Verlegenheitslösung gewesen sind. Man hätte eher gemeint, daß der *Langley* zunächst einmal ein mittlerer Trägertyp hätte folgen müssen, auf dem die Praxis des nunmehr intensivierten Flugbetriebs erprobt würde. Dem war aber nicht so. Man muß wissen, daß sich bereits geraume Zeit vor der im November 1921 stattgefundenen Flottenkonferenz in Washington die U.S. Navy mit Flugzeugträger-Studien und -Vorentwürfen beschäftigt hat, bei denen es um Schiffe von bis zu 35 000 ts Standard ging. Dabei ist auch wissenswert, daß diese Vorentwürfe im wesentlichen von den Erfahrungen der britischen Flotte beeinflußt waren. Der später bekanntgewordene britische Schiffskonstrukteur S. V. Goodall war eine Zeitlang bei der amerikanischen Marinebehörde für Vorentwurfs-Planungen zuständig. Er hatte somit wesentliches Mitspracherecht bei der Bestimmung von Kriegsschiffsklassen der U.S. Navy. Parallel hierzu kamen von der höheren Marineschule in Newport Ergebnisse von Planspielen, die ebenfalls in die Vorausplanungen eingebracht wurden. Einige Gedanken, die damals schon zur Planung von großen Flugzeugträgern geführt hatten, sind erwähnenswert. Die Leistungen der Jagdflugzeuge im gerade beendeten I. Weltkrieg gestatteten die Annahme, daß einer künftigen Begegnung gegnerischer Flotten erst einmal Luftkämpfe vorangehen würden. In jedem Fall sollten Aufklärungsflugzeuge der eigenen Flotte ermöglichen, früher – d. h. auf größere Entfernung – mit einem gezielten Beschuß beginnen zu können, nachdem erst einmal festgestellt wurde, mit einem wie starken Gegner man es überhaupt zu tun hatte. Zugleich sollten die gegnerischen Flugzeuge daran gehindert werden, dasselbe zu tun. Hierzu war die Erlangung der Luftüberlegenheit Trumpf, und dafür waren große Schiffe nötig, die zugleich viele Flugzeuge aufnehmen sollten. Die damals bereits geforderte Geschwindigkeit von mindestens 30 kn resultierte nicht etwa aus der Notwendigkeit des katapultlosen Starts der Bordflugzeuge, sondern aus der Forderung, mit den schnellen Schlachtschiffen und den Schlachtkreuzern Schritt halten zu können. Damals ordnete man noch dem Flugzeugträger seinen Platz bei den Aufklärungsstreitkräften zu. Der geforderte starke passive Schutz gegen Torpedos sowie die geplante Gelegenheits-Bewaffnung von bis zu 12 Torpedorohren wie auch die Forderung nach einer adequaten Geschützbewaffnung deuten auf die Annahme, daß die Flugzeugträger bei der ihnen zugedachten Aufgabe durchaus auch befähigt sein sollten, sich an einer Seeschlacht zu beteiligen, und daß sie in einer Seeschlacht bevorzugtes Ziel für den Gegner sein würden.

Bereits im Juli 1920 forderten die Flottenplaner den Neubau von vier Flugzeugträgern, drei Schlachtschiffen und einem Schlachtkreuzer; ein Jahr später rangierten die Flugzeugträger auf dieser Liste als vordringlich. Die erste Studie, die bereits Mitte 1918 angefertigt wurde, sah den Entwurf eines Trägerschiffes mit 24 000 ts Wasserverdrängung vor, das bei einer Antriebsleistung von rund 140 000 PS 35 kn schnell sein sollte. Vermutlich waren hier zwei Inseln vorgesehen, auf jeder Seite des Schiffes eine. Weitere Vorentwürfe wurden durchgeplant, aber aus finanziellen Gründen bewilligte der Kongreß weder aus dem Etat 1920 noch 1921 einen Träger. Lediglich Mittel für den Umbau des Marine-Kohlenfrachters *Jupiter* wurden bewilligt, der dann als *Langley* (CV-1) der erste Flugzeugträger der U.S. Navy wurde, und der nicht mehr als ein Versuchsschiff sein konnte.

Aus dieser Sicht war für die U.S. Navy die anläßlich der Washingtoner Flottenkonferenz geschaffene Gelegenheit, zwei bereits vorhandene Schlachtkreuzer-Rümpfe zu Flugzeugträgern fertigbauen zu können, keineswegs eine Verlegenheitslösung. Die Größe der Schiffe gestattete die Mitnahme von (damals) bis zu 90 Maschinen, und die gegenüber einem Neubau errechneten etwas niedrigeren Umbaukosten (22,4 Mio $ gegenüber 27,1) beeinflußten die Entscheidung positiv.

In den 20er Jahren waren bei der Seeluftwaffe entscheidende Meilensteine zu verzeichnen:

☐ Im Juli 1921 wurde das ehemalige deutsche Linienschiff *Ostfriesland* durch Heeresflugzeuge durch schwere Bomben versenkt

☐ im März 1922 wurde der erste Flugzeugträger CV-1 *Langley* in Dienst gestellt, von dem aus – wenn auch nur im beschränkten Umfang – echter Flugbetrieb praktiziert und geübt werden konnte

☐ im Januar 1928 fanden die ersten Starts und Landungen auf den beiden großen Trägern *Lexington* und *Saratoga* statt. Dies war der Beginn des fortgeschrittenen und regelmäßigen Einsatzes der trägergestützten Luftwaffe, der seitdem bereits 50 Jahre lang praktiziert wird.

Die stürmische Expansion wurde in den 30er Jahren wegen der schwierigen wirtschaftlichen Lage etwas gebremst. Dennoch ging der Bau der Flugzeugträger weiter. Im Juni 1934 kam CV-4 *Ranger*, als erstes von Anfang an als Flugzeugträger gebautes Schiff, in Fahrt. Parallel zur Entwicklung der Bordflugzeuge verlief diejenige von landgebundenen und amphibischen Aufklärungsflugzeugen mit großer Reichweite, zu deren Betreuung Seeflugzeugtender eingeführt wurden. Später wurden auch Luftschiffe für die Aufklärung und bei der U-Jagd eingesetzt. Im März 1936, kurz bevor CV-6 *Enterprise* in Dienst kam, umriß die Navy in einem „Naval Expansion Act" die künftige Mindest-Wasserverdrängung von Flugzeugträgern mit 40 000 ts und die Soll-Zahl an Navy-Flugzeugen mit „nicht weniger als 3000". Ende der 30er Jahre wurde dann die Zusammensetzung des Träger-Flugzeuggeschwaders deutlich. Zum Einsatz kamen dort: Jagdflugzeuge (VF), Aufklärer (VS), Bomber (VB), die auch Sturzkampfeigenschaften hatten, sowie Torpedoflugzeuge (VT). Dies blieb bis etwa Mitte des II. Weltkriegs gültig, und nur am Verhältnis der einzelnen Flugzeugarten zueinander wurden Verschiebungen vorgenommen. Die „Naval Aviation" hatte am 1. Juli 1941, also kurz vor dem Kriegseintritt der U.S.A., knapp 3400 Flugzeuge. Im Laufe des Krieges steigerte sich die Anzahl auf insgesamt ca. 41 000; davon waren 13 900 VF, 5100 VS und VB, 4900 VT. Durch diese Maschinen wurden im Laufe des Krieges ca. 15 000 gegnerische Flugzeuge und 174 Kriegsschiffe, darunter 13 U-Boote, vernichtet. Im atlantischen Bereich fielen allein 63 deutsche U-Boote Navy-Flugzeugen zum Opfer. All dies geschah in voller Integration mit den eigenen Seestreitkräften. Die vor dem Krieg erbauten CV-2 und 3 sowie 5 bis 8 waren der vollen Wucht der ersten japanischen Angriffe im Pazifik ausgesetzt; die leichten Träger der *Independence*-Klasse halfen den großen der *Essex*-Klasse ab 1943, die maritime Handlungsfreiheit wieder zu erlangen. Die beiden letzten leichten Träger jedoch, CVL-48 und 49, sowie die drei schweren der *Midway*-Klasse kamen zu spät zur Flotte, um noch am Kriegsgeschehen teilzunehmen. Insbesondere die letzteren aber wurden durch einschneidende Umbauten in den 50er und 60er Jahren so modernisiert, daß sie z. T. *(Midway)* die modernsten Strahlflugzeuge bis weit in die 80er Jahre mitführen können.

Waffen

Die Entwicklung und der Einsatz von Bordwaffen auf Flugzeugträgern stehen in Beziehung zum jeweiligen Stand der taktischen Einsatzplanungen sowie der immer fortschreitenden Waffen-Technologie. So ging man anfangs davon aus, daß die großen Flugzeugträger durchaus in Überwasserkämpfe, d. h. Schiff gegen Schiff, verwickelt werden könnten. Die Folge war die Einplanung von so typenfremden Geschützen, wie denen des Kalibers 20,3 cm auf CV-2 *Lexington* und CV-3 *Saratoga*, die nota bene auch zum Erscheinungsbild mancher japanischen Flugzeugträger gehörten. In den 20er Jahren galt noch verbreitet die Annahme, daß vor allem die schweren Schiffsgeschütze Seeschlachten entscheiden würden. Es war daher kaum denkbar, daß ein schweres Kampfschiff ohne eine entsprechende, für ein Seegefecht wirksame Bewaffnung fuhr. Gerade bei den ersten großen Trägern ging man von der These aus, daß diese Schiffe nach einer Ausschaltung ihres Flugbetriebes imstande sein müßten, als schwere Kreuzer weiterzukämpfen. Durch ihre hohe Geschwindigkeit und die Bestückung mit Seeziel-Geschützen des Kalibers 20,3 cm würden sie hierfür durchaus befähigt sein. Die weitere Entwicklung ergab dann in zunehmendem Maße, daß der Träger nicht etwa nur als Unterstützung der Schlachtschiffe zu werten sei, sondern daß er selbst als Hauptschiff der Flotte zu gelten habe, dessen Vernichtung der Gegner vornehmlich anstreben würde. Denn auch auf der Gegenseite waren die japanischen Träger als Offensivschiffe konzipiert und ihre Bordflugzeuge wurden zur gefährlichsten Waffe, gegen die man sich ausreichend zu schützen haben würde. Bereits ab Ende der 20er Jahre verzeichnet man die Zunahme der Verwendung von mittelkalibrigen Fla-Waffen, zu denen eher zögernd mehrere Jahre später die leichten Fla-Waffen hinzukamen. Auch bei der Wahl der Fla-Bewaffnung spielten die bei Schießübungen gewonnenen Erkenntnisse eine entsprechende Rolle. Die ursprünglichen Annahmen entsprachen der Erwartung, daß die gegnerischen Flugzeuge durch ein Sperrfeuer weitreichender Geschütze am Durchbruch in Richtung der eigenen Schiffe gehindert werden könnten. Hierfür wählte man das Geschützkaliber 12,7 cm, das für die kommenden Jahrzehnte der U.S. Navy – nicht nur auf Flugzeugträgern – erhalten blieb. Erst gegen Ende der 30er Jahre führte man auch leichtere Maschinenwaffen ein, um einzelne durchgebrochene gegnerische Flugzeuge auf kurze Distanz bekämpfen zu können.

Im Kriege gewonnene Erkenntnisse bewiesen, daß in Wirklichkeit die Flugzeuge viel zäher waren, als man zunächst gedacht hatte. Gut geführte Torpedo- und Bomberstaffeln wurden im Laufe des Krieges für die Träger zur großen Gefahr, gegen die man sich nur durch gezielten Direktbeschuß wehren konnte. Im Gegensatz zu den 12,7-cm-Geschützen, deren Zahl im Laufe des II. Weltkriegs nur bei *Saratoga* erhöht wurde, vergrößerten sich die Zahlen der leichten Fla-Rohre beträchtlich, dies allerdings nicht nur auf Flugzeugträgern.

Nachstehend eine Übersicht über die auf Flugzeugträgern bis etwa 1950 eingesetzten Waffen. Hinsichtlich der Anzahl der leichten Flak je Schiff gab es z.T. erhebliche Unterschiede, wie aus den am Ende des Buches veröffentlichten Tabellen ersehen werden kann.

Seezielgeschütz 20,3 cm L/55
Schußweite 29,0 km bei 40° Rohrerhöhung. Die vier schmalen Doppeltürme vor der Brücke und hinter dem Schornstein von CV-2 *Lexington* und CV-3 *Saratoga* wurden 1941/42 entfernt, weil sie zu diesem Zeitpunkt mehr denn je typenfremd waren, und weil Platz geschaffen werden mußte für die schwere Flak. Der frühe Verlust der *Lexington* verhinderte die komplette Umrüstung bei diesem Schiff.

Mehrzweckgeschütz 12,7 cm L/25
Schußweite 13,3 km bei 40° Rohrerhöhung. Erste Generation der bordgestützten Flak, eingesetzt auf allen Vorkriegsträgern mit Ausnahme der *Yorktown*-Klasse. Auf *Saratoga* wurden diese Geschütze bei Kriegsbeginn gegen solche des neuen L/38-Modells ausgetauscht, deren Fla-Komponente weit besser ausgebildet war.

Mehrzweckgeschütz 12,7 cm L/38
Schußweite 16,6 km bei 45° Rohrerhöhung, Schußhöhe 11,3 km bei 85° Rohrerhöhung. Wurde gegen Ende der dreißiger Jahre eingeführt und auf Trägern in zwei Versionen installiert:
☐ Als Doppelturm* Mk 32 und Mk 38 an Deck von *Saratoga* und *Essex*-Klasse
☐ Als Einzellafette Mk 12 auf *Saratoga* (CV-3) und auf *Essex*-Klasse.

Mehrzweckgeschütz 12,7 cm L/54 Mk 39
Schußweite 23,7 km bei 45° Rohrerhöhung, Schußhöhe 14,9 km bei 85° Rohrerhöhung. Wurde ausschließlich auf den drei *Midways* installiert. Jeder Turm wiegt etwa 25 t. Durch eine größere Rohrlänge als bei der L/38 und die Verwendung von schwereren Geschossen erreichte man hier bei gleicher Schußfolge (18 je Minute) größere Schußweiten. Dies entsprach der alten These, daß gegnerische Flugzeuge bereits auf größere Distanz mittels eines Geschoß-Vorhangs aufgehalten werden sollten. Die im Laufe der 50er Jahre von diesen drei Schiffen entfernten Türme wurden an die japanische Marine abgegeben, die damit ihre ersten neuen Nachkriegs-Zerstörer ausrüstete.

Die bisher erwähnten Geschütze wurden halbautomatisch nachgeladen, und sie benötigten dafür mehr Bedienungsmannschaften. Dies galt jedoch auch für die Maschinenflak, deren hohe Schußfolge ein schnelles Heranschaffen der Ersatzmunition notwendig machte, insbesondere bei den vierrohrigen Lafetten.

28-mm-Vierlingsflak
Schußweite 6,8 km bei 41° Rohrerhöhung, Schußhöhe 5,8 km bei 90° Rohrerhöhung. Dies war kurz vor dem Kriegseintritt der U.S.A. der erste Versuch, die Nahabwehr gegen Flugzeuge zu intensivieren. Im Volksmund als „Chicago-Klavier" oder auch als „pom-pom" bezeichnet, war dieses Geschütz bei den Besatzungen nicht sonderlich beliebt, weil die Rohre bei längerem Einsatz un-

---
* Der Ordnung halber muß hier erwähnt werden, daß in der U.S. Navy die Bezeichnung „Geschützturm" (gun turret) erst für Geschütze ab Kaliber 15,2 cm verwendet wurde. Alle anderen Geschütze geringeren Kalibers waren als „Lafetten" (mounts) bezeichnet, selbst wenn sie hinter rundum geschlossenen, leicht gepanzerten Schutzschildern untergebracht waren, die in diesem Band als „Türme" angesprochen werden.

brauchbar wurden. Da auch klar wurde, daß die Schießerfolge nicht den gestellten Erwartungen entsprachen, wurde die 28-mm-Flak nach Kriegsbeginn durch die 40-mm-Bofors ersetzt. Die 28-mm-Flak war in mäßiger Anzahl auf der *Lexington*-Klasse, auf CV-4 *Langley*, CV-7 *Wasp* und der *Yorktown*-Klasse zum Einsatz gekommen.

40-mm-Vierlingsflak L/60 Bofors
Schußweite 10,0 km bei 42° Rohrerhöhung,
40-mm-Zwillingsflak L/60 Bofors
Schußhöhe 7,0 km bei 90° Rohrerhöhung. Gerade noch rechtzeitig schloß die U.S. Navy 1939 Lizenzverträge mit der schwedischen Firma Bofors und der schweizerischen Firma Oerlikon ab, wonach die Massenproduktion der leichten Maschinenflak in den U.S.A. beginnen konnte. Es gab kaum eine Schiffsgattung, auf der im Laufe des II. Weltkrieges nicht die 40-mm-Flak in einer ihrer Versionen eingeführt wurde, nämlich
☐ als Einzelgeschütz (auf Trägern jedoch nicht eingesetzt),
☐ als Zwillingslafette (bei den Flotten-Trägern vor allem auf den CVL eingesetzt) und
☐ als Vierlingslafette, die relativ viel Raum auf einem Schiff beanspruchte.

Wegen des hohen Gewichtes der Vierlingsflak mußten hinsichtlich der Schiffsstabilität genaue Berechnungen angestellt werden. Soweit sie nicht fest an Deck installiert waren, beanspruchten die Vierlinge solide und gut unterfangene Fla-Stände („Schwalbennester"). Auch mußte bei der hohen Anzahl installierter Lafetten die elektrische Anlage entsprechend dimensioniert werden. Während des ganzen Weltkrieges waren diese Geschütze die Hauptträger der Nahabwehr, wenngleich es sich besonders bei Kriegsende zeigte, daß die Wirkung der 40-mm-Geschoße nicht immer ausreichte, um entschlossene „Kamikaze"-Flieger am Absturz auf das eigene Schiff zu hindern. Mit Ausnahme von CV *Yorktown* I, *Hornet* I und *Wasp* I besaßen alle anderen schweren Träger, aber auch die CVL, 40-mm-Vierlinge, wobei auf *Saratoga* insgesamt fast 100 Rohre Aufstellung fanden.

20-mm-Flak L/70, Mk 4 Oerlikon
Schußhöhe 3,1 km bei 90° Rohrerhöhung. Ab 1942 in unterschiedlicher Anzahl auf praktisch allen Trägern aufgestellt, zumeist als Einzelgeschütz. Gegen Kriegsende mehrte sich die Aufstellung von Zwillings-20-mm-Flak, wobei der Kriegsschluß die Aufstellung weiterer Zwillinge überflüssig machte. Die 20-mm-Oerlikon ersetzte praktisch die 12,7-mm-Fla-MGs, die noch auf älteren, vereinzelt auch auf neueren Trägern vorhanden waren. Insbesondere kurz vor Kriegsende hat sich herausgestellt, daß die moralische Wirkung dieser Waffe auf die eigenen Besatzungen weit größer war, als ihre effektive Wirksamkeit gegen gegnerische Flugzeuge. Bereits vor dem Ende des II. Weltkrieges begann man auf manchen Trägern, aber auch auf anderen Schiffen, mit dem Abbau der 20-mm-Geschütze, die wegen ihres relativ geringen Raumbedarfs und wegen der Unabhängigkeit von der elektrischen Energie überall dort festgeschraubt worden waren, wo sich gerade Platz fand.

12,7-mm-Fla-MG
waren – mit Ausnahme der *Langley* I – auf allen Vorkriegs-Trägern installiert, wo sie dann ab etwa 1942 durch die 20-mm-Oerlikon ersetzt wurden. Von Haus aus für den Nahbereich eine gute Waffe, war ein erfolgreicher Einsatz nur bei sehr großer zahlenmäßiger Massierung möglich.

Schiffs-Elektronik

Beim Kriegseintritt der U.S.A. in den II. Weltkrieg gab es auf Flugzeugträgern, ja auf Kriegsschiffen überhaupt, noch recht wenige elektronische Geräte. Auf den älteren und größeren Schiffen gab es vollstabilisierte, telemetrische Feuerleitgeräte für die schweren und mittleren Geschütze, die Flak begnügte sich mit kleineren, visuell arbeitenden Zielauffassungsgeräten. Die gesteigerten Leistungen der Bordflugzeuge waren Ursache dafür, daß zuverlässigere, schneller arbeitende Leitgeräte entwickelt werden mußten. Der enorme Fortschritt in der Elektronik wurde genutzt, um auch den Flugzeugen nützliche Geräte zuzuführen. Nachfolgend werden die am häufigsten benutzten elektronischen Geräte erwähnt, sowie einige Geräte, die noch ohne Hilfe der Elektronik wirkten.

Bis zum Ende des II. Weltkriegs findet man auf Flugzeugträgern vier Gruppen von elektronischen Geräten:
☐ Geschütz-Feuerleitgeräte (FLG) ohne oder mit FL-Radar,
☐ Radar-Ortungsgeräte für Überwasser-, Navigations- und Luftüberwachungsbereiche,
☐ Freund/Feind-Selektiergeräte (IFF), und
☐ Geräte für die Flugzeug-Landehilfe („homing beacons")

Manche dieser Geräte waren so groß, daß sie durchaus zum Element der Schiffserkennung und -klassifizierung wurden.

Feuerleitgeräte

Das Feuer der 20,3-cm-Geschütze auf CV-2 *Lexington* und CV-3 *Saratoga* wurde noch durch Basis-Entfernungsmeßgeräte geleitet, und auch für die 12,7-cm-Artillerie hatten die älteren Träger optisch arbeitende Geräte MK 33, die voll stabilisiert waren, und die im Laufe des Krieges (wie z. B. auf CV-4 *Ranger* mit Mk-4-FL-Radar) auch Radarleitung erhielten. Beginnend mit CV-8 *Hornet* wurde auf Flugzeugträgern das

FLG Mk 37 eingeführt, das zunächst auch nur optisch eingesetzt wurde. Dies war auf Flugzeugträgern das Standard-FLG für die 12,7-cm-Artillerie, konnte aber auch – auf anderen Schiffsgattungen, wie Schlachtschiffen oder Kreuzern – zur Zielauffassung durch andere Geschütze verwendet werden, so u. a. für 15,2-cm-Geschütze auf Kreuzern, aber auch für 40-mm- und 7,6-cm-Geschütze auf Flugzeugträgern. Auf den beiden übriggebliebenen älteren Trägern *Saratoga* I und *Enterprise* I wurden die älteren FLG durch je zwei Mk 37 im Laufe des Krieges ersetzt. In den ersten Kriegsjahren wurde zur exakteren Zielauffassung das Mk 37 FLG mit Mk-4-FL-Radar gepaart. Mit Hilfe dieses Geräts konnte man nun anfliegende Flugzeuge auf große Entfernung orten und mit Blindfeuer exakt bekämpfen. Noch nicht möglich war hier die Erfassung von sehr nah und hoch fliegenden Luftzielen. Deswegen, aber auch weil neue Flugzeugtypen immer schneller wurden, wurde Mk-4-FL-Radar in der zweiten Kriegshälfte durch die FL-Radarkombination Mk 12/22 ersetzt, wobei Mk 12 für den Horizontal- und Weitbereich zuständig war, Mk 22 aber (scherzhaft wegen seiner Form als „Orangenschale" bezeichnet) als „high-finder" für die vertikale Zielauffassung. Trotz der stetigen Verbesserung der FLG konnten im Verlauf des Krieges entscheidende Abschußerfolge vor allem durch die Verwendung von Fla-Geschossen mit damals hochgeheimen Annäherungszündern erreicht werden.

Das sehr zuverlässige FLG Mk 37 hatte nur den Nachteil, daß es zu groß bzw. zu schwer war, um in größerer Zahl an Bord genommen werden zu können. 1943 wurde ein Versuch unternommen, Träger der *Essex*-Klasse mit einem dritten Mk-37-Gerät auszurüsten. Aus Raum- und Sicherheitsgründen wurde dann 1944 dieses Vorhaben aufgegeben und nur *Midway* und *F. D. Roosevelt* hatten anfangs für mehrere Jahre insgesamt je vier Mk-37-Geräte an Bord. Somit konnte nur ein Teil der zahlreichen 12,7-cm-Geschütze radargesteuert gerichtet werden, und es waren zusätzliche, kleinere Geräte erforderlich, um jedem Geschütz oder Gruppen von Geschützen Zielhilfe geben zu können. Noch im II. Weltkrieg war dies an erster Stelle das

FLG MK 51. Dieses Gerät war unter Einschluß des Sichtgerätes Mk 14 entwickelt worden. Es war vornehmlich für die Feuerleitung der 40-mm-Flak bestimmt, und jedem 40-mm-Vierling wurde ein Mk-51-Gerät zugeteilt. In Ergänzung zu Mk 37 erhielten Gruppen von je zwei oder drei 12,7-cm-Geschützen je ein Mk-51-Gerät, das mit Mk 37 gekoppelt werden und damit auch Blindbeschußeigenschaften gewährleisten konnte. Die ersten beiden Modelle von Mk 51 wirkten noch ohne Radarunterstützung, Modell 3 konnte jedoch mit dem FL-Radar Mk 32 gekoppelt werden; eine Kombination, die auf Flugzeugträgern nur selten realisiert wurde, weil inzwischen mit

FLG Mk 57 in Verbindung mit FL-Radar Mk 29 sowie

FLG Mk 63 in Verbindung mit FL-Radar Mk 28 (später dafür Mk 34) etwa bei Kriegsschluß zwei neue Anlagen eingeführt wurden. Wie auch Mk 51 waren diese beiden Geräte sehr klein und als Mittel zur Identifizierung ungeeignet. Das Vorhandensein des FLG Mk 63 konnte daran erkannt werden, daß die entsprechenden 40-mm-Vierlinge mit der Radarantenne Mk 28 bzw. Mk 34 am Schutzschild ausgerüstet waren. Damit konnten endlich auch diese Geschütze „blind" schießen. Das optische Sichtgerät

FLG Mk 14 war Richtmittel für alle Versionen der 20-mm-Flak, aber eben auch Bestandteil des FLG Mk 51.

Radar-Ortungsgeräte

Nachdem 1938 auf dem alten Schlachtschiff *New York* (BB-34) die erste größere Radaranlage mit der Bezeichnung XAF etwa ein Jahr lang erprobt wurde, war mit

CXAM die erste operative Anlage eingeführt worden, die noch vor dem Eintritt der U.S.A. in den II. Weltkrieg installiert wurde, und zwar zunächst in nur sieben Exemplaren: auf dem Schlachtschiff *California*, den Flugzeugträgern *Yorktown*, *Enterprise* und auf den schweren Kreuzern *Augusta*, *Pensacola*, *Northampton*, *Chester* und *Chicago* I. Dies war eine Rahmenantenne, die – noch ohne Dipolreihen – in einer Halterung gefaßt war. Diese Radarantenne konnte nur sehr schwer erkannt werden. Die Reichweite betrug ca. 100 Meilen. In vierzehn Exemplaren geliefert wurde die durch ihre Maserung (Dipol-Reihen) für die Schiffserkennung belangreichere

CXAM-1, die man nicht nur auf einigen Schlachtschiffen findet, sondern – wie nachfolgend nachgewiesen wird – auch auf einigen vor der *Essex* erbauten Trägern. Die mit CXAM gemachten Erfahrungen waren so zufriedenstellend, daß sehr bald weitere neue Typen entwickelt und eingeführt wurden. Dies waren einmal die Anlagen der

SC-Serie, deren Version SC und SC-1 eine kleinere, viereckige, ca. 2,3 × 2,6 m messende Antenne (gemasert) benutzten, die auf Flugzeugträgern in den ersten Kriegsmonaten nur ganz selten geführt wurde (so auf CV-3 *Saratoga*).

Mit **SC-2** und **SK** folgten zwei Seriengeräte, die mit der *Essex*- und *Independence*-Klasse eingeführt wurden. Sie gehörten beide zu ein und derselben Anlage, lediglich die Form der Antennen war unterschiedlich. Die SK-Antenne hatte in etwa die Form und die Abmessungen von CXAM-1, während die SC-2-Antenne ca. 4,6 × 1,8 m maß. Beide Antennen wurden – zumindest auf der *Essex*-Klasse – paarweise, d. h. je eine SK- und eine SC-2-Antenne, angebracht, damit der 360°-Bereich voll abgedeckt werden konnte. Aufgrund der mit CXAM gemachten Erfahrungen wurden sehr bald zusätzliche Aufsatz-Antennen mit dem Abfrage-Gerät BT-5 an die Oberkante von SK bzw. SC-2 gesetzt, womit der IFF-Bereich abgedeckt war. Die Reichweite dieser Anlage betrug ca. 80 Meilen, was bei den damaligen Flugzeuggeschwindigkeiten in einer Vorwarnzeit von rd. 16 Minuten resultierte. Die SK-Antenne wurde in etwa 250 Exemplaren an die U.S. Navy geliefert. Neben SK und SC-2 gab es bis zum Kriegsende auf Flugzeugträgern nur noch die

SK-2-Antenne, die rund und grob gemasert war und einen Durchmesser von ca. 5,2 m hatte. Sie löste vor allem SK ab, während SC-2 zumeist weiterhin – vereinzelt bis in die 50er Jahre – benutzt wurde. Für die Anlage SK-3 wurde dieselbe Antenne benutzt, hier gab es jedoch ein Zusatzgerät zur Verbesserung der Ortung im Höhenwinkelbereich.

Zugleich aber ergab sich die Notwendigkeit, die eigenen Flugzeuge per Radar zu leiten. Hier gab es ab 1943 mit

SM und etwas später mit **SP** die beiden ersten Vertreter in Form von relativ kleinen, fein gemaserten Rundantennen, die sich beide so ähnlich waren, daß eine Unterscheidung visuell kaum möglich war. Insbesondere für SM gab es dabei eine aufgesetzte IFF-Zusatzantenne mit der Bezeichnung BO. SM hatte einen Durchmesser von ca. 2,4 m und SP einen solchen von ca. 1,8 m. Erstmalig wurde SM auf CV-16 *Lexington* installiert, damals noch unter der Bezeichnung CXBL. Neben fast ebenso vielen an die britische Marine abgegebenen Anlagen wurden für die U.S. Navy ca. 23 Anlagen geliefert. Auch die SP-Antenne, die in nahezu 300 Exemplaren gefertigt wurde, hielt sich – insbesondere auf Kreuzern – noch lange nach dem II. Weltkrieg. Die Konfusion bei der ohnedies schon schwierigen Erkennung wird noch größer, wenn man erfährt, daß manche SP-Radaranlage mit der SM-Antenne gepaart wurde. Direkte Nachfolger von SM und SP nach dem Kriege waren in der Reihenfolge der Einführung die „high-finder" SX, SPS-8A und SPS-8B, sowie viel später auch SPS-30.

Die erste serienmäßige Überwasser- und Navigations-Ortungsanlage mit nicht allzu weiten Ortungsbereich war

SG, die zur besseren Erfassung des 360°-Horizontes zumeist paarweise eingesetzt wurde. Es handelte sich hier um eine kleinere, vollflächige Parabolscheibe mit den ungefähren Maßen 40 × 120 cm, die für die Schiffserkennung nicht von großer Bedeutung gewesen ist. Aus der SG-Serie ist nach dem Krieg dann nur noch SG-6 bekanntgeworden, das eine zusätzliche Höhenortungs-Komponente hatte und mit der Antenne SPS-4 praktisch identisch war. Diese Antenne bestand aus einem ca. 0,6 × 2,1 m messenden, gemaserten Parabolsegment mit einem Höhenwinkel-Zusatz von ca. 1,5 m. – Bei der Einführung der

SA-Serie ging es darum, daß auch mit kleineren Antennen Leistungen erzielt werden, die denen von z. B. CXAM entsprechen. Nach weniger erfolgreichen Resultaten mit SA-1 bewährten sich dann SA-2 und SA-3 mit ihrer gleichen Antenne, die aus einem Rechteck von ca. 2,7 × 1,5 m bestanden. Hiervon wurden nahezu 1000 Anlagen ausgeliefert, die vor allem auf kleineren Schiffen installiert wurden. Ein Einsatz auf den Flottenträgern ist nicht bekanntgeworden. Dagegen gab es mehrere Versionen aus der nicht allzu erfolgreichen

SR-Serie, die kurz nach dem II. Weltkriege eingeführt wurde. Auf den drei *Midways* und auf einem CVL kam SR-2 zum Einsatz, ein Gerät, das außerdem auf mehreren Überwasserschiffen und U-Booten installiert wurde. SR-2 hatte eine ca. 4,6 × 4,7 m große Parabolabschnittantenne. Die SR-Anlagen wurden nach Einführung der SPS-6-Antenne mit dieser gepaart, so daß die Bezeichnung SPS-6C Nachweis dafür war, daß die Anlage SR-6C mit SPS-6 gekoppelt war.

Wie für die späteren Jahre muß auch hier festgestellt werden, daß *allein* aufgrund der mitgeführten Antenne *nicht* auf eine bestimmte Radaranlage geschlossen werden konnte.

Radaranlagen für die Flugzeug-Landehilfe

Nachdem es in den ersten Kriegsmonaten während der turbulenten Trägerschlachten im Eifer der Ereignisse gelegentlich vorgekommen war, daß heimkehrende, oft beschädigte Bordmaschinen auf einen falschen, mitunter auch feindlichen Flugzeugträger zu landen versuchten, wurde es notwendig, den eigenen Maschinen auf elektronischem Wege Landehilfe zu bieten. Unter dem Sammelbegriff „homing beacons" wurden speziel-

le Nahbereichsgeräte eingeführt, die den heimkehrenden Flugzeugen eine sichere Landung auf dem eigenen Träger ermöglichten. Neben kleineren Geräten, wie YJ, BN und CPN-6 war es vor allem die stets an der höchsten Mastspitze angebrachte Antenne
YE, die relativ deutlich zu erkennen war, und die sich bis in die 50er Jahre halten konnte, um später von TACAN und anderen Geräten abgelöst zu werden.

Passiver Schutz

In der Zeit der Entwicklung der ersten Generation amerikanischer Flugzeugträger gehörte die offene Seeschlacht Schiff gegen Schiff noch zu den Wahrscheinlichkeiten eines kommenden Krieges. Neben der permanenten Steigerung der Geschützkaliber und der Zunahme an Rohrwaffen je Schiff wurde bei den Kreuzern und den Schlachtschiffen die Schiffspanzerung so verstärkt, daß sie den gegnerischen Geschossen nach Möglichkeit widerstehen konnte. Es ist hier nicht möglich, auf alle Aspekte der bei Flugzeugträgern verwendeten Panzerung detailliert einzugehen. Über die Panzerstärken wird – sofern bekannt – nachfolgend bei den einzelnen Klassen kurz berichtet. Zwei Fakten sind jedoch erwähnenswert:
☐ Die Seitenpanzerung konnte schon aus Gewichtsgründen nicht die Rolle spielen wie bei den Schlachtschiffen, da den Komponenten „Geschwindigkeit" und „Flugzeugkapazität" absoluter Vorrang gegeben werden mußte
☐ Im Gegensatz zu den damals modernen britischen Flugzeugträgern waren die Flugzeugdecks der amerikanischen Träger so gut wie ungepanzert.

Die Amerikaner gingen hierbei von der Annahme aus, daß bei Bombentreffern das Flugzeugdeck durchschlagen werden sollte, damit die volle Wirkung der Bomben-Detonation erst im Hangardeck eintritt. Ein so beschädigtes Flugzeugdeck konnte mit Bordmitteln leichter und schneller wiederhergestellt werden, als ein mit einer dicken Panzerung ausgestattetes. Es ging darum, daß nach einem Bombenangriff in schnellstmöglicher Zeit wieder Flugzeuge starten und landen konnten. Als dann aber bei der Beschädigung des britischen Trägers *Illustrious* deutlich wurde, daß dieses Schiff gesunken wäre, wenn es nicht ein so gut gepanzertes Flugzeugdeck gehabt hätte, wurde man in den Staaten nachdenklich und entschloß sich, die drei schweren Flottenträger der *Midway*-Klasse horizontal unter der Holzbeplankung zu panzern. Die Stärke der Flugzeugdeck-Panzerung auf diesen Schiffen ist bis heute noch nicht amtlich bekanntgegeben worden, man darf aber davon ausgehen, daß sie mindestens 76 mm betrug. Die Folge dieser Maßnahme war einschneidend. Wegen der für die Schiffsstabilität nunmehr erforderlichen größeren Rumpfbreite konnten die Träger den Panamakanal nicht mehr passieren!
Der größte Wert für den passiven Schutz von U.S.-Flugzeugträgern bestand jedoch in der von Klasse zu Klasse verbesserten Unterteilung in möglichst viele wasserdichte Abteilungen, die den Untergang von mindestens zwei Trägern der *Essex*-Klasse verhindert haben mag.

Farbanstriche und Tarnungen

Grundsätzlich galt es, die eigenen Schiffe so anzustreichen, daß der Gegner sie vom Wasser aus oder aus der Luft so spät wie möglich erkennen und identifizieren konnte. Je nach Aufgabenstellung, Einsatzgebiet, Umgebung und je nach dem gewünschten Tarnungseffekt wurde, die Schiffe in verschiedener Art durch Ein-, Zwei- oder Mehrfarbanstriche getarnt. Hierbei wurde verschiedenes bezweckt:
☐ Ein Schiff sollte aus der Luft so spät wie möglich erkannt und identifiziert werden
☐ Es sollte gegen den Horizont nur schwer auszumachen sein
☐ Der Gegner sollte bezüglich der Gattung des Schiffes möglichst lang getäuscht werden
☐ Es sollte die Zugehörigkeit zu einer anderen Gattung vorgetäuscht werden
☐ Es sollte eine höhere Geschwindigkeit vorgetäuscht werden, usw. usw.

In der U.S. Navy wurden die Richtlinien für die Anwendung verschiedener Tarnanstriche und Tarnschemata („measures") im Laufe des Krieges mehrfach modifiziert. Manche Schemata hatten sogar mehrere Muster („design"). „Measure 32/6A" stand z. B. für das Tarnschema 32, die 6 bedeutete eine bestimmte einheitliche Anordnung des Tarnmusters, und das A deutete darauf hin, daß dieses Muster für Flugzeugträger entworfen war. Es kam jedoch auch vor, daß Träger ein für Zerstörer bestimmtes Muster (hierfür der Buchstabe D) erhielten.
Von U.S.-Flugzeugträgern wurden zu verschiedenen Zeitpunkten folgende Tarn-Schemata geführt:

Schema 1 "dark grey" – einheitlich dunkelgrauer Anstrich aller Vertikalflächen. Wurde ab etwa September 1941 nicht mehr aufgetragen. In Pearl Harbor hatten bei Kriegsbeginn zahlreiche Schiffe diesen Anstrich.

Schema 3 "light grey" – einheitliches helles Friedensgrau, das bis etwa 1941 fast alle Schiffe führten. Während des Krieges wurde dieser Anstrich kaum mehr aufgetragen.

Schema 5 "bow wave" – eine der frühen Täusch-Tarnschemata; sollte im Zusammenhang mit Schema 1 bzw. 3 die küstliche Markierung einer hohen Bugwelle darstellen.

Schema 11 "sea blue" – seeblauer Einheitsanstrich aller Vertikalflächen; etwa Anfang 1943 eingeführt. Matter Anstrich mit einem Blau, das etwas heller war, als das Blau, mit dem damals Bordflugzeuge angestrichen waren. Vom Schema 21 nur sehr schwer zu unterscheiden.

Schema 21 "navy blue" – etwas dunkler als Schema 11; etwa Mitte bis Ende 1943 eingeführt.

Schema 14 "ocean grey" – einheitlicher, ozeangrauer Anstrich aller Vertikalflächen. Etwa 1943–1945 benutzt und auf Fotos nur sehr schwer von Schema 1, 11 und 21 zu unterscheiden.

Schema 12 "graded system" – gleich nach Kriegsbeginn eingeführte zweitönige Tarnung: vom Wasserpaß bis zu Höhe des Hauptdecks (bei Flugzeugträgern bis zum Hangardeck) parallel zur Wasserlinie seeblau; alles darüber ozeangrau; Mastspitzen und über die Masse der Aufbauten hinausragende Teile dunstgrau. Auf einigen wenigen Schiffen erst bei Kriegsende eingeführt und zu dieser Zeit nur schwer von Schema 22 zu unterscheiden. Erkennungshilfe: Kontrast zwischen dem unteren und oberen Anstrich ist geringer als bei Schema 22.

Schema 22 "graded system" – Rumpf vom tiefsten Punkt parallel zur Wasserlinie in marineblau, alles darüber samt Aufbauten "haze grey" (dunstgrau). Erster Nachweis für dieses Schema August 1941, letzter etwa 1947.

Schema 32 "medium pattern system" – ab Ende 1943 in Gebrauch. In 3–6 Tönen abgestufte, große Tarnflächen in dunkleren Farben und mit diversen Mustern, wie man sie insbesondere bei der *Essex*-Klasse beobachten kann. Die benutzten Farben sind: schwarz, "pale grey", "haze grey", "ocean grey", "ocean green", "haze green", was immer man sich darunter vorstellen mag. Die einzelnen Muster bestanden aus Mischungen von jeweils drei bis sechs dieser Farben.

Schema 33 "light pattern system" – insgesamt heller als Schema 32, jedoch diesem sehr ähnlich. Diverse dunkelblaue, graue und grüne Tönungen.

Die Anstriche der Flugzeugträger-Decks wechselten mehrmals im Laufe des Krieges. Ende 1941 wurden zunächst die holzbeplankten Decks dunkelgrau überstrichen. Die Kenn-Nummer wurde entweder in Dunkelblau oder in einem helleren Grau ausgebildet, wenn das Deck sehr dunkel war. Ab etwa Mitte 1944 wurde dann "sea blue" angeordnet.

Auf nachgewiesene, beobachtete oder auch nur vermutete Tarn-Schemata wird nachfolgend bei den einzelnen Schiffsgeschichten und in den Bildunterschriften hingewiesen.

Während die einzelnen Tarn-*Schemata* ("measures") maßgebend für die Unterscheidung nach den verwendeten Tarn-*Farben* waren, ging es bei der Bezifferung der Tarn-*Muster* ("design") um die Kennzeichnung bestimmter einheitlicher "dazzle patterns", die für jeweils eines oder mehrere Schiffe entworfen wurden. Nach vielen Jahren der auf diesem Gebiet herrschenden Unsicherheit wurden vor einiger Zeit offensichtlich einschlägige Archiv-Unterlagen freigegeben. Larry Sowinski, anerkannter amerikanischer Modellbauer, hat sich der nicht unbedingt komplizierten, aber doch sehr umfangreichen Materie angenommen. Die im Literaturverzeichnis am Ende dieses Buches aufgeführten beiden bisher veröffentlichten Broschüren "Camouflage" (I) und "Camouflage II" dienen als Grundlage der vorstehenden und der nachfolgenden Ausführungen.

Aufgrund der vorliegenden Forschungsergebnisse steht fest, daß keiner der nach Ende des II. Weltkrieges fertiggestellten Flugzeugträger Tarnmuster führte, viele jedoch einen Tarnanstrich. Von den während des Krieges operierenden Trägern hatten (mit Ausnahme der vier gesunkenen Vorkriegseinheiten CV-2, 5, 7 und 8) nur drei Schiffe zu keinem Zeitpunkt ein Tarnmuster, nämlich:

☐ CVL-27 *Langley* II – hatte Tarnanstrich nach Schema 21
☐ CVL-28 *Cabot* – hatte Tarnanstrich nach Schema 21
☐ CV-16 *Lexington* II – hatte zunächst Anstrich nach Schema 21, dann nach Schema 12

Es waren im übrigen folgende Tarnmuster vorhanden:

Muster 11-A war speziell für CV-3 *Saratoga* entworfen, unter Berücksichtigung ihrer einmaligen Seitenansicht. Es wurde mit den Farben des Schemas 32 gekoppelt, d. h. die dunkelste Fläche war schwarz.

Muster 1A war ebenfalls nur für ein Schiff entworfen, nämlich für CV-4 *Ranger*. Es war das einzige Muster, das vier Tönungen hatte, die meisten anderen hatten drei. Es waren Hellgrau, Dunstgrau, Ozeangrau und Marineblau.

Muster 4Ab wurde nur von CV-6 *Enterprise* I geführt. Amtlich mit Schema 33 gekoppelt, scheint es jedoch, als wenn hier die dunkelste Tönung doch das Schwarz von Schema 32 gewesen ist.

Muster 6/10D war das einzige Tarnmuster mit nur zwei Tönungen (Hellgrau und Schwarz) und wurde nur von CV-9 *Essex* geführt. Das Muster war ursprünglich für Zerstörer entworfen und nachfolgend für *Essex* adaptiert.

Muster 6A war in der Praxis mit den Farben des Schemas 32 ausgestattet und wurde von CV-17 *Bunker Hill* und CV-13 *Franklin* geführt, wobei *Franklin* jedoch zwischen Mai und November 1944 an der Backbordseite Muster 3A führte. Offiziell war 3A ein sog. „offenes" Muster, d. h. mit keinem Schema fest gekoppelt.

Muster 3A war ebenfalls nicht an ein festes Schema gebunden. Drei Träger führten es beidseitig: CV-12 *Hornet* II (mit Farben des Schemas 33), CV-11 *Intrepid* und CV-19 *Hancock* (mit Farben des Schemas 32). Außerdem führte *Franklin* dieses Muster – ebenfalls mit Schema 32 – zeitweilig an der Backbordseite.

Muster 10A wurde mit den Farben des Schemas 33 von CV-10 *Yorktown*, 18 *Wasp* und 38 *Shangri La* geführt.

Muster 17A ist insofern etwas verwirrend, als es unter dieser Nummer in Wirklichkeit zwei zwar ähnliche, aber dennoch verschiedene Muster gegeben hat, die beide offiziell als zu Schema 32 zugehörig geführt wurden. Muster 17A-1 war das einzige sechstönige Muster in der U.S. Navy, und seine Farben waren: Hellgrau, Mittelgrau, Dunstgrau, Ozeangrau, Marineblau und Schwarz. CV-15 *Randolph* und CV-20 *Bennington* führten als einzige dieses Muster. *Bennington* wurde nach nur wenigen Monaten gemäß 17A-2 neu angestrichen, wobei dann, wie auch auf CV-31 *Bon Homme Richard* und CV-36 *Antietam*, die drei Normalfarben von Schema 32 verwendet wurden.

Muster 8A war ein „offenes" Muster, bei dem nur eine Farbe fest spezifiziert war, nämlich Weiß für einige überhängende Teile des Schiffes. Dies war eines von drei Mustern, die von den leichten Trägern der *Independence*-Klasse geführt wurden. Muster 8A wurde von CVL-22 *Independence* und CVL-29 *Bataan* geführt und offensichtlich mit dem Marineblau von Schema 33 kombiniert.

Muster 7A wurde aus den Farben des Schemas 33 zusammengefügt und von CVL-23 *Princeton*, 25 *Cowpens* und 30 *San Jacinto* geführt.

Muster 3D ein für Zerstörer entworfenes Muster, das von CVL-24 *Belleau Wood* und 26 *Monterey* geführt wurde.

Kriegsteilnahme, Beschädigungen und Totalverluste

Am II. Weltkrieg nahmen 30 Flugzeugträger teil – die Geleitträger nicht mitgerechnet. Es waren dies:

    7 vor dem Krieg erbaute CV
    14 CV der *Essex*-Klasse
    9 CVL der *Independence*-Klasse

Vier der Vorkriegsträger gingen in der ersten Phase des Krieges, d. h. bis Ende 1942, durch Feindeinwirkung verloren. Ein leichter Träger wurde 1944 versenkt. Dazu war noch der Verlust von sechs Geleitträgern zu beklagen. Insgesamt gab es bei den Flottenträgern folgende Totalverluste:

CV	Name	Datum der Versenkung	Ort der Versenkung	Bemerkungen
2	*Lexington*	8. 5. 42	Korallensee	2 Flugzeugbomben + 2–3 Flugzeugtorpedos; Versenkung durch eigene Torpedos
5	*Yorktown*	7. 6. 42	Midway	3 Flugzeugbomben, + 2 Flugzeugtorpedos + 2 U-Boottorpedos
7	*Wasp*	15. 9. 42	Guadalcanal	2–3 U-Boottorpedos; Versenkung durch eigene Torpedos
8	*Hornet*	26. 10. 42	Santa Cruz	5 Flugzeugbomben + 3 Flugzeugtorpedos
23	*Princeton I*	24. 10. 44	Leyte-Golf	1 Flugzeugbombe, danach Feuer im Hangar; Versenkung durch eigene Kräfte

Neben diesen Totalverlusten gab es im Laufe des Krieges, ganz besonders im letzten Stadium, auf zahlreichen Trägern z. T. erhebliche Beschädigungen, die oft zur Folge hatten, daß die Schiffe für eine kurze oder längere Zeit ihren Flugbetrieb einstellen mußten. Die nachfolgende Übersicht enthält sämtliche bekanntgewordenen schwereren Beschädigungen von Flugzeugträgern. Hierbei konnten wertvolle Erkenntnisse über die Standfestigkeit insbesondere der Schiffe der *Essex*-Klasse gewonnen werden. Entsprechende Folgerungen bezüglich des passiven Schutzes von nach dem Kriege erbauten Flugzeugträgern ergaben sich daraus zwangsläufig.

Beschädigungen von US-Trägern

CV CVL	Name	Datum der Beschädigung	Ursache der Beschädigung	Operationen fortgesetzt	Operationen zeitw. eingest.	Operationen eingestellt	Dauer der Werftzeit	Bemerkungen
3	*Saratoga*	11. 1.42	1 U-Boots-Torpedo	x			4 Monate	Werftzeit wurde zum Einbau von Torpedo-Wulsten genutzt
6	*Enterprise*	1. 2.42	1 Flugz.-Bombe	x				Nur Splitterwirkung
5	*Yorktown*	8.5. 42	3 Flugz.-Bomben	x				1/2 Stunde nach Treffern Flugbetrieb aufgenommen
6	*Enterprise*	24. 8.42	4 Flugz.-Bomben	x	x		3 Wochen	1½ Stunden nach Treffern Flugbetrieb fortgesetzt, bis Steuerung ausfiel
3	*Saratoga*	31. 8.42	1 U-Boots-Torpedo		x		7 Wochen	5½ Stunden nach Treffer Halt wegen Brandes i. d. Elektroanlage; danach Flugbetrieb aufgenommen
6	*Enterprise*	26.10.42	2 Flugz.-Bomben		x		2 Wochen	1¼ Stunden nach Treffern Flugbetrieb aufgenommen
22	*Independence*	20.11.43	1 Flugz.-Torpedo			x	24 Wochen	3 Schraubenwellen zerstört sowie beträchtlicher Wassereinbruch
16	*Lexington*	4.12.43	1 Flugz.-Torpedo			x	8 Wochen	Angesichts der notwendigen Fahrt zur Werft Flugbetrieb nicht fortgesetzt
11	*Intrepid*	27. 2.44	1 Flugz.-Torpedo			x	6 Tage	Steueranlage beschädigt

CV/CVL	Name	Datum der Beschädigung	Ursache der Beschädigung	Operationen fortgesetzt	Operationen zeitw. eingest.	Operationen eingestellt	Dauer der Werftzeit	Bemerkungen
18	Wasp	19. 2.44	5 Flugz.-Bomben	x				Teilzerstörungen und lokale Brände
17	Bunker Hill	19. 6.44	1 Flugz.-Bombe	x				Teilbeschädigungen und lokale Brände
13	Franklin	13.10.44	Kamikaze	x				Unbedeutende Beschädigungen
19	Hancock	14.10.44	1 Flugz.-Bombe	x				Geringfügige Teilbeschädigungen
13	Franklin	15.10.44	3 Flugz.-Bomben	x				Geringfügige Teilbeschädigungen und Brände
11	Intrepid	29.10.44	Kamikaze	x				Geringfügige Brände, rasch unter Kontrolle
13	Franklin	30.10.44	Kamikaze		x		10 Wochen	3 Stunden nach Treffer Landebetrieb fortgesetzt; nach 5 Stunden Startbetrieb fortgesetzt; ausgedehnte Brände innerhalb von 2½ Stunden gelöscht
16	Lexington	5.11.44	Kamikaze	x				Geringfügige Brände wurden innerhalb von 20 Minuten gelöscht
9	Essex	25.11.44	Kamikaze	x				Geringfügige Brände und Flugdeckbeschädigungen; Flugbetrieb nach 30 Minuten aufgenommen
11	Intrepid	25.11.44	2 Kamikaze			x	7 Wochen	Verbreitete Brände und Beschädigungen; Flugdeck-Brände nach 15 Minuten gelöscht, die übrigen nach 2½ Stunden
24	Belleau Wood	30.10.44	Kamikaze			x	4,5 Wochen	Beträchtliche Brände, auch am Flugdeck
28	Cabot	25.11.44	2 Kamikaze		x		2 Wochen	Geringfügige Brände und Teilbeschädigungen; 1 Stunde nach Treffer Flugbetrieb wieder aufgenommen
14	Ticonderoga	21. 1.45	2 Kamikaze			x	9 Wochen	Ausgedehnte Brände und Kabelbeschädigungen
3	Saratoga	21. 2.45	4 Kamikaze 2 Flugz.-Bomben		x		10 Wochen	Treffer über einen Zeitraum von 2 Stunden; 1½ Stunden nach letztem Treffer Landebetrieb aufgenommen
15	Randolph	11. 3.45	Kamikaze			x	3 Tage	Beschädigung am Ankerplatz Ulithi
6	Enterprise	18. 3.45	1 Flugz.-Bombe	x			12 Tage	Geringfügige Brände und Beschädigungen
11	Intrepid	18. 3.45	Kamikaze	x			11 Tage	Geringfügige Benzin-Brände und Teil-Beschädigungen
10	Yorktown	18. 3.45	1 Flugz.-Bombe	x				Äußere Teilbeschädigungen durch Druckeinwirkung. Geringfügige Brände schnell gelöscht
13	Franklin	19. 3.45	2 Flugz.-Bomben			x	bis Kriegs-Ende	Katastrophale Feuersbrünste und Explosionen eigener Bomben
18	Wasp	19. 3.45	1 Flugz.-Bombe		x		7 Wochen	Mehrere Brände und mittlere Beschädigungen; 1 Tag nach Treffer Flugbetrieb aufgenommen, dann aber Fahrt zur Werft

CV CVL	Name	Datum der Beschädigung	Ursache der Beschädigung	Operationen fortgesetzt	Operationen zeitw. eingest.	Operationen eingestellt	Dauer der Werftzeit	Bemerkungen
19	Hancock	7. 4.45	Kamikaze		x		7 Wochen	Mehrere Brände; 4½ Stunden nach Treffer Landebetrieb aufgenommen
6	Enterprise	11. 4.45	2 Kamikaze		x		4 Wochen	Geringfügige Brände, Beschädigung des Rumpfes und Wassereinbruch; Maschinenschaden durch Druckeinwirkung; 1¾ Stunden nach 2. Treffer Starts aufgenommen
9	Essex	11. 4.45	1 Flugz.-Bombe	x				Geringfügige Beschädigungen; ¾ Stunde nach Treffer Flugbetrieb aufgenommen
11	Intrepid	16. 4.45	Kamikaze		x		5 Wochen	Mehrere Feuersbrünste und Teilbeschädigungen durch Druckeinwirkung; 2¼ Stunden nach Treffer Brände gelöscht und zum Flugbetrieb bereit
17	Bunker Hill	11. 5.45	2 Kamikaze			x	16 Wochen	Mehrere Brände und Beschädigungen
6	Enterprise	11. 5.45	Kamikaze			x	14 Wochen	Brände innerhalb von 30 Minuten unter Kontrolle, wegen Ausbeulung des Flugdecks mußten eigene Flugzeuge andere Schiffe anfliegen
27	Langley	21. 1.45	1 Flugz.-Bombe		x		9 Tage	Mittlere Beschädigungen durch Druckeinwirkung; geringfügige Brände; 2½ Stunden nach Treffer Landebetrieb aufgenommen
30	San Jacinto	6. 4.45	Kamikaze	x				Geringfügige Beschädigungen

Bordflugzeuge 1939–1950

Es ist im Rahmen dieses Buches nicht möglich, eingehend auf die kontinuierliche Entwicklung von Flugzeugen der U.S. Navy detailliert einzugehen, noch ist es seine Aufgabe, die „Waffe Flugzeug" in all seinen technischen Details vorzustellen. Es sollen eher die verschiedenen Flugzeugtypen in Beziehung gesetzt werden zu den Trägern, auf denen sie eingesetzt waren. Soweit sich bezüglich der Verwendung einzelner Typen in der Zeit von etwa 1922 bis 1939 Nachweise erbringen ließen, wird das im Rahmen der entsprechenden Übersichten erwähnt. Ausführlichere Beschreibungen dieser ersten Bordflugzeuge findet man in einschlägigen Büchern (siehe hierzu das Literaturverzeichnis).

Beginnen wir mit dem Jahr 1939. In Europa beginnt ein zunächst als lokal eingeschätzter Krieg, der sich jedoch sehr bald ausweitet, um Ende 1941 nach dem Überfall Japans auf Pearl Harbor weltweite Ausmaße zu erlangen. 1939 hat die amerikanische Trägerwaffe ihre volle Stärke noch nicht ganz erreicht. CV-7 *Wasp* und CV-8 *Hornet* fehlen noch, dennoch sind auf den fünf vorhandenen Trägern bereits über 400 Flugzeuge vorhanden, 320 davon im pazifischen Raum. Die Zusammensetzung der Bordgeschwader hat jene Form erreicht, mit der man zwei Jahre später in den Krieg zog. In den rund 2½ Jahrzehnten seit den ersten Anfängen der Seeluftwaffe war die Entwicklung soweit gediehen, daß 1939 Maschinen vorhanden waren, deren Leistungen mit denen der landgebundenen Flugzeuge durchaus verglichen werden konnten. Dabei ist interessant festzustellen, daß 1939 die Geheimhaltung in den Vereinigten Staaten weit gründlicher praktiziert wurde als in der Gegenwart. Genaue technische Details neu eingeführter Flugzeuge waren damals kaum bekannt.

Bord-Jagdflugzeug war damals (ab 1935 eingeführt) F2F, das ab 1939 durch F3F abgelöst wurde. Der Doppeldecker-Einsitzer hatte eine Geschwindigkeit von maximal 230–260 Meilen in der Stunde und ein Abfluggewicht von rund 2,2 t. – Die SBC-3 Helldiver Sturzkampfmaschine fand man damals sowohl in den Bomberstaffeln (VB), wie auch in den Aufklärungsstaffeln (VS). Auch dies waren Doppeldecker mit einer Geschwindigkeit von 237 Meilen je Stunde und einem Abfluggewicht von ca. 3,4 t. Parallel dazu gab es noch die SB2U Vindicator als Tiefdecker-Maschine mit in etwa gleicher Geschwindigkeit und einem Abfluggewicht von rund 4,2 t. In den Bomberstaffeln fand man Maschinen, die in ihrer Leistung und im Aussehen den VSB sehr ähnlich waren. Erwähnenswert ist hier der Sturzkampfbomber BT-1 mit einer Geschwindigkeit von 222 Meilen in der Stunde und einem Abfluggewicht von 3,2 t. Schwerer waren schon damals die Torpedoflugzeuge. Die TBD Devastator war mit 206 Meilen in der Stunde langsamer als die übrigen Kampfmaschinen, sie wog 4,6 t. An Stelle von Torpedos konnte sie Bomben in entsprechendem Gewicht mitführen.

Es wurden jedoch sehr schnell weitere Typen entwickelt, die dann auf den neuen Trägern eingesetzt wurden. Die Weiterentwicklung der Radarelektronik ermöglichte auch den Flugzeugbesatzungen, sich der Ortungsmöglichkeiten zu bedienen. Gegen Ende des II. Weltkrieges wurden Radar-Frühwarnflugzeuge eingeführt, eine Flugzeugart, ohne die heute kein Bordgeschwader auskommen kann.

Bis zum Kriegsende gab es auf Flugzeugträgern nur Propellerflugzeuge, deren Abfluggewicht nicht über 7 t hinausging. Dies waren relativ kleine Maschinen, so daß die an sich schon eingeplante Aufstockung des Bord-Geschwaders von 80 auf ca. 100 Maschinen ohne zusätzliche Maßnahmen bewerkstelligt werden konnte. Zu niedrigeren Zahlen kam es erst wieder in den 50er Jahren, als der Strahlantrieb eingeführt wurde und als infolge zusätzlicher Aufgaben die Bordflugzeuge wesentlich schwerer wurden.

Eine Übersicht über die wichtigsten bordgestützten Flugzeuge aus dieser Zeit befindet sich im Tabellenteil am Ende dieses Buches.

Gliederung des Träger-Flugzeuggeschwaders

Die Grundeinheit der amerikanischen Seeluftwaffe ist die Staffel („squadron"). Je nach Flugzeugtyp umfaßten zu verschiedenen Zeiten die Bordstaffeln 10 bis 30 Maschinen. Alle Staffeln eines Trägers wurden zu einem Flugzeuggeschwader zusammengefaßt. Im Laufe ihrer Existenz führten diese Geschwader verschiedene Bezeichnungen und damit auch Abkürzungen. Am Anfang stand die Bezeichnung „Air Group"; damals noch ohne eine dazugehörige Nummer, wurde sie nach dem jeweiligen Träger benannt, z. B. „Lexington Air Group". Erst 1938 wurde die „Air Group" eingeführt und erhielt erstmalig einen eigenen Kommandanten, der sich „Commander Air Group" nannte. Obwohl heute längst nicht mehr als „Air Group" bezeichnet, sondern als Geschwader („wing"), wird dessen Kommandant noch gegenwärtig mit „CAG" abgekürzt. Die Numerierung der Geschwader wurde erst 1942 eingeführt, als CAG-9 auf *Essex* (CV-9) eingesetzt wurde. Die bereits vorhandenen älteren Gruppen erhielten nachträglich die Nummern ihrer Träger, wurden jedoch immer noch zusätzlich mit deren Namen bezeichnet. Ab Mitte 1944 wurden Änderungen bei den Bezeichnungen gültig, die das Ziel hatten, die Zugehörigkeit des Geschwaders zu einer bestimmten Kategorie von Trägern zu kennzeichnen. Analog den Träger-Kategorien CVB, CV, CVL und CVE erhielten die Geschwader die Bezeichnungen CVBG, CVG, CVLG und CVEG. Dieser Zustand dauerte bis zum September 1948 an, als sämtliche Träger-Flugzeuggeschwader als „Carrier Air Group" umklassifiziert wurden und die einheitliche Abkürzung „CVG" erhielten. Entsprach anfangs die Nummer der CVG der des jeweiligen Trägers, so verlor sich später diese Beziehung immer mehr.

Während des II. Weltkrieges veränderte sich die Zusammensetzung des Bordgeschwaders mehrmals, je nach Art und Anzahl der Flugzeuge und je nach den gestellten Aufgaben. Etwa Ende 1943 gab es auf Schiffen der *Essex*-Klasse im Normalfall:
1 VF-Staffel mit 36 Flugzeugen,
1 VB-Staffel mit 36 Flugzeugen,
1 VT-Staffel mit 18 Flugzeugen,
insgesamt also 90 Maschinen.
Im Laufe des Krieges wurde die Anzahl der Flugzeuge nacheinander von 80 auf bis über 100 erhöht und ein Geschwader umfaßte 1945 (wiederum Beispiel *Essex*-Klasse)
2 VF-Staffeln mit 73 Flugzeugen,
1 VB-Staffel mit 15 Flugzeugen,
1 VT-Staffel mit 15 Flugzeugen,
insgesamt also 103 Flugzeuge. Hierzu kamen noch jeweils einige Hilfsdienst-, Kurier- und Stabs-Maschinen an Bord. Soweit bekannt, wird im Tabellenteil auf die bei den einzelnen Schiffen bekanntgewordene Geschwader-Zusammensetzung bzw. die geflogenen Flugzeugtypen hingewiesen.
Aufklärer und Bomber waren meist dieselben Typen. Es gab sowohl „reinrassige" Staffeln, wie VS, VB, VT, als auch kombinierte, wie VSB, VBF oder VTB. VSB-Maschinen hatten beim Aufklärungseinsatz zusätzliche Benzinkanister, durch die sie eine wesentlich größere Reichweite hatten.
Die wesentlich kleineren Geleitflugzeugträger (CVE) hatten anstelle der CVG in der Regel stark vergrößerte kombinierte Staffeln an Bord, die als „Composite Squadrons" (VC) bezeichnet wurden. Sie bestanden aus einer veränderlichen Anzahl von Jagd- und Torpedoflugzeugen.
Die CVLG an Bord der leichten Träger (CVL) hatten manchmal nur Jagdmaschinen an Bord, die den Schutz derjenigen Trägergruppen übernahmen, deren Kampfmaschinen sich im Einsatz weit vom eigenen Träger befanden.
Das Flugzeugbeschaffungsprogramm für das Jahr 1945 sah für jeden aktiven Träger die Bereitstellung von zwei Bordgeschwadern vor, die sich im Einsatz jeweils ablösen sollten. Außerdem war vorgesehen, daß für jede Bordstaffel auf dem Träger 100% Ersatzteile vorhanden waren.

Flugzeugträger-Klassen der U.S. Navy (1920-1950)

Erläuterungen zu den Informationen im Schiffsteil

Die Kurzlebensläufe der Schiffe konnten wegen des begrenzten Raumes nur stichwortartig verfaßt werden. Sie wurden nach Angaben der im Literaturverzeichnis aufgeführten Nachschlagewerke zusammengestellt, zum Teil auch nach amtlichen Lebensläufen der Naval History Division in Washington.
Es gibt bis zum Abschluß des Manuskriptes dieses Buches noch keine geschlossenen Veröffentlichungen über die *Schiffselektronik*. Die Angaben hierüber stellen die Summe von Informationen dar, die aus Einzel-Veröffentlichungen amtlicher und privater Stellen zusammengetragen werden konnten. Die dort ausgewiesenen Jahreszahlen basieren zumeist auf langjährigen Foto-Auswertungen des Verfassers. Sie beziehen sich daher nicht immer auf den Zeitpunkt der Einführung eines oder mehrerer Geräte, sondern zeigen zumeist das Jahr an, in dem die Geräte auf einem Schiffsfoto nachweisbar sind. Nur die detaillierten Angaben über die Feuerleitgeräte des Jahres 1945 entstammen amtlichen Dokumentationen.
Die Angaben über die *Schiffs-Tarnung* entsprechen weitgehend den Forschungsergebnissen der im Literaturverzeichnis aufgeführten einschlägigen Werke und sind als weitgehend zuverlässig zu betrachten.

Für die ausgiebige Verwendung der unvermeidlichen Abkürzungen wird um Verständnis gebeten und auf das ausführliche Abkürzungs- und Stichwort-Verzeichnis verwiesen.

Langley (CV-1)

Nachdem in den Jahren zuvor bereits Versuchs-Starts und -Landungen sehr leichter Flugzeuge von Bord verschiedener größerer Kriegsschiffe stattgefunden hatten, und der Wert des Flugzeuges als „Waffe" und damit als ein mögliches Mittel des Seekrieges erkannt wurde, strebte die U.S. Navy nunmehr den Einsatz einer größeren Zahl von Flugzeugen von einem Schiff aus an. Dies war die Geburtsstunde der amerikanischen Trägerwaffe. Bevor mit dem Bau von entwurfsmäßig konzipierten Flugzeugträgern begonnen wurde, war man bestrebt, erst einmal ein vorhandenes Schiff als Flugzeugträger umzubauen. Man wählte hierfür den 1912 vom Stapel gelaufenen Marine-Kohlenfrachter *Jupiter* (AC-3), gab ihm im April 1920 den Namen *Langley* und klassifizierte ihn bereits im Juli 1919 als CV-1; es war dies die Nummer eins einer neu entstandenen Gattung, die in weniger als 30 Jahren nach einer stürmischen Entwicklung zu einer der wichtigsten des Seekrieges wurde.

Die turbo-elektrische Antriebsanlage der *Langley* befand sich achtern, so daß die in der Schiffsmitte liegenden vier Bunkerräume als eine Art Hangar für rund 55 *zerlegte* oder 33 *flugbereite* Flugzeuge eingerichtet wurden. Die Flugzeuge wurden mit Hilfe von zwei 3-t-Arbeitskränen hinaufgehievt oder hinabgelassen. Die bestehenden Aufbauten wurden entfernt und über dem Rumpf eine ca. 163 m lange, holzbeplankte Start- und Landefläche errichtet, das erste Flugzeugdeck der Welt.

Der Flugbetrieb war damals noch recht umständlich, da die an Deck gehievten Flugzeuge erst einmal flugbereit gemacht werden mußten. Auf dem achteren Ende des Flugzeugdecks durfte jedoch höchstens die Hälfte der einsatzfähigen Maschinen aufgestellt werden, wenn weiter vorn mit eigener Kraft gestartet werden sollte – denn für Radflugzeuge wurden zur damaligen Zeit Katapulte noch nicht benötigt. Die sehr leichten Flugzeuge hoben mit Gegenwind nach ca. 120 m Startbahn relativ sicher ab. Das Flugzeugdeck war 162,7 m lang und 19,5 m breit. Es gab in der Schiffsmitte einen Flugzeugaufzug, der sich zwischen den beiden Laderäumen befand. Einen Hangar gab es noch nicht, dagegen eine offene Arbeitsfläche unter dem Flugzeugdeck. Zwei Kräne ragten beiderseits über die Bordkante hinaus, mittels derer Seeflugzeuge gehoben werden konnten. Die erste Bremsseilanlage bestand aus einem Geflecht von kreuz und quer gespannten Drahtseilen. Die Rauchgase wurden vom Kessel aus einem an der Backbordseite achtern befindlichen Schornstein zugeführt, der während des Flugbetriebs seitlich abgeklappt wurde. Später kam ein weiterer, gleicher Schornstein hinzu. Die Navigationsbrücke befand sich unter dem vorderen Überhang des Flugzeugdecks. Es gab zwei teleskopartig ausfahrbare Maste. Nach Zugang der neuen, größeren Nachfolger wurde *Langley* im April 1937 als AV-3 reklassifiziert. Nach Demontage des vorderen Drittels des Flugzeugdecks wurde das Schiff als Seeflugzeugtender eingesetzt.

CV-1 Langley

Kurzlebenslauf

1/1923	Beginn der ersten regelmäßigen Flugoperationen (Atlantik).
11/1924 bis 1936	Pazifik; steter Wechsel zwischen Westküste und Hawaii; vor allem Schulungsaufgaben, Piloten-Training, Flugbetriebspraxis; dies 10/1936 Umbau als Seeflugzeugtender AV-3; Verbleib im Pazifik.
2–7/1939	Gastrolle bei der Atlantischen Flotte.
9/1939	Als Flugzeugtransporter im Westpazifik.
1942	Australien, Indonesische Gewässer.
2/1942	5 Flugzeugbomben-Treffer. Totalverlust. 16 Tote.

Schiffselektronik
keine

Tarnschemata
keine

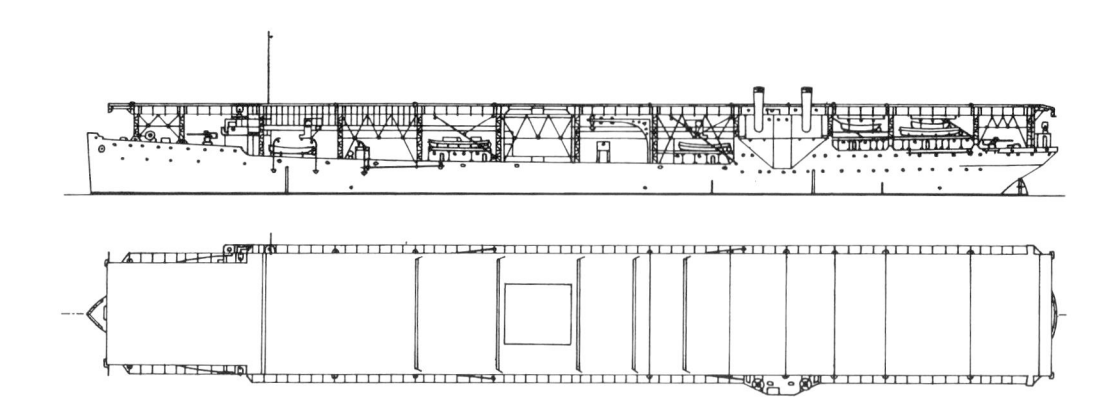

Backbord- und Decksansicht von CV-1 *Langley* im Jahre 1930, mit nunmehr zwei klappbaren Schornsteinen. Beachtenswert ist das Fehlen einer Insel, die kaum auszumachende Brücke hinter den beiden vorderen 12,7-cm-Geschützen und der teleskopartig ausziehbare Mast.

CV-1 *Langley* am 7. März 1930 in der Panama-Kanal-Zone mit 24 Flugzeugen auf dem Deck und ausgefahrenen Masten. Die beiden Schornsteine sind leicht zur Seite abgeklappt. Die Navigationsbrücke befindet sich unterhalb des Niveaus des Flugzeugdecks. Davor wie auch ganz achtern sieht man zwei der vier 12,7-cm-L/25-Geschütze. Foto: USN (Sammlung BfZ)

Landebetrieb auf der *Langley*, aufgenommen im Oktober 1931. Die Trägerwaffe hat lange Zeit gebraucht, bis sie so etwas wie »schöne« Schiffe hervorgebracht hat. Die *Langley* war es sicherlich noch nicht. Bemerkenswert ist, daß schon damals das Flugzeugdeck sehr hoch über der Wasserlinie gelegen hat. Der „Taubenschlag", das Häuschen ganz achtern auf der Schanz, diente lange Zeit als Wohnraum für den Ersten Offizier.
Foto: USN (Sammlung BfZ)

Letztes Aussehen der *Langley*, hier vor Hawaii am 29. Juli 1938 als Seeflugzeugtender mit der Kennung AV-3, die damals noch nicht angebracht war. Das Schiff ist mit Flugzeugen und Material für die Seeaufklärungsstaffeln VP-1 und VP-18 beladen. Das vordere Drittel des ursprünglichen Flugzeugdecks fehlt. In dieser Phase fungierte das Schiff oft als Flugzeugtransporter, eine Rolle, bei der die *Langley* am 27. Februar 1942 durch die Japaner versenkt wurde.
Foto: USN (Sammlung A. D. Baker)

Lexington-Klasse (CV-2)

Nachdem 1922 infolge finanzieller Anspannung der Kongreß nur dem Umbau der *Jupiter* zum Experimentier-Träger *Langley* zustimmte, ansonsten aber seine Zustimmung zum Bau von größeren und leistungsfähigeren Trägern, die sich schon im Stadium der Vorentwurfsarbeiten befanden, versagte, ergab sich als Folge der Ergebnisse der Flottenkonferenz von Washington, daß die U.S.A. die bereits begonnenen sechs Schlachtkreuzer der *Lexington*-Klasse (klassifiziert als CC-1 bis CC-6) nicht mehr weiter bauen durften. Die beiden ersten Schiffe dieser Klasse, CC-1 *Lexington* und CC-3 *Saratoga* waren bereits vom Stapel gelaufen. Aus der Not eine Tugend machend, erreichten die Vereinigten Staaten, daß die beiden unfertigen Rümpfe als Flugzeugträger fertiggebaut werden durften. Nach Umplanung ähnlicher Vorentwürfe von nicht realisierten Projekten entstanden damals, zu Beginn der bordgestützten Seeluftwaffe, zwei mächtige Einheiten, die für lange Zeit zu den größten Kriegsschiffen der Welt gehörten. Durch Erhöhung des Rumpfes um die Höhe des Hangars war ein kompakter Schiffskörper geschaffen worden, bei dem das Flugzeugdeck konstruktionsmäßig zum Rumpf gehörte, etwas was bei allen späteren amerikanischen Trägerentwürfen nicht mehr der Fall gewesen ist.

Äußerlich waren diese beiden Schwesterschiffe durch all die Jahre ihres Daseins nicht zu verwechseln. Eine „Insel" im Sinne der späteren Deutung dieses Begriffes gab es hier noch nicht. Die Rauchgasabzüge der 16 Dampfkessel wurden zu einem breiten, alleinstehenden Schornstein zusammengefaßt, vor dem eine schmale Brücke auf der Steuerbordkante des Flugzeugdecks aufgestellt war. Diese wurde jedoch auf *Saratoga* während des Krieges vergrößert. Das Flugzeugdeck war aus Stahl, jedoch mit Holzplanken abgedeckt. Es gab zwei Hangardecks, eine auf amerikanischen Trägern einmalige Anordnung. Vom Entwurf her sollten die beiden Schiffe eine Wasserverdrängung von nicht mehr als 33 000 ts haben. Es wurden jedoch weitere 3000 ts genehmigt, um damit den Gewichtsbedarf für Maßnahmen zur Verstärkung des Horizontalschutzes gegen Bomben zu decken. Die Seiten des Hangardecks waren ungepanzert, während die Wasserlinien-Panzerung auf 152 mm reduziert wurde.

Was den Flugzeugeinsatz betrifft, so stellten diese beiden Schiffe gegenüber der *Langley* einen enormen Fortschritt dar. Es gab zwar nur zwei Flugzeug-Innenaufzüge, aber es konnten alle mitgeführten 90 Maschinen so auf dem Achterdeck gestaut werden, daß sie von dort aus noch ausreichend Platz hatten, um mit eigener Kraft zu starten. Es gab zwar an der Steuerbordseite des Flugzeugdecks schon damals ein elektrisch angetriebenes Katapult, jedoch wurde dieses bereits 1931 entfernt und erst 1944 auf *Saratoga* durch zwei hydraulische Katapulte des Typs H-IVC ersetzt. Diese hatten eine Schubkraft von 7,2 t und konnten Flugzeuge auf eine Startgeschwindigkeit von 135 km/h beschleunigen. 1931 kam die erste Bremsseilanlage mit acht quer gespannten Stahlseilen zum Einbau. Parallel zur Einführung neuerer Flugzeuge sank die Aufnahmekapazität von anfangs 90 Maschinen auf 69 im Jahre 1944. Die Antriebsanlage mit turbo-elektrischer Kraftübertragung, die die beiden Schiffe als Schlachtkreuzer haben sollten und die auch schon eingebaut war, wurde beibehalten. Mit einer Leistung von 180 000 PS wurden über 33 kn Geschwindigkeit erreicht. Dementsprechend wurde auch die Rohrbewaffnung dimensioniert. Zu jener Zeit war man der Ansicht, daß Flugzeugträger im Rahmen von schnellen Flottenverbänden operieren würden, und daß sie dabei durchaus bevorzugtes Ziel gegnerischer Angriffe werden könnten. Infolge ihrer hohen Geschwindigkeit waren sie imstande, den damals noch langsameren Schlachtschiffen zu entkommen, nicht aber den Kreuzern. Um gegen diese gewappnet zu sein, wurden acht 20,3-cm-Geschütze gewählt, die in vier schmalen Türmen vor die Brücke bzw. hinter den Schornstein gesetzt wurden. Dieses Kaliber fand man zu jener Zeit auch auf den japanischen Trägern *Kaga* und *Akagi*. Da außerdem noch zwölf 12,7-cm-L/25-Flak an Bord waren, hatten die beiden Schiffe neben ihren Flugzeugen noch die Kampfkraft von schweren Kreuzern. Weitere Überlegungen gingen dahin, diese Schiffe als Kreuzer operieren zu lassen, wenn ihre Fähigkeit, Flugzeuge einzusetzen, durch Feindeinwirkung zunichte gemacht werden sollte. Als die Voraussetzungen für solche Überlegungen nicht mehr gegeben waren, wurden beim Eintritt in den II. Weltkrieg alle 20,3-cm-Türme entfernt. *Saratoga* erhielt in gleicher Anordnung vier Doppeltürme mit Geschützen des

Kalibers 12,7 cm L/38, während *Lexington* infolge Mangels an dieser damals noch relativ neuen Waffe ihren letzten Kampf ohne diese Doppeltürme bestehen mußte. Entsprechend den Erfordernissen des Krieges wurde die Fla-Bewaffnung auf *Saratoga* bis zum Kriegsende beträchtlich aufgestockt. Der Vorrat an Flugzeug-Benzin betrug ca. 436 ts. Beide Einheiten waren bereits bei Kriegseintritt mit der Radaranlage CXAM-1 ausgerüstet, und *Saratoga* erhielt ab 1942 radargesteuerte Feuerleitgeräte. Zugleich wurde ihr Flugzeugdeck verlängert, die Brücke vergrößert und an der Steuerbordseite wurde ein mächtiger Wulst angebracht. Das zunächst 266,7 × 27,4 m messende Flugzeugdeck wurde auf *Saratoga* ab 1942 auf 277 m verlängert. Es waren nur zwei Aufzüge vorhanden, die das Flugzeugdeck mit dem Hangardeck verbanden. Die Schiffspanzerung setzte sich wie folgt zusammen:

Wasserlinie 152 mm
Schotten 178 mm
Flugdeck 25 mm
Hauptdeck 51 mm
untere Decks 25-76 mm
Geschütztürme bis zu 76 mm
Barbetten 152 mm

CV-2 Lexington

Kurzlebenslauf

4/1928	Pazifik; Training von Bordstaffeln, Entwicklung von Lufttaktikverfahren, Manöver; gelegentlich auch im Atlantik, bis
12/1941	Hawaii TF 12, Wake, Pearl Harbor.
1942	TF 11 Korallensee, Neu Guinea, Pearl Harbor.
5/1942	Korallensee, 2 Flugzeugtorpedo- und 3 Flugzeugbomben-Treffer, danach Explosionen, Totalverlust.

Schiffselektronik
Radar:
1941: CXAM-1
Feuerleitung:
1941: Mk 51

Tarnschemata
10/1941: Schema 1 kombiniert mit Schema 5

USS *Lexington* (CV-2) im Jahre 1928, kurz vor der Aufnahme der Flugoperationen. Charakteristisch für das damalige Aussehen waren: der sehr breite Schornstein und die vier 20,3-cm-Doppeltürme auf der Steuerbordseite des Flugzeugdecks. Beachtenswert sind die hellen Abdeckplanen für die jeweils drei 12,7-cm L/25-Geschütze. Foto: USN

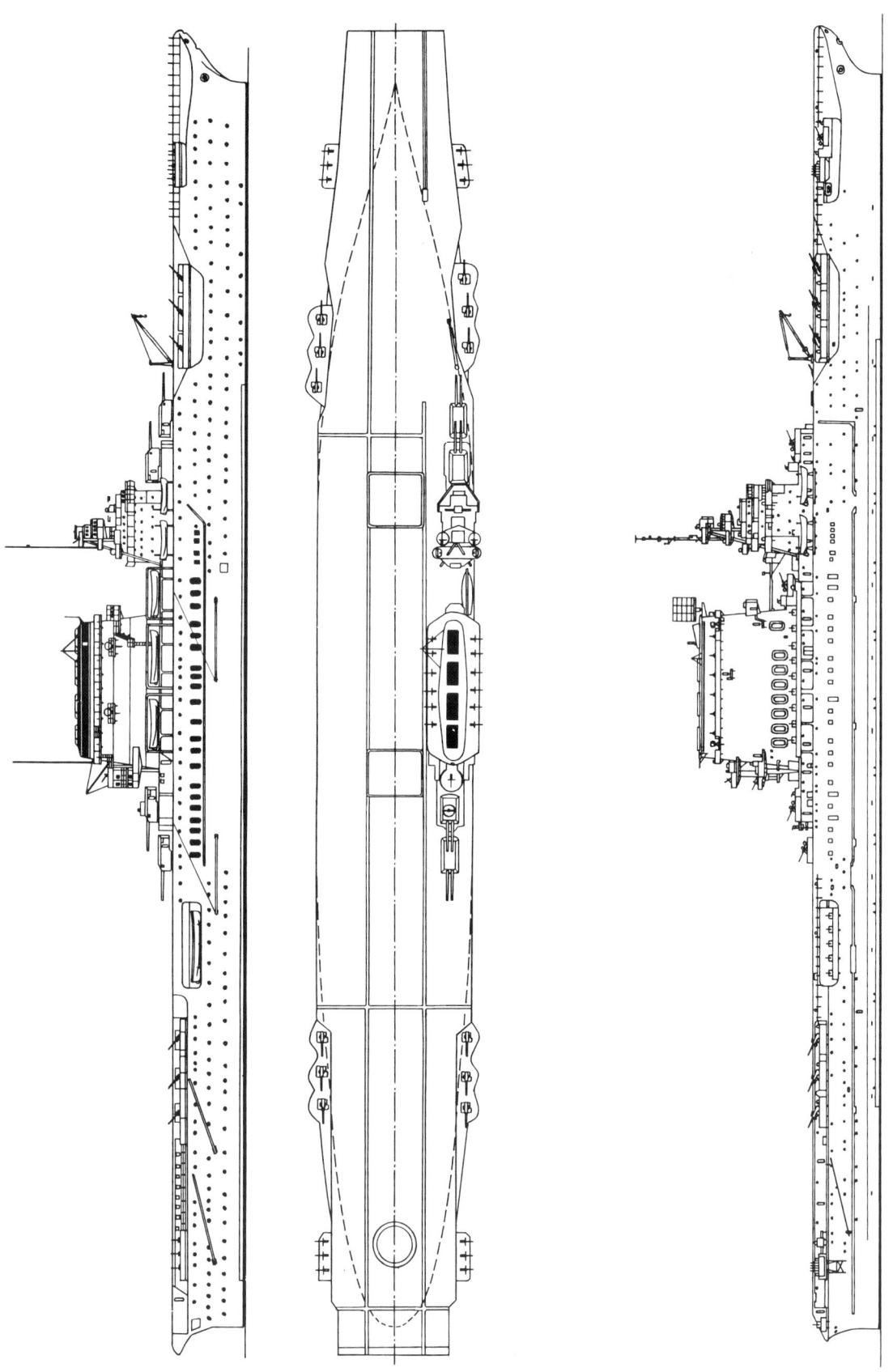

CV-2 *Lexington*, Aussehen etwa 1939, noch vor Installation der 28-mm-Flak. Bei den dargestellten leichten Rohrwaffen handelt es sich offensichtlich um die Fla-MG. Der schwarze Rand an der Oberkante des Schornsteins war in den Vorkriegsjahren kennzeichnend für *Lexington*.

Letztes Aussehen der *Lexington*, bevor das Schiff während der Schlacht in der Korallensee verlorenging. Hier konnten die 20,3-cm-Geschütztürme nicht mehr durch die 12,7-cm-Doppeltürme ersetzt werden. Dagegen befinden sich 28-mm-, 20-mm-Flak sowie CXAM-1-Radar an Bord.

CV-2 *Lexington*, Aussehen etwa 1936. Kennzeichnend war hier stets der sehr breite Schornstein mit schwarzer Oberkante, unter der sich der zur Aufnahme von Fla-MGs bestimmte Umlauf befand. Gut sichtbar sind sowohl die 20,3-cm-Doppeltürme wie auch die zu Dreiergruppen zusammengefassten 12,7-cm L/25-Geschütze. Mit Ausnahme der MGs gab es damals noch keine leichte Maschinenflak.
Foto: USN (Sammlung A. D. Baker)

Im Oktober 1941 präsentiert sich *Lexington* noch mit den 20,3-cm-Doppeltürmen, jedoch bereits kriegsgrau bemalt, und zwar in einer Kombination von Tarnschema 1 und 5. Die Zahl der 12,7-cm-Geschütze ist schon auf zehn reduziert, die Maschinenflak vom Kaliber 28 mm befindet sich an Bord. Kurz danach wurden die 20,3-cm-Doppeltürme entfernt.
Foto: USN

Dies ist die letzte Gesamtansicht der äußerlich nur scheinbar noch intakten *Lexington*, am 8. Mai 1942 von einem Kreuzer aus aufgenommen. Das Schiff erhielt zwei Torpedotreffer, deren Wirkung zu der späteren schweren Explosion führte, in deren Folge das Schiff dann am Nachmittag desselben Tages aufgegeben werden mußte. Hier fehlen die 20,3-cm-Geschütze.
Foto: USN (Sammlung A. D. Baker)

CV-3 Saratoga

Kurzlebenslauf

1928/41	Wie *Lexington* (CV-2).
12/1941	Von der Westküste in den Westpazifik.
1/1942	Hawaii, U-Boottorpedo-Treffer, Werft Westküste; dabei Ausbau der 20,3-cm-Doppeltürme; Flugzeugtransport für die Träger im Pazifik und Inselbesatzungen; Guadalcanal, Ost-Salomonen.
1943	Ost-Salomonen, Rabaul, Nauru, Makin, Tarawa, Werft Westküste, Einbau von insg. 60 40-mm-Flak an Stelle von 36 20 mm.
1944	Pearl Harbor, Marshall-Inseln, Eniwetok, weitere zahlreiche Pazifik-Einsätze, auch mit britischen und französischen Seestreitkräften; Werft Westküste, Pearl Harbor, Training von Nachtjagd-Piloten.
1945	Ulithi, japanische Inseln, Iwo Jima, Treffer durch Flugzeugbomben, Eniwetok, Werft Westküste, Trainingsfahrten Pearl Harbor, Magic Carpet-Fahrten.
1946	Nach Beschädigung während der Atombomben-Versuche bei Bikini gesunken.

Schiffselektronik

Radar:
1/1942	CXAM-1, SC
1943	CXAM-1
1945	SK, SC-3, SM

Feuerleitung:
5/1942	2 Mk 37 mit FL-Radar Mk 4
1945	2 Mk 37 mit FL-Radar Mk 4/22 (unübliche Kombination); FL-Radar Mk 12 war vorgesehen, jedoch nicht mehr installiert.
	für 40-mm-Flak insg. 25 Mk 51 Mod. 2

Tarnschemata

10/1941	Schema 1
vor 2/1944	Schema 21
ab 2/1944	Schema 32/11A
1945	Schema 21

Friedensaufnahme von CV-3 *Saratoga* aus den 30er Jahren. Die zur leichteren Unterscheidung vom Schwesterschiff *Lexington* – insbesondere da beide Schiffe oft im Verband fuhren – am Schornstein angebrachte senkrechte dicke Linie ist lange Zeit kennzeichnend für *Saratoga* gewesen. Foto: USN

Lexington-Klasse

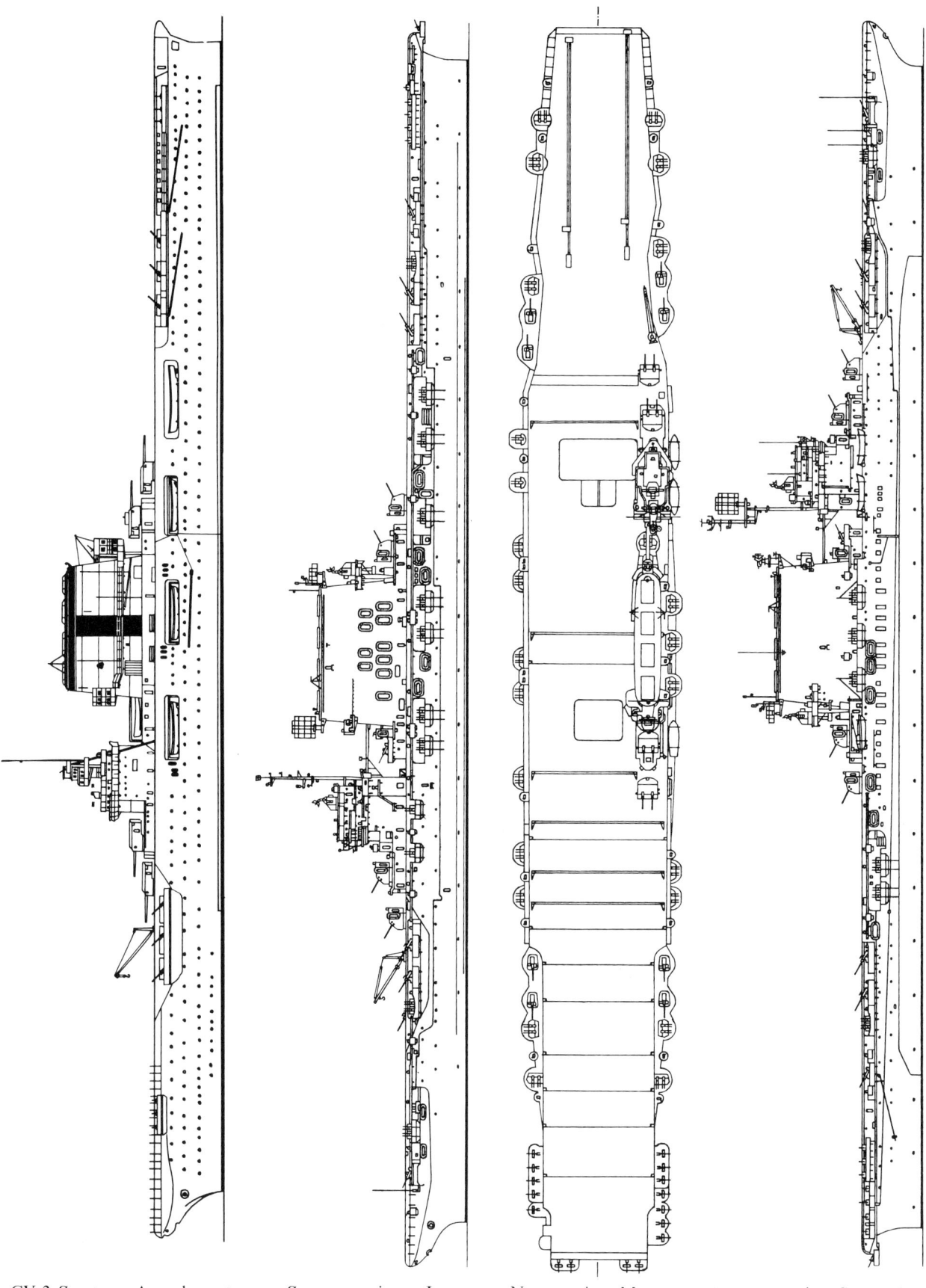

CV-3 *Saratoga*, Aussehen etwa 1937, mit dem typischen senkrechten Kenn-Streifen am Schornstein.

Saratoga im Januar 1944. Sichtbar sind alle seit 1942 gültig gewordenen Veränderungen.

Nur wenige Monate später, etwa im September 1944, findet man anstelle der SK-Radarantenne, die nun auf die Mastplattform gewandert ist, die Jäger-Leitantenne SM. Dies war das letzte Aussehen der *Saratoga* als vollwertiger Träger.

Gründlich verändert präsentiert sich *Saratoga* hier in der Marinewerft am Puget Sound am 14. Mai 1942, als die 20,3-cm-Doppeltürme bereits durch 12,7-cm-Doppeltürme ersetzt waren. Auch hier wird es sich um die Bemalung nach Schema 1 handeln. Man beachte das nach achtern verlängerte Flugzeugdeck. Foto: USN

Die kriegsbedingten Veränderungen an Brücke und Schornstein werden auf diesem ebenfalls am 14. Mai 1942 in der Werft aufgenommenen Foto augenscheinlich: die veränderte Brücke erhielt einen anderen Mast; hier wie auch am Schornsteinrand findet man nun FLG Mk 37 mit FL-Radar Mk 4. An der Vorderkante des Schornsteins befindet sich CXAM-1-Radar, an der Achterkante (nur schwach sichtbar) SC. An den Schornsteinflanken hängen Rettungsflöße, darunter sind die 20-mm-Flakstände zu erkennen. 12,7-cm-Doppeltürme befinden sich vor der Brücke und hinter dem Schornstein. Deutlich wahrnehmbar ist der Rand des damals angebrachten breiten Rumpfwulstes.

Foto: USN

Etwa zu Beginn des Jahres 1944 fuhr *Saratoga* mit Tarnanstrich nach Schema 32/11A, das speziell für dieses Schiff entwickelt worden war. Zahlreiche 40-mm-Flakstände waren inzwischen hinzugekommen. Die FLG Mk 37 haben nunmehr FL-Radar Mk 4/22.
Foto: USN

Mehr als ein Jahr später lag *Saratoga* wieder in der Marinewerft am Puget Sound, wo wesentliche Veränderungen vorgenommen wurden. Das am 15. Mai 1945 aufgenommene Foto zeigt das Schiff bei einer Geschwindigkeits-Versuchsfahrt, angemalt nach Schema 21. Der alte T-förmige Aufzug wurde wesentlich vergrößert. Auch hier ist der Rumpfwulst klar sichtbar. Erkennbare Radarausrüstung: SG und SK auf dem Mast, SP an der Vorderkante, SG und SC-3 an der Achterkante des Schornsteins. Foto: USN (Sammlung A.D. Baker)

Saratoga, aufgenommen nach derselben Werftzeit, bei der der achtere Flugzeugaufzug entfernt und der achtere Teil des Hangars in zahlreiche Unterkunftsräume unterteilt wurde. Hierdurch wurde das Schiff zur Übernahme von heimkehrenden Truppen vorbereitet, eine Operation, die später unter der Bezeichnung „Magic Carpet" („Fliegender Teppich") bekannt wurde.

Foto: USN

Diese Aufnahme der *Saratoga* wurde im Herbst 1945 gemacht, anläßlich der Rückkehr zahlreicher Kriegsteilnehmer aus dem pazifischen Raum. Der dunkle Anstrich nach Schema 21 ist unverkennbar. Außerdem wird hier besonders deutlich, daß der Schornstein während einer Werftzeit etwas gekürzt wurde. Deutlich sichtbar ist der Rumpfwulst.

Foto: J. A. Casoly

Ranger (CV-4)

Ranger war der erste amerikanische Flugzeugträger, der als solcher geplant war. Von der Konzeption her war die Konstruktion dieses Schiffes richtungweisend für die meisten bis zum Ende des II. Weltkriegs entworfenen Trägerklassen. Im Bestreben, die nach der Indienststellung von *Lexington* und *Saratoga* noch verbliebene Tonnage auf möglichst viele Plattformen zu verteilen, aber auch wegen der damals herrschenden Etatbeschränkungen, wählte man hier eine Wasserverdrängung von nur 14 500 ts Standard. Auf Kosten einer stärkeren Panzerung und Bewaffnung und unter Verzicht auf eine höhere Geschwindigkeit wurde ein Typ geschaffen, bei dem man vor allem auf die Möglichkeit der Mitnahme von möglichst vielen Flugzeugen Wert legte. Die niedrigere Geschwindigkeit wurde bewußt in Kauf genommen, da *Ranger* ursprünglich zusammen mit der Flotte der Schlachtschiffe operieren und dafür die Aufklärungsflugzeuge mitführen sollte. Die Geschwindigkeit der damaligen Schlachtschiffe war nicht höher als 21,5 kn. Der Schlankheitsgrad des *Ranger*-Rumpfes betrug in der Wasserlinie 9:1. Die Flugzeugkapazität war fast so groß, wie bei den mehr als doppelt so schweren Vorgängern. Im Gegensatz zu diesen wurde hier erstmalig die heute noch praktizierte Konstruktion der Amerikaner sichtbar, wonach Hangar samt Flugzeugdeck nicht Bestandteil des Schiffsrumpfes sind, sondern als Aufbau auf diesen aufgesetzt. Weitgehend unverkleidete Hangar-Seitenflächen wurden zur besseren Lüftung mit Rücksicht auf die sich im Hangar beim Vorwärmen der Flugzeugmotoren bildenden Bezingase vorgesehen. Der Kesselraum befand sich achtern vom Turbinenraum, so daß die Schornsteine – je drei beidseitig im achteren Schiffsdrittel – an den Aufbauten „aufgehängt" wurden, um während des Flugbetriebs seitlich waagerecht abgeklappt zu werden, was sich in der Praxis als nicht günstig erwiesen hat. Die Insel der *Ranger* war kleiner als auf den Nachfolge-Schiffen. Ursprünglich gab es kein Flugzeugkatapult, 1944 wurde ein H-IV-Katapult mit einer Schubwirkung von 3,1 t installiert, die für eine Beschleunigung auf 112 km/h ausreichte. Die Bremsanlage umfaßte sechs quer zur Schiffsachse gespannte Drahtseile. Zwei nahe beieinander liegende Innenaufzüge verbanden das Flugzeugdeck mit dem Hangar. Mit einer Panzerung von durchweg 51 mm war das Schiff recht schwach geschützt. Das Flugzeugdeck war durchgehend schwach gepanzert. Während des Krieges kam man zu der Erkenntnis, daß *Ranger* nicht allen Aufgaben gewachsen war. Unter anderem lag das Schiff bei hohem Seegang nicht sehr ruhig im Wasser und war somit keine sehr stabile Start-und Landeplattform für die Flugzeuge. So übernahm *Ranger* zunehmend Transportaufgaben im atlantischen Raum, bis sie 1944 Trainingsschiff für Marine-Piloten wurde. Trotzdem wurde hier während des Krieges die 12,7-cm-Artillerie – die übrigens 1944 unter Hinterlassung der leeren Wannen ganz entfernt wurde – durch zahlreiche 40-mm-und 20-mm-Maschinenflak ergänzt. Im Laufe des Krieges kam noch ein zweites, radargesteuertes FLG hinzu. Typisch für dieses Schiff waren die drei beidseitig aufgestellten Kräne. Das holzbeplankte Flugzeugdeck maß nach der Verlängerung im Jahre 1943 228,6×24,4 m, der Hangar 152×21×5,5 m.

Es ist nicht uninteressant, daß sich die Navy ursprünglich mit dem Gedanken beschäftigte, die nach Abzug von *Lexington* und *Saratoga* verbliebene Tonnage (bis zu insgesamt 135 000 ts) mit fünf Trägern des Typs *Ranger* auszufüllen, womit sicherlich eine maximale Flugzeuganzahl auf möglichst viele Schiffen hätte verteilt werden können. Erfahrungen führten jedoch zu zusammenfassenden Feststellungen, die ihren Niederschlag in einer Studie fanden. Hiernach sollte die unterste Grenze der Wasserverdrängung für Flugzeugträger um die 20 000 ts betragen, dies unter Berücksichtigung aller Anforderungen, die bezüglich Seefähigkeit, Geschwindigkeit, Flugzeugkapazität, Mannschafts-Unterbringung, Munitions- und Treibstoffvorrat, Panzerschutz, Bewaffnung usw. optimal erfüllt werden mußten.

Bekanntgewordene Zahlen für den Panzerschutz der *Ranger*:
Wasserlinie und Hauptschotten 51 mm
Decks 25 mm

CV-4 Ranger

Kurzlebenslauf

ab 1934	Atlantische Flotte.
12/1941	Patrouillenfahrt Süd-Atlantik.
3/1942	Werft; Flugzeugtransporte nach Nord-Afrika; Sicherungseinsatz bei Landung in Franz.-Marocco; Rückkehr zur Ostküste, Werft.
1943	Werft; Flugzeugtransporte nach Nord-Afrika, Trainingsfahrten, mit der britischen Home Fleet Sicherungseinsätze brit. Inseln, norwegische Küste.
1944	Rückkehr zur Ostküste, Trainings-Träger; Flugzeugtransporte nach Nord-Afrika; Werft. Verstärkung Flugzeugdeck, neues Katapult.
7/1944	Pazifik via Panama-Kanal, Transport von Truppen und Flugzeugen nach Pearl Harbor; Trainingseinsätze an der Westküste für den Rest der Kriegszeit.
9/1945	via Panama-Kanal zur Ostküste;
10/1946	Außerdienststellung.

Schiffselektronik

Radar:
4/1942	CXAM-1
6/1944	SK, SC-2
1945	SK, SC-2

Feuerleitung:
1942	2 FLG Mk 33 mit Mk 4 FL-Radar
ca. 1944	6 Mk 51

Tarnschemata

4/1942	Schema 12 mit Farbklecksen
1/1943	Schema 22
6/1944	Schema 33/1A, einziges Muster mit 4 Tönungen

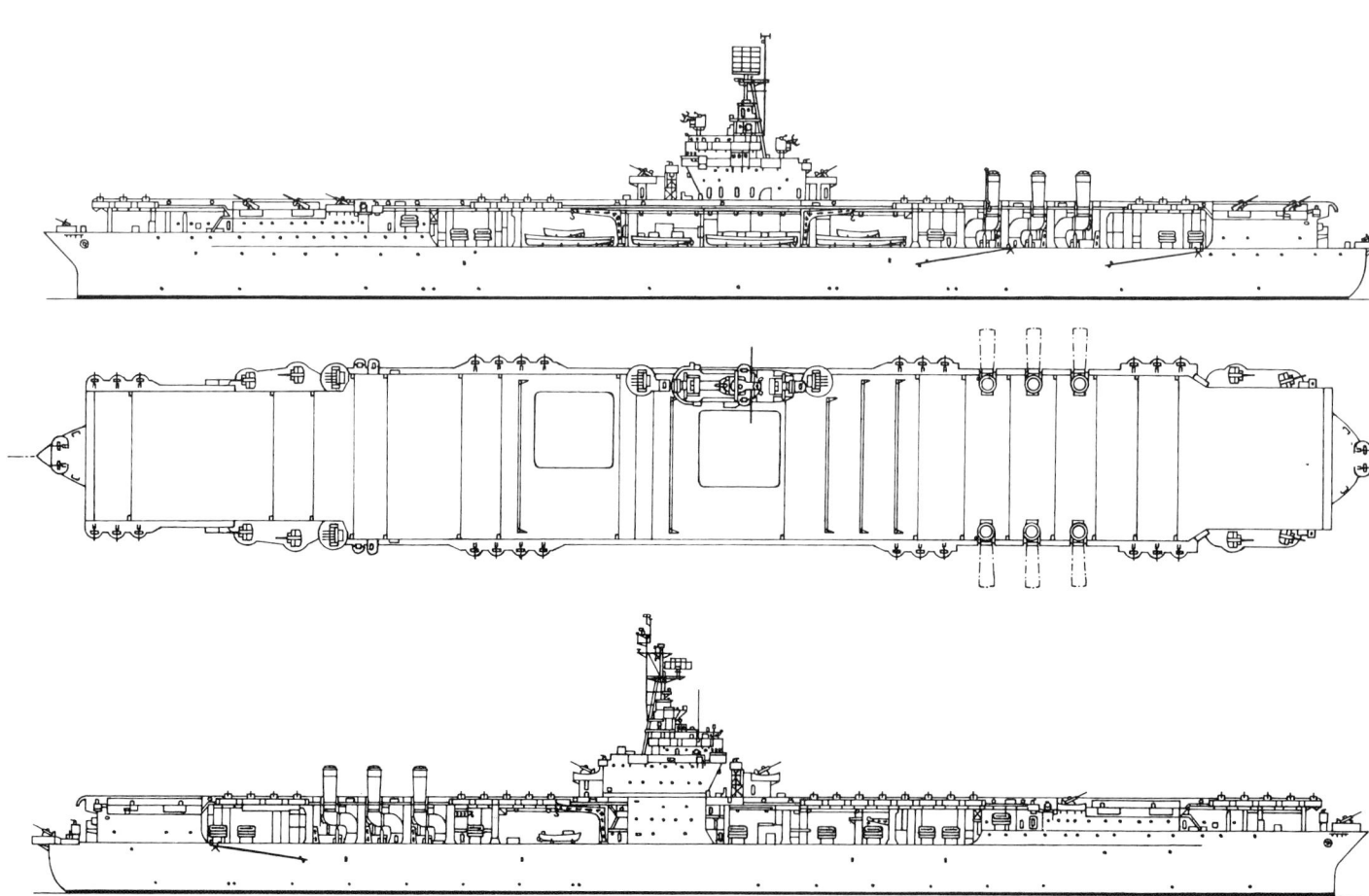

CV-4 *Ranger;* Backbordseite und Decksplan zeigen das Aussehen des Schiffes im Frühjahr 1942. 16–12,7-cm-L/25-Geschütze und vier Vierlingsflak 28 mm. Radarantenne CXAM-1 befindet sich auf der Spitze des Dreibeinmastes. Mk 33 FLG mit FL-Radar Mk 4. Die Steuerbordseite zeigt *Ranger* im Sommer 1944 nach Entfernung der 12,7-cm-Geschütze, der FLG Mk 33 und nach Installation von 40-mm-Flak und SC-2-Radar.

CV-4 *Ranger*, Breitseitaufnahme aus dem Jahre 1934, auf der die schräge Vorderkante der Insel gut zu erkennen ist. Auf der Insel erkennt man noch kein FLG.
Foto: USN

Eine weitere instruktive Ansicht von *Ranger* aus den 30er Jahren veranschaulicht die Anlage der sechs Schornsteine und der beiden nahe beieinander liegenden Flugzeugaufzüge, die seitlich aus der Decksachse verschoben sind, sowie der zahlreichen Schiffsboote. Immer noch kein FLG auf der Insel. Anfangs befanden sich nur vier 12,7-cm-Geschütze in den seitlich des Flugzeugdecks angebrachten Ständen. Zwei Geschütze waren auf der Back aufgestellt, eine Anordnung, die sich bei hohem Seegang als ungünstig erwiesen hat.
Foto: USN (Sammlung BfZ)

Ranger im April 1942 in der Marinewerft Norfolk nach Anbringung der ersten kriegsbedingten Veränderungen. Tarnanstrich nach Schema 12, Umkleidung und Neuaufstellung der Flakstände, kleine Kenn-Nummer am Bug. Die 12,7-cm-Flageschütze wurden umgruppiert, einige 20-mm-Maschinenflak können ausgemacht werden.
Foto: USN

Diese am 11. April 1942 in der Marinewerft Norfolk gemachte Aufnahme verdeutlicht Einzelheiten der Inselpartie: die beiden noch vor dem Kriege aufgestellten FLG Mk 33 erhielten FL-Radar Mk 4, auf der Mastspitze befindet sich die Radarantenne CXAM-1, am Dreibeinmast sieht man Scheinwerfer zur Ausleuchtung des Landedecks, dessen Holzauflage hier noch gerade wahrgenommen werden kann. Vor und hinter der Insel kamen Stände für die 28-mm-Flak und deren FLG hinzu. Foto: USN

Ranger, aufgenommen im Januar 1944, getarnt mit dem Zweifarbenanstrich des Schemas 22. Die 12,7-cm-Geschütze befinden sich noch an Bord. Die 28-mm-Flak wurde erst etwas später entfernt und durch acht 40-mm-Vierlinge ersetzt. Foto: USN

Ab Juni 1944 fuhr *Ranger* getarnt nach Schema 32/ 1A. Das Muster 1A war das einzige Muster, das vier Farbtönungen enthielt; es wurde speziell für dieses Schiff entwickelt. Die Veränderungen, die nach der vorangegangenen Werftzeit wirksam geworden sind, sind auf diesem im Juli 1944 aufgenommenen Breitseitsfoto sichtbar: die 12,7-cm-Geschütze wurden entfernt, an Stelle der 28-mm- nunmehr 40-mm-Flak – auch in den Bug- und Heckständen. SC-2-Radar.

Foto: USN (Sammlung A. D. Baker)

Dieses ebenfalls 1942 aufgenommene Foto der *Ranger* veranschaulicht, wie schmal Träger-Inseln sind. Im Vordergrund der erhöhte 28-mm-Flakstand, raumsparend nach Steuerbord ausgerichtet. Darüber überhöht das abgedeckte Leitgerät. Auch bei *Ranger* gab es um diese Zeit bereits zwei Brücken-Niveaus. Über dem oberen findet man FL-Radar Mk 4, das vor das ältere FLG Mk 33 gesetzt wurde. Sehr deutlich sieht man hier die Maserung von CXAM-1 Radar. Foto: USN

Yorktown-Klasse (CV-5)

Nach den Bestimmungen der Washingtoner Flottenverträge durften die Amerikaner Flugzeugträger mit einer Gesamttonnage von 135 000 ts Standard unterhalten. Nach der *Lexington*-Klasse mit zweimal 36 000 ts und der *Ranger* mit 14 500 ts waren zunächst zwei weitere Einheiten vorgesehen, die je 19 000 ts verdrängen sollten und mit denen die 120 000 ts-Marke erreicht werden würde. Der Rest wurde dann mit *Wasp* (CV-7) verbaut. Das dritte Schwesterschiff von *Yorktown* und *Enterprise*, die leicht verbesserte *Hornet*, lief erst vier Jahre nach *Yorktown* und *Enterprise* vom Stapel, als die erwähnten Beschränkungen nicht mehr bestanden. Diese drei Schiffe basierten auf dem Entwurf *Ranger*, wiesen jedoch generell bessere Eigenschaften auf. Die Kesselräume befanden sich hier vor den Turbinenräumen, so daß die Rauchgase durch einen breiten, hinter der Brücke befindlichen Schornstein abgeführt wurden. Es gab auf *Yorktown* und *Enterprise* drei Flugzeugaufzüge und zwei H-I-Katapulte, die mit 2,5 t Schub die Flugzeuge auf 74 km/h beschleunigten. Sie waren (nur bis 1939) im Hangardeck, diagonal zur Schiffsachse aufgestellt, und von hier aus konnten die Flugzeuge in beide Richtungen katapultiert werden. Die Überlegungen gingen dahin, daß bei entstehender Notwendigkeit möglichst viele Flugzeuge zugleich und schnell gestartet werden sollten. Hierbei blieb das Hauptdeck den mit eigener Kraft startenden Maschinen vorbehalten. Dieses Flugzeugdeck war 238 m lang und 24,4 m breit. Erst 1941 erhielten *Yorktown* und *Enterprise* je zwei Flugdeck-Katapulte H-II. Im allgemeinen waren Schiffe dieser Klasse etwas stärker gepanzert. Für die 12,7-cm-Flak gab es zwei Leitgeräte. Insbesondere die *Enterprise* erhielt im Laufe des Krieges zusätzlich zahlreiche Maschinenflak. Die Maschinenanlage war mehr als doppelt so stark wie die auf *Ranger*. Dies resultierte in einem Geschwindigkeitszuwachs von ca. 4 Knoten. Die später fertiggestellte *Hornet* erhielt etwas mehr Flugzeugdeck-Fläche.

Zusammen mit *Lexington*, *Saratoga* und *Wasp* hatten Schiffe dieser Klasse die ganze Last der ersten Kriegsmonate zu spüren bekommen, was sich in den bekannten Totalverlusten niederschlug. Gegenüber *Ranger* waren lebenswichtige Anlageteile durch Panzerung besser geschützt. Es wurde eine bessere Unterteilung der unter Wasser befindlichen Räume vorgesehen, damit die Wirkung von Torpedotreffern vermindert werden konnte. Der Hangar erstreckte sich über die volle Schiffslänge und war seitlich mit jeweils mehreren verschließbaren Öffnungen versehen, die der schnelleren Beladung, der besseren Lüftung und Beleuchtung dienten. Die größten Öffnungen standen vor allem in Verbindung mit den im Hangardeck quer aufgestellten Katapulten. Das Flugzeugdeck bestand auch bei dieser Klasse noch aus Hartholzplanken. Erstmalig sollte bei diesen Schiffen den heimkehrenden Flugzeugen Gelegenheit gegeben werden, sowohl über Heck als auch über Bug landen zu können. Daher gab es sowohl vorne als auch achtern eine Bremsseilanlage mit je 4 bzw. 9 Stahlseilen. Zusätzlich gab es zwei bis vier „crash barriers" zum Schutz der auf dem Vorderdeck abgestellten Maschinen gegen von achtern landende Flugzeuge. Konstruktiv lag *Yorktown* auf halbem Wege zwischen *Ranger* und *Essex*. Diese Klasse war zwar zur Aufnahme von 90 Flugzeugen entworfen, in der Praxis konnten jedoch kaum mehr als 80 Maschinen mitgeführt werden, sollte es zu keiner gegenseitigen Behinderung kommen. Der Panzerschutz setzte sich wie folgt zusammen:

Wasserlinie i. H. der Antriebsanlage 64–102 mm
Hauptschotten 102 mm
Hangardeck 76 mm

CV-5 Yorktown

Kurzlebenslauf

9/1937	Kurze Zeit im Pazifik.
Mitte 1941	Zurück in den Atlantik.
12/1941	Erneut Wechsel in den Pazifik; Pearl Harbor.
1/1942	Mit *Enterprise* Gilberts- und Marshall-Inseln.
4/1942	Mit *Lexington* (TF 11) Korallensee, leicht beschädigt, Werft.
6/1942	Midway, Totalverlust.

Yorktown-Klasse

Schiffselektronik
Radar:
1941   CXAM
Feuerleitung:
1942   2 Mk 33

Tarnschemata
6/1942   Schema 12

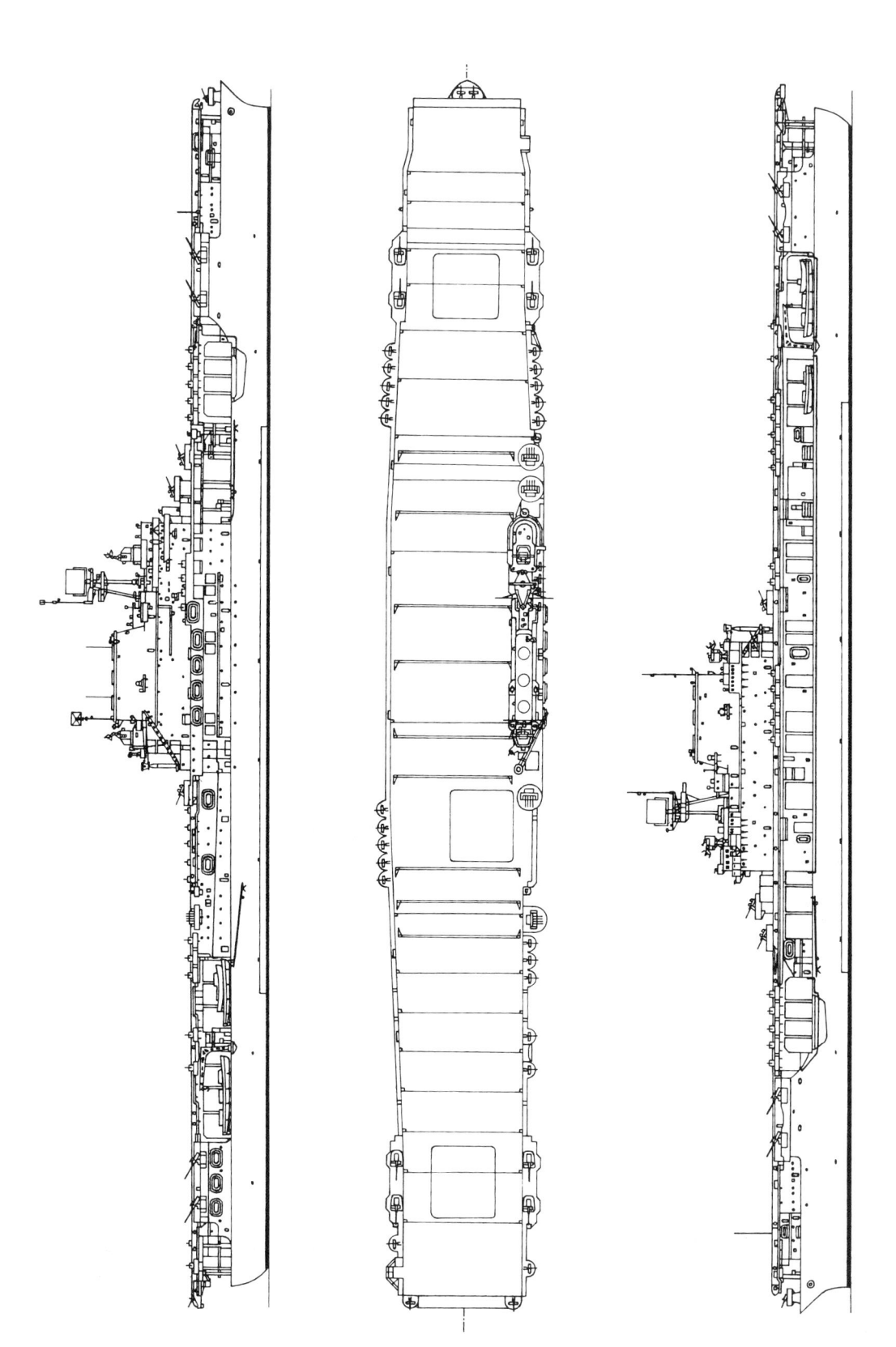

Die Backbordzeichnung zeigt das Aussehen von CV-5 *Yorktown* im Frühjahr 1942. 28-mm- und 20-mm-Flak sind zu beobachten, wie auch CXAM-Radar auf der Mastplattform. Die Zeichnungen der Steuerbordseite und der Decksansicht entsprechen dem Aussehen von CV-8 *Hornet*, kurz vor dem Untergang des Schiffes im Oktober 1942. Im Gegensatz zu *Yorktown* findet man hier 2 FLG Mk 37. Beachtenswert sind die auch über das vordere Flugzeugdeck gespannten Bremsseile. Weder *Yorktown* noch *Hornet* hatten jemals 40-mm-Flak an Bord.

CV-5 *Yorktown* am 12. Juli 1937, kurz vor der Indienststellung. Foto: USN

Achterliche Ansicht der *Yorktown*, auf der die geschwungene Linienführung der Vorschiffspartie beobachtet werden kann, wie auch die damals noch üblichen Bullaugen. Foto: USN (Sammlung BfZ)

Luftaufnahme der *Yorktown* vom Mai 1940, auf dem Flugzeugdeck eine volle Zuladung von ca. 90 der damals geführten Flugzeuge. Zur Unterscheidung zu *Enterprise* führte das Schiff zeitweise ein schwarz angemaltes Y an der Schornsteinflanke. Foto: USN

Yorktown im Trockendock, aufgenommen im Mai 1942, kurz vor der überstürzten Abkommandierung in Richtung Midway. Beachtenswert ist der erhöhte 20-mm-Flakstand unter der Vorderkante des Flugzeugdecks. CXAM-Radarantenne steht in Querab-Position und ist daher hier nicht sichtbar. Foto: USN

CV-6 Enterprise

Kurzlebenslauf

1939	Pazifik.
1941	Pearl Harbor.
1942	Samoa-Geleite, Marshall-Inseln, Wake, Marcus, Midway (TF 16), Süd-Pazifik (TF 61), Salomonen, Guadalcanal, Santa Cruz, Noumea (Reparaturen).
1943	Noumea (Reparaturen), Salomonen, Westküste Werft, Makin, TG 50.2, Kwajalein.
1944	Marshall-Inseln (TF 58), Truk, Emirau (TG 36.1), Yap, Ulithi, Woleai, Palaus, Hollandia, Truk, Saipan, Rota, Guam, Philippinen, Vulkan- und Bonin-Inseln (TF 38), Yap Ulithi, Palaus, Okinawa, Formosa, Philippinen, Leyte, Yap, Westküste.
1945	Luzon, Chinesische See (TG 38.5) mit japanische Inseln (TG 58.5), Iwo Jima, Honshu, Kyushu.
7/1945	Westküste, Transportfahrt nach Pearl Harbor.
10/1945	Ostküste; mehrere Magic Carpet-Fahrten nach Europa.
2/1947	Außer Dienst, Reserveflotte.

Schiffselektronik
Radar:
vor 3/1942 CXAM
   5/1942 CXAM-1
   10/1942 CXAM-1, SG
   10/1943 SK, SC-2, SP, SG

Feuerleitung:
1938	2 Mk 33
1941	2 Mk 33 ohne FL-Radar
9/1942	2 Mk 33 mit FL-Radar Mk 4
10/1942	1 Mk 37, 1 Mk 33, beide mit FL-Radar Mk 4
10/1943	2 Mk 37 mit FL-Radar Mk 4, 16 Mk 51 (sollte 4 Mk 57 erhalten)
9/1945	2 Mk 37 mit FL-Radar Mk 12/22

Tarnschemata
12/1943	Schema 21
8/1944	Schema 33/4Ab bis 1/1945
9/1945	Schema 21

Im Mai 1942 wurde dieses Foto der Insel von CV-6 *Enterprise* aufgenommen, auf dem an der Mastspitze die Radarantenne CXAM-1 festgestellt werden kann. Im Vordergrund die beiden Stände mit der 28-mm-Vierlingsflak. Foto: USN

Diese Steuerbordaufnahme von *Enterprise* wurde im November 1942 gemacht. Foto: USN

40 mm-
Zwilling →

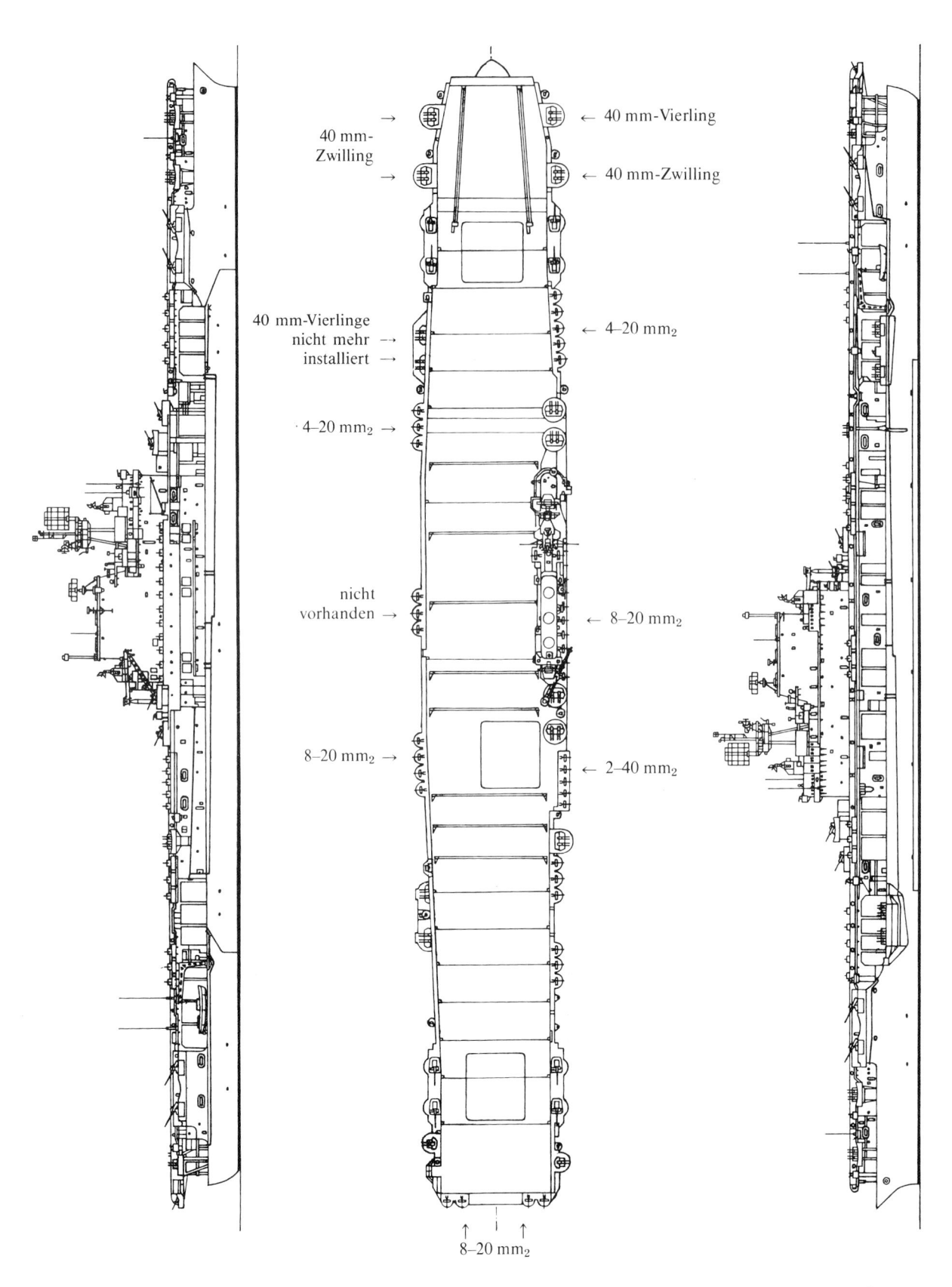

← 40 mm-Vierling

← 40 mm-Zwilling

40 mm-Vierlinge
nicht mehr →
installiert →

← 4–20 mm$_2$

· 4–20 mm$_2$ →

nicht
vorhanden →

← 8–20 mm$_2$

8–20 mm$_2$ →

← 2–40 mm$_2$

↑ ↑
8–20 mm$_2$

Alle drei Ansichten zeigen generell das Aussehen der *Enterprise* nach Kriegsende, im September 1945, jedoch weisen die Zeichnungen eine unterschiedliche Dotierung der Maschinen-Flak aus. Der wirkliche Bestand wird durch Pfeile gekennzeichnet. Zur Endausrüstung gehören die Radarantennen SK und SP (auf der Mastplattform) und SC-2 (auf dem Schornstein).

Ein Jahr später: Im Dezember 1943 hat *Enterprise* Tarnanstrich nach Schema 14. Zahlreiche 20-mm- und 40-mm-Flak wurden aufgestellt, die FLG Mk 37 haben nunmehr FL-Radar Mk 4. Foto: USN

Im März 1944 bei schneller Fahrt aufgenommen, präsentiert sich *Enterprise* mit nur wenigen Flugzeugen auf dem Deck. Die Radarausrüstung wurde erweitert und besteht nun aus den Geräten SK, SC-2 und SP. Tarnanstrich immer noch nach Schema 21. Foto: USN

Dieses Foto wurde am 2. August 1944 aufgenommen und zeigt das Backbord-Mittschiffsdetail der *Enterprise* mit Tarnanstrich nach Schema 33/4Ab. Im Vordergrund passiert der U-Boot-Jäger PC-1251, angestrichen vermutlich nach Schema 1. Foto: USN

Kurz nach dem Kriegsende: *Enterprise* fährt am 13. September 1945 mit 20 kn in Höhe der Marinewerft am Puget Sound. An der Stelle, wo vormals die Ausleger für die Hangarkatapulte vorhanden waren, wurden je zwei Stände für 40-mm-Vierlinge angebracht, die beiden vorderen Vierlinge wurden jedoch nicht mehr aufgestellt. Dies war das letzte Aussehen des Schiffes, das hier nach Schema 21 angestrichen ist.
Foto: USN (Sammlung A. D. Baker)

CV-8 Hornet

Kurzlebenslauf
1942	Westküste.
4/1942	Einsatz von Armee-Bombern des Typs B-25 auf Tokio; Midway, Guadalcanal, Santa Cruz, dort
10/1942	Totalverlust.

Schiffselektronik
Radar:
2-7/1942	SC
ab 7/1942	CXAM

Feuerleitung:
1941	2 Mk 37 ohne FL-Radar
2/1942	2 Mk 37 mit FL-Radar Mk 4

Tarnschemata
1941	Fertiggestellt mit Anstrich nach Schema 12, später wurden zusätzlich noch Farbkleckse aufgetragen

CV-8 *Hornet*, gesehen im Oktober 1941, unmittelbar nach der Indienststellung, noch ohne Bewaffnung, jedoch mit Tarnanstrich nach Schema 12. Zum Unterschied von den beiden älteren Schwesterschiffen findet man hier bereits zwei FLG Mk 37 auf der Insel.
Foto: USN (Sammlung BfZ)

Auch dieses interessante Foto der *Hornet* stammt noch aus dem Jahr 1941, erkennbar daran, daß sich noch keine Bewaffnung an Bord befindet. Foto: USN

Hornet war bis zu ihrer Versenkung knapp ein Jahr im Dienst. Dieses Foto zeigt das Schiff im Mai 1942, getarnt nach Schema 12, jedoch mit Farbklecksen. Eine der wenigen Aufnahmen des Schiffes, auf der die SC-Antenne auf der Mastplattform beobachtet werden kann. Auf den Mk 37-Geräten ist inzwischen FL-Radar Mk 4 angebracht worden. Foto: USN

Wasp (CV-7)

Dieser Einzelgänger war der Lückenfüller unter den Trägern der U.S. Navy, der die zugestandene Gesamttonnage auf nahezu 135 000 ts brachte. Dies geschah trotz der besseren Einsicht über die erforderliche Mindest-Wasserverdrängung von 20 000 ts Standard. Oberstes Gebot auch bei diesem Schiff war die Forderung nach der Unterbringung möglichst vieler Flugzeuge. Die Anzahl entsprach denn auch der auf der *Yorktown*-Klasse. Dies aber konnte nur auf Kosten der Geschwindigkeit, der Reichweite und des Panzerschutzes erreicht werden. Der Schlankheitsgrad des Rumpfes betrug hier nur 8,5 : 1. Ansonsten entsprachen viele Eigenschaften denen der *Yorktown*-Klasse, so das vorn und achtern überhängende Flugzeugdeck, der hier etwas höhere Einzelschornstein, die beiden Feuerleitgeräte, die Bewaffnung, das Hangar-Katapult H-II, zu dem noch zwei Deckskatapulte hinzukamen. Einer der drei Flugzeugaufzüge war hier erstmalig ein Deckskantenaufzug. Während der Ausrüstungsphase seiner Flugzeuge ist der Träger am meisten gefährdet und auf den Schutz durch seine Begleitschiffe angewiesen. Aus diesem Grund sollten auch hier die heimkehrenden Flugzeuge über Bug landen können. Es gab achtern 8 und vorn 6 Bremsseile. Allein im Hangar konnten 70 Flugzeuge untergebracht werden. Der Hangar maß 152 × 23 m, das Flugzeugdeck 224 × 24,4 m. Unter Berücksichtigung seiner Zielsetzung war *Wasp* ein vollwertiger Flugzeugträger. *Wasp* blieb Einzelgänger, weil nach Wegfall der Tonnage-Beschränkungen mit der *Hornet* einer der größeren Träger der *Yorktown*-Klasse gebaut wurde, während schon die Entwürfe für die neue *Essex*-Klasse vorbereitet wurden. *Wasp* war wie folgt gepanzert:

Wasserlinie und Hauptschotten 102 mm
Decks 38 mm
Kommandoturm 19–38 mm

CV-7 Wasp

Kurzlebenslauf
12/1941   Atlantik.
3–5/1942   Bei der britischen Home Fleet, u. a. Transport britischer Jagdflugzeuge nach Malta – neben der eigenen Flugzeugladung; nach Verlust der *Yorktown* bei Midway Wechsel in den Pazifik; Guadalcanal.
8/1942   Ost-Salomonen.
9/1942   Transport von Jagdflugzeugen des Marine Corps nach Guadalcanal; Totalverlust südlich Guadalcanal.

Schiffselektronik
Radar:
1942   CXAM–1
Feuerleitung:
1942   2 Mk 33 mit FL-Radar Mk 4

Tarnschemata
1942   Schema 12 mit Farbklecksen

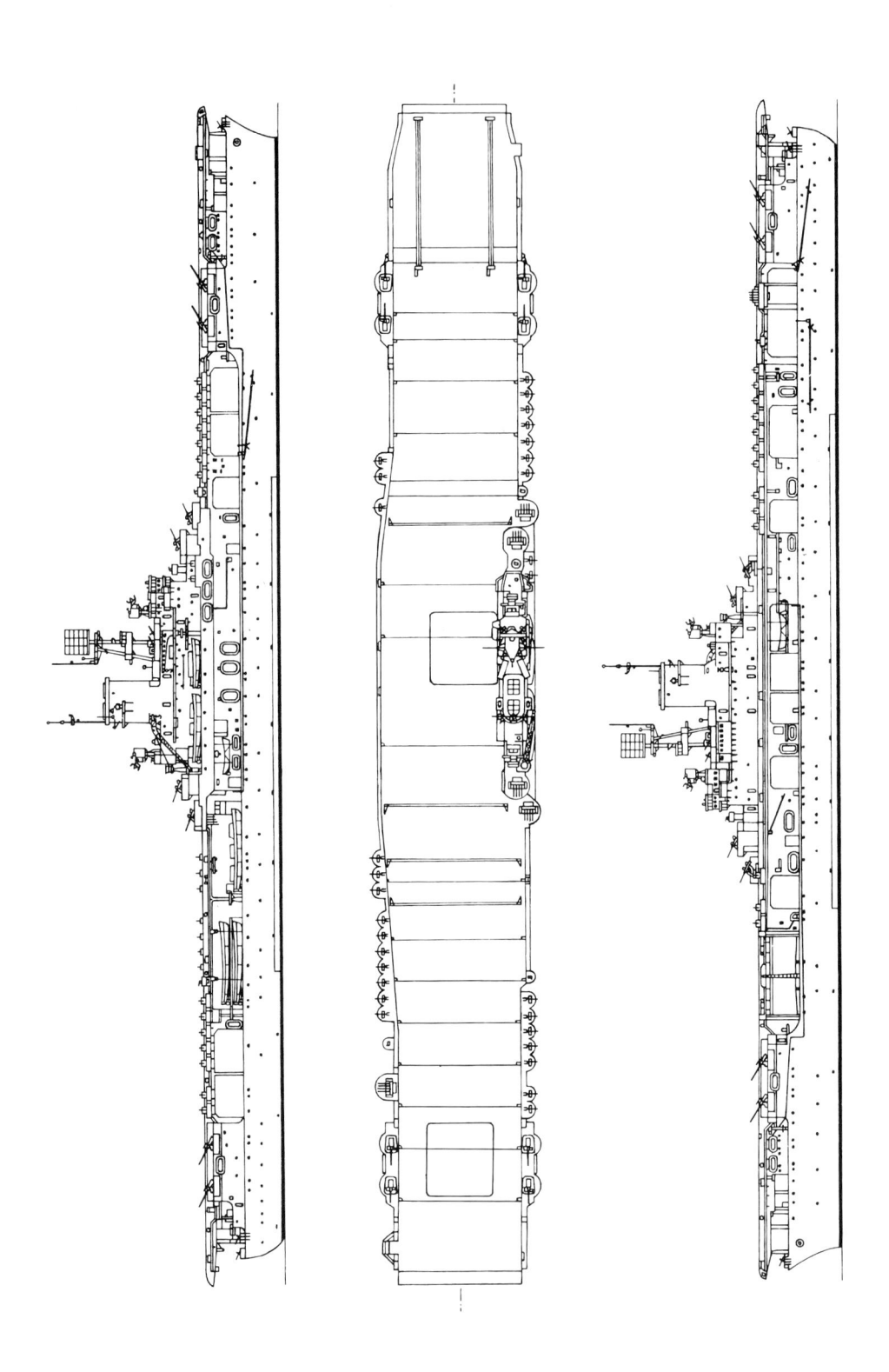

CV-7 *Wasp*. Alle drei Ansichten entsprechen dem Aussehen des Schiffes im Sommer 1942, kurz vor dem Untergang. Gegenüber der *Yorktown*-Klasse fällt hier der prominente, schlanke Schornstein auf. Die 20-mm-Flak kam 1942 an Bord. Die Radarantenne CXAM-1 befindet sich auf der Mastplattform.

Friedensaufnahme von *Wasp* (CV-7), etwa 1940 fotografiert. Im Gegensatz zu den späteren Entwürfen gibt es hier noch Bullaugen. Eine Treibstoffleitung verläuft entlang der Außenhaut. Mehrere Schiffsboote sind zu beobachten. Foto: USN

Wasp am 8. Januar 1942. Sichtbar ist hier an der vordersten Öffnung der hochgeklappte Ausleger des Hangarkatapultes. Gegenüber dem Friedensaussehen gibt es zahlreiche Veränderungen: Tarnanstrich nach verändertem Schema 12, zahlreiche 20-mm-Flakstände entlang der Flugzeugdeckskante, Splitterschutz für die 12,7-cm-Geschütze, FL-Radar auf den älteren Geräten, 28-mm-Flakstände vor und hinter der Insel, CXAM-1-Radar auf der Mastplattform.
Foto: USN (Sammlung A. D. Baker)

Zwei Monate später: *Wasp* im März 1942. Die zahlreichen Flakstände und die Radarantenne zeichnen sich infolge Sonneneinstrahlung deutlich ab. Foto: USN

Bei der selben Gelegenheit aufgenommen: Backbordseite der *Wasp*. Der Ausleger des Hangar-Katapults ist hier hinuntergeklappt. Foto: USN

Essex-Klasse*

Die bis zur Mitte der 30er Jahre konzipierten und dann realisierten Flugzeugträgerprojekte unterlagen allesamt gewissen Beschränkungen, die bedingt waren
- durch das Vorhandensein bereits vom Stapel gelaufener Schlachtkreuzer-Rümpfe,
- durch die Beschränkungen der Gesamt-Tonnage für Flugzeugträger.

Als letztere 1936 wegfielen, galt es für die U.S. Navy, die nächste Generation von Flugzeugträgern zu konzipieren. Man ging bereits damals davon aus, daß der bordgestützen Seeluftwaffe in künftigen Seekriegen eine entscheidende Rolle zufallen würde. Bei den Konzeptions-Überlegungen waren unter anderem folgende Forderungen zu berücksichtigen:
- Jeder Träger sollte imstande sein, 4 Staffeln zu je 18 Flugzeugen mitzuführen; es sollte noch Reserve für eine fünfte vorhanden sein.
- Diese Flugzeuge sollten in die Lage versetzt werden können, schnellstens zu starten, zu landen sowie gewartet und ausgerüstet zu werden.
- Sie sollten 25% Flugzeug-Ersatzteile mitführen; man ging davon aus, daß im Gegensatz zu den britischen Trägern die amerikanischen lange Zeit fern von Versorgungsstützpunkten operieren würden, so daß etwa ¼ der verlorengegangenen Flugzeuge aus dem Bord-Vorrat ersetzt werden müßte.
- Die Schiffe sollten widerstandsfähiger gegen Bomben- und Torpedotreffer werden.
- Sie sollten ausbaufähig sein, d. h. ihr Entwurf sollte der sich schon damals abzeichnenden Entwicklung der Flugzeugtechnologie Rechnung tragen.
- Die Lebensdauer sollte möglichst lang sein.

Sechs Entwurfsstudien wurden daraufhin zwischen Juli 1939 und Januar 1940 ausgewertet, von denen die letzte, CV-9F, realisiert wurde. Das Resultat war ein 27 500 ts verdrängender Typ, an dem jeder Kubikmeter, jede Tonne zweckgebunden geplant war. Er war schwerer als *Yorktown*, jedoch leichter als *Lexington*, wenn auch gleich lang. Dem – mit Ausnahme der *Lexington* – einmal eingeschlagenen Weg folgend, gehörten auch hier die über dem Hauptdeck angebrachten Aufbauten des Hangars nicht zu den tragenden Elementen der Konstruktion, und nur an der Steuerbordseite in Höhe der Insel verband die Außenhaut Rumpf und Insel mit den Aufbauten. Das Flugzeugdeck (264 × 27,4 m) war nach wie vor holzbeplankt und sehr leicht gepanzert, wie das Hauptdeck auch. Man wollte erreichen, daß im Interesse schnellerer Startoperationen die Propellermaschinen bereits im Hangar vorgewärmt werden konnten, wozu ausreichende Entlüftung der Hangars Voraussetzung war. Gegen Wettereinwirkung konnten die Hangaröffnungen an den Seiten durch Rolltore geschützt werden. Die Maße des Hangars betrugen 176,8 × 21,6 × 5,5 m. Das unter dem Flugzeugdeck befindliche, „aufgehängte" Galeriedeck beherbergte – dies jedoch nicht in voller Länge des Flugzeugdecks – Bereitschafts- und Wohnräume der Flugzeugbesatzungen, die so am schnellsten zu ihren Flugzeugen eilen konnten. Bei diesem Entwurf gab es zwei Mittelaufzüge und einen Deckskanten-Aufzug. Letzterer war bis zur Senkrechten abklappbar. Dies ermöglichte die Durchfahrt durch den Panama-Kanal. Der Seitenaufzug trat übrigens an die Stelle eines dritten Mittelaufzuges, der 1940 bei einem Vorentwurf noch vorgesehen war. Die Schächte der Mittelaufzüge reichten bis ein Deck unter dem Hangar- bzw. Hauptdeck und stellten damit ein echtes Problem für die Stabilität des Rumpfes dar. Die zunächst achtern auf dem Flugzeugdeck angebrachten 9 und 6 vorderen Bremsseile konnten Flugzeuge bis zu einem Landegewicht von 5,4 t abfangen. Später wurden die Bremsanlagen verstärkt.

Der verbesserte passive Schutz dokumentierte sich vor allem in der Einteilung des Rumpfes in weit mehr wasserdichte Abteilungen, als dies bei den älteren Trägern der Fall war. Wie gelungen dies war, kann daran gemessen werden, daß trotz zum Teil sehr schwerer Beschädigungen (auch mit Schlagseite), kein Träger der *Essex*-Klasse als Totalverlust abgebucht werden mußte.– Trotz der auf 12 Rohre verstärkten schweren Flak gab es hier nur zwei Feuerleitgeräte Mk 37, so daß nur jeweils ein Teil der Geschütze radargeleitet ge-

---
* Der Verfasser dieses Buches veröffentlichte in den Heften 10 und 11/1978 der „Marine-Rundschau" einen ausführlichen Beitrag über die Genealogie der *Essex*-Klasse, der als Ergänzung des nachfolgenden Abschnittes betrachtet werden kann.

richtet werden konnte. Wie auf allen Schiffen der U.S. Navy wurde auch hier im Laufe des Krieges eine stattliche Anzahl an 40-mm- und 20-mm-Flak installiert, jedoch variierte die Stückzahl von Schiff zu Schiff und von einer Werftzeit zur anderen.

Beginnend mit dem Haushaltsjahr 1940 wurden insgesamt 32 Schiffe dieser Klasse zum Bau freigegeben, von denen 24 fertiggestellt worden sind, 7 davon zu spät, um noch am II. Weltkrieg teilzunehmen. 2 Einheiten wurden aufgrund des nahenden Kriegsendes nicht mehr fertiggestellt, sondern abgebrochen, und weitere 6 Schiffe erst gar nicht begonnen. Der Bau der ebenfalls begonnenen *Oriskany* (CV–34) wurde nach dem Stapellauf zunächst eingestellt und das Schiff erst 1951 gemäß Umbauform SCB-27A fertiggestellt. Die rechtzeitig zur Flotte stoßenden Träger dieser Klasse waren es, die zusammen mit den beiden Veteranen *Enterprise* und *Saratoga*, den 9 leichten Trägern der *Independence*-Klasse sowie dem Gros der Geleitflugzeugträger – die zunächst vorhandene japanische Luftüberlegenheit zunichte machten. Der Bau dieser Träger erstreckte sich über gut 5 Jahre, und so ist es verständlich, daß es nicht zuletzt aufgrund von Kriegserfahrungen bereits während des Baues neuer Einheiten äußere und innere Veränderungen zu verzeichnen gab. Es gab geringfügige Unterschiede bei der Menge des mitgeführten Treibstoffs und des Flugzeugbenzins. Die markantere, äußerlich sichtbare Entwicklung war die Untergliederung der Klasse in 10 „short hull"- und 13 „long hull"-Schiffe. Während bei den erstgenannten 10 Schiffen die Vorderkante des Flugzeugdecks mit dem hier steileren Vordersteven abschnitt und die Bugpartie so schmal war, daß darüber nur ein 40-mm-Vierling Platz hatte, erhielten die anderen 13 Schiffe einen ausladenderen Vordersteven, was einmal zu einer größeren Gesamtlänge der Schiffe führte und andererseits die Aufstellung von zwei 40-mm-Vierlingen nebeneinander gestattete. Die neue Bugform wirkte sich allerdings nachteilig auf das Verhalten der Schiffe bei hohen Wellen und starker See aus; es kam hierbei zu harten Schlägen gegen das Vorschiff.

Eine weitere Variante betraf das unterschiedliche Aussehen der Steuerbordseite von nachweislich 12 Schiffen (es waren dies CV-10, 11, 12, 13, 14, 15, 16, 17, 18, 19, 31 und 37), an denen ab etwa 1944 an der Außenhaut unterhalb der Insel drei, weiter achtern zwei weitere zusätzliche 40-mm-Fla-Stände in Schwalbennestern angebracht wurden. Weiterhin gab es zeitlich begrenzte Unterschiede im Aussehen infolge unterschiedlicher Tarnanstriche und Bemalungen. Im einzelnen wird darauf bei den nachfolgenden Bildunterschriften eingegangen. Weitere Änderungen gab es in den 50er Jahren anläßlich der Modernisierungsprozesse; darüber wird später berichtet werden.

Im Gegensatz zu den modernen Trägern waren die der *Essex*-Klasse anfangs so eingerichtet, daß ihre Flugzeuge – genau wie bei der *Yorktown*-Klasse – auch über Bug landen konnten, während der Träger mit bis zu 20 kn rückwärts lief. Die Form des Achterschiffs und die Verstärkung des Ruders entsprachen dieser Forderung. Der Schlankheitsgrad des Rumpfes betrug bei dieser Klasse 8,8:1. Die Bremsseilanlage umfaßte zahlreiche dicke Stahl-Bremsseile, achtern zwischen 9 und 16. Die Methode der Landung über Bug hat sich aber nicht bewährt, so daß bereits während des Krieges diese Praxis ebenso aufgegeben wurde wie das Starten der Flugzeuge von quer zur Schiffsachse installierten Hangar-Katapulten. Die wenigen auf CV-10 bis CV-13 installierten Hangar-Katapulte des Modells H-IVA wurden zunächst zugunsten eines zweiten Flugzeugdeck-Katapultes des Modells H-IVC aufgegeben, dessen Länge 26,4 m betrug, und das ein Flugzeug von bis zu 7,3 t Gewicht auf eine Geschwindigkeit von 137 km/h beschleunigen konnte. Die später benutzten H-IVB-Katapulte beschleunigten mit einem Schub von 6,5 t auf eine Geschwindigkeit von 161 km/h. Leistungsmäßig waren sie zweieinhalbmal so stark wie die H-2-Katapulte auf *Yorktown* I.

Es ist kaum etwas über die Baukosten dieser Träger veröffentlicht worden. Inoffiziell jedoch ist bekanntgeworden, daß sich die Kosten zwischen 68 und 76 Mio $ bewegten. *Wasp* soll 58,2 Mio $ gekostet haben. Im Jahr 1943 wurden die *Essex*-Träger sehr dringend gebraucht. Ihr Bau wurde daher im Dreischichtenbetrieb durchgeführt, so daß außerordentlich kurze Bauzeiten zustande kamen. Während der ersten Kriegsjahre betrugen sie zwischen 13 und 20 Monate. Bereits kurz nach dem Ende des II. Weltkriegs wurden 19 Träger dieser Klasse außer Dienst gestellt, konserviert und zur Reserveflotte verlegt. Lediglich die vier neuesten, CV-21, 32, 45 und 47 blieben im aktiven Dienst und fochten ab 1950 mit ihren Flugzeugen die ersten Luftkämpfe über Korea aus, während die Masse ihrer Schwesterschiffe nacheinander reaktiviert und gründlich modernisiert wurde.

Es ist noch wissenswert, daß 120 Flugzeuge gestaut im Hangar untergebracht werden konnten, weitere 80 auf dem Flugzeugdeck. Das entsprach einer gesamten Transport-Kapazität von 200 Maschinen.

Über die Schiffspanzerung werden von verschiedenen Quellen folgende Werte genannt:
Wasserlinie 64–102 mm, später während der Modernisierung entfernt
Flugzeugdeck 38 mm
Hangardeck 76 mm (nach anderen Quellen nur 64 mm)
Hauptdeck 38 mm
12,7-cm-Türme und Barbetten 28 mm.

CV-9 Essex

Kurzlebenslauf
ab 5/1943	Pazifik; Marcus (TF 15), Wake (TF 14), Gilbert-Inseln (TG 50.3), Tarawa, Kwajalein.
1944	Marshall-Inseln (TG 58.2), Truk, Saipan, Tinian, Guam, Westküste, Werft, Marcus (TG 12.1), Wake, Marianen (TF 58), Palaus (TG 38.3), Mindanao, Ryukyu (TF 38), Okinawa, Formosa, Leyte, Ulithi, Manila.
11/1944	Kamikaze-Treffer: 15 Tote, 44 Verwundete; Luzon (III. Flotte), Mindoro.
1945	TF 38.3, Lingayen, Formosa, Saki-Shima, Okinawa, Luzon, Formosa, Miyako Shima, Okinawa, TF 58, Tokyo-Umgebung, Iwo Jima, Okinawa, japanische Heimatinseln, Westküste.
1/1947	Außerdienststellung, Reserveflotte.

Schiffselektronik
Radar:
1943	SK, SC-2
5/1944	SK, SC-2 SP (SM?)
3/1945	SK-2, SC-2, SP

Feuerleitung:
1943	2 Mk 37 mit FL-Radar Mk 4, mehrere Mk 51
1945	2 Mk 37 mit FL-Radar Mk 4, 2 Mk 51 Mod. 2 (für 12,7 cm), 11 Mk 51 Mod. 2 (für 40 mm)

Tarnschemata
1943	Schema 21
ab 4/1944	Schema 32/6-10D (nur *Essex* führte dieses Muster)
11/1944	Schema 21

CV-9 *Essex* am Ankerplatz Hampton Road, genau vor dem Stützpunkt Norfolk, Va., aufgenommen am 3. Februar 1943, knapp einen Monat nach der Indienststellung. Der Backbordaufzug ist vertikal hochgeklappt, zahlreiche 20-mm-Rohre stehen senkrecht. Bemerkenswert ist die Plattform an der vorderen Hangaröffnung, die als Stütze für das hier nicht zum Einbau gekommene Hangar-Katapult dient. Treibstoffleitungen sind entlang der Außenhaut angeordnet. Im Inselbereich findet man hier vier 40-mm-Vierlinge.
Foto: USN (Sammlung A. D. Baker)

Dieses Mittschiffs-Detailfoto der *Essex* zeigt einen Teil des Steuerbord-Tarn-Musters 6/10D, aufgenommen im Juni 1944. Der vor der Insel befindliche 40-mm-Vierling wurde entfernt, die Admiralsbrücke erweitert.

Foto: USN

Am 14. Mai 1944 präsentiert sich *Essex* mit einer Decksladung von nahezu 100 Flugzeugen. Das Schiff fährt hier getarnt nach Schema 32/6-10D. Der über der Bugpartie befindliche 40-mm-Vierling ist aus der Luftperspektive kaum zu sehen.

Foto: USN (Sammlung BfZ)

CV-10 Yorktown

Kurzlebenslauf

7/1943	Via Panama-Kanal in den Pazifik; Flaggschiff TF 15; Marcus, Wake; TF 50, Gilberts, Wotje, Kwajalein.
1944	Flaggschiff TF 58 bzw. 38; Marshall-Inseln, Truk, Saipan, Tinian, Palaus, Neu-Guinea, Truk, Guam, Iwo Jima, Chichi Jima, Marianen, Westküste Werft, Ulithi, Flaggschiff TG 38.1, Philippinen.
1945	TF 38, Südchinesische See, Formosa, Süd-Japan, Iwo Jima, Tokio, Ulithi, japanische Inseln, Okinawa, Philippinen, Besetzung Japans, Westküste Werft, dabei Umbau des Hangars für Magic Carpet-Fahrten.
1/1947	Außer Dienst, Reserveflotte.

Schiffselektronik

Radar:

1944	SK, SC-2, SM
1945	SK, SC-2, SP
6/1945	SK-2, SC-2, SP

Feuerleitung:

1945	2 Mk 37 mit FL-Radar Mk 12/22, 2 Mk 51 Mod. 3 (für 12,7 cm), 9 Mk 57 Mod. 1 und 8 Mk 51 Mod. 2 (für 40 mm)

Tarnschemata

1943	Fertiggestellt mit Schema 21
ca. 4/1944	Schema 33/10A
2/1945	Schema 21

Sonstige Informationen

Flugzeugtreibstoff-Vorrat 1943: 877 t Benzin und 1957 t JP-5
Schiffstreibstoff-Vorrat 1943: 6937 t
Besatzungsstärke 1943: 246/2436 Mann
Geschwindigkeit 1943: 32,7 kn
Schiffslänge über alles 1943: 261,1 m

Diese sehr klare Aufnahme von CV-10 *Yorktown* zeigt das Schiff am 27. April 1943, Anstrich nach Schema 21. Das Foto wurde vor der Marinewerft Norfolk in Portsmouth, Va., nur wenige Tage nach der Indienststellung aufgenommen. Hier sieht man den hochgeklappten Hangarkatapult-Ausleger besonders deutlich. Fünf dünne Antennen-Gittermaste befinden sich am Steuerbordrand des Flugzeugdecks.
Foto: USN (Sammlung A. D. Baker)

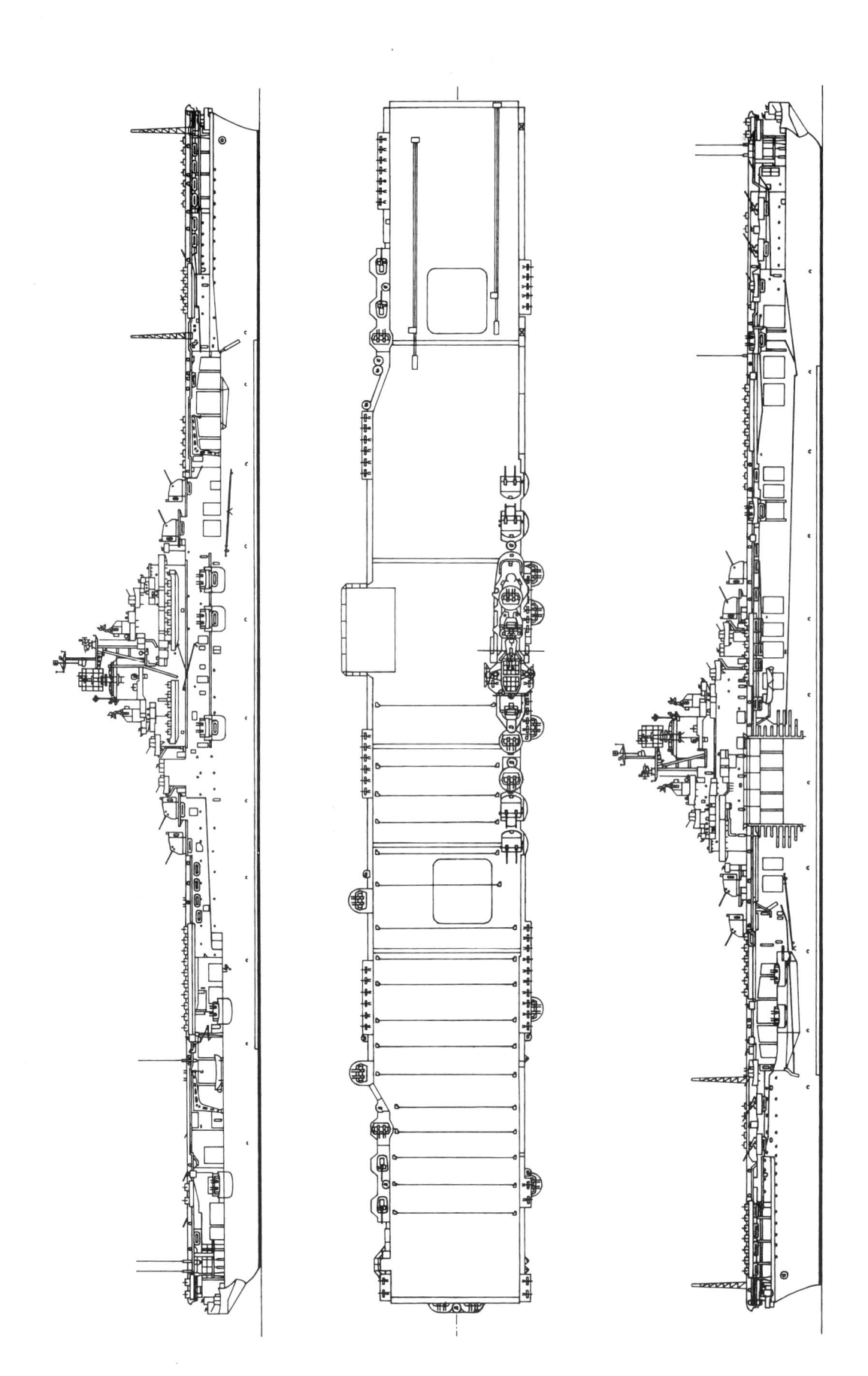

Aussehen der „short hull"-Gruppe der *Essex*-Klasse, hier vertreten durch CV-10 *Yorktown*, Aussehen im Oktober 1944. Die Anordnung der Radarantennen, die Anzahl der Katapulte, der Antennen-Gittermaste und der Bremsseile variierte auch zeitlich von Schiff zu Schiff und ist Gegenstand einer besonderen Vergleichstabelle in diesem Buch. *Yorktown* II hatte von Anbeginn neben dem Hangar-Katapult das Steuerbord-Katapult an Steuerbord; das Backbord-Katapult wurde 1944 installiert, als das Hangar-Katapult entfernt wurde. Beachtenswert sind hier weiterhin die im Herbst 1944 angebrachten 40-mm-Flastände an der Steuerbordseite.

Hier fährt *Yorktown* mit 20 kn rückwärts, um über Bug landende Flugzeuge aufzunehmen. Das Mittel- und Achterdeck ist voll von abgestellten Flugzeugen; die Funkantennen sind während des Flugbetriebes seitlich abgeklappt. Vier 40-mm-Vierlinge befinden sich im Inselbereich. Foto: USN (Sammlung BfZ)

Dieses Foto der *Yorktown* wurde im September 1944 aufgenommen und zeigt Einzelheiten des Flugzeugdecks und die zahlreichen Geschützstände am Rande desselben. Deutlich zu sehen ist der Abrieb der blauen Decksfarbe an der Stelle, an der die Fanghaken der Flugzeuge eines der Bremsseile zu fassen bekommen. Direkt hinter dem achteren Backbord-12,7-cm-Geschütz befindet sich der Stand des „landing signal officer", der die landenden Flugzeuge mittels zweier fluoreszierender Kellen einweist. Die drei achteren Antennen-Gittermaste wurden durch Peitschenantennen ersetzt. Der Tarnanstrich entspricht Schema 33/10A.
Foto: USN (Sammlung BfZ)

CV-11 Intrepid

Kurzlebenslauf

1944	Pazifik; Marshall-Inseln, Kwajalein, Roi, Namur, Truk.
2/1944	Flugzeugtorpedo-Treffer, Reparatur in Pearl Harbor, Westküste Werft; Marshall-Inseln, Palaus, Mindanao, Philippinen, Okinawa, Formosa, Leyte, Luzon.
10/1944	Kamikaze-Treffer: 10 Tote, 6 Verwundete; Philippinen.
11/1944	Kamikaze-Treffer: 65 Tote; Westküste Werft.
1945	Ulithi, Kyushu, Okinawa, Ryukyu.
4/1945	Kamikaze-Treffer: 8 Tote, 21 Verwundete; Ulithi, Pearl Harbor, Westküste Werft; Wake, Eniwetok, Besetzung Japans, Westküste.
1946	Westküste.
3/1947	Außer Dienst, Reserveflotte.

Schiffselektronik

Radar:
1943	SK, SC-2, SM
1945	SK, SC-2, SM

Feuerleitung:
1943	2 Mk 37 mit FL-Radar Mk 4, mehrere Mk 51
1945	2 Mk 37 mit FL-Radar Mk 12/22 und 4 Mk 51 Mod. 3 mit FL-Radar Mk 32 (für 12,7 cm) sowie 4 Mk 63 mit FL-Radar Mk 28, 9 Mk 51 Mod. 2 und 4 Mk 51 Mod. 3 (für 40 mm)

Tarnschemata

1943	Fertiggestellt mit Schema 21
6/1944	Schema 32/3A
ab 12/1944	Schema 12

USS *Intrepid* (CV-11), fotografiert am 25. November 1943, 3½ Monate nach Indienststellung vor der Marinewerft Norfolk. Anstrich-Schema 21. Während der Werftzeit im April 1944 wurden zusätzlich drei 40-mm-Flakstände unter der Insel angebracht. Zwecks Erzielung eines größeren Bestreichungswinkels wurden bei dieser Gelegenheit die beiden achteren Flakstände an der Steuerbordseite vorgezogen. Das Schiff hatte bei Fertigstellung nur vier Antennen-Gittermaste. Während der nachfolgenden Werftzeit im Februar 1945 wurde auf dem Achterschiff ein zweiter 40-mm-Flakstand angebracht. Foto: USN (Sammlung A. D. Baker)

Essex-Klasse 73

Dieses nach April 1944 aufgenommene Foto zeigt den Einsatz der 40-mm-Flak, die in den Steuerbord-Wannen unter der Insel von *Intrepid* untergebracht ist.
Foto: USN

Dieses am 23. November 1943 aufgenommene Foto zeigt Details der elektronischen Ausrüstung der *Intrepid*, die auf den engen Raum der Insel konzentriert ist. Links und rechts im Bild befinden sich die beiden FLG Mk 37. Auf deren Decke ist FL-Radar Mk 4. Die SK-Radarantenne befindet sich auf der am Schornstein angebrachten Konsole; gegenüber davon und erhöht befindet sich die Antenne SC-2. Beide führen an der Oberkante den IFF-Zusatz BT-5. Die runde Antenne auf dem Dreibeinmast ist SM, die den vorgehängten IFF-Zusatz BO führt. Foto: USN (Sammlung BfZ)

Intrepid im Oktober 1944, getarnt nach Schema 32/3A. Bemerkenswert ist die „raumsparende" Aufstellung eines Flugzeuges hinter dem zweiten abgeklappten Antennenmast. Bei der Decksmarkierung wurden die Aufzüge in der Regel durch ein X gekennzeichnet. Gelegentlich wurde diese Markierung auch mitten auf dem Flugzeugdeck angebracht, um so japanische Piloten über den wahren Ort der als Ziel so begehrten Aufzüge zu täuschen. Der über dem ersten 40-mm-Vierling sichtbare Ausschnitt war zur Erreichung eines besseren Bestreichungswinkels vorgesehen. Foto: USN

CV-12 Hornet

Kurzlebenslauf
1944	Pazifik; Majuro, Marianen, Tinian, Saipan, Guam, Rota, Iwo Jima, Chichi Jima, Saipan, Philippinen, Guam, Bonins, Palaus, Okinawa, Formosa, Leyte, Philippinen.
1945	Formosa, Indochina, Pescadores, Okinawa, Tokio, Iwo Jima, Okinawa, Westküste Werft, Magic Carpet-Fahrten.
1946	Magic Carpet-Fahrten.
1/1947	Außer Dienst, Reserveflotte.

Schiffselektronik
Radar:
1943	SK, SC-2 und als erstes Schiff SP
1945	SK-2, ansonsten wie vorstehend

Feuerleitung:
1943	2 Mk 37 mit FL-Radar Mk 4, mehrere Mk 51
1945	2 Mk 37 mit FL-Radar Mk 4 und 2 Mk 51 Mod. 2 (für 12,7 cm) sowie 10 Mk 51 Mod. 2 (für 40 mm)

Tarnschemata
1943	Fertiggestellt mit Schema 33/3A als erstes Schiff mit „dazzle pattern"
ab 7/1945	Schema 22

USS *Hornet* (CV-12) war der erste Flugzeugträger, der im November 1943 Mehrfarben-Tarnanstrich und SP-Radar erhielt. Das Foto zeigt *Hornet* im Februar 1944, getarnt nach Schema 33/3A. Hier befinden sich nur vier Antennen-Gittermaste an der Steuerbordseite des Flugzeugdecks. Der Ausleger des Hangarkatapultes ist hochgeklappt. An Stelle des nicht installierten dritten FLG Mk 37 wurde niveaugleich mit dem Flugzeugdeck ein 40-mm-Vierling angebracht. Foto: USN

Hornet, aufgenommen in der zweiten Hälfte des Jahres 1945, hier getarnt nach Schema 22. Deutlich wahrnehmbar sind die Schatten der fünf weit von der Bordwand abstehenden Steuerbord-Flakstände. Nur noch die beiden vorderen Antennenmaste sind vorhanden. *Hornet* war der einzige Träger, der noch bis zum Juni 1945 ein Hangar-Katapult und eine unveränderte Brücke hatte. Im Juni 1945 wurde infolge eines Taifuns das vorne überhängende Startdeck hochgebogen. Bis zur Abfahrt zur Reparatur startete *Hornet* seine Flugzeuge über Heck. Foto: USN

CV-13 Franklin

Kurzlebenslauf

1944	TG 58.2, Eniwetok, Bonins, Marianen, Iwo Jima, Chichi Jima, Hatta Jima, Guam, Rota; TF 58 Palaus, TG 58.1 Bonins, Chichi Jima, Eniwetok, Bonins, TG 38.4 Yap, Palaus, Luzon, Leyte.
10/1944	Flugzeugbomben-Treffer: 56 Tote, 60 Verwundete, Ulithi, Westküste Werft.
1945	TG 58.2 Okinawa, Kagoshima, Kyushu, Honshu, Kobe.
3/1945	Schwerste Beschädigungen durch Flugzeugbomben vor der japanischen Küste: 724 Tote, 265 Verletzte.
4/1945	Westküste Werft, Magic Carpet-Fahrten.
1946	Magic Carpet-Fahrten, kein Flugzeugeinsatz mehr.
2/1947	Außerdienststellung bis zur Streichung.

Schiffselektronik

Radar:
1944/45	SK, SC-2, SP

Feuerleitung:
1944	2 Mk 37 mit FL-Radar Mk 4, mehrere Mk 51
1945	2 Mk 37 mit FL-Radar Mk 12/22 und 3 Mk 51 Mod. 2 (für 12,7 cm) sowie 17 Mk 51 Mod. 2 (für 40 mm)

Tarnschemata

2/1944	Fertiggestellt mit Schema 32/6A
ab 5/1944	Backbordseite verändert nach Muster 3A (für die Zeit von 5/1944 bis 11/1944 Schema 32/6A-3A; einziger Träger, der zugleich nach zwei verschiedenen Mustern getarnt war)
ab 1/1945	Schema 21

USS *Franklin* (CV-13), hier am 21. Februar 1944, kurz nach Indienststellung, bei der das Schiff bereits nach Schema 32/6A getarnt war. Im vorderen Bereich der Insel befinden sich zwei 40-mm-Vierlinge. Das Schiff führt vorerst nur ein Deckskatapult, weil Hangar-Katapult (dessen Ausleger hochgeklappt ist) vorhanden ist. Vier Antennen-Gittermaste; drei Fangseile auch in Höhe der vorderen an Deck befindlichen 12,7-cm-Türme. Foto: USN (Sammlung A. D. Baker)

Franklin im September 1944 mit bereits verwittertem Tarnanstrich. Ein 40-mm-Vierling vor der Insel wurde bereits entfernt. Zu dieser Zeit war nur an Steuerbord das Tarnmuster 6A angebracht, während die Backbordseite nach Muster 3A getarnt war.

Foto: USN (Sammlung BfZ)

Bei der Werftzeit im Januar 1945, nach der dieses Foto aufgenommen wurde, erhielt *Franklin* sechs 40-mm-Vierlinge zusätzlich: zwei an Backbord auf dem Hauptdeck anstelle des Katapult-Auslegers, drei an Steuerbord unter der Insel und einen zweiten über dem Heck. Die beiden an der Steuerbordseite achtern befindlichen Wannen wurden nach außen vorgezogen, um einen besseren Bestreichungswinkel nach vorne zu erzielen. Nur noch zwei Antennen-Gittermaste. Die SK-Antenne wurde durch SK-2 ersetzt. Der Anstrich wechselte hier gemäß Schema 21. Foto: USN (Sammlung BfZ)

Dieses Luftfoto zeigt die katastrophalen Folgen der schweren Beschädigungen, die *Franklin* am 19. März 1945 durch zwei Fliegerbomben-Treffer erlitt, nach denen es zu Feuersbrünsten und Explosionen eigener Flugzeugbomben kam. Alle drei Aufzüge sind zerstört. Das Schiff war bereits im Begriff, zu sinken, wurde aber durch übermenschlichen Einsatz der überlebenden Besatzung schwimmfähig erhalten, so daß es später mit eigener Kraft in die Staaten zur Reparatur fahren konnte.

Foto: USN (Sammlung BfZ)

CV-14 Ticonderoga

Kurzlebenslauf

9/1944	Pazifik; Ulithi, TF 38, Philippinen, Leyte, Samar.
1945	Formosa, Lingayen, Südchinesische See.
1/1945	Schäden durch Kamikaze-Treffer, Westküste Werft.
5/1945	Ulithi, TG 38.4, Okinawa, Kyushu, Guam, japanische Inseln, Besetzung Japans.
10/1945	Westküste, Magic Carpet-Fahrten.
1/1947	Außerdienststellung, Reserveflotte.

Schiffselektronik
Radar:

4/1944	SK, SP
1945	SK-2, SP

Feuerleitung:

1944	2 Mk 37 mit FL-Radar Mk 4, mehrere Mk 51
1945	2 Mk 37 mit FL-Radar Mk 12/22 und 2 MK 51 Mod. 2 (für 12,7 cm) sowie 4 Mk 63 mit FL-Radar Mk 28, 2 Mk 57 mit FL-Radar Mk 29 und 12 Mk 51 Mod. 2 (für 40 mm)

Tarnschemata

2/1944	Fertiggestellt mit Schema 33/10A
ab 1945	Schema 21

Detailfoto der Insel von CV-14 *Ticonderoga*, aufgenommen am 22. April 1944, also noch vor der Indienststellung. Tarnanstrich nach Schema 33/10A ist bereits aufgetragen. Vorn befindet sich nur ein 40-mm-Vierling.

FL-Radar Mk 4 auf den FLG Mk 37. SK-Radarantenne in Breitansicht, davor die SP-Antenne, nach vorn geneigt. Foto: USN

Luftansicht von *Ticonderoga* am 30. Mai 1944. Das Schiff wurde mit zwei Deckskatapulten, zwei Bug-Flakständen und vier Antennen-Gittermasten fertiggestellt. Der eckige Ausschnitt an der vorderen Backbordseite des Flugzeugdecks war zur Anbringung eines dritten Mk 37-Gerätes bestimmt. Von der Anbringung wurde jedoch Abstand genommen, weil das nach oben hinausragende Gerät den Flugbetrieb gestört hätte. Beachte den Steuerbordanstrich nach Tarnschema 33/10A. Um den zweiten Antennenmast herum sieht man vier verschiebbare Schienenausleger, mit deren Hilfe die Flugzeuge raumsparend, mit dem Achterteil außerhalb der Deckskante, abgestellt werden konnten. Der achtere Aufzug ist auf das Hangardeck abgesenkt.

Foto: USN (Sammlung A. D. Baker)

Achteransicht von *Ticonderoga*, ebenfalls am 30. Mai 1944. Das Schiff hatte bereits bei Fertigstellung zwei 40-mm-Heck-Vierlinge, jedoch an der Steuerbordseite achtern keine. Beachtenswert ist der mächtige Unterbau für die beiden Heckstände. Foto: USN

Während der Werftzeit im Januar 1945 erhielt *Ticonderoga* Anstrich nach Schema 21 sowie gleich sieben zusätzliche 40-mm-Vierlinge: fünf an Steuerbord, zwei an Backbord. Hierbei erfolgte auch die Umrüstung auf SK-2-Radar. Foto: USN

CV-15 Randolph

Kurzlebenslauf

1/1945	Pazifik; Ulithi, Tokio-Flugplätze, Chichi Jimia, Iwo Jima, Haha Jima, Ulithi.
3/1945	Kamikaze-Treffer, Reparatur in Ulithi, Okinawa, Kyushu, Flaggschiff TF 58, Philippinen, japanische Heimatinseln.
9/1945	Rückkehr Ostküste via Panama-Kanal, Vorbereitung und Einsatz bei der Operation Magic Carpet zwischen Mittelmeerraum und Ostküste.
1946	Trainingsfahrten für Reservisten und Seekadetten.
2/1948	Außerdienststellung, Reserveflotte.

Schiffselektronik

Radar:
1944	SK-2, SC-2, SP
1947	Unverändert wie vorstehend

Feuerleitung:
1944	2 Mk 37 mit FL-Radar Mk 12/22, mehrere Mk 51
1945	2 Mk 37 mit FL-Radar Mk 12/22 und 3 Mk 51 Mod. 3 (für 12,7 cm) sowie 18 Mk 51 Mod. 2 (für 40 mm)

Tarnschemata

10/1944	Fertiggestellt mit Schema 32/17A-1
ab 1/1945	Schema 21

Vier Wochen nach der Indienststellung: USS *Randolph* (CV-15) am 5. November 1944: frischer Tarnanstrich nach Schema 32/17A-1, dem einzigen sechsfarbigen Tarnmuster der Navy. Vier Antennen-Gittermaste, SK-2-Radar und hochgeklappter Backbordaufzug. Keinerlei 40-mm-Vierlinge an der Steuerbordseite, am Heck jedoch zwei Stände.

Foto: USN (Sammlung A. D. Baker)

Instruktive Luftansicht auf das Flugzeugdeck der *Randolph* aus einer Höhe von 500 m, aufgenommen am 5. November 1944. Foto: USN (Sammlung BfZ)

Am selben Tag aufgenommen: Die Bugansicht von *Randolph* veranschaulicht die gegenüber den „short hull"-Schiffen veränderte Bugpartie mit zwei 40-mm-Flakständen. Das Schiff erhielt von vornherein zwei Deckskatapulte. Foto: USN (Sammlung BfZ)

Randolph, aufgenommen im Juli 1947, offensichtlich bereits im Friedens-Dunstgrau des Schemas 13. Die Bug-40-mm-Vierlinge fehlen hier.

Foto: Wright & Logan

Bei der selben Gelegenheit aufgenommen: Die Detailaufnahme des Mittelschiffes zeigt die seit der Indienststellung unveränderte elektronische Ausrüstung.

Foto: Wright & Logan

CV-16 Lexington

Kurzlebenslauf

1943	Pazifik; Tarawa, Wake, Gilbert und Marshall-Inseln, Kwajalein.
12/1943	Flugzeugtorpedo-Treffer, Reparatur in Pearl Harbor, Westküste Werft.
1944	TF 58, Majuro, Mille, Hollandia, Truk, Saipan, Philippinen, Guam, Palaus, Bonins, Yap, Ulithi, Mindanao, Vizayas, Manila, Okinawa, Formosa, Leyte.
11/1944	Kamikaze-Treffer, Reparatur in Ulithi.
1945	TG 58.2, Luzon, Formosa, Saipan, Camranh-Bucht, Indochina, Hongkong, Pescadores, Formosa, Okinawa, Ulithi, Umgebung Tokios, Iwo Jima, Nansei Shoto, Westküste Werft; japanische Heimatinseln, Honshu, Hokkaido, Yokosuka, Kure, Besetzung Japans, Westküste.
1946	Westküste.
4/1947	Außerdienststellung, Reserveflotte.

Schiffselektronik

Radar:
3/1943	SK, SC-2
1945	SK-2, SM

Feuerleitung:
1945	2 Mk 37 mit FL-Radar Mk 12/22 und 2 Mk 51 Mod. 3 (für 12,7 cm) sowie 4 Mk 63 mit FL-Radar Mk 28, 2 Mk 57 mit FL-Radar Mk 29 und 11 Mk 51 Mod. 2 (für 40 mm)

Tarnschemata

1944	Schema 21
Frühjahr 1945	Schema 12 – das Schiff hatte als einziges der im Kriege fertiggestellten *Essex*-Träger niemals „dazzle pattern"-Tarnanstrich

Nur wenig mehr als drei Monate nach Indienststellung fährt *Lexington* hier bereits mit seinem Bordgeschwader CVG-16 in Richtung Westpazifik. Das Foto wurde am 11. Mai 1943 aufgenommen. Foto: USN

USS *Lexington* (CV-16), aufgenommen am 21. Mai 1945 vor der Marinewerft am Puget Sound. Der Anstrich entspricht Schema 12. *Lexington* war einer der ersten „short hull"-Vertreter, der bereits im Februar 1944 die zusätzlichen Flakstände an der Steuerbordseite erhielt. Zugleich war dies der einzige im Kriege fertiggestellte Träger der *Essex*-Klasse, der zu keiner Zeit eines der „dazzle"-Tarnmuster führte. Außer der 20-mm-Flak hatte *Lexington* noch eine Anzahl an 12,7-mm-Vierlings-Maschinengewehre des Heeres.

Foto: USN (Sammlung A. D. Baker)

CV-17 Bunker Hill

Kurzlebenslauf

1943	Pazifik; Rabaul, Gilbert Inseln, Tarawa, Kavieng.
1944	Marshall-Inseln, Truk, Marianen, Palau, Yap, Ulithi, Woleai, Truk, Satawan, Ponape, Hollandia, Marianen, Philippinen, West-Karolinen, Okinawa, Luzon, Formosa, Westküste Werft.
1945	Iwo Jima, V. Flotte, Honshu, Nansei Shoto, V. und III. Flotte vor Okinawa.
5/1945	Schwere Beschädigungen durch zwei Kamikaze: 346 Tote, 43 Vermißte, 264 Verwundete, Rückkehr zur Westküste.
9/1945	TG 16.12 im Rahmen der Aktion Magic Carpet.
1/1946	Keine Operationen mehr.
1/1947	Außerdienststellung bis zur Streichung 11/1966, jedoch noch bis Anfang der 70er Jahre schwimmendes Laboratorium für elektronische Versuche in San Diego.

Schiffselektronik

Radar:
1945	SK, SM
9/1945	SK-2, SM

Feuerleitung:
1945	2 Mk 37 mit FL-Radar Mk 12/22 und 2 Mk 51 Mod. 3 (für 12,7 cm) sowie 15 Mk 51 Mod. 2 (für 40 mm); sollte 1945 7 Mk 63 erhalten; 1945 befand sich außerdem mindestens an einem Vierling FL-Radar Mk 28

Tarnschemata

1/1944	Schema 32/6A
ab 1/1945	Schema 21

USS *Bunker Hill* (CV-17), aufgenommen im Mai 1944 vor Majuro. Besonders auffällig sind die skurrilen Tarnflächen des Musters 6A. Drei von fünf Antennen-Gittermasten sind aufgerichtet.

Foto: USN

Essex-Klasse

Vier Monate vor ihrer schweren Beschädigung präsentiert sich hier *Bunker Hill* am 19. Januar 1945 nach Beendigung der Werftzeit in der Marinewerft Puget Sound. Das Schiff erhielt dabei einen neuen Tarnanstrich nach Schema 21, zwei weitere 40-mm-Vierlinge an Backbord in Höhe des Flugzeugdecks sowie die üblichen drei an der Steuerbordseite unter der Insel. Die beiden achteren Wannen an der Steuerbordseite wurden nach außen vorgezogen, und ein weiterer Flakstand wurde ganz achtern angebracht. Einer der drei Antennen-Gittermaste wurde entfernt. Das Hangarkatapult wurde ausgebaut und dafür ein zweites Deckskatapult installiert. Foto: USN (Sammlung A. D. Baker)

Nach der schweren Beschädigung am 11. Mai 1945 durch Kamikaze wurde *Bunker Hill* in der Marinewerft am Puget Sound repariert. Dort wurde am 19. Juli 1945 diese Aufnahme gemacht, auf der deutlich Details der achteren Steuerbordseite zu sehen sind: die mächtige Unterkonstruktion der achteren Flakstände, die nach vorn gezogenen Flakstände um die Hangaröffnung herum und die Vielzahl an 20-mm-Oerlikons. Wenigstens ein 40-mm-Vierling wurde während dieser Werftzeit mit FL-Radar Mk 28 ausgestattet. Nach dieser Reparatur beteiligte sich *Bunker Hill* zwar bis zu ihrer Außerdienststellung noch an Magic Carpet-Transportfahrten, führte aber niemals mehr Flugzeuge.
Foto: USN (Sammlung A. D. Baker)

Obschon bereits am 1. November 1966 aus der Schiffsliste gestrichen (damals als AVT-9 klassifiziert), diente *Bunker Hill* noch mehrere Jahre als schwimmendes Laboratorium für Versuche mit elektronischen Geräten in San Diego. Hiervon zeugen mehrere Sonderantennen auf der Insel. Das Foto entstand am 25. Juni 1970. Der mittlere der drei Steuerbord-Vierlinge wurde entfernt, die übrigen konserviert. Foto: L. R. Cote

CV-18 Wasp

Kurzlebenslauf

5/1944	Pazifik; Marcus, Wake, Saipan, Tinian, Guam, Iwo Jima, Philippinen, Okinawa, Lingayen, Ulithi TG 38.1.
1945	Formosa, Bucht von Tokio mit TF 58, Westküste Werft.
7/1945	Wake, Eniwetok, TF 38, japanische Heimatgewässer.
10/1945	Atlantik; Werft, Vorbereitung für Magic Carpet-Fahrten.
1946	Magic Carpet-Fahrten.
2/1947	Außerdienststellung, Reserveflotte.

Schiffselektronik

Radar:
1945   SK, SP

Feuerleitung:
1945   2 Mk 37 mit FL-Radar Mk 12/22 und 2 Mk 51 Mod. 2 (für 12,7 cm) sowie 4 Mk 63 mit FL-Radar Mk 28, 2 Mk 57 mit FL-Radar Mk 29 und 12 Mk 51 (für 40 mm)

Tarnschemata

1944	Fertigstellung mit Schema 21
3/1944	Schema 33/10A
ab 6/1945	Schema 21

Nachdem bei Indienststellung im November 1943 CV-18 *Wasp* Tarnanstrich nach Schema 21 führte, erhielt das Schiff bereits im März 1944 den Anstrich nach Schema 32/10A. Im selben Monat wurde auch dieses Foto gemacht, auf dem beobachtet werden kann, daß *Wasp* zunächst auch einen 40-mm-Vierling vor der Insel hatte, sowie vier Antennen-Gittermaste. Foto: USN

Im Juni 1945 wurde *Wasp* erneut nach Schema 21 angestrichen. Festzustellen ist die damals übliche Umgruppierung der 40-mm-Flak: ein Vierling vor der Insel wurde entfernt, drei zusätzliche an Steuerbord angebracht, die weiter achtern befindlichen wurden vorgezogen. Nur noch zwei Antennen-Gittermaste.
Foto: USN

Wasp am 9. Juni 1945 vor dem Puget Sound. Bemerkenswert ist hier noch die Aufstellung der FLG Mk 51 an der Backbordseite des Bug-Vierlings, eine Anordnung, die der kontrollierten Feuerleitung nach Steuerbord hinderlich war. Beginnend mit *Wasp* findet man auf einigen Einheiten der *Essex*-Klasse die FLG Mk 51 nicht mehr auf einem separaten Leitstand zwischen der Insel und dem zweiten vorderen 12,7-cm-Turm, sondern auf der Insel selbst. Auf einigen Schiffen war die stets in dunklen Farben gehaltene vordere Decks-Kenn-Nummer so angebracht, daß sie von vorn gelesen werden konnte. Dies war eine Quelle von Mißverständnissen, insbesondere als später auch ein Geleitträger mit der hohen Nummer 81 bei der Flotte war. Später wurden die vorderen Decks-Nummern umgedreht.

Foto: USN (Sammlung A. D. Baker)

CV-19 Hancock

Kurzlebenslauf

7/1944	Pazifik; III. Flotte, Ulithi, TG 38.2, Ryukyu, Formosa, Philippinen, Okinawa, Jluzon, Cebu, Panay, Negros, Masbate, Ulithi, Luzon, Salvador.
1945	Luzon, Indochina, Hainan, Formosa.
1/1945	Flugzeugexplosion: 50 Tote, 75 Verletzte; Okinawa, Ulithi, Umgebung von Tokio, Chichi Jima, Ha Ha Jima, Honshu, Nansei Shoto, Ulithi, Kyushu, Okinawa.
4/1945	Beschädigung durch Kamikaze: 62 Tote, 71 Verwundete; Werft Pearl Harbor, Umgebung von Tokio, Westküste, Magic Carpet-Fahrten.
1946	Magic Carpet-Fahrten im Pazifik.
5/1947	Außerdienststellung, Reserveflotte.

Schiffselektronik
Radar:
1944   SK (bis zur 1. Außerdienststellung), SC-2
Feuerleitung:
1945   2 Mk 37 mit FL-Radar Mk 12/22 und 2 Mk 51 Mod. 2 (für 12,7 cm) sowie 9 Mk 51 Mod. 2 und 9 Mk 51 Mod. 3 (für 40 mm)

Tarnschemata
4/1944   Schema 32/3A
ab 6/1945   Schema 12

USS *Hancock* (CV-19) am 15. April 1944, also am Tage der Indienststellung. Tarnanstrich nach Schema 32/3A; die kleine Bug-Kenn-Nummer befindet sich auf der schwarzen Tarnfläche. Das Schiff wurde mit zwei Deckskatapulten fertiggestellt, das Hangarkatapult fehlte hier. Über dem ausladenden Vorsteven hatte dieser „long hull"-Vertreter zwei 40-mm-Flakstände, ebensoviel auf dem Achterschiff, jedoch keine an Steuerbord achtern. Vier Antennen-Gittermaste.
Foto: USN (Sammlung A. D. Baker)

Während der Werftzeit, die im Juni 1945 endete, wurde *Hancock* nach Schema 12 umgestrichen. Das Foto zeigt das Schiff kurz nach dem Kriegsende mit einer mittelgroßen weißen Kenn-Nummer an den Aufbauten. Fünf Steuerbord-Flakstände kamen während dieser Werftzeit hinzu, außerdem noch zwei an Backbord auf dem Niveau des Hangardecks. *Hancock* behielt die Radarantenne SK bis zur ersten Außerdienststellung. Zwei Antennen-Gittermaste wurden entfernt. Foto: USN

CV-20 Bennington

Kurzlebenslauf
1945	Pazifik; Ulithi, japanische Inseln (mit TG 58.1), Vulkan-Inseln, Okinawa, Besetzung Japans.
1946	Rückkehr in den Atlantik.
11/1946	Außerdienststellung, Reserveflotte.

Schiffselektronik
Radar:
1944   SK-2, SC-2, SP
Feuerleitung:
1945   2 Mk 37 mit FL-Radar Mk 12/22 und 3 Mk 51 Mod. 2 (für 12,7 cm) sowie 10 Mk 51 Mod. 2 (für 40 mm)

Tarnschemata
8/1944	Fertigstellung mit Schema 32/17A-1
ab 12/1944	Schema 32/17A-2
ab 7/1945	Schema 21

USS *Bennington* (CV-20) am 13. Dezember 1944, vier Monate nach der Indienststellung. Vier Antennen-Gittermaste, kein 40-mm-Vierling vor der Insel. Das Schiff erhielt von Anbeginn die Radarantenne SK-2. Kein Hangar-Katapult. Beachtenswert bei dieser Klasse ist, daß die Innenaufzüge außerhalb der Decks-Mittelachse angebracht waren. Foto: USN (Sammlung BfZ)

Bennington, am selben Tag, unmittelbar nach der Werftzeit in der Marinewerft New York. Während dieser Werftzeit wurde das Schiff vom sechsfarbigen Tarnmuster 17A-1 auf das dreifarbige 17A-2 umgestrichen. Der Innenschacht des Flugzeugaufzuges ist in schwarz gehalten. Beachtenswert ist hier, daß die 12,7-cm-Einzelgeschütze und zum Teil auch die 40-mm-Vierlinge aus Gewichtsgründen zeitweise mit Reelings anstatt mit Splitterschutz-Verkleidungen umgeben sind; dies wurde später wieder geändert. *Bennington* gehörte zu den Schiffen, die keine zusätzlichen Flakstände an der Steuerbordseite erhalten haben.

Foto: USN (Sammlung BfZ)

CV-21 Boxer

Kurzlebenslauf

8/1945	Pazifik; zu spät fertiggestellt, um noch am Kriegsgeschehen teilzunehmen; TF 77 Westpazifik.
11/1946	Westküste.
1/1950	Westpazifik.

Schiffselektronik

Radar:
1945/50   SK-2, SC-2, SP

Feuerleitung:
1945   2 Mk 37 mit FL-Radar Mk 12/22 und 4 Mk 57 mit FL-Radar Mk 29 (für 12,7 cm) sowie 4 Mk 63 mit FL-Radar Mk 34 und 7 Mk 51 Mod. 3 (für 40 mm)

Tarnschemata
keine

USS *Boxer* (CV-21), aufgenommen am 24. Mai 1945, einen Monat nach Indienststellung, mit rund 80 Flugzeugen als Deckladung. Es ist nicht bekanntgeworden, nach welchem Schema das Schiff ursprünglich gestrichen war, wahrscheinlich handelt es sich um Schema 21. Das Schiff hat vier Antennen-Gittermaste.
Foto: USN (Sammlung A. D. Baker)

Boxer, aufgenommen am 28. Januar 1953, nach der Werftzeit in der Marinewerft San Franzisco – hier bereits als CVA klassifiziert. Friedensanstrich, große Kenn-Nummer an den Aufbauten. Die FLG Mk 37 haben bereits FL-Radar Mk 25; der 40-mm-Vierling auf der Brücke führt FL-Radar Mk 34, ein Beweis dafür, daß das Geschütz von einem FLG Mk 63 gesteuert wird. An Radarantennen sind von der obersten Mastplattform bis zum Schornstein sichtbar: SPS-4, SX und SC-2. Zu diesem Zeitpunkt befanden sich elf 40-mm-Vierlingslafetten an Bord.
Foto: USN (Sammlung A. D. Baker)

CV-31 Bon Homme Richard

Kurzlebenslauf
3/1945	Pazifik; Okinawa (TF 38), III. Flotte, Besetzung Japans.
10/1945	Magic Carpet-Transportfahrten.
1946	Magic Carpet-Transportfahrten.
1/1947	Außerdienststellung, Reserveflotte.

Schiffselektronik
Radar:
1945   SK-2, SC-2, SP

Feuerleitung:
1945   2 Mk 37 mit FL-Radar Mk 12/22 und 3 Mk 51 Mod. 3 (für 12,7 cm) sowie 5 Mk 63 mit FL-Radar Mk 28, 8 Mk 51 Mod. 2 und 4 Mk 51 Mod. 3 (für 40 mm)

Tarnschemata
11/1944	Fertigstellung mit Schema 32/17A-2
ab 3/1945	Schema 12

1½ Monate nach Indienststellung: USS *Bon Homme Richard* (CV-31), fotografiert am 9. Januar 1945 im Seegebiet vor New York beim Entladen von Flugzeugbomben. Im Anschluß daran begann in der Marinewerft New York ein Werftaufenthalt, bei dem der erst kurz zuvor angebrachte Tarnanstrich nach Schema 32/17A-2 durch den nach Schema 12 übermalt wurde. Vor der Insel befindet sich kein 40-mm-Vierling. Die FLG Mk 37 sind mit FL-Radar Mk 12/22 ausgerüstet. SK-2-Radarantenne sofort installiert, ebenso vier Antennen-Gittermaste. Zu diesem Zeitpunkt waren vier 40-mm-Vierlinge, unter anderen auch der auf der Brücke, mit FL-Radar Mk 28 ausgestattet, womit die dazugehörigen FLG Mk 51 vom Modell 2 zu Modell 3 modifiziert wurden. Foto: USN (Sammlung BfZ)

Bei der selben Gelegenheit aufgenommen: Bugansicht der *Bon Homme Richard*. Hier wird unter anderem deutlich, daß bei sämtlichen Einheiten der *Essex*-Klasse das Backbord-Katapult etwas mehr zurückliegt als das an Steuerbord. Beachte die Flugzeugdeck-Markierungen sowie die außerhalb der Decksachse angebrachten Innenaufzüge und die Vielzahl an 20-mm-Maschinenflak. Foto: USN (Sammlung A.D. Baker)

Die Achteransicht von *Bon Homme Richard* vermittelt Erkenntnisse über die Breitenvergleiche von Insel und Flugzeugdeck, weiterhin über die große Anzahl an Bremsseilen und über die zahlreiche Flak, die entlang der Kanten des Flugzeugdecks angebracht ist. Hinter den beiden FLG-Ständen am unteren Rand des Bildes erkennt man die Schiffsglocke.
Foto: USN (Sammlung A. D. Baker)

Während der Mitte März 1945 beendeten Werftzeit erhielt auch *Bon Homme Richard* die üblichen fünf Steuerbord-Flakstände sowie die beiden an Backbord.

Sichtbar ist hier auch der letzte Tarnanstrich nach Schema 12. Foto: USN

CV-32 Leyte

Kurzlebenslauf
1946 Good-Will-Reise entlang der südamerikanischen Westküste; Rückkehr zur Ostküste.
1946/50 Trainingsfahrten für Reservisten, mehrere Mittelmeereinsätze.

Schiffselektronik
Radar:
1946 SK-2
1949 SK-2, SX
Feuerleitung:
1946 2 Mk 37 mit FL-Radar Mk 25 sowie mehrere Mk 63 mit FL-Radar Mk 34

USS *Leyte* (CV-32), am 11. April 1946 aufgenommen, also am Tage der Indienststellung. Abgeliefert nach Ende des II. Weltkrieges, ist *Leyte* hier offensichtlich nach Schema 14 angestrichen. Das Schiff erhielt weder Steuerbord-Flakstände noch eine der damals üblichen „high-finder"-Radarantennen (SM, SP, oder – später – SX). Nur zwei Antennen-Gittermaste. Die geringere Anzahl an Maschinenflak (nur elf 40-mm-Vierlinge und neunzehn 20 mm) wurde zum Teil dadurch ausgeglichen, daß mindestens fünf 40-mm-Vierlinge mit FL-Radar Mk 34 und somit mit den entsprechenden FLG Mk 63 ausgestattet wurden. Bemerkenswert ist, daß die 40-mm-Geschütze hier keine Schutzschilder haben. Foto: USN (Sammlung A. D. Baker)

Dieses Foto von *Leyte* wurde etwa im Sommer 1946 aufgenommen. Es fällt auf, daß keine Kenn-Nummer angebracht ist. Foto: USN

Essex-Klasse

CV-33 Kearsarge

Kurzlebenslauf

1946	Atlantik; Wechsel zwischen Ostküste und Mittelmeer	
5/1950	Außerdienststellung, Reserveflotte	

Schiffselektronik
Radar:
1946   SK-2
1948   SK-2, SX

Feuerleitung:
1946   2 Mk 37 mit FL-Radar Mk 12/22, mehrere Mk 63 mit FL-Radar Mk 28
1948   2 Mk 37 mit FL-Radar Mk 25, mehrere Mk 63 mit FL-Radar Mk 28

Auch USS *Kearsarge* (CV-33) wurde nach Ende des II. Weltkrieges abgeliefert und gehört damit zu denjenigen Schiffen der *Essex*-Klasse, die kein Tarnmuster geführt haben. Auch hier fehlt noch SX-Radar. Die zusätzlichen Flakstände an der Steuerbordseite wurden auf diesem Schiff nicht angebracht.
Foto: USN (Sammlung A. D. Baker)

Dieses Foto der *Kearsarge* wurde vermutlich etwa 1948/49 aufgenommen, d. h. noch vor der ersten Außerdienststellung. Inzwischen wurde die SX-Antenne angebracht, ebenso die große Kenn-Nummer an der Außenhaut.
Foto: USN

CV-35 Reprisal

Kurzlebenslauf

12. 8. 1945	Bau bei Fertigstellungsstand von 52,3% eingestellt; Schiff lief ohne Zeremonie vom Stapel.	1946/48	Hulk dient als Testobjekt.
		1949	Weiterbau wird erwogen, jedoch nicht realisiert; Verschrottung.

CV-36 Antietam

Kurzlebenslauf

1945 — Kein Kriegseinsatz mehr.
1945/46 — Unterstützung der Besetzungen Chinas und Koreas.
1947/48 — Good-Will-Fahrten; Westküste.
6/1949 — Außerdienststellung, Reserveflotte.

Schiffselektronik

Radar:
1945 — SK-2, SP, evtl. SG-6 oder SPS-4, SC-2

Feuerleitung:
1945 — 2 Mk 37 mit FL-Radar Mk 12/22 und 3 Mk 51 Mod. 3 (für 12,7 cm) sowie 4 Mk 63 mit FL-Radar Mk 28, 7 Mk 51 Mod. 2 und 7 Mk 51 Mod. 3 (für 40 mm)

Tarnschemata

1945 — Fertigstellung mit Schema 32/17A-2
ab 5/1945 — Schema 21

USS *Antietam* (CV-36), aufgenommen am 2. März 1945 vor der Marinewerft Philadelphia. Das Schiff wurde mit Tarnschema 32/17A-2 in Dienst gestellt, jedoch bereits im Mai 1945 wieder umgemalt. Wie hier am hochgeklappten Backbord-Aufzug beobachtet werden kann, bestand lange Zeit hindurch beim Schiffsanstrich die Gewohnheit, die nach unten gekehrten Flächen von überhängenden Teilen weiß zu pönen, angeblich um dadurch die Schattenwirkung auf das Wasser zu vermindern. Mk 12/22-FL-Radar ist auf den FLG Mk 37 gut sichtbar. Foto: USN (Sammlung A. D. Baker)

Antietam am 28. April 1945, nur kurze Zeit vor Anbringung des grauen Anstrichs. Trotz geplanter Anbringung von achtzehn 40-mm-Vierlingen wurden hier die fünf Flakstände an der Steuerbordseite niemals installiert. Vier Antennen-Gittermaste. Bei dem auf dem Mast befindlichen Radargerät (über FLG Mk 37) könnte es sich um SPS-4 handeln. Foto: USN

Essex-Klasse

CV-37 Princeton

Kurzlebenslauf
1945 Atlantik.
6/1946 Wechsel in den Pazifik; TF 77 bei der VII. Flotte.
1947 Wechsel zwischen Westpazifik und Westküste.
1948 Wechsel zwischen Westpazifik und Westküste.
6/1948 Außerdienststellung, Reserveflotte.

Schiffselektronik
Radar:
1946 SK-2, SC-2, SP
Feuerleitung:
1946 2 Mk 37 mit FL-Radar Mk 12/ 22 sowie eine nicht bekannte Anzahl der kleineren FLG

USS *Princeton* (CV-37), fotografiert am 17. März 1946. Zu diesem Zeitpunkt fehlten noch die Steuerbord-Flakstände unter der Insel, von denen im Gegensatz zu den anderen Schiffen später (möglicherweise erst bei der Reaktivierung für den Einsatz vor Korea) nur zwei installiert worden waren. Da auf *Princeton* auch die beiden achteren Steuerbordstände fehlen, gab es letztlich an der Steuerbordseite nur zwei 40-mm-Vierlinge. Zwei Antennen-Gittermaste; die achtern fehlenden wurden auf einigen Schiffen durch mehrere Peitschenantennen ersetzt. Foto: USN (Sammlung A. D. Baker)

Princeton am 30. April 1946, nachdem die Kenn-Nummer am Schornstein angebracht worden war. Das Flugzeugdeck scheint immer noch kriegsmäßig dunkelblau abgetönt zu sein; die Kenn-Nummer ist noch dunkler. Beachte die achtern an der Steuerbordseite seitlich abgeklappten Peitschen-Antennen. Foto: USN

CV-38 Shangri La

Kurzlebenslauf

1/1945	Pazifik; Flugzeugtransport nach Hawaii; Trainingsfahrten.
2/1945	Ulithi, TG 58.4, Okino Dairo Jima, Okinawa, Ulithi, Flaggschiff der 2nd Carrier Tasc Force, Flaggschiff TG 38, japanische Heimatinseln, Okinawa, Ruhezeit bei Leyte, Besetzung Japans.
10/1945	Rückkehr zur Westküste, Trainingsfahrten.
5/1946	Teilnahme an Atombomben-Tests bei Bikini; Westküste.
3/1947	Hawaii, Australien, Westküste.
11/1947	Außerdienststellung, Reserveflotte.

Schiffselektronik

Radar:
1944/47   SK-2, SC-2, SP
Feuerleitung:
1945   2 Mk 37 mit FL-Radar Mk 12/22 und 3 Mk 51 Mod. 3 (für 12,7 cm) sowie 11 Mk 51 Mod. 2 und 3 Mk 51 Mod. 3 (für 40 mm)

Tarnschemata

1944	Fertigstellung mit Schema 33/10A
1945	Schema 21 ab Frühjahr

USS *Shangri La* (CV-38) am 15. Dezember 1944 vor Trinidad. Die Positionen der Radarantennen SK-2 und SC-2 wurden auf diesem Schiff zunächst vertauscht; eine Anordnung, die nur bis Januar 1945 Gültigkeit hatte. Danach wurden die beiden Antennen wieder untereinander ausgetauscht.
Foto: USN (Sammlung A. D. Baker)

CV-39 Lake Champlain

Kurzlebenslauf
10/1945	Atlantik; Magic Carpet-Fahrten zwischen Ostküste und Europa; Geschwindigkeits-Rekord Kap Spartel/Afrika – Norfolk: 4 Tage, 8 Stunden, 51 Minuten; erst 1952 vom Passagierschiff *United States* eingestellt.
2/1947	Außerdienststellung, Reserveflotte.

Schiffselektronik
Radar:
  SK-2, SC-2
Feuerleitung:
1945 2 Mk 37 mit FL-Radar Mk 12/22, 4 Mk 63 mit FL-Radar sowie einige Mk 51

Tarnschemata
1945/46 Schema 21

USS *Lake Champlain* (CV-39), aufgenommen etwa 1945/46. Anstrich nach Schema 21. Nur zwei Antennen-Gittermaste, sonst keine Besonderheiten.
Foto: USN

CV-40 Tarawa

Kurzlebenslauf
1946	Trainingsschiff im Atlantik und Pazifik.
10/1948	Fünfmonatige Umrundung des Erdballs.
6/1949	Außerdienststellung, Reserveflotte.

Schiffselektronik
Radar:
1946/49   SK-2, SX

Feuerleitung:
1946   2 Mk 37 mit FL-Radar Mk 12/22 sowie eine nicht bekannte Anzahl der kleineren FLG Mk 51 u. a.

Tarnschemata
1946   Schema 21

Tarawa (CV-40), vermutlich etwa 1948 aufgenommen; eines der ersten Schiffe mit der Radarantenne SX auf der Mastplattform. Beachtenswert sind die runden FL-Radarantennen an den Schutzschildern der 40-mm-Vierlinge. Foto: USN

Essex-Klasse

CV-45 Valley Forge

Kurzlebenslauf
8/1947	Via Panama-Kanal in den Pazifik;
10/1947	Umrundung des Erdballs.
4/1948	Nach Rückkehr Verbleib im Atlantik.
1949	Übungsfahrten; Umstellung auf neue Flugzeugtypen.

Schiffselektronik
Radar:
12/1946	SK-2, SX

Feuerleitung:
1947	2 Mk 37 mit FL-Radar Mk 12/22 sowie eine nicht bekannte Anzahl von Mk 51 u. a. FLG

USS *Valley Forge* (CV-45), aufgenommen am 14. Juli 1947 vor der Marinewerft Philadelphia. Beachtenswert ist die bereits von vornherein vorhandene SX-Radarantenne und die große weiße Nummer am Schornstein.
Foto: USN (Sammlung BfZ)

Steuerbord-Mittschiffs-Detail der *Valley Forge*, aufgenommen im Mai 1948. Gut erkennbar sind die Radarantennen SK-2 und SX sowie die FL-Radarschirme an den beiden höher aufgestellten 40-mm-Lafetten.
Foto: Wright & Logan

CV-47 Philippine Sea

Kurzlebenslauf
1946	Atlantik.
1/1947	Teilnahme an Antarktis-Expedition.
1947/50	Ostküste im Wechsel mit Mittelmeer-Einsätzen.

Schiffselektronik
Radar:
1946	SK-2
4/1948	SK-2, SX

Feuerleitung:
1946	2 Mk 37 mit FL-Radar Mk 12/22 sowie eine nicht bekannte Anzahl kleinerer FLG

USS *Phillippine Sea* (CV-47), fotografiert am 14. Juni 1946, etwa einen Monat nach Indienststellung, mit je drei TBM- bzw. SB2C-Maschinen auf dem Deck. Wie einige andere nach dem Krieg fertiggestellte Flugzeugträger erhielt auch CV-47 erst später die Radarantenne SX. Beachtenswert sind: Anflugantenne YE an der Mastspitze, die beiden seitlich abgeklappten Antennen-Gittermaste und der Windbrecher auf dem vorderen Flugzeugdeck. Auch hier hängen die FLG-Leitstände der vordersten 40-mm-Geschütze an den Ecken des Flugzeugdecks. Foto: USN (Sammlung A. D. Baker)

Essex-Klasse

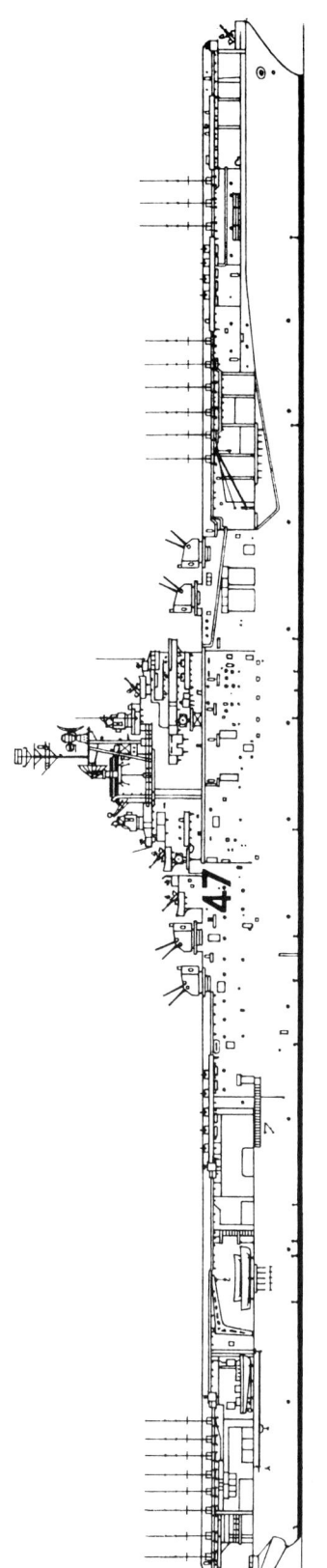

CV-47 *Philippine Sea* in den frühen 50er Jahren. Neben SK-2 Radar findet man die damals neu eingeführte Jäger-Leitantenne SX auf der Mastplattform. Beachtenswert sind die damals neu eingeführten dünnen Funkantennen an der Steuerbordkante des Flugzeugdecks, der für die „long hull"-Gruppe typische Vordersteven und die veränderte Anbringung der Kennung an der Steuerbordseite. Dieses Schiff hatte bei Fertigstellung bereits die neuere Form der Brücke. Die Mk-37-FLG sind bereits mit FL-Radar Mk 25 ausgerüstet. Daneben gibt es noch einige FLG Mk 56.

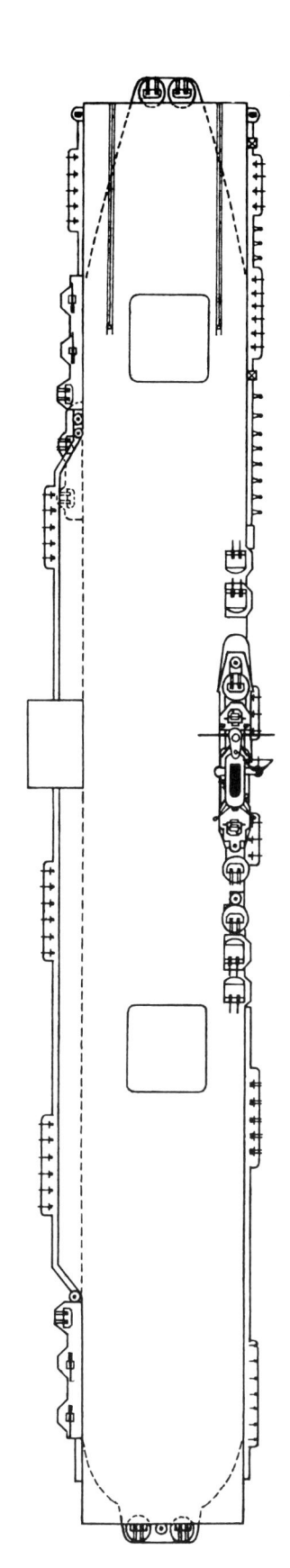

Diese Decksansicht entspricht in etwa CV-21 *Boxer* nach Fertigstellung des Schiffes. Beachtlich ist die Anzahl der an den Rändern des Flugzeugdecks angebrachten 20-mm-Flak. Gegenüber den „short hull"-Schiffen haben die beiden an Bug befindlichen 40-mm-Vierlinge ein weit besseres Schußfeld.

Philippine Sea, aufgenommen im April 1948 vor Toulon. Außer der großen weißen Kenn-Nummer, die nach damaligem Brauch an der Steuerbordseite unter dem FLG-Leitstand angebracht war, findet man noch die kleine Bugnummer. Foto: M. Bar (Sammlung BfZ)

Das Foto zeigt die am 9. Juni 1951 vom zweiten Korea-Einsatz zurückkehrende *Philippine Sea* in der Bucht von San Franzisco. Der Heimatwimpel ist rund 100 m lang und wird von kleinen Luftballons getragen. Zu Ehren des ebenfalls heimkehrenden Geschwaders CVG-2 formen Besatzungsmitglieder die entsprechenden Initialen. Bei dieser Rückfahrt stellte das Schiff einen neuen Überquerungs-Rekord über den Pazifik auf, der vorher von USS *Boxer* gehalten wurde. Für die Fahrt von Japan nach San Franzisco benötigte CV-47 7 Tage und 13 Stunden. Auf den FLG Mk 37 befindet sich bereits FL-Radar Mk 25, am Schornstein eine veränderte, später in dieser Form standardisierte Kenn-Nummer mit Schattenwirkung.
Foto: USN (Sammlung G. Albrecht)

Etwa ein Jahr später: *Philippine Sea* fährt 1952 erneut in den Westpazifik und nimmt dabei – wie die meisten Träger um diese Zeit – einige Landflugzeuge des „Military Air Transportation Service" sowie der Navy als Deckladung mit. Die eigenen Flugzeuge sind im Hangar verstaut. SPS-6-Radar befindet sich inzwischen an Stelle von SK-2 am Schornsteinausleger. Von fünf hier sichtbaren 40-mm-Vierlingen besitzen drei FL-Radarantennen.
Foto: USN (Sammlung BfZ)

Independence-Klasse (CVL-22)

Während des kritischen Jahres 1942 verlor die U.S. Navy gleich vier Flugzeugträger und *Enterprise* (CV-6) war zeitweilig einziger Träger im gesamten pazifischen Raum. Da die ersten Einheiten der *Essex*-Klasse nicht vor dem Frühjahr 1943 zu erwarten waren, besann sich die Navy auf die Tatsache, daß sie mit dem Bau von 39 leichten Kreuzern der *Cleveland*-Klasse begonnen hatte, deren Rümpfe teilweise fertiggestellt waren. Neun dieser Rümpfe wurden im Rahmen eines Notprogramms nach schneller Umplanung als leichte Flugzeugträger fertiggebaut. Alle diese leichten Träger kamen noch 1943 zur Flotte, nur einer ging 1944 verloren. Auf die schlanken Kreuzerrümpfe wurden zum Teil offene, ungeschützte, 65,5 × 17,6 m messende Hangars gesetzt und diese durch holz-beplankte, leidlich geräumige, jedoch ungepanzerte Flugzeugdecks von 166 × 22,3 m abgedeckt. Seitenwulste wurden angebracht, um die entstandene Topplastigkeit auszugleichen. Dadurch verringerte sich der Schlankheitsgrad des Rumpfes auf 8,4:1. Die Schiffe hatten nur eine kleine Insel mit einem niedrigen Gittermast, und die Rauchgase wurden durch vier seitlich an der Steuerbordkante des Flugzeugdecks angehängte, kurze und gekrümmte Schornsteine abgeführt. Es waren zwei Innenaufzüge sowie ursprünglich ein, ab 1945 zwei Katapulte des Typs H-II vorhanden. Achtern waren 8 Bremsseile angebracht. Das Ganze widersprach allen früher gemachten Erfahrungen: der Hangar war zu klein, die Werkstätten unzureichend, die Unterbringung der Schiffs- und der Flugzeugbesatzungen kümmerlich. Was jedoch damals allein zählte, das waren die 45 Flugzeuge, die sie mitführen konnten, sowie die Fähigkeit, mit der starken Maschinenanlage hohe Fahrtstufen laufen zu können, um so mit den schnellen Kampfgruppen der Schlachtschiffe und Zerstörer Schritt halten zu können. Als Flugzeugtransporter konnten diese Schiffe gestaut sogar 100 Maschinen befördern. Als Ergebnis der Planung während der kriegsbedingten Notsituation befanden sich diese CVL in der Mitte zwischen den schnellen Flottenträgern, mit denen sie die gleiche Geschwindigkeit gemeinsam hatten, und den etwas kleineren Geleitträgern, deren Nachteile sie allesamt hatten.

Ursprünglich bestand die Absicht, diese Schiffe mit vier 12,7-cm-L/38-Einzelgeschützen zu bestücken. Da sie aber vornehmlich im Rahmen von schnellen Kampfgruppen operierten, konnte die Flugzeugabwehr den Begleitschiffen anvertraut werden, während man sich bei den CVL auf die leichte Maschinenflak gegen Tiefflieger beschränkte. Die auf den ersten beiden Einheiten schon installierten beiden 12,7-cm-Geschütze wurden nach 1½ Monaten wieder entfernt.

Nach kurzer Reserve-Zugehörigkeit im Anschluß an den II. Weltkrieg wurden CVL-28 *Cabot* und 29 *Bataan* zu Beginn der 50er Jahre als „Hunter-Killer Carriers" geringfügig umgebaut und auf die Verwendung bei der aktiven U-Jagd spezialisiert. Zur Aufnahme von 20 nunmehr schwereren Flugzeugen wurde sowohl das Hangar- wie auch das Flugzeugdeck verstärkt. Aus Gründen der Stabilität wurden zwei der vier Schornsteine ausgebaut und dazwischen ein leichter Elektronikmast angebracht. So fuhr *Cabot* noch 6 Jahre, während *Bataan* bereits nach etwas mehr als 3 Jahren wieder zur Reserveflotte verlegt wurde. 35 Jahre nach Fertigstellung befindet sich ex-*Cabot* immer noch im aktiven Dienst bei der spanischen Marine und ist dort unter dem Namen *Dédalo* als Hubschrauber- und VTOL-Träger eingesetzt.

Der Ordnung halber muß noch erwähnt werden, daß diese Träger mit der Klassifikation CV begonnen wurden. Erst während der Bauzeit erhielten sie die für sie eingeführte Kennung CVL. Für die Panzerung wurden folgende Stärken bekannt:
Wasserlinie 38–127 mm
Hauptschotten 127 mm
Hauptdeck 76 mm
untere Decks 54 mm

CVL-22 Independence
Kurzlebenslauf
1943	Pazifik; Marcus, Wake, Rabaul, Gilbert Inseln, Tarawa.
11/1943	Beschädigung durch Flugzeugtorpedotreffer.
1944	Westküste Werft; Palaus, TF 38, Philippinen, Luzon, Ulithi, Okinawa, Formosa, Leyte, Samar, Philippinen, Ulithi.

1945	Luzon, Formosa, Indochina, Chinesische Küste, Werft Pearl Harbor, Ulithi, Okinawa, japanische Heimatinseln, Westküste, Magic Carpet-Fahrten.
1946	Magic Carpet-Fahrten.
6/1946	Zielobjekt bei Atombombenversuchen bei Bikini, weitere Testreihen.
1/1951	Versenkt als Zielobjekt.

Schiffselektronik

Radar:
1943   SK, SC-2
Feuerleitung:
1945   12 Mk 51, Mod. 2

Tarnschemata

4/1943   Schema 14
ab Frühjahr 1944 Schema 3-/8A

Geschwader, Staffeln, Flugzeuge

Die leichten Flugzeugträger (CVL) operierten zumeist mit einem CVLG-Geschwader. Gelegentlich aber befand sich nur eine sog. „Composite Squadron" an Bord, d. h. eine große, gemischte Staffel mit bis zu 45 Flugzeugen verschiedener Art wie VF, VSB, VTB. Je nach Aufgabe wurden manchmal auch nur Jagdmaschinen mitgeführt, die die großen Flottenträger schützten, während deren eigene Flugzeuge gegen den Feind flogen.

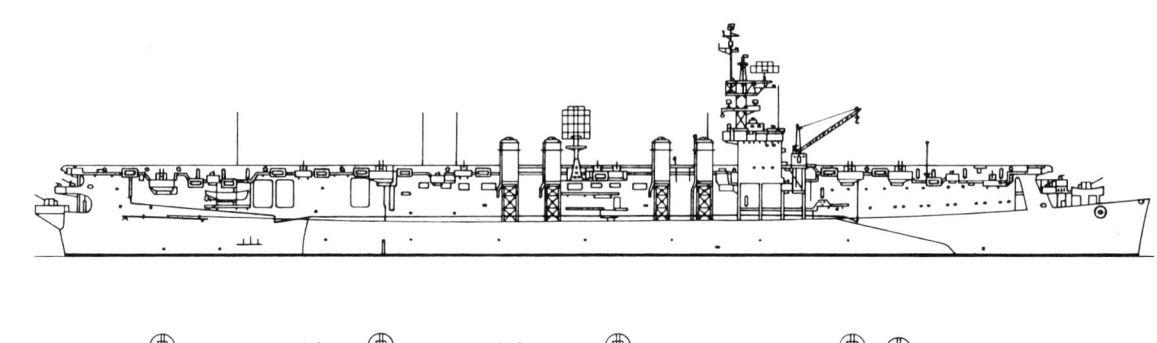

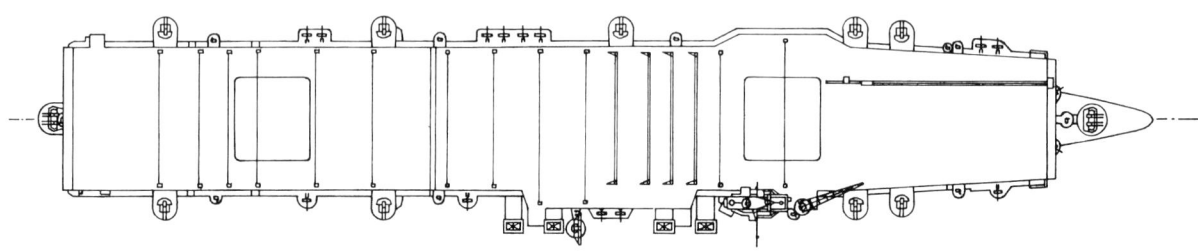

Vorstehende Zeichnung samt Decksplan stellt CVL-27 *Langley* im Frühjahr 1943 dar; die Zeichnungen gelten jedoch generell für das Aussehen aller Schiffe dieser Klasse im Jahre 1943, mit geringfügigen Abweichungen in der Aufstellung der Radarantennen. Das zweite Deckskatapult wurde auf den meisten Schiffen erst 1945 installiert.

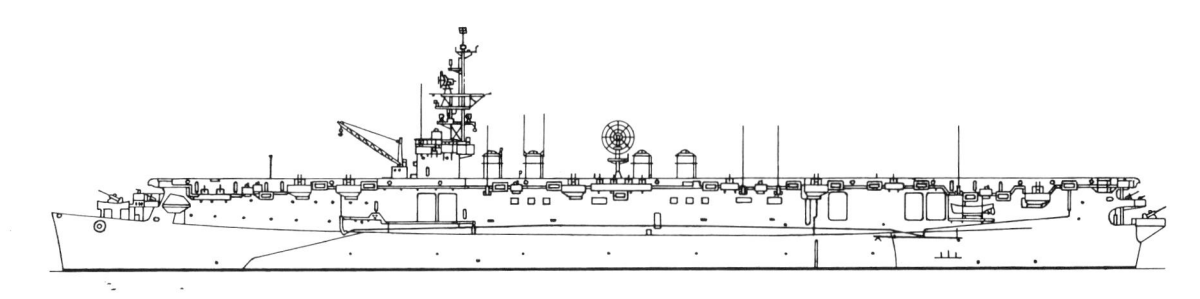

CVL-24 *Belleau Wood* 1947, etwa kurz vor der Außerdienststellung. Anstelle von SK nunmehr Radarantenne SK-2 zwischen den Schornsteinpaaren, SPS-4 auf der vorderen Mastplattform. In diesem Zustand wurde dann das Schiff 1953 als *Bois Belleau* von der französischen Marine übernommen.

Independence-Klasse 107

Etwas über drei Monate nach Indienststellung: USS *Independence* (CVL-22) mit Anstrich nach Schema 14, mit einigen Flugzeugen der Typen SBD und TBM auf dem Vorschiff. Sichtbar ist die Ausbuchtung des Backbord-Rumpfwulstes. Nur wenige Wochen später wurden die ursprünglich aufgestellten Bug- und Heckkanonen des Kalibers 12,7 cm L/38 (eine davon ist hier sichtbar) durch je einen 40-mm-Vierling ausgetauscht. Zu beobachten sind die Radarantennen SK, SC-2 und SG.
Foto: USN (Sammlung A. D. Baker)

Auch diese im Frühjahr 1943 gemachte Aufnahme der *Independence* zeigt die auf dem Vorschiff befindliche 12,7-cm-Kanone.
Foto: USN

Vermutlich in der zweiten Hälfte des Jahres 1943 wurde diese Luftaufnahme der *Independence* angefertigt, auf der nun der Bug-40-mm-Vierling zu sehen ist. Beachtenswert sind: der vor der kleinen Insel sichtbare Kran, die vier gekrümmten Schornsteine, die deutlich sichtbare Kante des Backbord-Rumpfwulstes und die 40-mm-Zwillingsflak, die mit Ausnahme von CV-3 *Saratoga* nur auf Schiffen der *Independence*-Klasse zum Einsatz gekommen sind. Foto: USN

Aufgenommen etwa Mitte 1944: *Independence* mit Tarnanstrich nach Muster 8A, wobei hier eher die Farben nach Schema 32 aufgetragen worden sein dürften. Deutlich sichtbar ist hier die stützende Unterkonstruktion der vier Schornsteine. Foto: USN

CVL-23 Princeton

Kurzlebenslauf

1943	Pazifik; TG 11.2, Baker Insel, TF 15, Makin, Tarawa, Pearl Harbor, Espiritu Santo, Bougainville, Rabaul, TF 50, Nauru, Westküste.
1944	TF 58, Wotje, Tarawa, Majuro, Kwajalein, Eniwetok, Karolinen, Palaus, Woleai, Yap, Hollandia, Truk, Ponape, Pearl Harbor, Majuro, Saipan, Guam, Rota, Tinian, Pagan, Saipan, Philippinen, Pagan, Rota, Guam, Palaus, Mindanao, Visayas, Luzon, Nansei Shoto, Formosa, TG 38.3, Leyte.
10/1944	Treffer durch Bombe und Flugzeugabsturz, nach Explosionen und Beschuß durch eigene Torpedos gesunken.

Schiffselektronik

Radar:
1944 SK, SC-2
Feuerleitung:
1944 vermutlich 12 Mk 51 Mod. 2

Tarnschemata
ab Frühjahr 1944 Schema 33/7A

USS *Princeton* (CVL-23), mit dunklem Anstrich nach Schema 14 oder 21, aufgenommen am 31. Mai 1943, etwa drei Monate nach Indienststellung. Auch hier findet man Peitschen-Funkantennen an der Backbordkante des Flugzeugdecks. Foto: USN

Ohne Flugzeuge präsentiert sich *Princeton* am 3. Januar 1944 vor der Küste des Bundeslandes Washington. Deutlich sichtbar sind die Radarantennen SK und SC-2. Wenige Monate später erhielt das Schiff Tarnanstrich nach Schema 33/7A, mit dem es bis zur Versenkung fuhr. Schiffe dieser Klasse sollen angeblich bei der Fertigstellung nur ein Katapult gehabt haben. Erst um 1945 herum erhielten sie ein zweites.
Foto: USN (Sammlung A. D. Baker)

CVL-24 Belleau Wood

Kurzlebenslauf

7/1943	Pazifik; Baker-Insel, Tarawa, Wake, Gilbert-Inseln mit TF 58.
1944	Kwajalein, Majuro, Marshall-Inseln, Truk, Saipan, Tinian, Rota, Guam, Palau, Yap. Ulithi, Woleai, Hollandia, Truk, Satawan, Ponape, Philippinen, Bonin, Guam (TF 58), Palaus (TF 38), Philippinen, Morotai, Okinawa, Luzon, Formosa, Cap Engaño, Beschädigung durch Kamikaze-Treffer (92 Tote und Vermißte), Ulithi, Westküste Werft.
1945	TF 58, Honshu, Nansei Shoto, Iwo Jima, V. bzw. III. Flotte, japanische Heimatinseln, Leyte, Yap, japanische Heimatinseln, Besetzung Japans, Westküste; Magic Carpet-Fahrten.
1/1946	Vorbereitung zur Außerdienststellung.
1/1947	Außerdienststellung, Reserveflotte.

Schiffselektronik
Radar:
1943	SK, SC-2
1945	SK-2, SPS-4

Feuerleitung:
1945	12 Mk 51

Tarnschemata
3/1943	Fertigstellung mit Schema 13
ab 7/1944	Schema 33/3D
ab 1/1945	Schema 21

USS *Belleau Wood* (CVL-24) mit Anstrich nach Schema 13. Das Foto wurde am 18. April 1943 vor der Marinewerft Philadelphia aufgenommen, also nur wenige Tage nach der Indienststellung. Foto: USN

Independence-Klasse

Belleau Wood im September 1943, 8 Monate vor Anbringung des Tarnanstrichs nach Schema 33/3D.
Foto: USN

Belleau Wood am 19. Januar 1945 vor Hunters Point, unmittelbar nach Anbringung des Anstrichs nach Schema 21, diesmal mit Flugzeugen an Bord. Hier sieht man die Radarantennne SP auf der vorderen Mastplattform. Während ihres ganzen Daseins waren Schiffe dieser Klasse trotz aller Maßnahmen so toplastig, daß man sich wie hier zusätzlich damit behalf, Reservetanks für Flugzeuge auf die oberen Flächen der Rumpfwulste zu legen. Bemerkenswert ist, daß die sicherlich viel Wasser übernehmende A-förmige Öffnung unter den vorderen Ecken des Flugzeugdecks hier verschlossen wurde.
Foto: USN (Sammlung A. D. Baker)

CVL-25 Cowpens

Kurzlebenslauf
9/1943	Pazifik; Wake (TF 14), Mille, Makin, Kwajalein, Wotje.
1944	Eniwetok, Truk, Marianen, Majuro (TF 58), Palau, Yap, Ulithi, Woleai, Truk, Satawan, Ponape, Saipan, Iwo Jima, Rota, Guam, Philippinen, Palang, Morotai, Luzon, Formosa, Okinawa, Leyte, Ulithi.
1945	Lingayen, Hongkong, Kanton, Okinawa, Ulithi, Iwo Jima, Westküste Reparatur, Wake, japanische Inseln (TF 58), Besetzung Japans.
11/1945	Zwei Magic Carpet-Fahrten.
1/1946	Westküste, Vorbereitung zur Außerdienststellung.
1/1947	Außerdienststellung, Reserveflotte.

Schiffselektronik
Radar:
1943	SK, SC-2
5/1945	SK, SP

Feuerleitung:
1945	2 Mk 63 mit FL-Radar Mk 28 (für 40-mm-Vierlinge) sowie 2 Mk 57 mit FL-Radar Mk 29 und 7 Mk 51 Mod. 2

Tarnschemata
1943	Fertigstellung nach Schema 21
ab 8/1944	Schema 33/7A
ab 3/1945	Schema 12

USS *Cowpens* (CVL-25), zwei Monate nach der Indienststellung, am 17. Juli 1943. Auf dem Flugzeugdeck befinden sich Flugzeuge der Typen F6F, SBD und TBF. Bei Fertigstellung war das Schiff nach Schema 21 angestrichen. Deutlich zu sehen sind die vier abgeklappten Funkantennen und die Verbreiterung des Flugzeugdecks im Bereich des vorderen Aufzuges.
Foto: USN (Sammlung A. D. Baker)

Nachdem *Cowpens* danach 8 Monate lang mit Tarnanstrich nach Schema 33/7A fuhr, präsentiert sie sich hier in der Zwei-Farben-Tarnung des Schemas 12, wobei zu beachten ist, daß sich der Verlauf der Trennlinie zwischen den beiden Tönungen von dem bei Schema 22 unterscheidet. An Stelle von SC-2 findet man hier SP-Radar auf der Mastplattform.
Foto: USN

Independence-Klasse

Ebenfalls im Mai 1945 wurde diese Aufnahme der *Cowpens* gemacht, auf der deutlich die vier Rohre des achteren 40-mm-Vierlings zu unterscheiden sind.
Foto: USN

CVL-26 Monterey

Kurzlebenslauf
1943	Pazifik; Gilbert-Inseln, Makin, Kawieng, Neu-Irland.
1944	TG 37.2, Kwajalein, Eniwetok, TF 58, Karolinen, Marianen, Nord-Neuguinea, Bonin-Inseln, Philippinen, Pearl Harbor Werft, Wake, TF 38, Südphilippinen, Ryukyu, Leyte, Mindoro.
12/1944	Beschädigung durch Taifun: Brände und Verlust mehrerer Flugzeuge;
1945	Westküste Werft, TF 58 Okinawa, Nansei Shoto, Kyushu, TF 38, Honshu, Hokkaido.
10/1945	Wechsel in den Atlantik; mehrere Magic Carpet-Fahrten zwischen Ostküste und Mittelmeer.
2/1947	Außerdienststellung, Reserveflotte.

Schiffselektronik
Radar:
1943   SK, SC-2
1946   SK, SPS-4
Feuerleitung:
1945   2 Mk 63 mit FL-Radar Mk 28 (für 40m-mm-Vierlinge) sowie 9 Mk 51 Mod. 2

Tarnschemata
6/1943   Fertigstellung mit Schema 22
ab 7/1977   Schema 33/3D
ab 1/1945   Schema 21

USS *Monterey* (CVL-26), fotografiert am 5. Juni 1943, nur wenige Tage vor der Indienststellung, hier bereits nach Schema 22 angestrichen, am Ausrüstungskai der Bauwerft in Camden, N. J. Die Radarausrüstung fehlt hier noch.
Foto: USN

Backbordansicht der *Monterey* am 17. Juli 1943, aufgenommen vor der Marinewerft in Philadelphia, Pa. An Radarantennen sind SK und SC-2 erkennbar. Bei den auf dem Flugzeugdeck befindlichen Flugzeugen handelt es sich um Schulmaschinen des Typs SNJ. Über der vorderen Kenn-Nummer sieht man die für diese Klasse charakteristische A-Öffnung, die später zum Teil ganz oder teilweise geschlossen wurde.
Foto: USN (Sammlung Baker)

Nachdem USS *Monterey* sieben Monate nach Schema 33/3D getarnt fuhr, präsentiert sie sich hier nach Kriegsende – etwa 1946 – mit Schema 21, mit groß angemaltem Schiffsnamen. Man konnte auf vielen amerikanischen Schiffen beobachten, daß ihre Nationalflaggen nach einem Sieg besonders groß waren. Hier befindet sich Flugzeugleitradar SP an Stelle von SC-2 auf dem Mastausleger.
Foto: USN

CVL-27 Langley

Kurzlebenslauf
12/1943	Pazifik.
1944	TF 58, Marshall-Inseln, Wotje, Taora, Kwajalein, Eniwetok, Palau, Yap, Woleai, Karolinen, Hollandia, Truk, Marianen, Saipan, Tinian, TF 38, Philippinen, Palaus, Formosa, Pescadores, Leyte, Philippinen.
1945	südchinesische See, Lingayen, Formosa, Indochina, chinesische Küste, Tokio, Nansei Shoto, Iwo Jima, japanische Heimatinseln, Okinawa, Kyushu, Westküste Werft, Hawaii, zwei Magic Carpet-Fahrten im Pazifik.
1946	Zwei Magic Carpet-Fahrten zwischen Ostküste und Europa.
2/1947	Außerdienststellung, Reserveflotte.

Schiffselektronik
Radar:
1943	SK, SC-2

Feuerleitung:
1945	2 Mk 63 mit FL-Radar Mk 28 (für 40-mm-Vierlinge) sowie 2 Mk 57 mit FL-Radar Mk 29 und 7 Mk 51

Tarnschemata
1943	nicht bekannt; hatte kein „dazzle pattern"-Muster

USS *Langley* (CVL-27) im Februar 1944. Dies ist einer von drei während des Krieges fertiggestellten Flugzeugträgern, die niemals einen „dazzle pattern"-Tarnanstrich geführt haben. Bei der Indienststellung hatte *Langley* vermutlich Anstrich nach Schema 14.

Foto: USN

CVL-28 Cabot

Kurzlebenslauf

11/1943	Pazifik.
1944	Majuro (TF 58), Roi, Namur, Truk, Palaus, Yap, Ulithi, Woleai, Hollandia, Truk, Satawan, Ponape, Marianen, Iwo Jima, Pagan, Rota, Yap, Ulithi, Mindanao, Visayas, Luzon, Okinawa, Leyte.
11/1944	Beschädigung durch Kamikaze-Treffer: 62 Tote; Reparatur in Ulithi.
12/1944	wieder im Einsatz; Luzon, Formosa, Indochina, Nansei Shoto, Hongkong
1945	japanische Inseln, Bonins, Kyushu, Okinawa, Westküste Werft, Wake, TG 38.3.
11/1945	Rückkehr Westküste; Wechsel in den Atlantik.
2/1947	Außerdienststellung, Reserveflotte.

Schiffselektronik

Radar:
10/1943	SK, SC-2
1945	SK-2, SP

Feuerleitung:
1945	2 Mk 63 mit FL-Radar Mk 28 (für 40-mm-Vierlinge), 2 Mk 57 mit FL-Radar Mk 29, 7 Mk 51

Tarnschemata

1943	unbekannt; hatte niemals „dazzle pattern"-Muster

USS *Cabot* (CVL-28) am 29. Oktober 1943 vor der Marinewerft in Philadelphia mit der üblichen Radarausrüstung, jedoch mit noch unvollendeter Decks-Kennnummer. Auch *Cabot* hatte offensichtlich bei der Übernahme einen Anstrich nach Schema 14 und erhielt wie auch *Langley* und *Lexington* (CV-16) nie die mehrflächigen Tarnmuster.
Foto: USN (Sammlung A. D. Baker)

Gerade noch schwach erkennt man, daß *Cabot* hier am 26. Juli 1945 bereits SK-2 (zwischen den Schornsteinpaaren) und SP-Radar erhalten hat. Über SP „leuchtet" die kleine Navigationsantenne SG.
Foto: USN

Independence-Klasse 117

CVL-29 Bataan

Kurzlebenslauf
1944   Pazifik; Hollandia, Truk, Satawan, Ponape, Saipan, Marianen, Bonin, Philippinen, Westküste Werft.
1945   Okinawa (TF 58), III. Flotte, japanische Heimatinseln.
10/1945   Wechsel in den Atlantik; Magic Carpet-Fahrten.
2/1947   Außerdienststellung, Reserveflotte.

Schiffselektronik
Radar:
1944   SK, SC-2
Feuerleitung:
1945   3 Mk 51 Mod. 2, 9 Mk 51 Mod. 1

Tarnschemata
11/1943   Fertigstellung, Schema unbekannt
ab Herbst 1944 Schema 3-/8A

USS *Bataan* (CVL-29), aufgenommen am 2. März 1944 vor der Marinewerft in Philadelphia. Deutlich erkennbar sind die farblichen Abstufungen des Musters 8A von Schema 32. Wie bekanntgeworden ist, verlaufen bei Schiffen dieser Klasse die Innendecks nicht parallel zum Deckssprung, sondern parallel zur Wasserlinie. Der dazwischenliegende, sich verjüngende Raum beinhaltet Leer-Räume, Aufzugsschächte und Lagerräume. Beachtenswert ist, daß auch hier die nach unten gekehrten Flächen der überhängenden Teile größtenteils weiß angestrichen sind.
Foto: USN (Sammlung A. D. Baker)

Etwa zwei Monate nach der Reaktivierung: *Bataan* am 28. Juli 1950. Die Veränderungen tangieren vor allem die Radarausrüstung. An Stelle der SK-Antenne befindet sich zwischen den Schornsteinpaaren ein kurzer Mast. Auf dem Hauptmast befindet sich SPS-6-Radar, auf der Brücke SP. Die große weiße Kenn-Nummer füllt die ganze Inselflanke aus. Ganz achtern steht eine Jagdmaschine des Typs FJ-1.
Foto: USN

CVL-30 San Jacinto

Kurzlebenslauf
1944	Pazifik; Einsätze im Rahmen der TF 58 bzw. TF 38, Majuro, Marianen, Saipan, Rota, Guam, Eniwetok, Chi Chi Jima, Ha Ha Jima, Iwo Jima, Okinawa, Formosa, Philippinen, Leyte, südchinesische See, Ryukyu.
1945	Mit TF 58 japanische Heimatinseln, Iwo Jima, Okinawa, Ulithi, Hokkaido, Honshu, Besetzung Japans.
9/1945	Rückkehr zur Westküste.
3/1947	Außerdienststellung, Reserveflotte.

Schiffselektronik
Radar:
1944	SK, SC-2

Feuerleitung:
1945	9 Mk 51 Mod. 2

Tarnschemata
11/1943	Fertigstellung mit Schema 33/7A

USS *San Jacinto* (CVL-30) am 17. Januar 1944 vor Philadelphia. Das Tarnmuster 7A, hier gepaart mit den Farben des Schemas 33, kann in seiner Backbord-Version gut unterschieden werden. Die achtern angesetzte Flak-Wanne bewirkt, daß die „Länge über alles" um 3,80 m größer ist, als bei den Rümpfen der leichten Kreuzer der *Cleveland*-Klasse. Im Bereich der Schiffsmitte kann die obere Kante des Rumpf-Wulstes klar identifiziert werden. Das Aussehen aller Schiffe dieser Klasse hat sich im Verlaufe des Krieges bemerkenswert wenig verändert. Foto: USN (Sammlung A. D. Baker)

Saipan-Klasse (CVL-48)

Im Gegensatz zu den leichten Trägern der *Independence*-Klasse, denen sie sehr ähnelten, waren die beiden Schiffe dieser Klasse keine Umbauten; sie basierten jedoch eindeutig auf den Rümpfen von schweren Kreuzern der *Baltimore*-Klasse, die parallel zu den leichten Kreuzern der *Cleveland*-Klasse gebaut wurden. Die etwas veränderte Gestaltung der Bugpartie gestattete die Parallel-Installation von jeweils zwei 40-mm-Bofors-Vierlingen auf dem Vorschiff. Die Wasserverdrängung entsprach der von *Ranger*, obwohl weit weniger Flugzeuge mitgeführt wurden, nämlich nur 50. Während der Rumpf rund 1,80 m breiter war als bei den Kreuzern der *Baltimore*-Klasse (auf die Wasserlinien-Panzerung wurde verzichtet), entsprach die Antriebsanlage derjenigen der Kreuzer, so daß die beiden Träger noch um einen Knoten schneller waren als die *Independence*-Klasse. Beide Einheiten wurden erst nach Kriegsende abgeliefert. Obwohl etwas größer als die ersten CVL, unterlagen sie generell den gleichen räumlichen Beschränkungen. Auch äußerlich ähnelten sich die beiden Klassen sehr.

Als relativ unverbrauchte, vom Kriege verschonte Einheiten boten sich diese Schiffe für Umbauten an, die zu Beginn der 60er Jahre geplant und durchgeführt wurden. Eines der Schiffe fungierte bis 1957 als Schulschiff für Marine-Piloten. Nach vorübergehender Einstufung als Flugzeugtransporter (AVT) wurden beide Schiffe umgebaut, *Wright* 1963 als Führungs- und Hauptquartierschiff mit der Kennung CC-2 (was nichts mit der früheren Kennung für Schlachtkreuzer zu tun hatte), und *Saipan* 1965 – unter Umbenennung in *Arlington* – als Nachrichtenverbindungs- und Relaisschiff (AGMR-2). Panzerung:
Hauptdeck 76 mm
untere Decks 54 mm

CVL-48 Saipan

Kurzlebenslauf
1946	Pilotenschulung in Pensacola.
4/1947	Aktiver Dienst im Atlantik.
12/1947	Beim Erprobungs-Verband „Operational Development Force".
5/1948	Erste Piloten-Qualifikationen für Strahlflugzeuge; Probeeinsätze neuer Hubschrauber.
1949	Ostküste; zwei Reservisten-Trainingsfahrten nach Kanada, wo auch kanadische Piloten Träger-Qualifikation absolvierten.
3/1951	Wechsel zwischen II. Flotte und VI. Flotte, dabei auch zwei Ausbildungsfahrten für Kadetten.

Schiffselektronik
Radar:
5/1948	SPS-6, SP
1951	SPS-6, SP

Feuerleitung:
1946	geplant: 9 Mk 57 mit FL-Radar Mk 29 Mod. 2 sowie 6 Mk 51 Mod. 3; unbekannt, ob in dieser Weise durchgeführt

Tarnschemata
7/1946	Schema 21

Inselaufbau, Bordkran und vorderes Schornstein-Paar von USS *Saipan* (CVL-48), aufgenommen am 2. Juli 1946 in der Bauwerft in Camden, N. J. Foto: USN

USS *Saipan* (CVL-48), aufgenommen am 6. Mai 1948. Bemerkenswert ist die Ähnlichkeit mit den Schiffen der *Independence*-Klasse. Deutliches Unterscheidungsmerkmal: zwei 40-mm-Flak-Wannen auf dem Vorschiff, nebeneinander aufgestellt, kein Rumpfwulst. Zu dieser Zeit wurde aus Gründen der Stabilität bereits ein Schornstein entfernt.
Foto: USN (Sammlung G. Albrecht)

CVL-49 Wright

Kurzlebenslauf
1947/1948 Ostküste; Piloten-Trainingsfahrten und Reservisten-Schulung.

Schiffselektronik
Radar:
3/1947   SR-4, SP
Feuerleitung:
1947   geplant wie auf *Saipan;* unbekannt, inwieweit so durchgeführt

Einen Monat nach der Indienststellung: USS *Wright* (CVL-49) am 15. 3. 1947 vor Philadelphia. Auf dem achteren Mastausleger sieht man deutlich eine selten geführte Antenne der SR-Reihe, die auf Trägern in wenigen Exemplaren kurz nach dem II. Weltkrieg kurze Zeit lang geführt wurde.   Foto: USN

Midway-Klasse (CVB-41)

Der Ursprung der *Midway*-Klasse datiert in das Jahr 1941, als nach der schweren Beschädigung des britischen Flugzeugträgers *Illustrious* deutlich wurde, daß es dieses Schiff nur seiner Flugzeugdeck-Panzerung in Stärke von 76 mm zu verdanken hatte, daß es nach einem Angriff deutscher Stukas Ju 87 nicht gesunken war. Bei der Inspektion des später auf einer amerikanischen Marinewerft instandgesetzten britischen Trägers erkannte man, daß kein amerikanischer Träger – einschließlich der *Essex*-Klasse – solchen Bombentreffern standgehalten haben würde. Auch die Trägerschlachten im Korallenmeer und bei Midway bestätigten die Berechtigung der Forderung nach weit besser gepanzerten Flugzeugträgern, die nicht nur möglich viele Flugzeuge mitführen, sondern auch jeder Art von feindlicher Waffeneinwirkung standhalten sollten. Das Ergebnis solcher Forderungen war der gegenüber der *Essex*-Klasse extrem vergrößerte Typ *Midway*, dessen Planung schnellstens durchgeführt wurde. Bereits im August 1942 folgte der Bauauftrag für das Typschiff. Fast zur gleichen Zeit erfolgte die Suspendierung des Bauprogramms für die fünf Super-Schlachtschiffe der *Montana*-Klasse. Diese Suspendierung folgte der Erkenntnis, daß künftig Flugzeugträger für den Erfolg im Seekrieg entscheidend sein würden und nicht die Schlachtschiffe allein. Angesichts der hierdurch nicht in Anspruch genommenen Baukapazität beschloß man, gleich sechs große Träger der *Midway*-Klasse zu bauen. Indessen gab es Probleme beim Bau derart langer Schiffe, die aus Sicherheitsgründen nicht auf Stapel gelegt werden konnten, und daher in großen Trockendocks gebaut werden mußten. Diese aber waren damals Mangelware, brauchte man sie doch vor allem für Reparaturzwecke. Die Anzahl der Werften, die so große Schiffe bauen konnten, war begrenzt. Als man dann noch erkannte, wie lang die Bauzeit eines jeden dieser Schiffe sein würde, verzichtete man Ende 1943 auf den Bau von CVB-44 und suspendierte angesichts des nahenden Kriegsendes im März 1945 auch die Konstruktion von CVB-56 und 57, so daß die Klasse auf CVB-41 bis 43 beschränkt blieb. Die beiden ersten Schiffe wurden denn auch innerhalb von 23 Monaten erbaut, während *Coral Sea* infolge der Zurückstufung auf Friedensbetrieb erst nach 39 Monaten Bauzeit übergeben wurde. Die Kombination zwischen der Übergröße, der geforderten Panzerung und einer nicht geringeren Geschwindigkeit als bei den früheren Klassen, machte die Wahl einer wesentlich stärkeren Antriebsanlage notwendig. Mit 212 000 PS erreichte man dann auch 33 kn. Dies war nicht zuletzt der besonders günstigen Unterwasserform des Rumpfes zu verdanken, die der der Schlachtschiffe der *Iowa*-Klasse entsprach. Bis heute gibt es keine amtlich bestätigten Zahlen über die Panzerung des Flugzeugdecks und des Wasserliniengürtels, jedoch wird die Angabe über die Panzerung in der Wasserlinie mit 20,3 cm als korrekt angesehen, während mit einer Flugzeugdeck-Panzerung von mindestens 76 mm gerechnet wird; sie dürfte jedoch eher noch stärker sein.

Infolge des Vorhandenseins der Seitenpanzerung und der Anbringung zusätzlicher Schutzeinrichtungen gegen Torpedotreffer wurden die Rümpfe so breit, daß sie nicht mehr in die Schleusen des Panama-Kanals hineinpaßten. Gegenüber der *Essex*-Klasse gab es weitere deutliche Verbesserungen in der Qualität und in der Anordnung der 12,7-cm-Türme, deren L/54-Rohre weiter schossen als die L/38. Trotz der Erhöhung auf 18 Geschütze – gegenüber 12 bei der *Essex*-Klasse – störte keines der Geschütze mehr den Betrieb auf dem Flugzeugdeck. Mit Ausnahme von drei 40-mm-Nestern und einiger knapp unter dem Niveau des Flugzeugdecks untergebrachter 20-mm-Maschinenflak gab es keine weiteren Geschützstände oberhalb des Deck-Niveaus.

Die lichte Höhe des Hangars beträgt hier 5,3 m. Die eigenwillige Form der unterhalb des Flugzeugdecks entlanglaufenden Galerie, die der Unterbringung der schweren und der leichten Flak sowie der üblichen Geräte diente, erwies sich in den 50er Jahren als sehr günstig, da hierauf die schweren Überhänge des Schräglandedecks abgestützt werden konnten.

Das gepanzerte Flugzeugdeck soll angeblich auf allen drei Schiffen 1947/48 nochmals verstärkt worden sein. Von den drei Aufzügen waren zwei Innenaufzüge. Der dritte war an der Backbordseite angebracht. Die beiden H-IV-Katapulte befanden sich auf dem vorderen Teil des Flugzeugdecks, deren Spur war jedoch damals noch so schmal, daß sie auf Fotos dieser Schiffe kaum ausgemacht werden konnte.

Bereits zu Beginn ihrer Dienstzeit hatten die drei Schiffe unterschiedliche Bewaffnung aufzuweisen, die sich z. T. aus den Folgen des Kriegsschlusses ergab. Nur *Midway* und *F.D. Roosevelt* wurden mit je 18 12,7-cm-L/54 Kanonen Mk 39 fertiggestellt, während *Coral Sea* nur 14 hatte. Gründe der Gewichts- und Personaleinsparung mögen es gewesen sein, da4 auf *Coral Sea* niemals 40-mm-Vierlinge installiert worden waren und auch nur wenige 20-mm-Maschinenflak. Die beiden ersten Schiffe hatten dagegen 84 40-mm-Flak, d. h. 21 Vierlinge. Von den 82 vorgesehenen 20-mm-Flak waren nur 28 an Bord. Zu den 12,7-cm-Geschützen gehörten zunächst vier FLG Mk 37, so daß nicht alle Geschütze auf einmal elektronisch gesteuert werden konnten. Zur Zeit der Fertigestellung dieser Schiffe gab es noch keine allgemeine Klimatisierung; nach Erinnerung eines früheren Besatzungsmitglieds war nur die Operationszentrale voll klimatisiert. Der Offizier, der hierüber berichtete, sagte auch, daß bei Inanspruchnahme der Hälfte der Kessel das Schiff immerhin 27 kn laufen konnte, wovon sich der Verfasser 25 Jahre später während eines 4tägigen Besuchs auf der *F. D. Roosevelt* erneut überzeugen konnte.

Die Baukosten je Schiff betrugen angeblich zwischen 90 und 100 Mio $. Der passive Schutz und die Lecksicherungskontrolle entsprachen denen auf Schlachtschiffen gleicher Größe. Über die Panzerung gibt es nur inoffizielle Verlautbarungen der gängigen Flottenhandbücher:
Wasserlinie und Hauptschotten 203 mm
Flugzeugdeck und Hauptdeck ?
Geschütztürme und Barbetten bis zu 38 mm

CVB-41 Midway

Kurzlebenslauf

1946	Atlantik; Operationen an der Ostküste.
1947	Erster Abschuß einer deutschen V-2-Waffe von einem Schiff aus.
1947/52	Mehrfacher Wechsel zwischen Ostküste und Mittelmeer.

Schiffselektronik
Radar:
9/1945   SK-2, SX, SR-4
5/1947/50 SX, SR-2

Feuerleitung:
1945   4 Mk 37 mit FL-Radar Mk 12/22 und 6 Mk 57 mit FL-Radar Mk 29 (für 12,7 cm) sowie 8 Mk 57 mit FL-Radar Mk 29 und 12 Mk 63 mit FL-Radar Mk 34 Mod. 2 (für 40 mm)

Tarnschemata
1945   Schema 21

Noch sehr hoch im Wasser liegt hier am 10. September 1945, am Tage der Indienststellung, USS *Midway* (CVB-41) mit dunklem Anstrich nach Muster 21. Bemerkenswert die beiden Backbord-FLG Mk 37, von denen das eine achtern, das andere vor dem Außenaufzug angebracht wurde. Hinter dem mächtigen Schornstein sieht man die Radarantenne SR-4. Beachtenswert sind noch die vier Antennen-Gittermaste.
Foto: USN (Sammlung A. D. Baker)

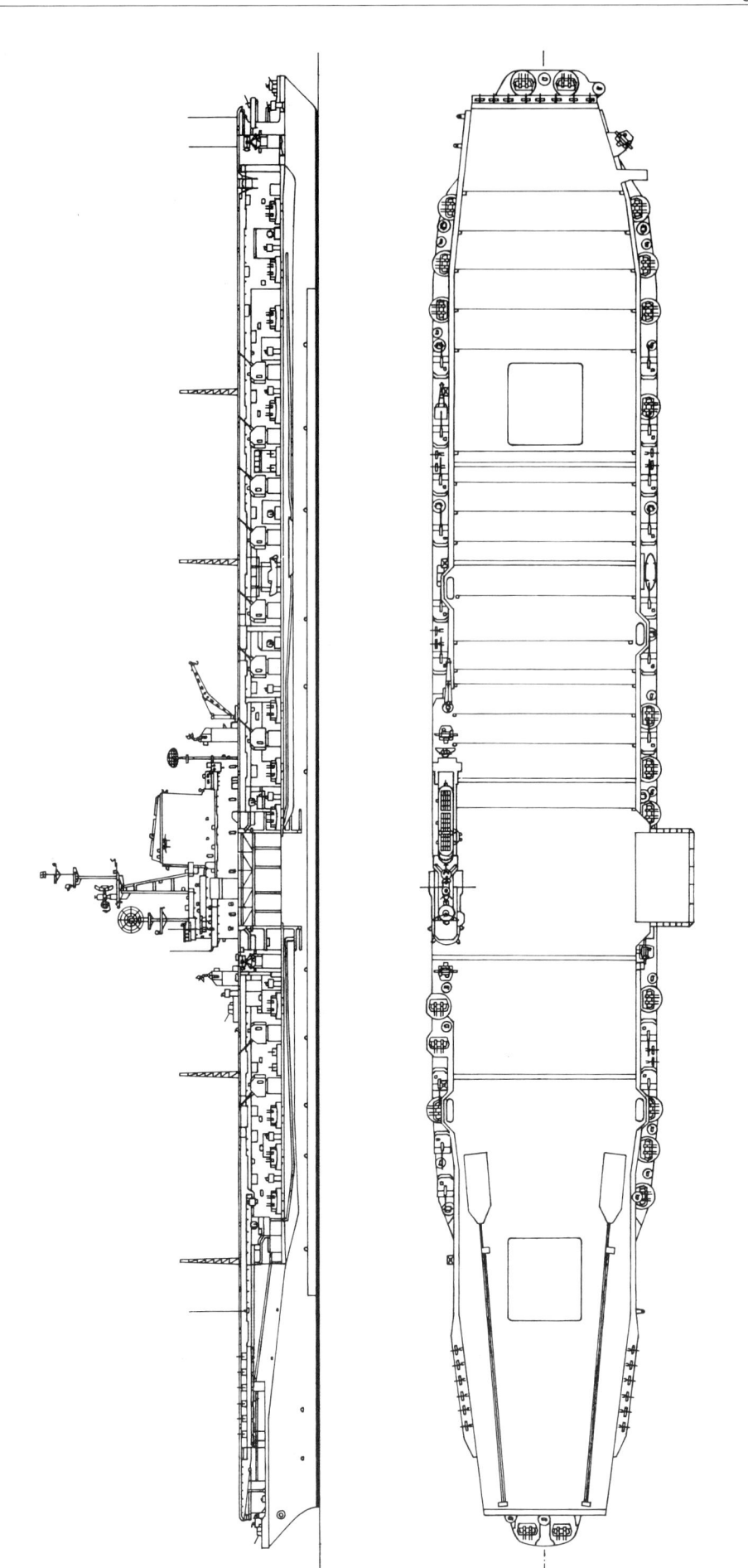

Erstes Aussehen von CVB-41 *Midway* und CVB-42 *F. D. Roosevelt* nach der Fertigstellung 1946. Typische Merkmale: volle Dotierung von 18 12.7-cm-L/54-Kanonen noch kleine Insel. Mk 37 vor und hinter der Insel auf dem Flugdeck, an der Backbordseite zwei weitere Mk-37-Geräte.

Nur 40 Tage später: *Midway* am 20. Oktober 1945 vor Hampton Roads, mit großem Namenszeichen an der Bordwand. Die Brücke ist noch relativ klein, das vordere Mk 37-Gerät befindet sich noch auf dem Flugzeugdeck. *Midway* ist eines der ersten Schiffe, das die Leitantenne für Jagdflugzeuge SX erhalten hat. Die SK-2-Radarantenne befindet sich auf einem gesonderten Mast auf der Insel.

Foto: USN (Sammlung A. D. Baker)

Midway am 12. Mai 1947. Die Brücke wurde zwischenzeitlich vergrößert, das FLG Mk 37 wurde auf die Insel umgesetzt. Große weiße Kenn-Nummer an der Schornstein-Flanke. Beachtenswert ist die imposante Anreihung von neun 12,7-cm-Geschützen des damals neuen Typs Mk 39, die sich beidseits auf dem Niveau des Hangardecks befinden und die recht hohe Barbetten haben. Am und hinter dem Schornstein hängen zahlreiche Rettungsflöße.

Foto: USN (Samlung G. Albrecht)

Am 14. Juli 1950 ist dieses Foto der *Midway* aufgenommen, auf dem einige Veränderungen festgestellt werden können: große Standard-Kenn-Nummer mit Schattenwirkung, nur noch sieben 12,7-cm-Geschütze, FL-Radar Mk 25 auf den FLG Mk 37, keine Bug-40-mm-Vierlinge mehr, SK-2-Radarantenne wurde durch eine andere ersetzt. Foto: USN (Sammlung S. Breyer)

Etwa 1952 wurde diese Aufnahme der *Midway* gemacht, auf der erstmalig 7,6-cm-L/50-Doppelflak an Stelle der 40-mm-Vierlinge festzustellen sind, einschließlich einiger FLG Mk 56. Beides wurde jedoch bereits etwa 2–3 Jahre vorher installiert. Der ursprüngliche Dreibeinmast wurde gegen einen Dreibein-Gittermast ausgetauscht, darauf befinden sich nun SPS-8A-Radar und (auf der Mastspitze) eine TACAN-Antenne. Auf dem Flugzeugdeck sind Strahljäger zu erkennen. Foto: USN (Sammlung G. Albrecht)

Diese am 3. November 1953 gemachte Aufnahme von *Midway* verdeutlicht den wasserabweisenden Abschluß der oberen Bugpartie, eine Art von Vorausmaßnahme, die später zur Einführung des sog. „hurricane bow", der völlig geschlossenen Bugpartie geführt hat. Die beiden vorderen 7,6-cm-Lafetten sind hier allerdings noch der vollen Wucht der schweren Brecher ausgesetzt. Auf dem Mastausleger unterhalb von SPS-8A sieht man die SPS-6-Antenne, vor der Admiralsbrücke ein FLG Mk 56. Foto: USN (Sammlung BfZ)

CVB-42 Franklin D. Roosevelt

Kurzlebenslauf
1946/54 Atlantik; mehrfacher Wechsel zwischen Ostküste und Mittelmeer.

Schiffselektronik
Radar:
1947 SK-2, SX, SR-4
1/1951 2 SPS-6, SX, möglicherweise auch SR-2
1952 2 SPS-6, SPS-8A

Feuerleitung:
1947 wie *Midway* 1945
1949 2 Mk 37 mit FL-Radar Mk 12/22, sonst wie *Midway* 1945
1951 2 Mk 37 mit FL-Radar Mk 25, mehrere Mk 56 sowie etliche kleinere FLG

Tarnschemata
1946 Schema 22 (oder 12 ?)

USS *Franklin D. Roosevelt* (CVB-42), aufgenommen in der Karibischen See im April 1946. Das Aussehen ist hier noch nahezu identisch mit *Midway:* kleinere Insel, noch keine Kenn-Nummer am Schornstein, vor dem abgesenkten Backbordaufzug eines der vier FLG Mk 37.
Foto: USN (Sammlung BfZ)

Franklin D. Roosevelt, aufgenommen 1947 vor dem Hafen von Malta. Die Bewaffnung und die Ausrüstung entsprechen immer noch der von *Midway* zum gleichen Zeitpunkt. Bei den auf dem Deck aufgestellten Flugzeugen handelt es sich um F4U, SB2C und um einige TBM. Beachte die Konzentration an 40-mm-Vierlingen auf dem achteren Teil des Seitendecks.
Foto: USN (Sammlung A. D. Baker)

Nur zwei Jahre später, etwa 1949, präsentiert sich *FDR* (wie der Name des Schiffes oft abgekürzt wurde) mit zahlreichen Veränderungen. Jetzt sind nur noch je 7 Kanonen des Kalibers 12,7 cm auf jeder Seite zu finden. Die an der Backbordseite ursprünglich angebrachten FLG Mk 37 sind ausgebaut, ebenso die Antennen-Gittermaste. Die Anzahl der 20-mm-Flak ist reduziert worden, die 40-mm-Flak ist jedoch noch vorhanden. Die Brücke wurde – wie auf *Midway* auch – erweitert und darauf das vordere FLG Mk 37 umgesetzt. Auf dem Schornstein befindet sich die standardisierte Kenn-Nummer mit Schattenwirkung. Die Radarantenne SK-2 wurde ersetzt. Foto: USN (Sammlung BfZ)

◄ Mittschiffs-Details von *F. D. Roosevelt*, ebenfalls 1947 aufgenommen. Bemerkenswert sind hier: die zahlreichen 12,7-cm-Kanonen Mk 39, der breite, dünne Schornstein mit der noch nicht dem späteren Standard entsprechenden Kenn-Nummer, drei der vier Gittermaste und die Radarausrüstung. Zu erkennen sind: SK-2 auf dem Radarmast über der Brücke, SX auf dem Dreibeinmast, YE auf der Mastspitze, SR-4 hinter dem Schornstein sowie FL-Radar Mk 12/22 auf den beiden hier sichtbaren Mk 37-Geräten. Foto: Sammlung BfZ

FDR am 10. Januar 1951. SX-Radar ist noch vorhanden, die beiden anderen älteren Antennen wurden durch je eine des neuen Typs SPS-6 ersetzt. Auf den FLG Mk 37 findet man jetzt FL-Radar Mk 25 als Rundantenne. An Stelle eines jeden der 18 ausgebauten 40-mm-Vierlinge wurde eine 7,6-cm-L/50-Doppellafette aufgestellt. Nur noch zehn 20-mm-Flak sind vorhanden. Die provisorische Teilverkleidung der Bugpartie folgte erst 1954. Auf dem Flugzeugdeck befinden sich u. a. F9F-Jagdmaschinen, noch dem früheren Panther-Modell angehörend. Sie führen den damals unüblichen Zweifarbenanstrich. Foto: USN (Sammlung BfZ)

CVB-43 Coral Sea

Kurzlebenslauf
1947   Atlantik
1948/56   Mehrfacher Wechsel zwischen Ostküste und Mittelmeer

Schiffselektronik
Radar:
12/1947   SX, SR-4
7/1953   SK-2, SPS-6, SX
1954   SK-2, SPS-6, SPS-8A
4/1957   SK-2, SPS-6, SPS-8A, SPS-4
Feuerleitung:
1947   2 Mk 37 mit FL-Radar Mk 12/22, ansonsten nicht bekannt
1949/57   2 Mk 37 mit FL-Radar Mk 25, mehrere Mk 56

Zur Zeit der Fertigstellung nach dem Ende des Zweiten Weltkrieges unterschied sich CVB-43 *Coral Sea* in manchen Dingen von den beiden Schwesterschiffen. Nur 14 Kanonen des Kalibers 12,7-cm-L/54, zunächst keine leichte Flak, die Radarantenne SK-2 fehlt und die Insel ist größer.

Breitseitansicht von CVB-43 *Coral Sea*, aufgenommen am 3. Dezember 1947. Angesichts des herannahenden Kriegsendes und der deswegen allmählich reduzierten Werftkapazitäten war letztlich die Bauzeit dieses Schiffes doch länger als die der beiden Schwesterschiffe. *Coral Sea* unterschied sich in mancher Hinsicht von CVB-41/42. Es waren von vornherein nur vierzehn 12,7-cm-Geschütze Mk 39 vorhanden und vierzehn 20-mm-Zwillingsflak. Das Schiff wurde sofort mit der vergrößerten Insel fertiggestellt. Erst im Mai 1949 kamen 7,6-cm-L/50-Doppelflak an Bord. Die Radarantenne SK-2 kann hier nicht festgestellt werden.
Foto: USN (Sammlung BfZ)

Auch diese am 25. Juli 1948 gemachte Aufnahme zeigt *Coral Sea* noch ohne SK-2-Radar. Die Bugpartie ist provisorisch gegen Wellen-Einwirkung verkleidet. Immer noch führt das Schiff die große weiße Kenn-Nummer am Schornstein.
Foto: USN (Sammlung A. D. Baker)

Coral Sea mit Flaggen-Gala im Jahre 1949. Deutlich sichtbar sind nun die vorderen 7,6-cm-Zwillinge und die provisorische Bug-Verkleidung. Standard-Kenn-Nummer befindet sich auf dem Schornstein. FL-Radar Mk 25 ersetzte inzwischen Mk 12/22 auf den Mk 37-Geräten. Nicht alle 7,6-cm-Flak scheinen radargesteuert zu sein.
Foto: USN

Diese schöne Breitseitaufnahme stammt aus dem Jahre 1954 und zeigt wieder diverse Veränderungen: endlich wurde SK-2 an den achteren Rand der Insel gesetzt. An Stelle von SX findet man jetzt SPS-8A und darunter SPS-6; auf der zweitobersten Mastplattform befindet sich SPS-4. Vor der Brücke ist ein FLG Mk 56 erkennbar.
Foto: Real Photographs

Unmittelbar vor dem großen Umbau: *Coral Sea* als „Automobil-Träger" auf dem Wege zur Marinewerft Puget Sound, aufgenommen am 15. April 1957. Zu diesem Zeitpunkt hatte das Schiff sechzehn 7,6-cm-Zwillinge, davon zehn an der Backbordseite. Nunmehr findet man TACAN an der Mastspitze. Der Backbord-Aufzug ist in der unteren Position, das Rolltor des Hangars ist geschlossen. Beachtenswert ist der Abrieb des Flugzeugdeck-Anstrichs durch die Bremsseile und die Landehaken der Flugzeuge.
Foto: USN (Sammlung A. D. Baker)

Schulträger Wolverine (IX-64) und Sable (IX-81)

Nachdem das Flugzeug als eines der wichtigsten Kampfmittel des Seekrieges erkannt und eingeführt worden war, mußten ausreichende Vorkehrungen für eine solide, praxisnahe Schulung der Piloten und Beobachter getroffen werden. Der Zuwachs an neuen Flugzeugträgern ab 1943 signalisierte den erforderlichen Bedarf an Flugzeugbesatzungen. Daß die amerikanische Trägerwaffe während des II. Weltkrieges ihre bekannten Erfolge erzielen konnte, verdankt sie nicht allein der Qualität ihrer Schiffe und Flugzeuge, sondern in erster Linie der Tapferkeit und der soliden Ausbildung ihrer Flugzeugbesatzungen. Ein wichtiger und unumgänglicher Teil dieser Ausbildung waren die Starts und Landungen auf den relativ kurzen Träger-Plattformen. Damals wie heute gleichen Haken-Landungen mit einer relativ hohen Anfluggeschwindigkeit auf einer nur 60 bis 80 m langen Landebahn eher einem kontrollierten Absturz. Dies mußte für den Ernstfall ausgiebig geübt werden, wofür andererseits keine geeigneten Schiffe zur Verfügung standen. Alle alten und neuen Flugzeugträger wurden dringend für den Kampfeinsatz benötigt. Da die Werften mit Neubauaufträgen restlos eingedeckt waren, bestand keine Hoffnung, jemals zu einem neuen Schulträger zu kommen. Was blieb, war die Möglichkeit des Umbaus vorhandener, hierfür halbwegs geeigneter Schiffe. Die durch das Kriegsgeschehen gefährdeten Seegebiete an der Atlantik- und Pazifikküste eigneten sich außerdem kaum für eine ungehinderte Piloten-Bordausbildung. Dies waren die Gründe dafür, daß letztlich diese Ausbildung in das Gebiet der Großen Seen im Norden der Vereinigten Staaten verlegt wurde, und daß dort zwei recht betagte Ausflugsdampfer mit Seitenradantrieb zu Schul-Trägern umgebaut wurden. Es handelte sich dabei um

☐ *Seeandbee*, der 1912 bei Detroit Shipbuilding vom Stapel lief, in *Wolverine* umbenannt wurde und nach der Klassifizierung als IX-64 (sonst. Hilfsfahrzeuge) am 12. August 1942 in Dienst kam, sowie
☐ *Greater Buffalo*, der 1923 bei American Shipbuilding in Lorain, Ohio, vom Stapel lief, in *Sable* umbenannt wurde und als IX-81 am 8. März 1943 in Dienst kam.

Nach Entfernung der alten Aufbauten wurde über dem Rumpf ein 152,5 bzw. 163,2 m langes Flugzeugdeck errichtet, auf dem sich an der Steuerbordseite eine kleine Insel befand. Die Rauchgase wurden durch hinter der Insel befindliche zwei bzw. vier Schornsteine geleitet. Es gab weder einen Hangar noch Aufzüge oder Katapulte, lediglich eine Bremsseilanlage für die Landungen. Allerdings war auf *Sable* das Flugzeugdeck aus Stahl; übrigens das erste amerikanische stählerne Landedeck. Das Flugzeugdeck befand sich bei diesen Schiffen recht niedrig über dem Wasser, so daß die Piloten beim Start äußerste Sorgfalt anwenden mußten, um nicht zu tief durchzusacken und „kalte Füße" zu kriegen oder gar „unterzutauchen". Die beiden Schiffe stellten reine Übungs-Plattformen dar und es bestand keine Möglichkeit, die gelandeten Flugzeuge an Deck abzustellen. Die Schulflugzeuge waren stets an Land stationiert. Sie starteten dort, landeten auf dem Schulträger, verweilten dort nur kurz, starteten wieder mit eigener Kraft, d. h. ohne Katapulthilfe, und verbrachten die Nacht auf dem Landstützpunkt. Das beständige Üben unter so primitiven Verhältnissen zeitigte gute Resultate und zahlte sich beim späteren Einsatz auf den großen Trägern aus.

Auf den beiden Schiffen wurde zusätzlich auch das Deckspersonal geschult, bevor es unter weit schwereren Bedingungen auf den aktiven Trägern ihren außerordentlich schweren Dienst antrat.

Technische Angaben

	IX-64 Wolverine	IX-81 Sable
Wasserverdrängung (Standard)	7200 ts	8000 ts
Abmessungen Flugdeck	152,4 × 17,8 m	163,2 × 17,7 m
Breite über den Radkästen	30,0 m	28,1 m
Tiefgang	4,7 m	4,7 m
Antriebsanlage	4 Kessel für Kohlenfeuerung Schaufelräder 8000 PS	dito 10 500 PS
Geschwindigkeit	16 kn	18 kn
Besatzung		300

Unikum bei der Pilotenausbildung war neben seinem nicht ganz gleich aussehenden Schwesterschiff der Schulträger *Wolverine* (IX-64), der als Hilfsschiff geführt wurde. Beeindruckend ist die Qualmentwicklung des alten Raddampfers. Lande- und Startfläche nach vorn und achtern verlängert.
Foto: Buffalo Police Dept. (Sammlung BfZ)

Diese Nahaufnahme verdeutlicht die Größenverhältnisse auf der *Wolverine*, deren einzige Aufgabe darin bestand, als Lande- und Startplattform für auf dem Festland stationierte Schulmaschinen zu dienen. Beachtenswert ist die Verbreiterung der oberen Rumpfpartie zum Radkasten hin sowie die primitive Anlage zur Ausleuchtung des Flugzeugdecks.
Foto: Buffalo Police Dept. (Sammlung BfZ)

Sable (IX-81), deren Rauchabzüge zu zwei Schornsteinmänteln zusammengefaßt waren, war beim Umbau durch die Navy bereits 18 Jahre alt. Ganz rechts im Bild sieht man gerade noch den etwas wettergeschützten Stand des Landesignaloffiziers. Die beiden vor der kleinen Insel befindlichen Ausleger dienten der raumsparenden Aufstellung von bereits gelandeten Flugzeugen. Das Schiff hatte Bremsseile. Foto: USN

Flugzeugträger ab 1950

Der Anfang des Jahres 1950 kann für die U.S.-Seeluftwaffe als eine Wendemarke angesehen werden. Diese im II. Weltkrieg so mächtig gewordene Waffe wurde zum größten Teil auf das damals als notwendig erachtete Mindestmaß reduziert. Die meisten Träger des *Essex*- und der *Independence*-Klasse wurden zur Reserveflotte verlegt und konserviert. Der nominelle Gesamtbestand an aktiven Trägern belief sich am 1. Juli 1950 auf 14, jedoch war die Sortierung recht bunt:
3 CVB der *Midway*-Klasse (CVB-41, 42 und 43)
4 CV der *Essex*-Klasse (CV-21, 32, 45 und 47)
3 CVL (28, 48 und 49)
4 CVE (Geleitflugzeugträger)
Im Atlantik befanden sich die drei CVB und CV-32 *Leyte;* sie alle operierten zeitweilig auch im Mittelmeerraum. CVL *Cabot* war als Schulträger eingesetzt und *Bataan* wurde gerade für die Spezialaufgaben der U-Jagd modifiziert. *Saipan* hatte nur U-Jagdstaffeln an Bord und *Wright* betätigte sich als Versuchsträger. Hinzu kamen noch CVE-120 *Mindoro* und CVE-122 *Palau*, wobei *Mindoro* zeitweilig nebenbei als Tender für „Blimps"-Flugschiffe fungierte.
Im Pazifik befanden sich die neueren CV *Boxer*, *Valley Forge* und *Philippine Sea*, sowie die beiden Geleitträger CVE-116 *Badoeng Strait* und CVE-118 *Sicily*.
Das war die Situation vor Ausbruch des Korea-Krieges. Aus der Retrospektive erscheint das Jahr 1950 wie ein Jahr des tiefen Luftholens. Der Tiefstand in der Stärke der Seeluftwaffe darf nicht darüber hinwegtäuschen, daß an ihrer künftigen Gestalt hart gearbeitet wurde. Der Beginn des Korea-Krieges im Jahre 1950 war nur der Beginn des Aufschwungs der Seeluftwaffe in den danach folgenden 36 Jahren. Die von den U.S.-Flugzeugträgern gestarteten Flugzeuge und Hubschrauber waren die ersten im Korea-Einsatz; insgesamt kommen mehr als 30% aller Flugeinsätze auf ihr Konto. In Korea wurde erstmals klar, daß die Vereinigten Staaten nach dem II. Weltkrieg die Rolle des Welt-Polizisten übernehmen wollten, wobei der Flotte und somit der Seeluftwaffe stets eine wichtige Rolle zugedacht war.
Die Entwicklung der bordgestützten Seeluftwaffe war nach dem II. Weltkrieg, insbesondere seit 1950, so stürmisch und vielseitig, daß sie hier nur stichpunktartig angedeutet werden kann.

☐ Die Modernisierung der älteren Träger der *Essex*-Klasse im Rahmen der Maßnahmen SCB-27A bzw. 27C und – später – durch SCB-125 wurde bereits Ende der 40er Jahre auf dem Reißbrett geplant. Die ersten Umbauten fallen genau so in das Jahr 1950, wie die Fertigstellung von CV-34 *Oriskany* gemäß SCB-27A.

☐ Der Bau des ersten Superträgers *United States* (CVA-58) wird zwar bereits im April 1949 aus finanziellen Gründen abgebrochen, aber die Geburtsstunde der Superträger, die bis zu 100 der neuen, viel schnelleren und schwereren Strahlflugzeuge aufnehmen sollten, hat geschlagen. *Forrestal* (CVB-59) war der Anfang; alle danach folgenden Träger waren jeweils noch schwerer.

☐ In der Zusammensetzung der Bordgeschwader werden einschneidende Veränderungen deutlich. Torpedoflugzeuge (VT) werden nicht mehr eingesetzt, die Abkürzung VT wird viel später den Schulstaffeln zugeordnet. Aus den VB-Staffeln werden Jagdbomberstaffeln (VA). Die Abkürzung VS verschwindet, um einige Jahre später als Bezeichnung für U-Jagd-Flugzeugstaffeln wieder aufzuerstehen.

☐ Die zunehmende Einführung von Strahlflugzeugen mit ihren größeren Start- und Landegeschwindigkeiten und weit größeren Gewichten stellen neue Anforderungen an Flugzeugdecks, Katapulte und Bremsseilvorrichtungen sowie Aufzüge. Mit der gleichzeitigen stufenweisen Verminderung der Propellermaschinen sinkt die Gefahr von Benzinbränden.

☐ Die Einführung des Schräglandedecks und des Landespiegels – beides britische Erfindungen – bringen neue Dimensionen für den Start- und Landebetrieb.

☐ Vor dem Aufbau der Flotte von strategischen Unterseeschiffen (SSBN), der 1958 allmählich zur Auswirkung kam, rangierte die nuklearstrategische Komponente der Trägerflugzeuge an erster Stelle. Zum Transport von Atombomben mußten schwere Bomber geschaffen werden, deren Abfluggewicht bereits bei ca. 24 t lag; es war damit viermal so hoch wie das Gewicht der im II. Weltkrieg eingesetzten Maschinen. Der neue Staffeltyp VAH entstand aus der Zusammenfassung dieser Bomber.

☐ Die fortgeschrittene U-Boot-Technologie (lan-

ge Tauchzeiten, hohe Unterwassergeschwindigkeiten, Lenkwaffen-Kapazität) sowie das bedrohliche Anwachsen der sowjetischen U-Boot-Flotte machen die Schaffung von speziell für die U-Jagd ausgerüsteten schnellen Trägerverbänden notwendig.
Es entstehen hierbei:
der U-Jagd-Flugzeugträger (CVS)
die U-Jagd-Flugzeuge (VS)
die U-Jagd-Hubschrauber (HS) und als Verband
die „ASW Group", anfangs noch als „Hunter-Killer Group" bezeichnet.
☐ Die Bordhubschrauber werden leistungsfähiger und gewinnen an Zahl und Einsatzmöglichkeiten. Neben U-Jagd- und Rettungsaufgaben sowie Versorgungs-Flügen übernehmen sie zunehmend Lufttransportaufgaben für das Marine Corps. Im Zusammenhang damit entstehen neue, ebenfalls trägerartige Schiffe, die Hubschrauberträger (LPH), die jedoch nicht mehr der Seeluftwaffe angehören, sondern den Amphibischen Streitkräften. In den ersten zehn Jahren helfen drei Träger des Typs *Essex* aus. Bereits in den ersten Nachkriegsjahren löst der Hubschrauber die Schwimmer-Aufklärungsflugzeuge auf den Schlachtschiffen und Kreuzern ab. Beginnend mit den 70er Jahren fungiert der Hubschrauber zunehmend auch als verlängerter Arm der Zerstörer und Fregatten und übernimmt weitere mannigfaltige Aufgaben (Lenkwaffen-Relaisstation, ECM-Aufgaben, Radarwarnung usw.)
☐ Die Radarortung nimmt noch mehr an Bedeutung zu. Schiffe, aber auch Flugzeuge erhalten immer bessere und weiter reichende Anlagen. Aus der Zusammenfassung der Radar-Frühwarnmaschinen entstehen VAW-Staffeln, die von nun an jeder Träger mitführt.
☐ Im Gegenzug muß die gegnerische Radarortung gestört und deren Störungsmaßnahmen neutralisiert werden. Dies führt zur Schaffung von ECM/ECCM-Flugzeugen (VAQ).
☐ Der visuellen Foto-Aufklärung kommt trotz Verwendung elektronischer Anlagen nach wie vor große Bedeutung zu. RA-5C Fernaufklärer übernehmen diese Aufgaben von den Superträgern aus, die kleineren RF-8A/G von kleineren Trägern aus.
☐ Unter der Berücksichtigung des Zugangs all der vorstehend aufgeführten Spezialmaschinen verändert sich die Zusammensetzung des Bordgeschwaders (seit 1963 als CVW abgekürzt) im Vergleich zur „Air Group" des II. Weltkrieges beträchtlich.
☐ Die Einführung von Schiff/Luft-Lenkwaffensystemen (SAM) bei der Flotte bewirkt eine Revolution bei der Bewaffnung allgemein und hat direkten Einfluß auf die Gliederung der „Carrier Task Forces", wie auch auf die künftige Bewaffnung der Flugzeugträger selbst.
☐ Kaum jemals vorher geahnte Einsatzmöglichkeiten ergeben sich ab 1961 mit der Einführung des Nuklearantriebs auf Flugzeugträgern und deren großen Begleitschiffen.

Bis zu Mitte der 60er Jahre erfährt die Seeluftwaffe einen enormen Auftrieb durch den Zugang neuer Superträger und zahlreicher neuer Flugzeugtypen. Dann aber wird sie erneut gezwungen, im Kriegseinsatz ihre Qualitäten unter Beweis zu stellen. Sie tut dies mit großem Erfolg, erleidet aber schmerzliche Verluste an Menschen und Maschinen. Auch im Einsatz vor der Vietnam-Küste stellt der Flugzeugträger seine Vielseitigkeit unter Beweis. Nach Jahren des zermürbenden Einsatzes in einem „schmutzigen" Krieg, der nicht gewonnen werden kann, weil der Einsatz der letzten (nuklearen) Mittel ausgeschlossen bleiben muß, ist auch für die U.S. Navy die Welt nunmehr anders geworden.
☐ Die im Kriege verlorengegangenen Maschinen müssen ersetzt werden.
☐ Die finanzielle Auszehrung der Vereinigten Staaten infolge der enormen für den Vietnamkrieg getätigten Ausgaben und der Inflation bewirkt, daß unter anderem ernsthaft an die Verkleinerung der Trägerflotte gedacht werden muß.
☐ Unter dem Vorwand einer ungenügenden Kostenwirksamkeit werden nacheinander bis 1974 die für die Weiten der Ozeane so dringend benötigten CVS-Träger abgeschafft.
☐ Ersatzweise dafür wird das sogenannte „CV-Konzept" eingeführt, eine Verlegenheitslösung, bei der Vorteile für einen bestimmten Trägerverband (gleichzeitige Präsenz von sowohl taktischen als auch von U-Jagd-Maschinen) durch die Nachteile des Fehlens von ausreichend Flugzeugträgern für beide Bereiche zunichte gemacht werden. Zum Vergleich: die U.S. Navy verfügt
1965 über 15 CVA und 9 CVS = 24 Flugzeugträger
1978 über 13 CV/CVN = 13 Flugzeugträger
Die angestrebte Endzahl von nur 12 CV/CVN stellt das absolut notwendige Minimum in Friedenszeiten dar. Beim Vorhandensein von 24 Flugzeugträgern gab es 1962 keine Probleme, eine wirksame Blockade Kubas durchzuführen. Ab 1965 war die Zahl von 15 CVA zu gering, um den Bedürfnissen des Vietnamkrieges zu genügen. Zwei CVS mußten zeitweilig als „Aushilfs-CVA" abkommandiert werden. Über lange Zeit ging zusätzlich ein CVA von der Ostküste zur VII. Flotte in den Westpazifik.

☐ Unglücksfälle, wie die auf *Forrestal, Enterprise* und *Oriskany* mußten überbrückt werden. Mit 12 aktiven CV/CVN kann zusätzlichen Weltkrisen nicht entgegengetreten werden. Die Initiative von politisch-strategischen Handlungen des potentiellen Gegners wird durch den Mangel an ausreichend Flugzeugträgern begünstigt.

☐ Die absoluten Vorteile von nuklear angetriebenen Trägern sind offensichtlich, und der Navy gelingt es immer wieder, den Kongreß von der Notwendigkeit der Beschaffung von Trägern der *Nimitz*-Klasse zu überzeugen. Die Kosten für diese Beschaffung werden jedoch mit der Zeit so hoch, daß bis etwa 1988 für nur eine einzige Flugzeugplattform über 3 Milliarden $ auszugeben sind.

☐ Die Atombomben, die trotz des Vorhandenseins von strategischen U-Schiffen auf den Trägern immer noch mitgeführt werden, sind kleiner geworden. Sie können nun auch durch die A-6 oder A-7 transportiert und ins Ziel gebracht werden. Die schweren Bord-Bomber werden nicht mehr benötigt. Wegen Überalterung wurden die ersten RA-5C ab 1977 von den Superträgern abgezogen und in ausreichendem Maße durch die alte RF-8G ersetzt.

☐ Nach nur sehr mäßiger Bewährung des Senkrechtstarters AV-8A bei einigen Staffeln des Marine Corps betreibt die Navy die Entwicklung eigener Senkrechtstarter; diese Entwicklung wird aber noch recht lange dauern. Die AV-8B Harrier II erwies sich als wesentlich besser als die AV-8A.

☐ All dies resultiert im Wunsch und im Versuch, anstelle der teuren CVN nun etwas preiswertere, d. h. kleinere und weniger leistungsstarke CV zu bauen. Aber selbst diese würden angesichts der hohen Entwicklungskosten zu teuer sein.

☐ Ende 1977 bestand immer noch absolute Unsicherheit bezüglich der künftigen Flugzeugträger-Baupolitik. Es gab aber nach wie vor eine starke Anhängerschaft – sowohl im Kongreß als auch insbesondere bei der Navy – für den Bau von Atomträgern.

☐ Unabhängig davon versucht die Navy, die bei der U-Jagd fehlenden CVS wenigstens zum Teil zu ersetzen. Dies geschieht dadurch, daß die Reichweite der landgebundenen Fernaufklärer (P-3C Orion) nochmals vergrößert wurde, und die seit dem Ende des Vietnam-Krieges arbeitslos gewordenen B-52-Bomber des Strategischen Luftkommandos an der Seeüberwachung beteiligt werden.

☐ Sichtliche Vorteile sind nach der Einführung der F-14 und der F/A-18 zu verzeichnen.

Waffen

Erfahrungen aus dem Kriegseinsatz und die Fortschritte in der Waffen- und Flugzeugtechnologie wirkten sich in der Zeit nach dem II. Weltkrieg auf Art und Umfang der Bewaffnung von Flugzeugträgern aus. Ältere, im Kriege erprobte Rohrwaffen wurden gegen neuere ersetzt oder ersatzlos entfernt. Die Einführung von Schiff/Luft-Lenkwaffen brachte neue Dimensionen mit sich und beeinflußte ab Ende der 50er Jahre auch die Zusammensetzung der Trägergruppen, weil nun Lenkwaffenschiffe in größerer Anzahl zur Flotte kamen und die Hauptlast der Verteidigung von Flugzeugträgern gegen schnelle gegnerische Flugzeugverbände übernahmen. Die Euphorie, die noch bei der Einführung der – nota bene beträchtlich teureren – Lenkwaffenanlagen ausbrach, führte zu einer vorübergehenden, aber immerhin einige Jahre währenden Ächtung jeglicher Rohrwaffen. Das ging soweit, daß das damals größte Kriegsschiff der Welt, CVAN-65 *Enterprise* viele Jahre lang ohne jegliche Bewaffnung fuhr, wodurch es ihm unmöglich war, sich auch nur gegen Angriffe der kleinsten Schnellboote zu erwehren.

Das 12,7-cm-L/38-Geschütz blieb Bordwaffe der *Essex*-Klasse bis in die 70er Jahre, jedoch wurde nach den Modernisierungsmaßnahmen SCB-27A und 27C sowie im weiteren Verlauf der Jahre die Anzahl der Einzellafetten von 7 bis 8 auf nur 2 bis 4 reduziert. Die 12,7-cm-Doppeltürme verschwanden von den Trägern mit der Streichung der AVT und der drei LPH der *Boxer*-Klasse zu Beginn der 70er Jahre.

Auch die Anzahl der 12,7-cm-L/54-Geschütze Mk 39 auf der *Midway*-Klasse wurde während der langen Dienstjahre immer wieder reduziert. Von den ursprünglich insgesamt vorhandenen 50 Einzeltürmen sind 1978 noch 6 vorhanden. Ein Teil der entfernten Geschütze wurde an die „Maritime Self-Defense Force", die neue japanische Marine abgegeben, die damit ihre ersten Nachkriegszerstörer ausrüstete.

Die 40-mm-Bofors-Vierlinge blieben – z. T. in der Anzahl reduziert – auf Trägern der *Midway*- und *Essex*-Klasse bis zum Ende der 40er Jahre; auf den wenigen CVL blieben diese, wie auch die 40-mm-Zwillinge, noch länger an Bord. Der spanische LPH *Dédalo (ex Cabot)* führt sie heute noch. Für die U.S. Navy brachte das Ende des II. Weltkrieges die Erkenntnis, daß auch das massierte Feuer der 40-mm- und 20-mm-Maschinenflak – bei aller Würdigung der einzelnen hohen Abschußzahlen – nich ausgereicht hat, um *alle* japanischen „Kamikaze"-Flugzeuge zum Absturz zu bringen, *bevor* sie sich auf die amerikanischen Schiffe stürzen konnten. Die Folge dieser Tatsache waren zahlreiche z.T. sehr schwere Beschädigungen, vor allem unter den Flugzeugträgern. Die Konsequenz sah man in der Schaffung eines relativ schnell feuernden Geschützes vom Kaliber 7,6 cm, das Geschosse mit Annäherungszünder verfeuerte.

Die 20-mm-Oerlikon wurde zwar noch auf *Midway* und *Roosevelt* installiert, verschwand dann aber sehr bald von allen Trägern. Unbeschadet dessen hatte CV-34 *Oriskany* bei Fertigstellung 1950 immer noch 20-mm-Flak an Bord.

Bereits 1945 setzten die Entwicklungsarbeiten für das

Mehrzweckgeschütz 7,6 cm L/50

ein, dessen Schußweite bei 45° Rohrerhöhung 13,5 km betrug und die Schußhöhe bei 85° 10,6 km. Von diesem Geschütz sind mehrere Ausführungen frontreif geworden; auf Flugzeugträgern kamen jedoch nur die Doppellafetten Mk 22 zum Einsatz, wo sie ab etwa 1950 die 40-mm-Flak ersetzten. Zunächst ersetzte jeder 7,6-cm-Zwilling einen 40-mm-Vierling, und zwar auf den Trägern der *Midway*-Klasse und auf den modernisierten *Essex*-Trägern. Die nicht modernisierten Träger der *Essex*-Klasse, auch die späteren LPH also, erhielten keine 7,6-cm-Geschütze. Von den leichten Trägern erhielt nur *Saipan* vier Doppellafetten während seines Umbaus als Nachrichtenverbindungsschiff *Arlington*. Keiner der Superträger ab *Forrestal*-Klasse hatte jemals 7,6-cm-Geschütze an Bord. Aus Gewichtsgründen wurden nur wenige Jahre nach der Einführung die 7,6-cm-Geschütze zahlenmäßig stufenweise reduziert. Dies geschah zunächst vor allem während der SCB-125/125A-Umbaumaßnahme, bzw. während SCB-110/110A. Mit der Zunahme der Einführung von Lenkwaffen auf Begleitschiffen wurden die 7,6-cm-Geschütze letztlich ganz entfernt, die entsprechenden Geschützwannen ausgebaut. Außer der 7,6 cm L/50 wurde nach dem II. Weltkrieg nur noch ein neuer Geschütztyp auf Trägern der U.S. Navy eingeführt. Es war dies das

12,7-cm-L/54-Mk 42-Schnellfeuer-Mehrzweckgeschützt

und zwar als vollautomatischer Einzelturm. Das Geschütz hat eine Schußweite von 23,7 km bei 47° Rohrerhöhung und eine Schußhöhe von 14,8 km bei 85° Rohrerhöhung. Je acht dieser Geschütze wurden auf den vier Trägern der *Forrestal*-Klasse installiert, jedoch wurden bereits zu Beginn der 60er Jahre die vier jeweils vorderen Türme ausgebaut und die dazugehörigen schweren Plattformen (mit Ausnahme derer auf der *Ranger*) entfernt. Beginnend 1976 mit *Forrestal* wurden dann nacheinander auch die achteren Türme ausgebaut und durch einen bis drei BPDMS-Starter ersetzt. Bis zum Jahre 1978 hatte nur noch *Ranger* achtern zwei 12,7-cm-Türme.

Der Eintritt in das Zeitalter der Lenkwaffen verschonte auch die Flugzeugträger nicht. So waren etwa in der Mitte der 50er Jahre mehrere Kreuzer und Flugzeugträger zum Abschuß der Mittelstrecken-Rakete Regulus I eingerichtet, die jedoch nicht direkt als Abwehrwaffe gegen feindliche Schiffe oder Flugzeuge anzusehen war.

Dies dagegen war der Fall bei der Einplanung von je zwei Anlagen zum Starten von Terrier-Flugkörpern zur Eigenabwehr gegen Flugzeuge auf Entfernung bis etwa 20 Meilen. Ab *Kitty Hawk* (CVA-63) *sollten* alle nachfolgenden Träger mit Lenkwaffen ausgerüstet werden. Wirtschaftliche Überlegungen führten jedoch zur Konzeption, nach der die gesamte Flugzeugabwehr den Bordflugzeugen und den begleitenden Schiffen anvertraut wurde. So befanden sich Terrier-Starter Mk 10 nur auf CV-63, 64 und 66, während *Enterprise* – obwohl dafür vorgesehen – keine Lenkwaffenanlage erhielt, aus Gründen der Kostensenkung, wie es hieß. Für CVA-67 *John F. Kennedy* war dann die Installation von zwei Tartar-Lenkwaffenanlagen vorgesehen, aber auch dieser Einbau entfiel aus Kostengründen. Diejenigen Superträger, die keine Lenkwaffenanlage der vorgenannten beiden Systeme an Bord hatten, erhielt ab etwa 1968 zögernd einen bis drei

BPDMS-Nahabwehrbereichs-Starter Mk 25 und Mk 29 für Sea-Sparrow-Flugkörper

die aus den acht Zellen des kastenartigen Starters verschossen werden können. Eine unmittelbare vollautomatische Nachladung des Werfers ist hier nicht möglich. Mit dem Sea-Sparrow-Flugkörper sollen tieffliegende Luftziele, also Flugzeuge und auch gegnerische Flugkörper sowie angeblich auch Seeziele auf eine Entfernung von bis zu 12 Meilen wirksam bekämpft werden können. Ab 1977 wurden auf CV-63, 64 und 66 die beiden Terrier-Anlagen gegen IPDMS-Starter Mk 29 (NATO-Sea-Sparrow) ausgetauscht.

Damit erschöpft sich der Vorrat an Waffen, die auf Flugzeugträgern eingesetzt waren bzw. noch sind. Es ist z. Zt. nicht bekannt, daß neue Waffen für diese Schiffsgattung entwickelt werden. Die 20-mm-Schnellfeueranlage Phalanx, mit deren Auslieferung ab 1980 begonnen wurde und mit der ebenfalls gegnerische Flugkörper kurz vor der Erreichung des eigenen Schiffes noch zum Absturz gebracht werden sollen, wurde bis 1986 auf allen Flugzeugträgern installiert.

20-mm-Gatling-Anlage Phalanx Mk 15

Schnellfeuernde, 6-rohrige Geschützanlage zur Abwehr von ankommenden Flugkörpern und tief anfliegenden Flugzeugen sowie von Schnellbooten. Einführung auf Flugzeugträgern ab 1980. Die Geschützanlage verfügt über ein eigenes Such- und Feuerleitradar.

Schiffs-Elektronik

In der Zeit nach dem Ende des II. Weltkrieges gab es enorme Entwicklungen bei den Flugzeugen, den Waffen, der Elektronik und bei den Schiffsantrieben. In allen Bereichen galt es, die Bordelektronik der neuen Entwicklung anzupassen. Neben den bereits vorhandenen, in einem der ersten Abschnitte dieses Buches aufgezählten Gruppen von elektronischen Geräten, nämlich
□ Geschütz-Feuerleitgeräte
□ Radar-Ortungsgeräte
□ IFF-Geräte
□ Navigations- und Anflugantennen
kamen jetzt noch die Bereiche der
□ Lenkwaffen-Feuerlenkung
□ elektronischen Gegenmaßnahmen
□ Unterwasserortung
□ Navigation und Nachrichtenübermittlung über Satelliten
hinzu, ganz zu schweigen von der Entwicklung des ganzen Funkverbindungswesens, dessen Beschreibung nicht in den Rahmen dieses Buches fällt.

Geschütz-Feuerleitgeräte

Feuerleitgerät Mk 37 befindet sich auf keinem Träger mehr. Nach der Außerdienststellung der letzten Schiffe der *Essex*-Klasse waren die „zwei Midways" die einzigen, auf denen sich noch ein solches Gerät befand. FL-Radar Mk 12/22 wurde in den 50er Jahren durch Mk 25 ersetzt.
Die kleineren FLG Mk 51, Mk 57 und Mk 63 verschwanden zunehmend von den Trägern, vor allem mit der Entfernung der 40-mm-Flak, beginnend etwa mit dem Jahr 1949.
Das ab Beginn der 50er Jahre eingeführte FLG für die 7,6-cm-L/50-Zwillinge war

Feuerleitgerät Mk 56 mit später hinzugefügtem FL-Radar SPG-35. Mit 27,5 km Reichweite wurde dieses Gerät auch zur Feuerleitung von 12,7-cm-Geschützen herangezogen. Das ebenfalls zu Beginn der 50er Jahre auf anderen Schiffsgattungen eingeführte

Feuerleitgerät Mk 68 mit FL-Radar SPG-53A hatte maximal 110 km Reichweite und war ausschließlich zur Feuerleitung des damals neu eingeführten vollautomatischen Geschützes 12,7-cm-L/54-Mk 42 bestimmt, das ja auch auf den vier Schiffen der *Forrestal*-Klasse installiert war. Mit Ausnahme von *Independence* II wurde jedoch dieses Leitgerät *nicht* auf Trägern verwendet und die Mk 42 Kanone wurde mit dem leichteren FLG Mk 56 gekoppelt.

Radar-Ortungsgeräte erfuhren in den letzten 30 Jahren verständlicherweise die am weitesten gehende Entwicklung. Die ersten Radaranlagen mit knapp 100 Meilen Erfassungs-Reichweite wurden mit der zunehmenden Geschwindigkeit der Flugzeuge immer unzulänglicher. Bereits 1945 gingen die Forderungen der Navy dahin, Anlagen mit einer Reichweite von 500 Meilen zu entwickeln. Trotz allem Fortschritt konnte dieser Forderung so schnell nicht entsprochen werden. Die Folge war, daß man größere Ortungs-Reichweiten nur dadurch erreichte, daß um die Trägergruppen ein Ring von Radar-Frühwarn-Zerstörern fuhr, aber auch dadurch, daß Bordflugzeuge Radargeräte erhielten und damit zum verlängerten Ortungs-Arm der Träger wurden.
Nachdem auf Trägern die im II. Weltkriege eingeführten Luftraum-Überwachungsantennen SK-2 und SC-2 noch bis in die 50er Jahre beibehalten wurden, kamen zu Beginn dieses Jahrzehntes allmählich die neuen, zunächst kleineren Anlagen der AN/SPS-Standardserie zur Flotte; dies waren

SPS-6, deren Antenne – wie weiter vorne schon angedeutet – zunächst mit Anlagen der SR-Serie gekoppelt wurde. Die Antenne bestand aus einem gekrümmten, gemaserten Parabolabschnitt und ist auch gegenwärtig noch auf einigen amerikanischen und auch auf fremden Kriegsschiffen zu finden.

SPS-12 fand man gelegentlich parallel zu SPS-6, mit einer Antenne, die SPS-6 nicht unähnlich ist, so daß die Unterscheidung etwas schwer fällt.
Die im II. Weltkrieg begonnene Serie der „fighter control"-Anlagen umfaßte sog. „high-finder", von denen SM und SP bereits erwähnt worden sind. Ab etwa 1947 wurden diese jedoch von dem neueren Gerät

SX abgelöst, das stets an exponierter Stelle des Mastes geführt wurde und durch seine sehr unregelmäßige Form auffiel. Diese Antenne hatte etwas Ähnlichkeit mit

SPS-8A, einem Gerät, das ab Beginn der 50er Jahre eines der Haupt-Ortungsgeräte auf größeren Schiffen der U.S. Navy wurde und das CVS-9 *Essex* noch bis zur Außerdienststellung führte.

SPS-8B war eine Parallel-Version zu SPS-8A und wurde auf Trägern in nur wenigen Exemplaren eingesetzt, so auf *Independence* II und auf *Constellation*. Gegenwärtig befindet sich diese Antenne noch auf dem brasilianischen Flugzeugträger *Minas Gerais*. Letztes Glied der Familie der „high-finder" ist

SPS-30, ein Gerät, das ab etwa 1962 bis 1983 auf den meisten älteren und zahlreichen neueren Trägern installiert wurde. In der Serie der 2-D-Radaranlagen für die Luftraum-Überwachung löste ab etwa 1958

SPS-37 auf den Trägern SPS-6 und 12 ab. Nur *Essex* und *Intrepid* führten dieses Gerät bis zu ihrer Außerdienststellung, während anstelle von SPS-37 etwa ab 1960 bereits

SPS-43 tritt, mit 13 m die bis heute längste Bord-Radarantenne der U.S. Navy, die wegen ihres Gewichtes nur auf großen Schiffen installiert wird. Von den Trägern war *Dwight D. Eisenhower* das letzte Schiff, das diese Antenne erhielt und auch bis 1985 behielt. In etwa parallel zu SPS-43 kam auch die leichtere Anlage

SPS-40 zu Beginn der 60er Jahre zum Einbau, sie wurde jedoch auf keinem Träger installiert. Ein Exemplar davon findet man auf dem spanischen Hubschrauberträger *Dédalo* (ex *Cabot*) und auf dem brasilianischen Träger *Minas Gerais* (zusätzlich zu SPS-8B).

SPS-49 wurde ab ca. 1980 auf allen Trägern als Ersatz für SPS-43 eingeführt.

SPS-58 sowie das Nachfolgegerät

SPS-65 sind Kurzbereichanlagen, die zur Ortung schnell und tief fliegender Luftziele (Flugzeuge bzw. Flugkörper) entwickelt wurden. Sie wurden etwa ab Beginn bis zum Ende der 70er Jahre zusätzlich vor allem auf solchen Trägern benutzt, die mit BPDMS-Startern ausgerüstet sind.

Im Bereich der Navigations- und Überwasser-Ortungsantennen löste die zu Beginn der 50er Jahre eingeführte und für die Schiffserkennung nicht besonders belangreiche Radaranlage
SPS-10 die viel kleinere SG-Antenne ab. Sie blieb für ca. 30 Jahre die wichtigste Navigationsantenne auf amerikanischen Kriegsschiffen vieler Gattungen, um erst ab Mitte der 70er Jahre allmählich von

SPS-55 abgelöst zu werden, einer ebenfalls kleineren, rechteckigen, schmalen Antenne, die aber auf Trägern nicht zum Einsatz gekommen ist.

Mit dem Beginn der Verwendung von Lenkwaffen auf Flugzeugträgern (*Kitty Hawk/America*-Klasse) ist auch die Einführung der sogenannten 3-D-Radaranlagen verbunden. Dem ersten Modell **SPS-39** folgte nach einigen Jahren (etwa Mitte der 60er Jahre)

SPS-52, wobei diese Antenne mitunter mit den sonstigen Komponenten des SPS-39 Systems gepaart wurde. Auf allen Trägern kam letztlich

SPS-48 zum Einbau, die gegenwärtig noch am meisten vorgezogene 3-D-Antenne. Einmalig geblieben ist dagegen die Verwendung von vier Paar nicht rotierenden Flächenantennen der Anlage

SPS-32/33 an den Insel-Flanken von CVN-65 *Enterprise*, die 1980 entfernt wurde.

Lenkwaffen-Leitgeräte

gab es auf einigen Superträgern ab der *Forrestal*-Klasse. Von den komplexen Leitsystemen für Lenkwaffenanlagen, die aus verschiedenen Bausteinen bestehen, sind für die Schiffs-Identifikation nur die außen wahrnehmbaren Starter und die eigentlichen Radar-Beleuchter von Belang. Auf CV-63, 64 und 66 installierte man die für das Lenkwaffensystem Terrier benutzten Leitgeräte

SPG-55 in jeweils drei Exemplaren. Alle übrigen Träger, die zwischenzeitlich mit BPDMS-Startern ausgerüstet worden sind, führen einige

Mk 91-Feuerleitgeräte.
Auf dem Gebiete der

IFF-Antennen

gab es in den dreieinhalb Jahrzehnten seit der Einführung der ersten Freund/Feind-Identifikationshilfen viele Neuerungen. Es gibt zahlreiche, zumeist kleinere IFF-Antennen, die an den Mastauslegern aller möglichen Schiffe angebracht sind. Andererseits besitzen die gängigen modernen Radarantennen – von vornherein oder durch spätere Nachrüstung – einen IFF-Zusatz, der sich in Form eines waagerechten Balkens darstellt, der auf die eigentliche Antenne aufgesetzt wird. So wie dies früher auf den Antennen SK und SC-2 beobachtet werden konnte, so findet man heute IFF-Zusatzantennen u. a. auf SPS-37, 43, 52 und 48.

Anflug-Radarantennen (homing beacons)

Auch hier gab es seit Erscheinung der ersten „homing beacon"-Antenne YE im Jahre 1943, die bis in die 50er Jahre hinein benutzt wurde, mit einem knappen halben Dutzend Antennen-Neuerungen, von denen im Rahmen der AN/SPN-Serie die Geräte SPN-6, 10, 12, 35, 41, 42 und 43 bekanntgeworden sind. Da aber auch hier gelegentlich für eine bestimmte Anlage verschiedene Antennen benutzt wurden, so daß bezüglich der Verwendung beträchtliche Unsicherheit herrscht, wird in den nachfolgenden Bildunterschriften auf diese Antennen zumeist nicht hingewiesen, es sei denn, es beseht Nachweis für eine bestimmte Bezeichnung.

Antennen für elektronische Gegenmaßnahmen (ECM und ECCM)

Obschon gerade von den Flugzeugträgern aus die hochgezüchteten VAQ-Maschinen mit ihrer Fülle an Störungs- und Störungs-Abwehrsensoren eingesetzt werden, gibt es auch auf den Trägern selbst, wie auf allen Schiffen hinunter bis zu den Fregatten und Hilfsschiffen ECM- (zumeist kleine viereckige Antennen mit glockenartigen Abdeckungen) und ECCM-Antennen. Die letzteren bestehen zumeist aus über das Rumpfprofil hinausragenden Rahmen-Antennen. Besonders markant waren die sehr zahlreichen T-förmigen ECM-Antennen, die rund um die Kuppel über der Insel von CVN-65 *Enterprise* gespickt waren, bevor sie beim Umbau ab 1980 entfernt wurden.

Geräte für die Unterwasserortung (Sonar)

Als einzige auf Trägern installierte Sonaranlage ist **SQS-23** bekanntgeworden. Mit ca. 5 Meilen Ortungs-Reichweite befand sich diese Anlage – mit Bugsonardom – auf allen CVS, die SCB-27A durchlaufen haben, die jedoch später nach FRAM II modernisiert wurden, sowie auf CV-66, obwohl alle sie begleitenden Schiffe mit Sonargeräten ausgerüstet sind. Die weit auseinandergezogenen Formationen der Trägerverbände und die immer noch bei der U-Boot-Ortung bestehenden Unsicherheitsfaktoren scheinen es notwendig zu machen, die Flugzeugträger zum Eigenschutz mit Sonargeräten auszurüsten. *Bekämpfen* könnten sie ein auf so nahe Distanz entdecktes gegnerisches Unterseeschiff bestenfalls mit Zielsuchtorpedos Mk 46, die von Bord-Hubschraubern abgeworfen würden. Ab 1980 wurde die Sonaranlage auf CV-66 stillgelegt.

Antennen für die Flugzeug- und Hubschrauber-Navigation (TACAN)

Während die „homing beacon"-Antennen im Laufe ihrer Entwicklung so groß und leistungsstark wurden, daß sie auch etwas tiefer an den Mastplattformen, an den Achterkanten der Inseln oder gar oft – durch Plastik-Radome geschützt – an den Rändern der Flugzeugdecks angebracht werden konnten, „eroberten" sich die TACAN-Antennen den höchsten Platz an der Mastspitze des jeweiligen Trägers, aber auch der begleitenden Schiffe. Bekanntgeworden sind bisher die Antennen SRN-3, URN-6, URN-20 und URN-25, die jedoch selbst kaum jemals sichtbar sind, sondern durch eine glockenartige Abdeckung geschützt werden. Die ältere Abdeckung von SRN-3, die etwa mit SCB-27A der *Essex*-Klasse aufkam, war etwas höher und nach oben konisch verbreitert, wogegen die neueren (für URN-6 und URN-20) niedriger und an der oberen Begrenzung abgerundet sind. Bis Mitte der 80er Jahre verfügten alle Träger über die Leichtgewicht-Flachantenne URN-25.

Antennen für die Navigation und Nachrichtenübermittlung über Satelliten

Die ersten bordgestützten Satelliten-Antennen stammen aus der Mitte der 60er Jahre, als u. a. *F.D. Roosevelt* eine solche hatte. Inzwischen gibt es einige weitere Modelle an Rund- und Viereck-Antennen. Von den letzteren ist **OE-82** bekanntgeworden, eine kleinere, viereckige sowie eine runde, trommelartige Antenne, die man zumeist an Ecken von Inseln oder Aufbauten findet, oder auf Mastplattformen. Aus Platzgründen können innerhalb dieses Abschnittes leider keine Einzelfotos aller vorstehend aufgeführten elektronischen Geräte gezeigt werden. In den Bildunterschriften der Schiffsfotos wird jedoch, soweit möglich, auf die mit Sicherheit identifizierten Geräte hingewiesen.

Passiver Schutz

Verständlicherweise unterliegen alle mit dem passiven Schutz moderner Flugzeugträger in Verbindung stehenden Vorkehrungen der Geheimhaltung. Eine Panzerung im Sinne der im II. Weltkrieg noch benutzten Panzerplatten soll es nicht mehr geben, jedoch können die heutzutage ohnedies weit verbesserten Schiffsbaustähle auch in beliebiger Festigkeit hergestellt werden, so daß auf diese Weise partiell von einer leichten Panzerung gesprochen werden kann. Beginnend mit den 80er Jahren werden auf den meisten Kampfschiff-Klassen, so auch auf Trägern, Kevlar-Kunststoff-Panzerplatten zum Schutz lebenswichtiger Anlagenteile eingesetzt. Hierdurch haben moderne Träger bei

Treffern aller Art gegenüber ihren Vorgängern aus dem II. Weltkrieg eine um das mehrfache gesteigerte Überlebens-Chance, sofern es sich nicht um Volltreffer durch Atomsprengköpfe handelt.
Noch weiter verfeinert und vervollständigt wurde die Anlage der wasserdichten Abteilungen. Das geht so weit, daß z. B. bei parallel zueinander liegenden und spiegelbildlich gleichen Antriebsanlagen der Zugang von einer zur anderen erst nach Überwindung von mehreren Decks möglich ist. Bereits der Rumpf der 1945 fertiggestellten *Midway* bestand angeblich aus 1750 wasserdichten Abteilungen.
Einer der größten Gefahren für Flugzeugträger ist auch in Friedenszeiten eine Feuersbrunst, die durch leicht entzündbaren Flugzeugtreibstoff entstehen kann, oder gar nach Initialzündung von Leuchtraketen oder sonstigen Geschossen. Es gab im Laufe der letzten drei Jahrzehnte mehrere schwere Brände (u.a. auf *Enterprise II, Oriskany, Forrestal*), aus denen Lehren für die Anordnung von feuerfesten Abteilungen gezogen wurden. Jeder Träger-Hangar kann heutzutage durch schwere feuerhemmende Rolltore in drei feuergeschützte Abteilungen unterteilt werden. Zuzüglich werden auch bei der Wahl von Einrichtungsgegenständen feuerhemmende, feuerabweisende oder feuerbeständige Materialien verwendet.

Farbanstriche und Tarnungen

In Ergänzung des zu diesem Thema bereits in anderen Büchern dieser Serie ausgeführten kann festgestellt werden, daß es nach dem II. Weltkrieg bei Flugzeugträgern keine Tarnanstriche mehr gegeben hat. Die älteren Schiffe behielten z.T. ihre Ein- bzw. Mehrfarbenanstriche bis spätestens 1947. Auch die noch bis Ende des II. Weltkrieges nach Schema 14 bzw. 21 dunkelgrau bzw. marineblau gespritzten Schiffe erhielten sehr bald den dunstgrauen Anstrich nach Schema 13, der noch bis in die Gegenwart verwendet wird und jetzt eine andere Bezeichnung führt. Wer gelegentlich amerikanische Kriegsschiffe in natura zu sehen bekommt, weiß, daß der Anstrich eine ganz leichte Grün-Komponente enthält. Die weiten Flächen der Flugdecks werden gegenwärtig in Anthrazit-Schwarz ausgeführt, die Decksmarkierungen in Weiß und Orange. Solange der Anstrich noch neu ist, ergibt dies den Eindruck des schwarz-weißen Kontrastes. Bedingt durch den sehr starken Abrieb infolge durchgeführter Flugoperationen tendieren aber alle drei Farben sehr schnell dazu, schmutzig-grau zu wirken, so daß gelegentlich die bis in die Katapultbahnen reichenden großen Kenn-Nummern nicht einwandfrei zu identifizieren sind. Gewisse unterschiedliche Auffassungen gab es zeitweilig bei den Decksmarkierungen sowohl der Flugzeugträger als auch der Hubschrauberträger, was in einer Fülle verschiedener Muster resultierte.
Mit Ausnahme der beiden Umbauten *Wright* (CC-2) und *Arlington* (AGMR-2) führten ab etwa 1960 Flugzeugträger an Bug und Heck keine kleinen Kenn-Nummern mehr, sondern nur große weiße Nummern an den beiden Flanken der Inseln, teilweise mit Schattenwirkung.

Kriegsteilnahme, Beschädigungen

Zahlreiche politische und militärische Krisen sind seit dem II. Weltkrieg bis in die Gegenwart zu verzeichnen. Bei jeder dieser Krisen wurde auch die U.S. Navy in den Zustand der erhöhten Alarmbereitschaft versetzt. Der Ordnung halber muß jedoch ausdrücklich festgehalten werden, daß sich gerade auf Flugzeugträgern der Friedensdienst nicht allzusehr vom Kriegsdienst unterscheidet. Es waren hauptsächlich drei tiefgreifende und geschichtlich entscheidende Anlässe, bei denen Flugzeugträger eingesetzt worden sind:
☐ der Korea-Krieg 1950–1953
☐ die Kuba-Krise 1962
☐ der Vietnam-Krieg 1964–1973

Der Korea-Krieg begann, als die U.S.A. im pazifischen Raum nur vier der vollwertigen Flugzeugträger des Typs *Essex* besaßen, wogegen die drei schweren des Typs *Midway* dringend im atlantischen Bereich benötigt wurden. Erst nach und nach wurden dann den nach SCB-27A bzw. 27C modernisierten Trägern ihre Operationsbefehle im Westpazifik zugeteilt. Außerdem war der Korea-Krieg auch eine Angelegenheit der Alliierten, so daß deren Flugzeugträger zeitweilig eingesetzt waren. Außer den Verlusten an Maschinen und deren Besatzungen ist nicht bekanntgeworden, daß eingesetzte U.S.-Flugzeugträger nennenswerte Kampfbeschädigungen davongetragen haben.
11 Flugzeugträger der *Essex*-Klasse nahmen nacheinander im Rahmen der alliierten Streitkräfte am Korea-Krieg teil, der genau zu einem Zeitpunkt begonnen hatte, als die Vereinigten Staaten am wenigsten aktive Flugzeugträger hatten. Nachfolgende Übersicht nennt die Namen der Träger in der Reihenfolge ihres ersten Einsatzes vor der Korea-Küste.

CV	Name	Kondition am 26. Juni 1950	Erster Einsatz bei der VII.Fl.
45	*Valley Forge*	aktiv – in See im Rahmen der VII. Fl.	
47	*Philippine Sea*	aktiv – in See an der amerik. Westküste	8. 50
21	*Boxer*	aktiv – in San Diego, war für Werftzeit vom 30. 8. bis 31. 12. 50 vorgesehen; Werftzeit wurde abgeblasen	9. 50
22	*Leyte*	aktiv – im Mittelmeer-Einsatz; Übergang zur Pazifischen Flotte	10. 50
37	*Princeton*	in Reserve – reaktiviert; Wiederindienststellung am 28. 8. 50	12. 50
31	*Bon Homme Richard*	in Reserve – reaktiviert; Wiederindienststellung am 15. 1. 51	3. 51
9	*Essex*	beim SCB-27A-Umbau bis 2. 1. 51	8. 51
36	*Antietam*	in Reserve – reaktiviert; Wiederindienststellung am 17. 1. 51	10. 51
33	*Kearsarge*	beim SCB-27A-Umbau bis 3. 1. 52	9. 52
34	*Oriskany*	Fertigstellung bis 14. 10. 50	10. 52
39	*Lake Champlain*	in Reserve – SCB-27A-Umbau bis 19. 9. 52	6. 53

Während der Kuba-Krise war es für die U.S. Navy möglich, die damals noch in großer Anzahl vorhandenen Flugzeugträger einzusetzen: 15 CVA und 9 CVS standen 1962 zur Verfügung, und zahlreiche Träger der Atlantischen Flotte beteiligten sich an der Blockade Kubas.

Am Vietnam-Krieg war die bordgestützte Seeluftwaffe sehr stark beteiligt, und es gab dabei Verluste an Flugzeugen, Hubschraubern und deren Besatzungen. Nicht bekantgeworden ist jedoch, daß infolge feindlicher Einwirkung Beschädigungen an den Trägern selbst vorgekommen sind. Es gab allerdings mindestens drei schwere Unfälle infolge Explosionen und anschließender Feuersbrunst, die zu einer Zurücknahme der betroffenen Schiffe führten. Betroffen waren hiervon *Enterprise II*, *Oriskany* und *Forrestal*. Hierbei wird deutlich, daß der intensive Einsatz von Flugzeugträgern vor Vietnam auch die Heranziehung von im Atlantik stationierten Schiffen notwendig machte, wodurch die dortigen Flotten offensichtlich geschwächt werden mußten. So gab es nur wenige Träger an der Ostküste, die nicht einen oder mehrere Kriegseinsätze vor Vietnam absolvierten. Hierbei wurde erstmalig aber auch zunehmend die ganze Problematik der aus Kosten- und Personalgründen durchgeführten Reduzierung der Trägerflotte deutlich. Selbst die Präsenz von 15 Trägern war für die gesteigerten Anforderungen des *Krieg*seinsatzes nicht ausreichend. Die für das Ende der 70er Jahre vorgesehene Soll-Zahl von nur 12 aktiven Trägern stellt daher das absolute Minimum in *Frieden*szeiten dar.

Gliederung der Flugzeugträger

Im II. Weltkrieg wurden die Träger in Träger-Divisionen („Carrier Divisions", abgekürzt CARDIV) zusammengefaßt. Auch nach dem Kriege wurde zunächst diese Gliederung beibehalten. Zu verschiedenen Zeiten operierten im pazifischen Raum die CARDIV 1, 2, 3, 4, 5, 6, 7, 11, 12, 13 und 22 mit jeweils 3 bis 5 schweren und leichten Trägern. In den 50er Jahren erhielten die im Pazifik befindlichen Divisionen ungerade Zahlen, die im Atlantik befindlichen gerade. Dies hatte viele Jahre lang Gültigkeit, bis dann 1973 alle Trägerdivisionen (übrigens wie auch alle „Flottillen" bei anderen Gattungen) in „Groups" umbenannt und abgekürzt mit CARGRU bezeichnet wurden. Je ein oder zwei Träger gehörten einer Gruppe an. Im pazifischen Raum sind gegenwärtig vorhanden die CARGRU 1, 3, 5 und 7, und im atlantischen die CARGRU 2, 4, 6 und 8. Bis zu ihrer Aussonderung wurden die U-Jagd-Träger (CVS) ebenfalls in CARDIV zusammengefaßt, wobei im Pazifik CARDIV 13, 15 und 17 operierten und im Atlantik CARDIV 14, 16, 18 und 20. Noch lange vor 1973 jedoch führte jeder dieser Verbände noch die Nebenbezeichnung „ASW Group". Eine ASW Group umfaßte jeweils einen CVS als Kernschiff sowie dazu alle begleitenden zerstörerartigen Schiffe und das dazugehörige Unterseeschiff. Die ASW Groups verschwanden mit der Außerdienststellung der letzten CVS *Intrepid* und *Ticonderoga*.

Unabhängig von ihrer Zugehörigkeit zu einer CARGRU fungierten zu allen Zeiten seit Beginn des II. Weltkrieges während ihres Einsatzes bei einer der numerierten Flotten („Fleets") die Träger zunächst als Flaggschiffe einer „Task Group", also eines Einsatzverbandes der Flotte, zu der auch noch alle Begleitschiffe gehörten.

Bordflugzeuge und Hubschrauber seit 1950

Die Neuordnung der Prioritäten bei den Aufgaben der bordgestützten Seeluftwaffe wirkte sich im wesentlichen zu Beginn der 50er Jahre aus. Mehrere Faktoren waren dabei zugleich oder hintereinander dafür maßgebend, daß sich die Zusammensetzung des auf dem Träger befindlichen Geschwaders beträchtlich geändert hat, wie im nächsten Abschnitt noch ausführlich erläutert wird. Zu diesen Faktoren gehören:
☐ Die Notwendigkeit, auch Atombomben über größere Entfernungen zu transportieren und ins Ziel zu bringen
☐ Die Notwendigkeit, die eigenen Kräfte durch Schaffung von Luftüberlegenheits-Jagdflugzeugen bestmöglich zu schützen, wozu sich durch die Einführung von Strahltriebwerken ungeahnte Perspektiven ergaben
☐ Die Notwendigkeit, weite Gebiete um die Trägergruppen herum durch weitreichende elektronische Aufklärung zu erfassen
☐ Die Notwendigkeit, eigene Flugoperationen mittels elektronischer Mittel aus der Luft leiten zu können
☐ Die Notwendigkeit, dabei die eigenen elektronischen Maßnahmen wirksam werden zu lassen, dieselben des Gegners jedoch nach Möglichkeit erfolgreich zu stören
☐ Die Notwendigkeit, die immer zahlreicher werdenden sowjetischen Unterseeschiffe auch aus der Luft zu lokalisieren und zu überwachen.

All diese Notwendigkeiten führten zur Entwicklung neuer, immer größer und schwerer werdenden Flugzeugtypen. In der Reihenfolge der vorstehend beschriebenen Notwendigkeiten waren dies:
☐ Schwere Angriffsflugzeuge und Allwetter-Bomber, VAH und VA (AW)
☐ Überschalljäger, VF
☐ Schwere und mittelschwere Fotoaufklärer, RVAH und VFP

☐ Radarfrühwarn-Flugzeuge, VAW
☐ ECM-Flugzeuge für elektronische Gegenmaßnahmen, VAQ
☐ U-Jagd-Maschinen, VS und HS

Ganz besonders seit dem Korea-Krieg erhielt der Hubschrauber in vielen Bereichen der Seeluftwaffe zunehmende Bedeutung. Er ist heute aus dem Inventar der Bordgeschwader nicht mehr wegzudenken.

Der Senkrechtstarter (VTOL) wurde soweit entwickelt, daß er im Rahmen der Luftwaffe des Marine Corps als Erdkampf-Unterstützungsflugzeug wertvolle Dienste zu leisten vermag, wobei der Einsatz von Flugzeug- und Hubschrauberträgern kaum mehr Probleme aufgibt. Immer drängender werdende Versuche jedoch, die Trägerwaffe künftig zunehmend auf senkrecht startende und landende Maschinen umzustellen, führten in den 70er Jahren zu kontroversen Auffassungen zwischen der Navy und den Parlamentariern der Vereinigten Staaten. Die Leistungen der VTOL-Maschinen, namentlich der älteren AV-8A Harrier, waren schwächer als die der derzeitig eingesetzten konventionell operierenden (CTOL) Flugzeuge. Es dürfte noch eine gewisse Zeit vergehen, ehe hier *entscheidende* Durchbrüche verzeichnet werden, und zwar nach Abschluß der Einführung der AV-8B Harrier II. Eine Übersicht über die seit etwa 1950 eingeführten Bordmaschinen befindet sich im Tabellenteil am Ende des Buches.

Gliederung der Träger-Flugzeuggeschwader*

Die Veränderungen, die bereits kurz nach dem II. Weltkrieg Gestalt annahmen und die im vorangegangenen Abschnitt angesprochen worden sind, wirkten sich auch auf die Zusammensetzung der Bordgeschwader aus. Während des Krieges gab es auf den Trägern außer den regulären Staffeln keine Spezialflugzeuge an Bord. Dies änderte sich jedoch schnell, wie an der Zusammensetzung des Geschwaders auf CV-45 *Valley Forge* abgelesen werden kann, einem der wenigen aktiven Träger der *Essex*-Klasse, die 1950 als erste im Einsatz vor Korea standen.

---

* Eine ausführlichere Studie des gleichen Verfassers über die Gliederung der U.S.-Seeluftwaffe findet man in seinem Buch „Die Luftwaffe der U.S. Navy und des Marine Corps", das 1974 beim J.F. Lehmanns Verlag in München erschienen ist, wie auch im Buch „Seemacht USA", das 1982 vom Verlag Bernard & Graefe herausgebracht wurde.

4 Staffeln mit	58 Jagdmaschinen	VF
	5 Nachtjagdmaschinen	VR (N)
1 Staffel mit	14 Jagdbombern	VA
1 Teilstaffel mit	2 Fotoaufklärern	VA (P)
1 Teilstaffel mit	3 Radarwarnflugzeugen	VA (W)
1 Teilstaffel mit	4 ECM-Flugzeugen	VA (Q)
insgesamt	86 Flugzeuge	

Neben den regulären Staffeln gab es hier also bereits Spezialmaschinen, die zumeist im Rahmen von Teilstaffeln („Detachments") dem Bordgeschwader zugeteilt waren. Zu diesem Zeitpunkt verzeichnete man auch den Zugang von Hubschraubern, die seitdem zum festen Inventar von Bordgeschwadern gehören und deren Zusammensetzung beeinflussen.

Die großen Modernisierungen der 50er Jahre und die Neuorientierung der bordgestützten Seeluftwaffe brachte weitere Veränderungen in der Zusammensetzung des Bordgeschwaders; letztere war zunehmend abhängig von der Vielfalt der eingesetzten regulären taktischen, aber auch von der der Spezialmaschinen. Die Trennung in CVA- und CVS-Träger brachte die Schaffung zweier neuer Typen von Bordgeschwadern mit sich. Die auf den CVS stationierten U-Jagdflugzeuge und -Hubschrauber wurden in „Anti-Submarine Carrier Groups" zusammengefaßt, die am 1. April 1960 die Abkürzung CVSG erhielten und diese bis zu ihrer endgültigen Abschaffung 1974 führten. Die seit 1948 so bezeichneten „Carrier Air Groups" (CAG) wurden am 20. Dezember 1963 in „Carrier Air Wings" (CVW) abgeändert und nur auf CVA-Trägern eingesetzt. Auch nach der endgültigen Umklassifizierung aller CVA/CVAN in CV/CVN, d. h. ab 1. Juli 1975, behielten die Geschwader dieselbe Abkürzung.

Die Zusammensetzung der CVSG blieb während der 14 Einsatzjahre nahezu konstant. Sie umfaßte:

2 VS-Staffeln mit	24 S-2 Maschinen
1 HS-Staffel mit	16 SH-34 bzw. SH-3-Hubschraubern
1 Teilstaffel VFP mit	3 RF-8 Fotoaufklärern
1 Teilstaffel VA mit	3 A-4 Maschinen zur Selbstverteidigung
1 Teilstaffel VAW mit	3 A-1 Maschinen zur Radarwarnung
insgesamt	49 Maschinen

Bei der Zusammensetzung des CVW gab es gegenüber den 40er und 50er Jahren infolge der fortgeschrittenen Flugzeug-Technologie später Veränderungen, die nicht zuletzt auch von der Größen- und Gewichtszunahme der neuen Strahlflugzeuge abhängig waren. Wegen der Größe der Flugzeuge konnten einfach nicht mehr so viele Maschinen an Bord genommen werden. Zwar ist auch heute noch bei den Superträgern ab *Forrestal*-Klasse stets etwas Raumreserve für einige zusätzliche Maschinen vorhanden, jedoch pendelte sich die Zahl der mitgeführten Maschinen sowohl bei den kleineren *Essex*-Trägern als auch bei den Superträgern bei etwa 79 bis 85 ein. Bis zur Einführung des sogenannten „CV-Konzeptes", d. h. der gleichzeitigen zusätzlichen Mitnahme auch von U-Jagdmaschinen an Bord *eines* Trägers setzt sich ein CVW wie folgt zusammen:

Anzahl der Staffeln u. Kürzung	Staffeltyp	ungefähre Anzahl und geflogene Typen		
		Typ *Essex*	Typ *Midway*	Typ *Forrestal* u. a.
2 VF	Jagdstaffel	24 F-8	24 F-4	24 F-4
2–3 VA	Jabo-Staffel	42 A-4	28 A-7	28 A-7
1 VA (AW)	Allwetterbomberstaffel	—	14 A-6	16 A-6/KA-6D
1 RVAH	Teilstaffel Bord-Fernaufklärer	3 KA-3	3 KA-3	6 RA-5
1 VFP	Teilstaffel Fotoaufklärer	2 RF-8	2 RF-8	—
1 VAW	Staffel bzw. Teilstaffel Radarwarnmaschinen	3 EA-1/E-1	3 E-1	6 E-2
1 VAQ	Staffel bzw. Teilstaffel ECM-Flugz.	3 EA-1/E-1	3 EA-6	6 EA-6
	Bord-Kuriermaschine	1 C-1	1 C-1	1 C-1/C-2
	Kurierhubschrauber	1 UH-2	2 UH-2	2 UH-2
ungefähre Anzahl der eingesetzten Maschinen		80	80	89

Die beiden Hilfsdienst-, Kurier- und Rettungshubschrauber sowie das nicht auf *allen* Trägern vorhandene COD-("Carrier-on-board-delivery") Kurierflugzeug gehören *nicht* zum jeweiligen CVW, sondern zum sog. „air department" des Schiffes selbst, wobei der Ordnung halber erwähnt werden muß, daß die Besatzungen eines Trägers und diejenigen des dazugehörigen Bordgeschwaders verwaltungsmäßig völlig getrennt behandelt werden. Auf den kleineren CVA des Typs *Essex* enthielten manchmal die taktischen Staffeln einige Flugzeuge weniger als üblich. Zu allen Zeiten jedoch gaben auch einzelne Jagdstaffeln des Marine Corps (VMF, später VMFA) Gastrollen auf Flugzeugträgern, wo sie entweder (auf kleineren Trägern) eine Navy-Staffel ersetzten, oder (auf größeren) zusätzlich an Bord genommen wurden. Dabei stieg dann die Zahl aller Flugzeuge auf zeitweilig über 100.

Alle in der vorstehenden Tabelle enthaltene Zahlen stellen ungefähre Werte dar, die gelegentlich unterschritten werden. Für die ab Mitte der 70er Jahre nach den Forderungen des CV-Konzeptes operierenden Träger mag die Soll-Zusammenstellung des Geschwaders auf CVN-68 *Nimitz* typisch sein. Zur Ergänzung muß an dieser Stelle erwähnt werden, daß die noch aktiven Träger der *Midway*-Klasse trotz ihrer Klassifikation CV *nicht* nach dem CV-Konzept eingesetzt werden, d. h. keine U-Jagdmaschinen an Bord haben. Die nachfolgend dargestellte CVW-Zusammensetzung der *Nimitz* entspricht den seit 1977 gültig gewordenen geringfügigen Veränderungen. Es sind hier zwei Modifikationen der „maßgeschneiderten" Zusammensetzung vorgesehen, eine für Aufgaben vorwiegend taktischen Charakters und die andere für den verstärkten U-Jagdeinsatz. Es erscheint im Kriegsfall allerdings sehr fraglich zu sein, in welchem Maße ein seit Wochen in See befindlicher, mitten im Ozean operierender Träger der sich schnell ändernden Situation gerecht werden kann, wenn sich plötzlich die Notwendigkeit des Einsatzes der gerade *nicht* an Bord befindlichen Konfiguration ergeben sollte.

Vorgesehen war jedenfalls, daß bei vorwiegend taktischen Aufgaben des CVW wie folgt gegliedert sein würde (ungefähre Stärke):

2 Jagdstaffeln	VF	24 F-14
3 Jagdbomberstaffeln	VA	42 A-7
1 Allwetterbomberstaffel	VA(AW)	12 A-6/KA-6D
1 ECM-Staffel	VAQ	6 EA-6
1 Radarwarnstaffel	VAW	6 E-2
1 Teilstaffel Fotoaufklärer	VFP	2 RF-8/RF-4
1 Teilstaffel U-Jagdhubschr.	HS	3 SH-3
1 Kurier/COD-Maschine	VRC	1 C-1/US-3
2 Bordhubschrauber	HC	2 UH-2/SH-3
insgesamt ca.		98

Bei verstärktem U-Jagdeinsatz sollte das Bordgeschwader wie folgt zusammengesetzt sein:

2 Jagdstaffeln	VF	24 F-14
1 Jagdbomberstaffel	VA	20 A-7
1 Allwetter-Bomberstaffel	VA(AW)	8 A-6
		3 KA-6D
1 ECM-Staffel	VAQ	6 EA-6
1 Radarwarnstaffel	VAW	6 E-2
1 Teilstaffel Fotoaufklärer	VFP	2 RF-8/RF-4
2 U-Jagdstaffeln (Flugz.)	VS	20 S-3A
1 U-Jagdstaffel (Hubschr.)	HS	6 SH-3
1 Kurier/COD-Maschine	VRC	1 C-1/US-3
2 Bordhubschrauber	HC	2 UH-2/SH-3
ebenfalls insgesamt ca.		98 Maschinen.

Alle diese Zahlen stellen ein durchaus veränderliches Modell mit möglichen Zwischenbelegungen dar. Die wirklichen Belegungen der CVW auf den einzelnen Flugzeugträgern sind in der großen Übersicht am Ende dieses Bandes aufgelistet. Mitte der 80er Jahre wurden weitere mögliche Belegungsmodelle in Erwägung gezogen.

Flugzeugträger-Klassen der U.S. Navy (ab 1950)

Essex-Klasse / Ticonderoga-Klasse

Wie schon erwähnt wurde, kamen die meisten der bei Ende des II. Weltkrieges eingesetzten Träger zur Reserveflotte. Sie wurden zum Teil bei Beginn des Koreakrieges schnell wieder reaktiviert, aber nur wenige kamen direkt zum Einsatz. Die meisten von ihnen durchliefen zunächst die nachfolgend näher angesprochenen Modernisierungsprozesse nach SCB-27A bzw. 27C und später auch SCB-125 und 125A.

Die Trennung der damaligen aktiven Träger in solche, die nur mit taktischen Flugzeugen ausgestattet waren, und solche, die sich auf aktive U-Jagd spezialisiert haben, brachte 1952 zunächst auch die Trennung in zwei separate Klassen. Die neue *Essex*-Klasse umfaßte alle CVS, während die fünf SCB-27C/125 zunächst CVA blieben und nach dem Schiff mit der niedrigsten Kenn-Nummer zur *Ticonderoga*-Klasse wurden. Weitere drei Schiffe dieser Klasse, die nur geringfügig modifiziert waren, wurden von CVS in LPH umklassifiziert und der Amphibischen Flotte als Hubschrauberträger zugeteilt, wo sie von nun an als *Boxer*-Klasse die Praxis des „vertical assault" unterstützten. Dies geschah Ende der 50er Jahre.

Nachfolgendes Schema verdeutlicht die weitgeästelte Verzweigung der ursprünglichen *Essex*-Klasse von Anbeginn des Bestehens bis zum letzten gegenwärtig noch schwimmenden Schulschiff *Lexington* (AVT-16).

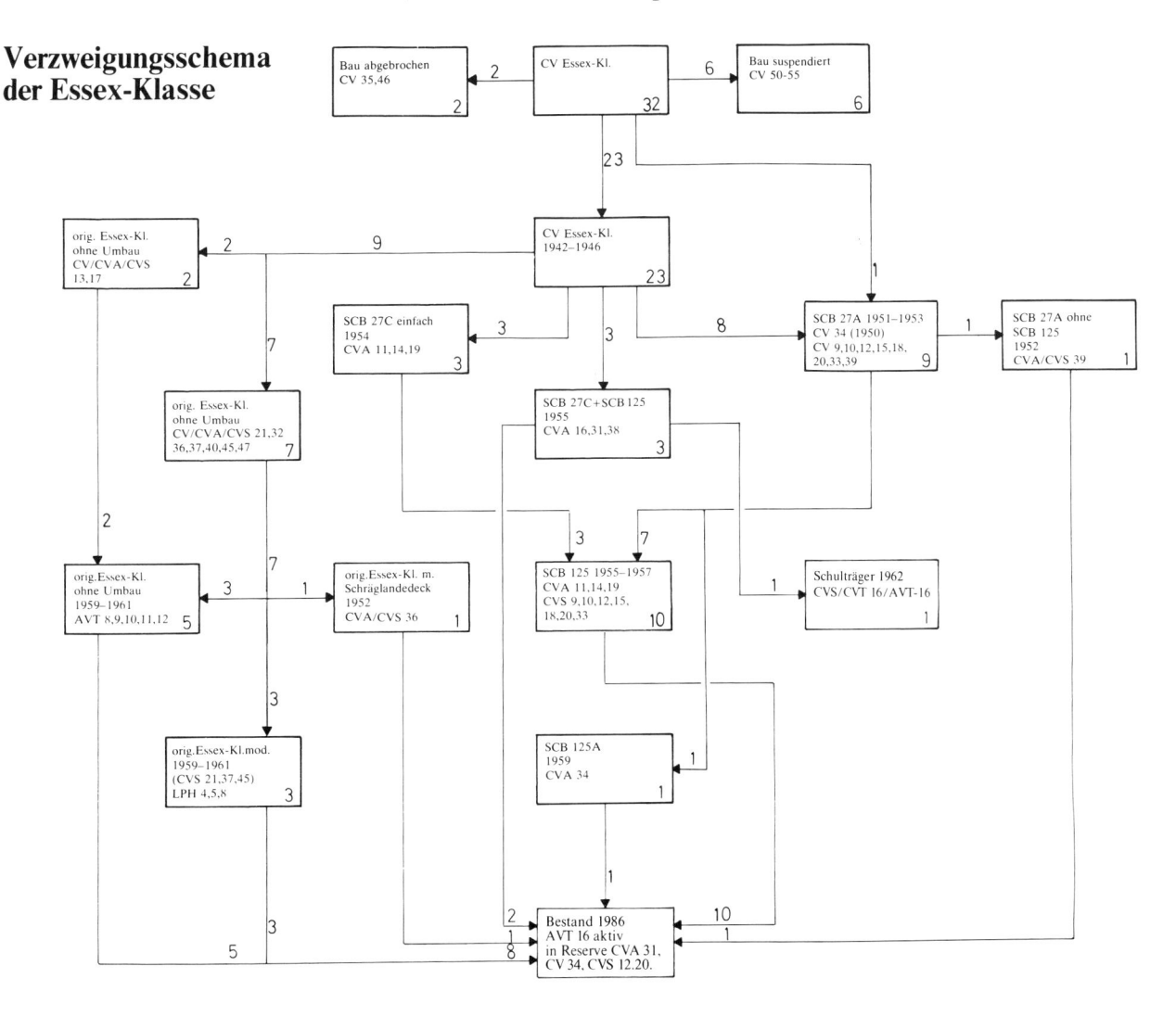

Verzweigungsschema der Essex-Klasse

Der Trend zur Reduzierung der Rohrwaffen ist auch bei dieser Klasse deutlich zu verfolgen. Nach Wegfall der vier auf dem Deck aufgestellten 12,7-cm-Doppeltürme auf den SCB-27A und 27C-Schiffen wurden auch auf den Steuerbord-„catwalks" 12,7-cm-Einzellafetten angebracht, so daß in der Regel je zwei an jeder Ecke des Flugzeugdecks vorhanden waren. In den letzten 15 Jahren wurde dann die Anzahl dieser 12,7-cm-Geschütze nach und nach reduziert, zunächst von 8 z. T. auf 7 bzw. auf 4, später z. T. auf 3, was aber von Schiff zu Schiff verschieden war. *Oriskany* fuhr vor der Außerdienststellung 1976 mit nur zwei 12,7-Kanonen, während der Schulträger *Lexington* seit mehreren Jahren ohne jegliche Bewaffnung fährt. Die beiden Feuerleitgeräte Mk 37 verblieben auch nach der Modernisierung an Bord, sie wurden aber durch etliche Mk-56-Geräte ergänzt, die sowohl mit Mk 37 gekoppelt als auch allein für die 7,6-cm-Flak wirksam werden konnten. Das an der achteren Inselplattform angebrachte FLG Mk 37 verschwand bei den meisten Schiffen infolge der Verringerung der Anzahl der Geschütze. Über die Ursachen der Entwicklung und Einführung von 7,6-cm-Flaggeschützen wurde bereits berichtet. Zunächst waren je Schiff 14 Doppellafetten vorhanden, aber sehr bald nach SCB-27A/C wurden die Buggeschütze entfernt, weil sie bei schwerem Seegang Beschädigungen ausgesetzt waren. Im Laufe der 60er Jahre wurden dann ebenfalls nacheinander sämtliche 7,6-cm-Geschütze entfernt. Auf den nicht modernisierten Trägern dieser Klasse gab es keine 7,6-cm-Flak; deren 40-mm-Bofors-Vierlinge wurden nach dem Ende des Koreakrieges im Laufe von mehreren Jahren entweder entfernt, oder aber mit dem Schiff konserviert. Die Bereits erwähnte Mittelstrecken-Rakete des Typs Regulus I wurde ab Dezember 1952 eingeführt. Von der *Essex*-Klasse wurden zu verschiedenen Zeitpunkten damit ausgerüstet: CVA 15, 16, 19, 20, 31 und die CVS-37 und 39.

Die Einführung der Lenkwaffen brachte auch die Schaffung von speziellen Lenkwaffenschiffen mit sich, die fortan den Schutz der Flugzeugträger übernahmen. Dies war u. a. der Grund dafür, daß Schiffe dieser Klasse nicht mehr weiter mit Lenkwaffen ausgerüstet wurden.

Modernisierungsprozesse der Essex-Klasse

Die Erfahrungen im II. Weltkrieg sowie die bevorstehende Einführung von Strahlflugzeugen brachten es mit sich, daß bereits unmittelbar nach dem Kriege die ersten Überlegungen angestellt wurden, die dann zunächst zur Umbauform SCB-27A führten. SCB ist die Kürzung von „Ship Characteristic Board", und die laufende Nummer dahinter entspricht derjenigen, die für dieses Programm vorgesehen war, und die dem Verzeichnis sämtlicher zu einem gewissen Zeitpunkt laufenden Bau- oder Umbauprogramme entnommen ist. Eines der gesteckten Ziele der ersten Umbauform war die Aufnahme von Flugzeugen mit ca. 20 t Gewicht. Da jedoch die Gewichte nun immer schneller zunahmen, waren auch die Anforderungen zunehmend größer, so daß – verbunden auch mit der damals fälligen Einführung von Schräglandedeck, Dampfkatapult und Landespiegel – sich die einzelnen Modernisierungsprogramme zeitlich überlappten. Neben anderen Programmen, die z. B. für die schweren Flugzeugträger der *Midway*-Klasse Gültigkeit hatten, gab es für die *Essex*-Klasse fünf Umbau- bzw. Modernisierungsformen:

SCB-27A – zwischen 1948 und 1953
SCB-27C – zwischen 1951 und 1956
SCB-125 – zwischen 1954 und 1957
SCB-125A – zwischen 1957 und 1959
SCB-144 = FRAM II-Modernisierung von 27A CVS in den 60er Jahren

Die von diesen Prozessen nicht erfaßten Flugzeugträger der *Essex*-Klasse wurden zum Teil nur geringfügig modifiziert, was hauptsächlich durch die Hinzufügung einer Admiralsbrücke, durch Aufsetzen von zwei schrägen Schornsteinkappen und durch den Ersatz des Mastes geschah.

Genauere Daten bezüglich des Beginns und des Endes der Modernisierungen der einzelnen Träger sind den entsprechenden Übersichten zu entnehmen, wobei berücksichtigt werden muß, daß nicht alle Informationsquellen in dieser Hinsicht genau übereinstimmen.

SCB-27A – Dies war die erste Modernisierungsmaßnahme, von der zwischen 1948 und 1953 acht Schiffe, nämlich CV 9, 10, 12, 15, 18, 20, 33 und 39 betroffen waren. Nach SCB-27A *fertiggestellt* wurde CV 34 *Oriskany*, deren Bau 1945 zunächst abgebrochen wurde. Die wesentlichsten Merkmale dieser Modernisierung waren:

☐ Ersatz der hydraulischen Katapulte des Typs H-4-1 gegen solche des Typs H-8, um Starts von Flugzeugen mit einem Gewicht von 20 t zu ermöglichen.

☐ Verstärkung des Flugzeugdecks im Landebereich.

☐ Entfernung aller 12,7-cm-Doppeltürme vom Flugzeugdeck; Neudisposition der hinzugekommenen offenen 12,7-cm-Lafetten.

☐ Installation größerer und leistungsfähigerer Aufzüge.

□ Installation von Einrichtungen für den Betrieb von Strahlflugzeugen.
□ Verlegung dreier Bereitschaftsräume für fliegende Besatzungen unterhalb des Niveaus des Flugzeugdecks.
□ Installation einer Rolltreppe zwischen den Bereitschaftsräumen und dem Flugzeugdeck.
□ Installation einer neuen, verkürzten Insel und Zusammenfassung von Brücke und Schornsteinmantel.
□ Entfernung des Seitenpanzers in der Wasserlinie.
□ Verbreiterung des Schiffsrumpfes in der Wasserlinie bis auf 30,8 m.
□ Installation eines Landespiegels.
□ Installation leistungsfähiger Bomben- und Munitionsaufzüge.
□ Erhöhung der Bunkerkapazität für Flugzeugtreibstoff.
□ Installation von Strahlabweisern hinter den Katapulten.
□ Unterteilung des Hangarraumes durch zwei feuerfeste Stahltüren.
□ Installation von Flugzeugkränen mit größerer Kapazität.

Von diesem Prozeß wurden nur neun Schiffe betroffen, weil neue Erkenntnisse zur Schaffung der SCB-27C-Form führten, so daß auf weitere SCB-27A verzichtet wurde.

SCB-27C – Hier muß man – wenn es auch die Sache kompliziert – zwischen zwei Untergruppen unterscheiden. Die erste Untergruppe, bestehend aus CV 11, 14 und 19, unterzog sich erst einmal zwischen 1951 und 1954 einer „primitiveren" 27C-Modernisierung, die neben den Maßnahmen, die z. T. auf den 27A-Schiffen durchgeführt wurden, folgendes beinhaltete:
□ Erweiterung der Rumpfbreite bis auf 31,4 m in der Wasserlinie.
□ Installation von 2 Dampfkatapulten des Typs C-11.
□ Verstärkung des Flugzeugdecks.
□ Ersatz des Aufzuges Nr. 3 durch einen größeren Seitenaufzug (klappbar) an Steuerbord.
□ Hinzufügung von Rumpfwulsten.
□ Installation einer stärkeren Bremsseilvorrichtung.

Die zweite Untergruppe, bestehend aus CV 16, 31 und 38 erhielt eine „advanced SCB-27C", d. h. eine weit fortschrittlichere Modernisierung, in der praktisch bereits SCB-125 mit enthalten war. All dies geschah während *einer* Werftzeit, zwischen 1951 und 1955.

SCB-125 – Hiervon waren drei Schiffsgruppen betroffen, einmal CV 16, 31 und 38, bei denen SCB-125 zugleich mit SCB-27C während *einer* Werftzeit vollzogen wurde; die zweite Gruppe waren die 27C-Schiffe CV 11, 14 und 19, die nun SCB-125 während einer *zusätzlichen* Werftzeit erhielten (zwischen 1955 und 1957). Letztlich gehörten zur dritten Gruppe die ersten 8 nach SCB-27A modernisierten Schiffe, die sich diesem Prozeß zwischen 1954 und 1957 unterziehen mußten. Folgende Maßnahmen waren mit SCB-125 verbunden:
□ Installation eines Schräglandedecks.
□ Installation eines Atlantik-Bugs („hurricane bow") aufgrund der schlechten Erfahrungen, die man bei den Beschädigungen des überhängenden vorderen Flugzeugdecks von *Hornet* und *Bennington* in Taifunen gemacht hatte.
□ Installation einer verbesserten Doppel-Bremsseilanlage Mk 7.
□ Halbierung der Anzahl von Bremsseilen.
□ Vergrößerung des vorderen Mittschiffs-Aufzuges auf 21,4 m (bei 27C-Schiffen).
□ Einführung von Klimaanlagen für bestimmte Räume.
□ Verstärkung der „crash"-Barrieren (Auffangnetze für landende Flugzeuge, die trotz des Schräglandedecks für Notfälle beibehalten worden sind).
□ Der Flugzeugleitstand („primary flight control") wurde verbessert und an der Achterkante der Insel zwei Deck hoch angebracht.
□ Die Inselräume erhielten bessere Schallschutz-Isolierung gegenüber dem Flugzeugdeck.
□ Die Flugzeugdeck-Beleuchtung wurde verbessert.
□ Einbau eines dritten, klappbaren Flugzeugaufzuges an Steuerbord.

Der Ordnung halber muß noch erwähnt werden, daß die 27A-Schiffe, die nach SCB-125 umgebaut wurden, nicht zwangsläufig auch alle 27C-Eigenschaften mitbekamen. Dies dagegen war der Fall bei

SCB-125A – einer Maßnahme, nach der nur CV-34 *Oriskany* umgebaut wurde, und bei der folgendes geschah:

□ Neubelag des Flugzeugdecks mit Leichtmetall.
□ Installation von C-11 Dampfkatapulten.
□ Installation des geschlossenen Atlantik-Bugs.
□ Installation des Schräglandedecks.
□ Installation einer Bremsseilanlage, die stärker war als auf den übrigen 27C-Einheiten.
□ Alle anderen mit SCB-125 in Zusammenhang stehenden Verbesserungen.

Somit war *Oriskany* das letzte Schiff, das Mitte 1959 sämtliche 27C-Eigenschaften besaß, von denen einige in verbesserter Form vorhanden waren.

Lediglich zur Ergänzung sei hier noch angefügt, daß es für die großen Träger der *Midway*-Klasse ebenfalls ähnliche Umbaumaßnahmen gab, die die Bezeichnung SCB-110 (für *Midway* und *F. D. Roosevelt*) bzw. SCB-110A (für *Coral Sea*) führten. Weiterhin muß erwähnt werden, daß der 1952 durchgeführte Schräglandedeck-Umbau von CV-36 *Antietam* nicht zu SCB-125 gehörte, sondern nur als Test-Maßnahme angesehen wurde.

SCB-144 – war eine Maßnahme, die im Rahmen des damals so genannten umfangreichen Modernisierungsprogramms FRAM II den zu dieser Zeit als CVS klassifizierten 27A-Trägern zusätzliche Ausrüstung bescheren sollte, damit sie ihrer Aufgabe als U-Jagdträger besser nachkommen konnten. Die hiermit verbundenen Maßnahmen bestanden hauptsächlich aus:
- Der Installation eines Bugsonardomes für SQS-23 Sonar.
- Der Installation einer Stevenklüse und der Einführung eines Bugankers.
- Der Einrichtung einer modifizierten Operationszentrale.

Bis 1965 waren die FRAM-Umbauten wieder in Dienst. Im Zusammenhang mit dem Gesamtkomplex der Modernisierungen sei hier noch auf einige „firsts" hingewiesen. So war
- *Antietam* der erste U.S.-Träger mit einem Schräglandedeck.
- *Oriskany* der erste nach SCB-27A fertiggestellte Träger.
- *Hancock* der erste fertiggestellte 27C-Träger, allerdings noch ohne Schräglandedeck.
- *Shangri La* der erste aktive Träger, der mit Schräglandedeck operierte.
- *Lake Champlain* der einzige 27A-Träger, der nicht durch SCB-125 ging.

Nach Beendigung der Modernisierungsprozesse hatten die zu jenem Zeitpunkt aktiven Träger der *Essex*-Typenfamilie, die sich in mehrere Klassen gliederten (CVS *Essex*-Kl., CVA *Ticonderoga*-Kl., LPH *Boxer*-Kl.), z. T. unterschiedliche Abmessungen, die zum Vergleich nachfolgend zusammengefaßt sind.

Kenn-Nummern	Länge m	Breite Fl-Deck, m	Breite WL, m	Tiefgang voll bel., m
CVA 14, 19, 31, 38	272,8	59,8	31,4	9,5
CVS 11, 16	272,8	58,6	31,4	9,5
CVA 34	271,4	59,5	32,5	9,5
CVS 9, 10, 12, 15, 18, 20, 33, 39	271,4	59,8	30,8	9,5
LPH 4, 5, 8	270,8	45,0	28,4	9,5

Modernisierte Einheiten der *Essex*-Klasse

Kenn-Nr.	Name	SCB-27A Beginn	SCB-27A Ende	SCB-27C Beginn	SCB-27C Ende	SCB-125 Beginn	SCB-125 Ende	SCB-125A Beginn	SCB-125A Ende	FRAM II Etat	ursprüngliche Bauzeit
9	Essex	1. 9.48	1. 2.51			1. 3.55	1. 3.56			1962	20 Monate
10	Yorktown	15. 2.51	2. 1.53			31. 7.54	15.10.55			1966	16 Monate
11	Intrepid			24. 9.51	18. 6.54	24. 1.56	2. 5.57			1965	20 Monate
12	Hornet	14. 6.51	1.10.53			24. 8.55	15. 8.56			1965	15 Monate
14	Ticonderoga			17. 7.51	1.10.54	7.11.55	1. 4.57				15 Monate
15	Randolph	22. 6.51	1. 7.53			1. 3.55	12. 2.56			1961	17 Monate
16	Lexington			21. 7.52	1. 9.55	21. 7.52	1. 9.55				19 Monate
18	Wasp	1. 9.48	28. 9.51			31. 7.54	1.12.55			1964	20 Monate
19	Hancock			17. 7.51	1. 3.54	24. 8.55	15.11.56				15 Monate
20	Bennington	26.10.50	30.11.52			31. 7.54	15. 4.55			1963	20 Monate
21	Boxer (als LPH-4)									1963	19 Monate
31	Bon Homme Richard			21. 7.52	1.11.55	21. 7.52	1.11.55				21 Monate
33	Kearsarge	27. 1.50	1. 3.52			27. 1.56	31. 1.57			1962	24 Monate
34	Oriskany	gem. 27A fertiggest.						8.9.57	29.5.59		m. Unterbrechung
36	Antietam			nur Schrägdeck:		8. 9.52	19.12.52				26 Monate
37	Princeton (als LPH-5)									1962	26 Monate
38	Shangri La			17. 7.51	1. 2.55	17. 7.51	1. 2.55				20 Monate

Essex-Klasse 155

39	*Lake Champlain*	18. 8.50	19. 9.52				27 Monate
45	*Valley Forge* (als LPH-8)					1964	26 Monate

Anmerkung:
CV-13 und 17 (Bauzeiten 13 bzw. 20 Monate) wurden überhaupt nicht modernisiert
CV-32, 37, 40, 45 und 47 wurden nur geringfügig modernisiert

CV-9 Essex

Kurzlebenslauf

ab 1946	Umbau nach SCB-27A.
1/1951	Wieder in Dienst.
1951/53	Mehrere Einsätze vor Korea, TF 77.
7/1955	Umbau nach SCB-27C.
1956	Pazifik; Westküste und VII. Flotte im Westpazifik.
8/1957	Wechsel zur Atlantischen Flotte; Ostküste und Mittelmeer; eine Fahrt zur VII. Flotte (Taiwan), Rückkehr in den Atlantik.
1959/69	Mehrfacher Wechsel zwischen Ostküste und Mittelmeer.
6/1969	Außer Dienst, Reserveflotte bis zur Streichung 7/1973.

Schiffselektronik

Radar:
1951	2 SPS-6
1955	SPS-6, SC-2
7/1957	SC-2, SPS-8A, SPS-6
1959	SPS-6, SPS-37, SPS-8A
1969	unverändert wie vorstehend

Feuerleitung:
1951	2 Mk 37 mit FL-Radar Mk 25, mehrere Mk 56
1959	1 Mk 37 mit FL-Radar Mk 25, einige Mk 56
1969	unverändert wie vorstehend

Die *Essex*-Klasse präsentiert sich im „new-look", der aus den Erfahrungen der Kriegsjahre resultierte. Hier sieht man *Essex* (noch als CV-9) im Jahre 1951 nach dem Umbau nach SCB-27A, mit noch offener Bugpartie, mit der neuen, etwas kleineren Insel, mit 7,6-cm-Doppelflak und mit zunächst zwei Radarantennen SPS-6. Nach dem Umbau gibt es nun auch an der Steuerbordseite des Rumpfes 12,7-cm-Einzelgeschütze des alten Modells L/38. Die seinerzeit bei Kriegsende hinzugekommenen Steuerbord-Flakwannen wurden für die 7,6-cm-Flak in die Umbaumaßnahmen einbezogen. An der Inselflanke befinden sich zwei 20-mm-Flak. Noch sieht man keine FLG Mk 56. Foto: USN

Diese sehr instruktive Aufnahme (von der automatischen Bugkamera eines F2H-2P Fotoaufklärers des Typs Banshee aufgenommen) zeigt den vom Signallandeoffizier eingewunkenen Landevorgang auf CV-9 *Essex*. Hier wird die ganze Problematik der Landung bei durch parkende Flugzeuge überfülltem Flugzeugdeck deutlich: 16 Bremsseile sollen jeglichen „Mißgriff" des Flugzeug-Landehakens verhindern; zusätzlich aber muß das Vorderdeck durch eine Nylon-Barriere abgesichert werden. Dieses Problem führte dann zur Entdeckung des Schräglandedecks durch die Briten und letztlich zur Umbau-Serie gemäß SCB-125 bzw. (für *Midway* und die Schwesterschiffe) SCB-110/ 110a.
Foto: USN (Sammlung J. Kürsener)

Dieses Foto wurde im September 1957 aufgenommen, als CVA-9 *Essex* bereits SCB-125 durchlaufen hatte. Neben mehreren Hubschraubern befinden sich Kampfflugzeuge an Deck, darunter noch drei AJ-1 Savage-Bomber. Die Anzahl der 7,6-cm-Flak wurde reduziert, an der Schornsteinkante findet man immer noch die Radarantenne SC-2. Foto: Sammlung S. Breyer

Essex war als CVS oft gern gesehener Gast in Hamburg. Dieses Foto stammt aus dem Jahre 1968 und zeigt das Schiff so, wie es zuletzt ausgesehen hat. Der Steuerbord-Seitenaufzug ist hochgeklappt, um das Anlegemanöver nicht zu behindern. S-2- und SH-3-Maschinen befinden sich an Bord. Die 12,7-cm-Bewaffnung wurde reduziert. Foto: Verfasser

Charakteristisch für die SCB-27A/27C-Umbauten war u. a. die neue Insel, auf der hier – im Jahre 1968 – das achtere FLG Mk 37 mit FL-Radar Mk 25 bereits fehlt. Das Schiff fuhr bis zum Schluß mit der hier sichtbaren elektronischen Ausrüstung. Von der Mastspitze nach unten sind festzustellen: TACAN, SPS-10, SPS-6, SPS-37, SPS-8A. Die diagonale Konstruktion unterhalb des Niveaus des Flugzeugdecks beherbergt die Rolltreppe (Elektromotor als Antrieb ist zuoberst sichtbar), womit die Flugzeugbesatzungen in ihren Bordanzügen schnellstmöglich von den Bereitschaftsräumen der einzelnen Staffeln zu den wartenden Flugzeugen befördert wurden. Foto: Verfasser

CV-10 Yorktown

Kurzlebenslauf

2/51	Umbau nach SCB-27A.
1/1953	Wieder in Dienst.
9/1953	TV 77 Korea (kein Kriegseinsatz mehr).
1954	Mehrere Einsätze im Westpazifik.
7/1954	Umbau nach SCB-27C.
10/1955	Wieder bei der Flotte.
9/1957	Vorbereitung zur Verwendung als CVS, danach mehrere Wechsel zwischen Westküste und Westpazifik.
1970	Kurze Zeit bei der Atlantischen Flotte, bis zur Außerdienststellung

Schiffselektronik

Radar:
1953/58	SPS-6, SPS-8A, SC-2
1961	SPS-6, SPS-8A
1962	SPS-43, SPS-30
1970	unverändert wie vorstehend

Feuerleitung:
1953	2 Mk 37 mit FL-Radar Mk 25, mehrere Mk 56
1961	1 Mk 37 mit FL-Radar Mk 25

Sonstige Informationen

Flugzeugtreibstoff-Vorrat 1953/68: 1135 t Benzin, 443 JP-5
Schiffstreibstoff-Vorrat 1953: 5235 ts; 1968: 6672 ts
Besatzungsstärke 1968: 371/2985
Geschwindigkeit 1968: 30,2 kn
Schiffslänge über alles 1953: 274,2 m; 1968: 271,5 m (Wegfall der achtern 40-mm-Flak-Wanne)

Yorktown sollte aus Etat 1966 gemäß FRAM II modernisiert werden. Dies ist möglicherweise wegen des fortgeschrittenen Vietnam-Krieges nicht realisiert worden.

Etwa 1953 oder 1954 wurde dieses Foto von CVA-10 *Yorktown* aufgenommen, also in der Zeit zwischen SCB-27A und SCB-125. Hier befinden sich noch alle 7,6-cm-Geschütze an Bord, ebenfalls die beiden FLG Mk 37 auf der Insel. Beachtenswert ist die Position des achtern 12,7-cm-Geschützpaares, das zum Unterschied von manchen Schwesterschiffen weiter vorne angebracht ist. Foto: Real Photographs

Essex-Klasse

Drei Jahre nach SCB-125: CVS-10 *Yorktown* am 2. Februar 1958 vor der Marinewerft am Puget Sound. Entfernt wurden inzwischen sowohl alle 7,6-cm-Doppelflak wie auch ein FLG Mk 37.

Foto: USN (Sammlung BfZ)

In Paradeaufstellung präsentiert sich *Yorktown* hier am 19. September 1964. Vorn, über dem geschlossenen Bug ist der Zug des Marine Corps angetreten. Die übrige angetretene Besatzung formt den Verlauf der Außenkante des Flugzeugdecks nach. Neben nur wenigen Hubschraubern erkennt man die zur Selbstverteidigung mitgeführten A-4 Skyhawks und – weiter achtern – die beiden VS-Staffeln mit S-2 Trackers. Das geschwenkte FLG Mk 37 entspricht möglicherweise nicht den Vorschriften bei einer Parade. Das Radargerät SPS-30 ist voll von der Sonne angestrahlt. Beachtenswert ist weiterhin der Landespiegel, der weit über die Backbord-Deckskante des Schiffes hinausragt.

Foto: USN (Sammlung BfZ)

Kurz vor Außerdienststellung verlegte *Yorktown* nochmals in den Atlantik und besuchte dabei im November 1969 den Hafen von Kiel. Das Foto zeigt die vordere Inselpartie mit Admiralsbrücke (unten) und Kommandantenbrücke sowie die konzentrierte Elektronik.
Foto: Dr. W. Noecker (†)

CV-11 Intrepid

Kurzlebenslauf

2/1952	Reaktivierung, Umbau nach SCB-27C.
10/1954	In Dienst, Ostküste.
1955/56	Wechsel zwischen Ostküste und Mittelmeer.
9/1956	Umbau nach SCB-125.
1957/65	Mehrfacher Wechsel zwischen Ostküste und Mittelmeer.
4/1965	FRAM II-Modernisierung.
1966	Zeitweise bei der VII. Flotte vor Vietnam, dann Ostküste.
1967	Zweiter Vietnam-Einsatz (nach letzter Suezkanal-Fahrt vor dem Nahostkrieg).
1968/73	Mehrfacher Wechsel zwischen II. Flotte (Ostküste) und VI. Flotte (Mittelmeer) bis zur Außerdienststellung.

Schiffselektronik

Radar:

1954	SPS-12, SPS-8A, SC-2
1958	SPS 12, SPS-8A
1961	SPS-37, SPS-12, SPS-8A
1966	SPS-37, SPS-30
1973	unverändert wie vorstehend

Feuerleitung:

1954	2 Mk 37 mit FL-Radar Mk 25, mehrere Mk 56
1973	wie vorstehend, nur weniger Mk 56

CVA-11 *Intrepid* Mitte 1954, kurz nach Beendigung des Umbaus nach SCB-27C. Die Bugwannen der 7,6-cm-Flak sind leer, der Steuerbordaufzug ist hochgeklappt. Die TACAN-Navigationshilfe befindet sich auf der Mastspitze. Es sind hier noch keine Katapultausleger vorhanden. Foto: USN

Auch am 7. Februar 1955 fehlen die 7,6 cm-Flak in den Bugwannen von CVA-11. Die Katapultbahnen divergieren gegenüber der Decks-Achse. Die Backbord-Stände ragen weiter über die Deckskante hinaus.
Foto: USN (Sammlung G. Albrecht)

Nach Beendigung der Gastrolle als temporärer CVA vor Vietnam übernahm *Intrepid* wieder seine Aufgaben als CVS im Atlantik. Diese Aufnahme wurde am 30. Oktober 1970 im Seegebiet vor Kuba gemacht und zeigt das Schiff in seinem Endzustand. Neuere TACAN-Antenne, ECCM-Antennen unter dem SPS-37-Radargerät und vor dem an Backbord befindlichen Landespiegel; eine Reihe von Illuminations-Scheinwerfern unterhalb des SPS-30-Gerätes. Foto: USN

Backbordansicht von *Intrepid* während des Salutschießens anläßlich eines Besuchs in Kiel im Jahre 1970. Obwohl die letzten 7,6-cm-Geschütze schon seit geraumer Zeit entfernt worden sind und obwohl sich nur noch vier 12,7-cm-Kanonen an Bord befinden, wurden die Heckwannen und das zweite FLG Mk 37 noch beibehalten. Foto: Verfasser

Ticonderoga-Klasse 163

Bei einem späteren Besuch der *Intrepid* in Kiel im Jahre 1971 aufgenommen: die Insel mit den beiden FLG Mk 37 und dazugehörigem FL-Radar Mk 25. Neben *Essex* war *Intrepid* der einzige CVS, der bis zum Schluß SPS-37-Radar behielt, d. h. zu keinem Zeitpunkt mit SPS-43 ausgerüstet war. Die Anflugantenne wird durch ein Kunststoff-Radom vor den Witterungseinflüssen geschützt. Foto: Verfasser

Während eines der letzten Mittelmeer-Einsätze *Intrepid* am 7. Juli 1971: SH-3-Hubschrauber und S-2-Flugzeuge neben zwei A-4C und zwei E-1A. Beachtenswert sind die Katapult-Ausleger am Bug.
Foto: USN (Sammlung BfZ)

CV-12 Hornet

Kurzlebenslauf

3/1951	Reaktiviert; Ostküste Werft, Umbau nach SCB-27A.
9/1953	Wieder im Dienst.
1954	Weltreise.
7/1954	Westpazifik, Westküste.
1955	Westpazifik.
12/1955	Westküste Werft, Umbau nach SCB-125.
1957/1970	zahlreiche Wechsel zwischen Westpazifik und Westküste; Vietnam-Einsätze.
6/1970	Außerdienststellung, Reserveflotte.

Schiffselektronik

Radar:
1955	SPS-6, SPS-8A, SC-2
1959	SPS-37, SPS-6, SPS-8A
1966	SPS-43, SPS-8A, SPS-6
1970	SPS-43, SPS-30

Feuerleitung:
1956	1 Mk 37 mit FL-Radar Mk 25, mehrere Mk 56
1959/70	wie vorstehend, nur weniger Mk 56

CVA-12 *Hornet*, hier Anfang 1955 in den Gewässern von Formosa, kurz vor Beginn des Umbaus nach SCB-125, mit Strahljägern und AD-Propellermaschinen an Bord. Der Öltanker *Passumpsic* (AO-107) beölt die *Hornet* und den damals noch als Radarwarn-Zerstörer operierenden DD-743 *Southerland*. Der Zerstörer führt neben SPS-4 (über dem achteren Schornstein) an der Maststenge den „homing beacon" des Typs YE, womit die Rolle dieses Zerstörers im Rahmen der Träger-Kampfgruppe hinlänglich umrissen ist.

Foto: USN (Sammlung S. Breyer)

Essex-Klasse

Vor der Marinewerft Puget Sound, unmittelbar nach Beendigung des Umbaus nach SCB-125: *Hornet* am 24. August 1956. Nur noch acht 7,6-cm- und an Steuerbord achtern nur noch eine 12,7-cm-Kanone, hinter der ein FLG Mk 56 sichtbar ist. Das zweite FLG Mk 37 fehlt hier bereits. Foto: USN (Sammlung BfZ)

Auch noch 1957 führt *Hornet* die Radarantenne SC-2 an der Kante des Schornsteins. SCB-27A-Schiffe, die ja bis zum Schluß hydraulische Katapulte hatten, erhielten während des SCB-125-Umbaus keine Katapultausleger. Beachtenswert ist an der Achterkante des Schornsteines die Kanzel der Flugverkehrskontrolle („primary flight control"). Foto: Real Photographs

Aufgenommen Ende der 60er Jahre aus fast gleicher Perspektive: CVS-12 *Hornet* im letzten Zustand mit verändertem Markierungs-Schema des Flugzeugdecks, mit reduzierter Bewaffnung sowie mit veränderter Radar- und TACAN-Ausrüstung. Foto: USN

CV-14 Ticonderoga

Kurzlebenslauf

1/1952	Beschränkte Indienststellung, Werft: Umbau nach SCB-27C.
4/1954	Wieder im Dienst.
1/1955	Wiederaufnahme der Flugoperationen.
11/1955	VI. Flotte im Mittelmeer.
8/1956	Werft: Umbau nach SCB-125.
4/1957	Westküste; mehrere Jahre Wechsel zwischen I. Flotte (Westküste) und VII. Flotte (Westpazifik).
8/1964	*Maddox*-Zwischenfall im Golf von Tonkin, erste Angriffe auf Inseln vor Vietnam; danach permanenter Wechsel zwischen Westküste und Westpazifik einschließlich Vietnam-Einsätze – auch noch nach Umklassifizierung als CVS.
9/1973	Außerdienststellung.

Schiffselektronik

Radar:

1955	SPS-12, SPS-8A, SC-2
1960	SPS-37, SPS-12, SPS-8A
1963	SPS-43, SPS-12, SPS-8A
1966	SPS-43, SPS-30
1973	unverändert wie vorstehend

Feuerleitung:

1955	2 Mk 37 mit FL-Radar Mk 25, mehrere Mk 56
1965	2 Mk 37 mit FL-Radar Mk 25, weniger Mk 56
1965	2 Mk 37 mit FL-Radar Mk 25, weniger Mk 56
1973	1 Mk 37 mit FL-Radar Mk 25

Etwa 1970 wurde dieses Foto von CVS-14 *Ticonderoga* aufgenommen. Beachte die Ausleger in Verlängerung der Dampfkatapulte, die einzeln stehende 12,7-cm-Kanone an Backbord vorn und die besondere Decks-Markierung. Die Form der achtern angebrachten Funkantenne ist für diesen Träger typisch. Die ECCM-Antenne steht weit von der Backbordkante des Flugzeugdecks ab. An der Innenseite der Insel befinden sich mehrere Traktoren-Jeeps sowie ein gelb angemalter mobiler Kran. Foto: USN (Sammlung BfZ)

Drei Jahre vor der letzten Außerdienststellung: CVS-14 *Ticonderoga* am 26. Juni 1970 im Hafen von San Diego, nach Abflug des Bordgeschwaders. Foto: L. R. Cote

CV-15 Randolph

Kurzlebenslauf

7/1953	Nach SCB-27A-Umbau Wechsel zwischen Ostküste und Mittelmeer.
6/1955	Werft: Umbau nach SCB-125.
1/1965	Einsatz Ostküste, erster Abschuß des Regulus I-Marsch-Flugkörpers im atlantischen Bereich, danach bis
3/1959	Wechsel zwischen II. und VI. Flotte, ebenso als CVS.
2/1969	Außerdienststellung.

Schiffselektronik

Radar:
1954	SPS-6, SPS-8A, SC-2
1957	wie vorstehend
1965	SPS-43, SPS-30
1969	unverändert wie vorstehend

Feuerleitung:
1954	2 Mk 37 mit FL-Radar Mk 25, mehrere Mk 56
1965	1 Mk 37 mit FL-Radar Mk 25, weniger Mk 56
1969	unverändert wie vorstehend

Verschieden angemalte Strahljäger befinden sich an Bord von CVA-15 *Randolph*, aufgenommen in der Zeit zwischen 1956 und 1959. Die Möglichkeiten der Voll-Stabilisierung werden an der SPN-Antenne und an SPS-8A demonstriert. Nur wenige 7,6-cm-Flak und nur ein FLG Mk 37. Auf dem Steuerbordaufzug befindet sich eine Kampfmaschine des Typs AD Skyraider. Die Peitschenantennen sind wegen des Flugbetriebes seitlich abgeklappt. Foto: Real Photographs

Im Mittelmeer aufgenommen wurde am 30. Juni 1965 CVS-15 *Randolph*, nunmehr mit SPS-43 und SPS-30 ausgerüstet.

Foto: G. Gotuzzo

Bei der selben Gelegenheit aufgenommen: Achteransicht von *Randolph* mit Sicht auf den Flugzeugdeck-Überhang und die beiden nicht belegten Flak-Wannen, auf denen der Name des Schiffes angebracht ist. Hinter der 12,7-cm-Kanone befindet sich ein FLG Mk 56.

Foto: G. Gotuzzo

CV-16 Lexington

Kurzlebenslauf

9/1953	Werft: Umbau nach SCB-27C und 125.
8/1955	Wieder im Dienst; Pazifik.
1956/62	Mehrfacher Wechsel zwischen Westküste und Westpazifik.
1/1962	Atlantik; Vorbereitung zum Einsatz als Schulträger an Stelle von *Antietam*.
1962	Wegen Kuba-Blockade Unterbrechung der Arbeiten.
12/1963	Schulträger in Pensacola.
1978–1986	Noch so im Dienst

Schiffselektronik

Radar:
1960	SPS-12, SPS-8A, SC-2
1961	SPS-43, SPS-12, SPS-8A
1968	wie vorstehend
ab 1970	SPS-43, SPS-12

Feuerleitung:
1960/68	2 Mk 37 mit FL-Radar Mk 25, einige Mk 56
ab 1970	keine FLG mehr

Etwa 1961 mag dieses Foto von CVA-16 *Lexington* aufgenommen worden sein, als sich bereits keine 7,6-cm-Flak mehr an Bord befunden hat. Die Radarausrüstung besteht aus SPS-43, SPS-12 und SPS-8A.

Foto: USN (Sammlung BfZ)

Essex-Klasse

Bereits seit 5 Jahren in seiner Rolle als Schulträger, jedoch noch voll kampffähig, CVS-16 *Lexington*, aufgenommen am 22. März 1968 im Golf von Mexico. Drei Hubschrauber des Typs SH-34 sind zu erkennen. Landeanflug-Radar ist durch ein Radom geschützt. *Lexington* hat zu keinem Zeitpunkt SPS-30-Radar geführt.
Foto: USN

AVT-16 *Lexington*, als Hilfsschiff eingestuft und bar aller Waffen. Nur noch SPS-43 und SPS-12-Radar sowie die Landeanflug-Radarantenne sind vorhanden. In diesem Zustand fährt *Lexington* noch heute.
Foto: USN (Sammlung BfZ)

CV-18 Wasp

Kurzlebenslauf

1948	Werft: Umbau nach SCB-27A.
10/1951	Nach Umbau wieder im Dienst; Atlantik.
1952	Mehrmaliger Wechsel zwischen Ostküste und Mittelmeer.
1953	7½ Monate Weltumrundung; Wechsel in den Pazifik.
10/1954	Westpazifik; Evakuierung von Tachen.
4/1955	Werft: Umbau nach SCB-125.
12/1955	Nach Umbau wieder im Dienst, dann Westpazifik.
1/1957	Wechsel zur Atlantischen Flotte als CVS, danach mehrmals Wechsel zwischen Ostküste und Mittelmeer.
1962	Blockade Kubas.
7/1970	Außerdienststellung und Streichung.

Schiffselektronik

Radar:
1952/54	SPS-6, SX, SC-2
1956	SPS-6, SPS-8A
1960	SPS-37, SPS-6
1961	SPS-37, SPS-6, SPS-8A
1962	SPS-43, SPS-6, SPS-8A
1964	SPS-43, SPS-8A
1967/70	SPS'43, SPS-30

Feuerleitung:
1952/54	2 Mk 37 mit FL-Radar Mk 25, mehrere Mk 56
1956/70	1 Mk 37 mit FL-Radar Mk 25, mehrere Mk 56

CVA-18 *Wasp* am 31. März 1954, der einzige Träger, der nach dem SCB-27A-Umbau noch die Radarantenne SX führte. Das auf dem Flugzeugdeck versammelte Geschwader setzt sich aus der zu jener Zeit üblichen Kombination von Strahljägern und Propeller-Kampfmaschinen zusammen. Die Steuerbord-Flak vom Kaliber 7,6 cm befinden sich dort, wo vor dem Umbau die Vierlinge standen. Foto: USN (Sammlung S. Breyer)

Am 15. April 1961 befindet sich *Wasp* im Atlantik, mit SH-34-Hubschrubern und S-2-U-Jagdflugzeugen an Bord. Die Radarausrüstung besteht aus SPS-37, SPS-6 und SPS-8A. Die 7,6-cm-Flak ist nicht mehr an Bord.
Foto: USN

Dieses Foto, das am 11. August 1962 aufgenommen wurde, zeigt die Anlage des Schräglandedecks. Das achtern auf der Insel befindliche FLG Mk 37 ist inzwischen entfernt worden, dafür findet man Mk 56 an der Deckskante. Die Heck-Wannen wurden ausgebaut.
Foto: USN (Sammlung BfZ)

Wasp weilte mehrmals auch in deutschen Häfen. Diese Aufnahme zeigt die elektronische Ausrüstung des Jahres 1962. Von oben nach unten: TACAN SRN-3, einige ECM-Antennen, Mitte links SPS-10, darunter SPS-6, rechts die Landeanflug-Radarantenne SPN-6, darunter SPS-43, links davon SPS-8A. Nach der Außerdienststellung Mitte 1970 wurde *Wasp* abgewrackt. Es ist interessant zu erfahren, daß der Verschrottungs-Erlös seinerzeit 500.250,– $ betragen hat. Foto: Verfasser

Bildtext ▽ folgende Seite oben.

Essex-Klasse

Einziger Flugzeugträger bei der See-Parade von Portsmouth anläßlich des NATO-Jubiläums im Mai 1969 war USS *Wasp*, hier in voller Flaggen-Gala zu Ehren der britischen Königin. An Stelle von SPS-8A befindet sich nun SPS-30-Radar. Es sind nur noch vier 12,7-cm-Kanonen vorhanden. Fotos: Verfasser

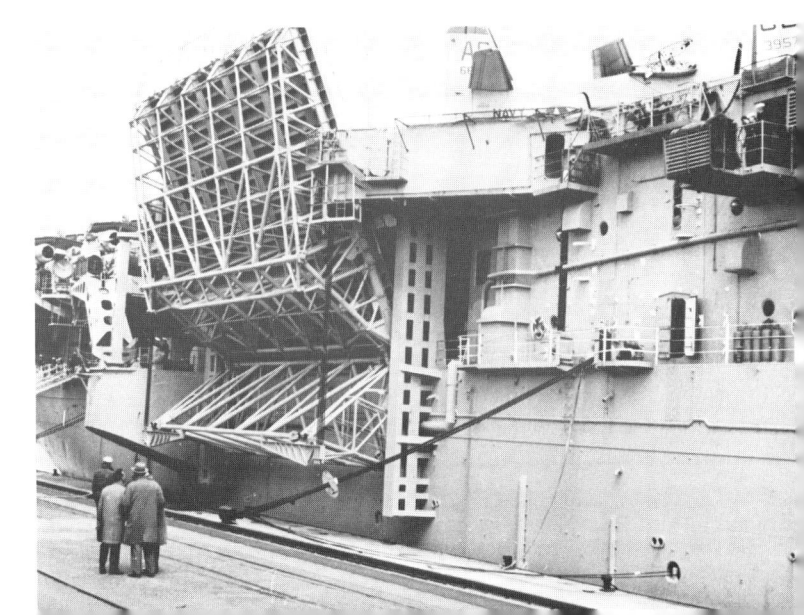

Drei Positionen des Steuerbord-Flugzeugaufzuges, der auch als Hebewerk für Anbordnahme von Nachschubgütern benutzt wurde: auf dem Niveau des Hangardecks, in Höhe des Flugzeugdecks und hochgeklappt. Hinter dem Aufzug befindet sich ein schwerer Schiffskran. Fotos: Verfasser

CV-19 Hancock

Kurzlebenslauf

12/1951	Werft: Umbau nach SCB-27C.
2/1954	Nach Umbau wieder im Dienst.
1955	Wechsel zwischen Westküste und Pazifik.
4/1954	Werft: Umbau nach SCB-125.
1956/75	Zahlreiche Wechsel zwischen der I. bzw. III. Flotte (Westküste) und VII. Flotte (Westpazifik), darunter auch zahlreiche Vietnam-Einsätze.
1/1976	Außerdienststellung und Streichung.

Schiffselektronik

Radar:
1954/57	SPS-12, SPS-8A
1959/61	SPS-37, SPS-12, SPS-8A
1962/65	SPS-43, SPS-12, SPS-8A
1966/71	SPS-43, SPS-30

Feuerleitung:
1954/71	2 Mk 37 mit FL-Radar Mk 25, mehrere Mk 56

CVA-19 *Hancock* nach einer Werftzeit in der Marinewerft San Francisco, aufgenommen etwa 1959, ca. drei Jahre nach dem SCB-125-Umbau. Keine 7,6-cm-Flak mehr an Bord, aber immer noch FLG Mk 56. Zwei 12,7-cm-Kanonen befinden sich weit achtern. Der Kran ist hier *vor* dem Klapp-Aufzug. Ein gedeckter Leichter (YFN) liegt unter dem Kran längsseits.
Foto: USN (Sammlung BfZ)

Von einem Katapultwagen wurde Mitte der 50er Jahre von der *Hancock* aus der Mittelstrecken-Flugkörper Regulus I gestartet. Foto: USN (Sammlung BfZ)

Im Anschluß an eine Einsatzfahrt in den Westpazifik verlegt CVA-19 *Hancock* in Richtung Träger-Stützpunkt Alameda bei San Francisco. Das Luftbild wurde am 3. März 1969 aufgenommen. Über dem Radom befindet sich eine Satelliten-Antenne. SPS-43 und SPS-30-Radar gehören nun zum Inventar an Sensoren.
Foto: USN (Sammlung BfZ)

E-1-, A-4- und F-8-Maschinen befinden sich an Deck der *Hancock* am 28. Oktober 1970. Zusatztanks sind auf einer der Außenplattformen gelagert. An Backbord achtern ist noch ein FLG Mk 56 zu sehen.
Foto: USN (Sammlung BfZ)

CV-20 Bennington

Kurzlebenslauf
1950/52	Werft: Umbau nach SCB-27A.
1953/54	Ostküste.
5/1954	Katapult-Explosion: 103 Tote, 201 Verletzte.
1954/55	Werft: Umbau nach SCB-125.
9/1955	Pazifik; seitdem ständiger Wechsel zwischen Westküste und Westpazifik.
1/1970	Außerdienststellung, Reserveflotte.

Schiffselektronik
Radar:
1953/57	SPS-6, SPS-8A, SC-2
1963/70	SPS-43, SPS-30

Feuerleitung:
1953	2 Mk 37 mit FL-Radar Mk 25, mehrere Mk 56
1965	1 Mk 37 mit FL-Radar Mk 25, mehrere Mk 56

Ein Jahr nach dem SCB-27A-Umbau, am 21. November 1953, wurde CVA-20 *Bennington* im Mittelmeer vor Toulon aufgenommen. Die meisten der hell und dunkel angemalten Flugzeuge des Bordgeschwaders befinden sich auf dem Flugzeugdeck. Radarausrüstung: SPS-6, SPS-8A, SC-2. Foto: M. Bar

2 ½ Jahre nach SCB-125: *Bennington* am 15. Oktober 1957 vor der Marinewerft in San Francisco. Das Rechteck über dem Flugzeugdeck ist die Oberkante des hochgeklappten Steuerbord-Aufzuges. Foto: USN (Sammlung BfZ)

Bugansicht der *Bennington*, aufgenommen ebenfalls am 15. Oktober 1957. Foto: USN (Sammlung BfZ)

Das letzte Aussehen der *Bennington*, nunmehr als CVS, hier mit SPS-43 und SPS-30-Radar. Nach Durchführung der FRAM-Modernisierung findet man hier nunmehr einen Buganker, der im Zusammenhang mit der Anbringung des Bugsonardoms für SQS-23-Sonar steht. Foto: USN

CV-21 Boxer

Kurzlebenslauf
7/1950	Erste Einsätze vor Korea.
3/1951	Zweiter Korea-Einsatz.
2/1952	Dritter Korea-Einsatz.
4/1953	Vierter Korea-Einsatz, dazwischen immer wieder Fahrten zur Westküste, dabei Werftzeiten und Flugzeugtransport neben regulären Kampfaufgaben. Ab
1954	Wechsel zwischen der I. und VII. Flotte.
1/1959	Atlantik; Umrüstung als LPH-4; zu PHIBLANT.
12/1969	Außerdienststellung und Streichung.

Schiffselektronik
Radar:
1953	SK-2, SX, SPS-4
1957/59	SPS-6, SPS-8A, wieder SC-2, SPS-4
1968	SPS-6, SPS-8A

Feuerleitung:
1953	2 Mk 37 mit FL-Radar Mk 25, mehrere Mk 63 mit FL-Radar Mk 34

Geschwader, Staffeln, Flugzeuge
7/1950	Als Flugzeugtransporter: 145 P-51 und 6 L-5 der USAAF sowie 19 Navy-Flugzeuge, insgesamt 170 Maschinen.

Diese beiden Fotos von CVA-21 *Boxer* wurden zu verschiedenen Zeiten aufgenommen, etwa 1953 oder später. Neben der großen Kenn-Nummer an der Schiffsflanke findet man zu diesem späten Zeitpunkt noch eine kleine am Bug. Radarausrüstung: SPS-6, SPS-8A, SC-2. Die Bugflak 40 mm fehlt hier.

Foto: Real Photographs

Diese 1968 gemachte Aufnahme zeigt die rechteckige Form des Hubschrauberdecks von LPH-4 *Boxer*. Nur noch acht 12,7-cm-Geschütze in den vier Doppeltürmen an Deck. Foto: USN (Sammlung BfZ)

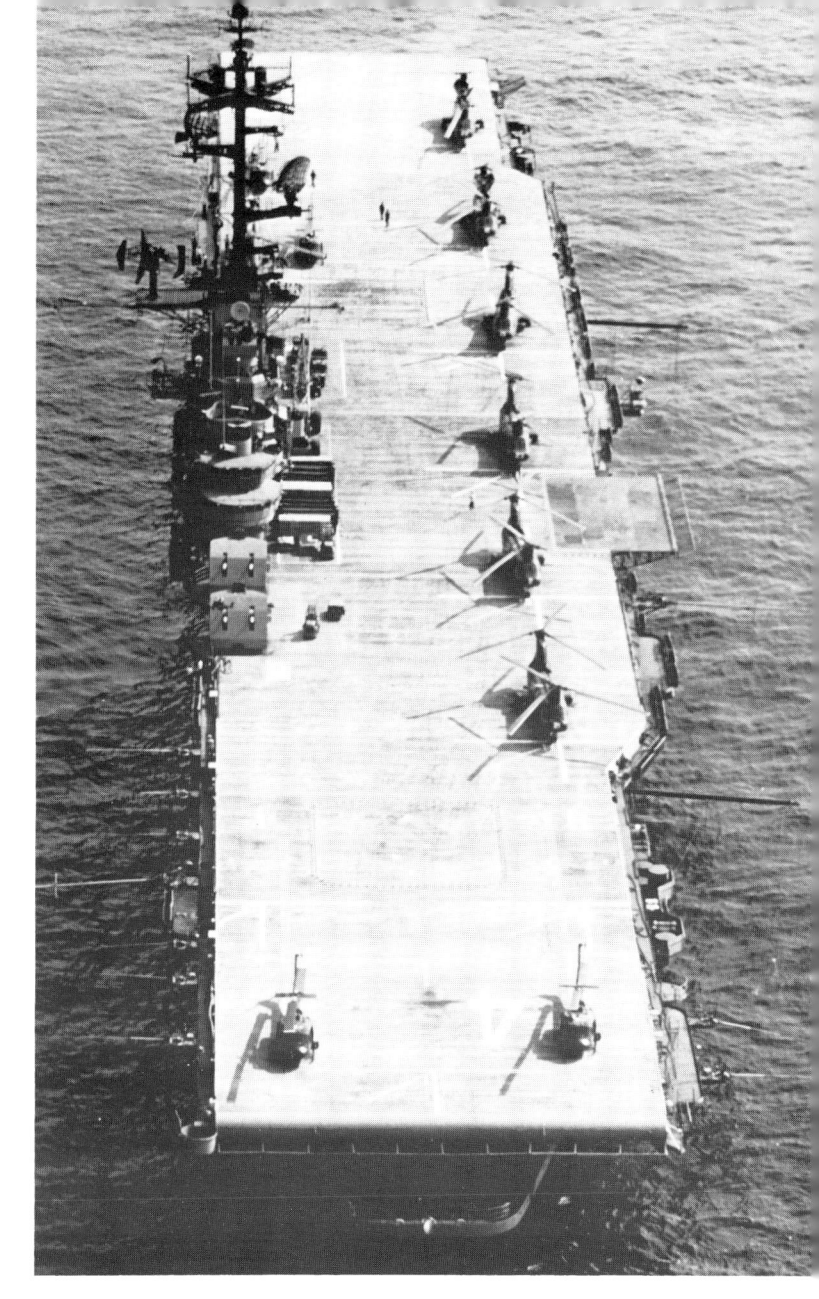

Zwei Wochen vor Erhalt der neuen LPH-Kenn-Nummer: CVS-21 *Boxer* am 15. Januar 1959, bereits mit neuer Decksmarkierung und mit Transport-Hubschraubern des Marine Corps an Bord. Es befinden sich keine 40-mm-Vierlinge mehr an Bord, jedoch noch zwölf 12,7-cm-Kanonen. Man erkennt einige Hubschrauber der Typen H-34 und H-37. Foto: USN (Sammlung BfZ)

CV-31 Bon Homme Richard

Kurzlebenslauf

1/1951	Reaktiviert für Einsatz vor Korea.
5/1951	TF 77 vor Korea; Westküste.
1952	TF 77 vor Korea.
7/1952	Werft: Umbau nach SCB-27C/125.
11/1955	Wieder im Dienst; ab
1956	Zahlreiche Wechsel zwischen Westküste und Westpazifik, darunter mehrere Vietnam-Einsätze.
7/1971	Außerdienststellung, Reserveflotte.

Schiffselektronik

Radar:
1951	SPS-6, SK-2, SP
1955	SPS-8A, SC-2, SPS-12
1962/71	SPS-43, SPS-12, SPS-30

Feuerleitung:
1951	vermutlich wie 1945: 2 Mk 37 mit FL-Radar Mk 12/22, 7 Mk 51 Mod. 3, 5 Mk 63 und 8 Mk 51 Mod. 2
1955	2 Mk 37 mit FL-Radar Mk 25, mehrere Mk 56
1965/70	1 Mk 37 mit FL-Radar Mk 25, einige Mk 56

Mit den Katapult-Auslegern aller SCB-27C/125-Träger präsentiert sich hier CVA-31 *Bon Homme Richard* am 2. November 1967 im Golf von Tonkin mit SPS-43- und SPS-30-Radar. Foto: USN (Sammlung BfZ)

Ticonderoga-Klasse 183

Bon Homme Richard am 2. Februar 1970 vor San Diego. Foto: L. R. Cote

Diese Luftaufnahme der *Bon Homme Richard* entstand im Juli 1970 in der Südchinesischen See. Maschinen der Typen F-8, A-3, EA-1 und A-4 sind an Bord. Auch nach Reklassifizierung aller aktiven CVA und CV am 1. 7. 1975 blieb *BHR* CVA der Reserveflotte.
Foto: USN (Sammlung BfZ)

CV-32 Leyte

Kurzlebenslauf

9/1950	Wechsel in den Pazifik; TF 77 Korea.
1951/52	Rückkehr zur Ostküste, Werft; zwei Mittelmeer-Einsätze.
2/1953	Sollte außer Dienst gestellt werden, blieb aber im aktiven Dienst; dafür Modernisierung als CVS bis 1/1954.
1954/59	U-Jagdoperationen Ostküste.
5/1959	Außerdienststellung, Reserveflotte.

Schiffselektronik

Radar:
1955/58   SPS-6, SPS-8A
Feuerleitung:
1958   2 Mk 37 mit FL-Radar Mk 25 und wahrscheinlich auch einige Mk 56 und Mk 63

Drei Jahre nach der Indienststellung: CV-32 *Leyte* am 1. Oktober 1949 im Mittelmeer, mit SK-2- und SX-Radar. Die FLG Mk 37 sind bereits mit FL-Radar Mk 25 ausgerüstet und einige 40-mm-Vierlinge sind radargesteuert. An der Steuerbordseite des Rumpfes befinden sich keine 40-mm-Flak. Foto: M. Bar

Diese Luftaufnahme zeigt *Leyte* am 18. März 1952, immer noch nahezu unverändert. Obwohl kein Flugbetrieb stattfindet, sind die Funkantennen seitlich abgeklappt. Foto: USN

Leyte, Aussehen etwa 1955/57 als CVS. S2F- und HSS-Maschinen befinden sich an Deck. Bug-40-mm-Vierlinge fehlen. Ein Pfahlmast ersetzte den alten Dreibeinmast. SPS-6 und SPS-8A sind auf dieser nicht sehr scharfen Aufnahme festzustellen. Foto: USN

CV-33 Kearsarge

Kurzlebenslauf

1/1950	Westküste; Werft: Umbau nach SCB-27A.
1952	Pazifik; TF 77 vor Korea.
1953	Westküste, 2. Korea-Einsatz.
1954	Westküste, 3. Korea-Einsatz.
1/1956	Werft: Umbau nach SCB-125.
1955/61	Mehrfacher Wechsel zwischen der I. und VII. Flotte.
11/1961	FRAM II-Modernisierung.
1962/69	Mehrfacher Wechsel zwischen der I. und VII. Flotte, darunter auch Vietnam-Einsätze.
2/1970	Außerdienststellung, Reserveflotte.

Schiffselektronik

Radar:
1952	SPS-4, SPS-6, SX
1954	SPS-6, SPS-8A, SC-2
1961	SPS-37, SPS-6, SPS-8A
1962	SPS-43, SPS-12, SPS-8A
1966/70	SPS-43, SPS-30

Feuerleitung:
1950	2 Mk 37 mit FL-Radar Mk 25, 4 Mk 56 und einige Mk 63 mit FL-Radar Mk 28
1952	2 Mk 37 mit FL-Radar Mk 25, mehrere Mk 56
1961	1 Mk 37 mit FL-Radar Mk 25, einige Mk 56

Unmittelbar nach dem SCB-27A-Umbau wurde hier CV-33 *Kearsarge* am 22. März 1952 vor der Marinewerft Puget Sound aufgenommen. Das lay-out der Steuerbord-12,7-cm- und 7,6-cm-Kanonen kann klar erkannt werden. Neben den beiden FLG Mk 37 sind auch vier Mk 56-Geräte vorhanden sowie für jeden 7,6-cm-Zwilling ein FLG Mk 63. Die Kenn-Nummer auf der Insel entspricht noch nicht dem Standard. Zu diesem Zeitpunkt sollen sich nur zwanzig 7,6-cm-Flak an Bord befunden haben. Neben den Radaranlagen SPS-6 und SX findet man auch SPS-4 auf dem nach achtern gerichteten Mastausleger.

Foto: USN (Sammlung A. D. Baker)

Mit einigen Skyraiders an Bord sieht man hier *Kearsarge* etwa 1954/55, noch vor SCB-125. Die Bug-7,6-cm-Flak wurden 1954 entfernt. Foto: Real Photographs

Dieses Foto zeigt das letzte Aussehen der *Kearsarge* als CVS und wurde nach 1962, d. h. nach der FRAM-II-Modernisierung, aufgenommen, wovon der Buganker zeugt. Die 12,7-cm-Batterie wurde bereits reduziert.
Foto: USN (Sammlung BfZ)

CV-34 Oriskany

Kurzlebenslauf

8/1947	Bau unterbrochen bis
6/1950	dann Fertigstellung nach SCB-27A.
1951	Mittelmeereinsatz, Ostküste.
11/1951	Werft: Verstärkung des Flugzeugdecks.
5/1952	Wechsel zur Westküste.
9/1952	Korea.
1953	Wechsel zwischen Westküste und Korea-Einsätzen.
1954	Westpazifik, Westküste Werft.
1955	Westküste, Westpazifik.
1956	Westküste, Westpazifik.
9/1957	Werft: Umbau nach SCB-125A.
5/1959	Wieder im Dienst; Westküste.
1960	Westpazifik, Westküste.
3/1961	Werft: Einbau von NTDS (erstmalig).
1962/66	Mehrfacher Wechsel zwischen I. und VII. Flotte, darunter Vietnam-Einsätze.
10/1966	Feuersbrunst: 44 Tote; Westküste Werft.
1967	Werft, Westpazifik, Vietnam.
1968	Westküste, Werft.
1969/75	Mehrfacher Wechsel zwischen III. und VII. Flotte.
4/1976	Außerdienststellung, Reserveflotte.

Schiffselektronik

Radar:

1950/53	SPS-6, SPS-8A, SC-2
1954	SPS-6, SPS-8A, SPS-4
1960	SPS-37, SPS-12, SPS-8A
1967/76	SPS-43/30

Feuerleitung:

1950/68	2 Mk 37 mit FL-Radar Mk 25, mehrere Mk 56
1974/76	1 Mk 37 mit FL-Radar Mk 25

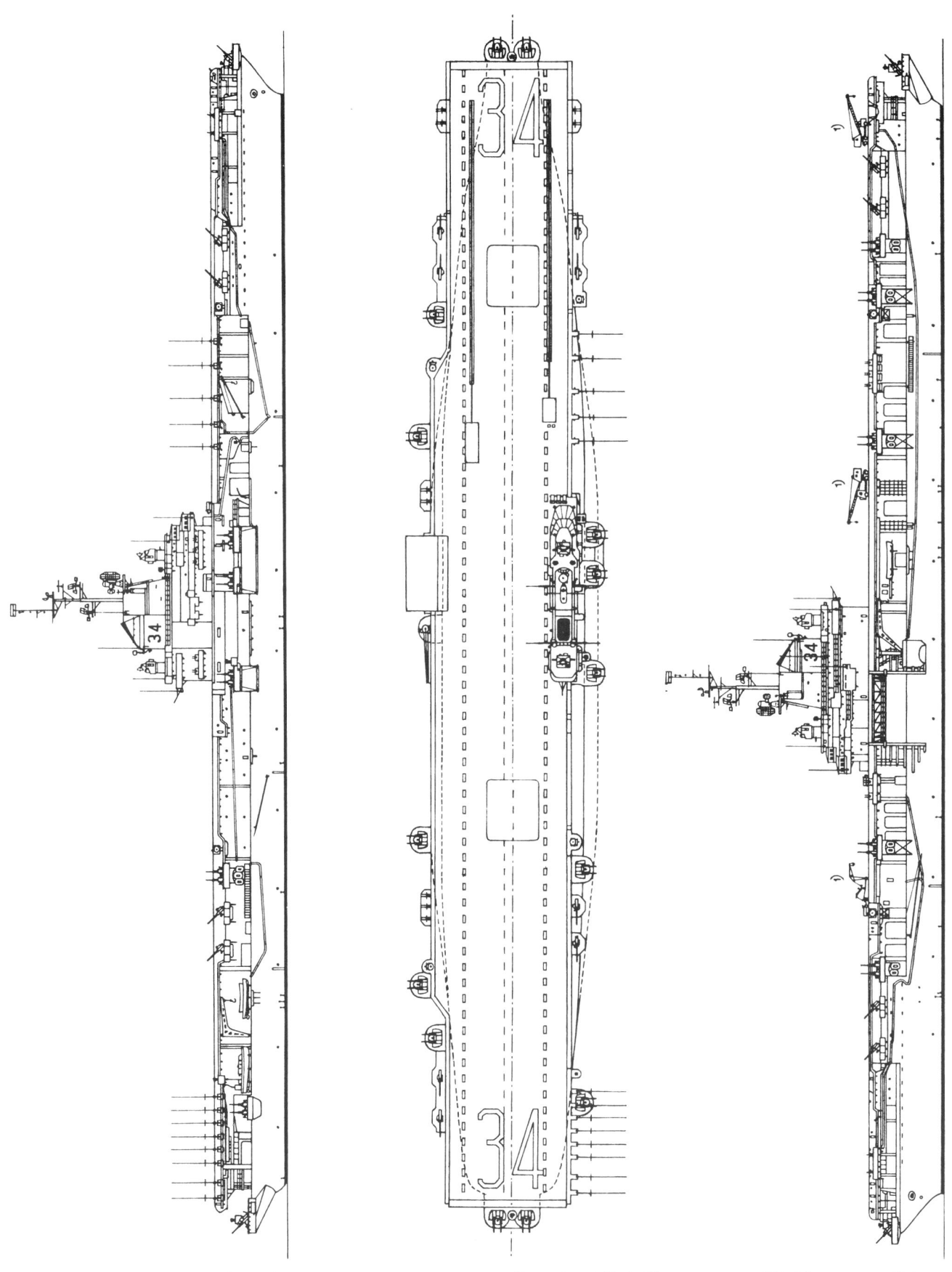

CV-34 *Oriskany* wurde gleich nach dem Umbau-Modell SCB-27A fertiggestellt. Hierbei behielt der Rumpf in fast allen Teilen die Charakteristik der Ur-Klasse, wovon unter anderem auch die Postierung etlicher Steuerbord-Flak-Nester zeugt. CV-34 war möglicherweise das einzige SCB-27A-Schiff, das noch mit einigen 20-mm-Doppelflak bestückt war. Die damals noch geführte Radarantenne SC-2 ist hier nicht zu lokalisieren.

Ticonderoga-Klasse

CV-34 *Oriskany*, das einzige Schiff der *Essex*-Klasse, das nach Unterbrechung der Bautätigkeit erst 1950 gleich nach SCB-27A fertiggestellt wurde. Dieses Foto entstand am 6. Dezember 1950 vor New York. SPS-6 und SX-Radar sowie YE „homing beacon" an der Mastspitze sind zu beobachten. An der Backbordseite vorne können einige 20-mm-Maschinenflak ausgemacht werden. Foto: USN (Sammlung G. Albrecht)

Ähnlich wie auf einem weiter vorn abgedruckten Foto der *Essex* wird auf diesem achterlichen Foto der *Oriskany* die Problematik der Landung von Strahlflugzeugen auf Trägern ohne Schräglandedeck deutlich: große Anzahl an Fangseilen, Auffang-Barriere aus Nylon, kein ausreichender Abstellraum; gelandete Flugzeuge müssen entweder gleich über den Mittelaufzug in den Hangar, oder die Barriere muß vor jedem gelandeten Flugzeug auf das Deck geklappt werden. Wegen der hohen Landegeschwindigkeit der Strahlflugzeuge läuft das Schiff mit hoher Fahrt gegen den Wind, wobei Rauchgase aus dem Schornstein die Sicht des landenden Piloten stören. Foto: USN (Sammlung S. Breyer)

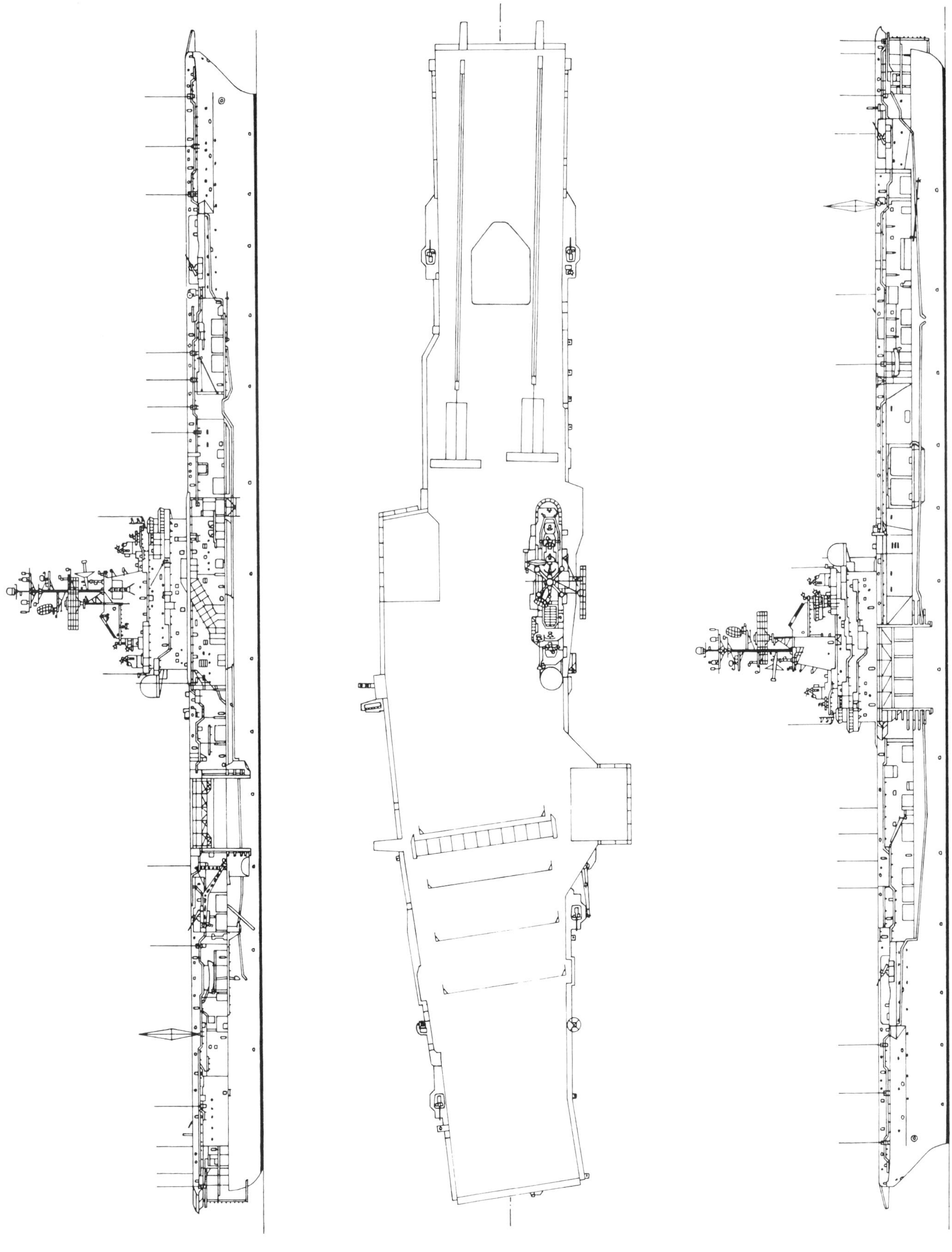

Ticonderoga-Klasse 191

Die Silhouette des SCB-27A-Schiffes wird auf diesem Foto der *Oriskany* vom 15. Oktober 1954 deutlich, das vor der Marinewerft San Franzisco aufgenommen wurde. SX-Radar wurde inzwischen gegen SPS-8A ausgetauscht. Die Bug-7,6-cm-Geschütze fehlen hier schon.
Foto: USN (Sammlung A. D. Baker)

Als letzter aller modernisierten Träger des Typs *Essex* erhielt *Oriskany* zwischen 1957 und 1958 im Rahmen des Umbaus nach SCB-125A u. a. auch das Schräglandedeck und den geschlossenen Bug. Dieses Foto wurde am 8. Juli 1960 aufgenommen und zeigt die Veränderungen nach diesem Umbau: Katapultausleger, SPS-37 und SPS-12-Radarantennen, TACAN, Wegfall der 7,6-cm-Flak, Landespiegel. Einige F3H Demon-Jäger sind zum Start angetreten.
Foto: USN (Sammlung G. Albrecht)

Während des Einsatzes vor Vietnam: *Oriskany* am 18. September 1967 im Golf von Tonkin, begleitet von den Zerstörern *George K. Mackenzie* (DD-836) und *Eaton* (DD-510). Nur noch vier 12,7-cm-Kanonen, jedoch dafür zwei FLG Mk 37 und außerdem noch mindestens zwei FLG Mk 56. Inzwischen erhielt das Schiff die Radarantennen SPS-43 und SPS-30. Auf dem Flugzeugdeck erkennbar sind Maschinen der Typen A-1, A-3, A-4, und F-8. Foto: USN (Sammlung BfZ)

Im Jahre 1974 entstand diese Luftaufnahme der *Oriskany*. Gegenüber dem Aussehen von 1967 gibt es kaum nennenswerte Veränderungen. *Oriskany* ist der einzige bisher eingemottete Träger, der die Kürzung CV führt; alle anderen vor dem 1. 7. 1975 in die Reserveflotte überführten Träger behielten die Bezeichnung als CVA bzw. CVS. Foto: USN (Sammlung J. Kürsener)

Essex-Klasse 193

CV-36 Antietam

Kurzlebenslauf
6/1951	Reaktiviert für Korea-Einsatz.
1951/52	TF 77 vor Korea.
5/1952	Werft: Umbau als Testschiff mit Schräglandedeck.
10/1953	Atlantik.
1954/56	U-Jagdaufgaben (CARDIV 14 und 18).
1956	Europa-Besuche; Suez-Krise im Mittelmeer.
1957	Schulträger in Pensacola an Stelle von CVL-48 *Saipan*.
5/1963	Außerdienststellung. Reserveflotte.

Schiffselektronik
Radar:
1950/52	SPS-6, SK-2, SX, evtl. SG-6 bzw. SPS-4
1953	wie vorstehend, aber auch SC-2
1956	SPS-6, SPS-8A, SC-2
1961/63	SPS-6, SPS-8A

Feuerleitung:
1951	2 Mk 37 mit FL-Radar Mk 25, ansonsten vermutlich wie 1945: 10 Mk 51 Mod. 3, 7 Mk 51 Mod. 2, 4 Mk 63
1956	2 Mk 37 mit FL-Radar Mk 25 sowie einige Mk 56

CV-36 *Antietam*, vermutlich 1951 fotografiert. Keinerlei 40-mm-Flak an der Steuerbordseite des Rumpfes. SPS-6, SK-2 und SX-Radarantennen. Immer noch zahlreiche 20-mm-Flak entlang des Flugzeugdecks.
Foto: Real Photographs

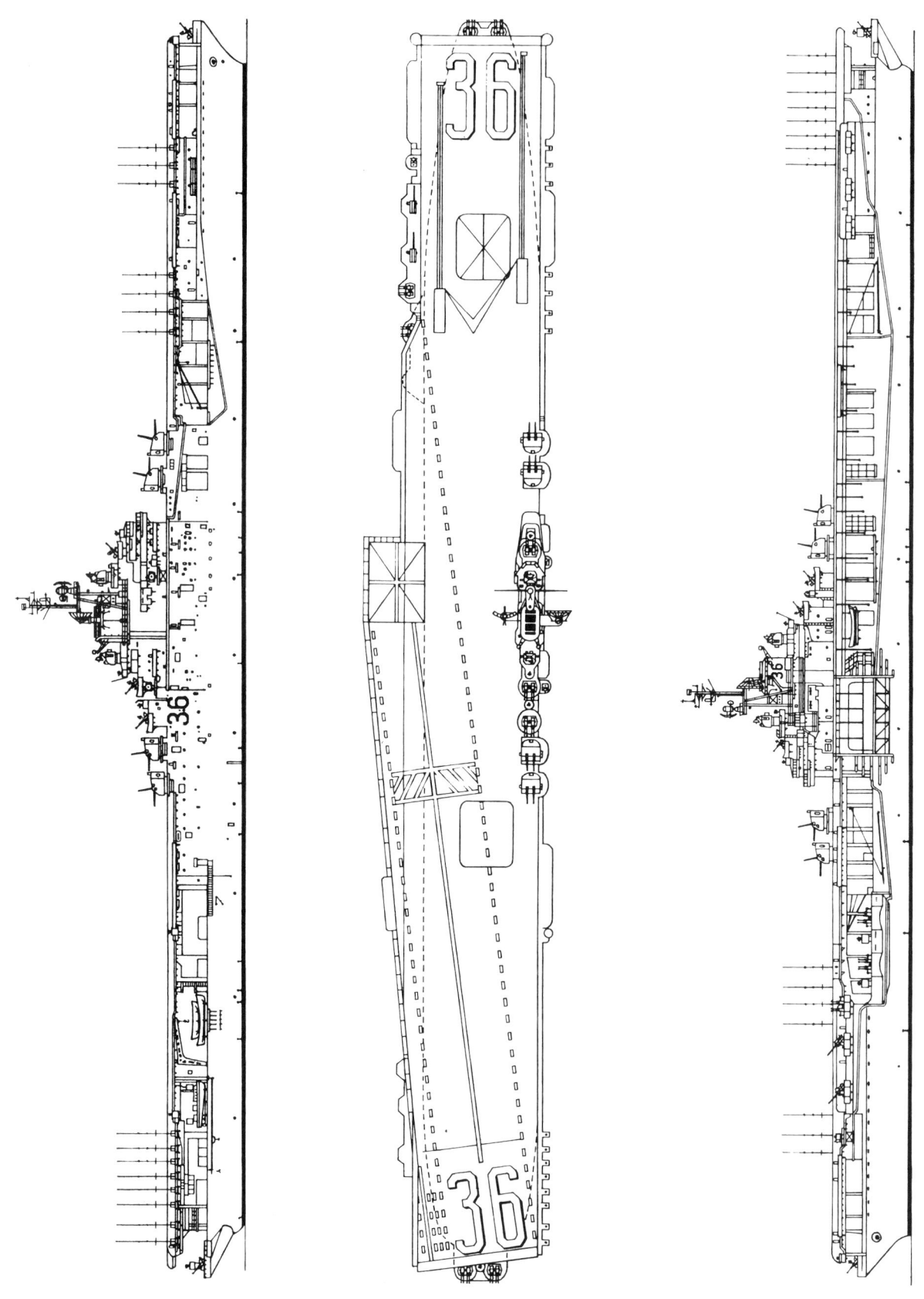

Die *Antietam* (CV-36) nahm zu Beginn der 50er Jahre eine Sonderstellung ein. Die Seitenansichten zeigen weitgehende Ähnlichkeit mit *Philippine Sea*, mit Ausnahme der hier fehlenden 40-mm-Flak. Der Decksplan zeigt den Umfang des Umbaus zum Schrägdeck, womit *Antietam* zum ersten US-Träger mit Schräglandedeck wurde. Hier ist sichtbar, daß das Schiff sowohl SK-2 als auch SPS-6 Radar führte, wobei SPS-6 nur die Antenne zum verbliebenen ehemaligen SC-2-System geliefert hat.

Frisch nach dem Umbau, bei dem das erste Schräglandedeck der U.S. Navy installiert worden war, präsentiert sich *Antietam* nunmehr als CVA am 5. Januar 1953. Beachte verschiedenartige Ausführungen der Decks-Kenn-Nummer. Der vormalige Verlauf des Flugzeugdecks kann hinter dem Backbord-Aufzug noch verfolgt werden. Zu diesem Zeitpunkt befanden sich noch zehn 12,7-cm- und zweiunddreißig 40-mm-Geschütze an Bord.

Foto: USN (Sammlung A. D. Baker)

Im Juli 1953 hatte *Antietam* immer noch dieselben Radarantennen und die 40-mm-Vierlinge an Bord. Kleine Kenn-Nummer am Bug. Die FLG für die vorderen 40-mm-Vierlinge befinden sich an den Ecken des Flugzeugdecks. Zwei F3D stehen vor den Katapulten.

Foto: Wright & Logan

Diese Aufnahme zeigt Mittelschiffs-Details der *Antietam*, ebenfalls im Juli 1953. Immer noch der alte Dreibeinmast und Schornstein, jedoch an der Flanke der Insel ein FLG Mk 56. Die hier sichtbaren 40-mm-Geschütze sind radargesteuert. Die beiden FLG Mk 37 sind mit FL-Radar Mk 25 ausgestattet.
Foto: Wright & Logan

Dieses stark vorliche Foto des CVS *Antietam* muß nach 1953 aufgenommen worden sein. Man stellt einige zwischenzeitlich vorgenommene Veränderungen fest: die Bug-40-mm-Flak wurden entfernt, der alte Dreibeinmast wurde gegen einen neuen Pfahlmast ausgetauscht, darauf befindet sich zuoberst TACAN, darunter die Radarantennen SPS-6, SPS-8A und SC-2; auch an der Backbordseite ist ein FLG Mk 56 zu erkennen.
Foto: USN (Sammlung S. Breyer)

Im November 1956 wurde im französischen Hafen Brest diese Detailaufnahme der *Antietam* gemacht, auf der die Vereinigung der Mast-Basis mit dem Schornstein und die leicht schrägen Schornsteinkappen zu sehen sind. F9F-Jagdflugzeuge sind auf dem Flugzeugdeck zu erkennen.
Foto: Archiv des Verfassers

Essex-Klasse 197

CV-37 Princeton

Kurzlebenslauf
8/1950	Reaktivierung; TF 77 vor Korea.
1951/53	Mehrfacher Wechsel zwischen Korea und Westküste.
1/1954	Modifizierung als CVS.
1954/58	Mehrfacher Wechsel zwischen Westküste und Westpazifik.
3/1959	Modifizierung als LPH.
1959/64	Im Rahmen von PHIBPAC mehrfacher Wechsel zwischen Westküste und Westpazifik.
10/1964	Vietnam-Einsatz.
1965/69	Mehrfacher Wechsel zwischen Westküste und Vietnam.
1/1970	Außerdienststellung und Streichung.

Schiffselektronik
Radar
1951	SPS-6, SK-2, SPS-8A
1959	SPS-6, SPS-8A
1966/70	SPS-30, SPS-12

Feuerleitung:
1951/70	2 Mk 37 mit FL-Radar Mk 25, einige Mk 56 und möglicherweise bis ca. 1959 auch einige der kleineren FLG.

Im Zeitraum zwischen dem August 1950 und Januar 1954 wurden diese beiden Fotos von CV bzw. CVA-37 *Princeton* aufgenommen. *Princeton* war der einzige nach Kriegsende fertiggestellte Träger des Typs *Essex*, der nachträglich an Steuerbord mit 40-mm-Flakständen versehen worden war. Allerdings gab es unter der Insel nur zwei solche Stände und weiter hinten, in Höhe des Hangardecks gar keine. Auf einem der Fotos wechselt *Princeton* gerade den Heimathafen oder verlegt für längere Zeit in die Werft, was sich darin auswirkt, daß das Schiff gerade als „Automobilträger" fungiert. Etwa sechsundfünfzig 40-mm-Rohre befinden sich zu diesem Zeitpunkt noch an Bord, was sicherlich mit den Erfordernissen des Korea-Krieges in Verbindung steht. Zu den FLG für die 12,7-cm-Geschütze gehören auch noch einige Mk 56-Geräte. Die Steuerbord-Kenn-Nummer befindet sich nicht an gleicher Stelle wie bei manchen Schwesterschiffen. Auf einem der Fotos ist eine Hangaröffnung durch Rolltore verschlossen.

Fotos: Real Photographs

Dieses Foto von *Princeton* – nunmehr als LPH-5 – wurde nach 1962 aufgenommen, als die gesamte Rohrbewaffnung nur noch aus sechs 12,7cm-Geschützen bestand, zu denen auch die FLG Mk 56 gehörten. Wie auch auf den Flugzeugträgern, so wurden die Deckmarkierungen auf den Hubschrauberträgern im Laufe der Jahre mehrmals geändert. Aufgewertet wurde die elektronische Ausrüstung durch Installation der Radaranlagen SPS-12 und SPS-30. Wegen ihrer Größe konnten die LPH dieser Klasse eine beachtliche Anzahl an Hubschraubern mitführen, eine Kapazität, die jedoch bei Normaleinsätzen im Frieden nicht immer voll genutzt wurde. Foto: USN (Sammlung BfZ)

CV-38 Shangri La

Kurzlebenslauf

5/1951	Reaktivierung; Trainingsaufgaben Ostküste.
7/1951	Werft: Umbau nach SCB-27C/125.
1/1955	Wieder im Dienst; Trainingsaufgaben Westküste.
1/1956/60	Wechsel zwischen Westküste und Westpazifik.
3/1960	Atlantik; bis
1970	mehrfache Wechsel zwischen Ostküste und Mittelmeer.
6/1969	CVS, jedoch als solcher nie gefahren.
3/1970	Westpazifik-Einsatz als temporärer „light attack carrier" vor Vietnam.
12/1970	Rückkehr zur Ostküste.
7/1971	Außerdienststellung, Reserveflotte.

Schiffselektronik

Radar:
1955	SPS-12, SPS-8A
1958	SPS-37, SPS-12, SPS-8A
1961/64	SPS-43, SPS-12, SPS-8A
1965/71	SPS-43, SPS-30

Feuerleitung:
1955/71	2 Mk 37 mit FL-Radar Mk 25 sowie mehrere Mk 56

Ticonderoga-Klasse

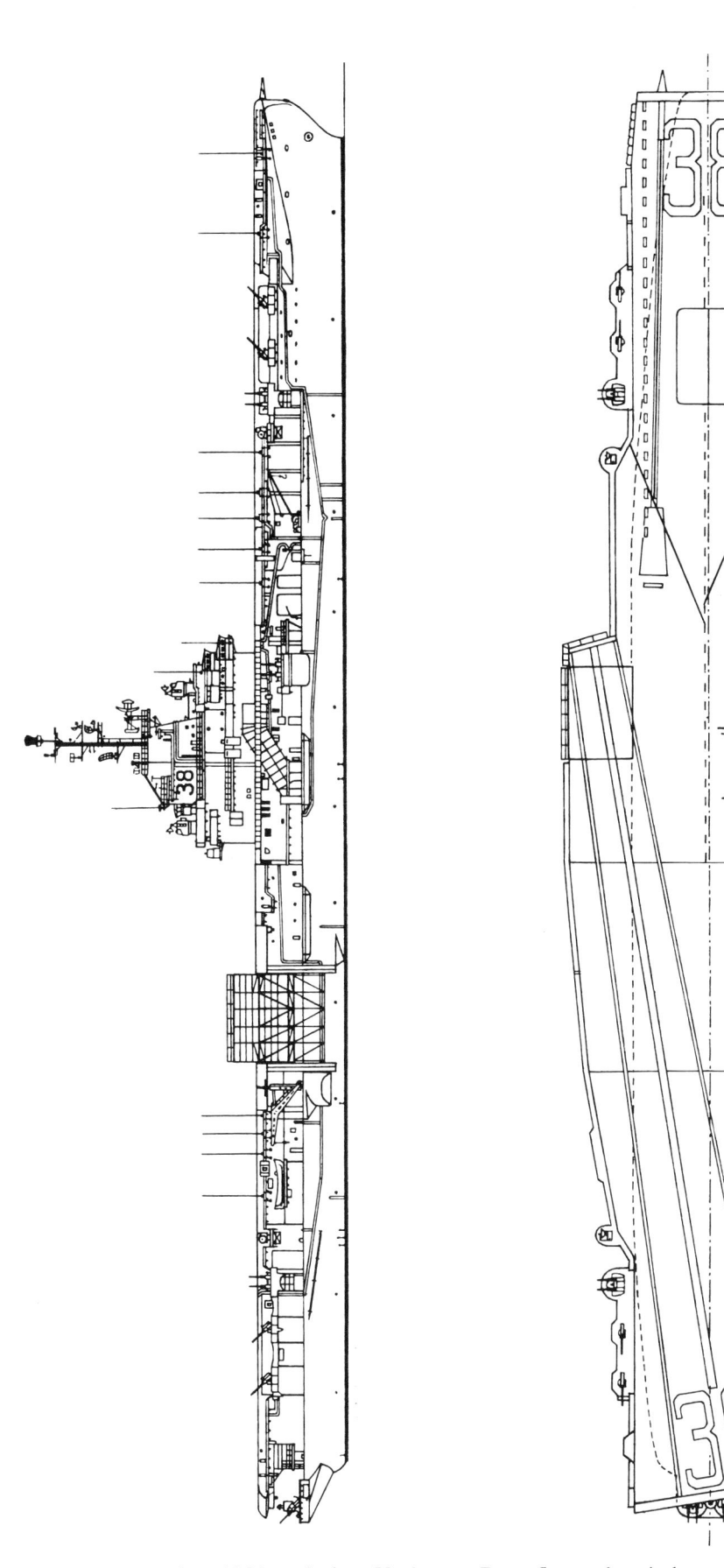

CVA-38 *Shangri La*, Aussehen 1956 nach dem Umbau gemäß SCB-27C/125. Geschlossene Bugpartie, Schräglandedeck, der hochgeklappte Steuerbord-Aufzug und Dampfkatapulte sind nur wenige sichtbare Neuerungen.

Am 14. November 1955, rund 9 Monate nach dem SCB-27C/125 Umbau, präsentiert sich CVA-38 *Shangri La* mit zwei eher kümmerlichen Katapultauslegern. Zur Artillerie gehören auch noch 7,6-cm-Zwillingsflak, zur elektronischen Ausrüstung TACAN sowie die Radaranlagen SPS-12 und SPS-8A. Beachtenswert sind die entlang der Außenhaut verlegten Benzin-Leitungen und die herabhängenden Beölungsschläuche.
Foto: USN (Sammlung G. Albrecht)

Die Breitseitaufnahme von *Shangri La* wurde am 7. April 1957 vor Toulon gemacht. Beachtenswert sind die ausladenden 7,6-cm-Flakstände über dem Achtersteven. Unter den auf dem Flugzeugdeck erkennbaren Flugzeugen befinden sich zwei zur Mitnahme von Atombomben konzipierte AJ-1 Savage und einige Kampfmaschinen des Typs AD Skyraider.
Foto: M. Bar

Ticonderoga-Klasse

F3H, A4D, F9F-8P und AD-Maschinen sind unter den wenigen Flugzeugen von *Shangri La* am 30. Januar 1958, als dieses Foto aufgenommen wurde. Radarausrüstung zu jener Zeit: SPS-37, SPS-12, SPS-8A. Keine 7,6-cm-Doppelflak mehr, jedoch gehört zu jedem Paar der 12,7-cm-Geschütze auch ein FLG Mk 56, dazu insgesamt noch die beiden Mk 37-Geräte.

Foto: USN (Sammlung BfZ)

2½ Jahre vor der Außerdienststellung: *Shangri La* am 25. Februar 1969 vor Cannes. Vier Monate später erfolgte die nominelle Reklassifizierung als CVS-38. Ein FLG Mk 37 wurde entfernt, die 12,7-cm-Artillerie reduziert, der Heckstand entfernt. Radaranlagen nunmehr SPS-43, SPS-30, Anflugradar unter dem Radom hinter der Insel.

Foto: Pradignac & Leo

CV-39 Lake Champlain

Kurzlebenslauf

8/1950	Werft: Umbau nach SCB-27A.
9/1952	Nach Umbau wieder im Dienst.
1953	Pazifik; TF 77 vor Korea, Rückkehr zur Ostküste via Suez-Kanal.
1954/66	Atlantik; mehrfacher Wechsel zwischen Ostküste und Mittelmeer, dabei
1962	Kuba-Blockade.
1/1966	Außerdienststellung, Reserveflotte.

Schiffselektronik

Radar:
1952	SPS-6, SPS-8A, SPS-4
1955	SPS-6, SPS-8A, SC-2
1960/66	SPS-37, SPS-6, SPS-8A

Feuerleitung:
1952/66	2 Mk 37 mit FL-Radar Mk 25, mehrere Mk 56

Lake Champlain, hier am 1. November 1952, zwei Monate nach der Reklassifizierung als CVA. Vier der vormaligen 40-mm-Flakstände führen jetzt 7,6-cm-Doppelflak. Die relativ selten geführte Radarantenne SPS-4 befindet sich auf dem nach achtern gerichteten Mastausleger, SPS-6 darüber, SPS-8A darunter. An Stelle von TACAN immer noch die alte Landeanflug-Radarantenne YE an der Mastspitze. Markant ist die Konstruktion der unter der Insel vom Hangardeck zum Flugzeugdeck führenden schrägen Rolltreppe. Kleine Kenn-Nummer auch am Bug, große weiße am Schornstein. Je ein Flugzeug der Typen F2H, F4U und F6F befindet sich auf dem Flugzeugdeck.

Foto: USN (Sammlung A. D. Baker)

Essex-Klasse

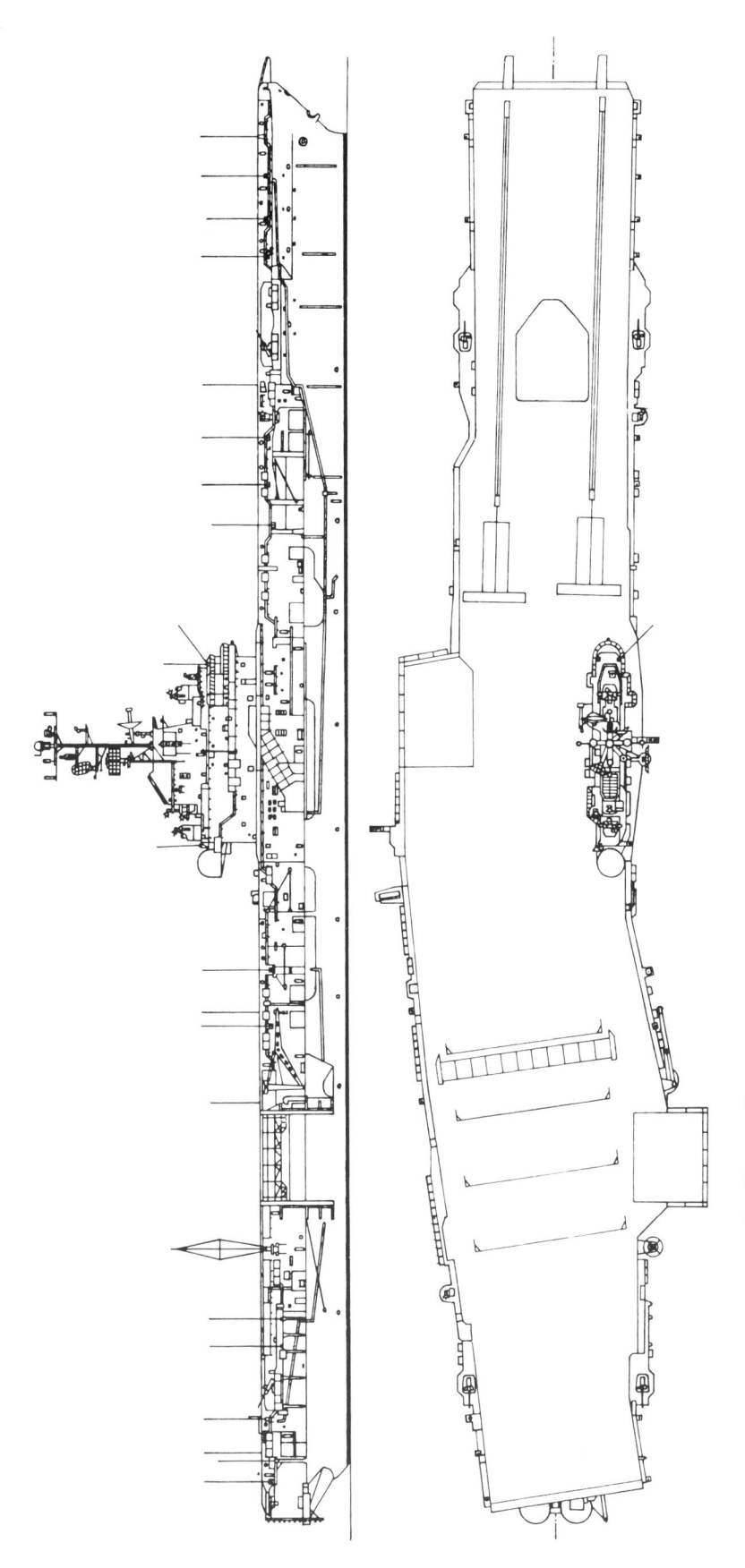

CVS-11, letztes Aussehen vor Außerdienststellung

Zwei Besonderheiten unterschieden *Lake Champlain* (hier im Februar 1965 als CVS) von den übrigen SCB-27A-Umbauten: sie behielt bis zum Ende ihrer Laufbahn den unverkleideten Bug, und sie war der letzte Träger mit geradem Flugzeugdeck. SPS-37-Radar wurde bis zum Schluß beibehalten. Beachtenswert ist, daß die sonst dem Schräglandedeck vorbehaltene Markierung des Flugzeugdecks hier parallel zur Schiffsachse angebracht ist. Die 7,6-cm-Flakwannen sind leer.

Foto: USN

CV-40 Tarawa

Kurzlebenslauf

2/1951	Reaktivierung, zunächst als Trainingsschiff im Atlantik.
12/1951	Mittelmeereinsatz.
6/1952	Werft.
1/1953	Mittelmeereinsatz.
8-10/1953	Trainingsschiff.
11/1953	Zweite Umrundung des Erdballs.
2/1954	Westpazifik, bei der VII. Flotte.
8/1954	Rückkehr zur Ostküste.
1/1955	Modifizierung als CVS.
6/1956	Aufnahme regelmäßiger U-Jagdoperationen.
11/1959	Letzter aktiver Einsatz.
5/1960	Außerdienststellung, Reserveflotte.

Schiffselektronik
Radar:
1952	SK-2, SX
1957	SPS-6, SPS-8A, SC-2

Essex-Klasse 205

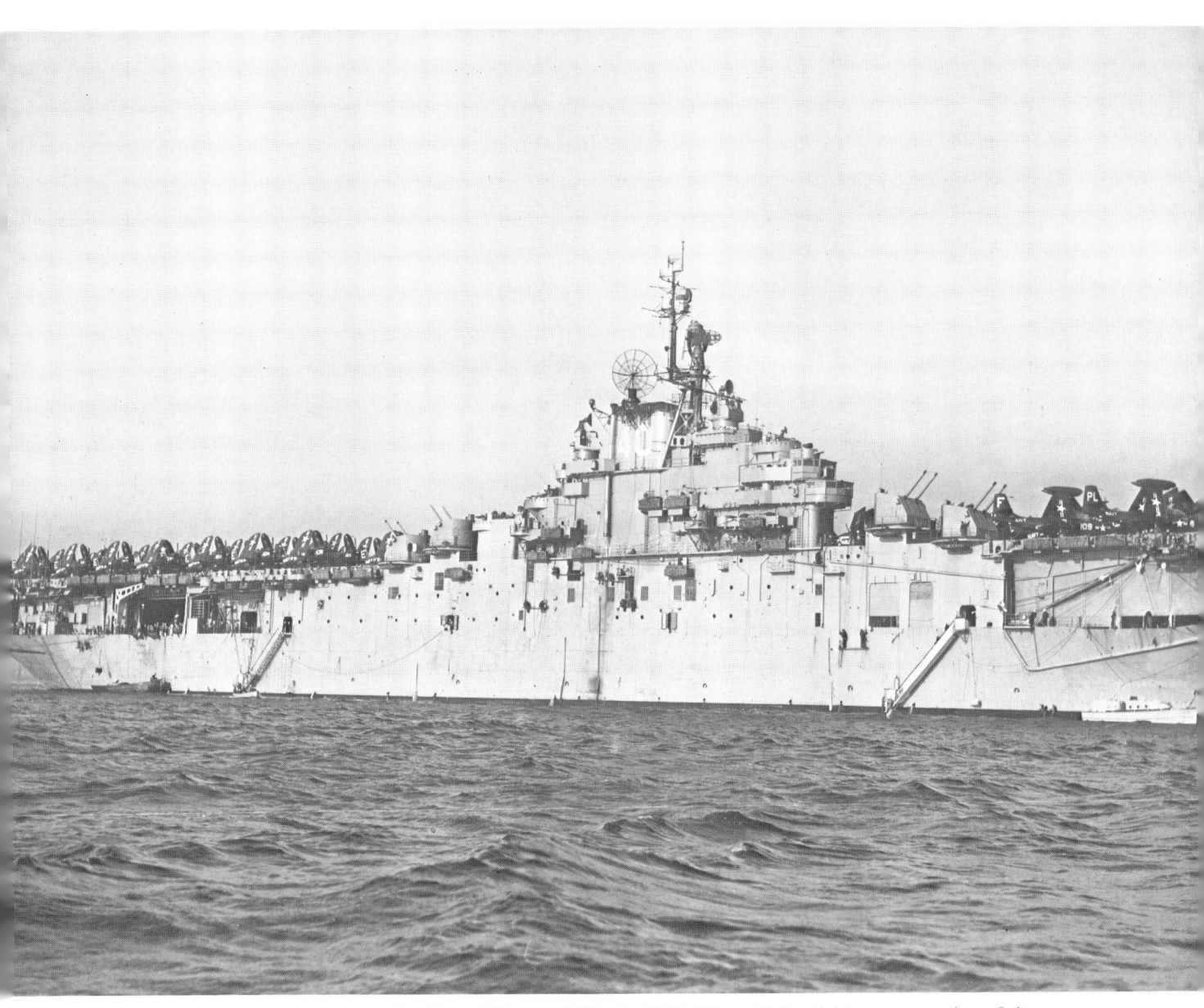

Tarawa (CV-40) war einer jener Träger der *Essex*-Klasse, die erst nach Kriegsende fertiggestellt wurden, aber dennoch bald danach „eingemottet" und in die Reserve überführt wurden. Während des Korea-Krieges reaktiviert, diente *Tarawa* dann noch 9 Jahre, ohne modernisiert zu werden, zuerst als CV/CVA, dann ab Anfang 1955 als CVS. Diese Teilansicht mag aus dem Jahre 1952 stammen: SK-2-, SX- und YE-Radarantennen, weiße Kenn-Nummer am Schornstein, radar-gesteuerte 40-mm-Flak, unter anderem Strahljäger auf dem Flugzeugdeck. Der Hangar ist durch Rolltore verschließbar.
Foto: M. Bar (Sammlung BfZ)

Trotz des Vorhandenseins zahlreicher Skyraider-Kampfmaschinen könnten die SH-34-Hubschrauber ein Indiz dafür sein, daß *Tarawa* hier bereits als CVS fährt. Demnach müßten die beiden Fotos etwa 1955 aufgenommen worden sein. Die Radarausrüstung ist schon etwas moderner: SPS-6, SPS-8A, SC-2 und TACAN. Merkwürdigerweise findet man trotz TACAN auch noch die „homing beacon"-Antenne YE, nunmehr aber auf einer Stütze an der Backbordseite der Insel. Die nunmehr standardisierte Nummer ist tiefer angebracht als drei Jahre zuvor. Fotos: Real Photographs

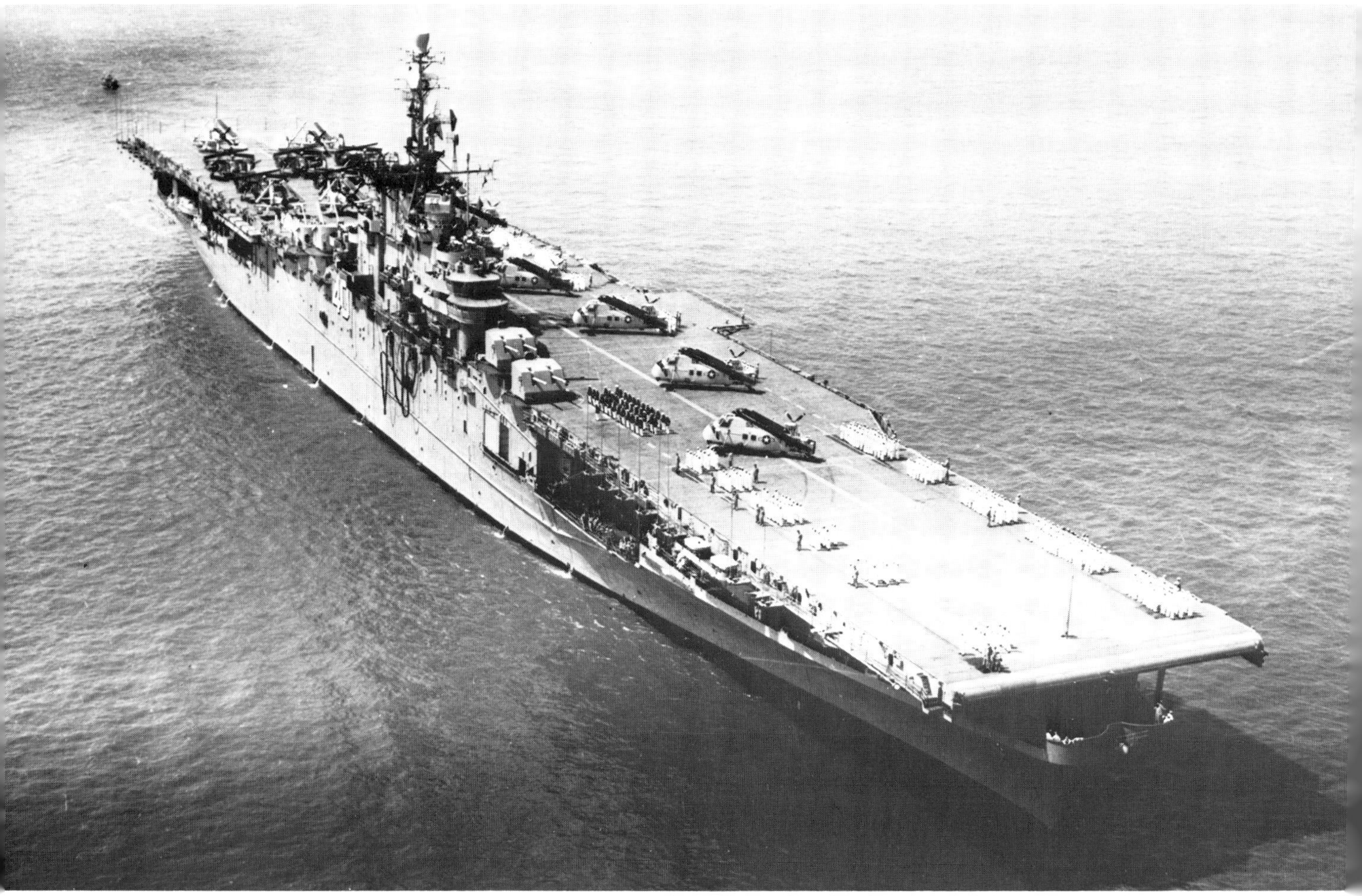

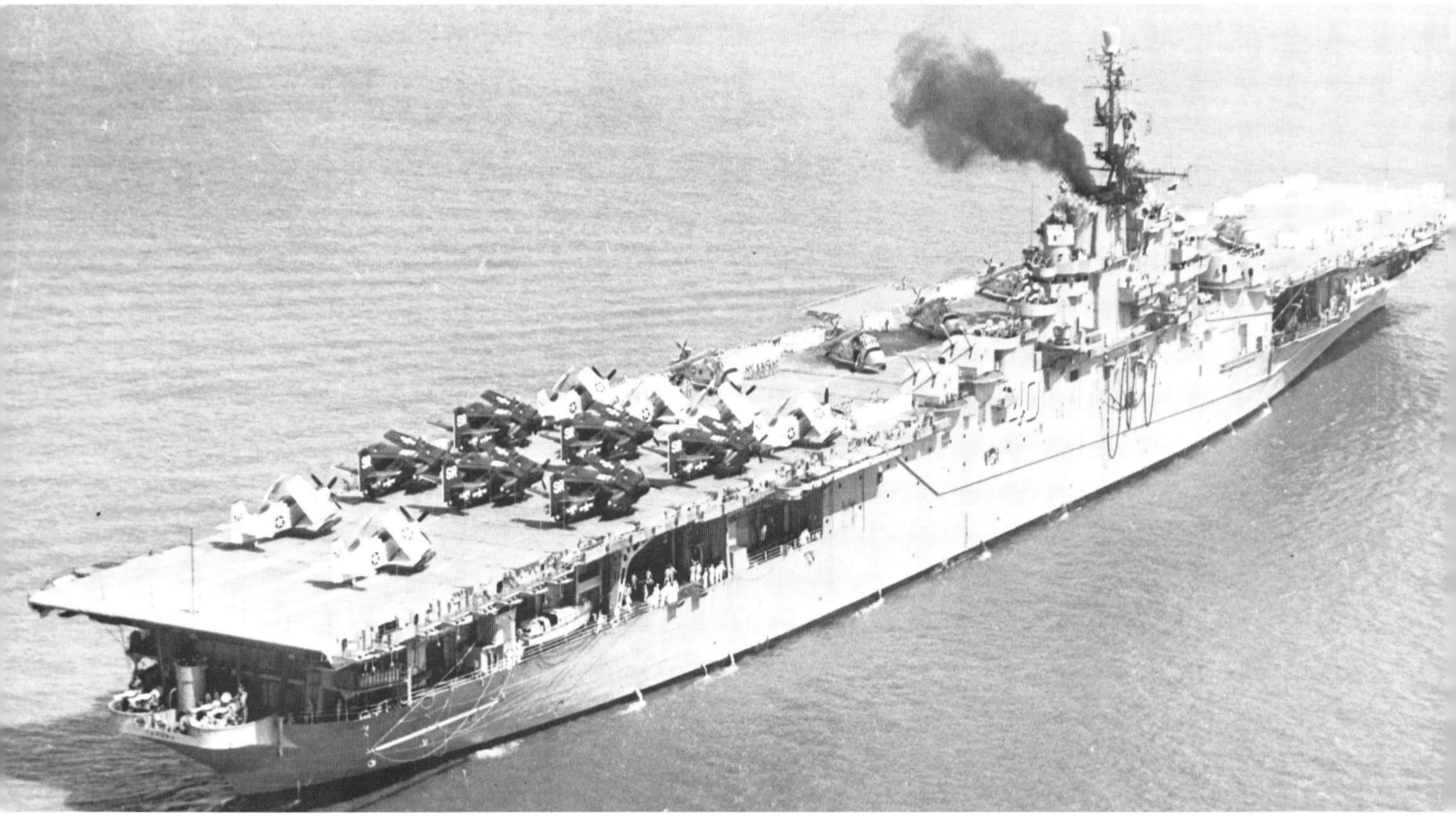

CV-45 Valley Forge

Kurzlebenslauf

5/1950	Pazifik; Westpazifik.
7/1950	Erste Luftangriffe auf Ziele in Korea, dabei erstmalig Einsätze von Strahlflugzeugen.
12/1950	Westküste, dann schnelle Rückkehr nach Korea.
3/1951	Westküste, Werft.
12/1951	Dritter Korea-Einsatz.
7/1952	Werft.
1/1953	Werft, 4. Korea-Einsatz.
6/1953	Westküste.
8/1953	Wechsel zur Atlantischen Flotte; Modifizierung als CVS.
1/1954	Operativ als CVS im Atlantik, außerdem auch Reservisten-Trainingsfahrten, auch im Mittelmeer alternativ zur Ostküste.
3/1961	Werft: Modifizierung als LPH.
9/1961	PHIBLANT: Hubschrauber-Operationen Ostküste.
1/1962	PHIBAC: seitdem mehrfacher Wechsel zwischen Westküste und Westpazifik
7/1963	Werft: FRAM II-Modernisierung.
1/1964	Nach Werftzeit wieder im Dienst; mehrfacher Wechsel zwischen Westküste und Pazifik, darunter auch Vietnam-Einsätze.
1/1970	Außerdienststellung und Streichung.

Schiffselektronik

Radar:
1951	SK-2, SX
1954	SPS-6, SX
1956/70	SPS-6, SPS-8A

Feuerleitung:
1951	2 Mk 37 mit FL-Radar Mk 12/22, ansonsten nicht bekannt
1954	2 Mk 37 mit FL-Radar Mk 25, 4 Mk 56, ansonsten nicht bekannt
1958	2 Mk 37 mit FL-Radar Mk 25, 4 Mk 56
1961/70	2 Mk 37 mit FL-Radar Mk 25, 2 Mk 56

Valley Forge gehörte mit 24 Jahren aktiver Dienstzeit zu den am längsten dienenden, nicht modernisierten Trägern der *Essex*-Klasse; hiervon fallen allerdings die letzten 8 Jahre auf den Einsatz als Hubschrauberträger bei der Amphibischen Flotte. Dieses 1954 aufgenommene Foto zeigt *Valley Forge* noch vor der partiellen Modifizierung, möglicherweise gerade um die Zeit der Reklassifizierung als CVS (keine Flugzeuge an Bord).

Foto: Real Photographs

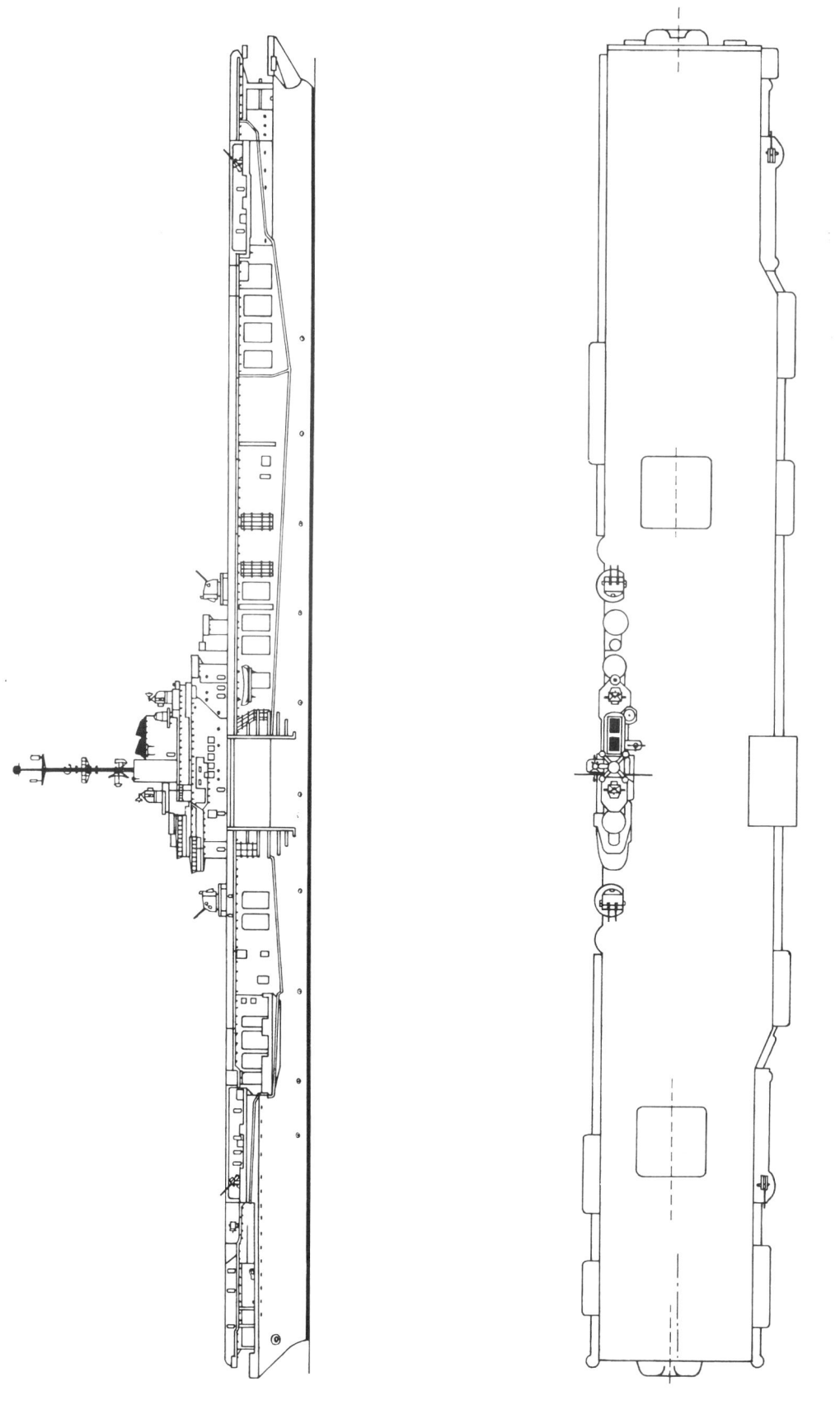

LPH-8 *Valley Forge* (ex CV-45), hier in seiner modifizierten Form als Hubschrauberträger, mit geteilten Schornsteinkappen, dem neuen Pfahlmast und der neueren TACAN-Antenne an der Mastspitze, ohne jegliche 40-mm-Flak und mit halbierter 12,7-cm-Artillerie. Auch LPH-5 *Princeton* (ex CV-37) führte zeitweilig nur zwei 12,7-cm-Türme auf dem Hubschrauberdeck. In ähnlicher Weise wurden auch CV-32 *Leyte*, CV-47 *Philippine Sea* und CV-36 *Antietam* modifiziert, sie behielten jedoch alle vier 12,7-cm-Türme auf dem Deck.

Essex-Klasse 209

Dieses Foto zeigt CVS-45 bei Manövern Ende 1958 in Begleitung von sechs damals auf die U-Jagd eingerichteten Zerstörern, die hier vermutlich zum Zerstörer-Geschwader 26 gehörten. Auf *Valley Forge* wurde zwischenzeitlich die Modifizierung der Mast-Schornstein-Partie durchgeführt. Die 40-mm-Flak wurde entfernt, so daß die Bewaffnung nur aus zwölf 12,7-cm-Geschützen bestand. Foto: USN (Sammlung N. Polmar)

Im August 1960 hat *Valley Forge* noch etwa ein Jahr Dienstzeit als CVS vor sich. SH-34 und S-2 gehören nun zum Inventar. Die Modifizierung der Mast-Schornstein-Partie ist hier deutlich zu erkennen. Foto: A. Fraccaroli

Als LPH-8 sieht man hier *Valley Forge* am 3. April 1963. Auf jedem der 15 markierten Standplätze befindet sich ein Transport-Hubschrauber CH-34 des Marine Corps. Die Anzahl der 12,7-cm-Geschütze wurde um die Hälfte auf sechs reduziert.
Foto: USN (Sammlung G. Albrecht)

Zwei Jahre später: *Valley Forge* am 9. März während einer amphibischen Übung vor der Küste Kaliforniens. Jeder der beiden 12,7-cm-Türme ist mit einem FLG Mk 37 gekoppelt und zu jedem der beiden Einzelgeschütze gehört noch ein FLG Mk 56. Der ehemalige Heck-Flakstand wurde entfernt. Neben den Radarantennen SPS-6, SPS-10 und SPS-8A befindet sich die Landeanflug-Radarantenne SPN-36 auf dem nach achtern gerichteten Mastausleger. Von dieser Antenne kann in der Regel *nicht* auf die gesamte Bezeichnung der Anlage geschlossen werden, da sie mit mehreren verschieden bezeichneten Anlagen gepaart war. Bei der TACAN-Antenne handelt es sich hier um URN-22.
Foto: U.S. Marine Corps (Sammlung A. D. Baker)

CV-47 Philippine Sea

Kurzlebenslauf
5/1950	Pazifik; mit TF 77 vor Korea.
1951	Zeitweilig Flaggschiff der VII. Flotte, dann Westküste.
1952	Zweiter Korea-Einsatz.
1953	Westküste, Korea.
1954	Wechsel zwischen Westküste und Westpazifik (darunter auch Hainan-Zwischenfall)
1955/58	Mehrfacher Wechsel zwischen Westküste und Westpazifik.
1957	Erster operativer Einsatz von S2F-1 Tracker
12/1958	Außerdienststellung.

Schiffselektronik
Radar:
6/1951	SK-2, SX
1952	SPS-6, SK-2

Feuerleitung:
6/1951	2 Mk 37 mit FL-Radar Mk 25, mehrere Mk 56

Dieses Foto von CVA (oder CVS) 47 *Philippine Sea* mag in der zweiten Hälfte der 50er Jahre entstanden sein. Es zeigt die auch auf dem Schiff durchgeführte Modifizierung der Mast-Schornstein-Partie. Mit Ausnahme derjenigen über der Bugpartie befinden sich die 40-mm-Flak noch an Bord. Foto: Real Photographs

Independence-Klasse

CVL-24 Belleau Wood

Kurzlebenslauf
9/1953   An französische Marine ausgeliehen
          = *Bois Belleau.*
9/1960   Zurück in die Staaten.
10/1960   Aus der Schiffsliste gestrichen.

Schiffselektronik
Radar:
1954   SK-2, SPS-4
1955/57   SP sowie das französische Radargerät
            DRBV 22
Feuerleitung:
1953/60   vermutlich 12 Mk 51

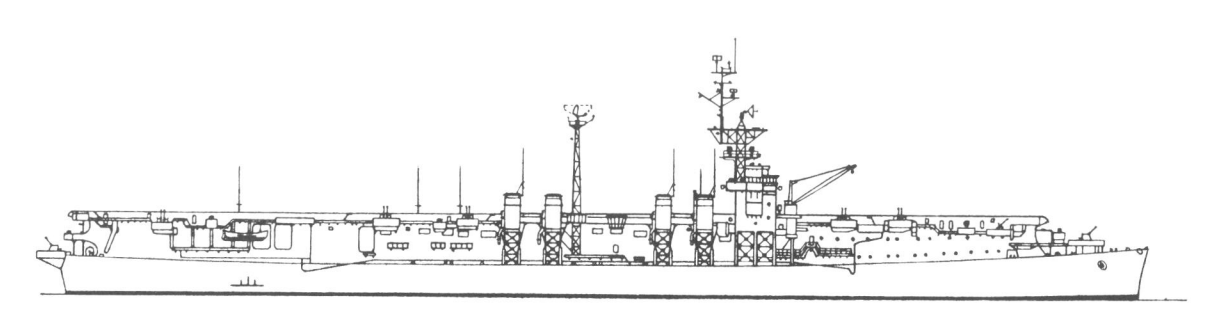

Bois Belleau (ex *Belleau Wood*), Aussehen 1958 nach Veränderung der Radar-Elektronik: DRBV 22 auf dem langen Radarmast, SP auf der Plattform.

Etwa 1954, also kurz nach der zeitmäßig begrenzten Abgabe an die französische Marine aufgenommen: CVL-24 *Belleau Wood*, nunmehr in *Bois Belleau* umbenannt. Französische Flagge, aber noch keine NATO-Bugnummer. SPS-4-Radar befindet sich an der Mastmitte, darüber an der Spitze YE; zwischen den Schornsteinpaaren SK-2. Neben zwei Vierlingen gehören 40-mm-Zwillingslafetten zum Merkmal dieser Klasse. Auf dem Achterdeck befinden sich F8F-Jagdflugzeuge.

Foto: M. Bar (Sammlung BfZ)

Independence-Klasse

Drei Jahre später: *Bois Belleau* mit SP-Radar auf der Brücke und der französischen Radarantenne DRBV 22 auf dem Radarmast. NATO-Kenn-Nummer ist vorhanden. Nach der Rückkehr aus französischen Diensten wurde CVL-24 1960 gestrichen und danach verschrottet. Foto: M. Bar

CVL-26 Monterey

Kurzlebenslauf
9/1950 Reaktivierung.
1/1951 Schulträger in Pensacola, bis 1954.
1/1956 Außerdienststellung, Reserveflotte.

Schiffselektronik
Radar:
nicht bekannt
Feuerleitung:
vermutlich wie 1945: 2 Mk 63 und 9 Mk 51, Mod. 2

CVL-27 Langley

Kurzlebenslauf
1/1951 An französische Marine ausgeliehen = *Lafayette*.
3/1963 Zurück in die Staaten.
1963   Aus der Schiffsliste gestrichen.

Schiffselektronik
Radar:
1954   SK-2, SP
ab 1956   SPS-6, SP
Feuerleitung:
1954   vermutlich wie 1945: 2 Mk 63, 2 Mk 57 und 7 Mk 51

In ähnlicher Weise wie bei *Bois Belleau* veränderte sich die Ausrüstung von CVL-27 *Langley*, die nach der leihweisen Übergabe an Frankreich in *Lafayette* umbenannt wurde: zunächst – etwa vor 1955 – noch keine NATO-Kennung, SK-2 und SP-Radarantennen, danach SPS-6. Fotos: M. Bar (Sammlung BfZ)

Independence-Klasse 215

CVL-28 Cabot

Kurzlebenslauf

10/1948	Reaktivierung als U-Jagd- und Schulträger für Angehörige der „Naval Air Reserve" im atlantischen Bereich.
1/1955	Außerdienststellung.
8/1967	An spanische Marine ausgeliehen, dort Hubschrauberträger = *Dédalo*.
1978	Noch in Dienst, auch als VTOL-Träger.

Schiffselektronik

Radar:
1951/54	SPS-6, SP
1967	SPS-40, SPS-6, SPS-8A
1978	SPS-40, SPS-52, SPS-6

Feuerleitung:
1978	vermutlich wie 1945: 2 Mk 63, 2 Mk 57 mit FL-Radar Mk 29 und 7 Mk 57

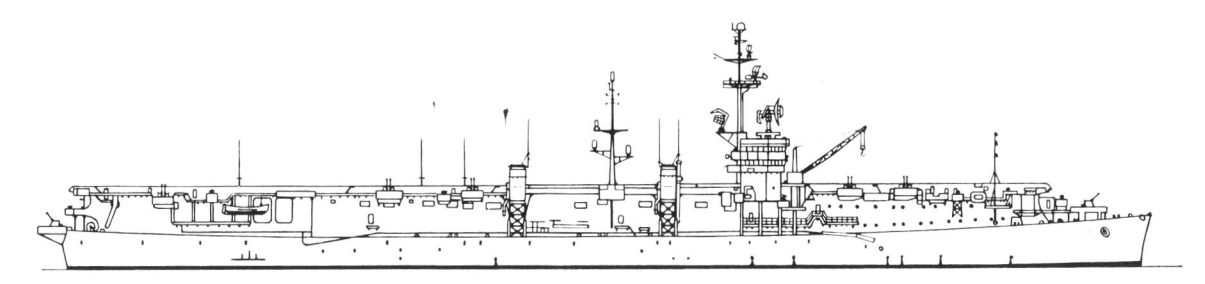

PA 01 *Dédalo (ex Cabot)*, Aussehen während der Dienstzeit bei der spanischen Marine als Hubschrauber- und VTOL-Träger zwischen 1968 und 1986. Die gesamte 40-mm-Flak wurde bei der Übernahme beibehalten.

Die Modernisierungsmaßnahmen beschränkten sich auf die Ergänzung und Erneuerung der Radar-Elektronik durch die Installation von SPS-6, SPS-8A und SPS-40.

Etwa bei Halbzeit der zweiten aktiven Dienstperiode: CVL-28 *Cabot* am 23. August 1951 in seiner HUK-(„Hunter/killer"-)Konfiguration mit verstärktem Flugzeugdeck, mit nur zwei Schornsteinen und mit einem kurzen Elektronikmast dazwischen. Beachtenswert die Radarortungsflugzeuge mit hellem Radarantennenwulst auf der Unterseite.

Foto: USN (Sammlung G. Albrecht)

Cabot am 6. März 1952 vor Toulon. SPS-6 und SP-Radarantennen; deutlich erkennbarer Rumpfwulst.
Foto: M. Bar

Sehr aktiv ist *Cabot* auch noch in der Gegenwart, 43 Jahre nach der Fertigstellung. 1967, vor der Abgabe an die spanische Marine, wo sie seitdem unter dem Namen *Dédalo* als Hubschrauberträger dient, wurde die elektronische Ausrüstung beträchtlich aufgewertet. Neben der bereits vorhandenen Antenne SPS-6 kamen noch SPS-10, SPS-8A und SPS-40 hinzu, wie auch TACAN und ECM-Mittel. Dieses Foto wurde etwa 1974 aufgenommen.
Foto: Ministerio de Marina, Madrid

CVL-29 Bataan

Kurzlebenslauf

5/1950	Reaktivierung; Pazifik; Transportfahrt für die U.S. Air Force.
1951	Korea, Westküste Werft.
1952	Korea, Westküste.
1953	Korea, Westküste, Westpazifik, Westküste.
8/1954	Außerdienststellung, Reserveflotte.

Schiffselektronik

Radar:
1950/52   SPS-6, SP

Feuerleitung:
1950/53   vermutlich wie 1945: 12 Mk 51 Mod. 1 und 2

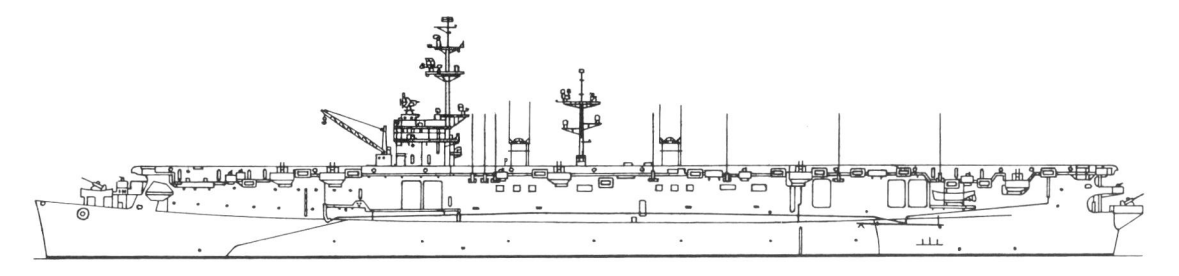

CVL-28 *Cabot* etwa 1953, nach abgeschlossener Modifizierung als U-Jagdträger. Zeitweilig führten *Cabot* und das in gleicher Weise modifizierte Schwesterschiff *Bataan* die niemals offiziell eingeführte Kennung CVL (K). Das „K" stand dabei für „Hunter-Killer". Nur noch zwei Schornsteine, Elektronikmast dazwischen. Radarantennen zu jener Zeit: SPS-6 und SP.

CVL-29 *Bataan* im Januar 1952 in seiner HUK-Rolle, nach Abschluß der Umbaumaßnahmen. Bremsseile reichen bis an die Mitte des Flugzeugdecks. Der Backbord-Rumpfwulst ist deutlich wahrnehmbar und dient als Seitendeck. An Radaranlagen sind SPS-6, SP und YE sichtbar. Es befinden sich Jagdflugzeuge des Marine Corps an Bord.

Foto: USN (Sammlung G. Albrecht)

Saipan-Klasse (CVL-48)

CVL-48 Saipan

Kurzlebenslauf

10/1953	Via Panama-Kanal in den Pazifik; Pearl Harbor, mit TF 95 vor Korea, Überwachungsaufgaben Westpazifik.
5/1954	Via Suez-Kanal zurück zur Ostküste.
11/1954	Werft.
6/1955	Piloten-Ausbildung in Pensacola bis 4/1957
10/1957	Außerdienststellung, Reserveflotte.
3/1963	Umbau als Kommandoschiff CC-3 vorgesehen, dann
9/1964	Umbau als AGMR-2 fortgesetzt.
4/1965	Umbenennung in *Arlington*.
8/1966	Nach Umbau wieder im Dienst; Ausbildungsfahrten, u. a. auch nach Bremerhaven.
7/1967	Wechsel in den Westpazifik, um vor Vietnam abwechselnd mit AGMR-1 *Annapolis* als Nachrichtenverbindungszentrum zu fungieren.
1/1970	Außendienststellung, Reserveflotte.

Schiffselektronik

Radar:
1966   SPS-6
Feuerleitung:
1966   nicht bekannt

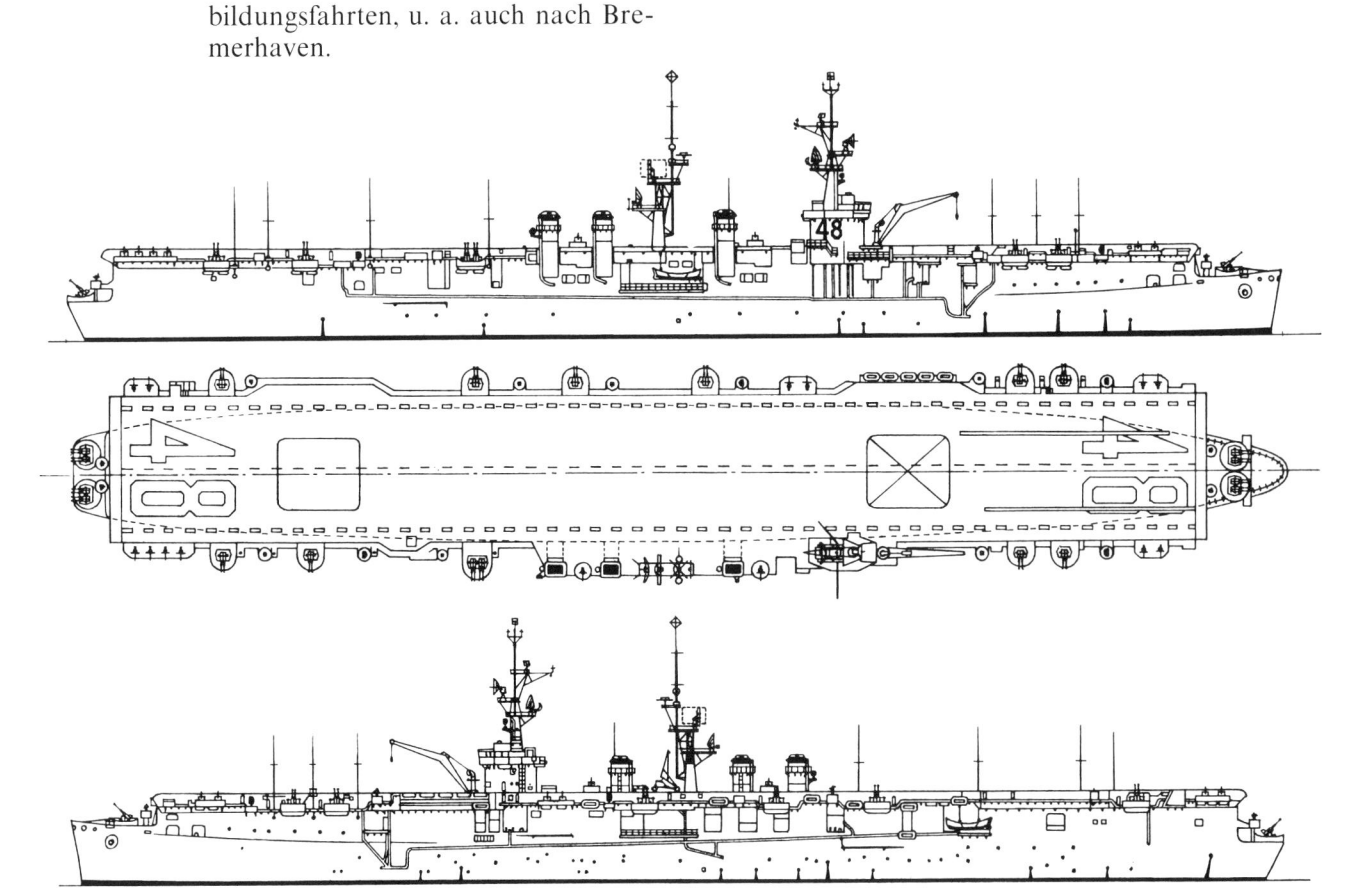

Nur kurze Zeit führten die beiden CVL der *Saipan*-Klasse alle vier Schornsteine. Die vorstehenden Zeichnungen zeigen das Aussehen der Schiffe von etwa 1952, nachdem der vorderste Schornstein bereits entfernt worden war. Ähnlich wie auf den „long-hull"-Schiffen der *Essex*-Klasse fanden auch hier auf dem Vordeck zwei 40-mm-Vierlinge nebeneinander Platz.

Ohne nach dem Kriege stillgelegt zu werden, diente CVL-48 *Saipan* ununterbrochen bis 1957. Dieses Foto wurde am 26. April 1951 im Mittelmeer aufgenommen. Neben SPS-6- und SP-Radar findet man auf dem Elektronikmast zwei weitere, bisher noch nicht identifizierte Antennen. Der vorn breitere Rumpf gestattete die Unterbringung von zwei 40-mm-Flakständen nebeneinander. Keine Kenn-Nummern an der Brücke.
Foto: M. Bar

Nach dem Umbau als Nachrichtenverbindungsschiff besuchte Ex-*Saipan* nunmehr als Hilfsschiff mit der Kennung AGMR-2 und nach Umbenennung in *Arlington* im Winter 1967 Bremerhaven, wobei in der Wesermündung diese Aufnahme entstand. Die vorderen vier 7,6-cm-Flak, die an Stelle der entfernten 40-mm-Vierlinge installiert wurden, befinden sich in neuen Wannen an den Ecken des Antennendecks. Die fünf hohen Antennenmaste sind aus Glasfaser-Kunststoff; sie sind so weit wie möglich voneinander entfernt aufgestellt, um eine Interferenz zu vermeiden. Bald hiernach verlegte *Arlington* in den Pazifik, um vor Vietnam eingesetzt zu werden.
Foto: Verfasser

Mittschiffs-Details der *Arlington:* kleine Insel, Breitansicht von Radar SPS-10 und SPS-6, zwei kleine Funkantennen und eine der fünf großen Antennenmaste.
Foto: Verfasser

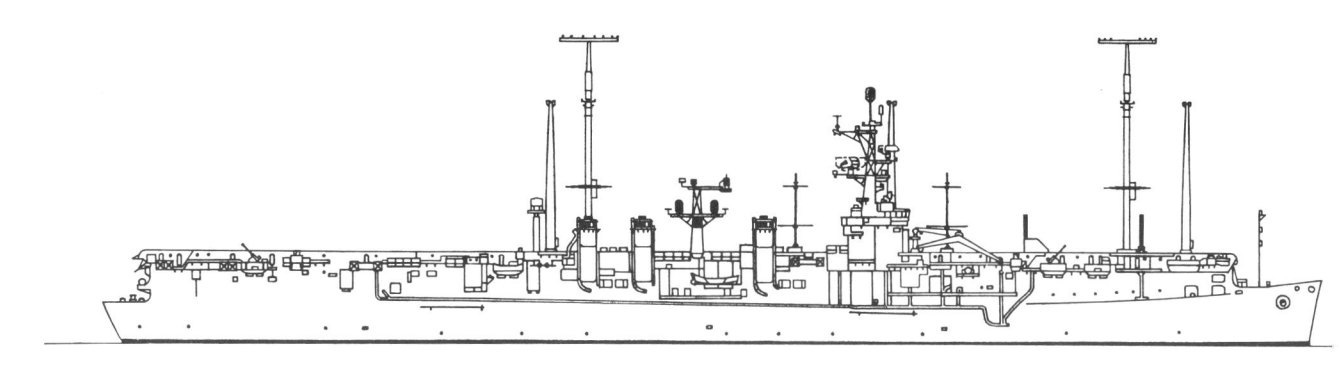

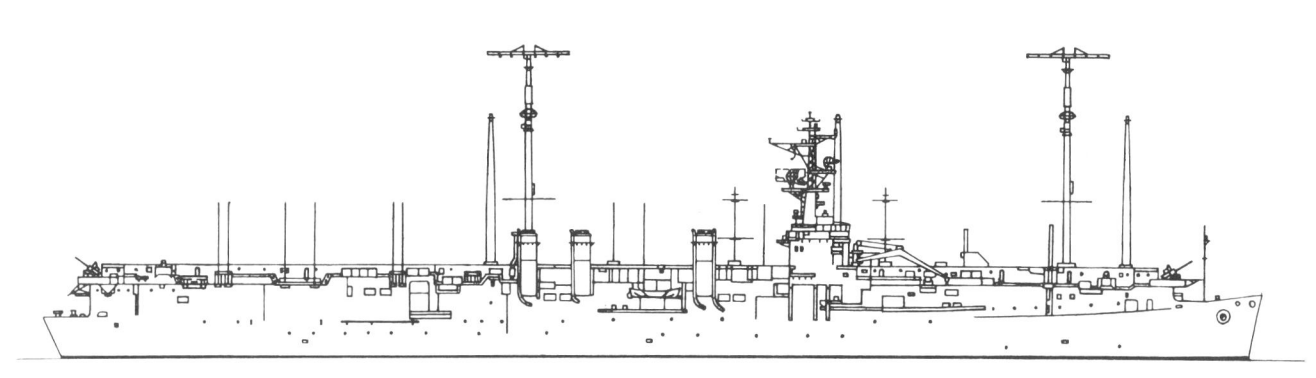

Große Ähnlichkeit hatten *Wright* und *Saipan* auch nach ihrem zeitlich mehrere Jahre auseinander liegenden Umbau als Führungs- bzw. Nachrichtenverbindungsschiff. Die gleiche Art und Anzahl der GFP-Funkantennen wurde auf das Antennendeck gesetzt. Während *Wright* (CC-2) den zwischen den Schornsteinen befindlichen Mast behielt, fehlt nun derselbe auf *Arlington* (ex *Saipan*). Dafür wurden hier an den Ecken unterhalb des Antennendecks vier 7,6-cm-Doppellafetten an Stelle der auf *Wright* noch befindlichen 40-mm-Doppellafetten installiert.

CVL-49 Wright

Kurzlebenslauf

1951	Mittelmeerfahrt.
1952	Beginn der U-Jagd-Operationen im Atlantik.
4/1954	Via Panama-Kanal in den Westpazifik.
1955	Westküste.
3/1956	Außerdienststellung, Reserveflotte.
3/1962	Werft: Umbau als Kommandoschiff CC-2.
5/1963	Nach Umbau wieder im Dienst; wechselnde Einsätze.
5/1970	Außerdienststellung, Reserveflotte.

Schiffselektronik

Radar:
1951	SPS-6, SC-2, SP
9/1963	SPS-6

Feuerleitung:
1963	unbekannt

Etwa um 1951 herum muß diese Aufnahme von CVL-49 *Wright* entstanden sein, auf der das Schiff bereits nur drei Schornsteine hat. Die Bug-40-mm-Flak fehlt hier. Foto: USN (Sammlung BfZ)

Nur von Kennern von AGMR-2 *Arlington* zu unterscheiden: CC-2 *Wright*, aufgenommen am 29. September 1963 nach dem Umbau als Hauptquartierschiff, ebenfalls mit mehreren Funkantennenmasten auf dem Deck. Wie auch auf *Arlington* konnten achtern Hubschrauber landen. Obwohl die elektronische Ausstattung von *Wright* im Laufe der siebenjährigen Dienstzeit als Stabsschiff mehrfach modifiziert wurde, gehören zu den unverkennbaren Unterscheidungsmerkmalen das Fehlen der erhöhten 7,6-cm-Flakstände. Die zufällig beiden Schiffen gemeinsame Bugnummer 2 erschwerte zwar die Identifizierung, doch stand dieselbe auf *Arlington* (wie bei vielen Hilfsschiffen) mit den Buchstaben GMR in Verbindung, während sie auf *Wright* ohne zusätzliche Buchstaben geführt wurde.
Foto: USN (Sammlung BfZ)

Midway-Klasse (CVA-41)

Die drei *Midway's* gehörten zu den 15 Trägerplattformen, die sich am 1. Juli 1950, d. h. bei Ausbruch des Korea-Krieges, im aktiven Dienst befanden. Sie operierten allesamt im Atlantik und im Mittelmeer. Weil sie relativ neu und dazu sehr groß waren, eigneten sie sich besonders für Umbau bzw. Modernisierungs-Prozesse, die sie dazu befähigen sollten, mindestens bis zum Ende der 70er Jahre in Dienst zu bleiben. Nachdem 1949 die ersten Strahljäger zu den Jagdstaffeln kamen und zugleich auch die als Atombomber gedachten AJ-1 Savage ein Abfluggewicht von ca. 25 t erreichten, zeigten sich die Grenzen der Leistungsfähigkeit der H-IV-Katapulte und der Flugzeugaufzüge. Dies, aber auch noch andere Neuerungen und Erkenntnisse führten ebenso wie bei der *Essex*-Klasse dazu, daß im Rahmen von zeitlich versetzten Umbauperioden alle drei Schiffe der jeweils fortschreitenden Technologie angepaßt wurden. Schon vor 1947/48 sollen die Flugzeugdecks verstärkt worden sein.

Modernisierungsprozesse der Midway-Klasse

Bei dieser Klasse gab es in den 50er und 60er Jahren folgende „große Umbauten".

SCB-110 für *F. D. Roosevelt* vom 1. 5. 1954 bis zum 6. 4. 1956 (48 Mio $)
für *Midway* vom 1. 9. 1955 bis zum 30. 9. 1957 (65,5 Mio $)
Folgende Maßnahmen wurden hierbei durchgeführt. Entfernung der Wasserlinien-Panzergürtel (innerhalb eines Tages und ohne Zuhilfenahme eines Trockendocks). Das reduzierte Gewicht wurde durch die Installation eines 147 m langen Schräglandedecks kompensiert, das gegenüber der Schiffsachse um 8° versetzt war. Auch kam ein geschlossener Atlantikbug dazu („hurricane bow"). Die Insel wurde modernisiert. Es kamen zwei Dampfkatapulte des Typs C-11 an Bord, und die Schiffselektronik wurde erneuert. Auf *F.D. Roosevelt* wurde ein neuer, konischer Mast aufgesetzt. *Midway* behielt seinen Vierbein-Gittermast. Die Schiffe waren nach dem Umbau länger und breiter und – trotz des fehlenden Gürtelpanzers – schwerer. Die Anzahl der 12,7- und 7,6-cm-Geschütze wurde weiter reduziert. Zur Erleichterung der Flugzeug-Landung wurde ein (später ein weiterer) Fresnel-Landespiegel aufgestellt. Die Bremsseilanlage wurde verstärkt, die Anzahl der Bremsseile jedoch auf jeweils sechs reduziert. Der achtere Innenaufzug wurde durch einen Steuerbord-Außenaufzug ersetzt. In Verlängerung des Landedecks befand sich ein zweiter Außenaufzug, während der vordere (Innen-)Aufzug vergrößert wurde. Die Bunker-Kapazität für Flugbenzin wurde ebenfalls vergrößert.

SCB-110A für *Coral Sea* vom 16. 4. 1957 bis zum 25. 1. 1960.
Der Umfang der Umbaumaßnahmen entsprach generell dem von SCB-110, war aber dennoch weiterreichend, was sich darin auswirkte, daß sich nun das Schiff in wesentlichen Dingen von den beiden Schwesterschiffen unterschied. So wurde hier das Schräglandedeck länger und ein neuer Backbordaufzug weiter achtern angebracht. Der Innenaufzug wurde aufgegeben, ausgebaut und durch einen Außenaufzug an der Steuerbordseite vor der Insel ersetzt. Auf die Insel wurde ein konischer Mast aufgesetzt, der fortan die zunehmend größer werdenden elektronischen Geräte aufzunehmen hatte. Wesentlich für einen schnelleren Start der Flugzeuge war, daß außer den beiden vorne angebrachten noch ein weiteres C-11-Katapult entlang des Schräglandedecks installiert wurde. Weiterhin kam die Bremsseilanlage Mk 7 an Bord. Aus Stabilitätsgründen wurde der Rumpf durch Anbringung von Wulsten auf 36,9 m verbreitert. Dies sowie der etwas vergrößerte Tiefgang waren die Ursache für einen leichten Geschwindigkeitsrückgang. Die neuen, 53 ts schweren Aufzüge konnten fortan Flugzeuge bis zu einem Gewicht von 37 t zwischen dem Hangar und dem Flugzeugdeck bewegen. Die Fla-Bewaffnung wurde drastisch reduziert. Die 30 an Bord verteilten Klimaanlagen wogen zusammen 852 to.

SCB-101.66 für *Midway* vom 15.2.1966 bis zum 31.1.1970.
Zweck des Umbaus war, den Anschluß an den nach dem Kriege entwickelten Typ *Forrestal* zu kriegen. Hierbei ging es vor allem um die Erweite-

rung der Flugzeugdeckfläche um fast ein Drittel der bisherigen, um die Installation von zwei um 13 m längeren Katapulten (C-13 Mod. O) und um die Neuverteilung der (ebenfalls neuen) Aufzüge, die nunmehr eine Hebekapazität von 50 ts. hatten, und zwar nach dem Muster *Coral Sea*. Insgesamt wurde das Schiff länger und breiter, es erhielt NTDS, eine Trägheits-Navigationsanlage, verbesserte Klimatisierung und eine verstärkte Bremsseilanlage. So war *Midway* nun in der Lage, mit der Flugzeugtechnologie der frühen 70er Jahre Schritt zu halten und bis weit in die 90er Jahre im aktiven Dienst zu verbleiben – dann immerhin gute 48 Jahre alt. Die Kosten für diesen Umbau wurden mit 84,3 Mio $ veranschlagt. Wegen immerwährender Umplanungen, aber auch wegen angeblich mangelhaftem Management der Marinewerft in San Francisco dauerte der Umbau letztlich vier Jahre und verschlang an die 202 Mio $. Dies war der Grund dafür, daß *F.D. Roosevelt* nicht mehr – wie ursprünglich geplant – nach demselben Muster umgebaut wurde. Dafür unterzog sich die *Roosevelt* ab Juli 1968 einer mit 46 Mio $ weithin preiswerteren Modernisierung, deren wesentliches äußeres Merkmal darin bestand, daß der vordere Innenaufzug aufgegeben wurde (an dessen Stelle wurde auf halber Höhe zwischen Flugzeugdeck und Hangardeck eine Marketenderei eingerichtet). Statt dessen kam ein neuer, 38 ts schwerer Seitenaufzug an die Steuerbordkante des Decks vor die Insel, mit dem nun 35 ts Last gehoben werden konnten. Es wurden neue Werkstätten geschaffen und verbesserte Klima- und Wasseraufbereitungsanlagen installiert. Alle zwölf Dampfkessel wurden überholt.

Beginnend in den ersten Jahren nach der Fertigstellung wurde die Bewaffnung dieser drei Schiffe nach und nach reduziert. Nachdem *Coral Sea* überhaupt keine 40-mm-Vierlinge erhielt, wurden noch vor Beginn der 50er Jahre alle drei Schiffe mit 20 Doppellafetten des Geschützkalibers 7,6 cm L/50 ausgerüstet.

Diese Geschütze erhielten radargesteuerte Feuerleitung. Sie ersetzten auf CVB-41 und 42 die vormals dort untergebrachte 40-mm-Maschinenflak. Zugleich wurde die Anzahl der 12,7-cm-Geschütze auf *Midway* und *F.D.Roosevelt* von 18 auf 14 reduziert und damit der auf *Coral Sea* angepaßt, die mit 14 Türmen bereits in Dienst gestellt wurde. Nach SCB-110 präsentierte sich *Roosevelt* mit nur noch zehn 12,7-cm-Türmen und zweiundzwanzig 7,6-cm-Geschützrohren. Ab 1963 hatte das Schiff nur noch vier der antiquierten, halbautomatisch nachladbaren 12,7-cm-Geschütze an Bord, während inzwischen alle 7,6-cm-Flak aufgegeben wurde. Ganz ähnlich erging es *Midway*, die bereits 1961 nur zehn 12,7 cm hatte und keine 7,6 cm mehr. 1963 waren auf *Midway* vier 12,7 cm, 1970 nur noch drei. *Coral Sea* stellte sich 1960 nach SCB-110A mit sechs 12,7-cm-Geschützen vor und ohne 7,6-cm-Flak. Bereits 1962 wurden dann noch drei weitere 12,7-cm-Türme ausgebaut. Während der 50er Jahre waren alle drei Schiffe zum Start von Mittelstreckenraketen des Typs Regulus I eingerichtet. Neuere Waffen (mit Ausnahme der jeweils hinzukommenden modernen Flugzeuge) wurden hier nicht mehr installiert. *Midway* erhielt Ende der 70er Jahre zwei Nahbereichs-Lenkwaffenstarter Mk 25 für Sea Sparrow-Flugkörper.

CV-43 erhielt Anfang der 80er Jahre drei, CV-41 erst 1984 zunächst zwei Geschützanlagen CIWS Mk 15 Phalanx.

CVA-41 Midway

Kurzlebenslauf

12/1954	Weltreise, dabei auch zeitweilig bei der VII. Flotte im Westpazifik.
6/1955	Westküste Werft: Umbau nach SCB-110.
9/1957	Nach Umbau wieder im Dienst; Pazifik.
1958/65	Mehrfacher Wechsel zwischen Westküste und Westpazifik.
4/1965	Vietnam-Einsatz bis
11/1965	dann Westküste.
2/1966	Außerdienststellung; Werft: Umbau nach SCB-101.66.
1/1970	Seitdem Wechsel zwischen Westküste und Westpazifik; in den letzten Jahren in Yokosuka, Japan, beheimatet, so daß Fahrten zur Westküste wegfallen. Bis
1985	zahlreiche Einsätze im Westpazifik und im Indischen Ozean.

Schiffselektronik

Radar:
11/1953/57	SPS-6, SPS-8A
1961	SPS-43, SPS-12, SPS-8A
1963/77	SPS-43, SPS-30
1985	SPS-48, SPS-49

Feuerleitung:
1950	2 Mk 37 mit FL-Radar Mk 25, mehrere Mk 56 und auch kleinere FLG
1962	1 Mk 37 mit FL-Radar Mk 25, mehrere Mk 56
1977	1 Mk 37 mit FL-Radar Mk 25
1984	2 Mk 76

Midway, vier Jahre nach dem SCB-110-Umbau, bei dem u. a. auch zwei C-11-Dampfkatapulte installiert wurden, hinter denen man auf diesem 1961 aufgenommenen Foto die ungewöhnlich hohe Anzahl von neun A3D Skywarriors erkennen kann. Die 7,6-cm-Flak wurde entfernt, von den 12,7-cm-Kanonen befinden sich nur noch zehn an Bord, davon sechs an der Steuerbordseite. Die Radarausrüstung besteht aus den Geräten SPS-43, SPS-12, SPS-8A und SPS-10.

Foto: Real Photographs

Midway-Klasse

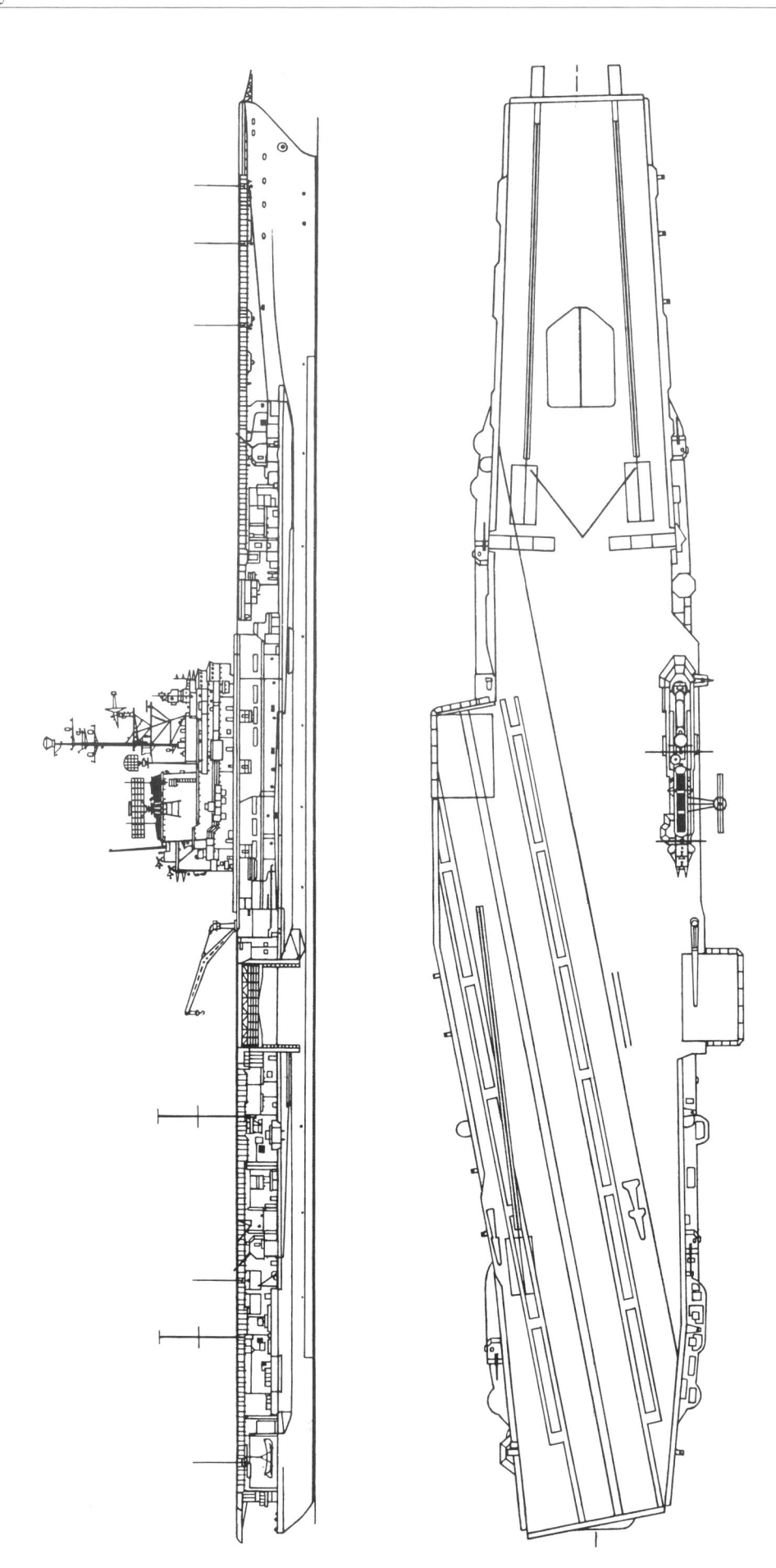

Midway, hier als CVA-41. Aussehen zwischen den beiden großen Umbauten, hier etwa um 1963 herum, mit SPS-43 und SPS-30. Von den ursprünglich vorhandenen 18 sind nur noch vier 12,7-cm-Geschütze verblieben. Der Dreibeinmast unterscheidet sich von den konischen Masten auf den beiden umgebauten Schwesterschiffen. Man beachte den verlängerten, nunmehr sechskantigen vorderen Flugzeugaufzug.

Vor der nordkalifornischen Küste wurde *Midway* im Juni 1963 aufgenommen, mit inzwischen auf nur vier Geschütze reduzierter 12,7-cm-Artillerie. Neben einer C-1-Kuriermaschine befinden sich auf dem Deck Jagdflugzeuge der Typen F-3, F-4 und F-8. Die Radarausrüstung besteht nunmehr nur aus SPS-43 und SPS-30. Entlang der Steuerbord-Deckskante zwei Funkantennen.　　　　　　　　Foto: USN (Sammlung BfZ)

Obere Zeichnung und Decksplan: *Midway*, Aussehen 1986

Untere Zeichnung: *Midway*, Aussehen 1970
Dieses unmittelbar nach Beendigung des SCB-101.66-Umbaus am 17. März 1970 aufgenommene Foto der *Midway* veranschaulicht deutlich die große Fläche des um ein Drittel erweiterten Flugzeugdecks und die Anlage der beiden längeren Katapulte des Typs C-13 Mod. 0, mit Hilfe derer auch die schwersten und modernsten Maschinen gestartet werden können. Nur noch drei Bremsseile befinden sich auf dem Landedeck und nur drei 12,7-cm-Kanonen an den Seitendecks. Außer den verbliebenen FLG Mk 37 findet man noch mindestens ein FLG Mk 56 an der Steuerbordseite. Die senkrecht vom achteren Rand herabhängende Latte soll den landenden Piloten beim Endanflug in Richtung der Achse des Schräglandedecks, die von der Schiffsachse beträchtlich abweicht, helfen.　　　　　Foto: USN

Midway-Klasse

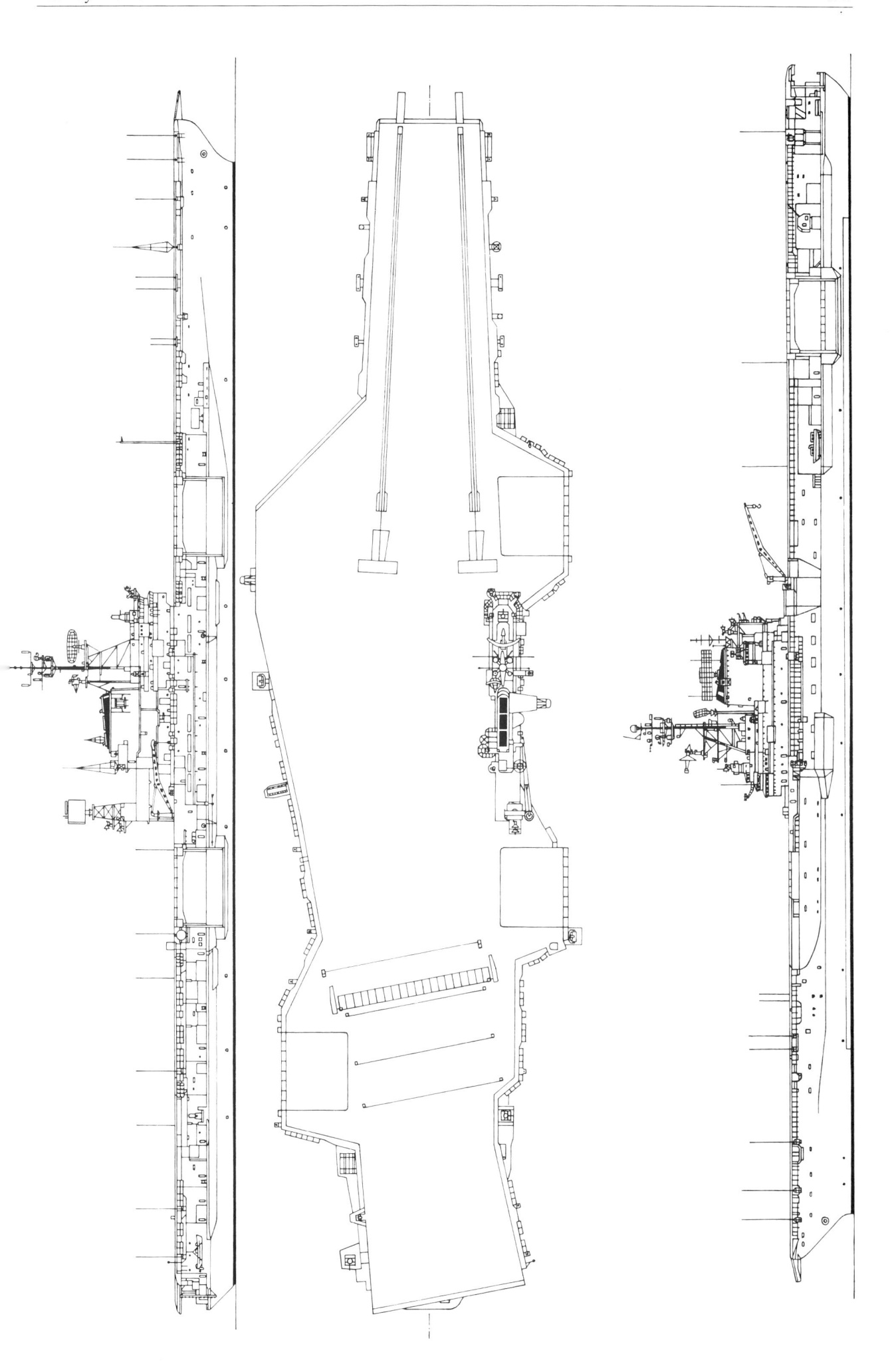

Ein beträchtlicher Teil der Maschinen von CVW-5 befindet sich auf dem Deck von CV-41 *Midway* auf diesem 1977 aufgenommenen Foto. Mit Ausnahme der F-14 können alle übrigen Flugzeugtypen von diesem Träger gestartet werden. *Midway* beteiligt sich zur Zeit nicht an dem CV-Konzept, d. h. trotz der Klassifizierung als CV erfüllt sie Aufgaben eines reinen Angriffs-Trägers. *Midway* ist der einzige amerikanische Träger, der nicht in einem amerikanischen Hafen beheimatet ist. Sein Heimathfen ist Yokosuka, Japan. Foto: USN

Backbordseite der *Midway*-Insel, aufgenommen am 14. Oktober 1984 in Yokosuka, Japan. Beachtenswert ist der dunkle Anstrich der unteren Inselpartie.

Foto: „Sea Power Magazine"

Midway, aufgenommen am 13. September 1984 vor Yokosuka, Japan. Zu beachten ist achtern die Phalanx-Anlage Mk 15. Foto: T. Horiuchi

Diese Luftaufnahme der *Midway* wurde ebenfalls im Herbst 1984 in japanischen Gewässern gemacht. Flugzeuge des Geschwaders CVW-5 befinden sich auf dem Flugdeck. Foto: „Sea Power Magazine"

CVA-42 Franklin D. Roosevelt

Kurzlebenslauf
4/1954   Werft: Umbau nach SCB-110.
ab 1956   Atlantik; einmalige Gastrolle vor Vietnam, sonst regelmäßiger Wechsel zwischen Ostküste und Mittelmeer; dabei 20 mehrmonatige Einsatzfahrten ins Mittelmeer.
10/1977   Außerdienststellung und Streichung.

Schiffselektronik
Radar:
1956   SPS-12, SPS-8A, SC-2
1965/77   SPS-43, SPS-30
Feuerleitung:
1965   2 Mk 37 mit FL-Radar Mk 25
1969/77   1 Mk 37 mit FL-Radar Mk 25

Dieses am 26. September 1956 aufgenommene Foto zeigt CVA-42 *Franklin D. Roosevelt* nach dem zweijährigen Umbau gemäß SCB-110, bei dem neben anderen Maßnahmen auch das Schräglandedeck installiert wurde, wie auch drei Dampfkatapulte des Typs C-11, von denen aber das auf dem Landedeck kurz danach entfernt worden ist. Die Reduzierung der 12,7-cm-Artillerie erfolgte angeblich bereits vor SCB-110. Es ist interessant festzustellen, daß im Jahre 1956 neben SPS-12 und SPS-8A auch noch die alte Antenne SC-2 (hinter dem Schornstein) geführt wird.

Foto: USN (Sammlung G. Albrecht)

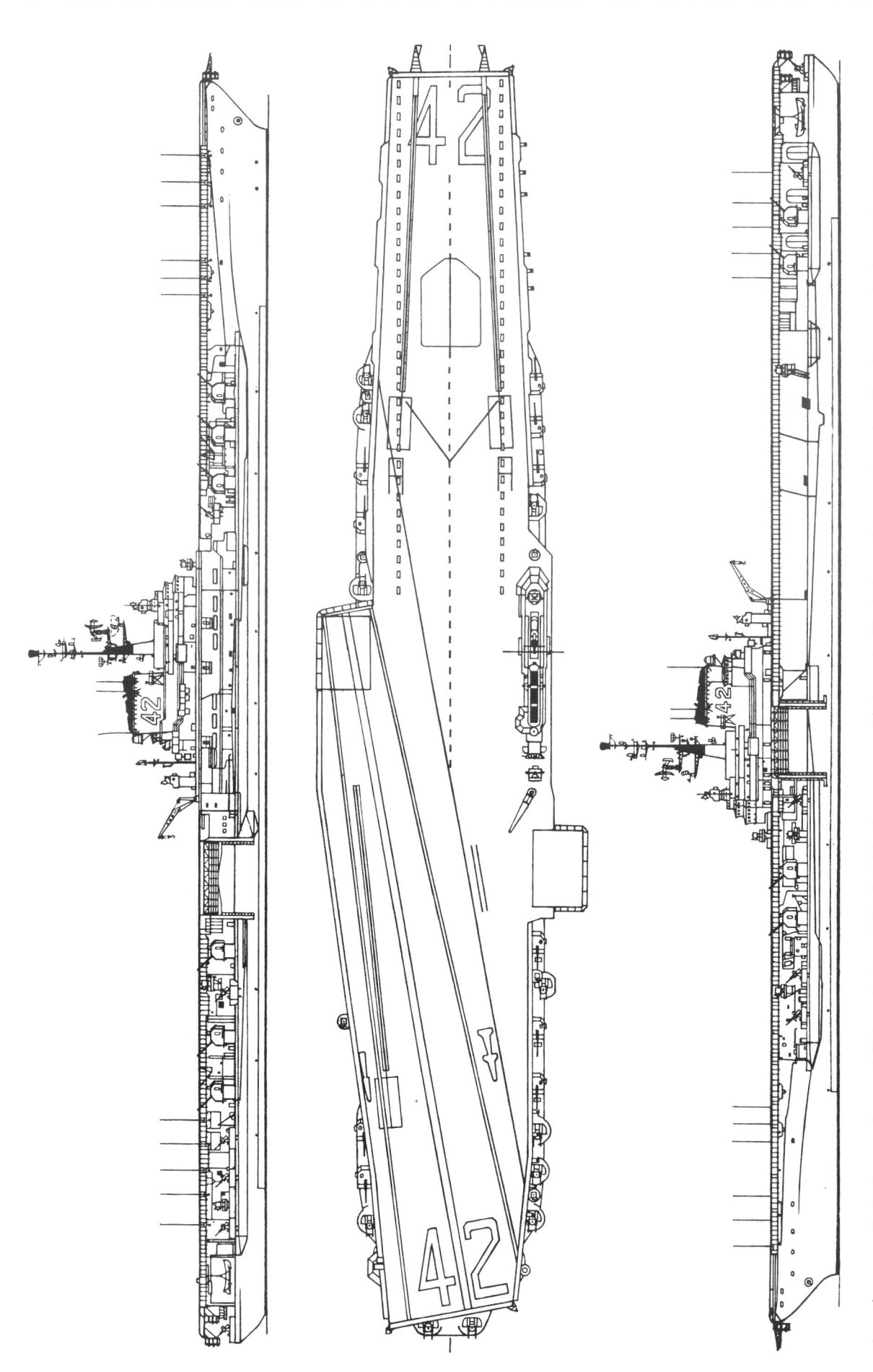

Aussehen von *F. D. Roosevelt* etwa 1956 nach dem SCB-110-Umbau, wobei noch, mit Ausnahme des Mastes, Ähnlichkeit mit *Midway* besteht. Die 12.7-cm-Artillerie ist auf nunmehr zehn Geschütze reduziert. Die Decksansicht zeigt die Verteilung der 22 Flak 7,6 cm L/50.

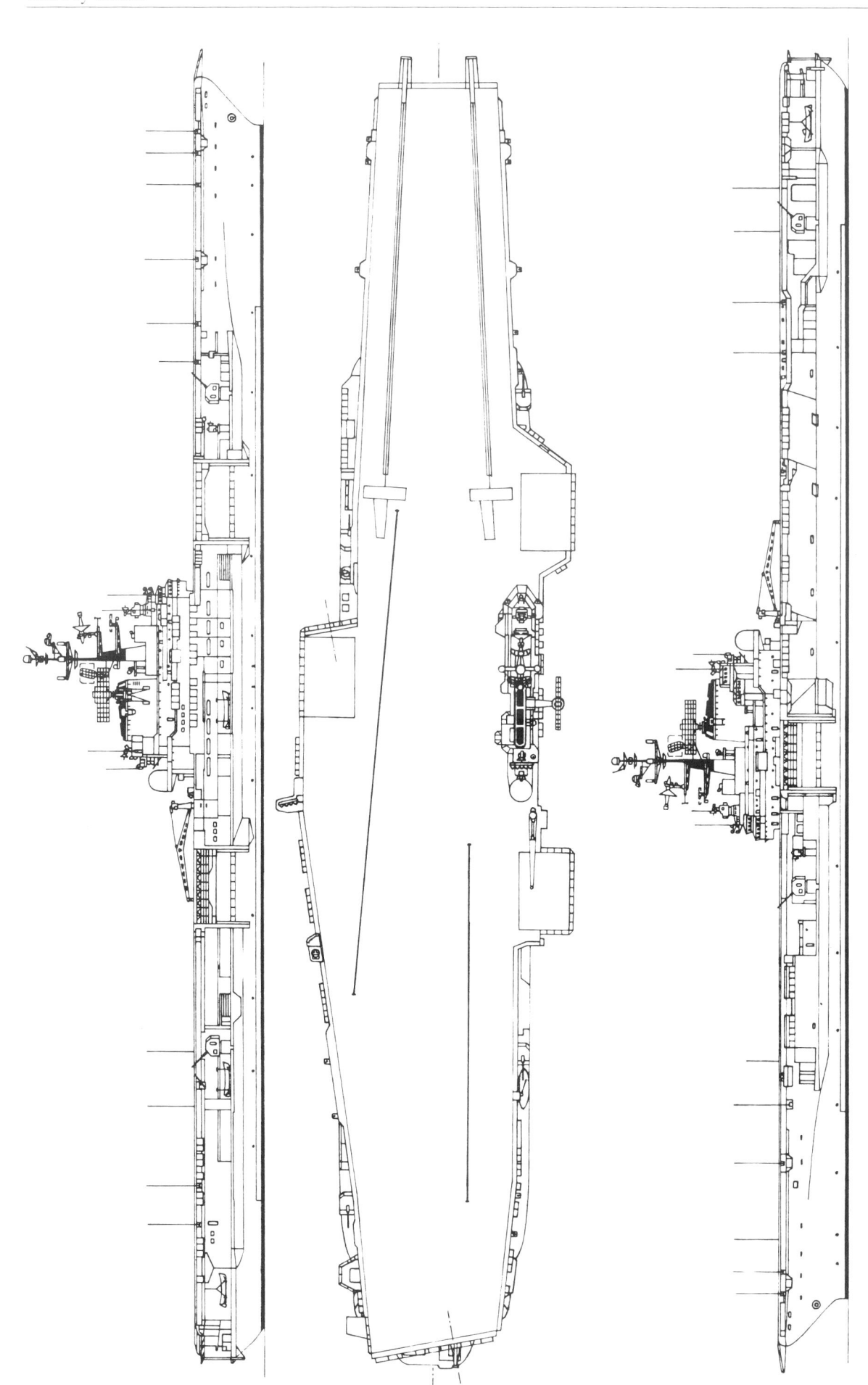

Aussehen von *F. D. Roosevelt* 1975, nunmehr nur noch mit vier 12,7-cm-Kanonen und mit nur einem FLG Mk 37, sowie mit SPS-43 und SPS-30-Radarantennen. Zwischen 1975 und 1977 wurden auch die beiden vorderen 12,7-cm-Geschütze entfernt.

Etwa während der ersten Mittelmeerfahrt nach SCB-110, d. h. 1957, wurde dieses Mittschiffs-Detail von FDR aufgenommen. Eines der typischen Bestandteile von SCB-110 war der Ersatz des Dreibeinmastes durch einen konischen Röhrenmast.

Foto: A. Nani (Sammlung BfZ)

Dieses Foto von FDR wurde am 20. Mai 1965 aufgenommen. Es zeigt den Ersatz von SPS-12 und SPS-8A-Radar durch SPS-30 und die weitere Verringerung auf nur vier 12,7-cm-Geschütze neben völligem Verzicht auf die 7,6-cm-Flak. Im Hintergrund sieht man einen begleitenden Zerstörer der *Forrest Sherman*-Klasse.

Foto: USN (Sammlung G. Albrecht)

Midway-Klasse

Vier Jahre später: *FDR*, wie sie im Juli 1969 aussah: das vordere und achtere Seitendeck sind zum Teil verkleidet. Während eines „kleinen" Umbaus, der nur 84 Mio. $ kostete, wurde der Mittschiffsaufzug ausgebaut und vor der Insel ein Steuerbord-Deckkanten-Aufzug installiert. Nur noch ein FLG Mk 37.
Foto: USN

Im Sommer 1970 aus einer Kuriermaschine C-1A südlich von Sizilien aufgenommen: *F. D. Roosevelt* als Flaggschiff der Task Group 60.2 im Mittelmeer. Das Achterschiff ist zur gebremsten Landung der Kuriermaschine freigeräumt, während sich weiter vorn auf dem Deck zahlreiche Maschinen befinden. Foto: Verfasser.

Die beiden französischen Schiffsfotografen nahmen *FDR* am 6. März 1977 vor Cannes auf. Wie man sehen kann, fuhr das Schiff bei diesem allerletzten Mittelmeer-Einsatz mit nur noch zwei 12,7-cm-Kanonen. 1975 gab es noch vier davon. Sowohl an der Steuerbordseite der Insel, wie auch auf der Schanz findet man zweiröhrige Starter für Radartäuschraketen (CHAF-ROC). Bei dieser letzten Einsatzfahrt befand sich CVW-19 an Bord, ein zur Westküste gehörendes Geschwader, das vormals auf *Coral Sea* (CV-43) eingesetzt war. Über dem Backbord-Seitenaufzug sieht man einige AV-8A Harriers der Marine-Corps-Stafel VMA-231 mit Tarnanstrich. Dies war der erste *operative* Einsatz einer Harrier-Staffel von einem Flugzeugträger aus.

Fotos: Pradignac & Leo

Detailansicht der Insel von *Franklin D. Roosevelt;* letztes Aussehen am 6. März 1977 vor der Außerdienststellung im Oktober desselben Jahres.

Foto: Pradignac & Leo

Midway-Klasse 237

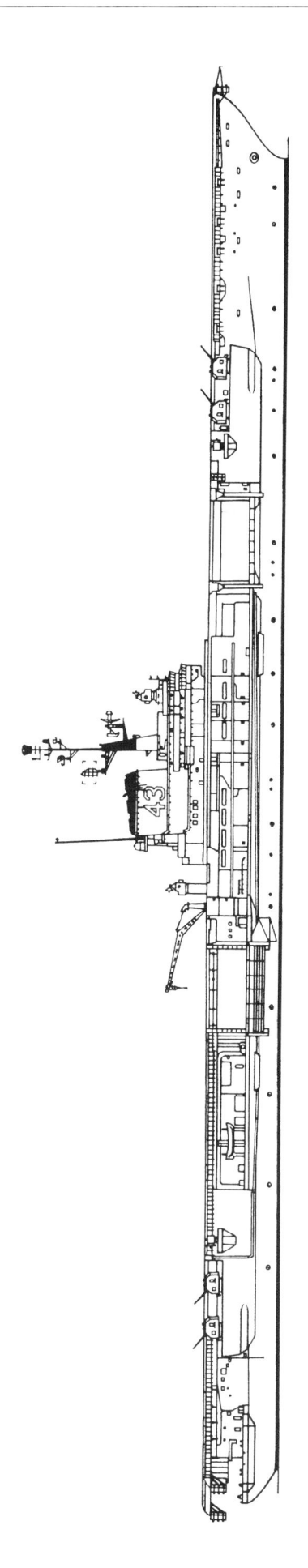

CVA-43 Coral Sea

Kurzlebenslauf

5/1957	Westküste; Werft: Umbau nach SCB-110.
1/1960	Nach Umbau wieder im Dienst; Verbleib an der Westküste.
1960/77	Mehrfacher Wechsel Westküste/ Westpazifik, darunter auch Einsätze vor Vietnam.
1977	Trainings-Träger für die Reserve-Geschwader CVWR 20 und 30 im Pazifik; kein festes Flugzeuggeschwader an Bord.
1979/81	13. und 14. Einsatzfahrt im Westpazifik, dabei 1981 auch im Indischen Ozean
3/1983	Beginn der Weltumrundung
9/1983	Wechsel zur Atlantikflotte; Ende der Weltumrundung
10/1983 bis 2/1985	Werftliegezeit
1985	erster Atlantik-Träger mit F/A-18-Flugzeugen
9/1985	Erster Mittelmeereinsatz mit F/A-18

Schiffselektronik

Radar:
1960	SPS-37, SPS-12, SPS-8A
1963	SPS-43, SPS-12, SPS-30
1967/78	SPS-43, SPS-30
1985	SPS-48, SPS-49

Feuerleitung:
1960	2 Mk 37 mit FL-Radar Mk 25, einige Mk 56
1963	1 Mk 37 mit FL-Radar Mk 25, einige Mk 56
1967/78	1 Mk 37 mit FL-Radar Mk 25

◀ Die Anbringung des vorderen Steuerbord-Flugzeugaufzuges setzte voraus, daß beim SCB-110A-Umbau der *Coral Sea* das vormalige Seitendeck zum Teil verkleidet wird. Die nur für kurze Zeit verbliebenen sechs Kanonen des Kalibers 12,7-cm-L/54 wurden höher gesetzt, sicherlich unter anderem, um sie von hochschlagenden Wellen freizuhalten.

Coral Sea ab 1962: nur noch drei 12,7-cm-Geschütze ▶ und mit SPS-43 und SPS-30 modernisierte Radarausrüstung. Die Decksansicht zeigt die Anordnung der drei Deckskanten-Aufzüge und der drei Dampf-Katapulte des Typs C-11. Die Backbordzeichnung zeigt das Aussehen nach dem Werftaufenthalt 1984/85.

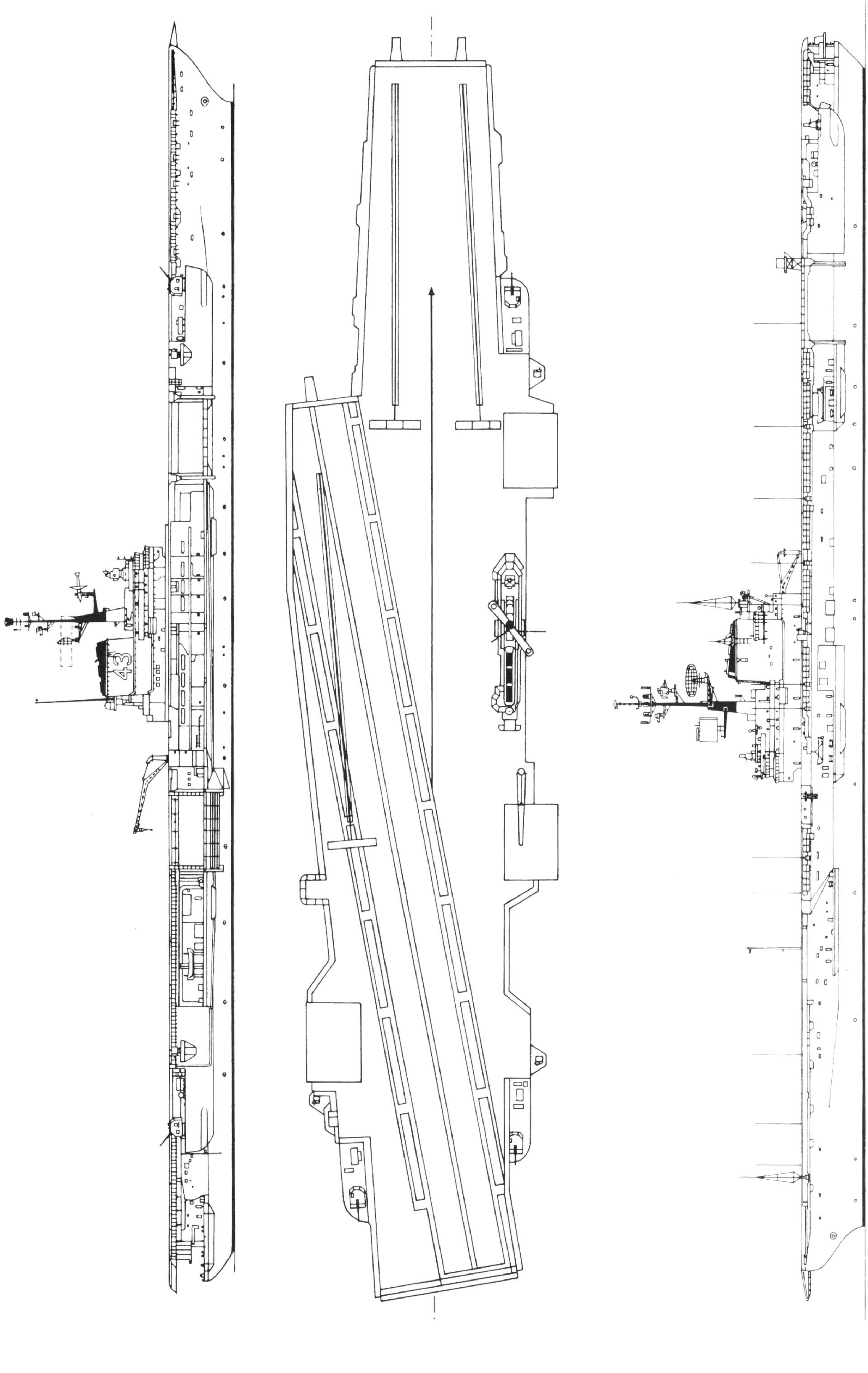
43

CVA-43 *Coral Sea*, aufgenommen am 5. Februar 1960, unmittelbar nach dem SCB-110A-Umbau. Die Anzahl der 12,7-cm-Kanonen wurde auf sechs reduziert, davon waren zwei an der Backbordseite. Außer den beiden FLG Mk 37 hat jedes Geschützpaar noch ein FLG Mk 56. Die modifizierte Brücke, der breite Schornstein und der neue konische Röhrenmast bilden eine harmonische Einheit. Unter dem TACAN erkennt man die Radarantennen SPS-12, SPS-37 und SPS-8A. Foto: USN

Auf diesem ebenfalls 1960 aufgenommenen Foto erkennt man das neue Layout des Schräglandedecks: nur noch Außenaufzüge, mehr Abstellfläche für Flugzeuge, Installation von drei C-11-Katapulten, somit Ausleger am Ende des Landedecks, eine Maßnahme, die weder bei *Franklin D. Roosevelt* noch bei *Midway* wiederholt wurde. Beachtenswert sind die verkleideten Seitendecks und die vier nunmehr etwas höher angebrachten 12,7-cm-Türme. Es befinden sich immer noch zwei FLG Mk 37 an Bord. Foto: OUR NAVY

Coral Sea verläßt am 16. Januar 1965 Pearl Harbor, um zur VII. Flotte im Westpazifik zu stoßen. SPS-43-Radarantenne befindet sich an der Außenseite des Schornsteins, SPS-30 an der Innenseite. Bereits 1962, nach nur zwei Jahren, wurde die Anzahl der 12,7-cm-Kanonen auf drei reduziert; die FLG Mk 56 wurden jedoch belassen. Auf dem Deck erkennt man Flugzeuge der Typen Skyhawk, Skyraider, Phantom, Skywarrior, Crusader und Tracer. Foto: USN (Sammlung BfZ)

2½ Jahre später: am 26. Juli 1967 verläßt *Coral Sea* die Bucht von San Franzisco, um erneut in Richtung Westpazifik zu fahren. Das achtere FLG Mk 37 fehlt jetzt, ebenso der Katapult-Ausleger vor dem Landedeck. An Stelle der E-1 Tracer befinden sich nunmehr vier E-2B Hawkeyes an Bord. Foto: 1977, USN (Sammlung BfZ)

Etwa Ende der 60er Jahre muß dieses Foto von *Coral Sea* aufgenommen worden sein, das während eines Versorgungsvorgangs entstanden ist, bei dem der Träger parallel mit USS *Camden* (AOE-2) fährt. Hinter dem mobilen Kran sind zwei EKA-3B der Staffel VAQ-130 zu sehen, die die Kennbuchstaben ihrer eigenen Staffel führen und nicht diejenigen des CVW.

Foto: USN (Sammlung BfZ)

Eines der letzten Fotos der *Coral Sea* vor der endgültigen Aufgabe von CVW-15, aufgenommen 1977. Eine F-4J wird gleich vom Landedeck-Katapult aus starten. Neue Landeanflugantenne auf dem achteren Mastausleger. Ab 1978 fungierte *Coral Sea* zeitweilig als dreizehnter, d.h. „überzähliger" Träger. In den 80er Jahren erfolgte wieder voller Einsatz. Foto: USN

Diese beiden Luftaufnahmen zeigen *Coral Sea* im Juni 1983 vor Cannes (Frankreich) während des Mittelmeereinsatzes, nahezu bei Ende der Weltumrundung anläßlich des Wechsels von der Pazifischen zur Atlantischen Flotte. Auf der vorderen Plattform des Mastes findet man das letzte bei der Flotte im Einsatz befindliche Radargerät SPS-30. Auf dem Flugdeck befinden sich CVW-14-Maschinen. Fotos: Pradignac & Léo

Midway-Klasse

Alle drei Fotos auf dieser Seite zeigen *Coral Sea* im Juli 1985 im Stützpunkt Norfolk, Va., nach der 1983/84 durchgeführten Werftliegezeit. Drei Phalanx-Anlagen befanden sich bereits davor an Bord, ebenso TACAN URN-25. Die überholte Ortungselektronik wurde gegen SPS-48 und -49 ausgetauscht, jedoch verblieben die älteren ECCM-Antennen der WLR/ULQ-Serie an Bord – wie hier an der Steuerbordseite der Insel zu beobachten ist. Die beiden SPN-42-Antennen befinden sich – parallel angeordnet – auf einem gesonderten Anbau hinter dem Schornstein. Fotos: J. Zeitlhofer

United States (CVB-58)

Im Juli 1948, d. h. im Rahmen des Etats 1949, wurde vom Präsidenten der U.S.A. der Bau des ersten Nachkriegs-Flugzeugträgers der U.S. Navy gebilligt, der zugleich der erste Superträger der Welt werden sollte, weit schwerer als *Midway*. Die Wasserverdrängung war mit 65 000 ts Standard bzw. 80 000 ts voll beladen geplant; die Schiffslänge sollte 332,5 m betragen. Die größte Breite des Schiffsrumpfes in der Wasserlinie war mit 39,7 m und die größte Weite des Flugzeugdecks mit 58 m vorgesehen. Die Maschinenanlage sollte eine Stärke von 280 000 PS haben und dem Schiff eine Geschwindigkeit von ca. 30 kn ermöglichen.

Interessant ist, daß dieses Schiff die damals noch neue Kennung CVA erhalten *sollte*, vier Jahre bevor diese amtlich für alle damaligen CV/CVB eingeführt wurde.

Kennzeichnend für den CVB-58-Entwurf war u. a. das vorn nicht ganz über den Bug reichende Flugzeugdeck, das durch fünf Deckskantenaufzüge mit dem Hangardeck verbunden werden sollte. Einer der Aufzüge sollte an der Achterkante des Flugzeugdecks angebracht werden. Die Bugpartie war hier noch nicht stromlinienförmig verkleidet, sondern offen. Die Einsicht, daß an der Deckskante aufgestellte Inseln und Schornsteine bei hoher Schiffsgeschwindigkeit Ursachen für Windstrom-Turbulenzen waren, die sich auf die über ⅔ der Deckslänge startenden Maschinen störend auswirken könnten, waren der Grund dafür, daß für CVB-58 keine feste Insel vorgesehen war, sondern nur eine teleskopartig einziehbare Brücke an der vorderen Steuerbord-Deckskante, eine Anordnung, die übrigens zunächst auch für die *Forrestal*-Klasse vorgesehen war.

Offensichtlich war CVB-58 vorwiegend für den Einsatz strategischer Flugzeuge geplant. Zum Flugzeuginventar sollten 54 Atombomber gehören; es ist unschwer zu erraten, daß es sich dabei um den Typ AJ-1 Savage gehandelt hat. Wäre CVB-58 fertiggestellt worden, so hätte man ihn später in *Forrestal* umbenannt. Wegen der finanziellen Anspannung der ersten Nachkriegsjahre wurde beschlossen, dieses Schiff nicht zu bauen. Auch grundsätzliche Überlegungen, ob Flugzeugträger – genau wie vor 10 Jahren die Schlachtschiffe – überhaupt noch als Hauptwaffe der Flotte einzustufen seien, spielten eine Rolle. Die Flotte umfaßte 1950 nicht mehr als sieben große CV/CVB.

Fünf Tage nach der Kiellegung wurde das verbaute Material abgebrochen. Die für CVB-58 bereitgestellten Mittel wurden für die Entwicklung des strategischen Bombers B-36 verwandt, für ein Projekt also, das dann nachfolgend auch nicht realisiert wurde. Der scheinbare Sieg der Luftwaffe über die Marine war nur kurz, denn bereits in wenigen Monaten rückten die Notwendigkeiten des Korea-Krieges die Prioritäten wieder zurecht; die Nützlichkeit der Flugzeugträger wurde ausreichend bewiesen. Dennoch dauerte es noch fast drei Jahre, ehe der Bau von *Forrestal* freigegeben wurde.

Vom Projekt CVB-58 *United States* gibt es nur sehr wenig Bild- und Informationsmaterial. Hier ist eine „artists impression", von der man annehmen kann, daß sie von der Navy angefertigt wurde. Zu erkennen sind das durchgehende Flugzeugdeck ohne Insel, vier Katapulte und vier Flugzeugaufzüge, davon einer ganz achtern. Die Bugpartie war offen und für die Aufnahme von Rohrwaffen bestimmt. Alle dargestellten Flugzeuge entsprechen dem Aussehen der F2H Banshee. Von den damals veranschlagten Baukosten in Höhe von 124 Mio $ können gegenwärtige Schiffsplaner der U.S. Navy nur noch träumen. Foto: USN (Sammlung S. Breyer)

United States

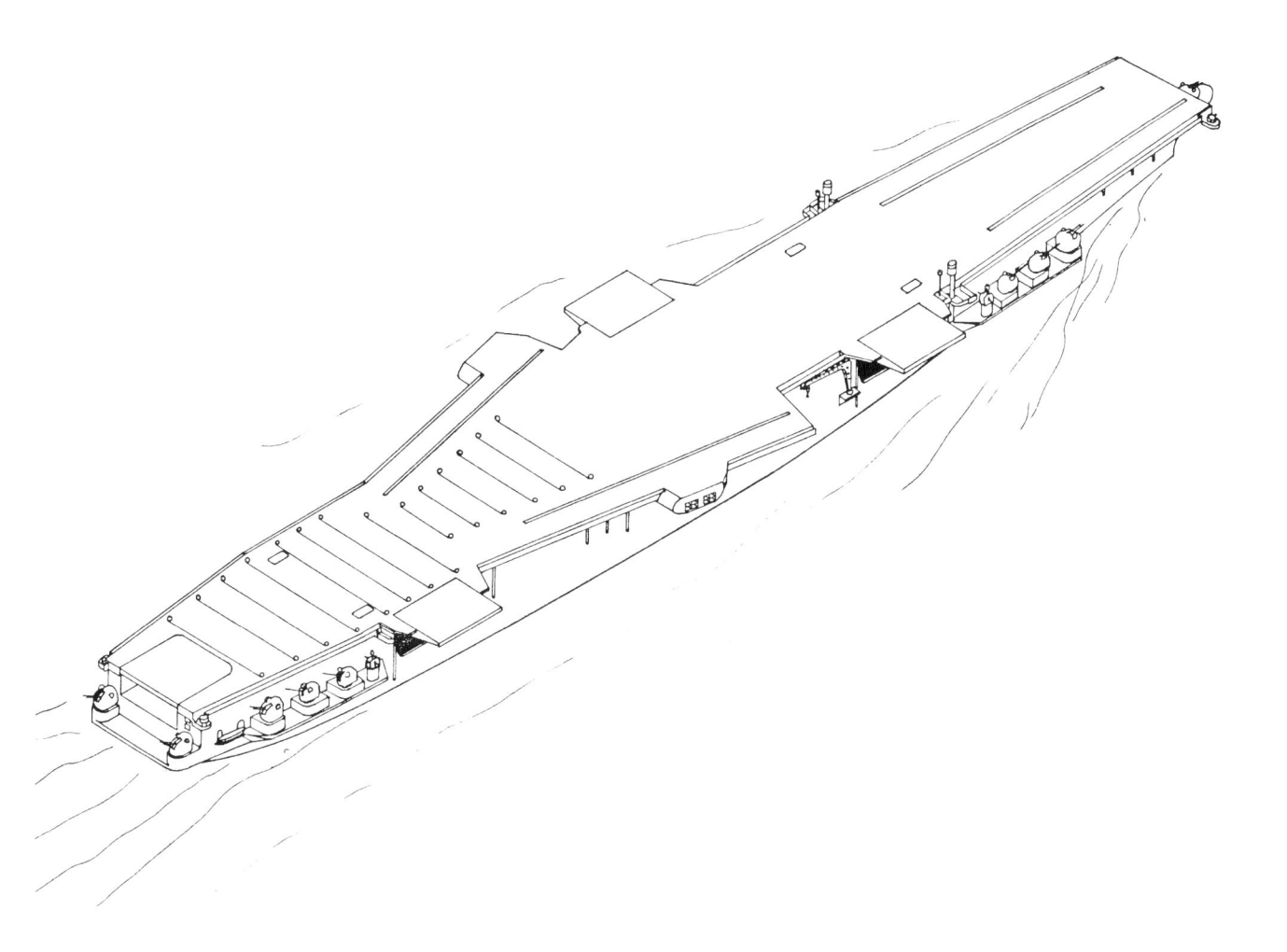

Diese isometrische Zeichnung wurde nach amtlichen Unterlagen angefertigt. Sie zeigt weitere Einzelheiten des 1949 vorhandenen Entwurfes für CVA-58 *United States*, so die teleskopartig ausziehbaren Teile der Brücke an Backbord und an Steuerbord, den seitlich an Steuerbord herausragenden Rauchgasabzug, die Anlage der vier Flugzeugaufzüge und vier weitere kleine Munitionsaufzüge an Deck. Die zahlreichen Fangseile waren zu jener Zeit noch üblich, sie dokumentieren außerdem das Bedürfnis nach größtmöglicher Sicherheit bei der Landung der auch mit Atombomben beladenen AJ-1-Maschinen. Neben einer Bewaffnung von offensichtlich acht 12,7 cm-L/54-Geschützen Mk 42 – die damals neu eingeführt wurden – findet man eine nicht genau spezifizierte Anzahl von Doppeltürmen mit Flak des Kalibers 7,6 cm-L/70, wie sie später auf DL-1 *Norfolk* und auf wenigen anderen Schiffen zum Einsatz gekommen sind. Zeichnung 1978: A. D. Baker, III

Forrestal-Klasse (CVA-59)

Die stürmische Entwicklung der amerikanischen Flugzeugträgerwaffe brachte es mit sich, daß jeder neue Entwurf deutlich schwerer war als der vorangegangene. Gegenüber dem Typ *Midway* war die aus dem Entwurf *United States* abgeleitete *Forrestal* um rund 15 000 ts Standard schwerer. Dies resultierte aus der Forderung, daß die Anzahl der inzwischen größer und schwerer gewordenen Flugzeuge nicht kleiner werden sollte. Auch forderten die zunehmend eingeführten Strahlflugzeuge längere Lande- und Startbahnen, schwerere Aufzüge, kraftvollere Katapulte. In vieler Hinsicht ist die *Forrestal*-Klasse noch heute richtungweisend für den Trägerbau in den Vereinigten Staaten. Zur Zeit des Baubeginns, also 1952, war jedoch *Forrestal* der erste der später so genannten „Super-Träger". Ein gepanzertes Flugzeugdeck, geschlossener Atlantik-Bug, sehr ausladender Unterbau für das Schräglandedeck, kompakte Insel mit rechteckigem Grundriß und integriertem Schornstein, schwerer Pfahlmast, der notfalls mit Bordmitteln abgeklappt werden konnte, all dies war damals neu und erstmalig. Die Antriebsanlage mußte ausreichende Reserven für Spitzenfahrt haben, so daß die Leistung zur Erreichung von 33 kn Geschwindigkeit auf 260 000 PS gesteigert werden mußte. Erstmalig wurde ganz auf Innenaufzüge verzichtet. Von den vier Außenaufzügen befand sich allerdings einer noch am Ende des Landedecks, was sich nicht als sehr praktisch erwiesen hat. Erstmalig war hier auch der Einbau von vier Katapulten des Typs C-7, von denen zwei entlang des Schräglandedecks angebracht wurden.

Die *Forrestal*-Klasse war zunächst mit sechs Einheiten geplant, doch gehörte dann das letzte Paar bereits einer neuen, verbesserten Klasse an. Aber auch unter den ersten vier Schiffen gab es Unterschiede im Aussehen, bei den Abmessungen, in der Zahl der Besatzungsmitglieder, in der Stärke der Antriebsanlage, bei der Ausrüstung und Bewaffnung, in der Gestaltung der Heckpartie und der Oberkante des Schornsteins.

Zu Beginn ihrer Dienstzeit hatten alle vier Schiffe je acht Schnellfeuergeschütze des Kalibers 12,7 cm L/54 Mk 42, die damals neu eingeführt wurden. Diese Geschütze waren paarweise auf vier seitlich vom Rumpf abstehend angebrachten schweren Plattformen installiert. Die vorderen Plattformen erwiesen sich bei hohem Seegang als sehr hinderlich, so daß zur Vermeidung von Seeschäden die Geschwindigkeit zeitweilig reduziert werden mußte. Dies war vor allem der Grund, daß ab etwa 1961 auf allen vier Schiffen die vorderen Geschütze entfernt wurden. Auch die dazugehörigen „Schwalbennester" wurden – mit Ausnahme derer auf *Ranger* – aufgegeben. Die zunehmende Übernahme der Flugzeugabwehr durch mit Lenkwaffen bestückte Begleitschiffe erlaubte eine weitere Verminderung der Artillerie. Die achteren vier Geschütze der *Forrestal* brannten 1967 bei einem Großbrand vor Vietnam aus und wurden danach nicht mehr ersetzt. Steuerbord vorn und Backbord achtern wurden bis 1972 je ein Nahbereichs-Lenkwaffenstarter für Sea Sparrow-Flugkörper installiert. Ebenfalls nach Entfernung der achteren vier Geschütze erhielten 1973/74 auch *Independence* und *Saratoga* je zwei solche Werfer. *Ranger* nahm – im Pazifik eingesetzt – stets eine Sonderstellung ein. Hier wurde die Zahl der achteren 12,7-cm-Geschütze stets zuletzt reduziert, so daß das Schiff noch bis 1977 mit zwei solchen Geschützen fuhr. Die Installation von Sea Sparrow ist jedoch auch hier zwischenzeitlich erfolgt.

Die amtlich bekanntgegebenen Baukosten betrugen für

Forrestal	188,9 Mio $
Ranger	173,3 Mio $
Saratoga	213,9 Mio $
Independence	225,3 Mio $

Nachdem *Forrestal* 1977 ein Dienstalter von 22 Jahren erreicht hat, plant die U.S. Navy – beginnend mit dem Haushaltsjahr 1980 – jeden der vier Träger dieser Klasse während einer zweijährigen Bauzeit so zu modernisieren, daß er rund 15 weitere Dienstjahre erreichen kann. Dieses auf viele Jahre verteilte Programm rangiert unter der Bezeichnung SLEP, was „Service Life Extension Program" bedeutet und in der Zielsetzung dem FRAM-Programm der 60er Jahre entspricht. *Saratoga* wird als erstes Schiff der Klasse SLEP durchlaufen; die Modernisierungs-Kosten sind mit zunächst über 460 Mio $ veranschlagt.

CVA-59 Forrestal

Kurzlebenslauf

ab 1956	Atlantik; steter Wechsel zwischen der II. und VI. Flotte.
11/1956	Einsatz bei der Suez-Krise.
7/1958	Einsatz bei der Libanon-Krise.
1965/66	9 Monate Werft: Installation von NTDS.
6/1967	Fahrt zur VII. Flotte, Einsatz vor Vietnam, dabei Großfeuer; 134 Tote, 64 Verwundete, Rückkehr nach Norfolk, Werft.
1968/83	Weiterhin permanenter Wechsel zwischen Ostküste und Mittelmeer.
7/1976	Gastschiff bei der Seeparade anläßlich des 200. Gründungs-Feiertages der U.S.A. vor New York.
1983/85	SLEP-Modernisierung

Schiffselektronik

Radar:

1955	SPS-12, SPS-8A, SP
1960	SPS-37, SPS-12, SPS-8A
1962/65	SPS-43, SPS-12, SPS-8A
1966	SPS-43, SPS-30
1974/78	SPS-43, SPS-30, SPS-58
1985	SPS-48, SPS-49

Feuerleitung:

1955/60	4 Mk 56
1960/67	2 Mk 56
1985	6 Mk 91

Von der *Midway* zur *Forrestal* (CVA-59) war doch ein gewaltiger Fortschritt zu verzeichnen. *Forrestal*, hier am 3. Januar 1956, drei Monate nach der Indienststellung. Die geschlossene Bugpartie gehört organisch zum Entwurf, die Rohrwaffen sind mit acht 12,7-cm-L/54 Mk 42 sehr gut vertreten. Die Gitter-Antennenmaste sind älteren Modells. Mit SPS-12 und SPS-8A entspricht die Radarausrüstung dem damaligen Standard, es ist aber auch noch eine der älteren SP-Antennen vorhanden. Foto: Newport News S. B.

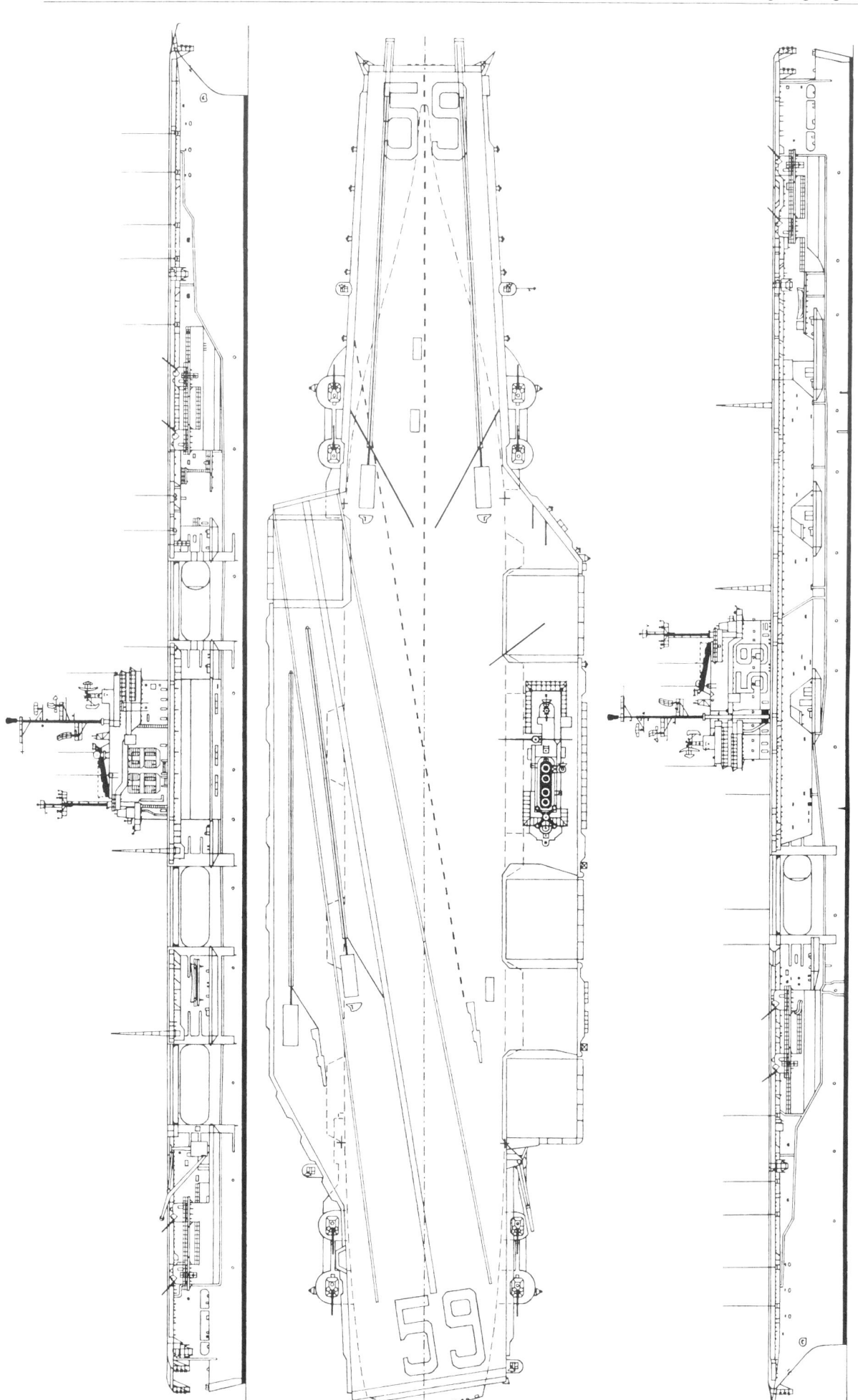

CVA-59 *Forrestal*, Aussehen 1955. Organisch einbezogenes Schräglandedeck. Musters Mk 42. Das Schiff führte zunächst einen schrägen Schornsteinaufsatz, ungünstig placierter Backbord-Aufzug, gewaltiger Unterbau für die beiderseits später zumeist einen waagerechten, wie *Saratoga* auch. vorne und achtern angebrachten, damals neuen 12,7-cm-L/54-Geschütze des

Forrestal-Klasse

Dieses am 29. August 1955 während der Werftprobefahrten aufgenommene Foto der *Forrestal* zeigt das neue Flugzeugdeck-Layout dieser ersten Klasse von sogenannten Super-Trägern. Wenn auch keine Mittelaufzüge mehr vorhanden sind, so hat sich der in Verlängerung des Landedecks montierte Außenaufzug als nicht sehr zweckmäßig erwiesen. Noch nach der Ausdockung des Schiffes befand sich die Insel einige Meter weiter innenbords; sie wurde bald danach nach außen versetzt. Die Katapultausleger wurden später verstärkt. Die beiden vorderen Katapulte gehören dem Typ C-11 an, während die auf dem Landedeck zum Typ C-7 gehören. Die Decksmarkierung wechselte seitdem mehrmals. Der Schornsteinaufsatz ist hier noch abgeschrägt.
Foto: USN (Sammlung S. Breyer)

Dieses Foto der *Forrestal* wurde am 4. Juni 1960 im Mittelmeer aufgenommen. Die Oberkante des Schornsteins ist jetzt waagerecht. Die Identifikation der Kenn-Nummer auf der Insel wird durch die an selber Stelle angebrachten Kühlrippen stark beeinträchtigt. Dünner Antennenmast hinter dem Schornstein. Zu SPS-12 und SPS-8A ist nunmehr SPS-37 am Steuerbordausleger des Mastes dazugekommen. Skyraiders und Skywarriors befinden sich auf dem Deck
Foto: A. Nani (Sammlung BfZ)

Zum Unterschied von *Ranger* und *Independence* hängt bei *Forrestal* wie bei *Saratoga* das achtere Ende des Landedecks frei über der Schanz. Im Vordergrund erkennt man an Steuerbord ein FLG Mk 56. Die auf dem Landedeck angebrachte Kenn-Nummer wurde später entfernt. Im Vordergrund und hinter der Insel sind Maschinen der Typen A-1 und A-3 abgestellt.

Foto: USN (Sammlung S. Breyer)

Forrestal-Klasse

Forrestal am 23. April 1965 vor der amerikanischen Ostküste. Die vorderen 12,7-cm-Geschütze wurden samt dem Unterbau entfernt, weil sie bei hohem Seegang Beschädigungen durch Brecher ausgesetzt waren. Der Antennenmast hinter dem Schornstein wurde erhöht. SPS-43-Radarantenne ruht auf einer an der Insel angebrachten Konsole. F-8-Jagdflugzeuge starten vorne, während einige A-3 hinter der Insel abgestellt sind. Beachte die achtern an Steuerbord abgeklappten Funkantennen. Foto: USN

Vor Vietnam verbrannten die achteren Geschütztürme und ein Teil des Achterschiffes. Die Geschütze wurden nicht mehr ersetzt. Dieses Foto wurde am 28. Dezember 1968 aufgenommen, als bereits der erste Mk 25-BPDMS-Starter für Sea-Sparrow-Flugkörper an der Steuerbordseite vorne auf ein neues „Schwalbennest" gesetzt wurde. SPS-8A-Radar wurde inzwischen durch SPS-30 ersetzt. Der Antennenmast hinter dem Schornstein ist entfernt worden. Foto: G. Ghiglione

Am 5. Juli 1976 war *Forrestal* Gastschiff bei der vor New York abgehaltenen Seeparade anläßlich der 200-Jahr-Feier der amerikanischen Staatsgründung.
Foto: Verfasser

Noch vor der SLEP-Überholung entstand dieses Detailfoto der Inselpartie von *Forrestal*, auf der besonders deutlich die Verlängerung des Schornsteines zu Tage tritt. Gegenüber 1976 findet man jetzt SPS-48-Radar an Stelle von SPS-30. Zwischen SPS-43A und SPS-10 sieht man die nur selten festzustellende Antenne SPS-58, die mit der an Bord befindlichen BPDMS-Anlage in Verbindung gestanden hat. Das Bild wurde am 22. März 1980 im Mittelmeer aufgenommen. Foto: L. Grazioli

Anfang 1985 aufgenommen: *Forrestal* verläßt nach abgeschlossener SLEP-Überholung die Marinewerft Philadelphia mit paradierender Besatzung. Während SLEP war das Schiff in Philadelphia beheimatet, wovon die zahlreichen Autos der Besatzungsmitglieder zeugen, die wieder nach Mayport verfrachtet werden. Das Schiff ist zur Aufnahme von Phalanx vorbereitet, die Geräte selbst befinden sich noch nicht an Bord.
Foto: „Ships of the World"

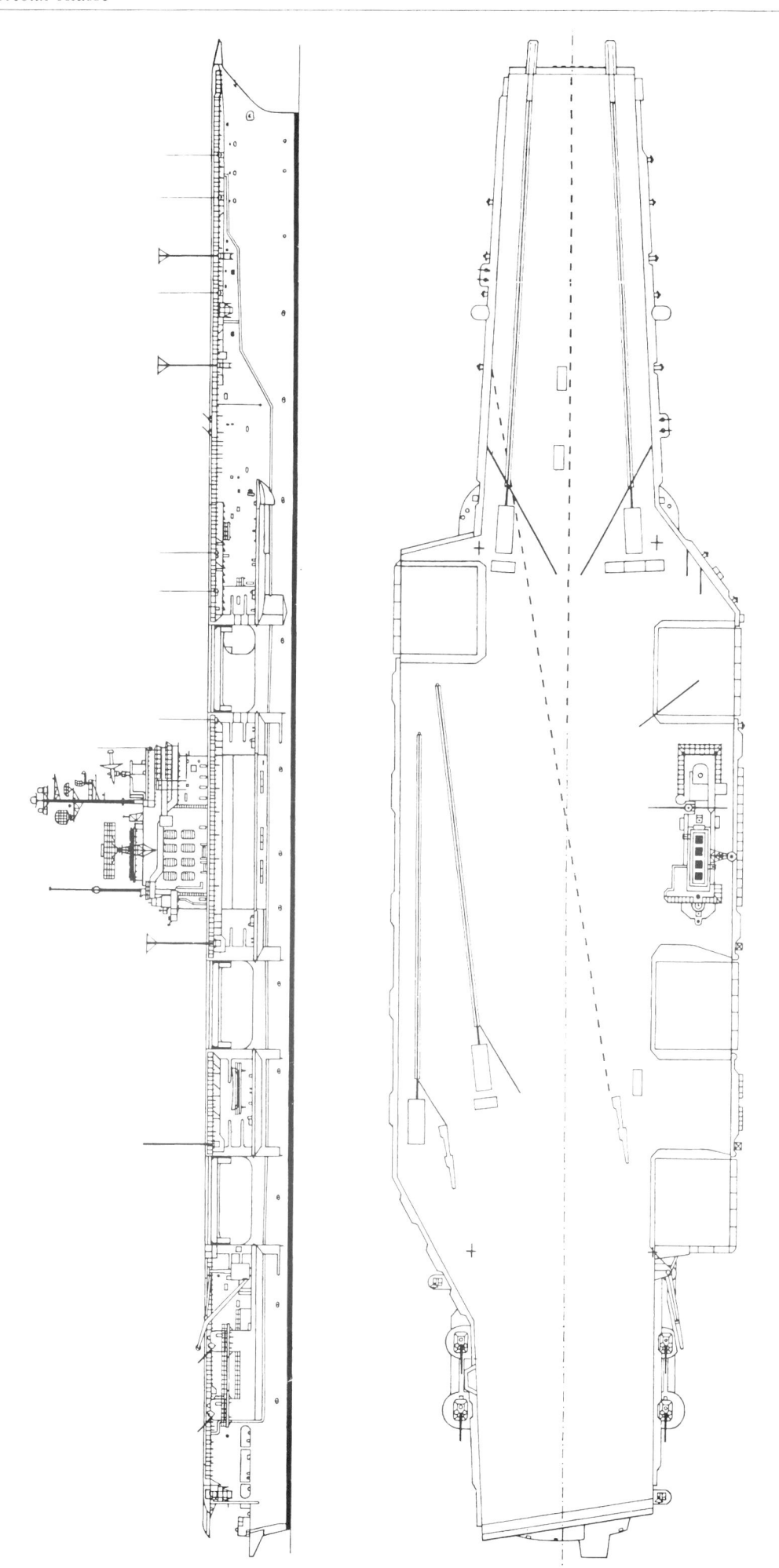

Forrestal-Klasse

Forrestal und *Saratoga* 1965. mit waagerechtem Schornsteinaufsatz und nach Entfernung der vorderen Geschütztürme samt dem Unterbau. Die achtere Kante des Landedecks hängt frei über dem Achterdeck. Radarantennen SPS-43 und SPS-30.

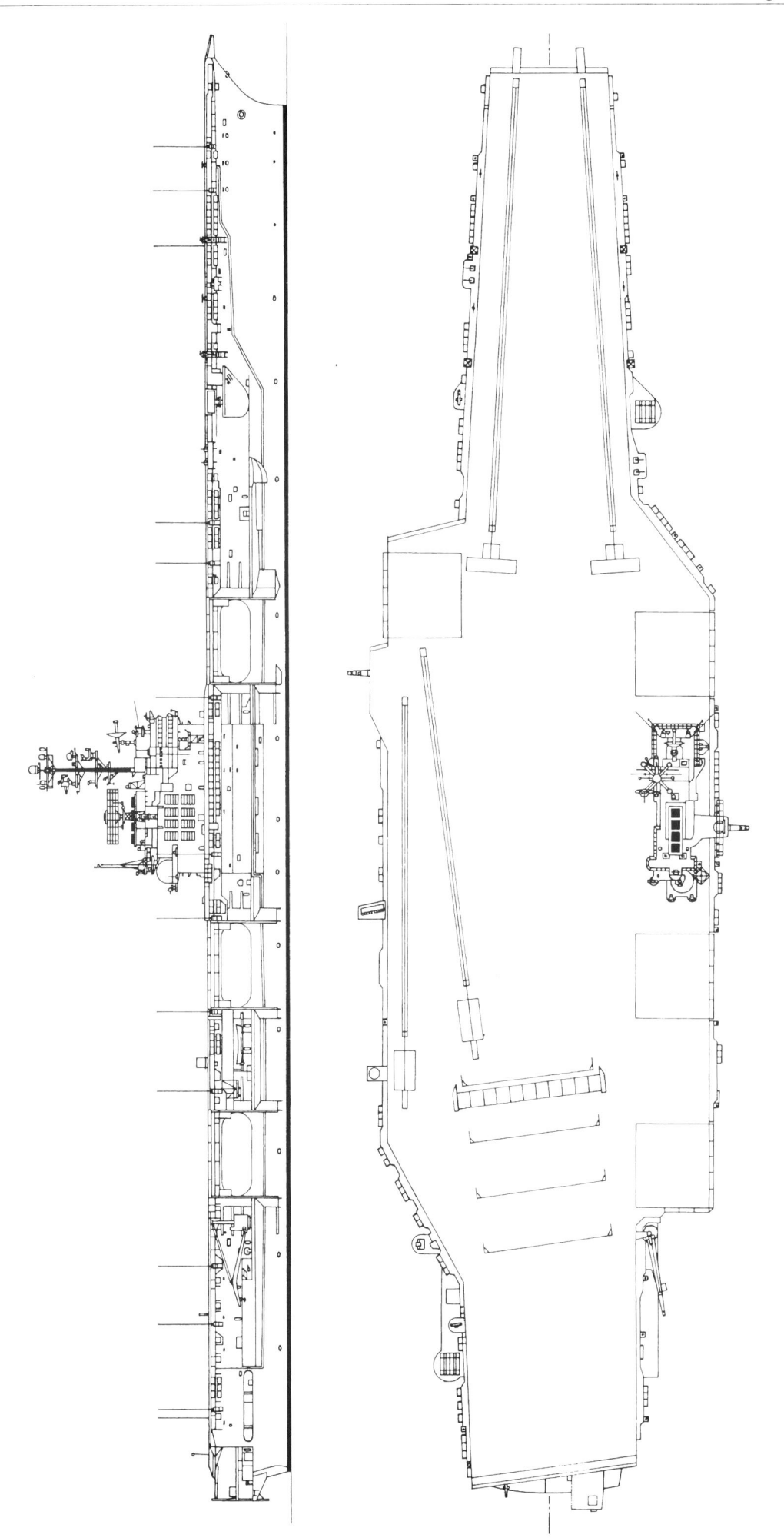

Forrestal und *Saragota*. Aussehen 1976. Soweit bekannt, war *Forrestal* der erste Träger, der etwa zu diesem Zeitpunkt die endlich auch bei der U.S. Navy eingeführten aufblasbaren Rettungsinseln erhielt. Auf den vorderen „catwalks" findet man an beiden Seiten je zwei Salutgeschütze. Unter dem Radom an der Achterkante der Insel befindet sich das Anflugradar SPN-35. Insgesamt drei Werfer für Radartäuschraketen.

CVA-60 Saratoga

Kurzlebenslauf

ab 1958	Atlantik; wechselnde Einsätze zwischen der II. und VI. Flotte.
1/1961	Brand im Maschinenraum: 7 Tote.
11/1962	Blockade Kubas
4-7/1972	Einsatz vor Vietnam
Ende 1970	Testschiff für das CV-Konzept.
2/1973-81	Wechselnde Einsätze zwischen Ostküste und Mittelmeer;
1981/83	SLEP-Modernisierung, ab
1984	erneut Wechsel zwischen II. und VI. Flotte

Schiffselektronik

Radar:

1956	SPS-12, SPS-8A
1963	SPS-43, SPS-30
10/1975	SPS-43, SPS-30, SPS-58
1978	wie vorstehend
1983	SPS-48, SPS-49

Feuerleitung:

1956	4 Mk 56
1963	2 Mk 56
1971	keine Mk 56 mehr
1983	6 Mk 91

CVA-60 *Saratoga*, aufgenommen am 25. September 1956. F9F-Jäger sind zu erkennen. Der zweite Mast ist stärker als auf *Forrestal*.   Foto: USN (Sammlung BfZ)

Am selben Tage aufgenommen: *Saratogas* Backbordansicht. Die 12,7-cm-Geschützrohre sind ausgeschwenkt. Das vor dem achteren Geschütz sichtbare FLG hat allerdings keine große Ähnlichkeit mit Mk 56. Auch hier ist der Schornsteinaufsatz zunächst noch schräg. Vier Skyraiders und eine Banshee sind noch dunkel angestrichen. Foto: USN (Sammlung BfZ)

Im Zuge des allgemeinen Trends zur Aufgabe der Rohrwaffen gab auch *Saratoga* zunächst die vorderen vier, später auch die achteren 12,7-cm-Geschütze ab. Zum Unterschied von *Forrestal* blieb hier der achtere Unterbau erhalten. Dieses Foto sowie das obere Bild der folgenden Seite zeigt CVA-60 im Juli 1976 vor Cannes. Der Schornstein-Aufsatz ist nun waagerecht. Beachte die Veränderungen des Achterschiffes, den hinter der Insel angebrachten Radom und die schwere Konsole für SPS-43-Radar. *Saratoga* war der erste Träger, auf dem das sogenannte CV-Konzept getestet wurde. Auf dem Achterdeck sieht man eine U-Jagdmaschine des Typs S-3A Viking.

Foto: Pradignac & Leo

Forrestal-Klasse

Saratoga 1977 in schneller Fahrt, bereit zur Einleitung von Startoperationen. Wie auch *Forrestal*, so erhielt *Saratoga* zwei Sea-Sparrow-Starter und das damit verbundene Radargerät SPS-58. Auf dem Deck befinden sich Flugzeuge der Typen F-4, A-6, A-7, RA-5C, A-3, S-3, C-1 und SH-3. Foto: USN

Nach Abschluß von SLEP: Details der Inselpartie von *Saratoga*, hier aufgenommen im Juli 1984 vor Toulon im Mittelmeer. An der Mastspitze findet man die leichtgewichtige TACAN-Antenne URN-25, darunter einige ECM-Antennen. SPS-48 löste schon vor SLEP SPS-30 ab; an Stelle von SPS-43A findet man jetzt auf der stabilen Konsole SPS-49, direkt darunter die älteren ECCM-Antennen der WLR/ULQ-Serie. Hinzugekommen sind Phalanx sowie die neben dem Mast sichtbaren FLG Mk 91, die zu den NATO-Sea Sparrow-Startern Mk 29 gehören. Selbstaufblasbare Rettungsinseln an der Flugdeckskante. Foto: Pradignac & Léo

Forrestal-Klasse 259

Luftaufnahme von *Saratoga* aus dem Jahre 1983 nach Abschluß von SLEP. In allem drei Phalanx-Anlagen, jedoch noch keine F-14A-Jagdflugzeuge an Bord.
Foto: USN

Im Mittelmeer im April 1984 aufgenommen: *Saratogas* Heckpartie, die nach SLEP mehr geschlossenen Raum aufweist. Foto: Sammlung L & L van Ginderen

Im Juli 1984 entstand vor Toulon dieses Backbordfoto der *Saratoga*, auf dem zwei von drei Phalanx-Anlagen zu sehen sind. Inzwischen befinden sich auch Jagdflugzeuge des Typs F-14A an Bord. Foto: Pradignac & Léo

CVA-61 Ranger

Kurzlebenslauf

10/1957	Atlantik
8/1958-84	Pazifik; permanenter Wechsel zwischen Westküste und Westpazifik.
ab 10/1964	Mehrere Einsätze vor Vietnam.
9/1967	Erster Bordeinsatz der A-7 Corsair II.
1984/85	Werftzeit in Bremerton

Schiffselektronik

Radar:

1957	SPS-12, SPS-8A
1961	SPS-43, SPS-12, SPS-8A
1964/78	SPS-43, SPS-30
1984	SPS-43A, SPS-48
1985	SPS-49, SPS-48, IPD/TAS Mk 23

Feuerleitung:

1957	4 näher nicht definierbare Geräte, die Mk 56 ähneln
1985	6 Mk 91

CVA-61 *Ranger*, aufgenommen am 22. Juli 1957, wenige Wochen vor der Indienststellung. Die Form des vorderen Unterbaus für die Geschütztürme unterscheidet sich von der auf den ersten beiden Schiffen der Klasse, ebenso das Muster der anfangs angebrachten Decksmarkierung. Bei den auf dem Flugzeugdeck sichtbaren Punkten handelt es sich um eingelassene Ösen zum Festzurren von an Deck abgestellten Flugzeugen.

Foto: Newport News S. B. (Sammlung BfZ)

Am 9. Juli 1957 wurde die gerade fertiggestellte *Ranger* vor der Bauwerft fotografiert. Der Antennenmast auf der Insel fehlt hier, an Radarantennen sind SPS-12 und SPS-8A zu identifizieren. Zum Unterschied von *Forrestal* und *Saratoga* behielt dieses Schiff seinen schrägen Schornstein-Aufsatz.

Foto: Newport News S. B. (Sammlung BfZ)

Startbetrieb auf der *Ranger* im Jahre 1958. Die Rauchabgase stören bei Winden aus ungünstiger Richtung den Landebetrieb und verursachen außerdem Korrosionen an den außen abgestellten Flugzeugen. Das Abwaschen der Flugzeuge mit Seifenlauge gehört daher zur Routinearbeit des Wartungspersonals der jeweiligen Staffel. Alle vier Dampfkatapulte sind vom Typ C-7. Beim Startbetrieb entweicht sichtbar der Dampf aus den Katapult-Zylindern. Foto: Real Photographs

Eine Detailaufnahme der vorderen Backbordgeschütze mit FL-Radar auf *Ranger*, zu Beginn der 60er Jahre. Kampfmaschinen der VA-Staffeln 144 und 146 sind auf dem Startdeck abgestellt.

Foto: Sh. Fukui (Sammlung BfZ)

Anfang der 70er Jahre vor San Franzisco: *Ranger* mit SPS-43- und SPS-30-Radar sowie mit Radom für Anflugradar hinter der Insel. Die vorderen Geschütze sind ausgebaut, *Ranger* ist jedoch das einzige Schiff dieser Klasse, das die vorderen Unterkonstruktionen bis zur Gegenwart behalten hat. Beachtenswert ist die gegenüber *Forrestal/Saratoga* abweichende geschlossene Heckpartie sowie die an der Backbord-Deckskante angebrachte, weit abstehende ECCM-Antenne.

Foto: USN

Forrestal-Klasse 263

Dieses Anfang 1977 aufgenommene Foto macht deutlich, daß *Ranger* der letzte Träger der *Forrestal*-Klasse war, der noch zwei 12,7-cm-Geschütze führte. Im Zuge der Werftliegezeit 1977/78 wurden die beiden 12,7-cm-Geschütze gegen drei BPDMS-Starter Mk 25 ausgetauscht. Damit hat kein Träger der *Forrestal*-Klasse mehr Rohrwaffen. Auch hier wurde die Zahl der Bremsseile auf vier verringert. Foto: USN

Wie sich die Bilder gleichen: Backbordansicht des Mittelschiffs von *Ranger*, aufgenommen vor North Island am 28. Oktober 1982...
Foto: F. Villi

... und im Juli 1985. Mit Ausnahme des Ersatzes von SPS-43A durch SPS-49 und von Mk 23 TAS keine nennenswerten Veränderungen in diesem Bereich.
Foto: W. Donko

Neu gestaltet wurde dagegen die Achterpartie der *Ranger*. Mehr geschlossener Raum vor der vormaligen 12,7-cm-Geschützplattform, NATO-Sea Sparrow-Starter Mk 29 mit zwei „zweiäugigen" FLG Mk 91, gewichtige Plattform für die hier noch verpackte Phalanx-Geschützanlage. Auch diese Aufnahme entstand im Juli 1985 vor North Island. Foto: W. Donko

Forrestal-Klasse

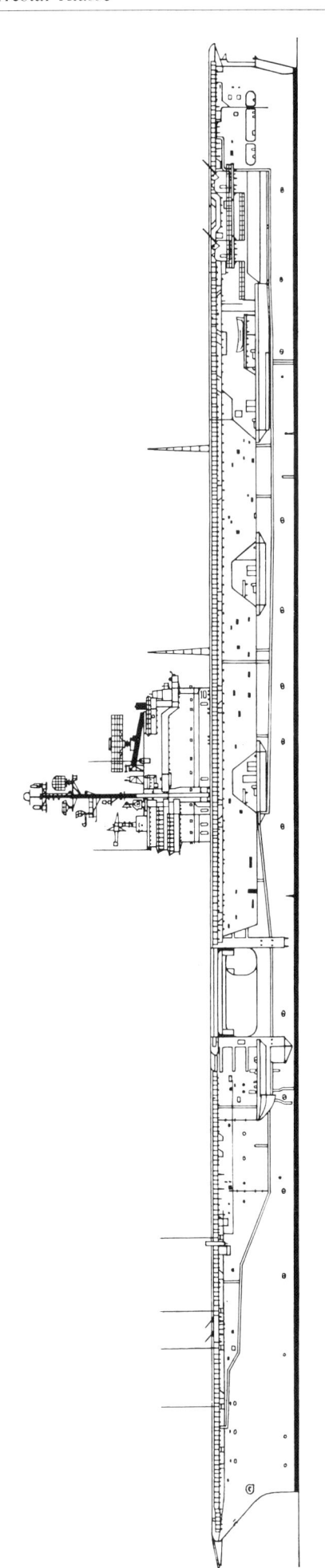

Aussehen von *Independence* (CVA-62) etwa 1965. Schräge Schornsteinkappe, geschlossene Heckpartie, dies gemeinsam mit *Ranger* (CVA-61). *Ranger* behielt allerdings auch nach erfolgtem Ausbau der vorderen Geschütztürme die Unterbauten. Die beiden achteren Geschütztürme befanden sich auch noch bis 1977 auf dem Schiff. Die beiden Rohre zwischen den vorderen Funkantennen stellen Salutgeschütze dar.

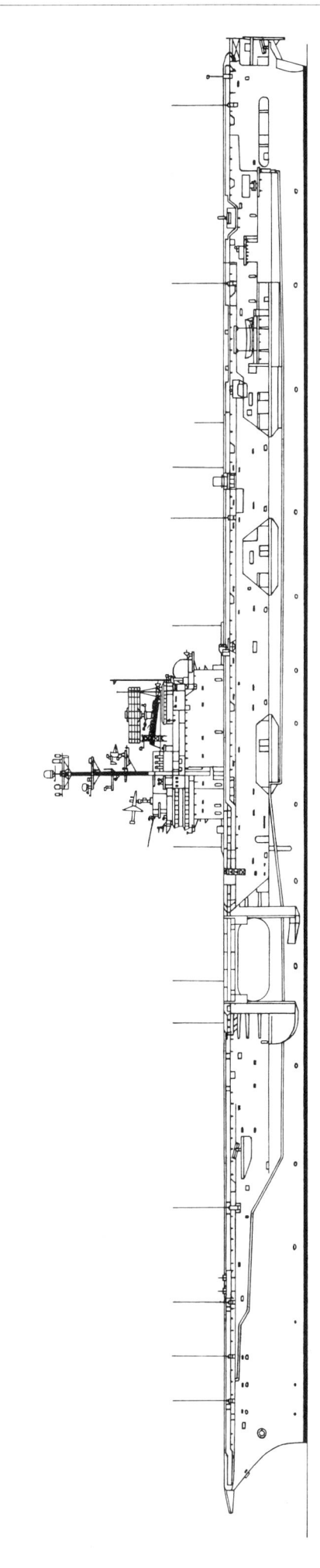

Nach wie vor unterscheidet sich *Independence* von den beiden Vorgängern *Forrestal* und *Saragota* durch die schräge Schornsteinkappe und die veränderte Heckpartie. Die Radaranlagen SPS-43 und SPS-30 gehören seit ca. 15 Jahren zur Standardausrüstung dieser Klasse, während SPS-58 erst seit der Aufstellung der Sea-Sparrow-Starter hinzukam.

CVA-62 Independence

Kurzlebenslauf
1959–1985	Atlantik; zahlreiche Wechsel zwischen der II. und VI. Flotte.
1962	Blockade Kubas.
1965	Als erster Atlantik-Träger Einsatz vor Vietnam.
1985/87	SLEP-Modernisierung

Schiffselektronik
Radar:
1959	SPS-37, SPS-12, SPS-8B
1961	SPS-43, SPS-12, SPS-8B
1963	SPS-43, SPS-30
173/78	SPS-43, SPS-30, SPS-58
1985	SPS-43A, SPS-48
1987	SPS-48, SPS-49

Feuerleitung:
1959	2 Mk 68
1985	4 Mk 91

Knapp zwei Monate nach der Indienststellung: CVA-62 *Independence*, aufgenommen am 2. März 1959 vor der Marinewerft New York in Brooklyn. Der vordere Geschütz-Unterbau ist gegenüber *Ranger* nochmals modifiziert. Die abgerundete Fläche soll den schweren Brechern weniger Widerstand entgegenbringen als die kantigen Flächen der Schwesterschiffe. *Independence* war der erste Superträger, der von vornherein SPS-37-Radar erhielt. Außer dem auf dem Mast befindlichen SPS-12-Radar findet man über den Brücken noch die relativ selten benutzte Antenne SPS-8B. Auch hier ist der Schornsteinaufsatz abgeschrägt.

Foto: USN (Sammlung BfZ)

Im November 1968 vor Genua aufgenommen: *Independence* ohne die Anfang der 60er Jahre entfernten vorderen Geschütze. Nun sind die Radaranlagen SPS-43 und SPS-30 installiert.

Foto: G. Ghiglione

Diese Detailaufnahme des Achterdecks der *Independence* stammt vom 15. Februar 1968. Über den beiden 12,7-cm-Geschützrohren befindet sich der Stand des Landeoffiziers. Bei den beiden Kuriermaschinen vom Typ Beechcraft RC-45J handelt es sich um keine Bordflugzeuge. Sie sind entweder ohne Landehaken gelandet, oder aber im Hafen per Kran an Bord gehievt worden. Es kann aber mit Sicherheit angenommen werden, daß sie genau wie die C-IA Trader – ohne Hilfe des Katapultes – abheben können. Alle vier Katapulte des Schiffes gehören dem Typ C-7 an.

Foto: USN (Sammlung BfZ)

Dieses 1973 im östlichen Mittelmeer aufgenommene Foto verdeutlicht, daß sich die Radarantenne SPS-58 bereits in diesem Jahr an Bord befunden hat. Auch auf *Independence* befindet sich – wie bei den beiden ersten Schwesterschiffen – der zweite BPDMS-Starter an der Steuerbordseite achtern. Eine Phantom und eine Intruder starten gleichzeitig von zwei Katapulten aus. Die Luft vor dem Bug des Trägers flimmert infolge der von der Phantom eingeschalteten Nachbrenner.

Foto: USN (Sammlung J. Kürsener)

Independence, am 17. November 1974 vor Cannes. Aus dieser Perspektive kann das Schiff von *Forrestal* und *Saratoga* nur schwer unterschieden werden.

Foto: Pradignac & Leo

Diese Detailaufnahme der Inselpartie von *Independence* wurde 1974 im Mittelmeer gemacht. Bemerkenswert sind hier die Radarantenne SPS-58 (gegenüber von SPS-10) und darunter eine neue Landeanflugantenne, weiterhin der Antennenmast hinter dem Schornstein und der Radom an der Achterkante der Insel. Die Kenn-Nummer ist wegen der Kühlrippen schlecht zu erkennen.

Foto: Fr. Villi

Eine vorliche Aufnahme von *Independence* vor Las Palmas, Mallorca, entstanden am 29. Oktober 1984. Flugzeuge und Hubschrauber von CVW-6 befinden sich an Bord. Foto: Sammlung L & L van Ginderen

Neben *Dwight D. Eisenhower* (CVN-69) ist *Independence* der letzte aktive Flugzeugträger, der noch SPS-43A-Radar an Bord hatte, bevor es bei SLEP durch SPS-49 ersetzt wurde. Die Aufnahme entstand im August 1985 in Norfolk, Va. Gegenüber, auf der anderen Seite von Pier 12, sieht man *Nimitz* (CVN-68), hier bereits mit Phalanx. Foto: J. Zeitlhofer

Im Frühjahr 1985 begann *Independence* mit der SLEP-Überholung in Philadelphia. Davor, am 8. Dezember 1983, entstand dieses interessante Luftfoto der Backbordseite der Insel, auf dem u. a. wieder die immer öfter durchgeführte Dunkeltönung der unteren Inselpartie deutlich wird. Flugzeugleitradar SPN-35 befindet sich unter dem Radom an der Achterkante der Insel. Unterhalb von SPS-48 sieht man den später hinzugekommenen zwei Deck hohen Brückenaufbau. Foto: USN

Kitty Hawk/America-Klasse (CVA-63/66)

Diese Klasse weicht in mehreren, z. T. auch äußerlich wahrnehmbaren Punkten von der *Forrestal*-Klasse ab. Das Layout des Flugzeugdecks wurde so modifiziert, daß sich hier im Gegensatz zu *Forrestal* zwei Flugzeugaufzüge vor der Insel befinden und nur einer dahinter. Dies ist auch der Grund dafür, daß die etwas längere Insel weiter achtern steht als auf der *Forrestal*. Der vierte Aufzug auf der Backbordseite befindet sich weiter achtern und nicht in der Verlängerung der Landebahn. Insgesamt weist das Flugzeugdeck mehr Parkfläche zum Abstellen von Flugzeugen auf. Kennzeichnend für alle Träger ab CVA-63 (mit Ausnahme von *Enterprise* ist das Vorhandensein eines gesonderten, hinter der Insel aufgestellten Radarmastes. CVA-63 und 64 erhielten vier stärkere Katapulte des Typs C-13 Mod. O. *Kitty Hawk* war das erste große Schiff, auf dem 1961 die Radarantenne SPS-43 auf der Insel über der Brücke installiert wurde. *America* wurde vier Jahre später fertiggestellt als die beiden ersten Schiffe und wies dabei so viel Differenzen auf, daß man es für richtig hielt, der ganzen Klasse einen Doppelnamen zu geben. Typisch für *America* ist vor allem der schmalere Schornstein und das Vorhandensein einer Stevenklüse mit einem Buganker, eine Anordnung, die wegen des Bugsonardomes nötig ist, in dem SQS-23 Sonar untergebracht ist.

Gemeinsam war bei allen drei Schiffen die Lenkwaffenausrüstung, bestehend aus zwei Terrier-Anlagen, die unter sich leicht abwichen. An Steuerbord achtern befand sich der Starter Mk 10 Mod. 3; an Backbord, ebenfalls achtern, Mk 10 Mod. 4. Mit dem ersten konnten Terrier-Flugkörper RIM-2F mit halbaktivem Suchkopf gestartet werden, während der andere Starter für den Abschuß der RIM-2D mit Leitstrahl vorgesehen war. Auf *America* sind beide Anlagen zur Verwendung von Standard-Flugkörpern modifiziert worden. Die Auswahl der Flugkörper erfolgt nach der erforderlichen Höhe, Reichweite und Geschwindigkeit der gegnerischen Luftziele. Trotz des Vorhandenseins der erstmalig auf Trägern installierten Lenkwaffenanlagen waren diese Schiffe zu keinem Zeitpunkt als Lenkwaffenschiffe mit dem Zusatzbuchstaben „G" (also CVAG) klassifiziert. Die Kapazität der Lenkwaffenmagazine ist mit 40 Flugkörpern je Starter relativ hoch. Ab 1977/78 erhielten *Kitty Hawk* und *Constellation* anstelle der entfernten Terrier-Anlagen je zwei NATO-Sea-Sparrow-Starter Mk 29. Die Aufstellung eines dritten Starters ist für später geplant.

Auf der *Kitty Hawk* gibt es auf dem Flugzeugdeck und im Hangar insgesamt 26 Betankungsstationen für Flugzeuge. Starke Pumpen sorgen dafür, daß jedes Flugzeug nach längstens sechs Minuten voll betankt ist. Die Baukosten betrugen: für *Kitty Hawk* 265,2 Mio $, für *Constellation* 264,5 und für *America* 248,8 Mio $. Dies ist eines der seltenen Beispiele, wo Folgeschiffe billiger waren, als das Typschiff. – Treibstoff-Kapazitäten: 5624 ts JP-5, 258 ts Flugbenzin, 7828 ts Schiffs-Treibstoff, 1310 ts Frischwasser, 594 ts Reserve-Speisewasser.

CVA-63 Kitty Hawk

Kurzlebenslauf
1961	Pazifik; erster mit Lenkwaffen ausgerüsteter Träger.
1962–1985	Ständiger Wechsel zwischen Westküste und Westpazifik; darunter mehrere Vietnam-Einsätze und Exkursionen in den Indischen Ozean und in den Golf von Oman.
etwa 1987	Verlegung zur Atlantikflotte und danach SLEP in Philadelphia.

Schiffselektronik
Radar:
1961	SPS-43 (als erstes Schiff), SPS-39, SPS-12, SPS-8B
6/1963	SPS-43, SPS-39 SPS-8B
1970/77	SPS-43, SPS-30, SPS-52
1978	SPS-43, SPS-48
1984	SPS-48, SPS-49

Feuerleitung:
1961/77	4 SPG-55
ab 1977	2, später 6 Mk 91 für IPDMS

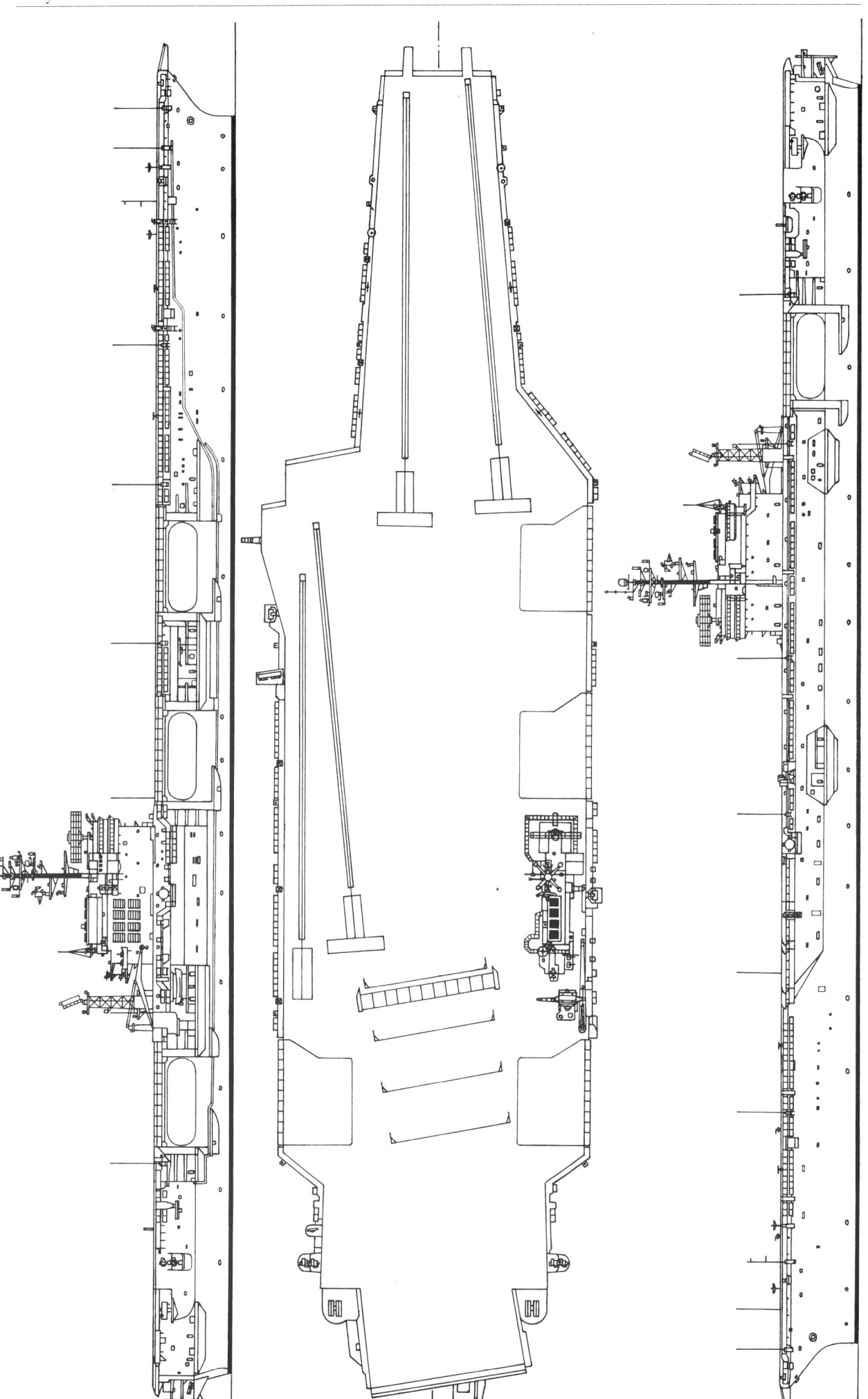

Kitty Hawk/America-Klasse

Alle drei Ansichten stellen CV-63 *Kitty Hawk* nach der letzten Umrüstung dar, nachdem die beiden Terrier-Lenkwaffenstarter Mk 10 durch zwei NATO-Sea-Sparrow-Starter Mk 29 ersetzt wurden. *Constellation* (CV-64) soll zwischenzeitlich in gleicher Weise umgerüstet worden sein. Demnächst sollen beide Schiffe noch einen dritten Starter Mk 29 erhalten. Anstelle der entfernten FLG SPG-55 findet man jetzt FLG Mk 91.

Die gerade fertiggestellte *Kitty Hawk* (CVA-63) verläßt am 29. April 1961 die Bauwerft in Camden, N. J., nur acht Tage nach der Indienststellung. Bemerkenswert ist das neue Layout des Flugzeugdecks, das nun mehr Abstellfläche bietet und bei dem auch während des Flugbetriebes sämtliche Aufzüge funktionsfähig bleiben. Soweit bekannt, ist CVA-63 das erste Schiff gewesen, das die damals neu eingeführte Radarantenne SPS-43 (hier über den Brücken aufgestellt) erhalten hat. Darüber befindet sich die 3-D-Radarantenne SPS-39 und auf dem gesonderten Radarmast SPS-8B. Alle vier Katapulte gehören dem Typ C-13 Mod. 0 an. Zum Unterschied von der Vorgängerklasse ist hier die vordere Rumpfpartie ganz glatt, um bei hohem Seegang den geringstmöglichen Widerstand zu bieten. Der Landespiegel steht hier noch unvorschriftsmäßig verkantet am Rande des Flugzeugdecks.

Foto: USN (Sammlung BfZ)

Aus dem Jahre 1963 stammt dieses Foto von *Kitty Hawk*, auf dem SPS-30 nunmehr an Stelle von SPS-8B auf den Radarmast gesetzt wurde. Der Lenkwaffenkreuzer *Columbus* (CG-12) ist im Hintergrund zu sehen. Beide Steuerbordaufzüge befinden sich auf dem Niveau des Hangars. Foto: Real Photographs

Kitty Hawk/America-Klasse

Kitty Hawk war der erste Träger der U.S. Navy, der im Zuge der Euphorie nach der Einführung von Lenkwaffen mit zwei Terrier-Startern ausgerüstet wurde. Auf dem vorliegenden Detailfoto sieht man den Steuerbordstarter und das dazugehörige FLG SPG-55. Das Nachlademagazin befindet sich hinter dem Starter. Jeder der beiden Nachlademagazine konnte 40 Terrier-Flugkörper aufnehmen.
Foto: Sh. Fukui (Sammlung BfZ)

Detailansicht des hinter der Insel aufgestellten Radarmastes der *Kitty Hawk*, aufgenommen in den ersten Jahren nach Fertigstellung des Schiffes. An der Spitze befindet sich die Radarantenne SPS-8B. Außer auf CVA-63 war diese Antenne nur noch auf CVA-62 und CVA-64 installiert worden. Später findet man hier SPS-30.
Foto: Sh. Fukui (Sammlung BfZ)

Kitty Hawk am 10. Juli 1970 vor San Diego. Die in Verbindung mit den Lenkwaffenanlagen wirkende Radarantenne SPS-39 wurde durch SPS-52 ersetzt, wobei *möglicherweise* nur die Antenne selbst ausgetauscht wurde, während die übrigen Anlageteile weiterhin zu SPS-39 gehören. 1977 wurde SPS-30 durch SPS-48 ersetzt und SPS-52 ausgebaut.
Foto: L. R. Cote

Kitty Hawk, aufgenommen im Oktober 1984 vor North Island. Das vordere Phalanx-Gerät ist sichtbar.
Foto: Sammlung L & L van Ginderen

Diese beiden Fotos entstanden im Juli 1985 ebenfalls vor North Island, gegenüber der Marinebasis San Diego. An Stelle des vormaligen Terrier-Starters Mk 10 findet man jetzt den IPDMS-Starter Mk 29. Eines der beiden zuständigen FLG Mk 91 ist noch verpackt.
Foto: W. Donko

Diese Steuerbordaufnahme der *Kitty Hawk* entstand Ende Juli 1985, als das Schiff zur letzten Westpazifik-Einsatzfahrt auslief, bevor es zur Ostküste verlegt wurde. Foto: J. Zeitlhofer

CVA-64 Constellation

Kurzlebenslauf

12/1960	Während der Ausrüstung in der Werft Großfeuer; dadurch Verzögerung der Indienststellung. 50 tote Zivilisten.
10/1961– 1981	zahlreiche Wechsel zwischen der I. bzw. III. und VII. Flotte, darunter auch Vietnam-Einsätze.
1982/84	Werftaufenthalt in Bremerton

Schiffselektronik

Radar:
1961	SPS-43, SPS-39, SPS-8B
1970/77	SPS-43, SPS-30, SPS-52
10/1977	SPS-43, SPS-48
1984	SPS-48, SPS-49

Feuerleitung:
1961/77	4 SPG-55
ab 1978	2 Mk 91 für IPDMS
1984	6 Mk 91

Dieses Foto zeigt *Constellation* am 1. Juni 1970 auf dem Wege nach Bremerton, Wash., wo eine Werftliegezeit in der Marinewerft Puget Sound beginnen soll. Wie üblich werden bei solchen Gelegenheiten die Fahrzeuge derjenigen Besatzungsmitglieder vom Heimathafen zur Werft transportiert, die während der Überholung auf dem Schiff bleiben. Als einzige Maschine sieht man einen Hubschrauber des Typs UH-2 auf dem Landedeck. Jetzt befindet sich die SPS-52-Radarantenne über SPS-43; an Stelle von SPS-8B sieht man SPS-30 auf dem Radarmast hinter der Insel. Die Kenn-Nummer befindet sich hier nicht über den Kühlrippen, wie bei *Forrestal*. Foto: USN (Sammlung BfZ)

Zu Beginn der 70er Jahre aufgenommen: *Constellation* mit zahlreichen Flugzeugen an Deck. Erkennbar sind F-4, A-6, A-7, RA-5C, E-2, A-3. Das Schiff besitzt vier C-13 Mod. O-Katapulte.
Foto: USN (Sammlung J. Kürsener)

◀ USS *Constellation* (CVA-64) verläßt am 4. November 1961 zum erstenmal die Bauwerft in New York um mit den Werftprobefahrten zu beginnen. SPS-8B-Radar hier auf dem Radarmast, während sich SPS-43 auf der Insel befindet. Das Schräglandedeck ist genau markiert und daneben ist viel Platz für abzustellende Flugzeuge. Wegen eines Brandes während der letzten Phase der Werftausrüstung mußte die Indienststellung des Schiffes um mehrere Monate verschoben werden. Trotzdem betrug die Gesamt-Bauzeit nur knapp mehr als vier Jahre. Foto: USN (Sammlung BfZ)

Kitty Hawk/America-Klasse

Alle drei Fotos der *Constellation* wurden am 19. April 1984 vor North Island aufgenommen, einige Wochen bevor das Schiff die ersten beiden aktiven F/A-18-Staffeln aufgenommen hat. Auf diesen Fotos können alle drei Phalanx-Anlagen identifiziert werden. Auf dem Detailfoto der Insel sieht man unterhalb der Ziffer „4" die meteorologische Satellitenantenne SMQ-10.

Fotos: Verfasser

CVA-66 America

Kurzlebenslauf

1/1965	Atlantik; Wechsel zwischen Ostküste und Mittelmeer.
6/1968	Erster Vietnam-Einsatz mit CVW-6.
1970	Zweiter Vietnam-Einsatz mit CVW-9.
7/1971	Dritte Mittelmeerfahrt; Ostküste.
1972	Dritter Vietnam-Einsatz
1/1974	Vierte Mittelmeerfahrt; Ostküste
1975	Werft: Umrüstung auf F-14 und S-3A-Maschinen, seitdem
bis 1985	steter Wechsel zwischen II. und VI. Flotte.

Schiffselektronik

Radar:
1964	SPS-43, SPS-30, SPS-39
1970	SPS-43, SPS-30, SPS-52
1977	SPS-43, SPS-48
1980	SPS-48, SPS-49

Feuerleitung:
1964/78	3 SPG-55
1980	6 Mk 91
Sonar:	SQS-23 (ab 1980 stillgelegt)

Obwohl zur selben Klasse zählend, unterscheidet sich USS *America* (hier noch als CVA-66) im Bereich der Insel deutlich von CVA-63/64. Hier befindet sich *America* „in Begleitung" des sowjetischen „intelligence"-Schiffes *Nahodka*. Die ursprünglich auch hier vorhandenen gewesene Radarantenne SPS-39 ist bereits durch SPS-52 ersetzt worden, während sich SPS-30 bereits bei der Fertigstellung auf dem Radarmast befand.

Foto: USN

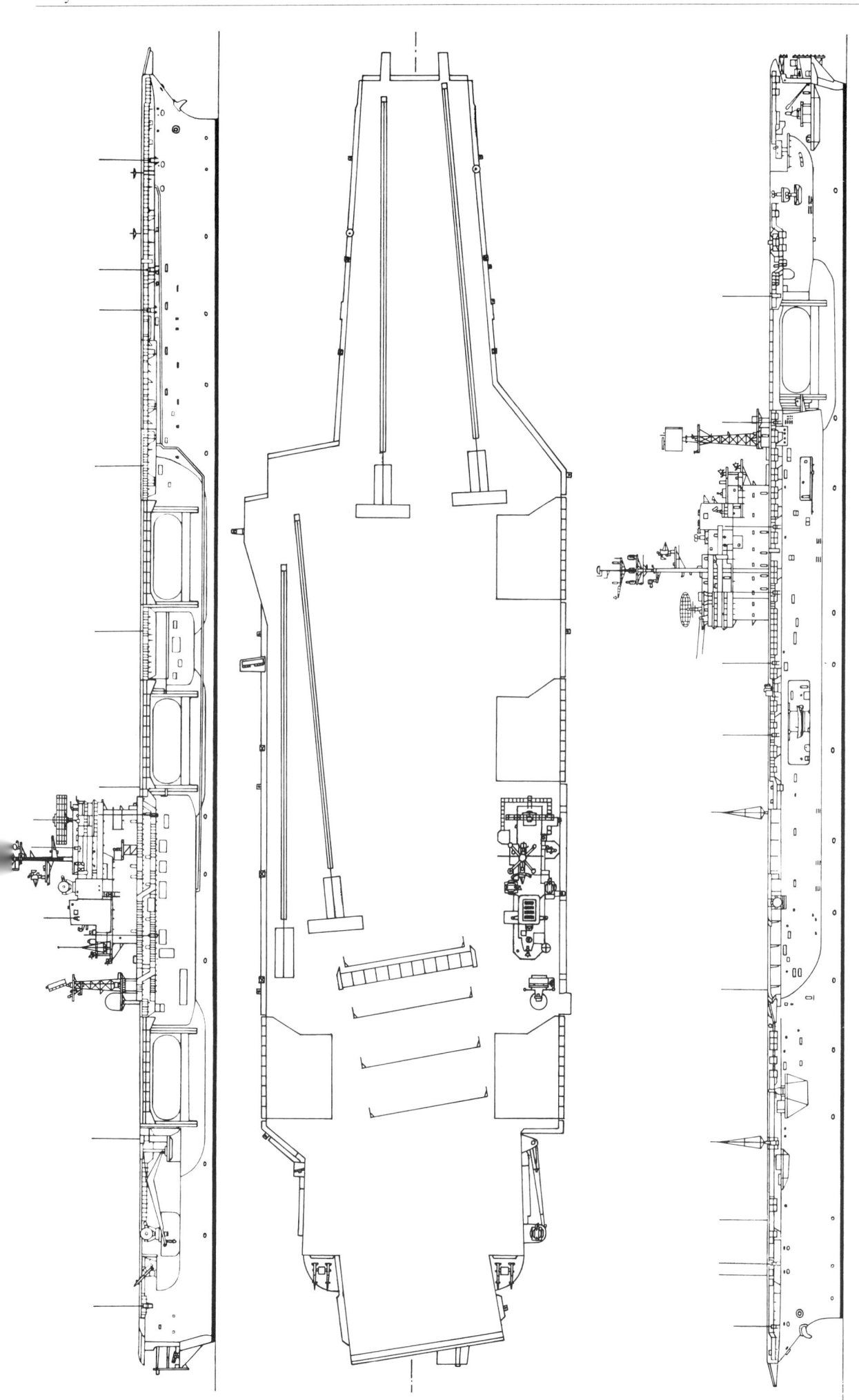

Kitty Hawk/America-Klasse

Etwa 1977 wurden die Radaranlagen SPS-30 und SPS-52 auf CV-66 *America* durch SPS-48 ersetzt. Beachtenswert ist hier die gegenüber *Kitty Hawk* veränderte Form des Schornsteins. Die untere Ansicht zeigt das Aussehen des Schiffes nach 1980.

Zwei Detailfotos der Inselpartie von *America*. Die Kenn-Nummer befindet sich am Schornstein, der hier etwas schmaler ist, als der auf den beiden Schwesterschiffen. Vorerst einmalig ist die Art der Anbringung des Namensschildes in großen Lettern. Die untere Fensterreihe gehört zur Admiralsbrücke, die mittlere zur Brücke für die Schiffsführung; auf der Steuerbordkanzel derselben ist die viereckige Satelliten-Verbindungsantenne SRN-9 angebracht. Ganz oben rechts ist die Station für die „primary flight control", von wo aus der Flugbetrieb im Bereich des Schiffes überwacht und geregelt wird. Darüber befinden sich Scheinwerfer zur Illuminierung des Flugzeugdecks. Noch 1970 mußten Trägerflugzeuge bei völlig abgedunkeltem Deck starten, während bei Landung das Landedeck angestrahlt wurde. Inzwischen sollen angeblich auch die Starts bei ausgeleuchtetem Flugzeugdeck durchgeführt werden. Auf der Insel befindet sich die Radarantenne SPS-43, darüber SPS-52 (etwa 1977 entfernt). Unter dem Schiffsnamen steht auf einer Konsole ein zweirohriger CHAFROC-Starter für Düppelraketen. Links neben dem Schiffsnamen sieht man die runde Basis mit dem FLG SPG-55. Das linke Foto zeigt im Detail den Radarmast einschließlich „high-finder" SPS-30, der etwa 1977 durch SPS-48 ersetzt wurde. Vor dem Radom ist eine weitere Satelliten-Antenne zu sehen.

Fotos: Archiv des Verfassers

Kitty Hawk/America-Klasse

America im September 1974 in englischen Gewässern. *America* ist 1978 der einzige Träger, der noch die beiden Terrier-Lenkwaffenstarter besitzt. Sie sind allerdings zum Abschluß der Standard (medium range) modifiziert worden. Foto: Wright & Logan

Diese Aufnahme aus dem Jahr 1977 macht deutlich, daß *America* (nunmehr CV-66) inzwischen die gleiche Radarausrüstung besitzt wie CV-67 *John F. Kennedy*. SPS-52 und SPS-30 wurden entfernt, dafür kam SPS-48 auf den Radarmast. An Bord befinden sich bereits Jäger des Typs F-14A Tomcat. Ein weiterer Starter für Düppelraketen befindet sich auf einer besonderen Konsole an der Backbordseite vorne, knapp unter der Kante des Flugzeugdecks. *America* besitzt vier Dampfkatapulte des Typs C-13 Mod. 0 Foto: USN

Diese beiden Luftaufnahmen zeigen *America* im August 1984 vor der Küste von Monaco, im Mittelmeer. An Bord befinden sich Maschinen des Geschwaders CVW-1. Auf dem achteren abgesenkten Flugzeugaufzug befinden sich Boots-Gestelle, auf denen die großen Beiboote im Hangar, manchmal auch auf dem Flugdeck gelagert werden. Es ist nach wie vor üblich, daß die Boote achtern anlegen. Foto: Pradignac & Léo

Detailaufnahme der Insel von *America*, aufgenommen am 4. April 1984 an der Pier 12 der Norfolk Naval Base. Bemerkenswert ist die Anbringung des Emblems der „Naval Aviation" an der Stirnseite der Insel. Die meteorologische Satellitenantenne SMQ-10 befindet sich an üblicher Stelle unterhalb des Flugdeckrandes.

Foto: Verfasser

Am 24. September 1985 weilte *America* mit CVW-1 in Portsmouth, England, bei welcher Gelegenheit diese Aufnahme entstand.

Foto: Sammlung L & L van Ginderen

Knapp einen Monat vorher wurde im August 1985 CV-66 in Norfolk aufgenommen, hier ohne CVW. Bemerkenswert ist, daß an langen Reelingreihen Persennings angebracht sind. Foto: J. Zeitlhofer

John F. Kennedy (CVA-67)

Dieses Schiff sollte ursprünglich Atomantrieb erhalten; nachdem aber nach langer Verzögerung aus finanziellen Gründen dann doch wieder konventioneller Antrieb gewählt wurde, dauerte die Umplanung so lange, daß die Fertigstellung erst gut 7 Jahre nach *Kitty Hawk/Constellation* und 3 Jahre nach *America* erfolgte. Obwohl im Layout generell diesen Vorgängern entsprechend, gab es hier so viele Unterschiede, daß jetzt „JFK" eine eigene Klasse bildet. Abgeschrägter Abschluß des Schräglandedecks, nach Steuerbord abgeknickter, eckiger Schornstein und das Fehlen einer größeren Lenkwaffenanlage, dies unterscheidet „JFK" vor allem von den ersten beiden Schiffen der *Kitty Hawk*-Klasse. Waren es z. B. bei *Enterprise* vor allem finanzielle Gründe, wegen derer das damals größte Schiff der Welt ohne jegliche Bewaffnung fertiggestellt wurde, so wurde auf „JFK" die ursprünglich vorgesehene Tartar-Doppelanlage auch deswegen nicht installiert, weil immer mehr klar wurde, daß die begleitenden Schiffe weiterreichende Lenkwaffen führen sollten, während sich die Träger selbst bestenfalls gegen schnelle, tief fliegende Ziele verteidigen sollten. Dies aber geht auch mit Sea Sparrow-Flugkörpern, deren Anlage weit preiswerter ist. So erhielt „JFK" ab 1969 drei der kastenartigen Mk 25-Starter für Sea Sparrow-FK, so daß insgesamt 24 Flugkörper mitgeführt werden können.

Die erstmalige Verwendung eines Katapultes vom Typ C-13 Mod. 1 auf CVA-67 stellt für die Trägerwaffe einen großen Fortschritt dar. Hiermit können auch Maschinen mit größtem Startgewicht (die A-3 z. B.) auch ohne Gegenwind, d. h. vom stehenden Schiff aus gestartet werden.

Die an Bord befindlichen Aufbereitungsanlagen können täglich 1400 t Seewasser in Speisewasser aufbereiten. Nachdem die Korrosion an den Oberflächen der Bordflugzeuge, verursacht durch das Gemisch von Seewasser und aggressiven Abgasen, zum Problem geworden war, konnte nach Einführung des schrägen Schornsteins das Flugzeugdeck weitgehend von Abgasen freigehalten werden. Zusätzlich wurden hierdurch auch die Sichtbehinderungen der landenden Flugzeuge eliminiert. Obwohl wahrscheinlich zur Zeit der Planung der „JFK" nicht daran gedacht worden ist, das Schiff auch bei der U-Jagd einzusetzen, erhielt „JFK" wie *America* Raumreserve für eine Bug-Sonaranlage des Typs SQS-23. Die Anlage selbst wurde jedoch nicht installiert.

Die Baukosten werden mit 277 bis 288 Mio $ angegeben. Sie liegen damit deutlich unter denen des sechs Jahre zuvor fertiggestellten Atomträgers *Enterprise*. Beim Streit und der Konfusion bezüglich des Baues weiterer Flugzeugträger wurde davon ausgegangen, daß ein neuer Entwurf stets noch besser und ausgeklügelter zu sein hat, als der nächstältere. Dies bedingte kostenträchtige und zeitraubende Entwicklungsarbeiten, die vor allem an den hohen Kosten beteiligt sind. Daß auf diesem Gebiet auch einmal mit dem vorhandenen vorliebgenommen werden könnte, darauf ging man in den Staaten lange Zeit nicht ein. „JFK" wäre ein Träger, den man auch jetzt noch *ohne* Entwicklungskosten in 2–3 Exemplaren nachbauen könnte, wenn sich die Navy nicht inzwischen definitiv für den Bau von Atomträgern der *Nimitz*-Klasse entschieden hätte.

CVA-John F. Kennedy

Kurzlebenslauf

9/1968	Atlantik; Ostküste.
4/1969	Erster Mittelmeer-Einsatz
9/1970	Alarmfahrt ins Mittelmeer wegen Nahostkrise.
12/1971 10/1972	Dritte Mittelmeerfahrt, die bis ausgedehnt wurde, weil andere Atlantik-Träger vor Vietnam aushelfen mußten; am Ende dieser langen Einsatzperiode Teilnahme am Manöver „Strong Express".
ab 4/1973 bis 1985	Mehrere Wechsel zwischen Ostküste und Mittelmeer.
1973/74	Umrüstung auf F-14 und S-3A-Maschinen.

Schiffselektronik

Radar:
1968	SPS-43, SPS-48
1976	SPS-43, SPS-48, SPS-58
1980	SPS-48, SPS-49

Feuerleitung:
1980	6 Mk 91

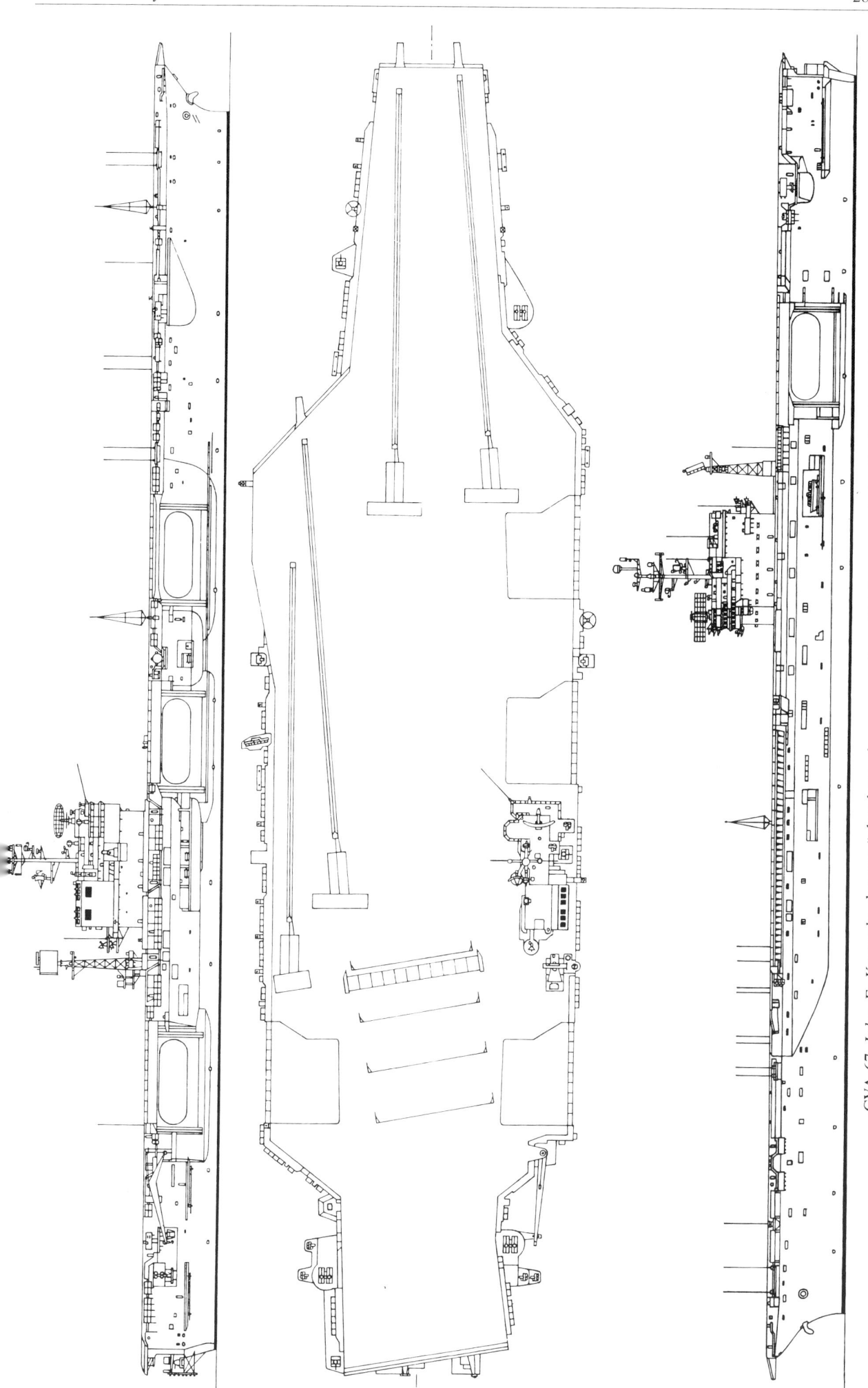

CVA-67 *John F. Kennedy*, der zunächst letzte konventionell angetriebene Superträger der U.S. Navy. Die obere Zeichnung und der Decksplan zeigen das Aussehen nach, die untere Zeichnung das Aussehen vor 1980.

CVA-67 *John F. Kennedy*, unmittelbar nach der Fertigstellung im Herbst 1968. In den vergangenen 10 Jahren hat sich die Radarausrüstung nicht verändert: nur noch zwei große Luftraumüberwachungsanlagen sind vorhanden, SPS-43 auf der Brücke und SPS-48 auf dem separaten Mast. Die Anlage des nach Steuerbord abgewinkelten Schornsteins ist gut sichtbar. Beachtenswert ist der nunmehr stumpfwinkelige Abschluß des Landedecks mit langem Katapult-Ausleger. Die BPDMS-Starter befinden sich noch nicht auf den dafür vorbereiteten Plattformen.

Foto: Newport News S. B. (Sammlung BfZ)

Achteransicht von *JFK*, aufgenommen im April 1972 vor Piräus. Bei den meisten modernen Trägern spielt sich der Personenverkehr vom Achterschiff aus ab. Auf dem achteren Teil des Landedecks sind ausschließlich Phantom-Jäger zu beobachten. Beachtenswert ist der an Backbord sichtbare Überhang des Schräglandedecks, mit dem im November 1976 der Kreuzer *Belknap* (CG-26) kollidierte und dabei schwerste Beschädigungen davontrug. Über dem Heckspiegel ist ein zweirohriger CHAFROC-Werfer zu sehen.

Foto: Verfasser

Am 21. April 1972 während des Flugbetriebes im Mittelmeer aufgenommen: die Insel mit Radarmast von CVA-67, auf dem letzteren SPS-48-Radar in Breitansicht. Ganz oben an der Ecke des Signaldecks sieht man ein zweiäugiges Leitgerät für Sea-Sparrow-Flugkörper. An Flugzeugen sind zu erkennen: eine A-6A von VA-34, dahinter drei Radar-Frühwarnflugzeuge des Typs E-2B und rechts hinter der Insel ein Fernaufklärer des Typs RA-5C. Foto: Verfasser

John F. Kennedy im Oktober 1976 während eines Besuches in England. Zu erkennen sind Flugzeuge der Typen A-7, F-14A und A-6. Foto: Wright & Logan

Diese Aufnahme aus dem Jahre 1977 zeigt die veränderte Zusammensetzung des an Bord befindlichen Geschwaders CVW-1 im Rahmen des CV-Konzeptes, wovon eine vorn abgestellte S-3A Viking zeugt. Foto: USN

Eine leider undatierte Aufnahme von CV-67, die vermutlich zu Beginn der 80er Jahre entstanden ist.
Foto: „Ships of the World"

Enterprise-Klasse (CVAN-65)

Zeitlich liegt die Fertigstellung des ersten nuklear angetriebenen Flugzeugträgers der Welt etwa gleich mit der von *Kitty Hawk/Constellation*, mit denen *Enterprise* das Layout des Flugzeugdecks gemeinsam hat. Trotzdem ist der Zugang dieses Schiffes als besonderer Meilenstein in der Geschichte der Kriegsschiffe zu sehen. In den 17 Jahren seit der Inbetriebnahme haben sich die Vorteile von Atomträgern im besonderen und zusammen operierender Atom-Über- und Unterwasserschiffe im allgemeinen sehr deutlich gezeigt. Hierüber wurde bereits in einem der vorstehenden Abschnitte gesprochen. Die Verwendung von acht Atomreaktoren war damals technisch bedingt, und allein die Tatsache, daß nur alle 3–4 Jahre die Uranladungen erneuert werden mußten (was dann jeweils zum mehrmonatigen Ausfall des Schiffes führte), wurde zu jener Zeit als enormer Fortschritt angesehen. Inzwischen soll auch *Enterprise* Urankerne erhalten haben, wie sie auf *Nimitz* (CVN-68) verwendet werden, und die erst nach ca. 13 Jahren ausgewechselt werden müssen. Bis zur Indienststellung der *Nimitz* im Jahre 1975 war *Enterprise* fast 14 Jahre lang das größte Kriegsschiff der Welt. Ihre Baukosten betrugen 451,3 Mio $. Diese damals als sehr hoch angesehenen Baukosten waren der Grund dafür, daß *Enterprise* nicht mehr die vorgesehenen fünf Schwesterschiffe erhielt. Die vier Dampfkatapulte C-13 Mod. 0 (Beschleunigung der schwersten Bordflugzeuge auf 257 km/h innerhalb von 76 m) und die verstärkte Bremsseilanlage Mk 7 hatte *Enterprise* gemeinsam mit der *Kitty Hawk*-Klasse, und auch die vier 105 ts schweren, fünfkantigen Aufzüge sind in gleicher Weise angeordnet. Diese Anordnung bedingte, daß auch hier die Insel vergleichsweise weit zurückgesetzt wurde. Die Insel ist einmalig in ihrer äußeren Form. Quadratisch und schmal ist die Basis, so daß noch mehr Decksparkfläche zur Verfügung steht. Darüber befindet sich ein weit breiterer kubischer Körper, an dessen vertikalen Flächen je vier nicht rotierende Radarantennen des Typs SPS-32 und 33 angebracht sind. In diesem Teil sind u. a. die beiden Brücken untergebracht sowie die Flugbetrieb-Kontrollstation („primary flight control"). Die krönende Kuppel enthält ganze Ring-Reihen von hammerartigen ECM-Antennen. Die Verwendung der nicht rotierenden Radarantennen SPS-32 und 33 beschränkte sich auf die *Enterprise* und den Lenkwaffenkreuzer *Long Beach* (CGN-9). Vorbedingung hierfür war offensichtlich die Tatsache, daß die beiden Atomschiffe keine korrosiven Abgase produzierten. Eine Mitte der 70er Jahre durchgeführte Modernisierung der SPS-32/33-Anlage auf *Long Beach* durch die herstellende Firma Hughes zeigte, daß hier gewisse Beschränkungen vorgelegen haben müssen. So wurden diese Anlagen auf USS *Nimitz* nicht mehr installiert.

Bis zum Herbst 1965 gehörte *Enterprise* der atlantischen Flotte an, die Vorteile des Atomantriebes konnten jedoch in den Weiten des Pazifischen Ozeans besser genutzt werden. Bedingt durch die Ausweitung des Vietnamkrieges wurde *Enterprise* an der Westküste der U.S.A. stationiert.

Vom Entwurf her sollte *Enterprise* – genau wie *Kitty Hawk* auch – zwei Lenkwaffenanlagen für Terrier-Flugkörper erhalten. Dies wurde jedoch wegen der ohnehin sehr hohen Baukosten nicht realisiert, so daß das damals größte Schiff der Welt mehrere Jahre lang ohne jegliche Bewaffnung fuhr. Erst ab 1967 wurden nacheinander erst ein, später noch ein zweiter Sea Sparrow-Starter installiert.

Der Wegfall der viel Raum beanspruchenden Kessel und des Eigenbedarfes an Treibstoff gestatteten die Einplanung von mehr Kapazität zur Mitnahme von Flugzeugtreibstoff und Munition, als dies bei der *Forrestal*-Klasse der Fall war. Auch kann *Enterprise* Treibstoff als Ballast mitführen, um ihn an andere innerhalb des Verbandes fahrende Schiffe abzugeben. Die Gesamtleistung aller Hilfsmaschinen soll 30 000 PS betragen.

Zwischen Januar 1979 und März 1982 wurde die *Enterprise* bei der Marinewerft am Puget Sound, in Bremerton, modernisiert. Dabei ging es vor allem um die Neugestaltung der Schiffsinsel. Das offensichtlich nicht sehr wirksame Radarantennen-Paar SPS-32 und SPS-33 wurde entfernt, ebenso wie der einem Bienenkorb gleichende, konische Inselaufbau. An seiner Stelle wurde ein Standard-Trägermast aufgestellt, der dem auf den Schiffen der *Nimitz*-Klasse gleicht. Dagegen unterließ man die Aufstellung eines separaten Elektronikmastes hinter der Insel. Dies hatte zur Folge, daß die meisten Radaranlagen im Inselbereich Aufstellung fanden, was eine gegenseitige Beeinflussung (Interferenz)

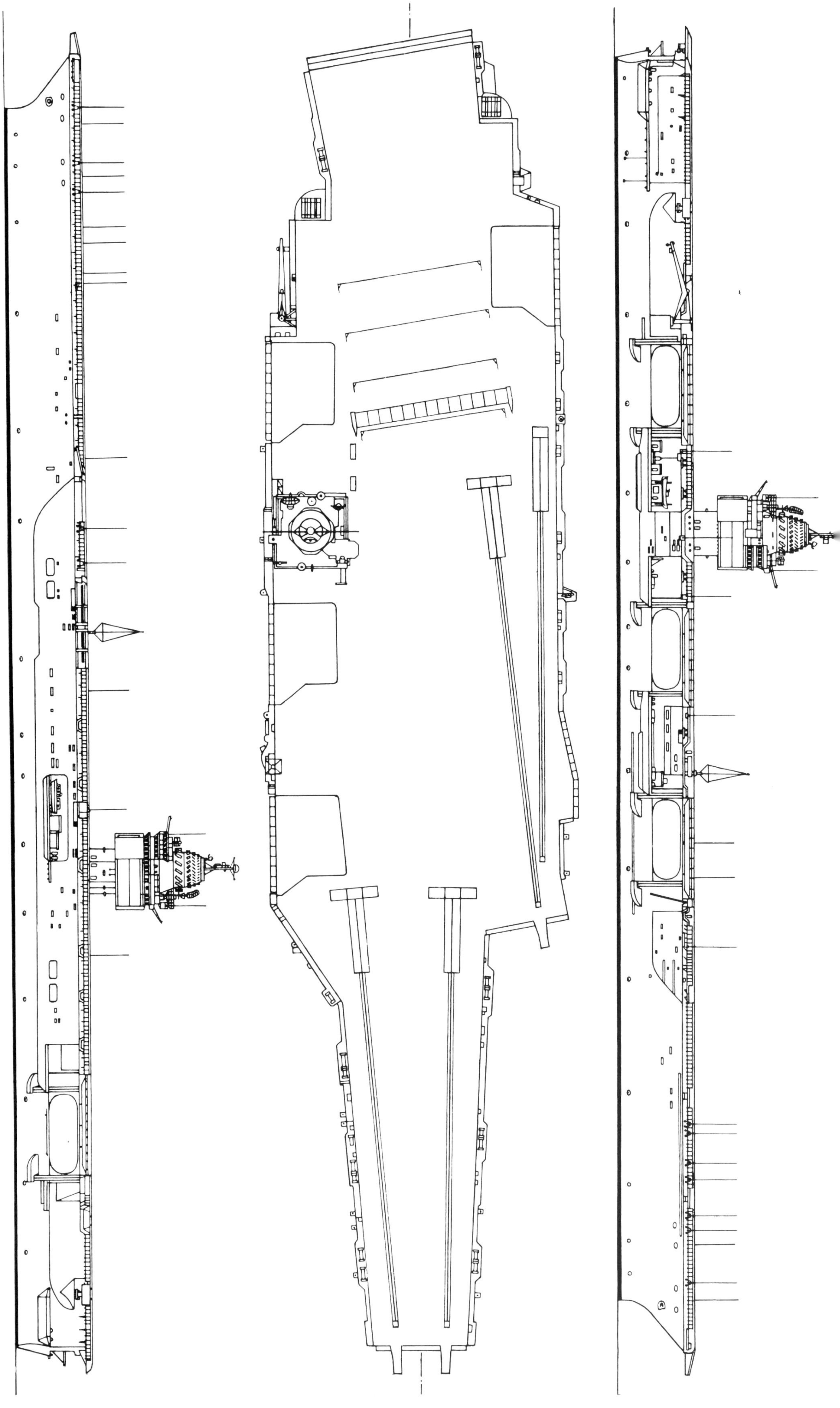

zur Folge hatte. Während dieser Zeitperiode wurden modernere Waffen- und Elektroniksysteme installiert. Auch erfolgte damals die Umwandlung der Antriebsanlage, die von da an derjenigen der *Nimitz*-Klasse ähnelte. Statt zwei Kernreaktoren gab es jetzt acht. Hierdurch erhöhte sich die Reichweite des Schiffes von 200 000 auf ca. 1 000 000 Meilen.

Nach der im September 1989 beginnenden sechsmonatigen Einsatzfahrt („Deployment") verlegte CVN-65 von Alameda, CA, zur Ostküste der USA, um die Zeit zwischen Oktober 1990 und Juli 1995 in der Stammwerft in Newport News zu verbringen, wo die Uranladung ergänzt wurde. Am Ende dieser Überholung wurde die ganze Problematik der Unterhaltung von Atom-Flugzeugträgern offensichtlich: der letzte Werftaufenthalt bei Newport News verschlang über 3,1 Milliarden Dollar, ein Mehrfaches der ursprünglichen Baukosten der *Enterprise*.

Hiernach verblieb das Schiff bei der Atlantischen Flotte. Falls nicht andere, durchaus im Bereich des möglichen liegende Entscheidungen dem widersprechen sollten, gehen die Navy-Planungen dahin, die *Enterprise* bis zum Jahr 2013 im aktiven Dienst zu belassen.

CVAN-65 Enterprise

Kurzlebenslauf

1961	Atlantik.
6/1962	Ostküste, Mittelmeer.
10/1962	Blockade Kubas.
5/1963	Mittelmeer; von da ab mit *Long Beach* (CGN-9) und *Bainbridge* (DLGN-25) Bildung von „Task Force 1" und Welt-Reise „Operation Sea Orbit" über 49 000 km um die Weltkugel.
10/1964	Erste Uranergänzung.
11/1965-1978	Pazifik; mehrfacher Wechsel zwischen Westküste und Westpazifik, gelegentlich auch Indischer Ozean, darunter Vietnam-Einsätze.
1/1969	Schwere Explosion nach Zündung einer Zuni-Rakete: 27 Tote, 344 Verwundete, 15 vernichtete Flugzeuge; Werft.
5/1969	Wieder einsatzbereit.
8/1969	Zweite Uran-Ergänzung während langer Werftzeit.
1/1971	Wieder einsatzfähig; Einsätze Westpazifik einschließlich Exkursion in den Indischen Ozean, im Wechsel mit Westküste.
1973	Letzte Luftangriffe von Bordflugzeugen auf Ziele in Vietnam.
1973	Werft; Vorbereitung zur Aufnahme von F-14 und S-3A-Maschinen, danach Westpazifik, einschl. Indischer Ozean.

Im Laufe der ersten 18 Jahre ihrer Dienstzeit hat sich *Enterprise* (jetzt CVN-65) äußerlich kaum verändert. Die umseitigen Zeichnungen zeigen das Aussehen des Schiffes vor dem großen Umbau 1979/82, hier mit nur zwei BPDMS-Startern Mk 25.

4/1975	Evakuation von Saigon; danach wieder regelmäßiger Wechsel zwischen III. und VII. Flotte.
1979/82	Große Modernisierung in Bremerton
1983/85	Einsatzfahrten im Nord- und Westpazifik sowie im Indischen Ozean.
4/1986	Als erster CVN-Transit durch den Suezkanal ins Mittelmeer.
4/1988	Nordarabische See; CVW-11 attakiert iranische Kriegsschiffe.
9/1989	14. Einsatzfahrt WESTPAC.
3/1990	Nach Weltumrundung Ankunft in Norfolk.
10/1990	Verlegung nach Newport News, dort in der Werft bis
9/1994	große Instandsetzung und Uran-Ergänzung.
7/1995	wieder einsatzfähig.
12/1996	Ende der 15. Einsatzfahrt ins Mittelmeer, ins Rote Meer und in die Arabische See.

Schiffselektronik

Radar:

1961	4 SPS-32, 4 SPS-33
1963/78	4 SPS-32, 4 SPS-33, SPS-12
ab ca. 1976	SPS-58
1982	SPS-48, SPS-49
1998	SPS-49(V)5, SPS-48E, Mk 23 TAS, SPS-67, LN-66, SPS-64(V)9

Feuerleitung:

1982	6 Mk 91
1998	6 Mk 95

ECM/ESM:

SLQ-32(V)4, Mk 36 SRBOC, SLQ-25A.

Eines der bekanntesten Fotos des ersten Atomträgers der Welt, USS *Enterprise* (CVAN-65), aufgenommen am 30. Oktober 1961, drei Tage nach Indienststellung, bei Geschwindigkeits-Probefahrten. Das Flugzeugdeck-Layout entspricht dem von *Kitty-Hawk*. Es sind vier Dampfkatapulte des Typs C-13 Mod. 0 vorhanden. *Enterprise,* das damals größte Kriegsschiff der Welt, erhielt aus kostenbedingten Gründen keine Lenkwaffenanlage und fuhr mehrere Jahre – bis zur Aufstellung des ersten BPDMS-Starters – ohne jegliche Bewaffnung. Im Vergleich zu *John F. Kennedy:* rechtwinkeliger Abschluß des Landedecks.   Foto: Newport News S. B.

Teleobjektiv-Aufnahmen verstärken insbesondere bei so stark vorlichen Aufnahmen den Eindruck der mächtigen Umrisse der *Enterprise*. Auch an Backbord ist am Ende des Landedecks eine Funkantenne angebracht.
Foto: USIS (Sammlung S. Breyer)

Eine F-14A Tomcat von VF-1 landet am 18. März 1974 irgendwo im Pazifik auf *Enterprise*. SPS-12-Radar ist an der Achterkante der Insel angebracht. Davor, über dem Schiffsnamen, findet man eine viereckige Satelliten-Empfangsantenne des Typs SRN-9. Auf der Kenn-Nummer sind Leuchten angebracht, so daß das Schiff auch bei Nacht rasch identifiziert werden kann. Aber auch bei Besuchen in Häfen wird die Kenn-Nummer damit ausgeleuchtet. Zwei Schulmaschinen des Typs T-1 sind zu sehen. Foto: USN (Sammlung J. Kürsener)

Etwa 1977 wurde dieses Foto der *Enterprise* aufgenommen, an Deck nahezu alle Maschinen von CVW-14, darunter auch F-14A-Jäger. An der Stelle, an der ursprünglich eine größere Lenkwaffenanlage ihren Platz finden sollte, befindet sich jetzt einer der drei BPDMS-Starter Mk 25 für Sea Sparrow-Flugkörper. Foto: USN

Dieses Foto wurde im April 1982 aufgenommen, als *Enterprise* nach beendetem Umbau von Bremerton erstmalig nach Alameda kam. Besonderes Kennzeichen dieses Umbaus war die Neugestaltung der Insel und das Hinzukommen eines Träger-Standardmastes. Auf diesem Foto sieht man, daß die Mastspitze samt URN-25 zwecks leichterer Durchfahrt unter Brücken abgeklappt ist. Foto: USN

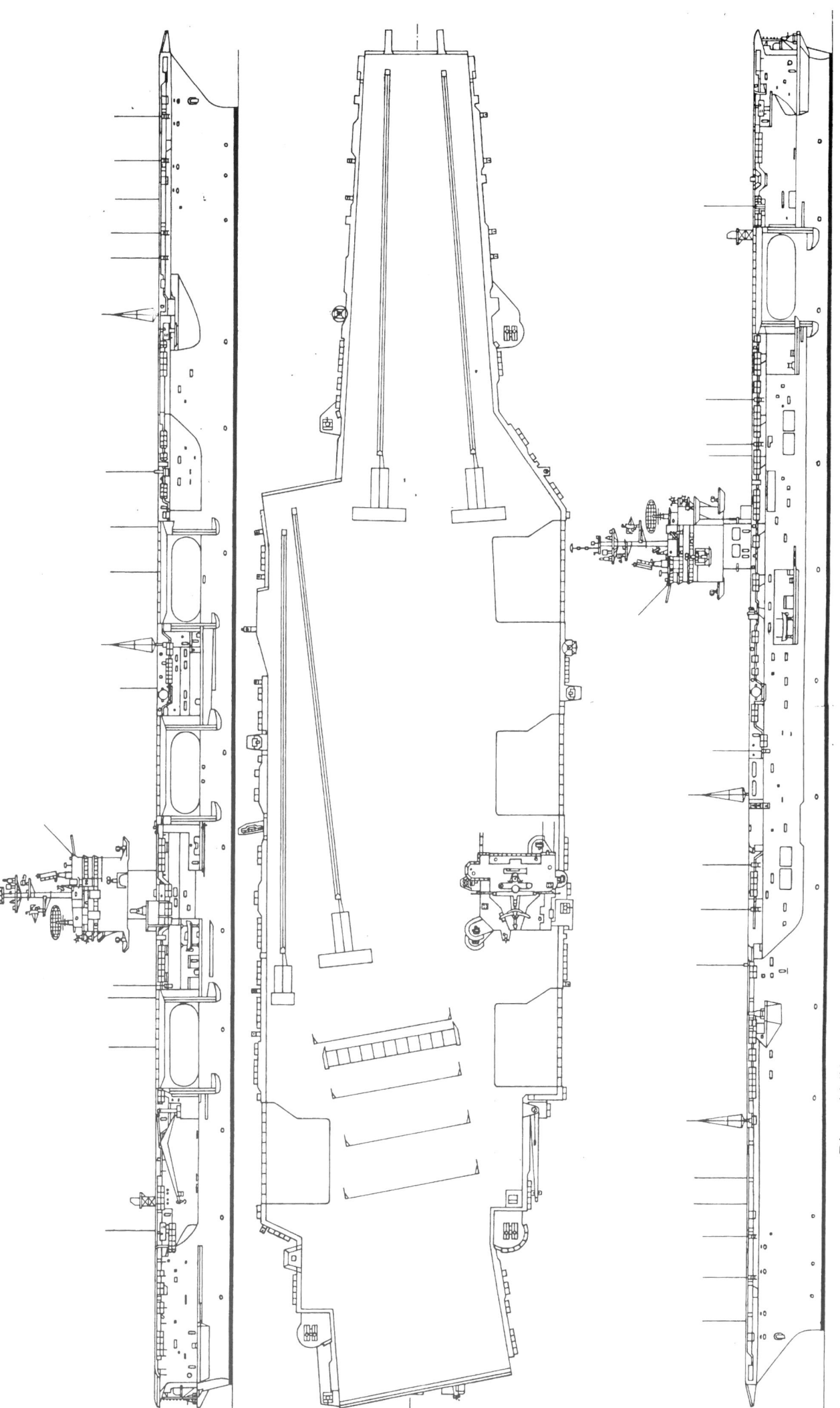

Die „mid-life conversion" der *Enterprise* fand zwischen 1979 und 1982 statt. Hierbei wurde die Insel ganz neu gestaltet und modernere Waffensysteme kamen an Bord. Auch die Schiffselektronik wurde dem derzeitigen Standard angepaßt.

Vom Flugdeck gesehen: Hinterseite der Schiffsinsel von USS *Enterprise* (CVN-65). Die hier nicht ganz vorschriftsmäßig angebrachte E-Auszeichnung sowie eines der Leitgeräte Mk 91 sieht man genau so, wie die rechts darunter aufgestellte Phalanx-Anlage, die zu Wartungszwecken um 90° nach hinten gekippt wurde. Das Foto entstand 1992 in Alameda, CA. Verfasser

Diese drei Detailaufnahmen der *Enterprise* entstanden am 16. April 1984 in Alameda. Angewinkelte Strahlabweiser hinter den Katapulten Nr. 1 und 2, unterschiedlich hoch, alle drei Stb.-Flugzeugaufzüge in unterer Position, SMQ-10-Satellitenantenne und die neu gestaltete Insel mit SPS-48 und -49-Radar. Im Hintergrund sieht man den Atomkreuzer *California* (CGN-36) und den Versorger *Roanoke* (AOR-7), beide mit Phalanx. Die Aufnahmen entstanden vom Brückendeck der *Carl Vinson* (CVN-70), die an der selben Pier gegenüber von CVN-65 lag. Fotos: Verfasser

Bei derselben Gelegenheit aufgenommen: die Steuerbordseite der Insel. Die Antennengruppe von SLQ-17-ECCM sieht man über der geschlossenen Brückennock, darunter eines von sechs FLG Mk 91. Phalanx hat hier „den Kopf im Nacken". Nach dem erfolgten Umbau ist die Kennummer „65" viel besser zu erkennen, als zuvor.
Foto: Verfasser

Während der großen Flottenübung FLEETEX 1985 präsentiert sich *Enterprise* hier, hohe Fahrtstufe fahrend, mit Maschinen seines Geschwaders CVW-11. Ganz vorne sieht man eine EA-3B der VQ-1-Staffel. Eine Landeradaranlage befindet sich jetzt weit ab von der Insel auf einer erhöhten Plattform. Foto: „Ships of the World"

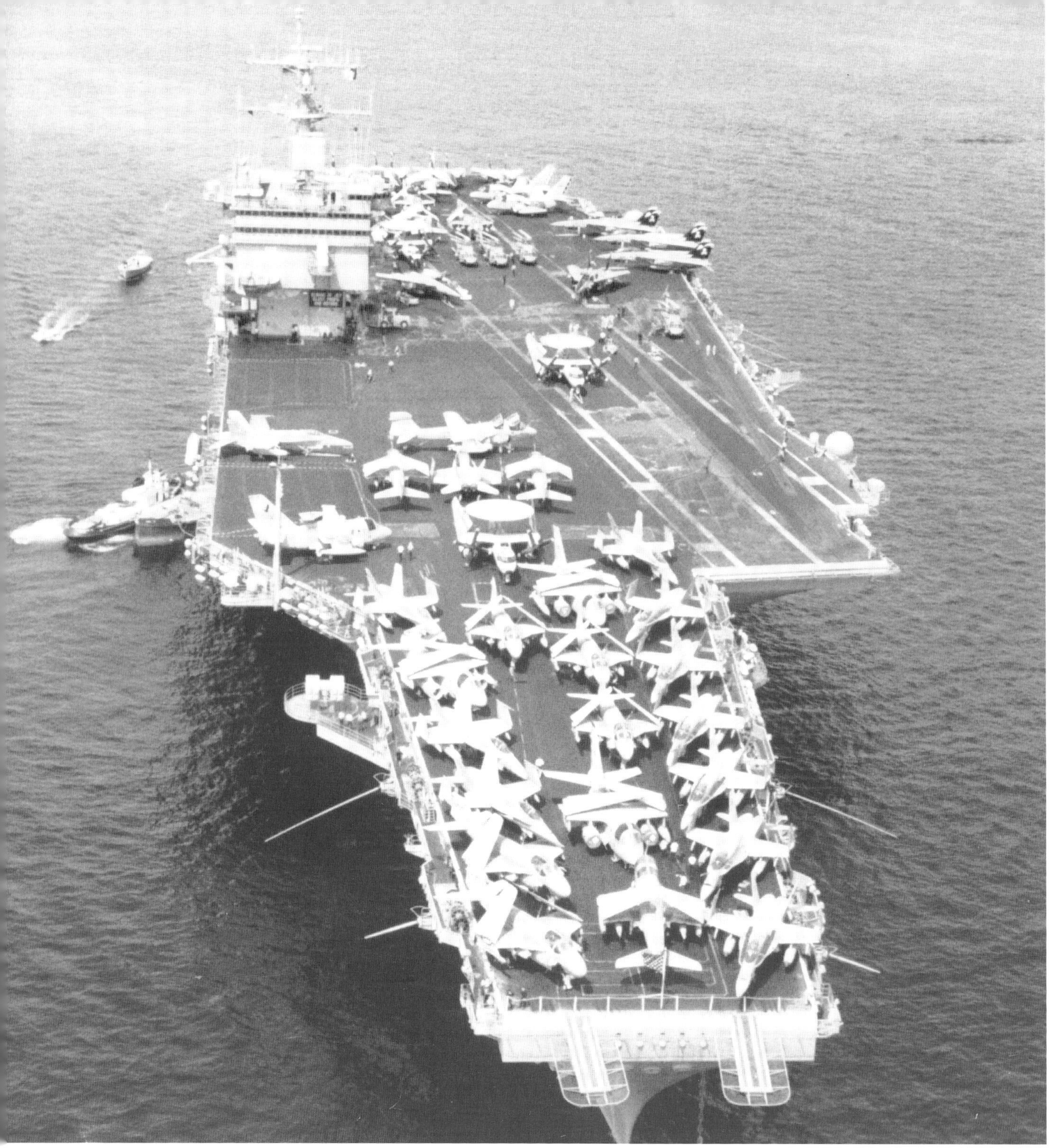

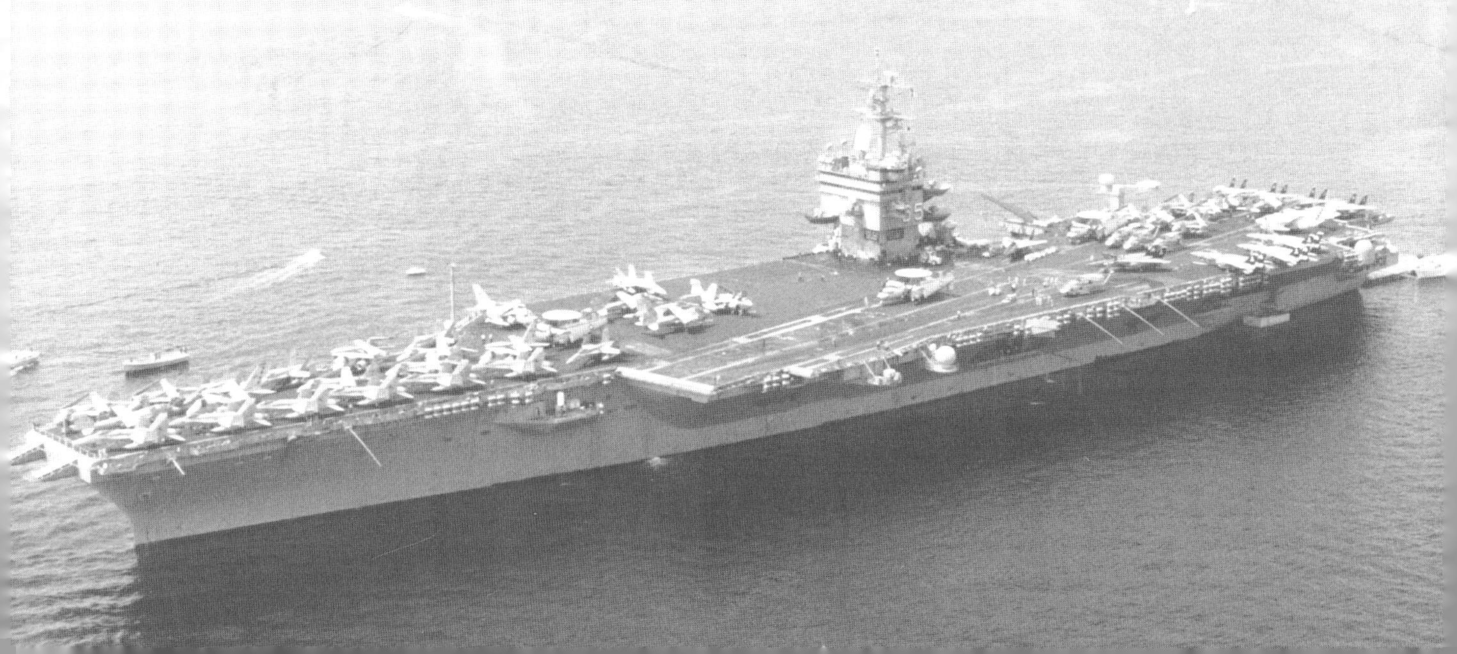

Alle vier hier abgedruckten Luftbilder von *Enterprise* (CVN-65) wurden am 5. 8. 1996 im Mittelmeer (vor Cannes) aufgenommen, während des damaligen Deployments des Trägers. Mehr als die Hälfte der Flugzeuge befindet sich auf dem Flugdeck. Eine E-2C Hawkeye bereitet sich auf den Start vom Katapult Nr. 3 vor. Pradignac et Léo

Nimitz-Klasse (CVAN-68)

Nicht zuletzt dem energischen Einsatz von Admiral H. G. Rickover, dem „Vater der Atomträger" ist es zu verdanken, daß die Navy nach mehreren Jahren der Unterbrechung doch noch weitere Atomträger erhalten hat. Ihm war es gelungen, bei den Bewilligungs-Behörden im Kongreß eine ausreichende Mehrheit zu finden, die er von den unzweifelhaften Vorteilen der Atom-Kampfgruppen überzeugt hatte. Das Typschiff *Nimitz* wurde aus dem Etat 1967 zum Bau freigegeben. Nach weiteren drei bzw. vier Jahren folgten dann die beiden Schwesterschiffe, während der Bau von CVN-71 wegen der inzwischen auf über 2000 Mio $ angestiegenen Baukosten noch keineswegs als gesichert gilt. Schon *Nimitz* kostete angeblich rund 646,7 Mio $; der Preis für *Dwight D. Eisenhower* wird mit ca. 750 Mio und mehr angegeben, und der von *Carl Vinson* mit etwa 2 Milliarden.

Der *Nimitz*-Entwurf trägt allen mit vergangenen Trägerklassen gemachten Erfahrungen Rechnung und ist das Modernste, was die U.S. Navy jemals hervorgebracht hat. Die Verbesserungen betreffen vor allem die äußerlich nicht wahrnehmbaren Bereiche. Das gegenüber *Enterprise* zu verzeichnende Mehrgewicht von 5900 ts Standard drückt sich in nur geringfügig größerer Breite und einem etwas größeren Tiefgang aus, nicht jedoch in der größeren Länge. Das generelle Flugzeugdeck-Layout ist gegenüber *Kitty Hawk* im Prinzip unverändert, jedoch sollen noch mehr Munition und Flugzeugtreibstoff mitgeführt werden können. Eingedenk des bei vorherigen Klassen festgestellten permanent anwachsenden Raumbedarfs für Angehörige des Schiffes und des Bordgeschwaders wurden hier Unterbringungsmöglichkeiten für 6286 Mann geschaffen, gegenüber 4900 auf der *Enterprise* und 5727 auf *John F. Kennedy*. Möglicherweise ist angesichts des Fehlens von geeigneten Flottenflaggschiffen an die temporäre Unterbringung eines Flottenstabes mit 80 bis 100 Mann gedacht worden. Gegenüber *Enterprise* stellt man bei *Nimitz* die Rückkehr zur relativ kleinen, kompakten Insel fest, die – da ohne Schornstein – noch etwas kleiner ist, als auf *John F. Kennedy*.

Das Mehrgewicht gegenüber *Enterprise* kommt auch dadurch zustande, daß lebenswichtige Teile des Schiffes durch eine dickere Panzerung noch besser geschützt sein sollen. Das Fehlen der sonst quer durch den Rumpf laufenden Rauchgasabzüge bringt nicht nur Vorteile bei der Gestaltung der Insel, sondern schaffte auch mehr Raum für die im Rahmen des CV-Konzeptes zusätzlich aufzunehmenden Flugzeuge. Bedingt durch voluminöse Überhänge konnten alle vier Aufzüge so angebracht werden, daß sie in ihren Tief-Positionen keinen Hangarraum beanspruchen.

Einen entscheidenden Fortschritt gegenüber *Enterprise* stellt die Verwendung von nur zwei Atomreaktoren dar. Es werden Urankerne verwendet, die nur etwa alle 13 Jahre ersetzt werden müssen. Dies resultiert in kürzeren Zwischen-Werftzeiten und damit insgesamt in längeren Einsatzzeiten, was angesichts der schrumpfenden Zahl der Träger not tut. Diese Klasse war von vornherein auf die Eigenverteidigung durch drei Sea Sparrow-Starter ausgelegt.
Die gegenwärtig auf beiden Schiffen aufgestellten BPDMS-Starter Mk 25 sollen demnächst durch die leichteren Mk 29-Starter ersetzt werden, von denen aus modernere Sea-Sparrow-Flugkörper gestartet werden können. Die Problematik des gegenwärtigen amerikanischen Trägerbaues wird deutlich, wenn man weiß, daß zur Zeit nur eine einzige Werft, nämlich die Newport News S. B. & D. D. in Newport News, Virginia, überhaupt imstande ist, so komplexe Schiffe zu bauen.

Die entsprechenden Abhängigkeiten zwischen verspäteter Baubewilligung eines Schiffes und der doch beschränkten personellen Kapazität der Werft wurden offensichtlich, als die bereits 1973 fertiggestellte *Nimitz* noch weitere zwei Jahre die Werft nicht verlassen konnte, weil wichtige Komponenten der Atomantriebsanlage noch gefehlt haben. Es ist bekannt, daß diese Teile mindestens sieben Jahre vor der Inbetriebnahme bestellt sein müssen. Sie können aber erst bestellt werden, wenn ganz sicher ist, daß der Träger überhaupt gebaut wird. Da die Terminpläne die Fertigstellung von CVN-69 21 Monate nach CVN-68 vorsahen und die Werftkapazität nicht zu einer Beschleunigung der Arbeiten ausreichte, mußte die Navy auf die Indienststellung zweier ihrer am meisten benötigten Schiffe jeweils zwei Jahre länger warten als nötig.

Die *Nimitz*-Klasse stellt den vorläufigen Höhepunkt der amerikanischen Trägertechnologie dar und weist zugleich auf die Grenzen, die durch Teuerung und Inflation gesetzt sind. Die diametral unterschiedlichen Auffassungen der Carter- und der Reagan-Administration bezüglich der Beschaffung von Flugzeugträgern spiegeln sich deutlich bei der Beschaffungsprozedur von CVN-71. Die Beschaffung dieser Einheit war eigentlich im Etat 1978 „dran". Sie wurde dann auf FY 79 verschoben (fünf Jahre nach der Bewilligung der Konstruktion von CVN-70). Präsident Carter legte sein Veto gegen den Bau von CVN-71 ein, so daß letztlich das Schiff aus FY 80 endlich zum Bau freigegeben wurde, nicht ohne daß der Kongreß dem Präsidenten gewissermaßen als Kompensation in einer anderen Angelegenheit (Sanktionen gegen Rodesien!) entgegenkam. Der nachfolgenden Regierung Reagan gelang es dem Kongreß unter Vorrechnung von nennenswerten Einsparungen gegenüber der Einzelvergabe, die Bewilligung zum Bau von gleich zwei Trägern dieser Klasse schmackhaft zu machen. So wird es – mit CVN-72 und CVN-73 – bis zum Jahr 1990 sechs Träger der *Nimitz*-Klasse geben, ebensoviel wie 25 Jahre zuvor für die *Enterprise*-Klasse vorgesehen waren. Die Baukosten von CVN-71 sollen ca. 2,2 Milliarden $ betragen, die von CVN-72/73 je ca. 3,3 Milliarden $. – Wie verlautet, beabsichtigt Marineminister Lehman Mittel für den Bau des siebten Schiffes der *Nimitz*-Klasse (CVN-74) noch vor 1992 zu fordern.

Die ständig steigenden Preise beim Bau von Flugzeugträgern zwangen die Navy zu ungewöhnlichen Maßnahmen. So wurden aus dem Etat 1983 gleich zwei Einheiten – CVN-72 und CVN-73 – bei Newport News geordert, und aus dem Etat 1988 ebenfalls – CVN-74 und CVN-75. Durch Sonderkonditionen der Bauwerft konnten in beiden Fällen beträchtliche Mittel eingespart werden.

Dennoch und trotz der weiter steigenden Baukosten sind und bleiben Atomflugzeugträger die wichtigsten Schiffe der amerikanischen Marine, trotz aller Bemühungen der Opponenten, deren weiteren Bau zu verhindern. Mit CVN-75 wurde Mitte 1998 der achte *Nimitz*-Träger in Dienst gestellt. Dieses Schiff, die *Harry S. Truman*, kostete – genau wie *John S. Stennis* (CVN-74) – rund 3,51 Milliarden Dollar. Für *Ronald Reagan* (CVN-76) werden Baukosten von 4,41 Milliarden Dollar prognostiziert. Bei der amerikanischen Marine wurde infolge diverser Alterationen die *Nimitz*-Klasse geteilt. Ab CVN-71 wird von einer *Theodore Roosevelt*-Klasse gesprochen, deren Schiffe u. a. etwas schwerer sind. Inzwischen ist man zur Erkenntnis gekommen, daß der mehr als 30 Jahre alte *Nimitz*-Entwurf keine Raum- und Gewichtsreserven mehr aufweist, um noch für die Aufnahme neuer Technologien weiter ausbaufähig zu sein. Daraus resultierte, die *Nimitz*-Klasse mit zehn Einheiten zu komplettieren.

CVN-77 wird also der letzte Träger dieser Klasse sein, obwohl er zumindest äußerlich – mit der *Nimitz*-Klasse wenig Ähnlichkeit haben wird, was man den hier veröffentlichten „artist's impressions" entnehmen kann. Vorausgesagte Baukosten für CVN-77: ca. 4,75 Milliarden Dollar! Danach soll mit einer „revolutionär neuen" Klasse begonnen werden, die vorerst unter der Arbeitsbezeichnung CV(X)-78 geplant wird. Hierin soll eine Menge neuer Technologie eingebracht werden, von der möglicherweise ein Teil schon CVN-77 erreichen wird.

Zu den innovativen Bereichen gehören:
– neuartige Flugdeckgestaltung,
– veränderte Form des Schiffskörpers, dies auch mit der Bemühung, die Radarsignatur zu reduzieren,
– die Diskussion über die Art des Schiffsantriebes; die Verwendung des Atomantriebes ist keine heilige Kuh mehr, obwohl vermutlich erneut die beste Alternative,
– Stärke und Zusammensetzung der fliegenden Komponenten (CVW); untersucht wird u. a. auch die Totalumstellung auf Senkrechtstarter,
– in Abhängigkeit davon die Entscheidung bezüglich Anzahl und Art von Brems- und Katapultanlage,
– u. v. a. m.

Der gegenwärtige Chief of Naval Operations, Admiral J. Johnson, verkündete angesichts der für CV(X)-78 ebenfalls vorausgesagten sehr hohen Baukosten, daß all diese „revolutionären" Neuerungen unmöglich auf einem einzigen Schiff realisiert werden könnten. Vielmehr müßten die Kosten auf drei hintereinander folgende Träger gestreckt werden. Die Evolution der Trägerwaffe stößt somit auf ihre natürlichen Grenzen.

CVAN-68 Nimitz

Kurzlebenslauf

1975	Atlantik; Ausbildungsfahrten, darunter
8/1975	auch nach Wilhelmshaven.
1975–1985	Wechsel zwischen Ostküste und Mittelmeer.
7/1978	Zweiter Besuch in Wilhelmshaven.
5/1987	Abfahrt aus dem Mittelmeer, Überquerung des Atlantiks, Umrundung von Kap Horn, dabei Wechsel zur Pazifischen Flotte.
7/1987	Ankunft im neuen Heimathafen Bremerton.

9/1988	Operationen vor der südkoreanischen Küste zum Schutz der Olympischen Spiele in Seoul; Ende	
10/1988	Nordarabische See.	
2/1991	Einsatzfahrt WESTPAC und Arabischer Golf als Ablösung von *Ranger* (CV-61).	
8/1991	Rückkehr nach Bremerton.	
2/1993	Arabischer Golf als Ablösung von *Kitty Hawk* (CV-63).	
8/1993	Rückkehr nach Bremerton.	
11/1995	Abfahrt zur Einsatzfahrt nach WESTPAC, Indik, Arabischer Golf und Taiwan.	
1997	Abfahrt zur Weltumrundung, dabei u. a. Aufenthalt im Arabischen Golf.	
2/1998	Weiterfahrt durch den Suezkanal und das Mittelmeer zur US-Ostküste.	
3/1998	Einzug in die Stammwerft in Newport News zur ersten Uranergänzung und großen Instandsetzung; geplantes Ende der Werftzeit ist	
1/2000	danach Rückkehr zur Westküste; geplant ist der Wechsel des Heimathafens nach San Diego (North Island).	

Schiffselektronik:

Radar:
1975/78	SPS-43, SPS-48
1984	SPS-48, SPS-49
1998	SPS-64(V)9, SPS-67(V)1, Mk 23 TAS,
	SPS-49(V)5, SPS-48E

Feuerleitung:
1948	4 Mk 91
1998	6 Mk 95

ECM/ESM:
1998	SLQ-32(V)4, Mk 36 SRBOC, SLQ-25A

Typschiff der modernsten Klasse von Atom-Flugzeugträgern: USS *Nimitz* (CVAN-68), aufgenommen während der Seeversuchsfahrten am 4. März 1975, zwei Monate vor der Indienststellung, jedoch bereits mit einigen F-8-Maschinen auf dem Deck. Beachtenswert ist die stromlinienförmige Abrundung der Unterkonstruktion des Landedecks, das – ebenso wie auf *John F. Kennedy* – stumpfwinkelig abschließt. Alle vier C-13-Katapulte gehören zum Modell 1, d. h. daß auch die schwersten Maschinen ohne Gegenwind, also vom stehenden Träger aus, gestartet werden können. Die Bahnen der beiden auf dem Landedeck installierten Katapulte konvergieren zueinander und enden vorne beim gemeinsamen Ausleger. Foto: USN

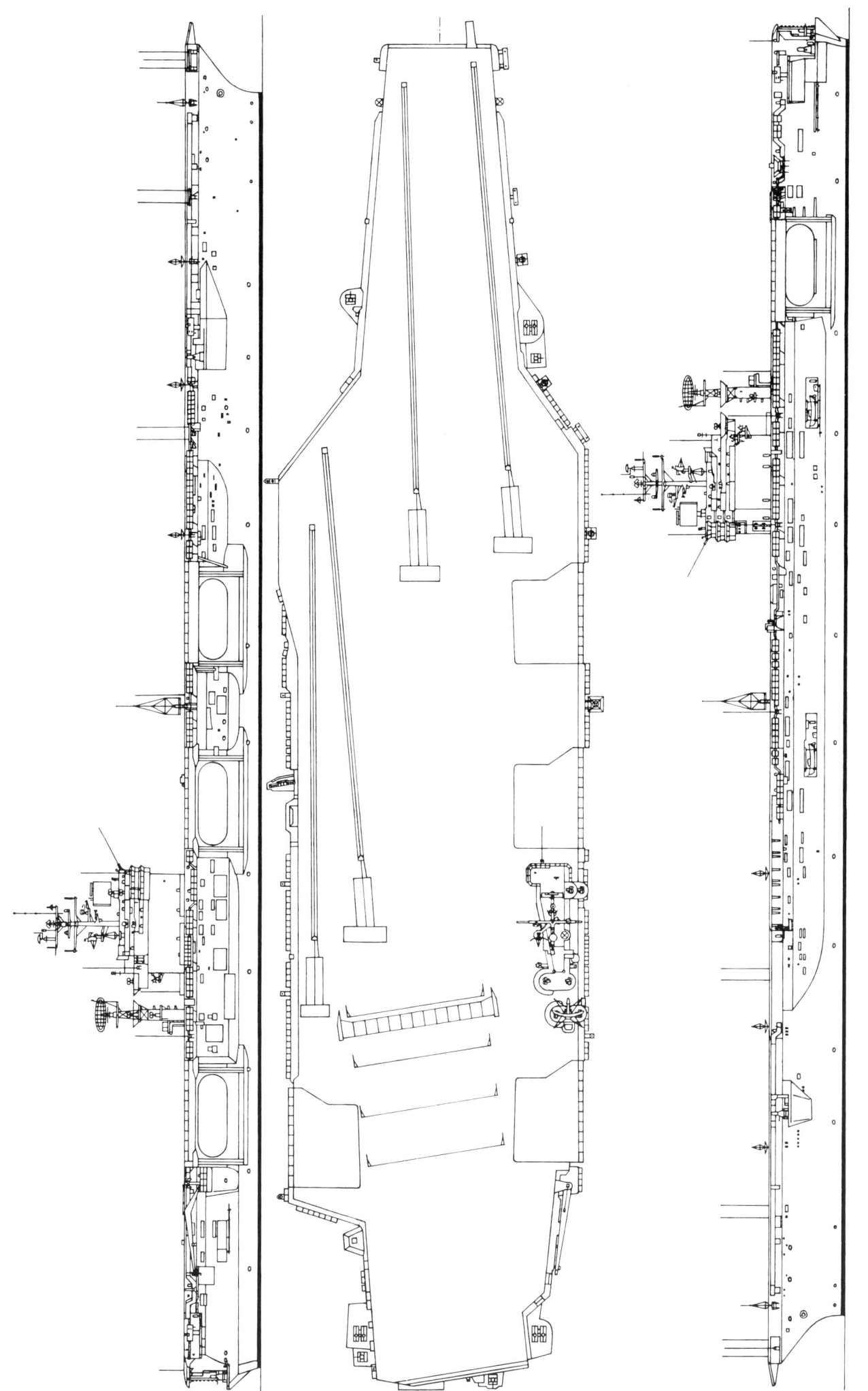

Carl Vinson, Aussehen 1986

Im Vergleich zur *Enterprise*, aber auch zu allen anderen Vorgänger-Klassen, die wegen des konventionellen Antriebes noch mit Schornsteinen ausgerüstet sind, ist die Insel der *Nimitz* kleiner. Bei den an der Vorderkante der Insel sichtbaren Fensterreihen handelt es sich (von oben nach unten gesehen) um: „primary flight control"-Station, Brücke für die Schiffsführung, Admiralsbrücke, Kanzel für das Fernsehteam samt Kamera. Auf

Vorderansicht der Insel von *Nimitz* (CVN-68).
„Ships of the World"

der Insel befindet sich – genau entgegengesetzt als bei JKF – die Radarantenne SPS-48, darüber SPS-10. Vor der Insel sieht man einige Traktoren-Jeeps und einen gepanzerten, gelb angemalten Feuerlöschwagen.
Foto: Verfasser

Am 21.9.1977 in japanischen Gewässern aufgenommen: achtere Gesamtansicht von *Nimitz* (CVN-68).
„Ships of the World"

Backbordseite der Insel von *Abraham Lincoln* (CVN-72) in der Abenddämmerung. Die illuminierte Kenn-Nummer dient heimkehrenden Flugzeugen als Identitätszeichen, damit sie auf dem »richtigen« Träger landen können. Das Foto entstand am 24.11.1989 in Norfolk. USN

Theodore Roosevelt (CVN-71), nach Fertigstellung, aufgenommen 1986 während Probefahrten. Keine Katapultausleger mehr vorhanden.
Newport News S.B.

Ansicht von vorne auf *George Washington* (CVN-73), mit CVW an Bord. »Ships of the World«

Zwei Ansichten von *Independence* (CV-62), wobei das Luftbild das neuere ist. Bemerkenswert ist die rot-weiße Markierung des Lichtsignalmastes an der Steuerbord-Flugdeckkante. »Ships of the World«

III

Constellation (CV-64) mit CVW an Bord sowie einer weiteren Radarantenne vor Challenge Athena II.
»Ships of the World«

Lediglich eine Prowler und eine Viking befinden sich auf diesem Foto vor der Insel der *Constellation*.
Sammlung Findler/Winter

John F. Kennedy (CV-67) kehrt nach dem ersten Deployment als »Reserve«-Träger nach Mayport zurück. Man beobachte die beiden zivilen Schlepper, die neuerdings die YTB der Navy ersetzen. USN

Am 3.8.1997 weilte *Enterprise* (CVN-65) in Norfolk, wo diese Aufnahme entstand. J. Kürsener

Im Sommer 1988 wurde vor England *Forrestal* (CV-59) beim Start eines Flugzeuges von einem der beiden vorderen Katapulte aus fotografiert. Sammlung Dehnst

Ein aktuelles Foto aus den End-90er Jahren von *Kitty Hawk* (CV-63). Ein Flugzeug ruht auf einem der vorderen Aufzüge, etliche Satellitenantennen im Insel-/Mastbereich. »Ships of the World«

Zwei »artist's impressions« der Bauwerft zeigen das Aussehen von CVN-77, dem angeblich letzten Schiff der *Nimitz*-Klasse, das allerdings mit dem Leitschiff kaum noch Ähnlichkeiten aufweisen dürfte. Je eine Version mit einer bzw. mit zwei kleinen Inseln werden z.Zt. noch untersucht, wobei bei einer Version eine Versorgungsstation zwischen den Inseln vorgesehen ist. CVN-77 wird als Übergangsträger von der *Nimitz*-Klasse zu CV(X)-78 angesehen.

Newport News S.B.

Bugansicht der *George Washington* (CVN-73) bei hoher Geschwindigkeit und mit dem Maximum eines CVW auf dem Flugdeck. Das Foto stammt aus der zweiten Hälfte der 90er Jahre. USN

Rückwärtige Ansicht von von CVN-73, aufgenommen am 2.6.1994 in europäischen Gewässern.
Sammlung L. van Ginderen

Inselbereich der *George Washington*, aufgenommen am 5.6.1994 anläßlich des »D-day« in europäischen Gewässern.
N. Sifferlinger

»Fleet Week 1989« in San Francisco: *Independence* (CV-62) lag damals in der Nähe der Bay Bridge. Radar SPS-49 ist seitlich des flachen Schornsteins angebracht. Darunter links an einem Ausleger sieht man die Antennengruppe zu SLQ-29, deren einzelne Bestandteile WLR-1H, WLR-8, WLR-11 und SLQ-17A sind.
Dr. Grygiel

Bugansicht der *George Washington* (CVN-73), gesehen am 5.6.1994, in europäischen Gewässern ankernd. N. Sifferlinger

Dieses Luftbild von *John C. Stennis* (CVN-74) zeigt den Träger mit seinen Flugzeugen, offensichtlich an die 30 kn fahrend. USN

Erinnerung an die längst ausgesonderte *America* (CV-66), mit Flugzeugen von CVW-11 an Bord. Das Foto entstand 1980. Der Zustand des Schiffes war Anfang der 90er Jahre so, daß sich eine Generalmodernisierung (SLEP) nicht mehr gelohnt hat. USN

Bugansicht von *Abraham Lincoln* (CVN-72), hier mit mäßiger Geschwindigkeit. Starts von den Katapulten Nr. 3 und 4 sind theoretisch möglich, wenn der dort befindliche Helikopter abhebt. Beachte die seitlich abgeklappten Peitschenantennen. USN

An der selben Stelle, jedoch offensichtlich zu verschiedenen Zeiten aufgenommen: eine Steuerbord- und eine Backbordaufnahme der *Carl Vinson* (CVN-70), beide Male ohne Flugzeuge an Bord. »Ships of the World«

51 Flugzeuge und Hubschrauber zählt man auf dem Flugdeck von *Carl Vinson* (CVN-70) beim ersten Besuch des Schiffes in Yokosuka, Anfang der 80er Jahre. Das Schiff verfügt noch über einen Katapultausleger. »Ships of the World«

Kitty Hawk (CV-63) in Begleitung einer Fregatte der *O. H. Perry*-Klasse. Die Flugzeuge sind so auf dem Flugdeck abgestellt, daß Starts von den Katapulten Nr. 3 und 4 möglich sind.
USN

Ein Beinahe-Breitseiten-Foto von *Carl Vinson* (CVN-70). Einige Flugzeuge führen noch den hellen Anstrich.
»Ships of the World«

Carl Vinson (CVN-70), unmittelbar nach Fertigstellung, hier noch mit der alten Radarantenne SPS-43 hinter der Insel. Nur zwei Hubschrauber befinden sich auf ihrem Stammplatz auf der Backbordseite des Flugdecks. Werftfoto Newport News S.B.

Bugansicht von *Enterprise* (CVN-65) mit CVW an Bord. Sammlung Findler/Winter

Bugansicht von *Dwight D. Eisenhower* (CVN-69). Sammlung Findler/Winter

Eine eindrucksvolle Darstellung des sonnenbeschienenen Inselbereiches (Steuerbordseite) von USS *Nimitz*. Unterhalb der Ziffer „6" der Kennung findet man eine meteorologische Satellitenantenne SMQ-10. Die Landeantenne SPN-44 befindet sich in dem Gehäuse am unteren Ende des Gitter-Radarmastes hinter der Insel. Auf der zweiten Aufnahme sieht man nur zum Teil eine E-2C, während die erste Aufnahme zeigt, daß sich mehr Flugzeuge an Bord befinden (oben und rechts). „Ships of the World"

Die volle Breite der *Nimitz* (CVN-68) kann auf dieser achterlichen Aufnahme bewundert werden. Auf der Backbord-Flugdeckkante beobachtet man gleich zwei Challenge Athena-II-Satelliten-Antennen unter dem Radom.

„Ships of the World"

Achterliches Luftbild von der *Dwight D. Eisenhower* (CVN-69). Da sich keine Flugzeuge an Bord befinden, kann man die Markierung des Landedecks in ihrer vollen Länge sehen. USN

Nimitz-Klasse 307

CVN-69 Dwight D. Eisenhower

Kurzlebenslauf

9/1977	Atlantik; Ausbildungsfahrten.
10/1978	voll einsatzfähig
1/1979	Erster Mittelmeereinsatz, dann bis
1995	Wechsel zwischen II. und VI. Flotte.
1995	Große Instandsetzung in Newport News, bis
1/1997	Werftkosten 404,3 Millionen Dollar.

Schiffselektronik

Radar:
1977/85	SPS-43, SPS-48
1998	SPS-64(V)9, SPS-67(V)1, Mk 23 TAS, SPS-49(V)5, SPS-48E

Feuerleitung: 1998 6 Mk 95

ECM/ESM:
1998	SLQ-32(V)4, Mk 36 SRBOC, SLQ-25A

Diese am 23. August 1977 fotografierte Luftansicht von CVN-69 *Dwight D. Eisenhower* bei der Probefahrt verdeutlicht den Hauptunterschied zur *Nimitz*, nämlich das Fehlen eines der beiden Ausleger vor den Bug-Katapulten. Der Backbord-BPDMS-Starter wirkt heller als das übrige Schiff. Die gegenwärtig vorhandenen BPDMS-Starter Mk 25 werden 1986 gegen solche des Modells Mk 29 ausgetauscht.   Foto: Newport News S. B.

Dwight D. Eisenhower (CVN-69), aufgenommen am 30. Juli 1977 bei Probefahrten in der Chesapeake Bay. Wie auch auf *Nimitz,* findet man hier die selbsttätig aufblasbaren Rettungsinseln an den Rändern des Flugzeugdecks.
Foto: Newport News S. B.

Dieses Foto entstand am 1. Februar 1985, als CVN-69 zu Besuch in Toulon weilte. Zusammen mit *Independence* war CVN-69 der letzte Träger, der 1985 weder Phalanx, noch SPS-49-Radar, noch IPDMS Mk 29 an Bord hatte. Zum Unterschied von *Nimitz* führt *Dwight D. Eisenhower* nur einen Katapultausleger. An Bord befinden sich CVW-7-Maschinen. Foto: Pradignac & Léo

Dwight D. Eisenhower (CVN-69) weilte im Mittelmeer, als am 27. 4. 1988 dieses Luftbild aufgenommen wurde. Das Schiff besuchte damals Cannes. Foto: Pradignac & Léo

Auch diese beiden Fotos zeigen CVN-69 vor Cannes. Das obere wurde am 27. 4. 1988 aufgenommen, das untere am 24. 5. 1990.
Pradignac et Léo

Das Foto der Steuerbordseite der Insel von CVN-69 entstand im September 1992 in Norfolk. Verfasser

CVN-70 Carl Vinson

Kurzlebenslauf

3/1982	Atlantik; Ausbildungsfahrten.
4/1983	Zwischenaufenthalt Mittelmeer, danach Wechsel zur Pazifischen Flotte und Austausch gegen *Coral Sea* (CV-43).
1984–1986	wechselnde Einsätze bei der III. bzw. VII. Flotte
2/1987	Werftliegezeit bei Puget Sound N. S. bis
7/1987	Hiernach Einsatzvorbereitung;
6/1988	Abfahrt zur Einsatzfahrt in die Nordarabische See.
1989	Manöver PACEX 89 mit zwei weiteren Trägerkampfgruppen und zwei Schlachtschiffkampfgruppen; ab
2/1990	Große Einsatzfahrt nach WESTPAC, dabei
4/1990	Indik, Nordarabische See, Australien.
7/1990	Rückkehr nach Alameda.
9/1990	Wechsel nach Bremerton, große Werftinstandsetzung bis
4/1993	danach Rückkehr nach Alameda.
2/1994	Sechste Einsatzfahrt nach WESTPAC, Indik und in den Arabischen Golf.
8/1994	Rückkehr nach Alameda.
9/1995	Internationale Seeparade mit Präsident Bill Clinton an Bord.
5/1996	Abfahrt von Alameda zur Einsatzfahrt nach WESTPAC, Indik und in den Arabischen Golf
10/1996	Abfahrt aus der Arabischen See über den Indik, Australien, Südpazifik und Pearl Harbor und San Diego; Rückkehr nach Alameda.
11/1996	

Schiffselektronik

Radar:

1982	SPS-43, SPS-48
1984	SPS-49, SPS-48

Feuerleitung:

1982	6 Mk 91

Carl Vinson (CVN-70), aufgenommen während der Werftprobefahrten im Jahre 1982. Nur noch ein Katapult-Ausleger vorne.
Newport News S. B.

Nimitz-Klasse

Backbord- und Steuerbordansicht der Insel von *Carl Vinson*, aufgenommen am 16. April 1984 in Alameda, Cal. Die eigenartig geformten Leitgerät-Wannen befinden sich nur an der dem Flugdeck zugewandten Seite der Insel und des Elektronikmastes. Letzterer beinhaltet zwei FLG Mk 91 und die Radarantenne SPS-49. Hinter der Backbordseite der Insel sieht man die Insel der gegenüberliegenden *Enterprise* (CVN-65).

Fotos: Verfasser

Achterliches Foto von *Carl Vinson*. Angesichts der größeren Anzahl von Satellitenantennen und aufgrund des Vorhandenseins der ESM-Antennengruppe zu SLQ-32(V)4, kann angenommen werden, daß das Foto Ende der 90er Jahre aufgenommen wurde.

„Ships of the World"

Flugzeugträger ab 1950

Dieses Foto zeigt *Carl Vinson*, als er am 14. 1. 1997 seinen bisherigen Stützpunkt Alameda im Golf von San Francisco verließ, voll bepackt mit Familienangehörigen von Besatzungsmitgliedern und deren Autos. Offensichtlich wurde das Foto von der Golden Gate Bridge aufgenommen. „Ships of the World"

Allein fünf Satellitenantennen sind auf der Insel und auf dem Mast der *Carl Vinson* auszumachen, ebenso die Antennengruppe zu SLQ-32(V)4, die ihre Schatten auf die große Schiffskennung wirft. „Ships of the World"

CVN-71 Theodore Roosevelt

Kurzlebenslauf

25.10.1986	Indienststellung für Atlantische Flotte
1987	Seeversuchs- und Ausbildungsfahrten; Lokaloperationen WESTLANT.
9/1988	Besuch in Wilhelmshaven
30.12.88	Erste Einsatzfahrt, auch für CVW-8, die erste Flugzeuggruppe mit 10 Staffeln.
28.12.90	Abfahrt zum Deployment in die Arabische See, mit CVW-8; zunächst Unterstützung von Desert Shield, dann ab
9.1.91	Teilnahme an Desert Storm.
28.2.91	Einstellung der Kriegsaktionen. Nach einem Deployment von 189 Tagen am
28.6.91	Rückkehr nach Norfolk.
11.3.93	Beginn des dritten Deployments, mit CVW-8 und – erstmalig – mit einer „Special Purpose Marine Air Ground Task Force" (SPMAGTF) des Marine Corps an Bord. Räumlich gesehen ein sehr gewagtes Experiment.
6/1993	Einsatz in der Adria, Operation Deny Flight. Dringend abberufen zum Roten Meer, Operation Southern Watch. In allem 184 Tage Deployment für Schiff und CVW-8. Rückkehr Ostküste.
11/1993	Beginn Werftinstandsetzung bei Norfolk NS.
3/1995	Beginn viertes Deployment mit CVW-8: Rotes Meer und Adria.
5/1996	CVW-3 kommt an Bord.
25.11.96	Beginn fünftes Deployment, Mittelmeer und Arabischer Golf, bis
5/1997	Rückkehr nach Norfolk.
8.7.97	Beginn einjährige Werftinstandsetzung bei Newport News S.B.
2.7.98	Ende der Werftzeit, Rückkehr nach Norfolk mehrere Tage vor Termin. Danach Ausbildungsfahrten für 2½ Wochen. Qualifikations-Aktion für CVW-9. Ende
1998–1999	Vorbereitung für das sechste Deployment.

Schiffselektronik

Radar:

1998	SPS-64(V)9, SPS-67(V)1, Mk 23 TAS,
	SPS-49(V)5, SPS-48E

Feuerleitung:

1998	6 Mk 95

ECM/ESM:

1998	SLQ-32(V)4, Mk 36 SRBOC, SLQ-25A

Im September 1988 besuchte *Theodore Roosevelt* (CVN-71) Wilhelmshaven, als dieses Foto entstand.

Sammlung Dehnst

Steuerbordansicht der Insel von *Theodore Roosevelt*. Dahinter sieht man den gelb angestrichenen mobilen Kran.
9/1988, Foto R. Nerlich

Backbordfoto von CVN-71 mit Flugzeugen von CVN-8 auf dem Flugdeck. Die Antennengruppe zu SLQ-17 sieht man an der Kante des Flugdeck-Überhangs. Abgeklappte Peitschenantennen. 9/1988, Foto H. Dehnst

Nimitz-Klasse 315

SPS-67, SPS-48, SPN-43, SPN-46, SPS-49, mehrere Mk 95 FLG; zahlreiche elektronische Antennen sieht man auf diesem Foto der Backbordseite der Insel. 9/1988, Foto R. Nerlich

CVN-71 – hier von Steuerbord fotografiert – ankert auf der Reede von Wilhelmshaven. Ganz achtern sieht man die Anlegestelle für Boote. 9/1988, Foto H. Dehnst

Das neueste Foto dieser Serie von CVN-71 wurde am 10. September 1998 aufgenommen. Es zeigt den Träger mit zahlreichen Flugzeugen des CVW an Bord – vor dem Eingang in die Chesapeake Bay bei Norfolk. Winter/Findler

Theodore Roosevelt (CVN-71), hier ohne CVW aufgenommen. Ein Schiffsboot hängt am großen Schiffskran. Die vier Phalanx-Geschützanlagen befinden sich an den vier Ecken unterhalb des Niveaus des Flugdecks. Der separate Radarmast ist hier bis zur Hälfte umkleidet. „Ships of the World"

Dieses Foto von CVN-71 wurde im September 1998 aufgenommen. Es zeigt den Träger – mit nur wenigen Flugzeugen des CVW an Bord – in der Chesapeake Bay bei Norfolk. Winter/Findler

CVN-72 Abraham Lincoln

Kurzlebenslauf

11.11.1989	Indienststellung in Norfolk.
9/1990	Nach Beendigung der Abnahmefahrten Wechsel zur Pazifischen Flotte, dabei Manöver mit südamerikanischen Seestreitkräften.
5/1991	Um vier Monate vorgezogene Abfahrt zur Einsatzfahrt für die Operation Desert Shield/Desert Storm im Persischen Golf. Unterwegs Umleitung zu Evakuierungsoperationen der amerikanischen Garnisonen auf den Philippinen. Hiernach mehr als drei Monate auf Station im Persischen Golf, während Maschinen von CVW-11 Luftüberwachung für die Operation Desert Shield flogen. Anfang
1992	Aufenthalt in Alameda.
6/1993	Nach Hafenbesuch in Hongkong Fortsetzung der zweiten Einsatzfahrt im Arabischen Golf.
10/1993	Vier Wochen lang auf Station vor der Küste von Somalia zur Unterstützung von humanitären UNO-Operationen.
12/1993	Rückkehr zum Heimathafen. Längere Hafeninstandsetzung bis Anfang
1995	dabei Umbau der Unterbringungseinrichtungen angesichts des Zugangs von weiblichen Besatzungsmitgliedern im Frühjahr 1995.
4/1995	Abfahrt zur dritten Einsatzfahrt („Deployment") über den Pazifik und Indik zum Arabischen Golf.
1/1996	Ein Jahr dauernde Instandsetzung in der Marinewerft in Bremerton.
1/1997	Wechsel von Alameda zum neuen Heimathafen Everett, WA.
30.1.97	Lokaloperationen EASTPAC.
13.3.97	Trägerqualifikationen EASTPAC, bis
25.8.97	Lokaloperationen EASTPAC.
11.10.97	Fleet Week in San Francisco.
9.12.97	Übung COMPUTEX 98-1, EASTLANT.
13.4.98	Übung JTFEX 98-1, EASTLANT.
16.6.98	Hafenbesuch San Diego.
29.6.98	Abfahrt nach WESTPAC.
6.7.98	Hafenbesuch Hongkong.
15.7.98	Hafenbesuch Singapur.
22.7.98	Indischer Ozean.
28.7.98	Ankunft Arabischer Golf.
10.9.98	Hafenbesuch Jebel Ali.

Schiffselektronik

Radar:

1998	SPS-64(V)9, SPS-67(V)1, Mk 23 TAS, SPS-49(V)5, SPS-48E

Feuerleitung:

1998	6 Mk 95

ECM/ESM:

1998	SLQ-32(V)4, Mk 36 SRBOC, SLQ-25A

Abraham Lincoln (CVN-72) während Flugoperationen vor Cap Henry, VA, offensichtlich mit einem etwas reduzierten CVW. Das Foto entstand am 25. 9. 1990, als sich der Träger für den Wechsel von der Ostküste zum neuen Heimathafen Alameda, CA, vorbereitete. USN

Zwei Ansichten aus dem Jahre 1992 zeigen *Abraham Lincoln* mit Flugzeugen von CVW-11. An der Backbord-Flugdeckkante entdeckt man die Antennengruppen von SMQ-10 und SLQ-32(V)4. Ein AOR der *Wichita*-Klasse begleitet den Flugzeugträger.

USN

Nimitz-Klasse 319

Die große Breite des Schräglandedecks der *Abraham Lincoln* kann man diesem Foto entnehmen, das am 17. 7. 1998 während eines Besuches von CVN-72 in Singapur aufgenommen wurde. Flugzeuge des CVW-14 befinden sich an Bord.   J. Kürsener

CVN-73 George Washington

Kurzlebenslauf

4.7.92	Indienststellung für die Atlantische Flotte; Seeversuchs- und Ausbildungsfahrten im Atlantik.
26.2.96	mit CVW-7 im Mittelmeer; Adria; Hafenbesuch Triest.
11.3.96	WESTMED; Hafenbesuch Marseille.
19.3.96	unterwegs zum Arabischen Golf.
2.4.96	Arabischer Golf, Operation SOUTHERN WATCH.
9.4.96	Hafenbesuch Jebel Ali, und nochmals am
30.4.96	Hafenbesuch Jebel Ali.
13.5.96	unterwegs vom Persischen Golf ins Mittelmeer.
20.5.96	WESTMED.
29.5.96	Hafenbesuch Las Palmas, Spanien (Mallorca), CVW-7 an Bord.
24.6.96	Hafenbesuch Neapel.
1.7.96	Hafenbesuch Cannes.
15.7.96	unterwegs nach Norfolk.
6.3.97	Lokaloperationen WESTLANT.
4.6.97	Übung COMPUTEX, WESTLANT.
18.8.97	Übung JTFEX 3, WESTLANT.
6.10.97	WESTLANT.
14.10.97	Mittelmeer.
3.11.97	Hafenbesuch Haifa.
24.11.97	Arabischer Golf.
21.1.98	Hafenbesuch Jebel Ali.
4/1998	Rückkehr nach Norfolk.

Schiffselektronik

Radar:
1998   SPS-64(V)9, SPS-67(V)1, Mk 23 TAS, SPS-49(V)5, SPS-48E

Feuerleitung:
1998   6 Mk 95

ECM/ESM:
1998   SLQ-32(V)4, Mk 36 SRBOC, SLQ-25A

Ein seltenes Foto: Sämtlich ohne Flugzeuge an Bord fahren *George Washington* (CVN-73), *Theodore Roosevelt* (CVN-71) und *Dwight D. Eisenhower* (CVN-69) parallel zueinander. Alle drei Schiffe führen Namen früherer Präsidenten der USA. USN

Naval Station Norfolk, VA, Pier 12: *George Washington* (CVN-73), Foto des Achterschiffes, aufgenommen am 5.7.1992, also am Tage nach der offiziellen Indienststellung des Schiffes. J. Kürsener

CVN-73, hier in Norfolk aufgenommen am 24.10.1992. Dr. König

George Washington (CVN-73), aufgenommen am „D-Day" also am 2.6.1994 in europäischen Gewässern.
Sammlung L. van Gilderen

Ein etwas ungewohntes Bild an Pier 12 in Norfolk: CVN-73 mit Flugzeugen von CVW-8, während eines Zwischenaufenthaltes im Anschluß an eine Übung im Atlantik. Das Foto entstand am 29. 10. 1995.
J. Kürsener

Inselbereich der *George Washington* (CVN-73), aufgenommen am 11. 3. 1996 vor Marseille.
Pradignac et Léo

Vorderseite der Insel von *George Washington*. Die unterste Fensterreihe gehört zur Admiralsbrücke, die mittlere zur Kommandantenbrücke und die oberste zum Luftkontrollzentrum des CAG (= Commander Air Wing). Rechts unter der Admiralsbrücke sieht man die Kanzel mit der Fernsehkamera. An der Steuerbordseite sieht man zwei Leitgeräte Mk 91 für NATO Sea Sparrow-FK und die Antennengruppe zu SLQ-32(V)4. USN

CVN-74 John C. Stennis

Kurzlebenslauf

9.12.95	Indienststellung, zunächst für die Atlantische Flotte, danach sehr lange Ausbildungsfahrten.
10/1995	weitere Werftprobefahrten. Ende am 4.10.95.
22.1.96	Lokaloperation WESTPAC.
25.3.96	Besuch Westindien.
2.4.96	Hafenbesuch Mayport.
9.4.96	Lokaloperationen WESTLANT.
4.12.96	Trägerqualifikationen EASTLANT.
21.1.97	F-18F-Trägerqualifikationen WESTLANT, ab
30.1.97	Lokaloperationen WESTLANT.
11.6.97	Hafenbesuch Halifax.
3.7.97	WESTLANT.
21.10.97	Übungen COMPUTEX 98-1 WESTLANT.
24.11.97	WESTLANT.
26.2.98	Mit „30 kn" Fahrt über den Atlantik Richtung Mittelmeer.
12.3.98	Ankunft Arabische See; Ablösung von *George Washington*.
22.7.98	Indischer Ozean, Richtung Südwest.
23.7.98	Äquator-Überquerung.
28.7.98	Hafenbesuch Perth, Australien.
10.8.98	EASTPAC.
20.8.98	Hafenbesuch Pearl Harbor.
26.8.98	Ankunft im neuen Heimathafen San Diego. Dort bis
4.1999	im Hafen zwecks Instandsetzung.
1/2000	vorgesehenes Deployment WESTPAC.

Schiffselektronik

Radar:

1998	SPS-64(V)9, SPS-67(V)1, Mk 23 TAS, SPS-49(V)5, SPS-48E

Feuerleitung:

1998	6 Mk 95

ECM/ESM:

1998	SLQ-32(V)4, Mk 36 SRBOC, SLQ-25A

John C. Stennis (CVN-74), aufgenommen am 21.4.1995 während der Endausrüstung in der Bauwerft in Newport News, VA. Einige Bauhütten sieht man noch über den Katapulten Nr. 3 und 4.   J. Kürsener

Nimitz-Klasse 325

John C. Stennis (CVN-74), hohe Fahrtstufe fahrend, im Atlantik kurz vor dem Deployment in der Arabischen See aufgenommen. USN

Gemeinsam im Persischen Golf operierend: der älteste und der neueste Flugzeugträger der U.S. Navy. *Independence* und *John C. Stennis*, aufgenommen etwa im März 1998. Beachtenswert: das Radom einer der Challenge Athena-Antennen ist geöffnet. USN

CVN-75 Harry S. Truman

Kurzlebenslauf

25.4.1998 Indienststellung in Norfolk in Anwesenheit des Präsidenten Bill Clinton, zunächst für die Atlantische Flotte; danach Seeversuchs- und Ausbildungsfahrten.

Schiffselektronik

Radar:
1998   SPS-64(V)9, SPS-67(V)1, Mk 23 TAS, SPS-49(V)5, SPS-48E

Feuerleitung:
1998   6 Mk 95

ECM/ESM:
1998   SLQ-32(V)4, Mk 36 SRBOC, SLQ-25A

Fotos von bei Newport News in Ausrüstung befindlichen neuen Flugzeugträgern ähneln sich sehr. Hier wurde am 3.9.1996 *Harry S. Truman* (CVN-75) fotografiert. Findler/Winter

Nimitz-Klasse

Gewohntes Bild: NS Norfolk, Pier 12: *Harry S. Truman* (CVN-75), aufgenommen am 24. 7. 1998, einen Tag vor der Indienststellung in Anwesenheit des amerikanischen Präsidenten Clinton. Die schweren Verkehrsboote werden entweder im achteren Bereich des Hangars, oder – wie hier, wenn keine Flugzeuge an Bord sind – auf dem achteren Teil des Flugdecks gelagert.   J. Kürsener

Eine der frühen See-Aufnahmen der *Harry S. Truman* zeigt das Schiff am 8. 6. 1998.   „Ships of the World"

CVN-76 Ronald Reagan

Kurzlebenslauf

2/1998   Baubeginn

Anhang

Bestand an aktiven Flugzeugträgern in den Jahren zwischen 1941 und 1978

Nachfolgende Übersicht gibt einen Überblick über den Bestand an aktiven Flugzeugträgern der U.S. Navy am 1. Juli eines jeden Jahres, beginnend mit dem Jahr 1941, dem des Kriegseintritts der U.S.A. Der vollstänidgen Übersicht wegen sind hier auch die bis in die Nachkriegsjahre im Dienst verbliebenen Geleitflugzeugträger (CVE) ebenfalls aufgeführt, nicht jedoch die nach ihrer Umklassifizierung zu den amphibischen Streitkräften übergewechselten Hubschrauberträger (CVHA/ LPH).

Jahr	CV	CVA	CVB	CVL	CVS	CVE	insg.
1941	6					1	7
1942	5					3	8
1943	7			5		17	29
1944	13			9		63	85
1945	20			8		70	98
1946	12		2	1		10	25
1947	10		2	2		8	22
1948	8		3	2		7	20
1949	5		5	5		7	18
1950	4		3	4		4	15
1951	11		3	4		10	28
1952	13		3	5		12	33
1953		17		5		12	34
1954		16		3	4	7	30
1955		17		2	5	3	27
1956		19		1	7	3	30
1957		16		1	8		25
1958		15			11		26
1959		14			10		24
1960		14			10		24

Jahr	CV	CVA	CVB	CVL	CVS	CVE	insg.
1961		15			10		25
1962		16			10		26
1963		15			10		25
1964		15			10		25
1965		16			10		26
1966		15*			8		23
1967		15*			8		23
1968		15*			8		23
1969		14*			8		22
1970		14			4		18
1971		14			4		18
1972		14			2		16
1973		14			1		15
1974		14					14
1975		15					15
1976		14					14
1977		13					13
1978		13					13

* ohne den im Umbau befindlichen, außer Dienst gestellten CVA-41 *Midway*

Schiffsnamenregister Stand Ende 1998

Schiffsnamen in *Kursiv*-Druck weisen auf die Kurzlebensläufe der einzelnen Schiffe hin, Schiffsnamen in Normalschrift auf die Schiffsklassen. Die den Namen vorangesetzte Kennung entspricht derjenigen zur Zeit der Indienststellung. Hinter dem Schiffsnamen befinden sich Angaben über den gegenwärtigen Status des Schiffes.

Es bedeutet hierbei:

- Aa = Atlantik, aktiv
- Ar = Atlantik, Reserve
- Pa = Pazifik, aktiv
- Pr = Pazifik, Reserve
- b = im Bau
- ATr = Atlantik, Schulträger
- + = gestrichen
- ++ = Kriegsverlust
- § = nicht fertiggestellt

Kennung	Name	Status	Seite
CVN-72	*Abraham Lincoln*	Pa	317
CVA-66	*America*	+	278
CV-36	*Antietam*	+	96, 193
CVL-29	*Bataan*	+	117, 217
CV-24	*Belleau Wood*	+	110, 212
CV-20	*Bennington*	+	89, 178
CV-31	*Bon Homme Richard*	+	92, 182
CV-21	*Boxer*	+	90, 180
CV-17	*Bunker Hill*	+	84
CVL-28	*Cabot*	+	116, 215
CVN-70	*Carl Vinson*	Pa	310
CVA-64	*Constellation*	Pa	275
CVB-43	*Coral Sea*	+	130, 237
CV-25	*Cowpens*	+	112
CVN-69	*Dwight D. Eisenhower*	Aa	307
CV-6	*Enterprise*	+	55
	Enterprise		289
CVAN-65	*Enterprise*	Aa	291
	Essex		
CV-9	*Essex*	+	67, 155
	Forrestal		
CVA-59	*Forrestal*	+	247
CV-13	*Franklin*	+	76
CVB-42	*Franklin D. Roosevelt*	+	127, 231
CVN-73	*George Washington*	Aa	319
CV-19	*Hancock*	+	87, 176
CVN-75	*Harry S. Truman*	Aa	326
CV-8	*Hornet*	++	59
CV-12	*Hornet*	+	74, 164
	Independence		
CV-22	*Independence*	+	105
CVA-62	*Independence*	+	266
CV-11	*Intrepid*	+	72, 160
CV-46	*Iwo Jima*	§	17, 320
CVN-74	*John C. Stennis*	Pa	324
CVA-67	*John F. Kennedy*	Aa	284
CV-33	*Kearsarge*	+	95, 185
	Kitty Hawk		
CVA-63	*Kitty Hawk*	Pa	270
CV-39	*Lake Champlain*	+	99, 202
	Langley		
CV-1	*Langley*	++	35
CVL-27	*Langley*	+	115, 230
	Lexington		
CV-2	*Lexington*	++	39
CV-16	*Lexington*	+	83, 170
CV-32	*Leyte*	+	94
	Midway		
CVB-41	*Midway*	+	123, 224
CV-26	*Monterey*	+	113, 213
	Nimitz		
CVAN-68	*Nimitz*	Pa	301
CV-34	*Oriskany*	+	187
CV-47	*Philippine Sea*	+	102, 211
CV-23	*Princeton*	++	109
CV-37	*Princeton*	+	97, 197
CV-15	*Randolph*	+	80, 168
	Ranger		
CV-4	*Ranger*	+	48
CVA-61	*Ranger*	+	260
CV-35	*Reprisal*	§	96
CVN-76	*Ronald Reagan*	b	327
IX-81	*Sable*	+	133
	Saipan		
CVL-48	*Saipan*	+	119, 218
CVL-30	*San Jacinto*	+	118
CV-3	*Saratoga*	+	42
CVA-60	*Saratoga*	+	255
CV-38	*Shangri La*	+	98, 198
CV-40	*Tarawa*	+	100, 204
CVN-71	*Theodore Roosevelt*	Aa	313
CV-14	*Ticonderoga*	Aa	78, 166
CV-58	*United States*	§	244
CV-45	*Valley Forge*	+	101, 207
	Wasp		
CV-7	*Wasp*	++	61
CV-18	*Wasp*	+	86, 172
IX-64	*Wolverine*	+	133
CVL-49	*Wright*	Pr	121, 220
	Yorktown	+	
CV-5	*Yorktown*	++	52
CV-10	*Yorktown*	+	69, 158

Tabellenteil

Erläuterungen zu den nachfolgenden Tabellen

(Baudaten, Antriebsanlage, technische Angaben, Bewaffnung)

Bei den *Baudaten* einiger Schiffe sind auch bei den amtlichen Quellen zum Teil unterschiedliche Angaben festzustellen. Dies trifft ganz besonders zu für Außerdienststellungsdaten vor Modernisierungs- und Reservezeiten sowie für Wiederindienststellungsdaten nach beendeten Werftzeiten und Reaktivierungsprozessen.

Desgleichen gibt es z. T. voneinander abweichende Angaben über die *Besatzungsstärken* (die ja ohnehin ständig veränderlich sind!) sowie über den *Treibstoffvorrat* und die *Fahrstrecke*.

Bei den einzelnen Quellen gibt es weiterhin Abweichungen bei den genauen Angaben über die *Wasserverdrängung*. Die Angaben über die *Höhen von Flugzeugdeck, Brücke, Schornstein und Mast* bei allen Trägern *vor der Forrestal-Klasse* entstammen amtlichen Veröffentlichungen. Für Träger *ab Forrestal-Klasse* wurden diese Höhen vom Verfasser aus zuverlässigen Seitenansichten herausgemessen; sie sind daher nur als ungefähr einzustufen.

Es wurde versucht, die kontinuierliche Entwicklung der Schiffs-*Bewaffnung* bei den einzelnen Trägern nachzuvollziehen. Nicht in allen Fällen konnten die Veränderungen lückenlos dokumentiert werden. So wurden die Angaben nach bestem Wissen als Mischung zwischen amtlichen bzw. privaten Informationen und eigenen Auswertungen zusammengestellt. So beziehen sich auch hier die aufgeführten Jahreszahlen zumeist nicht auf die tatsächlich stattgefundenen Veränderungen bei der Bewaffnung, sondern auf das Jahr des Foto-Nachweises.

Gewisse Unsicherheit besteht auch bei den Angaben über die ursprüngliche Anzahl und Anordnung von Flugzeug-*Katapulten* auf den vor und während des Krieges gebauten Trägern.

Kenn-Nr.	Schiffsname	Etat	Kiellegung	Stapellauf	Indienststellung	Außerdienststellung	gestrichen	Bauwerft	Verbleib
CV-1	Langley I (ex Jupiter)		18. 10. 11	24. 8. 12	7. 4. 13 als AC 20.3.22 als CV		8. 5. 43	Mare Island Norfolk N. Sh.	† 27. 2. 42
CV-2	Lexington I		8. 1. 22 als CC-2	3. 10. 25	14. 12. 27		24. 6. 42	Fore River, Quincy	† 8. 5. 42
CV-3	Saratoga I		25. 9. 20 als CC-3	7. 4. 25	16. 11. 27		15. 8. 46	New York S. B.	Atombombenversuchsobjekt, gesunken 25.7.46
CV-4	Ranger I	1930	26. 9. 31	25. 2. 33	4. 6. 34	18. 10. 46	29. 10. 46	Newport News S. B. & D. D.	Schrott 1947
CV-5	Yorktown I	1933	21. 5. 34	4. 4. 36	30. 9. 37		2. 10. 42	Newport News S. B. & D. D.	† 7. 6. 42
CV-6	Enterprise I	1933	16. 7. 34	3. 10. 36	12. 5. 38	17. 2. 47	2. 10. 56	Newport News S. B. & D. D.	Schrott 1958
CV-8	Hornet I	1939	25. 9. 39	14. 12. 40	20. 10. 41		13. 1. 43	Newport News S. B. & D. D.	† 26. 10. 42
CV-7	Wasp I	1935	1. 4. 36	4. 4. 39	25. 4. 40		2. 11. 42	Bethlehem, Quincy	† 15. 9. 42
CV-9	Essex	1940	28. 4. 41	31. 7. 42	31. 12. 42 15. 1. 51	9. 1. 47 30. 6. 69	15. 6. 75	Newport News S. B. & D. D.	Schrott
CV-10	Yorktown II (ex Bon Homme Richard)	1940	1. 12. 41	21. 1. 43	15. 4. 43 2. 53	9. 1. 47 30. 6. 70	1. 6. 73	Newport News S. B. & D. D.	Denkmalsschiff in Charleston, S. C.
CV-11	Intrepid	1940	1. 12. 41	26. 4. 43	16. 8. 43 9. 2. 52	22. 3. 47 15. 3. 74	23. 2. 82	Newport News S. B. & D. D.	Denkmalsschiff in New York City
CV-12	Hornet II (ex Kearsarge)	1940	3. 8. 42	30. 8. 43	29. 11. 43 20. 3. 51	15. 1. 47 26. 1. 70		Newport News S. B. & D. D.	Pazifik, Reserve als CVS
CV-13	Franklin	1940	7. 12. 42	14. 10. 43	31. 1. 44	17. 2. 47	1. 10. 64	Newport News S. B. & D. D.	Schrott
CV-14	Ticonderoga (ex Hancock)	1940	1. 2. 43	7. 2. 44	8. 5. 44 11. 9. 54	9. 1. 47 16. 11. 73	16. 11. 73	Newport News S. B. & D. D.	Schrott
CV-15	Randolph	1940	10. 5. 43	29. 6. 44	9. 10. 44 1. 7. 53	25. 2. 48 13. 2. 69	15. 6. 73	Newport News S. B. & D. D.	Schrott
CV-16	Lextington II (ex Cabot)	1940	15. 7. 41	26. 9. 42	17. 2. 43 15. 8. 55	24. 4. 47		Bethlehem, Quincy	aktiv als AVT-16
CV-17	Bunker Hill	1940	15. 9. 41	7. 12. 42	25. 5. 43	9. 7. 47	1. 11. 66	Bethlehem, Quincy	Schrott
CV-18	Wasp II (ex Oriskany)	1940	18. 3. 42	17. 8. 43	24. 11. 43 10. 9. 51	17. 2. 47 1. 7. 72	1. 7. 72	Bethlehem, Quincy	Schrott
CV-19	Hancock (ex Ticonderoga)	1940	26. 1. 43	24. 1. 44	15. 4. 44 15. 2. 54	9. 5. 47 30. 1. 76	31. 1. 76	Bethlehem, Quincy	Schrott

Baudaten

Kenn-Nr.	Klasse	Antriebsanlage	PS/Schrauben	Geschwindigkeit kn	Schiffs-Brennstoff ts	Fahrstrecke, sm bei Geschw., kn
1	Langley	3 Dampfkessel; turbo-elektrischer Antrieb	5 000/2	15	2 300	12 260/10
2–3	Lexington	16 Dampfkessel; turbo-elektrischer Antrieb	184 000/4 (bei Probefahrten: 210 000 PS)	34	9 748	4 600/25 8 015/20 9 500/15
4	Ranger	6 Dampfkessel; Getriebe-Turbinen	53 500/2	29,5	3 675	5 800/25 11 500/15
5–6, 8	Yorktown	9 Dampfkessel; Getriebe-Turbinen	120 000/4	33	7 366	8 220/20
					7 366	
					7 400	
7	Wasp	6 Dampfkessel; Getriebe-Turbinen	75 000/2	29,5	3 160	ca. 8 000/20
9–21, 31–40, 45–47, (50–55)	Essex	8 Dampfkessel; Getriebe-Turbinen nur bei 9, 10, 11, 12, 13	150 000/4	33	6 161	4 100/33 10 700/25
					6 161	14 100/20 16 900/15
					6 161	
					6 161	
					6 161	
					6 161	
					6 251	
					6 161	
					6 161	
					6 161	
					6 161	

Kenn-Nr.	Schiffsname	Etat	Kiellegung	Stapellauf	Indienststellung	Außerdienststellung	gestrichen	Bauwerft	Verbleib
CV-20	Bennington	1941	15. 12. 42	26. 2. 44	6. 8. 44 13. 11. 52	8. 11. 46 15. 1. 70	31. 1. 76	New York N. Sh.	Pazifik Reserve als CVS
CV-21	Boxer	1941	13. 9. 43	14. 12. 44	16. 4. 45	1. 12. 69	1. 12. 69	Newport News S. B. & D. D.	Schrott
CV-31	Bon Homme Richard	1942	1. 2. 43	29. 4. 44	26. 11. 44 15. 1. 51	9. 1. 47 2. 7. 71		New York N. Sh.	Pazifik Reserve als CVA
CV-32	Leyte (ex *Crown Point*)	1942	21. 2. 44	23. 8. 45	11. 4. 46	15. 5. 59	1. 6. 69	Newport News S. B. & D. D.	Schrott
CV-33	Kearsarge	1942	1. 3. 44	5. 5. 45	2. 3. 46 15. 2. 52	16. 5. 50 13. 2. 70	1. 5. 73	New York N. Sh.	Schrott
CV-34	Oriskany	1942	1. 5. 44	13. 10. 45 Weiterbau ab 1. 10. 47	25. 9. 50	15. 5. 76		New York N. Sh.	Pazifik Reserve als CV
CV-35	Reprisal	1942	1. 7. 44	Bau am 11. 8. 1945 suspendiert				New York N. Sh.	Rumpf Schrott
CV-36	Antietam	1942	15. 3. 43	20. 8. 44	28. 1. 45 17. 1. 51	12. 6. 49 8. 5. 63	1. 5. 73	Philadelphia N. Sh.	Schrott
CV-37	Princeton II (ex *Valley Forge*)	1942	14. 9. 43	8. 7. 45	18. 11. 45 28. 8. 50	21. 6. 49 30. 1. 70	30. 1. 70	Philadelphia N. Sh.	Schrott
CV-38	Shangri La	1942	15. 1. 43	24. 2. 44	15. 9. 44 10. 5. 51	7. 11. 47 30. 7. 71	15. 7. 82	Norfolk N. Sh.	
CV-30	Lake Champlain	1942	15. 3. 43	2. 11. 44	3. 6. 45 19. 9. 52	17. 2. 47 2. 5. 66	1. 12. 69	Norfolk N. Sh.	Schrott 1973
CV-40	Tarawa	1942	1. 3. 44	12. 5. 45	8. 12. 45 3. 2. 51	30. 6. 49 13. 5. 60	1. 6. 67	Norfolk N. Sh.	Schrott
CV-45	Valley Forge	1943	7. 9. 44	18. 11. 45	3. 11. 46	15. 1. 70	15. 1. 70	Philadelphia N. Sh.	Schrott
CV-46	Iwo Jima	1943	29. 1. 45	Bau am 15. 8. 1945 suspendiert				Newport News S. B. & D. D.	abgebrochen
CV-47	Philippine Sea (ex *Wright*)	1943	19. 8. 44	5. 9. 45	11. 5. 46	28. 12. 58	1. 12. 69	Bethlehem, Quincy	Schrott
CV-50		1944	Bau am 27. 3. 1945 suspendiert					Bethlehem, Quincy	
CV-51		1944	Bau am 27. 3. 1945 suspendiert					New York N. Sh.	
CV-52		1944	Bau am 27. 3. 1945 suspendiert					New York N. Sh.	
CV-53		1944	Bau am 27. 3. 1945 suspendiert					Philadelphia N. Sh.	

Baudaten 337

Kenn-Nr.	Klasse	Antriebsanlage	PS/Schrauben	Geschwindigkeit kn	Schiffs-Brennstoff ts	Fahrstrecke, sm bei Geschw., kn
					6 161	
					6 331	
					6 161	
					6 331	
					6 331	
					6 331	
					6 331	
					6 331	
					6 331	
					6 331	
					6 331	
					6 331	

Kenn-Nr.	Schiffsname	Etat	Kiellegung	Stapellauf	Indienststellung	Außerdienststellung	gestrichen	Bauwerft	Verbleib
CV-54		1944	Bau am 27. 3. 1945 suspendiert					Norfolk N. Sh.	
CV-55		1944	Bau am 27. 3. 1945 suspendiert					Norfolk N. Sh.	
CV-22	Independence I (ex Amsterdam)	1942	1. 5. 41	22. 8. 42	14. 1. 43	7. 46	27. 2. 51	New York S. B.	29. 1. 51 als Zielobjekt gesunken
CV-23	Princeton I (ex Tallahassee)	1942	2. 6. 41	18. 10. 42	25. 2. 43		13. 11. 44	New York S. B.	† 24. 10. 44
CV-24	Belleau Wood (ex New Haven)	1942	11. 8. 41	6. 12. 42	31. 3. 43	13. 1. 47 5. 9. 53 an Frankreich 12. 9. 60 zurück	1. 10. 60	New York S. B.	Schrott
CV-25	Cowpens (ex Huntington)	1942	17. 11. 41	17. 1. 43	28. 5. 43	13. 1. 47	1. 11. 59	New York S. B.	Schrott
CV-26	Monterey (ex Dayton)	1942	29. 12. 41	28. 2. 43	17. 6. 43 15. 9. 50	11. 2. 47 16. 1. 56	1. 6. 70	New York S. B.	Schrott
CVL-27	Langley II (ex Crown Point, ex Fargo)	1942	11. 4. 42	22. 5. 43	31. 8. 43	11. 2. 47 1/1951 an Frankreich 20. 3. 63 zurück	1963	New York S. B.	Schrott
CVL-28	Cabot (ex Wilmington)	1942	16. 3. 42	4. 4. 43	24. 7. 43 27. 10. 48	11. 2. 47 21. 1. 55	1. 11. 59	New York S. B.	30. 8. 67 an Spanien = Dédalo
CVL-29	Bataan (ex Buffalo)	1942	31. 8. 42	1. 8. 43	17. 11. 43 13. 5. 50	11. 2. 47 9. 4. 54	1. 9. 59	New York S. B.	Schrott
CVL-30	San Jacinto (ex Reprisal, ex Newark)	1942	26. 10. 42	26. 9. 43	15. 12. 43	1. 3. 47	1. 6. 70	New York S. B.	Schrott
CVL-48	Saipan/ Arlington	1943	10. 7. 44	8. 7. 45	14. 7. 46 27. 8. 66 als AGMR-2	3. 10. 57 14. 1. 70	15. 8. 75	New York S. B.	Schrott
CVL-49	Wright	1943	21. 8. 44	1. 9. 45	9. 2. 47 11. 5. 63 als CC-2	15. 3. 56 22. 5. 70	1. 12. 77	New York S. B.	Schrott
CVB-41	Midway	1942	27. 10. 43	20. 3. 45	10. 9. 45 31. 1. 70	15. 2. 66 11. 4. 92		Newport News S. B. & D. D.	Pazifik Reserve
CVB-42	F.D. Roosevelt (ex Coral Sea)	1943	1. 12. 43	29. 3. 45	27. 10. 45 6. 4. 56	23. 4. 54 1. 10. 77	1. 10. 77	New York N. Sh.	Schrott
CVB-43	Coral Sea	1943	10. 7. 44	2. 4. 46	1. 10. 47 25. 1. 60	24. 5. 57 30. 4. 90		Newport News S. B. & D. D.	Schrott

Antriebsanlage 339

Kenn-Nr.	Klasse	Antriebsanlage	PS/Schrauben	Geschwindigkeit kn	Schiffs-Brennstoff ts	Fahrstrecke, sm bei Geschw., kn
22–30	Independence	4 Dampfkessel; Getriebe-Turbinen	100 000/4	32	2 419 max. 2 789	5 800/25 7 600/20 10 100/15
48-49	Saipan	4 Dampfkessel; Getriebe-Turbinen	120 000/4	33	2 400	8 000/15
41–42 (44,56–57)	Midway	12 Dampfkessel; Getriebe-Turbinen	212 000/4	33	9 276 bei Fertigstellung, 1970: 8 800 Treibstoff 300 Dieseloel 640 Reserve-Speisewasser 788 Frischwasser	4 500/32,5 5 040/30 7 800/25 9 600/20 11 520/15 14 000/13

Kenn-Nr.	Schiffsname	Etat	Kiellegung	Stapellauf	Indienststellung	Außerdienststellung	gestrichen	Bauwerft	Verbleib
CVB-44		1943	Bau am 11. 1. 1943 suspendiert					Newport News S.B. & D.D.	
CVB-56		1945	Bau am 27. 3. 1945 suspendiert					Newport News S.B. & D.D.	
CVB-57		1945	Bau am 27. 3. 1945 suspendiert						
CVB-58	United States	1949	18. 4. 49	Bau am 23. 4. 1949 eingestellt				Newport News S.B. & D.D.	abgebrochen
CVB-59	Forrestal	1952	14. 7. 52	11. 12. 54	1. 10. 55	11. 9. 93		Newport News S.B. & D.D.	Atlantik Museumsschiff
CVB-60	Saratoga II	1953	16. 12. 52	08. 10. 55	14. 4. 56	20. 8. 94		New York N.Sh.	Atlantik Museumsschiff
CVA-61	Ranger II	1954	2. 8. 54	29. 9. 56	10. 8. 57	10. 7. 93		Newport News S.B. & D.D.	Pazifik Reserve
CVA-62	Independence II	1955	1. 7. 55	6. 6. 58	10. 1. 59	30. 9. 98		New York N.Sh.	Atlantik Reserve
CVA-63	Kitty Hawk	1956	27. 12. 56	21. 5. 60		29.. 4. 61		New York N.B.	Pazifik aktiv
CVA-64	Constellation	1957	14.. 9. 57	8. 10. 60	27. 10. 61			New York N.Sh.	Pazifik aktiv
CVA-66	America	1961	9. 1. 61	1. 2. 64	23. 1. 65	9. 8. 96		Newport News S.B. & D.D.	Atlantik Reserve
CVAN-65	Enterprise II	1958	4. 2. 58	24. 9. 60	25. 11. 61			Newport News S.B. & D.D.	Atlantik aktiv
CVA-67	John F. Kennedy	1963	22. 10. 64	27. 5. 67	7. 9. 68			Newport News S.B. & D.D.	Atlantik aktiv
CVAN-68	Nimitz	1967	22. 6. 68	13. 5. 72	3. 5. 73			Newport News S.B. & D.D.	Pazifik aktiv
CVN-69	Dwight D. Eisenhower	1970	15. 8. 70	11. 10. 75	18. 10. 77			Newport News S.B. & D.D.	Atlantik aktiv
CVN-70	Carl Vinson	1974	11. 19. 75	15. 3. 80	13. 3. 82			Newport News S.B. & D.D.	Pazifik aktiv
CVN-71	Theodore Roosevelt	1979	31. 10. 81	27. 10. 84	27. 10. 86			Newport News S.B. & D.D.	Atlantik aktiv
CVN-72	Abraham Lincoln	1983	3. 11. 84	13. 2. 88	11. 11. 89			Newport News S.B. & D.D.	Pazifik aktiv
CVN-73	George Washington	1983	25. 8. 86	21. 7. 90	4. 7. 92			Newport News S.B. & D.D.	Atlantik aktiv
CVN-74	John C. Stennis	1988	13. 3. 91	13. 11. 93	9. 12. 95			Newport News S.B. & D.D.	Pazifik aktiv
CVN-75	Harry S. Truman	1988	29. 11. 93	7. 9. 96	25. 7. 98			Newport News S.B. & D.D.	Atlantik aktiv, später Pazifik
CVN-76	Ronald Reagan	1995	2. 98					Newport News S.B. & D.D.	im Bau

Antriebsanlage

Kenn-Nr.	Klasse	Antriebsanlage	PS/Schrauben	Geschwindigkeit kn	Schiffs-Brennstoff ts	Fahrstrecke, sm bei Geschw., kn
58	United States		280 000/4	33		
59–62	Forrestal	8 Dampfkessel; Getriebe-Turbinen	260 000/4	33	7 828	
			280 000/4	34		
			280 000/4	34		
			280 000/4	max. 36		
63–64, 66	Kitty Hawk/ America	8 Dampfkessel; Getriebe-Turbinen	280 000/4	35	7 828	
				34		
				35		
65	Enterprise	8 Atomreaktoren A2W; Getriebe-Turbinen	240 000/4	36	Uran	140 000/36 400 000/20
67	John F. Kennedy	8 Dampfkessel; Getriebe-Turbinen	280 000/4	35		
68–73	Nimitz	2 Atomreaktoren A4W/A1G Getriebe-Turbinen	280 000/4	30+	Uran	
74	John C. Stennis	2 Atomreaktoren A4W/A1G Getriebe-Turbinen	280 000/4	30+	Uran	
75	Harry S. Truman	2 Atomreaktoren A4W/A1G Getriebe-Turbinen	280 000/4	30+	Uran	
76	Ronald Reagan	2 Atomreaktoren A4W/A1G Getriebe-Turbinen	280 000/4	30+	Uran	

Kenn-Nr.	Schiffsname	Wasserverdrängung Standard ursprünglich später	voll beladen	Höhen, m Fl.-Deck Schornst.	Brücke Mast	Länge üb. alles m ursprünglich * später	Breite, m Flugdeck Wasserlinie ursprünglich später		Tiefgang, m ursprünglich später		Besatzung Offz./Mann F = Frieden K = Krieg
1	Langley	11 050	14 700			165,3 / 158,6	20,0		5,7 7,3		410
2	Lexington I	36 000	41 000*	13,7 33,5	29,0 47,3	270,8 / 259,3	39,7 32,2		7,4 9,9		F 2 122 K 2 951
3	Saratoga I	36 000	41 000 48 550	13,7 33,5	29,0 47,3	270,8 277,2 / 259,3	39,7 32,2	34,1	7,4 9,9		F 2 122 K 3 373
4	Ranger I	14 500	20 500	17,7 22,6	32,0 44,0	234,5 / 222,7	33,4 24,4		6,0		F 1 788 K 2 000
5	Yorktown I	19 800	25 500	16,8 31,4	26,2 43,6	246,9 / 234,9	33,2 25,3		6,6 8,5		F 1 889 K 2 919
6	Enterprise I	19 800	25 500	16,8 31,4	26,2 43,6	1938: 246,9 / 234,9	33,2 25,3	34,8	6,6 8,5		F 1 889 K 2 919
7	Wasp I	14 700	21 000	16,5 33,8	25,3 35,4	226,1 / 210,5	33,2 24,6		6,1 8,5		F 1 889 K 2 367
8	Hornet I	19 000	29 100	16,8 31,4	26,2 43,6	246,9 / 234,9	34,8 25,3		6,6 8,8		F 160/1 729 K 306/2 613
9	Essex	27 100 33 000	33 000 40 600	17,4 32,0/37,0	28,4 44,8/55,3	267,2 272,6 / 250,1	45,0 28,4	58,5 30,8	7,0 8,7	9,4	F 3 448 K 340/2 900
10	Yorktown II	27 100 33 000	33 000 40 600	17,4 32,0	28,4 44,8	267,2 272,6 / 250,1	45,0 28,4	58,5 30,8	7,0 8,7	9,4	F 3 448 K 340/2 900
11	Intrepid	27 100 32 800	33 000 44 700	17,4 32,0	28,4 44,8	267,2 272,6 / 250,1	45,0 28,4	58,5 30,8	7,0 8,7	9,4	F 3 448 K 340/2 900
12	Hornet II	27 100 33 000	33 000 40 600	17,4 32,0	28,4 44,8	267,2 272,6 / 250,1	45,0 28,4	58,5 30,8	7,0 8,7	9,4	F 3 448 K 340/2 900
13	Franklin	27 100	33 000 36 500	17,4 32,0	28,4 44,8	267,2 / 250,1	45,0 28,4		7,0 8,7		F 3 448 K 340/2 900
14	Ticonderoga	27 000 32 800	33 000 41 726	17,4 32,0	28,4 44,8	270,8 272,6 / 250,1	45,0 28,4	58,5 30,8	7,0 8,7	9,4	F 3 448 K 354/3 170 mit CVW
15	Randolph	27 100 33 000	33 000 40 600	17,4 32,0	28,4 44,8	270,8 272,6 / 250,1	45,0 28,4	58,5 30,8	7,0 8,7	9,4	F 3 448 K 340/2 900

* unter dem Bruchstrich Längen in der Konstruktions-Wasserlinie

Bewaffnung   343

Bewaffnung	Katapulte	Flugzeuge	Bemerkungen
4–12,7 cm L/51	2*	33**	* Katapulte primitiver Art, 1928 ausgebaut ** Gestaut unter Deck

bis 1941: 8–20,3 cm L/55, 12–12,7 cm L/25,
          48–28 mm, 28 MG 7,6 mm
1942: 10–12,7 cm L/25, 48–28 mm, 18–20 mm
	(1)	90–120	* „battle condition": 42 500 ts
			  „emergency load": 47 900 ts

bis 1940: 8–20,3 cm L/55, 12–12,7 cm L/25, 8 MG 1941: 12–12,7 cm L/25, 20–28 mm, 32 MG 1942: 16–12,7 cm L/38, 36–28 mm 1944: 16–12,7 cm L/38, 96–40 mm*, 16–20 mm	2	90–120	* 1945: 23 40-mm-Vierlinge + 2 Zwillinge = 100 40-mm-Rohre
1934: 8–12,7 cm L/25 1944: 24–40 mm, 46–20 mm**	1*	80–86	* ab 1944 ** zeitweilig ca. 1942 auch 28-mm-Flak an Bord
1937: 8–12,7 cm L/38 1942: 8–12,7 cm L/38, 16–28 mm, 16–20 mm	3*	81–90	* 2 Katapulte im Hangar bis 1939; ab 1941: 2 auf Flugdeck
1938: 8–12,7 cm L/38 1942: 8–12,7 cm L/38, 16–28 mm, 23–20 mm 1945: 8–12,7 cm L/38, 42–40 mm, 32–20 mm	3*	81–90	* 2 Katapulte im Hangar bis 1939, dann ab 1941: 2 auf Flugdeck
1941: 8–12,7 cm L/38, 16–28 mm, 16 MG 1942: 8–12,7 cm L/38, 16–28 mm, 23–20 mm	3*	85–90	* 1 Katapult im Hangar 2 Katapulte auf Flugdeck
1941: 8–12,7 cm L/38, 16–28 mm, 24 MG 1942: 8–12,7 cm L/38, 16–28 mm, 30–20 mm, 9 MG	*	80–84	* 2 vorgesehene Katapulte nicht zum Einbau gekommen
1943: 12–12,7 cm L/38, 32–40 mm, 44–20 mm* 1951: 8–12,7 cm L/38, 28–7,6 cm L/50 1957: 7–12,7 cm L/38, 14–7,6 cm L/50 1959: 7–12,7 cm L/38 1964: 4–12,7 cm L/38	2**	80–100	Typ „short hull" * 1945: 61–20 mm ** Ursprünglich keine Katapulte, ab 4/1944: 2 auf Flugdeck
1943: 12–12,7 cm L/38, 32–40 mm, 46–20 mm 1945: 12–12,7 cm L/38, 68–40 mm, 61–20 mm 1953: 8–12,7 cm L/38, 28–7,6 cm L/30 1956: 7–12,7 cm L/38, 8–7,6 cm L/50 1959: 7–12,7 cm L/38 1964: 6–12,7 cm L/38 1968: 4–12,7 cm L/38	2*	80–100	Typ „short hull" Besatzung als CVS: 115/1500 ** ursprünglich je 1 Katapult im Hangar und auf Flugdeck
1943: 12–12,7 cm L/38, 40–40 mm, 55–20 mm 1944: 12–12,7 cm L/38, 64–40 mm, 56–20 mm 1954: 8–12,7 cm L/38, 14–7,6 cm L/50 1974: 4–12,7 cm L/38	2*	80–100	Typ „short hull" Besatzung als CVS: 115/1500 * ursprünglich je 1 Katapult im Hangar und auf Flugdeck
1945: 12–12,7 cm L/38, 68–40 mm, 35–20 mm 1953: 8–12,7 cm L/38, 28–7,6 cm L/50 1957: 7–12,7 cm L/38, 8–7,6 cm L/50 1970: 4–12,7 cm L/38	2*	80–100	Typ „short hull" Besatzung als CVS: 115/1500 * Katapulte wie auf CV-11
1945: 12–12,7 cm L/38, 68–40 mm, 57–20 mm	2*	80–100	Typ „short hull" * Katapulte wie auf CV-11
1945: 12–12,7 cm L/38, 72–40 mm, 35–20 mm 1955: 8–12,7 cm L/38, 28–7,6 cm L/50 1959: 8–12,7 cm L/38, 8–7,6 cm L/50 1972: 4–12,7 cm L/38	2	80–100	Typ „long hull" Besatzung als CVS: 115/1500
1945: 12–12,7 cm L/38, 72–40 mm, 56–20 mm 1953: 8–12,7 cm L/38, 28–7,6 cm L/50 1956: 8–12,7 cm L/38, 8–7,6 cm L/50, Regulus I 1968: 4–12,7 cm L/38	2	80–100	Typ „long hull" Besatzung als CVS: 115/1500

Kenn-Nr.	Schiffsname	Wasserverdrängung Standard / voll beladen ursprünglich / später	Höhen, m Fl.-Deck Schornst. / Brücke Mast	Länge üb. alles m ursprünglich * später	Breite, m Flugdeck Wasserlinie ursprünglich später	Tiefgang, m ursprünglich später	Besatzung Offz./Mann F = Frieden K = Krieg
16	Lexington II	27 100 / 33 000 33 000 / 39 000 1978: 42 113 1984: 42 500	17,4 / 28,4 32,0 / 44,8	267,2 272,6 250,1	45,0 58,5 28,4 30,8	7,0 9,4 8,7	F 3 448 K 340 / 2 900 1984: 75/1365
17	Bunker Hill	27 100 / 33 000 36 500	17,4 / 28,4 32,0 / 44,8	267,2 250,1	45,0 28,4	7,0 8,7	K 3 448
18	Wasp II	27 100 / 33 000 33 000 / 40 600	17,4 / 28,4 32,0 / 44,8	267,2 272,6 250,1	45,0 58,5 28,4 30,8	7,0 9,4 8,7	F 3 448 K 340 / 2 900
19	Hancock	27 100 / 33 000 32 800 / 44 700	27,4 / 28,4 32,0 / 44,8	270,8 272,6 250,1	45,0 58,5 28,4 30,8	7,0 9,4 8,7	F 3 448 K 340 / 2 900
20	Bennington	27 100 / 33 000 33 000 / 40 600	17,4 / 28,4 32,0 / 44,8	267,2 272,6 250,1	45,0 58,5 28,4 30,8	7,0 9,4 8,7	F 3 448 K 340 / 2 900
21	Boxer	27 100 / 33 000 30 800 / 40 600	17,4 / 28,4 32,0 / 44,8	270,8 250,1	45,0 39,6 28,4 28,4	7,0 9,4 8,7	F 3 448
31	Bon Homme Richard	27 100 / 33 000 32 800 / 44 700	17,4 / 28,4 32,0 / 44,8	267,2 272,6 250,1	45,0 58,5 28,4 30,8	7,0 9,4 8,7	F 3 448
32	Leyte	27 100 / 33 000 30 800 / 38 500	17,4 / 28,4 32,0 / 44,8	270,8 250,1	45,0 39,6 28,4 28,4	7,0 9,4 8,7	F 3 448
33	Kearsarge	27 100 / 33 000 33 000 / 40 600	17,4 / 28,4 32,0 / 44,8	270,8 272,6 250,1	45,0 58,5 28,4 30,8	7,0 9,4 8,7	F 3 448
CV-34	Oriskany	30 800 / 39 800 33 250 / 44 700		270,8 271,3 250,1	45,0 59,5 28,4 32,5	6,7 9,4 8,7	F 3 460 mit CVW
CV-36	Antietam	27 100 / 33 000 30 000 / 38 000	17,4 / 28,4 32,0 / 44,8	270,8 250,1	45,0 46,9 28,4 28,3	7,0 9,4 8,7	F 3 448
CV-37	Princeton II	27 100 / 33 000 30 800 / 40 600	17,4 / 28,4 32,0 / 44,8	270,8 250,1	45,0 39,6 28,4 28,4	7,0 9,4 8,7	F 3 448

* unter dem Bruchstrich Längen in der Konstruktions-Wasserlinie

Bewaffnung 345

Bewaffnung	Katapulte	Flugzeuge	Bemerkungen
1945: 12–12,7 cm L/38, 68–40 mm*, 30–20 mm, 5 MG 1956: 8–12,7 cm L/38, –7,6 cm L/50, Regulus I 1968: 4–12,7 cm L/38 1970: keine Bewaffnung	2	80–100	Typ „short hull"; Besatzung als CVA: 354/3170 mit CVW; als AVT: 75/1365 * 1945 zunächst 72–40 mm, dann reduziert
1945: 12–12,7 cm L/38, 68–40 mm, 35–20 mm	2*	80–100	Typ „short hull"; * ursprünglich je ein Katapult im Hangar und auf Flugdeck
1945: 12–12,7 cm L/38, 68–40 mm, 29–20 mm, 6 MG 1952: 8–12,7 cm L/38, 28–7,6 cm L/50 1956: 8–12,7 cm L/38, 14–7,6 cm L/50 1961: 7–12,7 cm L/38 1964: 4–12,7 cm L/38	2*	80–100	Typ „short hull" Besatzung als CVS: 115/1500 * Katapulte wie CV-17
1945: 12–12,7 cm L/38, 72–40 mm, 59–20 mm 1954: 8–12,7 cm L/38, 28–7,6 cm L/50, Regulus I 1957: 8–12,7 cm L/38, 8–7,6 cm L/50 1959: 8–12,7 cm L/38 1975: 4–12,7 cm L/38	2	80–100	Typ „long hull" Besatzung als CVA: 354/3170
1945: 12–12,7 cm L/38; 40–40 mm, 60–20 mm 1953: 8–12,7 cm L/38, 28–7,6 cm L/50 1955: 8–12,7 cm L/38, 8–7,6 cm L/50, Regulus I 1957: 8–12,7 cm L/38 1965: 4–12,7 cm L/38	2	80–100	Typ „short hull" Besatzung als CVS: 115/1500
1945: 12–12,7 cm L/38, 72–40 mm, 35–20 mm 1953: 12–12,7 cm L/38, 44–40 mm 1959: 12–12,7 cm L/38 1968: 8–12,7 cm L/38	2*	80–100 als LPH: 40 Hel.	Typ „long hull" Besatzung als LPH: 1000 * Beim LPH-Umbau Katapulte stillgelegt
1945: 12–12,7 cm L/38, 68–40 mm, 56–20 mm 1956: 8–12,7 cm L/38, 8–7,6 cm L/50, Regulus I 1962: 8–12,7 cm L/38 1964: 4–12,7 cm L/38	2	80–100	Typ „short hull" Besatzung als CVA: 354/3170
1946: 12–12,7 cm L/38, 44–40 mm, 28–20 mm 1958: 12–12,7 cm L/38	2	80–100	Typ „long hull" Besatzung als CVS: ca. 1000
1946: 12–12,7 cm L/38, 40–40 mm 1952: 8–12,7 cm L/38, 20–7,6 cm L/50 1954: 8–12,7 cm L/38, 16–7,6 cm L/50 1961: 7–12,7 cm L/38 1966: 4–12,7 cm L/38	2	80–100	Typ „long hull" Besatzung als CVS: 115/1500
1951: 8–12,7 cm L/38, 28–7,6 cm L/50, 14–20 mm 1954: 8–12,7 cm L/38, 16–7,6 cm L/50 1960: 7–12,7 cm L/38 1967: 4–12,7 cm L/38 1976: 2–12,7 cm L/38	2	80	Besatzung ohne CVW: 110/1980 CVW-Besatzung: 135/1050
1945: 12–12,7 cm L/38, 44–40 mm, 39–20 mm 1953: 10–12,7 cm L/38, 32–40 mm 1960: 8–12,7 cm L/38	2	80–100	Typ „long hull" Besatzung als CVS: 2100
1946: 12–12,7 cm L/38, 60–40 mm, 35–20 mm 1951: 12–12,7 cm L/38, ca. 56–40 mm 1955: 12–12,7 cm L/38, –40 mm, Regulus I 1959: 12–12,7 cm L/38 1969: 6–12,7 cm L/38	2*	80–100 als LPH: 40 Hel.	Typ „long hull" Besatzung als LPH: 1000 * Beim LPH-Umbau Katapulte stillgelegt

Kenn-Nr.	Schiffsname	Wasserverdrängung Standard / voll beladen ursprünglich / später	Höhen, m Fl.-Deck Schornst.	Brücke Mast	Länge üb. alles m ursprünglich * später	Breite, m Flugdeck Wasserlinie ursprünglich später	Tiefgang, m ursprünglich später	Besatzung Offz./Mann F = Frieden K = Krieg
CV-38	Shangri La	27 100 33 000 32 800 44 700	17,4 32,0/37,0	28,4 44,8/55,3	270,8 272,6 — 250,1	45,0 58,5 28,4 30,8	7,0 9,4 8,7	F 3 448
CV-39	Lake Champlain	27 100 33 000 33 100 40 800	17,4 32,0	28,4 44,8	270,8 — 250,1	45,0 46,3 28,4 31,0	7,0 9,4 8,7	F 3 448
CV-40	Tarawa	27 100 33 000 33 800 38 500	17,4 32,0	28,4 44,8	270,8 — 250,1	45,0 39,6 28,4 28,4	7,0 9,4 8,7	F 3 448
CV-45	Valley Forge	27 100 33 000 30 800 40 600	17,4 32,0	28,4 44,8	270,8 — 250,1	45,0 39,6 28,4 28,4	7,0 9,4 8,7	F 3 448
CV-47	Philippine Sea	27 100 33 000 30 800 38 500	17,4 32,0	28,4 44,8	270,8 — 250,1	45,0 39,6 28,4 28,4	7,0 9,4 8,7	F 3 448
CVL-22	Independence I	11 000 13 000	14,0 17,7	20,7 35,7	189,9 — 183,0	33,3 21,8	6,1 7,9	K 1 569
CVL-23	Princeton I	11 000 13 000	14,0 17,7	20,7 35,7	189,9 — 183,0	33,3 21,8	6,1 7,9	K 1 569
CVL-24	Belleau Wood	11 000 13 000	14,0 17,7	20,7 35,7	189,9 — 183,0	33,3 21,8	6,1 7,9	K 1 569
CVL-25	Cowpens	11 000 13 000	14,0 17,7	20,7 35,7	189,9 — 183,0	33,3 21,8	6,1 7,9	K 1 569
CVL-26	Monterey	11 000 13 000	14,0 17,7	20,7 35,7	189,9 — 183,0	33,3 21,8	6,1 7,9	K 1 569
CVL-27	Langley II	11 000 13 000	14,0 17,7	20,7 35,7	189,9 — 183,0	33,3 21,8	6,1 7,9	K 1 569
CVL-28	Cabot	11 000 13 000	14,0 17,7	20,7 35,7	189,9 — 183,0	33,3 21,8	6,1 7,9	K 1 569
CVL-29	Bataan	11 000 13 000	14,0 17,7	20,7 35,7	189,9 — 183,0	33,3 21,8	6,1 7,9	K 1 569
CVL-30	San Jacinto	11 000 13 000	14,0 17,7	20,7 35,7	189,9 — 183,0	33,3 21,8	6,1 7,9	K 1 569
CVB-41	Midway	45 000 60 000 51 000 64 200	15,9 35,4	26,2 43,0	1945: 295,2 1957: 298,0 1970: 303,8 — 274,5	41,5 72,5* 34,5 36,9	10,9 10,8	1945: 4 104 mit CAG 1976: 140/2 475 ohne CVW
CVB-42	F. D. Roosevelt	45 000 60 100 50 100 64 400	15,9 35,4	26,2 43,0	295,2 304,9 — 274,5	41,5 67,1 34,5 36,9	10,0 8,9 10,7 10,8	1945: 4 104 mit CAG 1976: 140/2 475 ohne CVW

* unter dem Bruchstrich Längen in der Konstruktions-Wasserlinie

Bewaffnung 347

Bewaffnung	Katapulte	Flugzeuge	Bemerkungen
1945: 12–12,7 cm L/38, 44–40 mm, 60–20 mm 1957: 8–12,7 cm L/38, 24–7,6 cm L/50 1958: 8–12,7 cm L/38 1969: 4–12,7 cm L/38	2	80–100	Typ „short hull" Besatzung als CVA einschließlich CVW: 354/3170
1945: 12–12,7 cm L/38, 44–40 mm 1953: 8–12,7 cm L/38, 28–7,6 cm L/50 1955: 8–12,7 cm L/38, 24–7,6 cm L/50, Regulus I 1966: 8–12,7 cm L/38	2	80–100	Typ „long hull" Besatzung als CVS ohne CVSG: 115/1000
1946: 12–12,7 cm L/38, –40 mm 1951: 12–12,7 cm L/38, ca. 36–40 mm	2	80–100	Typ „long hull" Besatzung als CVS: 1000
1947: 12–12,7 cm L/38, 44–40 mm 1956: 12–12,7 cm L/38, ca. 36–40 mm 1961: 6–12,7 cm L/38	2*	80–100	Typ „long hull" Besatzung als LPH: 1000 * Beim LPH-Umbau Katapulte stillgelegt
1946: 12–12,7 cm L/38; 44–40 mm 1952: 12–12,7 cm L/38, 36–40 mm 1958: 12–12,7 cm L/38	2	80–100	Typ „long hull" Besatzung als CVS: 1000
4/1943: 2–12,7 cm L/38, 18–40 mm, 4–20 mm 7/1943: 26–40 mm, 4–20 mm 1945: 28–40 mm, 4–20 mm	2	45*	* gestaut 100 Flugzeuge
1943: 26–40 mm, 16 bis 22–20 mm 1945: 26–40 mm, 22–20 mm	2	45	
1943: 26–40 mm, 4–20 mm	2	45	
1945: 26–40 mm, 7–20 mm	2	45	
1945: 26–40 mm, 8–20 mm	2	45	
1943: 28–40 mm, 22–20 mm 1945: 26–40 mm, 5–20 mm*	2	45**	* 1960: 26–40 mm, 6–20 mm ** 1960: 26 Flugzeuge
1945: 26–40 mm, 5–20 mm 1977: 26–40 mm	2*	45**	* 1967: ausgebaut ** 1977: 4 V/STOL, 20 Hel.
1945: 28–40 mm, 4–20 mm 1954: 16–40 mm	2	45	
1945: 26–40 mm, 22–20 mm	2	45	
1945: 18–12,7 cm L/54, 84–40 mm, 28–20 mm 1950: 14–12,7 cm L/54, 40–7,6 cm L/50 1957: 10–12,7 cm L/54, 22–7,6 cm L/50 1961: 10–12,7 cm L/54 1963: 4–12,7 cm L/54 1970: 3–12,7 cm L/54 1985: 2 BPDMS Mk 25, 2 Phalanx Mk 15	2***	80–145**	* Breite Flugdeck 1970: 78,7 m ** Höchst-Dotierung niemals an Bord gehabt *** C-13
1945: 18–12,7 cm L/54, 84–40 mm, 28–20 mm 1951: 14–12,7 cm L/54, 36–7,6 cm L/50, 10–20 mm 1956: 10–12,7 cm L/54, 22–7,6 cm L/50 1960: 10–12,7 cm L/54 1963: 4–12,7 cm L/54 1977: 2–12,7 cm L/54	2	80–145	

348   Technische Angaben

Kenn-Nr.	Schiffsname	Wasserverdrängung Standard	voll beladen	Höhen, m		Länge üb. alles m*	Breite, m Flugdeck Wasserlinie		Tiefgang, m		Besatzung Offz./Mann
CVB-43	Coral Sea	52 500	62 700	15,9 35,4	26,2 43,0	295,2 298,6 274,5	41,5 34,5	67,7 37,0 1960: 72,6	10,0 11,1	10,8	1046: 4 104 mit CAG; 1976: 165/2 545 ohne CVW
CVL-48	Saipan	14 500 als AGMR:	20 000 19 347	14,9 19,5	21,3 30,8	208,6 202,5	35,1 23,4		7,6 8,5		1 721 als AGMR: 47/944
CVL-49	Wright	14 500 als CC:	20 000 19 600	14,9 19,5	21,3 30,8	208,6 202,5	35,1 23,4	33,2 23,4	7,6 8,5		234/1 553 als CC: 746
CVA-59	Forrestal	59 650	78 200	20,1 37,2	33,8 56,4	316,7 302,0	76,8 38,5		11,3		145/2 645 442/4 678 mit CVW
CVA-60	Saratoga II	60 000	78 200	20,1 37,2	33,8 56,4	316,7 302,0	76,8 38,5		11,3		145/2 645 442/4 678 mit CVW
CVA-61	Ranger II	59 650	79 200	20,1 37,2	33,8 56,4	316,7 302,0	79,2 38,5		11,3		145/2 645 442/4 678 mit CVW
CVA-62	Independence II	60 000	79 200	20,1 37,2	33,8 56,4	319,0 302,0	76,8 38,5		11,3		145/2 645 442/4 678 mit CVW
CVA-63	Kitty Hawk	60 100	81 123	19,8 36,3	34,1 58,2	323,9 302,0	76,0 38,5		10,9		148/2 766 443/4 581 mit CVW
CVA-64	Constellation	61 000	81 773	19,8 36,3	34,1 58,2	326,9 302,0	76,0 38,5		10,9		148/2 766 443/4 581 mit CVW
CVA-66	America	60 300	81 700			319,3 302,0	76,0 39,6		10,9		150/2 645 428/4 154 mit CVW
CVAN-65	Enterprise II	73 570	93 970	* 342,3 über Kat.-Ausleger		*341,3 317,2	78,3 38,5		10,8		168/3 108 526/5 230 mit CVW
CVA-67	John F. Kennedy	60 660	80 940			319,3 302,0	76,9 39,6		10,9		135/2 443 464/4 393 mit CVW

* unter dem Bruchstrich Längen in der Konstruktions-Wasserlinie

Antriebsanlage 349

Bewaffnung	Katapulte	Flugzeuge	Bemerkungen
1947: 14–12,7 cm L/54, 14–20 mm 1949: 14–12,7 cm L/54, 36–7,6 cm L/50 1957: 14–12,7 cm L/54, 36–7,6 cm L/50 1960: 6–12,7 cm L/54, 1962: 3–12,7 cm L/54, 1983: 3 Phalanx Mk 15	2*	80–145	* ab SCB 110A 3 Katapulte; 1983 C-11 Mod. 1
1946: 40–40 mm, 25–20 mm 1966: 8–7,6 mm, L/50	2*	50	* Katapulte 1965 ausgebaut
1947: 40–40 mm, 25–20 mm 1956: 26–40 mm 1963: 8–40 mm	2*	50	* Katapulte 1962 ausgebaut
1955: 8–12,7 cm L/54 1962: 4–12,7 cm L/54 1968: 1 BPDMS Mk 25 1976: 2 BPDMS Mk 25 1985: 2 IPDMS Mk 29, 3 Phalanx Mk 15	4*	76	SLEP 1983/85
1956: 8–12,7 cm L/54 1963: 4–12,7 cm L/54 1975: 2 BPDMS Mk 25 1985: 2 IPDMS Mk 29, 3 Phalanx Mk 15	4*	76	SLEP 1981/83 * 2 C-11, 2 C-7
1957: 8–12,7 cm L/54 1966: 4–12,7 cm L/54 1975: 2–12,7 cm L/54 1984: 2 IPDMS Mk 29	4*	76	* C-7
1959: 8–12,7 cm L/54 1961: 4–12,7 cm L/54 1978: 2 IPDMS Mk 29 1984: 2 IPDMS Mk 29	4*	76	SLEP 1985/87, dann * C-13
1961: 2 Starter Terrier Mk 10 1978: 2 IPDMS Mk 29 1985: 3 IPDMS Mk 29, 3 Phalanx Mk 15 1998: 3 IPDMS Mk 29, 3 Phalanx Mk 15	4*	76	* C-13
1961: 2 Starter Terrier Mk 10 1978: 2 IPDMS Mk 29 1985: 3 IPDMS Mk 29, 3 Phalanx Mk 15 1998: 3 IPDMS Mk 29, 3 Phalanx Mk 15	4*	76	* C-13
1965: 2 Starter Terrier Mk 10 1978: 2 Starter Terrier Mk 10 1984: 3 IPDMS Mk 29, 3 Phalanx Mk 15	4*	76	* C-13, 1 C-13 Mod. 1
1961: keine Bewaffnung 1968: 1 BPDMS Mk 25 1971: 3 BPDMS Mk 25 1984: 3 IPDMS Mk 29, 3 Phalanx Mk 15 1998: 3 IPDMS Mk 29, 3 Phalanx Mk 15	4*	76	* C-13 Mod. 1
1968: 3 BPDMS Mk 25 1984: 3 IPDMS Mk 29, 3 Phalanx Mk 15 1998: 3 IPDMS Mk 29, 3 Phalanx Mk 15	4*	76	* 3 C-13, 1 C-13 Mod. 1

Kenn-Nr.	Schiffsname	Wasserverdrängung		Höhen, m	Länge üb. alles m*	Breite, m Flugdeck Wasserlinie	Tiefgang, m	Besatzung Offz./Mann
		Standard	voll beladen					
CVAN-68	*Nimitz*	81 600	93 900		332,0 / 317,2	76,8 40,8	11,3	160 / 2 910 525 / 5 410 mit CVW
CVN-68	*Dwight D. Eisenhower*	81 600	93 900		332,0 / 317,2	76,8 40,8	11,3	160 / 2 910 525 / 5 410 mit CVW
CVN-70	*Carl Vinson*	81 600	93 900		332,0 / 317,2	76,8 40,8	11,3	160 / 2 900 525 / 5 410 mit CVW
CVN-71	*Theodore Roosevelt*	81 600	96 836 max. 102 000		332,0 / 317,2	76,8 40,8	11,3	160 / 2 900 525 / 5 400 mit CVW
CVN-72	*Abraham Lincoln*	81 600	96 836 max. 102 000		332,0 / 317,2	76,8 40,8	11,3	160 / 2 900 525 / 5 400 mit CVW
CVN-73	*George Washington*	81 600	96 836 max. 102 000		332,0 / 317,2	76,8 40,8	11,3	160 / 2 900 525 / 5 400 mit CVW
CVN-74	*John C. Stennis*	81 600	96 836 max. 102 000		332,0 / 317,2	76,8 40,8	11,3	160 / 2 900 525 / 5 400 mit CVW
CVN-75	*Harry S. Truman*	81 600	96 836 max. 102 000		332,0 / 317,2	76,8 40,8	11,3	160 / 2 900 525 / 5 400 mit CVW

* unter dem Bruchstrich Längen in der Konstruktions-Wasserlinie

Antriebsanlage 351

Bewaffnung	Katapulte	Flugzeuge	Bemerkungen
1975:3 BPDMS Mk 25 1984:2 IPDMS Mk 29, 3 Phalanx Mk 15 1998:3 IPDMS Mk 29, 3 Phalanx Mk 15	4*	76	* C-13 Mod. 1
1977:3 BPDMS Mk 25 1984:3 IPDMS Mk 29, 3 Phalanx Mk 15 1998:3 IPDMS Mk 29, 3 Phalanx Mk 15	4*	76	* C-13 Mod. 1
1984:3 BPDMS Mk 29, 4 Phalanx Mk 15 1998:3 IPDMS Mk 29, 4 Phalanx Mk 15	4*	76	* C-13 Mod. 1
1998:3 IPDMS Mk 29, 4 Phalanx Mk 15	4*	76	* C-13 Mod. 1
1998:3 IPDMS Mk 29, 4 Phalanx Mk 15	4*	76	* C-13 Mod. 1
1998:3 IPDMS Mk 29, 4 Phalanx Mk 15	4*	76	* C-13 Mod. 1
1998:3 IPDMS Mk 29, 4 Phalanx Mk 15	4*	76	* C-13 Mod. 1
1998:3 IPDMS Mk 29, 4 Phalanx Mk 15	4*	76	* C-13 Mod. 1

352 Besonderheiten bei Trägern der *Essex*-Klasse

Reihenfolge der Fertigstellung	Schiffs-Name und Datum der Indienststellung	Kenn-Nummer	Bauwerft	hull		Brücke		Katapulte			Anordnung der 40-mm-Vierlinge								
				short	long	frühe Form	späte Form	im Hangar	ein Decks-	zwei Decks-	1 am Bug	2 am Bug	2 Stb. achtern	3 Stb. unter Insel	2 Bb vorne	1 am Heck	2 am Heck	4 an Insel	3 an Insel
				1	2	3	4	5	6	7	8	9	10	11	12	13	14	15	16
1	Essex 31.12.42	9	Newport News	●		i.D. ●	4/44 ●			4/44 ●	●		4/44 ●		4/44 ●	●		i.D. ●	4/44 ●
2	Lexington 17.2.43	16	Bethlehem Quincy	●			i.D. ●	i.D. ●		●	●		12/43 ●	5/45 ●	i.D. ●	●	12/43 ●	i.D. ●	5/45 ●
3	Yorktown 15.4.43	10	Newport News	●		i.D. ●	9/44 ●	i.D. ●	i.D. ●	9/44 ●	●		6/43 ●+	9/44 ●	9/44 ●	●	9/44 ●	i.D. ●	9/44 ●
4	Bunker Hill 16.8.43	17	Bethlehem Quincy	●		i.D. ●	1/45 ●	i.D. ●	i.D. ●	1/45 ●	●		i.D. ●+	1/45 ●	1/45 ●	●	1/45 ●	i.D. ●	1/45 ●
5	Intrepid 16.8.43	11	Newport News	●		i.D. ●	3/44 ●	i.D. ●	i.D. ●	3/44 ●	●		i.D. ●+	3/44 ●	3/44 ●	●	3/45 ●	i.D. ●	3/44 ●
6	Wasp 24.11.43	18	Bethlehem Quincy	●		i.D. ●	6/45 ●	i.D. ●	i.D. ●	6/45 ●	●		i.D. ●+	6/45 ●	6/45 ●	●	6/45 ●	i.D. ●	6/45 ●
7	Hornet 29.11.43	12	Newport News	●			●		●	9/45 ●	●		i.D. ●+	9/45 ●	9/45 ●	●	9/45 ●		9/45 ●
8	Franklin 31.1.44	13	Newport News	●		i.D. ●	5/44 ●	i.D. ● bis 4/44	i.D. ●	1/45 ●	●		1/45 ** ●+	1/45 ●**	1/45 ●	●	1/45 ●	i.D. ●	5/44 ●
9	Hancock 15.4.44	19	Bethlehem Quincy		●		●			●	●		6/45 ●	6/45 ●	6/45 ●		●		●
10	Ticonderoga 8.5.44	14	Newport News		●		●			●	●		4/45 ●	4/45 ●	i.D. ●		●		●
11	Bennington 6.8.44	20	New York Nav. Sh.	●			●			●	●	●			i.D. ●		●		●
12	Shangri La 15.9.44	38	Norfolk Nav. Sh.		●		●			●	●				i.D. ●		●		●
13	Randolph 9.10.44	15	Newport News		●		●			●	●		1/45 ●*	1/45 ●*	1/45 ●		●		●
14	Bonne Homme Richard 26.11.44	31	New York Nav. Sh.	●			●			●	●	●	5/45 ●*	5/45 ●	i.D. ●		●		●
15	Antietam 28.1.45	36	Philadelphia Nav. Sh.		●		●			●	●				i.D. ●		●		●
16	Boxer 16.4.45	21	Newport News		●		●			●	●		7/45 ●	7/45 ●	●		●		●
17	Lake Champlain 3.6.45	39	Norfolk Nav. Sh.		●		●			●	●				●		●		●

+ Flakstände zunächst eingezogen aufgestellt, um Passage durch Panama-Kanal zu ermöglichen; später fast durchweg nach außenbords versetzt, um größeren Bestreichungswinkel zu erreichen.

in der Reihenfolge ihrer Fertigstellung 353

Radar-Anordnung				Tarnanstriche										Antennen-Gittermaste Stb.	Bemerkungen
SK		SK-2		Schema					Muster						
ob. Mast-Pl.	Stb.-Seite Schornst.	Plattf. h. Mast		12	21	22	32	33	10A	6–10 D	3A	6A	17 A-1	17 A-2		
17	18	19	20	21	22	23	24	25	26	27	28	29	30	31	32	
i.D. ●	4/44 ●		3/45 ●	i.D. ● 3/45 ●	3/44 ●				3/44 ●						5**	* ganze Zeit in eingezogener Position ** bis Kriegsende
	i.D. ●		5/45 ●	5/45 ●	i.D. ●*										5	* behielt Schema 21 bis 5/85
i.D. ●*				i.D. ● /45 ●			3/44 ●	3/44 ●							5**	* 9/44 versetzt an Bb-Seite des Schornsteins ** 9/44 drei achtere Antennen-Gittermaste entfernt
	i.D. ●			i.D. ● 1/45 ●	3/44 ●							3/44 ●			5*	* 1/45 drei Antennen-Gittermaste entfernt
i.D. ●*	11/43 ●			/45 ●	i.D. ●	3/44 ●					3/44 ●				4	* 11/43 seitlich an den Schornstein versetzt + erst 3/45 wurde nur der vordere nach außenbords vorgezogen
	i.D. ●			i.D. ● 6/45 ●			3/44 ●	3/44 ●							4*	* 6/45 zwei achtere Antennen-Gittermaste entfernt
		i.D. ●	9/45 ●		/45 ●		i.D. ●*					i.D. ●*			4**	* erster Träger m. Mehrfarbenanstrich ** 1945 nur noch die beiden vorderen Antennen-Gittermaste vorhanden
		i.D. ●	1/45 ●	1/45 ●		i.D. ●					i.D. ●*	i.D. ●*			4***	* 5/44 bis 11/44: 3A an Backbord, 6A an Steuerbord ** 3/45 vor Panamakanal-Transit abgetrennt *** 1/45 nur noch die beiden vorderen Antennen-Gittermaste
		i.D. ●	6/45 ●			i.D. ●				i.D. ●					4*	* 6/45 zwei Antennen-Gittermaste entfernt
		i.D. ●	4/45 ●		i.D. ●			i.D. ●	i.D. ●						4*	* 4/45 zwei Antennen-Gittermaste entfernt
			●*	7/45 ●	i.D. ●								i.D. ●	12/44 ●	4	* 8–12/44 auf Plattform hinter dem Mast, danach Stb.-Seite Schornstein
			●*				●	●							4	* 1/45 SK-2 und SC-2-Positionen vertauscht; bis 1/45 wie CV-20
			●	/44 ●	i.D. ●							i.D. ●			4***	* Nach Kriegsschluß vor Panamakanal-Transit entfernt
			●	3/45 ●		i.D. ●							i.D. ●		4*	* 1952 immer noch die beiden achteren Antennen-Gittermaste ** 1952 beide Wannen leer, Geschütze entfernt
			●	5/45 ●	i.D. ●							i.D. ●			4	
			●	●											4	
			●	●											4*	* 1945/46 zwei Antennen-Gittermaste entfernt

Erklärung dieser Tabelle auf der folgenden Seite

Besonderheiten bei Trägern der *Essex*-Klasse in der Reihenfolge ihrer Fertigstellung

(Tabellen Seite 352/353)

Bemerkungen zu den einzelnen Spalten

Vorstehende Tabelle enthält nur die bis zum Kriegsschluß 1945 fertiggestellten Träger der *Essex*-Klasse. Sie sind hier in der Reihenfolge ihrer Fertigstellung aufgelistet. Die einzelnen Spalten der Tabelle beinhalten 32 charakteristische Merkmale dieser Klasse, die von Schiff zu Schiff zeitlich unterschiedlich vorhanden waren und somit — neben zahlreichen anderen Merkmalen — für die Schiffs-Identifikation von Wert sind.

Die Kürzung i.D. zeigt an, daß das Schiff mit diesem Merkmal in Dienst gestellt worden ist. Sofern erforderlich zeigt die Bruchzahl vor dem Merkmal Monat/Jahr der Einführung desselben. Wo beides fehlt, bedeutet dies, daß das Merkmal nicht mehr abgeändert wurde, oder daß der Zeitpunkt der Abänderung nicht bekanntgeworden ist.

Spalten 1—2
Unterscheidung nach „short hull" und „long hull"-Schiffen.
Spalten 3—4
Frühe Brückenform enthält vier 40-mm-Vierlinge im Bereich der Insel (je einen *vor* und *hinter* der Insel, und je einen vorn und achtern *auf* der Insel).
Späte Brückenform enthält Verbreiterung der Admiralsbrücke (unteres Brücken-Niveau), wobei der vordere vor der Insel aufgestellte 40-mm-Vierling entfernt wurde.
Fast alle Schiffe mit der frühen Brückenform erhielten im Laufe des Krieges die spätere Form.
Spalten 5—7
Nur sechs Schiffe hatten in den ersten Kriegsjahren einen Hangar-Katapult in Verbindung mit nur einem Decks-Katapult. Bis auf ein Schiff erhielten später alle übrigen ein zweites Decks-Katapult, wobei das aus dem Hangar entfernt wurde.
Spalte 8
Ein Bug-40-mm-Vierling: typisch für alle „short hill"-Schiffe.
Spalte 9
Zwei Bug-Vierlinge: typisch für alle „long hull"-Schiffe.
Spalte 10
40-mm-Flakstände an der Steuerbordseite im achteren Schiffsviertel auf dem Niveau des Hangardecks. Bei zahlreichen Schiffen erst nachträglich aufgestellt, z. T. zunächst eingezogen, später zur Erreichung eines besseren Schußfeldes nach vorn außenbords vorgezogen.
Spalte 11
Drei Steuerbord-40-mm-Flakstände außenbords unter der Insel. Passage des Panama-Kanals damit nicht möglich, daher Abtrennung der Wannen bei *Franklin* und *Randolph* bei Kriegsende.
Spalte 12
Zwei 40-mm-Backbord-Flakstände in Höhe des Hangar-Niveaus anstelle des Hangar-Katapultauslegers; zumeist bei Entfernung des letzteren aufgestellt. Bei späteren Schiffen bei Fertigstellung vorhanden.
Spalte 13
Ein 40-mm-Heck-Vierling, unsymmetrisch nach Backbord versetzt; zunächst typisch für acht von zehn „short hull"-Vertretern.
Spalte 14
Zwei 40-mm-Heck-Vierlinge; typisch zunächst für das neunte bis siebzehnte Schiff, wo bei Fertigstellung vorhanden. die übrigen Schiffe wurden — mit Ausnahme der *Essex* — nachgerüstet.

Spalten 15—16
Aufstellung entsprechend Spalte 3—4.
Spalte 17
Radarantenne SK auf der Dreibenmast-Plattform *vor* der Stenge.
Spalte 18
Radarantene SK auf Konsole an der Steuerbordseite des Schornsteins.
Spalte 19
Radarantenne SK auf der Dreibeinmast-Plattform hinter der Stenge.
Spalte 20
Radarantenne SK-2; zunächst typisch für Schiff 11 bis 17 (in der Reihenfolge der Fertigstellung); später Nachrüstung bei fünf älteren Schiffen.
Spalten 21—31
Angaben über die Farb- und Tarnanstriche. Vier der älteren Schiffe erhielten Anstrich nach Schema 21 zweimal.
Spalte 32
Die ersten vier Schiffe wurden mit fünf klappbaren Antennen-Gittermasten an der Steuerbord-Deckskante fertiggestellt, die übrigen mit nur vier. Im Laufe des Krieges und kurz danach wurden einige oder alle diese Antennen entfernt und durch dünnere Peitschenantennen ersetzt.

Zugehörigkeit der im II. Weltkrieg eingesetzten Flugzeugträger zu den einzelnen Verbänden

Das hier vorliegende Buch kann und will kein Geschichtswerk sein. Die einzelnen Klassen und deren Schiffe stehen hier im Mittelpunkt und damit zugleich auch die Flugzeugverbände, die auf diesen Schiffen zum Einsatz kamen sowie die Schiffsverbände, zu denen die einzelnen Schiffe gehörten. Nachfolgende Übersicht enthält eine Auflistung der meisten im II. Weltkrieg eingesetzten Verbände, die in mehrfacher Hinsicht interessant ist, weil sie neben den rein statistischer Daten auch die Möglichkeit bietet, den Umfang des Einsatzes und die Entwicklung der amerikanischen Trägerflotte im II. Weltkrieg zu überschauen und zu begreifen. Aus der Fülle der dabei zu gewinnenden Erkenntnisse darf man andeutungsweise nur einige erwähnen.

Im Atlantischen Bereich verbleibt nach Abzug der *Wasp I* in den Pazifik nur noch die *Ranger* (CV-4). An den Hunter-Killer-Operationen beteiligen sich neben den britischen nach und nach auch insgesamt elf amerikanische Geleitträger (CVE). Aber auch bei Landungen in Nordafrika und in Südfrankreich unterstützen Flugzeuge der CVE die Landtruppen.

Mit Absicht enthalten diese Übersichten – im Vorgriff auf Band II dieser Serie – auch die Verbände, in denen nur Geleitflugzeugträger zusammengefaßt waren. Aus der Gesamt-Konzeption des Trägereinsatzes sind die Geleitträger nicht auszuklammern.

Aus der anfänglichen Absicht, diese kleinen, schwach bewaffneten und wenig leistungsfähigen Hilfs-Flugzeugträger vor allem bei der U-Jagd-Sicherung von Geleitzügen einzusetzen, ist zumindest bei der U.S. Navy nicht allzuviel übriggeblieben. 1942, als die Trägerflotte der Vereinigten Staaten zeitweilig auf nur einen einsatzfähigen Träger (CV-6 *Enterprise*) schrumpfte, spielten die CVE im pazifischen Raum noch keine Rolle. Mit dem Zugang der Flottenträger ab Ende 1942 jedoch beginnt auch der Einsatz der CVE im Pazifik, und dies nicht nur bei U-Jagdoperationen, sondern auch sehr aktiv bei der Luftunterstützung bei Landungen sowie im Transport von Ersatzflugzeugen für die größeren Flottenträger. Der oft festzustellende geschlossene Einsatz der vier CVE der *Sangamon*-Klasse, die sich bereits 1942 im Atlantik bewährt haben, zeugt von dem Ausmaß der Belastung, der diese Schiffe und deren Besatzungen ausgesetzt sein mußten.

Aus der Zusammensetzung der „Task Groups" mit den größeren CVL und den großen CV kann der zeitmäßig gestaffelte Zugang an neuen Trägern ersehen werden, wie auch die stets gemischte Sortierung, wobei die CV die Hauptlast der Flugzeugeinsätze gegen den Gegner trugen, während die Jäger der CVL dem Schutz der eigenen Träger dienten – neben anderen Aufgaben.

Bezeichnung des Verbandes	Kennung des Trägers	Name des Trägers	Bemerkungen
Atlantischer Bereich *8/1942*			
Carriers	CV-4	*Ranger*	
	ACV-13	*Core*	
	ACV-16	*Nassau*	
	ACV-20	*Barnes*	
	ACV-21	*Block Island I*	
	ACV-25	*Croatan*	
	ACV-29	*Santee*	
	ACV-30	*Charger*	
Landung in Nordafrika – Western Naval Task Force – 11/1942			
TG 34.8 Air Group	ACV-26	*Sangamon*	
Northern Attack Gr.	ACV-28	*Chenango*	
TG 34.2 Air Group	CV-4	*Ranger*	
Center Attack Gr.	ACV-27	*Suwannee*	
Southern Attack Gr.	ACV-29	*Santee*	
U-Jagd-Gruppen im Atlantik – 1943 bis 1945			
	CVE-9	*Bogue*	3–12/1943; 2–9/1944; 4–5/1945
	CVE-11	*Card*	7–12/1943; 7/1944
	CVE-21	*Block Island I*	12/1943 bis 5/1944; versenkt 29. 5. 1944
	CVE-13	*Core*	6–11/1943; 4–5/1945
	CVE-25	*Croatan*	4–6/1944; 3–4/1945
	CVE-59	*Mission Bay*	9–10/1944; 3–4/1945
	CVE-29	*Santee*	6–8/1943
	CVE-67	*Solomons*	5–6/1944
	CVE-64	*Tripoli*	8–10/1944
	CVE-65	*Wake Island*	6–8/1944
	CVE-60	*Guadalcanal*	3–6/1944
Landung in Südfrankreich (Operation „Dragoon") = 8/1944			
TG 88.2	CVE-72	*Tulagi*	außerdem noch sieben britische CVE
	CVE-69	*Kasaan Bay*	
Pazifischer Bereich *12/1941*			
Carriers	CV-2	*Lexington I*	
	CV-3	*Saratoga*	
	CV-6	*Enterprise*	
	CV-5	*Yorktown I*	
Tokyo-Raid – 4/1942			
TF 16	CV-6	*Enterprise*	
		Hornet	
Schlacht im Korallenmeer – 5/1942			
TF 17	CV-5	*Yorktown I*	
TF 11	CV-2	*Lexington I*	Totalverlust

Bezeichnung des Verbandes	Kennung des Trägers	Name des Trägers	Bemerkungen
Schlacht bei Midway – 6/1942			
TF 16	CV-6	*Enterprise*	
	CV-8	*Hornet I*	
TF 17	CV-5	*Yorktown I*	Totalverlust
Invasion von Guadalcanal und Tulagi – 8/1942			
TG 61.1	CV-3	*Saratoga*	
	CV-6	*Enterprise*	
	CV-7	*Wasp*	
Schlacht bei den Ost-Salomonen – 8/1942			
TF 11	CV-3	*Saratoga*	
TF 16	CV-6	*Enterprise*	
TF 18	CV-7	*Wasp I*	drei Wochen später Totalverlust
Schlacht bei Santa Cruz – 10/1942			
TF 16	CV-6	*Enterprise*	
TF 17	CV-8	*Hornet*	Totalverlust
Guadalcanal – 11/1942			
TF 16	CV-6	*Enterprise*	
Evakuation von Guadalcanal – 1/1943			
TF 11	CV-6	*Enterprise*	
TF 16	CV-3	*Saratoga*	
TF 18	ACV-28	*Chenango*	
	ACV-27	*Suwannee*	
Einnahme von Attu – 5/1943 (Operation „Landcrab")			
TG 51.1 Support Group	ACV-16	*Nassau*	
Gilbert-Inseln – 11–12/1943 (Operation „Galvanic")			
TG 52.3 Air Support Group,	CVE-56	*Liscome Bay*	Totalverlust später in *Anzio* umbenannt
	CVE-57	*Coral Sea*	
Northern Attack Force	CVE-58	*Corregidor*	
TG 53.6 Air Support Group Southern Attack Force	CVE-26	*Sangamon*	
	CVE-27	*Suwannee*	
	CVE-28	*Chenango*	
	CVE-20	*Barnes*	
	CVE-16	*Nassau*	
TG 50.1 Carrier Interceptor Group	CV-10	*Yorktown*	
	CV-16	*Lexington*	
	CVL-25	*Cowpens*	
TG 50.2 Northern Carrier Group	CV-6	*Enterprise*	
	CVL-24	*Belleau Wood*	
	CVL-26	*Monterey*	
TG 50.3 Southern Carrier Group	CV-9	*Essex*	
	CV-17	*Bunker Hill*	
	CVL-22	*Independence*	
TG 50.4 Relief Carrier Group	CV-3	*Saratoga*	
	CVL-23	*Princeton*	

Zugehörigkeit im II. Weltkrieg

Bezeichnung des Verbandes	Kennung des Trägers	Name des Trägers	Bemerkungen
Marshall-Inseln – 1–2/1944 (Operationen „Flintlock" und „Catchpole")			
TG 52.9 Carrier Support Group Southern Attack Force	CVE-61 CVE-57 CVE-58	Manila Bay Coral Sea Corregidor	alle drei CARDIV 24
TG 53.6 Carrier Group Northern Force	CVE-26 CVE-27 CVE-28	Sangamon Suwannee Chenango	alle drei CARDIV 22
TG 51.2 Majuro Attack Group	CVE-16 CVE-62	Nassau Natoma Bay	
Fast Carrier Force			
TG 58.1	CV-6 CV-10 CVL-24	Enterprise Yorktown Belleau Wood	
TG 58.2	CV-9 CV-11 CVL-28	Essex Intrepid Cabot	
TG 58.3	CV-17 CVL-26 CVL-25	Bunker Hill Monterey Cowpens	
TG 58.4	CV-3 CVL-23 CVL-27	Saratoga Princeton Langley	
Truk – 2/1944			
TG 58.1	CV-6 CV-10 CVL-24	Enterprise Yorktown Belleau Wood	
TG 58.2	CV-9 CV-11 CVL-28	Essex Intrepid Cabot	
TG 58.3	CV-17 CVL-26 CVL-25	Bunker Hill Monterey Cowpens	
Neu-Guinea und Marianische Inseln – 6/1944			
TG 58.1	CV-12 CV-10 CVL-24 CVL-29	Hornet Yorktown Belleau Wood Bataan	
TG 58.2	CV-17 CV-18 CVL-26 CVL-28	Bunker Hill Wasp Monterey Cabot	
TG 58.3	CV-6 CV-16 CVL-30 CVL-23	Enterprise Lexington San Jacinto Princeton	
TG 58.4	CV-9 CVL-27 CVL-25	Essex Langley Cowpens	
Hollandia – 4–5/1944			
Escort Carrier Groups			
TG 78.1	CVE-26 CVE-27 CVE-28	Sangamon Suwannee Chenango	alle vier CARDIV 22
	CVE-29	Santee	
TG 78.2	CVE-62 CVE-57 CVE-58 CVE-61	Natoma Bay Coral Sea Corregidor Manila Bay	alle vier CARDIV 24
Saipan und Tinian – 6–8/1944 (Operation „Forager")			
Carrier Support Groups			
TU 52.14.1	CVE-70 CVE-63	Fanshaw Bay Midway	späte in *St. Lo* umbenannt
TU 52.12.2	CVE-66 CVE-68	White Plains Kalinin Bay	
TU 52.11.3	CVE-71 CVE-73	Kitkun Bay Gambier Bay	
TU 52.11.4	CVE-74	Nehenta Bay	
TG 50.17 Fueling Group	CVE-12 CVE-23	Copahee Breton	Transport von Ersatzflugzeugen für CV und CVL
	CVE-61 CVE-62	Manila Bay Natoma Bay	Transport von Jagdflugzeugen für Saipan
Schlacht bei den Philippinen – 6/1944			
TF 58 Fast Carrier Force			
TG 58.1	CV-12 CV-10 CVL-24 CVL-29	Hornet Yorktown Belleau Wood Bataan	
TG 58.2	CV-17 CV-18 CVL-26 CVL-28	Bunker Hill Wasp Monterey Cabot	
TG 58.3	CV-6 CV-16 CVL-30 CVL-23	Enterprise Lexington San Jacinto Princeton	
TG 58.4	CV-9 CVL-27 CVL-25	Essex Langley Cowpens	
Einnahme von Guam – 7–8/1944			
TG 53.7 Carrier Support Group	CVE-26 CVE-27 CVE-28	Sangamon Suwannee Chenango	alle drei CARDIV 22
	CVE-58 CVE-57	Corregidor Coral Sea	beide CARDIV 24
Luftschlacht bei Formosa – 10/1944			
TF 38 Fast Carrier Groups			
TG 38.1	CV-18 CV-12 CVL-26 CVL-25 CVL-28	Wasp Hornet Monterey Cowpens Cabot	
TG 38.2	CV-11 CV-19 CV-17 CVL-22	Intrepid Hancock Bunker Hill Independence	

Bezeichnung des Verbandes	Kennung des Trägers	Name des Trägers	Bemerkungen
TG 38.3	CV-9	Essex	
	CV-16	Lexington	Flaggschiff TF 38
	CVL-23	Princeton	
	CVL-27	Langley	
TG 38.4	CV-13	Franklin	
	CV-6	Enterprise	
	CVL-30	San Jacinto	
	CVL-24	Belleau Wood	

Schlacht in der Surigao-Straße und Schlacht bei Samar − 10/1944

TG 77.4 Escort Carrier Group

Bezeichnung des Verbandes	Kennung des Trägers	Name des Trägers	Bemerkungen
TU 77.4.1 (Taffy 1)	CVE-26	Sangamon	
	CVE-27	Suwannee	alle vier
	CVE-29	Santee	CARDIV 28
	CVE-80	Petrof Bay	
TU 77.4.2 (Taffy 2)	CVE-62	Natoma Bay	
	CVE-61	Manila Bay	
	CVE-77	Marcus Island	
	CVE-76	Kadashan Bay	alle vier
	CVE-78	Savo Island	CARDIV 27
	CVE-79	Ommaney Bay	
TU 77.4.3 (Taffy 3)	CVE-70	Fanshaw Bay	
	CVE-63	St. Lo	Totalverlust bei Samar
	CVE-66	White Plains	
	CVE-68	Kalinin Bay	beide
	CVE-71	Kitkun Bay	CARDIV 26
	CVE-73	Gambier Bay	Totalverlust bei Samar

Schlacht bei Cap Engaño − 10/1944

TF 38

Bezeichnung des Verbandes	Kennung des Trägers	Name des Trägers	Bemerkungen
TG 38.2	CV-11	Intrepid	
	CVL-28	Cabot	
	CVL-22	Independence	
TG 38.3	CV-9	Essex	
	CV-16	Lexington	Flaggschiff TF 38
	CVL-27	Langley	
TG 38.4	CV-6	Enterprise	
	CV-13	Franklin	
	CVL-30	San Jacinto	
	CVL-24	Belleau Wood	

Invasion von Leyte − 10/1944

TF 38

Bezeichnung des Verbandes	Kennung des Trägers	Name des Trägers	Bemerkungen
TG 38.1	CV-18	Wasp	
	CV-12	Hornet	
	CVL-26	Monterey	
	CVL-25	Cowpens	
TG 38.2	CV-11	Intrepid	
	CV-19	Hancock	
	CV-17	Bunker Hill	
	CVL-28	Cabot	
	CVL-22	Independence	
TG 38.3	CV-9	Essex	
	CV-16	Lexington	Flaggschiff TF 38
	CVL-23	Princeton	
	CVL-27	Langley	
TG 38.4	CV-13	Franklin	
	CV-6	Enterprise	
	CVL-30	San Jacinto	
	CVL-24	Belleau Wood	
TG 30.8 At Sea Logistic Group	CVE-18	Altamaha	TG 30.8 führte Ersatzflugzeuge für die Flottenträger TF 38
	CVE-86	Sitkoh Bay	
	CVE-88	Cape Esperance	
	CVE-16	Nassau	
	CVE-98	Kwajalein	
	CVE-85	Shipley Bay	
	CVE-87	Steamer Bay	
	CVE-74	Nehenta Bay	
	CVE-83	Sargent Bay	
	CVE-81	Rudyerd Bay	

Befreiung der Philippinen − 12/1944

TF 38

Bezeichnung des Verbandes	Kennung des Trägers	Name des Trägers	Bemerkungen
TG 38.1	CV-10	Yorktown	
	CV-18	Wasp	
	CVL-25	Cowpens	
	CVL-26	Monterey	
TG 38.2	CV-16	Lexington	
	CV-19	Hancock	Flaggschiff TF 38
	CV-12	Hornet	
	CVL-22	Independence	
	CVL-28	Cabot	
TG 38.3	CV-9	Essex	
	CV-14	Ticonderoga	
	CVL-27	Langley	
	CVL-30	San Jacinto	
TG 38.5	CV-6	Enterprise	Nachtjagdgruppe; kam nur für sieben Tage zusammen
	CVL-22	Independence	

Invasion von Luzon − 1/1945

TG 77.4 Escort Carrier Group

Bezeichnung des Verbandes	Kennung des Trägers	Name des Trägers	Bemerkungen
Lingayen Carrier Group	CVE-93	Makin Island	
	CVE-94	Lunga Point	
	CVE-95	Bismarck Sea	
	CVE-96	Salamaua	
	CVE-75	Hoggatt Bay	
Lingayen Protective Group	CVE-71	Kitkun Bay	
	CVE-84	Shamrock Bay	
Hunter-Killer Group	CVE-72	Tulagi	
San Fabian Carrier Group	CVE-62	Natoma Bay	
	CVE-61	Manila Bay	
	CVE-65	Wake Island	
	CVE-87	Steamer Bay	
	CVE-78	Savo Island	
	CVE-79	Ommaney Bay	versenkt am 4. 1. 1945
Close Covering Group	CVE-82	Saginaw Bay	
	CVE-76	Kadashan Bay	
	CVE-77	Marcus Island	
	CVE-80	Petrof Bay	

Zugehörigkeit im II. Weltkrieg

Bezeichnung des Verbandes	Kennung des Trägers	Name des Trägers	Bemerkungen
Befreiung der Philippinen – 12/1944 – 1/1945			
At Sea Logistic Group	CVE-18	*Altamaha*	Abgabe von Ersatzflugzeugen an die Flottenträger
	CVE-57	*Anzio*	
	CVE-88	*Cape Esperance*	
	CVE-98	*Kwajalein*	
	CVE-85	*Shipley Bay*	
	CVE-74	*Nehenta Bay*	
	CVE-83	*Sargent Bay*	
	CVE-81	*Rudyerd Bay*	
Kämpfe um die japanischen Heimatinseln – 3–4/1945			
TF 52 Amphibious Support Force			
TG 52.1 Support Carrier Group			
TU 52.1.1	CVE-93	*Makin Island*	
	CVE-70	*Fanshaw Bay*	
	CVE-94	*Lunga Point*	
	CVE-26	*Sangamon*	
	CVE-62	*Natoma Bay*	
	CVE-78	*Savo Island*	
	CVE-57	*Anzio*	
TU 52.1.2	CVE-82	*Saginaw Bay*	
	CVE-83	*Sargent Bay*	
	CVE-81	*Rudyerd Bay*	
	CVE-77	*Marcus Island*	
	CVE-80	*Petrof Bay*	
	CVE-72	*Tulagi*	
	CVE-65	*Wake Island*	
TU 52.1.3	CVE-27	*Suwannee*	
	CVE-28	*Chenango*	
	CVE-29	*Santee*	
	CVE-87	*Steamer Bay*	
Special Escort Carrier Group	CVE-97	*Hollandia*	Flugzeugtransport von „Marine Air Group" 31 und 33 nach Okinawa
	CVE-66	*White Plains*	
	CVE-86	*Sitkoh Bay*	
	CVE-23	*Breton*	
TF 58 Fast Carrier Group			
TG 58.1	CV-12	*Hornet*	TG 58.1 ab 7. 4. 1945: CV-12, 20, CVL-24, 30
	CV-18	*Wasp*	
	CV-20	*Bennington*	
	CVL-24	*Belleau Wood*	
	CVL-30	*San Jacinto*	
TG 58.2	CV-6	*Enterprise*	TG 58.2 ab 10. 4. 1945: CV-15, CVL-22
	CV-13	*Franklin*	
	CV-15	*Randolph*	
TG 58.3	CV-9	*Essex*	
	CV-17	*Bunker Hill*	Flaggschiff TF 58
	CV-19	*Hancock*	TG 58.3 ab 7. 4. 1945: CV-9, 17, 38 (ab Ende April), CVL-29
	CVL-28	*Cabot*	
	CVL-29	*Bataan*	
TG 58.4	CV-10	*Yorktown*	TG 58.4 ab 10. 4. 1945: CV-10, 11, 6, CVL-27
	CV-11	*Intrepid*	
	CVL-27	*Langley*	
	CVL-22	*Independence*	
TG 50.8 Logistic Support Group	CVE-84	*Shamrock Bay*	
	CVE-91	*Makassar Bay*	
TU 50.8.4 Plane Transport Unit	CVE-102	*Attu*	Transport von Ersatzflugzeugen für Flottenträger der TF 52
	CVE-99	*Admiralty Islands*	
	CVE-100	*Bougainville*	
	CVE-92	*Windham Bay*	

Geschwader und Staffeln im Trägereinsatz (vor 1950)

Erläuterungen

Es gibt bisher leider keine *geschlossenen* Veröffentlichungen über die exakte zeitliche Zuordnung der einzelnen Flugzeugstaffeln und der dazugehörigen Flugzeugtypen zu den entsprechenden Bordgeschwadern. Die nachfolgenden Informationen stellen die Summe von Auswertungen aus amtlichen Veröffentlichungen und aus anderen Text- und Bildunterlagen dar. Auch hierbei wird auf das Literaturverzeichnis hingewiesen.

Die Monats- und Jahreszahlen beziehen sich nicht immer auf den genauen Zeitpunkt der Übernahme einer „Air Group" durch einen Träger, und auch nicht auf die jeweils in der letzten Spalte enthaltene Information unter der Überschrift „Einsatz bei". Der Begriff „Air Group" steht hier stellvertretend für alle Arten von Bordgeschwadern, die es im Laufe der letzten 4 Jahrzehnte gegeben hat, also für CVG, CAG, CVLG, CVBG, CVW, CVSG usw. „Air Groups" mit Nummern zwischen 50 und 60 sind stets die 1960/61 eingeführten CVSG, die auf den U-Jagd-Trägern (CVS) zum Einsatz gekommen sind. Vor 1960 führten CVS-Träger je eine oder mehrere VS- und HS-Staffeln ohne CVSG-Nummer. Ein (N) in der Spalte „Air Group" bezeichnet hier die neun bei Ende des II. Weltkrieges an Bord befindlichen „Night Air Groups". Die temporär aus mehreren Staffeln zusammengesetzten ad-hoc-Bordgeschwader wurden mit „Air Task Groups" bezeichnet und hier mit ATG abgekürzt. Bei den VS-Staffeln handelt es sich

– bei den Trägern einschließlich CV-8 *Hornet* um „Scouting Squadrons", die im Laufe des Krieges verschwanden,
– bei den ab CVS-9 *Essex* um die ab 1950 eingeführten „Air Anti-Submarine Squadrons", die aus den vormaligen VC-Staffeln entstanden sind.

Bei der Information über die Zugehörigkeit einzelner Staffeln zu einer „Air Group" steht
– in der obersten Reihe die Nummer der Staffel
– in der mittleren Reihe der geflogene Flugzeugtyp
– in der unteren Reihe – soweit bekannt – (in Klammern) die Anzahl der Maschinen.

Die Bezeichnungen der Flugzeugtypen orientieren sich bis Ende 1962 an das bis dahin gültige Navy-System, ab 1963 an das noch gegenwärtig gültige gemeinsame System des Heeres, der Luftwaffe und der Marine.

Die VAH- und RVAH-Staffeln operierten gelegentlich – insbesondere auf den kleineren Trägern – nur mit „detachments" (Teilstaffeln) mit wenigen Maschinen. Bei den VAW- und VAQ-Maschinen war dies in den meisten Fällen, und bei den VQ-, VAP-, VFP, VMFP-, VMCJ- und HC-Staffeln immer der Fall.

Bemerkung:
Die Aufzählung der an Bord der Flugzeugträger eingesetzten Geschwader (CVW) und Staffeln endet mit dem Jahr 1985. Für die Zeit danach wurden diese Informationen nicht mehr fortgeführt. Siehe aber nachfolgenden Abschnitt.

Geschwader und Staffeln im Trägereinsatz (vor 1950)

CV-1 Langley

Monat/Jahr	VF	VB	VT	VS
1923	1 TS-1			
1925	1 2			1 SC-1
11/1926	2B F6C		2B T3M	
6/1928	1B 2B F3B F3B			1B O2U
1/1929	2B F3B+F4B			1B O2U
12/1929	2B 3B F6C			1B O2U
6/1930	2B F6C			1B O2U
12/1930	2B F2B			1B O2U
6/1931	3B F3B			1B O2U
10/1932	3B F3B+F4B			1B O2U
6/1933	3B F4B			1B O2U+SU
11/1933	3B F4B			1B SU
6/1934	3B F4B	3B BM		1B SU

CV-2 Lexington

Monat/Jahr	VF	VB	VT	VS	Anzahl der Maschinen	Einsatz bei
11/1928	3B {FB-5 {F3B	5B 1B F6C {F3B {F4B	1B 1S T4M T3M			
6/1931	2B F3B	5B F4B	1B T4M	3B 15M O2U	72	
6/1933	2B F4B	5B {BFC-2 {FF-1	1B BM	3B 15M SF-1 SU	78	
6/1936	2B F2F	3B 5B BG BG		3B SBU	79	
11/1939	2 {F2A {F2F	2 {SBC {SB2U	2 TBD	2 SBC	80	

362 Geschwader und Staffeln im Trägereinsatz (vor 1950)

Monat/Jahr	VF	VB	VT	VS	Anzahl der Maschinen	Einsatz bei
12/1941	2 F2A (18)	2 SBD (18)	2 TBD (21)	2 SBD (18)	75	Wake
5/1942	2 F4F (22)	2 SBD (18)	2 TBD (12)	2 SBD (18)	70	TG 17.5 Korallensee

CV-3 Saratoga

Monat/Jahr	Air Croup	VF	VB	VT	VS	VFN	Anzahl der Maschinen	Einsatz bei
11/1928		1B 2B F2B F2B	2B {F2B F3B	2B T3M	2B UO			
6/1931		1B 6B F2C F4B		2B T4M	2B 14M O2U O2U		72	
6/1933		1B 6B {F11C F4B F4B		2B TG	2B 14M SU SU		80	
6/1936		6B F3F		2B TG-2	2B {BFC SBU			
11/1939		3 {F2F F2A	3 SB2U	3 TBD	3 SBC		81	
12/1941		3 F2A F4F (19)	3 SBD (18)	3 TBD (18)	3 SBD (18)		81	
6/1942	3	2 5 75 F4F F4F F4F	3 SBD	5 8 TBD TBF	3 5 SBD SBD		85	Evakuation Guadalcanal
8/1942	3	5 F4F (34)	3 SBD (18)	8 TBF (16)	3 SBD (19)		87	TG 61.1 Ost-Salomonen
10–12/1943	12	12 F6F (37)	12 SBD (24)	12 TBF (18)			79	TG 50.4 Gilberts
1–2/1944	12	12 F6F (36)	12 SBD (24)	12 TBM (18)			78	TG 58.4 Marshall-Inseln
12/1944	(N) 53	53		53		53	74	Japan
6/1945	8	8 F6F F6F-5N (57)		8 TBM(N) (18)			75	

Geschwader und Staffeln im Trägereinsatz (vor 1950)

CV-4 Ranger

Monat/Jahr	Air Croup	VF		VFN	VB		VS		Anzahl der Maschinen	Einsatz bei
4/1935		3B F2F			3B BG-1	5B BFC	1B BM		78	
6/1936		3B F2F	5B F2F		1B BM	3B BG-1	1B SBU		79	
11/1939		3 F3F	4 F3F		4 {SB2U {BT		41 SBU	42 SBU	80	
1940		41 F4F	42 F4F				41 SB2U	42 SB2U	80	
3/1941	4	41 F4F	42 F4F				41 SB2U	42 SB2U		
8/1942	9	9 F4F (27)	41 F4F (27)				41 SBD (18)		72	TG 34.2 Nordafrika
1/1944	4			77						

CV-5 Yorktown

Monat/Jahr	Air Group	VF	VB	VT	VS	Anzahl der Maschinen	Einsatz bei
6/1937		5 F2F/F3F		5 BM	5 SBC		
1939		5 F3F	5 BT	5 TBD	5 SBC	83	
5/1942	5	42 F4F (20)	5 SBD (19)	5 TBD (13)	5 SBD (19)	71	TG 17.5 Korallensee
6/1942	3	3 F4F (25)	3 SBD (18)	3 TBD (13)	5 SBD (19)	75	TG 17.5 Midway

CV-6 Enterprise

Monat/Jahr	Air Group	VF	VB	VT	VS	Anzahl der Maschinen	Einsatz bei
6/1938		6 {F3F + O3U + SBC {(20) (2) (1)	6 BT (13)	6 TBD (20)	6 SBC (20)	76	
12/1941		6 F4F (18)	6 SBD (18)	6 TBD (18)	6 SBD (18)	78	
4/1942	6	6 F4F (27)	3 6 SBD SBD (18) (18)	6 TBD (18)		81	TF 16 bei Tokyo-Raid
6/1942	6	6 F4F (27)	6 {SBD {SBN (19)	6 TBD (14)	6 SBD (19)	79	TG 16.5 Midway

364 Geschwader und Staffeln im Trägereinsatz (vor 1950)

Monat/Jahr	Air Group	VF		VFN	VB	VT	VS		Anzahl der Maschinen	Einsatz bei
8/1942	Enterprise	6 F4F (36)			6 SBD (18)	3 TBF (15)	5 SBD (18)		87	TG 61.1 Guadalcanal Ost-Salomonen
10/1942	10	10 F4F (34)			10 SBD (18)	10 TBF (12)	10 SBD (18)		82	TF 16 Santa Cruz
11/1942	10	10 F4F (38)			10 SBD (15)	10 TBF (9)	10 SBD (16)		78	Guadalcanal
10–12/1943	6	2 F6F (36)			6 SBD (36)	6 TBF (18)			90	TG 50.2 Gilberts
1–2/1944	10	10 F6F (32)			10 SBD (30)	10 TBF (16)			78	TG 58.1 Marshall-Inseln
2/1944	10	10 F6F (32)		101 F4U (4)	10 SBD (30)	10 TBF (16)			82	TG 58.1 Truk
6/1944	10	10 F6F (31)		101 F4U (3)	10 SBD (21)	10 TBF/TBM (14)			69	TG 58.3 Philippinen
10/1944	20	20 F6F (36)	F6F-3N (4)		20 SB2C (34)	20 TBM (19)			93	TG 38.4 Leyte
1/1945	(N) 90			90 F6F (16) F6F-5N (16) F6F-5P (2)			90 TBM (27)		61	TG 38.5 Befreiung Philippinen; nur 7 Tage an Bord
3–4/1945	(N) 90			90 F6F (11) F6F-5N (19) F6F-5P (2)			90 TBM (21)		53	TG 58.2 Japanische Inseln

CV-7 Wasp

Monat/Jahr	Air Group	VF		VB	VT	VS		Anzahl der Maschinen	Einsatz bei
11/1939		7 F2F		7 BG		71 SBU	72 SB2U	81	
1/1941		71 F4F (18)	72 F4F (17)			71 SB2U (17)	72 SB2U (18)	70	
12/1941		71 F4F	72 F4F			71 SBD	72 SBD	72	

Geschwader und Staffeln im Trägereinsatz (vor 1950)   365

Monat/Jahr	Air Group	VF		VB	VT	VS		Anzahl der Maschinen	Einsatz bei
12/1941		71 F4F	72 F4F			71 SBD	72 SBD	72	
8/1942		71 F4F (29)			7 TBF (10)	71 SBD (15)	72 SBD (15)	69	Guadalcanal
8/1942		71 F4F (28)			7 TBF (15)	71 SBD (18)	72 SBD (18)	80	TG 61.1 Ost-Salomonen

CV-8 Hornet

Monat/Jahr	Air Group	VF	VB	VT	VS	Anzahl der Maschinen	Einsatz bei
1941		8 {F3F {F4F	8 SBC	8 {SBN {TBD	8 {SBC {SBD	79	
12/1941		8 F4F (21)	8 SBC (19)	8 SBN + TBD (16)	8 SBC (20)	76	
4/1942	8	8 F4F (18)	8 SBD (16)	8 TBN (15)	8 SBD (16)	81*	TF 16 Tokyo-Raid
6/1942	8	8 F4F (27)	8 SBD (19)	8 TBD (15)	8 SBD (18)	79	TG 16.5 Midway
10/1942	8	72 F4F (36)	8 SBD (18)	8 TBF (15)	8 SBD (18)	87	TF 17 Santa Cruz

* einschließlich 16 B-25 der USAAF

CV-9 Essex

Monat/Jahr	Air Group	VF	VFN	VMF	VB	VBF	VT	Anzahl der Maschinen	Einsatz bei
10–12/1943	9	9 F6F (36)			9 SBD (36)		9 TBF (18)	90	TG 50.3 Gilberts
1–2/1944	9	9 F6F (35)			9 F6F (1) SBD (34)		9 TBF/TBM (19)	89	TG 58.2 Marshall-Inseln Truk
6/1944	15	15 F6F (39)	77 F6F-3N (4)		15 SBD/SB2C (4) (36)		15 TBF/TBM (20)	103	TG 58.4 Philippinen
10/1944	15	15 F6F (45) F6F-3N (4) F6F-3P (2)			15 SB2C (25)		15 TBF/TBM (20)	96	TG 38.3 Leyte

Monat/Jahr	Air Group	VF	VFN	VMF	VB	VBF	VT	Anzahl der Maschinen	Einsatz bei
1/1945	4	4 F6F (44)		124 F4U (18)	213 F4U (18)	4 SB2C (24)	4 TBM (18)	122	TG 38.3 Befreiung der Philippinen
3–4/1945	83	83 F6F (30) F6F-5N (4) F6F-5P (2)			83 SB2C (15)	83 F4U (36)	83 TBM (15)	102	TG 58.3 Japanische Inseln

CV-10 Yorktown

Monat/Jahr	Air Group	VF	VFN	VB	VBF	VT	Anzahl der Maschinen	Einsatz bei
9/1943	5	5 F6F	76 F6F-3N	5 SBD/SB2C		5 TBF/TBM		Marianen
10–12/1943	5	5 F6F (37)		5 SBD (36)		5 TBF (18)	91	TG 50.1 Gilberts
1–2/1944	5	5 F6F (36)		5 SBD (36) F6F (1)		5 TBF (18)	91	TG 58.1 Marshall-Inseln
2/1944	5	5 F6F (36)	76 F6F-3N (4)	5 F6F (1) SBD (36)		5 TBF (18)	95	TG 58.1 Truk
5/1944	1	1 F6F (39)	77 F6F-3N (5)	1 SBD/SB2C (31)		1 TBF/TBM (18)	93	Bonin, Yap
6/1944	1	1 F6F (42)	77 F6F-3N (4)	1 SBD SB2C (4) (40)		1 TBF/TBM (17)	107	TG 58.1 Philippinen
1/1945	3	3 F6F (48) F6F-5P (6)		3 SB2C (24)		3 TBM (18)	96	TG 38.1 Befreiung der Philippinen
3–4/1945	9	9 F6F F6F-5N F6F-5P (40)		9 SB2C (15)	9 F6F (33)	9 TBM (7)	95	TG 58.4 Japanische Inseln
6/1945	88	88 F6F (30) F6F-5N (6) F6F-5P (3)		88 SB2C (15)	88 FG *) (37)	88 TBM (15)	106	TG 58.4 Japanische Inseln *) Corsair!

Geschwader und Staffeln im Trägereinsatz (vor 1950)

CV-11 Intrepid

Monat/Jahr	Air Group	VF	VFN	VB	VBF	VT	Anzahl der Maschinen	Einsatz bei
1–2/1944	6	6 F6F (37)		6 SBD (36)		6 TBF/TBM (19)	92	TG 58.2 Marshall-Inseln
2/1944	6	6 F6F (37)	101 F4U (4)	6 SBD (36)		6 TBF/TBM (19)	96	TG 58.2 Truk
6/1944	19	19		19		19		
10/1944	18	18 F6F (36) F6F-5N (6) F6F-5P (2)		18 SB2C (28)		18 TBM (18)	90	TG 38.2 Leyte
1/1945	10	10 F6F (6) F4U/FG (30)		10 SB2C (15)	10 F4U (36)	10 TBM (15)	102	Japanische Inseln
3–4/1945	10	10 F4U/FG (29) F6F-5N (6) F6F-5P (2)		10 SB2C (15)	10 F4U (36)	10 TBM (10)	98	TG 58.4 Japanische Inseln

CV-12 Hornet

Monat/Jahr	Air Group	VF	VFN	VB	VT	Anzahl der Maschinen	Einsatz bei
12/1943	15						
6/1944	2	2 F6F (36)	76 F6F-3N (4)	2 SB2C (33)	2 TBF/TBM (19)	92	TG 58.1 Philippinen
10/1944	11	11 F6F (32) F6F-3N/5N (4) F6F-3P/5P (4)		11 SB2C (25)	11 TBF/TBM (18)	83	TG 38.1 Leyte
1/1945	11	11 F6F (48) F6F-5N (3)		11 SB2C/SBW (23)	11 TBM (18)	92	TG 38.2 Befreiung der Philippinen
3–4/1945	17	17 F6F (61) F6F-5N (4) F6F-5P (6)		17 SB2C/SBW (15)	17 TBM (15)	101	TG 58.1 Japanische Inseln

CV-13 Franklin

Monat/Jahr	Air Group	VF	VMF	VB	VT	Anzahl der Maschinen	Einsatz bei
10/1944	13	13 F6F (31)		13 SB2C (31)	13 TBM (18)	88	TG 38.4 Leyte
3/1945	5	5 F4U/FG (32) F6F-5N (4) F6F-5P (2)	zeitweise zusätzlich: 214 452 F4U F4U	5 SB2C (15)	5 TBM (15)	68	TG 58.2 Japanische Inseln

CV-14 Ticonderoga

Monat/Jahr	Air Group	VF	VFN	VB	VT	Anzahl der Maschinen	Einsatz bei
6/1944	80	80 F6F (73)	105 F6F-5N (6)	80 SB2C (22)	80 TBM (16)	116	
1/1945	80	80 F6F (68) F6F-5N (3) F6F-5P (2)		80 SB2C (22)	80 TBM (16)	111	
5/1945	87	87 F6F		87 SB2C	87 TBM		Japanische Inseln

CV-15 Randolph

Monat/Jahr	Air Group	VF	VB	VBF	VT	Anzahl der Maschinen	Einsatz bei
3–4/1945	12	12 F6F (27) F6F-5N (4) F6F-5P (2)	12 SB2C (15)	12 F6F (24)	12 TBM (15)	87	TG 58.2 Japanische Inseln
7/1945	16	16 F6F	16 SB2C		16 TBM		Japanische Inseln
2/1947		42 F4U F8F					

CV-16 Lexington

Monat/Jahr	Air Group	VF	VFN	VB	VT	Anzahl der Maschinen	Einsatz bei
2/1943	16	16 F6F (36)	76 F6F-3N (6)	16 SBD (34)	16 TBF/TBM (20)	96	Tarawa, Wake, Palau, Hollandia
10–12/1943	16	16 F6F (37)		16 SBD (36)	16 TBF (18)	91	TG 50.1 Gilberts

Geschwader und Staffeln im Trägereinsatz (vor 1950)

Monat/Jahr	Air Group	VF	VFN	VB	VT	Anzahl der Maschinen	Einsatz bei
6/1944	16	16 F6F (38)	76 F6F-3N (4)	16 SBD (34)	16 TBF/TBM (18)	94	TG 58.3 Philippinen
10/1944	19	19 F6F (36) F6F-3N/5N (4) F6F-3P/5P (2)		19 SB2C (30)	19 TBM (10)	90	TG 38.3 Leyte
11/1944	20	20 F6F (72)		20 SB2C (15)	20 TBM (15)	102	Philippinen
1/1945	20	20 F6F (69) F6F-5N (5)		20 SB2C (15)	20 TBM (15)	104	TG 38.2 Befreiung der Philippinen
2/1945	9	9 F6F		9 SB2C	9 TBM		Japanische Inseln
8/1945	9	9 F6F	94 F6F	9 SB2C			Japanische Inseln

CV-17 Bunker Hill

Monat/Jahr	Air Group	VF	VFN	VMF	VB	VT	Anzahl der Maschinen	Einsatz bei
6/1943	17	18 F6F (35)	76 F6F-3N (6)		17 SB2C (33)	17 TBF/TBM (18)	92	Rabaul, Gilberts, Marshall-Inseln
10–12/1943	17	18 F6F (24)			17 SB2C (33)	17 TBF (18)	75	TG 50.3 Gilberts
1–2/1944	17	18 F6F (37)			17 F6F (1) SB2C (31)	17 TBF/TBM (20)	89	TG 58.3 Marshall-Inseln
2/1944	17	18 F6F (37)	76 F6F-3N (4)		17 F6F (1) SB2C (31)	17 TBF/TBM (20)	93	TG 58.3 Truk
3/1944	8	8 F6F	76 F6F-3N		8 SB2C			Palaus, Hollandia, Truk
6/1944	8	8 F6F (38)	76 F6F-3N (4)		8 SB2C (33)	8 TBF/TBM (18)	93	TG 58.2 Philippinen
10/1944	8	8 F6F (41) F6F-3N/5N (8)			8 SB2C/SBW SBF (24)	8 TBM (19)	92	TG 38.2 Leyte

Monat/Jahr	Air Group	VF	VFN	VMF	VB	VT	Anzahl der Maschinen	Einsatz bei
11/1944	4	4 F6F			4 SB2C			
3–4/1945	84	84 F4U (27) F6F-5N (4) F6F-5P (6)		221 F4U (18)	451 84 F4U SB2C (18) (15)	84 TBM (15)	103	TG 58.3 Japanische Inseln

CV-18 Wasp

Monat/Jahr	Air Group	VF	VFN	VMF	VB	VBF	VT	Anzahl der Maschinen	Einsatz bei
1/1944	14	14 F6F	77 F6F-3N (6)		14 SB2C		14 TBF		Marianische Inseln
6/1944	14	14 F6F (35)	77 F6F-3N (4)		14 SB2C (32)		14 TBF (18)	89	TG 58.2 Philippinen
10/1944	14	14 F6F (37) F6F-3N (3) F6F-3P (2)			14 F6F (10) SB2C (25)		14 TBF/TBM (18)	95	TG 38.1 Leyte
11/1944	81	81 F6F (54)		216* F4U (18)	217* 81 F4U SB2C (18) (32)		81 TBM (18)	104	Japanische Inseln * zeitweise
1/1945	81	81 F6F (49) F6F-3N/5N (4) F6F-3P (1)			81 SB2C/SBW (21)		81 TBM (18)	93	TG 38.1 Befreiung der Philippinen
3/1945	86	86 F6F (30) F6F-5N (2) F6F-5P (2)			86 SB2C (15)	86 F4U (36)	86 TBM (15)	93	TG 38.1 Japanische Inseln
6/1945	86	86 F6F (34)			86 SB2C (15)	86 F4U (36)	86 TBM (15)	100	Japanische Inseln

CV-19 Hancock

Monat/Jahr	Air Group	VF	VB	VBF	VT	Anzahl der Maschinen	Einsatz bei
6/1944	7	7 F6F (45)	7 SB2C (37)		7 TBF (18)	100	Leyte

Geschwader und Staffeln im Trägereinsatz (vor 1950)

Monat/Jahr	Air Group	VF	VB	VBF	VT	Anzahl der Maschinen	Einsatz bei
10/1944	7	7 F6F (37) F6F-5N (4)	7 SB2C (30)		7 TBM (18)	89	TG 38.2 Leyte
11/1944	7	7 F6F (73)	7 SB2C (12)		7 TBF (18)	103	Philippinen
1/1945	7	7 F6F (50) F6F-5N (2) F6F-5P (2)	7 SB2C/SBW (25)		7 TBM (18)	97	TG 38.2 Befreiung der Philippinen
1/1945	80	80 F6F	80 SB2C		80 TBF		Japanische Inseln
3–4/1945	6	6 F6F (30) F6F-5N (4) F6F-5P (2)	6 SBW/SB2C (12)	6 F6F (36)	6 TBM (10)	94	TG 58.3 Japanische Inseln

CV-20 Bennington

Monat/Jahr	Air Group	VF	VMF		VB	VT	Anzahl der Maschinen	Einsatz bei
9/1944	82	82 F6F (36)			82 SB2C (36)	82 TBF (18)	90	
11/1944	82	82 F6F (54)			82 SB2C (24)	82 TBF (18)	96	
12/1944	82	82 F6F (37)	112 F4U (18)	123 F4U (18)	82 SB2C (15)	82 TBM (15)	103	
3/1945	1	1 F4U/F6F	112 F4U	123 F4U	1 SB2C	1 TBM		
3–4/1945	82	82 F6F (31) F6F-5N (4) F6F-5P (2)	112 F4U (18)	123 F4U (17)	82 SB2C (15)	82 TBM (15)	102	TG 58.1 Japanische Inseln

CV-21 Boxer

Monat/Jahr	Air Group	VF	VB	VT
5/1945	93	93 F6F/F4U	93 SB2C	93 TBM
6/1947	19	. F8F	. SB2C	
3/1948	19	5A FJ-1/F8F	.	

CVL-22 Independence

Monat/Jahr	Air Group	VF	VFN	VB	VC	VT	VTN	Anzahl der Maschinen	Einsatz bei
3/1943	22	6 F6F	22 F6F						
7/1943	22	22 F6F	79	22 SBD		22 TBM			Marcus, Wake, Rabaul
10–12/1943	22	6 F6F (12)	22 F6F (16)			22 TBF (9)		37	TG 50.3 Gilberts
8/1944	(N) 41		41 F6F-5N (9)				41 TBM (13)	22	Leyte
10/1944	(N) 41		41 F6F (5) F6F-5N (14)				41 TBM (22)	27	TG 38.2 Leyte
1/1945	(N) 41		41 F6F-5N (9)				41 TBM (8)	17	TG 38.5 Befreiung der Philippinen
3–4/1945	46	46 F6F (24) F6F-5P (1)			46 TBM (8)			33	TG 58.4 Japanische Inseln
6/1945	27	27 F6F							Japanische Inseln

CVL-23 Princeton

Monat/Jahr	Air Group	VF	VT	Anzahl der Maschinen	Einsatz bei
8/1943	23	6 F6F	23 F6F		Marcus, Tarawa, Gilberts
10–12/1943	23	23 F6F (24)	23 TBF (9)	33	TG 50.4 Gilberts

Geschwader und Staffeln im Trägereinsatz (vor 1950)

CVL-23 Princeton

Monat/Jahr	Air Group	VF	VT	Anzahl der Maschinen	Einsatz bei
1–2/1944	23	23 F6F (24)	24 TBF/TBM (9)	33	TG 58.4 Marshall-Inseln
6/1944	27	27 F6F (24)	27 TBM (9)	33	TG 58.3 Philippinen
10/1944	27	27 F6F (25)	27 TBM (9)	34	TG 38.3 Leyte; Totalverlust

CVL-24 Belleau Wood

Monat/Jahr	Air Group	VF	VC	VT	Anzahl der Maschinen	Einsatz bei
6/1943	24	6 F6F	24 F6F	24 TBM		Marcus, Tarawa, Wake
10–12/1943	24	6 F6F (12)	24 F6F (26)	22B TBF (9)	47	TG 50.2 Gilberts
1–2/1944	24	24 F6F (24)		24 TBF (8)	32	TG 58.1 Marshall-Inseln; ebenso 3/1943 bei Truk
6/1944	24	24 F6F (26)		24 TBM/TBF (9)	35	TG 58.1 Philippinen
10/1944	21	21 F6F (24) F6F-5P (1)		21 TBM (9)	34	TG 38.4 Leyte
3–4/1945	30	30 F6F (24) F6F-5P (1)		30 TBM (9)	34	TG 58.1 Japanische Inseln
7/1945	31	31 F6F		31 TBM		Japanische Inseln

CVL-25 Cowpens

Monat/Jahr	Air Group	VF	VC	VT	Anzahl der Maschinen	Einsatz bei
10–12/1943	25	6 F6F (12)	25 F6F (24)	25 TBF (10)	46	TG 50.1 Gilberts
1–2/1944	25	25 F6F (24)		25 TBF (9)	33	TG 58.3 Marshall-Inseln, Truk

374 Geschwader und Staffeln im Trägereinsatz (vor 1950)

Monat/Jahr	Air Group	VF	VC	VT	Anzahl der Maschinen	Einsatz bei
6/1944	25	25 F6F (23)		25 TBM/TBF (9)	32	TG 58.4 Philippinen
10/1944	22	22 F6F (25) F6F-5P (1)		22 TBM (9)	35	TG 38.1 Leyte
1/1945	22	22 F6F (24) F6F-5P (1)		22 TBM (9)	34	TG 38.1 Befreiung der Philippinen

CVL-26 Monterey

Monat/Jahr	Air Group	VF	VC	VT	Anzahl der Maschinen	Einsatz bei
5/1943	28	28 F6F (21)		28 TBM (8)	29	Marshall-Inseln, Palaus
10–12/1943	30	30 F6F (24)	30 TBF (9)		33	TG 50.2 Gilberts
1–2/1944	30	30 F6F (25)		30 TBM/TBF (9)	34	TG 58.3 Marshall-Inseln, Truk
6/1944	28	28 F6F (21)		28 TBM (8)	29	TG 58.3 Philippinen
10/1944	28	28 F6F (21) F6F-5P (2)		28 TBM (9)	32	TG 38.1 Leyte
1/1945	28	28 F6F (24) F6F-5P (1)		28 TBM (9)	34	TG 38.1 Befreiung der Philippinen
4/1945	34	34 F6F		34 TBM		Japanische Inseln

CVL-27 Langley

Monat/Jahr	Air Group	VF	VC	VT	Anzahl der Maschinen	Einsatz bei
10/1943	32	32 F6F (25)	32 TBM/TBF (9)		34	Marshall-Inseln, Palaus, Marianen
1–2/1944	32	32 F6F (22)		32 TBF (9)	31	TG 58.4 Marshall-Inseln

Geschwader und Staffeln im Trägereinsatz (vor 1950)

Monat/Jahr	Air Group	VF	VC	VT	Anzahl der Maschinen	Einsatz bei
6/1944	32	32 F6F (23)		32 TBF/TBM (9)	32	TG 58.4 Philippinen
10/1944	44	44 F6F (25)		44 TBM (9)	34	TG 38.3 Leyte
1/1945	44	44 F6F (24) F6F-5P (1)		44 TBM (9)	34	TG 38.3 Befreiung der Philippinen
2–4/1945	23	23 F6F (24) F6F-5P (1)		23 TBM (9)	34	TG 58.4 Japanische Inseln

CVL-28 Cabot

Monat/Jahr	Air Group	VF	VT	Anzahl der Maschinen	Einsatz bei
7/1943	31	31 F6F (24)	31 TBM/TBF (9)	33	Marshall-Inseln, Truk, Palaus, Marianen
1–2/1944	31	31 F6F (24)	31 TBM/TBF (9)	33	TG 58.2 Marshall-Inseln; ebenso TG 58.2 2/1944 Truk und 6/1944 Philippinen
10/1944	44	44 F6F (25)	44 TBM (9)	34	Philippinen
10/1944	29	29 F6F (21)	29 TBM/TBF (9)	30	TG 38.2 Philippinen
1/1945	29	29 F6F (25)	29 TBM (9)	34	TG 38.2 Befreiung der Philippinen; ebenso TG 58.3 3–4/1945 Japanische Inseln
7/1945	32	32 F6F	32 TBF/TBM		Japanische Inseln

CVL-29 Bataan

Monat/Jahr	Air Group	VF	VMF	VT	Anzahl der Maschinen	Einsatz bei
1/1944	50	50 F6F (26)		50 TBM (9)	35	Hollandia, Truk, Marianen
6/1944	50	50 F6F (24)		50 TBM (9)	33	TG 58.1 Philippinen
3/1945	47	47 F6F (24)		47 TBM (12)	36	Japanische Inseln

Monat/Jahr	Air Group	VF	VMF	VT	Anzahl der Maschinen	Einsatz bei
3–4/1945	47	47 F6F (23) F6F-5P (1)		47 TBM (12)	36	TG 58.3 Japanische Inseln
8/1945	49	49		49		Japanische Inseln
12/1950			312 F4U			Korea

CVL-30 San Jacinto

Monat/Jahr	Air Group	VF	VT	Anzahl der Maschinen	Einsatz bei
1/1944	51	51 F6F (24)	51 TBM (8)	32	Marianen, Leyte
6/1944	51	51 F6F (24)	51 TBM (8)	32	TG 58.3 Philippinen
10/1944	51	51 F6F (19)	51 TBM (7)	26	TG 38.4 Leyte
11/1944	45	45 F6F (24)	45 TBM (9)	33	Japanische Inseln
1/1945	45	45 F6F (23) F6F-5P (1)	45 TBM (9)	33	TG 38.3 Befreiung der Philippinen
3–4/1945	45	45 eine F6F mehr wie 1/1945	45	34	TG 58.1 Japanische Inseln
5/1945	49	49	49		Japanische Inseln
8/1945	47	47	47		Japanische Inseln

CV-31 Bon Homme Richard

Monat/Jahr	Air Group	VF	VFN	VB	Einsatz bei
1/1944	16	16		16	
5/1945	(N) 91		91 F6F-5N		Japan

CV-32 Leyte

Monat/Jahr	Air Group	VF	VF	VB	VMC	Anzahl der Maschinen
9/1946	7	F8F	F8F F6F	SB2C	TBF TBM	75

Geschwader und Staffeln im Trägereinsatz (vor 1950)   377

Monat/Jahr	Air Group	VF	VMC	Anmerkung:
11/1948	7	F8F		
12/1949			1 F4U	
10/1950	3	33 F4U		
4–5/1952				Während dieser Zeit operierte CV-32 mit den Staffeln VC-4, VC-33, VS-27, VX-2, VX-3, VP-35, VC-12, VF-171 und HU-2
8/1952	3			

CV-33 Kearsarge

Monat/Jahr	Air Group	VF	Einsatz bei
6/1947	3	3A F8F	
6/1948	3	3A F8F	VI. Flotte

CV-36 Antietam

Monat/Jahr	Air Group	VF	VB
1/1945	89	89	89

CV-38 Shangri La

Monat/Jahr	Air Group	VF	VFB	VB	Einsatz bei
11/1944	85	85 F6F	99 F4U	85 SB2C	Okinawa, Japan
9/1945	2				Japan
1947	5	5 F8F		54 SB2C	

CV-39 Lake Champlain

Monat/Jahr	Air Group	VF	VB
8/1944			150 SB2C
6/1945		F4U	150 SB2C

CV-40 Tarawa

Monat/Jahr	Air Group	VF
12/1947	1	20 F8F

CVB-41 Midway

Monat/Jahr	Air Group	VF	VB	Anmerkung:
5/1945	74	F4U (97)	SB2C (48)	theoretisch mögliche Kapazität an Jägertypen: F4U (73)/F8F (27)/F7F (32)
1949	6	61 F4U F8F		

CVB-42 F. D. Roosevelt

Monat/Jahr	Air Group	VF	VB	VT
7/1945	3		83 SB2C	
1947		F4U F8F	SB2C	TBM
3/1949	6	F8F		

CVB-43 Coral Sea

Monat/Jahr	Air Group	VF	VAH
1948	17	F8F	
9/1948	6	F8F	
3/1949	2		
9/1950	17		AJ-1

CV-47 Philippine Sea

Monat/Jahr	Air Group	VF	VT
6/1946		F6F F8F	TBM
2/1948	9		
1/1949	7	F8F	
9/1949	11	F8F	
1950		111 F9F-2	

CVL-48 Saipan

Monat/Jahr	Air Group	VF	VT	Anzahl der Maschinen
1946		F6F/F4U (36)	TBM (12)	48
5/1948	17	17A FH-1		

Geschwader und Staffeln im Trägereinsatz (vor 1950) 379

CV-9 Essex

Monat/Jahr	Air Group	VF	VMA	VA	VAH	VS	HS	VAW	VFP	Einsatz bei
8/1951	5	172 F2H/F9F								VII. Flotte
6/1952	ATG-2	53 F4U								VII. Flotte
11/1954	ATG-201									VII. Flotte
1/1955	2	24 F9F	63	64	65					VII. Flotte
8/1956	11	112 F3H	114	113 AD	115	6 AJ-1				VII. Flotte
2/1958	ATG-201	11	62	83 A4D	105 AD	7		33 AD-5Q	62	VI. Flotte
8/1959	10	13 F9F-8	62 FJ-3	225 A4D	81 F9F-8	106 A4D	176 AD-6	12 AD-5W	62 F9F-8P	VI. Flotte
6/1960	60					34 S2F	39 S2F	9 HSS	12	VI. Flotte
10/1963	60					34 S-2	39 S-2	9 SH-3	12	VI. Flotte
1965	60					22 S-2	32 S-2	5 SH-3		VI. Flotte
7/1967	54					22 S-2D	32 S-2D	5 SH-3A	121 EA-1	VI. Flotte
3/1968	60					34 S-2E		9 SH-3		

CV-10 Yorktown

Monat/Jahr	Air Group	VF	VSF	VA	VC	VS	HS	VAW	Einsatz bei
8/1953	2								VII. Flotte
7/1954	15	152	153	154	155 AD				VII. Flotte
3/1956	ATG-4	23	94	214	216 AD	11 AD-4Q			VII. Flotte
3/1957	19	191 FJ3	193	192 F9F	195 AD				VII. Flotte
11/1958						37 S2F	2 HSS		VII. Flotte
3/1960						23 S2F	4 HSS	11	VII. Flotte
9/1961	55					23 S2F	25 S2F	4 HSS	11 AD-5W/EA-1E	VII. Flotte

380 Geschwader und Staffeln im Trägereinsatz (vor 1950)

Monat/Jahr	Air Group	VF	VSF	VA	VC	VS	HS	VAW	Einsatz bei
3/1966	55		1 A-4			23 S-2	25 S-2	4 SH-3	11 E-2A	VII. Flotte
4/1968	55					23 S-2E	25 S-2E	4 SH-3	111	VII. Flotte

CV-11 Intrepid

Monat/Jahr	Air Group	VF	VSF	VA	VAH	VS	HS	VAW	VAQ	VFP	Einsatz bei
6/1955	4	22 44		45 83 F7U	AJ-2						VI. Flotte
3/1956	8	61 82 F9F F7U		83 85 F7U AD	AJ-2						VI. Flotte
2/1959	6	33 74 F11F F4D		25 46 66 AD-6 A4D A4D				12 33 AD-5W AD-5N		62 F9F-8P	VI. Flotte
8/1960	6	33 74 F11F F4D		65 66 76 AD-6 A4D A4D				12 33 AD-5W AD-5N		62 F9F-8P	VI. Flotte
6/1964	56					S-2	S-2	SH-3			VI. Flotte
5/1966	10			15 95 165 176 A-4 A-4 A-4 A-1							VII. Flotte
6/1967	10	111 F-8	3 A-4	15 34 145 A-4 A-4C A-1H				33	121	63 RF-8	VII. Flotte
7/1968	56	F-8		106 Det. 45 A-4F A-4C		31 S-2E	4 SH-3	33 EA-1F			VI. Flotte
1971	56					31 S-2E S-2G	4 SH-3				VI. Flotte

CV-12 Hornet

Monat/Jahr	Air Group	VF	VA	VS	HS	VAW	Einsatz bei
7/1954	9						VII. Flotte
6/1955	7	71 72 73	75 AD				VII. Flotte
2/1957	14	142 144	145 146 AD				VII. Flotte
2/1958	ATG-4	94 152	214 216 AD				
5/1959				38 S2F	8 HSS	11 F2H	VII. Flotte
7/1960				37 S2F	2 HSS	13	VII. Flotte
7/1962	57			35 37 S2F S2F	2 HSS	11 AD-5W	VII. Flotte

Geschwader und Staffeln im Trägereinsatz (vor 1950)

Monat/Jahr	Air Group	VF		VA		VS		HS	VAW	Einsatz bei
9/1965	57					35 S-2	37 S-2	2 SH-34		VII. Flotte
5/1967	57					35 S-2D	37 S-2D	2 SH-3A	111 E-1B	VII. Flotte
10/1968	57					35 S-2	37 S-2	2 SH-3A	111 E-1B	VII. Flotte

CV-14 Ticonderoga

Monat/Jahr	Air Group	VF		VA		VAH	VS	HS	VAW		VFP	Einsatz bei
11/1955	3	31 F9F	32	35	66							VI. Flotte
10/1957	9	91	122	93 A4D	95	2 A3D						VII. Flotte
10/1958	ATG-1	52	112	151	196 AD							VII. Flotte
4/1960	5	51 F8U	53 F8U	52 AD	55	56						VII. Flotte
5/1961	5	51 F8U	53 F3H	52 AD-6	55 A4D	56 A4D	4 A3D		11 WF-2	13 AD-5Q	61 F8U-1P	VII. Flotte
11/1965	5	51 F-8E	53 A-1J	52 A-4E	56 A-4	144 A-3B	4		11 E-2A	13	63 RF-8	VII. Flotte
10/1966	19	191 F-8E	194 F-8E	52 A-1H	192 A-4F	195 A-4	4 A-3		11 E-2A	13	63 RF-8	VII. Flotte
1/1968	19	191 F-8E	194 F8-J	23 A-4F	192 A-4E	195 A-4	4 A-3		111 E-1B	33	63 RF-8A	VII. Flotte
2/1969	16	111 F-8H (12)	162 F-8E (12)	25 A-7A	87 A-7A						63 RF-8A	VII. Flotte
1970	59						29 S-2E	38 S-2E	4 SH-3			

CV-15 Randolph

Monat/Jahr	Air Group	VF		VA		VS	HS	VAW	Einsatz bei
6/1949	17			174 AD					
12/1951	3	F8F							
1/1955	ATG-	21 F9F-7	34	41	42				VI. Flotte
7/1956	ATG-202	62	102 F4D		46	176 AD			VI. Flotte
1/1958	4	22	73	173	45 AD				VI. Flotte

Monat/Jahr	Air Group	VF		VA			VS	HS	VAW	Einsatz bei
9/1958	7	71	84	72 A4D	75 AD	86				VI. Flotte
6/1962	58						26 S2F	36 S2F	7 HSS	12 WF	VI. Flotte
6/1965							26 S-2	36 S-2	7 SH-3	12	VI. Flotte
1968	60						24 S-2	27 S-2	9 SH-3	121	

CV-16 Lexington

Monat/Jahr	Air Group	VF		VMF	VA			VAH	VAW	VFP	Einsatz bei
6/1956	ATG-1	52	111		151	196 AD					VII. Flotte
5/1957	12	121	123	124 F3H	125 AD						VII. Flotte
9/1958	21	213			212	215 AD					VII. Flotte
6/1959	21	211 F11F-1	213 F4D	451 FJ-4	212 FJ-4	215 AD-6		4 A3D		63	VII. Flotte
12/1960	21	211 F8U	213 F3H		212 FJ-4	215 AD-6	216 FJ-4		13 WF	63 F8U-1P	VII. Flotte
12/1961	14	141 F3H		323 F8U	144 FJ-4	145 AD-6	146 FJ-4	4 A3D	11 WF	13 AD-5Q	63 F8U-1P	VII. Flotte

CV-18 Wasp

Monat/Jahr	Air Group	VS			HS		VAW	Einsatz bei
5/1958		31	33					VI. Flotte
6/1961	52	28 S2F	31 S2F		11 HSS		12 AD-5W	VI. Flotte
10/1964	52	28 S-2	31 S-2		11 SH-3			VI. Flotte
10/1968	52	28 S-2	31 S-2		11 SH-3A		121 E-1B	VI. Flotte
1974	54	22 S-2E	28 S-2E	32 S-2E	5 SH-3D	7 SH-3D		

CV-19 Hancock

Monat/Jahr	Air Group	VF	VMF	VA		VAH	VAW	VAQ	VFP	Einsatz bei
10/1955	12	121	124		125 AD					VII. Flotte

Geschwader und Staffeln im Trägereinsatz (vor 1950)

Monat/Jahr	Air Group	VF		VMF	VA			VAH	VAW	VAQ	VFP	Einsatz bei
5/1957	ATG-2	143 F7U		214	55	116 F7U						VII. Flotte
3/1958	15	23	154 FJ-3		153	155						VII. Flotte
9/1959	15	151 F3H	154 F8U		152 F2H	153 A4D	154 A4D	4 A3D				VII. Flotte
9/1960	11	111 F11F	114 F3H		112 A4D	113 A4D	115 AD-7	4 A3D	113 WF			VII. Flotte
2/1962	21	211 F8U	213 F3H		212 A4D	215 AD-7	216 FJ-4	4 A3D	11 WF	129 EKA-3B		VII. Flotte
11/1964	21	24 F-8C	211 F-8E		212 A-4E	215 A-1H	216 A-4C	4 A-3B	11 E-1B		63 RF-8	VII. Flotte
1/1967	5	51 F-8E	53 F-8E		93 A-4E	94 A-4C	115 A-1J	4 A-3B	11		63 RF-8	VII. Flotte
8/1968	21	24 F-8H	211 F-8J		55 A-4E	163 A-4E	164 A-4F		111 E-1B	130 EKA-3B	63 RF-8G	VII. Flotte
3/1971	21	24 F-8J									61 RF-8G	
1972	21	24 F-8J	211 F-8E		55 A-4F	164 A-4E	212 A-4		111 E-1B			VII. Flotte
1976	21	24 F-8J	211 F-8J		55 A-4F	164 A-4E	212 A-4					

CV-20 Bennington

Monat/Jahr	Air Group	VF	VA			VS	HS	VAW		Einsatz bei
9/1953	7									VI. Flotte
5/1955		173 FJ-3								VI. Flotte
11/1955	ATG-201	13	36	105						VII. Flotte
11/1956	ATG-181	21 F11F	41	42						VII. Flotte
9/1958	ATG-4	111	55	152	216 AD					VII. Flotte
12/1960	59					33 S2F	38 S2F	8 HSS	11 AD-5W	VII. Flotte
2/1962	59					33 S2F	38 S2F	8 HSS	11	VII. Flotte
12/1966	59					33 S-2	38 S-2	8 SH-3	11 E-1B	VII. Flotte
6/1968	59					33 S-2	38 S-2E	8 SH-3A	111 E-1B	VII. Flotte

384 Geschwader und Staffeln im Trägereinsatz (vor 1950)

CV-21 Boxer

Monat/Jahr	Air Group	VF	VA	VS	HS	Einsatz bei
1/1950	19					Korea
9/1950	2					
3/1951	101	791 F4U	702 AD			
4/1953	ATG-1	F6F-5K				VII. Flotte
4/1954	12					
7/1955	14	142 144	145			VII. Flotte
8/1956				23	4	VII. Flotte

CV-31 Bon Homme Richard

Monat/Jahr	Air Group	VF	VC	VA		VAH	VAW	VAQ	VFP	Einsatz bei
5/1951	102									Korea
4/1952	7									Korea
1953			33 AD							
9/1956	21	211 FJ-3	213	212	215 AD					VII. Flotte
8/1957	5	51	141	54	56	2 A3D				VII. Flotte
12/1958	19	191	193	192	195					VII. Flotte
1/1960	19	191 F8U	193	192	195	196 AD	4 A3D			VII. Flotte
5/1961	19	191 F8U	193 F3H	192 A4D	195 A4D	196 AD-6	4 A3D	11 WF/AD-5Q		VII. Flotte
8/1962	19	191 F8U	193 F3H	192 A4D	195 A4D	196 AD-6	4 A3D	11 WF	63 F8U-1P	VII. Flotte
5/1965	19	191 F-8E	194 F-8	192 A-4C	195 A-4C	196 A-1H		11 E-2A	63 RF-8	VII. Flotte
2/1967	21	74	211 F-8E	76 A-4E	212 A-4	215 A-1	4 A-3	11 E-2A		VII. Flotte
5/1967	21	24 F-8G	211 F-8E	22 A-4C	76 A-4F	144 A-4F	4 A-3	11		VII. Flotte
2/1968	5	51 F-8H	53 F-8	93 A-4F	94 A-4E	212 A-4	13 EA-1F	111 E-1B	63 RF-8G	VII. Flotte
1969	5			22 A-4F	94 A-4E	144			63 RF-8G	
6/1970	5	51 F-8J	53 F-8J	93 A-4F	94 A-4C	212 A-4C	13	111 E-1B	130	

Geschwader und Staffeln im Trägereinsatz (vor 1950)

CV-33 Kearsarge

Monat/Jahr	Air Group	VF			VA	VS	HS	VAW	Einsatz bei
9/1952	101								Korea
7/1953	11	112	113	114	115				Korea
12/1955	5	54	91	141					VII. Flotte
9/1957	ATG-3	53	194			26 96			VII. Flotte
10/1959						21 S2F	6 HSS	13	VII. Flotte
4/1961	53					21	29	6	VII. Flotte
1965	53					21 S-2	29 S-2	6 SH-3	111	I. Flotte
10/1967	53					21 S-2F	29 S-2E	6 SH-3A	111 EA-1E	VII. Flotte

CV-34 Oriskany

Monat/Jahr	Air Group	VF		VMF	VA			VAH	VAW	VAQ	VCP	VFP	Einsatz bei
10/1952	102 12												Korea
10/1953	19												Korea
4/1955	19	191	192 193		195								VII. Flotte
3/1956	9	93	194		95								VII. Flotte
7/1960	14	141	142		144	145	146					63 A3D-2P	VII. Flotte
7/1962	16	161 F3H		232 F8U	163 A4D	164 A4D	165 AD-6	4 A3D	11 WF				VII. Flotte
2/1965	16	162 F-8		212 F-8E	152 A-1H	163 A-4B	164 A-4	4 A-3B	13			63 RF-8	VII. Flotte
6/1966	16	111 F-8H	162 F-8E		162 A-1H	163 A-4E	164 A-4E	4 A-3B	12			63 RF-8	VII. Flotte
1967	16				195 A-4C								
1969	16	194 F-8E			195 A-4E								
1972	19	191 F-8J	194 F-8J		153 A-7A	155 A-7B	215 A-7B	111 E-2A	130			63 RF-8G	VII. Flotte
7/1976	16	111 F-8	162 F-8E		152 A-1H	163 A-4E	164 A-4E	4 A-3B	13	111		63 RF-8G	VII. Flotte

CV-36 Antietam

Monat/Jahr	Air Group	VC	VS	Einsatz bei
10/1951	15			Korea
3/1954		4 F4U		
1/1955			26 S2F	VI. Flotte
12/1956			31 S2F	

CV-37 Princeton

Monat/Jahr	Air Group	VF	VS	HS	Einsatz bei
12/1950	19	191 F9F	821 F4U		Korea
2/1953	15				Korea
1/1955			23 S2F 27 S2F		VII. Flotte
3/1956			21 S2F		VII. Flotte
7/1957			38 S2F	8 HSS	VII. Flotte
8/1958			23 S2F	4 HSS	VII. Flotte

CV-38 Shangri La

Monat/Jahr	Air Group	VF	VSF	VAH	VMA	VA			VFP	Einsatz bei
3/1956	ATG-3	53 92 122								VII. Flotte
12/1956	2	24 64				63	65			VII. Flotte
4/1958	11	114				113	115	156 F11F		VII. Flotte
4/1959	11	111 114 F11F F3H				113 A4D	115 AD-7			VII. Flotte
2/1961	10	13 62 F4D F8U			225 A4D	46 A4D	106 A4D	176 AD-6	62 F8U-1P	VI. Flotte
9/1965	10	24 124 FJ-3 F3H		1 A3D						VI. Flotte
10/1966	8	13 62 F-8D F-8E	1 A-4			81 A-4C	83 A-4C		62 RF-8	VI. Flotte
11/1967	8	13 62 F-8 F-8				81 A-4C	83 A-4E	95 A-4C	62 RF-8G	VI. Flotte
1/1969	8	13 62 F-8 F-8				72 A-4E	81 A-4C	82 A-7A	62 RF-8G	VI. Flotte

Geschwader und Staffeln im Trägereinsatz (vor 1950)

CV-39 Lake Champlain

Monat/Jahr	Air Group	VF			VMF	VA	VS	HS	VAW	Einsatz bei
6/1953	4	F6F	F4U	F2H						Korea
1954	8	61	82	84		85 AD				VI. Flotte
10/1955	6	33	74			25 AD				VI. Flotte
2/1957	ATG-182	81			533	16				VI. Flotte
6/1959							30 S2F	1 HSS	12 AD-5W	VI. Flotte
11/1964	54						S-2	SH-3		VI. Flotte

CV-40 Tarawa

Monat/Jahr	Air Group	VF	VS			Einsatz bei
1/1952		671 F4U				VII. Flotte
2/1954	3					VII. Flotte
1/1956			31 S2F	32 S2F	39 S2F	

CVA-41 Midway

Monat/Jahr	Air Group	VF	VF	VMA	VA	VA	VA	VAH	VAW	VAP	VAQ	HS	VMFP	Einsatz bei
2/1955	1	12	101	174 F9F	15									VII. Flotte
9/1958	2	64 F3H	211 F8U		63	65 AD		8 A3D						VII. Flotte
9/1959	2	21	24 F8U		22	23 AD	25	8 A3D				63 F8U-1P		VII. Flotte
10/1961	2	21 F3H	24 F8U	211 A4D	22 A4D	23 A4D	25 AD-7	8 A3D	13 AD-5Q			63 F8U-1P		VII. Flotte
5/1962	2	21 F3H	24 F8U		22 A4D	23 A4D	25 AD-7	8 A3D	11 WF					VII. Flotte
4/1965	2	21 F-4B	111 F-4B		22 A-4C	23 A-4E	25 A-1H	8 A-3B	11 E-2A	61 RA-3B		63 RF-8A		VII. Flotte
1972	5	151 F-4	161 F-4N		56 A-7B	93 A-7B	115 A-6B KA-6D							VII. Flotte
1977/78	5	151 F-4N	161 F-4N		56 A-7E	93 A-7E	115 A-6E KA-6D		115 E-2		2 EA-6A		3 RF-4B	VII. Flotte
1985	5	151* F-4S	161* F-4S		56 A-7E	93 A-7E	115 A-6E KA-6D		115 E-2C		136 EA-6B	12 SH-3H		VII. Flotte * ab 1986 VFA mit F/A-18

CVA-42 F. D. Roosevelt

Monat/ Jahr	Air Group	VF		VMF	VMA	VA			VAH	VAW	VAQ	VQ	VFP	Einsatz bei
7/1953	1	13 F2H	14 F2H											
7/1957	17	74	171			175			3					VI. Flotte
2/1959	1	14 F3H		114 F4D		15 AD-6	172 A4D		11 A3D				62 F8U-1P	VI. Flotte
2/1960	1	11 F8U (14)	14 F3H (13)			15 AD-6 (12)	46 A4D (12)	172 A4D (12)	11 A3D (2)				62 F8U-1P (3)	VI. Flotte
2/1961	1	11 F8U	14 F3H			12 AD-6	15 AD	172 A4D	11 A3D	12 WF			62 F8U-1P	VI. Flotte
9/1962	1	11 F-8E (8)	14 F-3B (9)			12 A-4C (11)	15 A-1H (12)		1 A-3B (6)					
7/1965	1	11 F-4B	14 F-4B			12 A-4	172 A-4		10 A-3B	12 E-1B	2 EA-3B		62 RF-8G	Vietnam
9/1967	1	14 F-4B	32 F-4B			12 A-4C	72 A-4E	172 A-4C	10 A-3	121 E-1B	2 EA-3B		62 RF-8G	VI. Flotte
1972	6	41 F-4J				15 A-7B	87 A-7B	176 A-6 KA-6D		121 E-1B	33		63 RF-8G	VI. Flotte
1977	19	51 F-4	111 F-4		231 AV-8A	153 A-7B	155 A-7	215 A-7		110				VI. Flotte

CVA-43 Coral Sea

Monat/ Jahr	Air Group	VF		VMF	VMA	VA			VAH	VMCJ	VAW	VAQ	VAP	VFP	Einsatz bei
3/1951	1														
4/1953	8														
7/1954	10														
4/1952	4														
3/1955	17	171	172	173	122	175									VI. Flotte
8/1956	10	11	103			104	106								VI. Flotte
10/1960	15	151 F3H	154 F8U		121 A4D	324 A4D	152 AD-6	153 A4D	155 A4D	2 A3D		13 WF			61	VII. Flotte
1/1962	15	151 F8U	154 F3H				152 AD-6	153 A4D	155 A4D	2 A3D		11 WF			63 F8U-1P	VII. Flotte
1/1965	15	151 F-8D	154 F-4B				153 A-4C	155	165 A-1H	2 A-3B	1	11 E-2A		61 RA-3B	62 RF-8	VII. Flotte
8/1966	2	21 F-4B	154 F-4B				52 A-1	192 A-4	195 A-4	4 A-3		11 E-2A	13		63 RF-8G	VII. Flotte

Geschwader und Staffeln im Trägereinsatz (vor 1950)

Monat/Jahr	Air Group	VF	VF	VMF	VMA	VA	VA	VA	VAH	VMCJ	VAW	VAQ	VAP	VFP	Einsatz bei
8/1967	15	151 F-4B	161 F-4B			25 A-1H	153 A-4C	155 A-4B	2 A-3B		116 E-2A			63 RF-8G	VII. Flotte
9/1968	15	11 F-4B	151 F-4N			52 A-6	153 A-4C	216 A-4C	10 A-3B		116 E-2	130 EKA-3B			VII. Flotte
1972	15	111 F-4B	51 F-4B		224 A-6	22 A-7E	94 A-7	95 A-6							
1977	15	191 F-4J	194 F-4J			22 A-7E	94 A-7E	95 A-6 KA-6D			110 E-2			63 RF-8G	VII. Flotte

Monat/Jahr	Air Group	VF	VF	VA	VA	VA	VAW	HS	Einsatz bei
9/1983	14	21 F-4N	154 F-4N	27 A-7E	97 A-7E	196 A-6E KA-6D	113 E-2B	12 SH-3H	Fahrt um die Weltkugel

Monat/Jahr	Air Group	VFA	VFA	VMFA	VMFA	VA	VAW	VAQ	HS	Einsatz bei
10/1985	13	131 F/A-18	132 F/A-18	314 F/A-18	323 F/A-18	55 A-6E KA-6D	127 E-2C	139 EA-6B	17 SH-3H	VI. Flotte

CV-45 Valley Forge

Monat/Jahr	Air Group	VF	VA	VS	HS	Einsatz bei
9/1949	11	F8F				
5/1950	5	51 F9F-2 / 53 F4U / 54 F4U	115 AD			VII. Flotte
12/1950	2	24 F4U				Korea
12/1951	ATG-1					VII. Flotte
12/1952	5					VII. Flotte
6/1960	56			24 S2F / 27 S2F	3 HSS	VI. Flotte

CV-47 Philippine Sea

Monat/Jahr	Air Group	VF	VA	VS	HS	Einsatz bei
7/1950	11 / 2	113 F4U / 114 F4U				VII. Flotte

390 Geschwader und Staffeln im Trägereinsatz (vor 1950)

Monat/Jahr	Air Group	VF	VA	VS	HS	Einsatz bei
1/1953	3					VII. Flotte
4/1954	5		AD			VII. Flotte
5/1955	ATG-2	123	143	55		VII. Flotte
4/1957				37 S2F	2 HSS	VII. Flotte
2/1958				21 S2F	6 HSS	VII. Flotte

CVL-49 Wright

Monat/Jahr	Air Group	VMFN	VMA	VS
1950				31 AF-2
10/1952		114		
5/1954			211	

CVA-59 Forrestal

Monat/Jahr	Air Group	VF	VMF	VMA	VA	RVAH	VAH	VS	HS	VAW	VAQ	VMCJ	VQ	VFP	Einsatz bei
2/1957	1	14 32 84 F8U			15 AD	76	1 A3D								VI. Flotte
9/1958	10	102 103			12	104	5 A3D			VA (AW) 33 AD-5N					VI. Flotte
2/1960	8	102 103 F4D F8U (14) (14)			81 83 85 A4D A4D AD-6 (12) (12) (12)		5 A3D (10)			12 33 WF AD-5Q				62 F8U-1P	VI. Flotte
8/1962	8	74 103 F4H F8U (12) (12)			81 83 85 A4D A4D AD-6 (12) (12) (12)		5 A3D (12)								VI. Flotte
7/1964	8	74 103 F-4B F-8	331 A-4		81 83 A-4 A-4		6 A-3B			12 33				62 RF-8	VI. Flotte
9/1965	8	74 F-4B	451		81 83 112 A-4E A-4C A-4		11 A-3B			12		2 EA-3B		62 RF-8	VI. Flotte
7/1967	17	11 74 F-4B F-4B			46 65 106 A-4 A-6 A-4C	11 RA-5C	10 A-3B			13 123 124		2 EA-3B			VII. Flotte
7/1968	17	11 74 F-4B F-4B			15 34 152 A-7B A-4C A-4E	12 RA-5C	10 A-3B			123 E-2					VI. Flotte

Geschwader und Staffeln im Trägereinsatz (nach 1950, bis 1985)

Monat/Jahr	Air Group	VF		VA			RVAH	VAH	VS	HS	VAW		VQ	VAQ	VAP	VMCJ	Einsatz bei VFP
1973	17	11 F-4J	74 F-4J	81 A-7E	83 A-7E	85 A-6A A-6E KA-6D	7 RA-5C			3 SH-3D	126 E-2B			135 EA-6 EA-6A		2 RF-4B	
1978	17	11 F-4J	74 F-4J	81 A-7E	83 A-7E	85 A-6E KA-6D	7 RA-5C		30 S-3A	3 SH-3H	126 E-2C			135 EA-6B			

CVA-60 Saratoga

Monat/Jahr	Air Group	VF		VA			RVAH	VAH	VS	HS	VAW		VQ	VAQ	VAP	VMCJ	Einsatz bei VFP
2/1958	3	31	32 F8U	34 A4D	35 AD-6			9 A3D									VI. Flotte
8/1959	3	31 F3H	32 F8H	34 A4D	35 AD-6	36 A4D		9 A3D			12 AD-5W	33 AD-5Q			62 F8U-1P		VI. Flotte
8/1960	3	31 F3H (14)	32 F8U (14)	34 A4D (12)	35 AD-6 (12)	36 A4D (12)		9 A3D (12)			12 AD-5W WF-2	33 AD-5Q			62 A3D-2P F8U-1P		VI. Flotte
4/1963	3	31 F-3D (12)	32 F-8D (14)	34 A-4C (12)	35 A-1H (12)	36 A-4C (12)		9 A-3B (12)							62 RF-8A		VI. Flotte
12/1964	3	31 F-4B	32 F-8	34 A-4	35 A-6	36 A-4	9 RA-5C				12 E-B						VI. Flotte
4/1966	3	31 F-4B	103 F-4B	34 A-4	46 A-6	106 A-4B					12 E-1B			2 EA-3A			VI. Flotte
5/1967	3	31 F-4J	103 F-4B	44 A-4C	176 A-6	216 A-4B	9 RA-5C				121 E-1B						VI. Flotte
1969	3	103 F-4J															
1972	3	31 F-4J	103 F-4J	37 A-7A	75 A-6A	105 A-7A KA-6D	1 RA-5C		24 S-2	7 SH-3	123 E-2					VMCJ 2 RF-4B	VII. Flotte
1977	3	31 F-4J	103 F-4J	37 A-7E	75 A-6E	105 A-7E KA-6D	1 RA-5C		22 S-3A	7 SH-3H	123 E-2C			131 EA-6B		VFP 63 RF-8G	VI. Flotte
1978	3	31 F-4J	103 F-4J	37 A-7E	75 A-6E	105 A-7E KA-6D			22 S-3A	7 SH-3H	123 E-2C			131 EA-6B			VI. Flotte

Monat/Jahr	Air Group	VF		VA			VMA (AW)	VAW	VMAQ VAQ	VS	HS	Einsatz bei
7/1983	17	74 F-14A	103 F-14A	81 A-7E	83 A-7E		533 A-6E	125 E-2C	2 EA-6B	30 S-3A	3 SH-3H	
1985	17	74 F-14A	103 F-14A	81 A-7E	83 A-7E	85 A-6E KA-6D		125 E-2C	137 EA-6B	30 S-3A	3 SH-3H	

CVA-61 Ranger

Monat/Jahr	Air Group	VF	VF	VA	VA	VA	RVAH	VAH	VS	HS	VAW	VAQ	VFP VCP	Einsatz bei
2/1959	14	141 F4D	142 F8U	144 FJ-4	145 AD-6	146 FJ-4		6 A3D			11 AD-5W		61 F8U-1P	VII. Flotte
3/1960	9	91 F8U	92 F3H	93 A4D	94 A4D	95 AD		6 A3D			13 AD-5		63 F8U-1P	VII. Flotte
9/1961	9	91 F8U	92 F3H	93 A4D	94 A4D	95 AD-7		6 A3D			11 WF	13 AD-5Q	63 F8U-1P	VII. Flotte
12/1962	9	91 F8U	92 F3H	93 A4D	94 A4D	95 AD-7		6 A3D			11 WF	12 AD-5Q	63 F8U-1P	VII. Flotte
8/1964	9	92 F-4B	96 F-4B	93 A-4C	94 A-4C	95 A-1H	5 RA-5C	2 A-3B			11 E-2A		63 RF-8A	VII. Flotte
8/1966	14	142 F-4B	143 F-4B	55 A-4E	146 A-4C	145 A-1J	9 RA-5C	2 KA-3B			11 E-2A			
11/1967	2	21 F-4B	154 F-4B	22 A-7A	147 A-6A	165 RA-5C	6				115	13		VII. Flotte
5/1969	2	21 F-4J	154 F-4J	25 A-7E	113 A-7E	145 A-6	5 RA-5C				111 E-2A	130 EKA-3B		
1977	2	21 F-4J	154 F-4J	25 A-7E	113 A-7E	145 A-6E KA-6D	5 RA-5C			4 SH-3				
1978	2	21 F-4J	154 F-4J	25 A-7E	113 A-7E	145 A-6E KA-6D			29 S-3A	4 SH-3H				
2/1979	2	21 F-4J	154 F-4J	25 A-7E	113 A-7E	145 A-6E KA-6D	7 RA-5C		29 S-3A	4 SH-3H	117 E-2B	137 EA-6B		

Monat/Jahr	Air Group	VF	VF	VA	VA	VA	VAW	VAQ	VS	HS	Einsatz bei
2/1984	9	24 F-14A	211 F-14A	192 A-7E	195 A-7E	165 A-6E KA-6D	112 E-2C	138 EA-6B	33 S-3A	8 SH-3H	

CVA-62 Independence

Monat/Jahr	Air Group	VF	VSF	VMA	VA	VA	VA	RVAH	VAH	VS	HS	VAW	VAQ	VQ	VFP	Einsatz bei
8/1960	7	41 F3H (9)	84 F8U (13)		72 A4D (16)	75 AD-6 (12)	86 A4D (16)		1 A3D (4)						62 F8U-1P	VI. Flotte
8/1961	7	41 F3H	84 F8U		72 A4D	75 AD-6	86 A4D		A3D			33 AD-5Q			62 F8U-1P	VI. Flotte
8/1963	7	41	84 F-8E	324 A-4	72	86 A-4	A-4B		1 A-3B							VI. Flotte
7/1965	7	41 F-4H	84 F-4		72 A-4	75 A-6A	86 A-4E	1 RA-5C	4 A-3B			12				VII. Flotte
7/1966	7	41 F-4	84 F-4	324 A-4	72 A-4E	75 A-6A	86 A-4E KA-6D	1 RA-5C				12	33	2 EA-3B	62 RF-8	VI. Flotte

Geschwader und Staffeln im Trägereinsatz (nach 1950, bis 1985)

Monat/Jahr	Air Group	VF	VSF	VMA	VA			RVAH	VAH	VS	HS	VAW	VAQ	VQ	VFP	Einsatz bei
4/1968	7	41 F-4J	84 F-4B	1 A-4C		46 A-4	64 A-4C	76 RA-5C	7 A-3B	10				33 TA-4F		VI. Flotte
1973	7	33 F-4J	84 F-4J		12 A-7	65 A-6E KA-6D	66 A-7E	9 RA-5C			5 SH-3	124 E-2	33			
1977/78	7	33 F-4J	102 F-4J		12 A-7E	65 A-6E KA-6D	66 A-7E	12 RA-5C		31 S-3A	5 SH-3H	117 E-2C	136 EA-6B			

Monat/Jahr	Air Group	VF		VA				VAW	VAQ	VS	HS	Einsatz bei
10/1984	6	14 F-14A	32 F-14A	15 A-7E	87 A-7E	176 A-6E KA-6D		122 E-2C	131 EA-6B	28 S-3A	15 SH-3H	

CVA-63 Kitty Hawk

Monat/Jahr	Air Group	VF	VA				RVAH	VAH	VS	VS HS	HS	VAW	VAQ	VFP	Einsatz bei
10/1962	11	111 F8U	114 F4H	112 A4D	113 A4D	115 AD-6		13 A3D				11 WF		63 F8U-1P	VII. Flotte
11/1965	11	114 F-4B	213 F-4G	85 A-6A	113 A-4C	115 A-1H	13 RA-5C	4 A-3B				11 E-2A			VII. Flotte
11/1966	11	213 F-4B		85 A-6	112 A-4C	144 A-4C	13 RA-5C	4 KA-3B				11 E-2A			VII. Flotte
12/1967	11	114 F-4B	213 F-4B	75 A-6	112 A-4C	144 A-4C	11 RA-5C	4 KA-3B				13 E-2			VII. Flotte
1972/74	11	114 F-4J	213 F-4J	37 A-7E	52 A-6 KA-6D	192 A-7E	195 A-7E			33 S-2E	37 S-2E	38 S-2G 4 SH-3D	8 SH-3D	124 E-2		Erprobung CV-Konzept
1977	11	114 F-14A	213 F-4J	192 A-7E	195 A-6E KA-6E			7 RA-5C		33 S-3A	37 S-3A	38 S-3A	8 SH-3D	136 EA-6B		
1978	11	114 F-14A	213 F-4J	52 A-6E	192 A-7E KA-6D	195 A-7E				33 S-3A		8 SH-3H	122 E-2C	131 EA-6B		

Monat/Jahr	Air Group	VF	VF	VA	VA	VA	VAW	VAQ	VS	HS	Einsatz bei
7/1983	2	1 F-14A	2 F-14A	146 A-7E	147 A-7E	145 A-6E KA-6D	116 E-2C	130 EA-6B	38 S-3A	2 SH-3H	

CVA-64 Constellation

Monat/Jahr	Air Group	VF		VA			RVAH	VAH	VS	HS	VAW	VAQ	VFP	Einsatz bei
8/1961	13													„Berlin Crisis Group"
6/1962	5													
3/1963	14	124 F-8E	132 F-8D					10 A-3B						
7/1964	14	142 F-4B	143 F-4B	144 A-1	145	146	5 RA-5C	10 A-3B			11 E-2A		63	VII. Flotte
6/1966	15	151 F-4B	161 F-4B	65 A-6A	153	155 A-4F	6 RA-5C	8 A-3B			11 E-2A			VII. Flotte
5/1967	14	142 F-4B	143 F-4B	55	146 A-4C	196 A-6	12 RA-5C	8 KA-3B			13			VII. Flotte
6/1968	14	142 F-4	143 F-4	27 A-7A	97 A-7A	196 A-6A	5 RA-5C	2 KA-3B			13	113		VII. Flotte
1972	9	92 F-4J	96 F-4J	146 A-7E	147 A-7E	165 A-6A KA-6D	12 RA-5C			6 SH-3	6 E-2B			VII. Flotte
1977	9	24 F-14A	211 F-14A	147 A-7E	165 A-6E KA-6D					6 SH-3H	126 E-2C		63 RF-8G	
1978	9	24 F-14A	211 F-14A	146 A-7E	147 A-7E	165 A-6E KA-6D			21 S-3A	6 SH-3H	126 E-2C	132 EA-6B	63 RF-8G	

Monat/Jahr	Air Group	VF		VFA		VA			VAW	VAQ	VS	HS	Einsatz bei
5/1982	9	24 F-14A	211 F-14A			146 A-7E	147 A-7E	165 A-6E KA-6D	112 E-2C	134 EA-6B	38 S-3A	8 SH-3H	
2/1985	14	21 F-14A	154 F-14A	25 F/A-18	113 F/A-18			196 A-6E KA-6D	113 E-2C	139 EA-6B	37 S-3A	8 SH-3H	

CVAN-65 Enterprise

Monat/Jahr	Air Group	VF		VA				RVAH	VAH	VS	HS	VAW	VAQ	VAP	Einsatz bei
2/1963	6	33 F-8E (14)	102 F-4B (14)	64 A-4C (12)	65 A-1H (12)	66 A-4C (12)	76 A-4C (12)					7 A-5A (10)			VI. Flotte
11/1965	9	92	96	36	76 A-4C	93 A-4C	94 A-4C	7 RA-5C	4 A-3B			11 E-2A			VII. Flotte
12/1966	9	92	96	35 A-6	36	113 A-4C		7 RA-5C	2 A-3B			11 E-2A		61 RA-3B	VII. Flotte
1/1968	9	92 F-4B	96 F-4B	35 A-6A	56 A-4A	113 A-4F		1 RA-5C	2 A-3B			13	112		VII. Flotte

Geschwader und Staffeln im Trägereinsatz (nach 1950, bis 1985)

395

Monat/Jahr	Air Group	VF		VA			RVAH	VAH	VS	HS	VAW	VAQ	VAP	Einsatz bei
1971	14	142 F-4B	143 F-4B	27 A-7A	97 A-7E	196 A-6A KA-6D	9 RA-5C				113 E-2B	130 EA-3B		
1978	14	1 F-14A	2 F-14A	27 A-7E	97 A-7E	196 A-6E KA-6D	12 RA-5C		38 S-3A	2 SH-3H	113 E-2C	134 EA-6B		

Monat/Jahr	Air Group	VF		VA			VAW	VAQ	VS	HS	Einsatz bei
8/1984	11	114 F-14A	213 F-14A	22 A-7E	94 A-7E	95 A-6E KA-6D	117 E-2C	133 EA-6B	21 S-3A	6 SH-3H	

CVA-66 America

Monat/Jahr	Air Group	VF		VA			RVAH	VAH	VS	HS	VAW	VAQ	VQ	VFP	Einsatz bei
12/1965	6	33 F-4		102 A-4	64 A-4	66 A-6	85 RA-5C	5			12		2 EA-3B		VI. Flotte
1/1967	6	33 F-4B		102 F-4B	36 A-4C	64 A-4	66 A-4	5 RA-5C	10 KA-3B		9 SH-3A	33	122	2 EA-3B		VI. Flotte
5/1968	6	33 F-4B	96 F-4J	102 F-4J	82 A-7A	85 A-6A	86 A-7A	13 RA-5C	10 KA-3B			13	122	132 EKA-3B		VII. Flotte
1974	8	74 F-4B		142 F-4J	35 A-6 KA-6D	82 A-7E	86 A-7A B/E						133 EA-6B			
1977/78	6	142 F-14A		143 F-14A	15 A-7E	87 A-7E	176 A-6E KA-6D			28 S-3A	15 SH-3H	124 E-2C	137 EA-6B		63 RF-8G	

Monat/Jahr	Air Group	VF		VA			VAW	VAQ	VS	HS	Einsatz bei
5/1984	1	33 F-14A	102 F-14A	46 A-7E	72 A-7E	34 A-6E KA-6D	123 E-2C	135 EA-6B	32 S-3A	11 SH-3H	

CVA-67 John F. Kennedy

Monat/Jahr	Air Group	VF		VA			RVAH	VS	HS	VAW	VAQ	Einsatz bei
1968	1			81 A-4C		83 A-4C						
4/1969	1	14 F-4B	32 F-4B	34 A-6	46 A-4B	72	14 RA-5C			125 E-2A	33 + 135 EA-1F	VI. Flotte

396 Geschwader und Staffeln im Trägereinsatz (nach 1950, bis 1985)

Monat/Jahr	Air Group	VF		VA			RVAH	VS	HS	VAW	VAQ	Einsatz bei
4/1972	1	14 F-4B (12)	32 F-4B (12)	34 A-6A(5) A-6B(3) A-6C(3) KA-6D(4)	46 A-7B (12)	72 A-7B (12)	14 RA-5C (4)			125 E-2A (4)	135 EKA-3B (3)	VI. Flotte
1978	1	14 F-14A	32 F-14A	34 A-6E KA-6D	46 A-7E	72 A-7E		32 S-3A	11 SH-3H	125 E-2C	133 EA-6B	

Monat/Jahr	Air Group	VF		VA			VAW	VAQ	VS	HS	Bemerkungen
7/1983 5/1984	3	11 F-14A	31 F-14A	75 A-6E KA-6D	85 A-6E		126 E-2C	137 EA-6B	22 S-3A	7 SH-3H	„All-Grumman Air Wing"-Versuch; 1986 immer noch

CVAN-68 Nimitz

Monat/Jahr	Air Group	VF	VMF	VA			RVAH	VS	HS	VAW	VAQ	Einsatz bei
8/1975	8	31 F-4J	333 F-4J	35 A-6E KA-6D	82 A-7E	86 A-7E	9 RA-5C (3)		15 SH-3H (7)	126 E-2B	130 EA-6B	Besuch in Wilhelmshaven
1977	8	74 F-4J	333 F-4J	35 A-6E KA-6D	82 A-7E	86 A-7E	9 RA-5C	32 S-3A	2 SH-3H	116 E-2C	130 EA-6B	
1978	8	41 F-14A	84 F-14A	35 A-6E KA-6D	82 A-7E	86 A-7E		24 S-3A	9 SH-3H	116 E-2C	130 EA-6B	

Monat/Jahr	Air Group	VF		VA			VAW	VAQ	VS	HS	Einsatz bei
4/1985	8	41 F-14A	84 F-14A	82 A-7E	86 A-7E	35 A-6E KA-6D	124 E-2C	138 EA-6B	24 S-3A	9 SH-3H	

CVN-69 Dwight D. Eisenhower

Monat/Jahr	Air Group	VF		VA			VAW	VAQ	VS	HS	Einsatz bei
6/1984	7	142 F-14A	143 F-14A	12 A-7E	66 A-7E	65 A-6E KA-6D	121 E-2C	132 EA-6B	31 S-3A	5 SH-3H	

CVN-70 Carl Vinson

Monat/Jahr	Air Group	VF		VA			VAW	VAQ	VS	HS	Einsatz bei
12/1984	15	51 F-14A	111 F-14A	27 A-7E	97 A-7E	52 A-6E KA-6D	114 E-2C	134 EA-6B	29 S-3A	4 SH-3H	

Flugzeug- und Hubschrauber-Tabellen

Erläuterungen

Es ist nicht Aufgabe dieses Buches, die Waffe „Flugzeug" in allen seinen technischen Einzelheiten vorzustellen, sondern es geht darum, die Beziehung zwischen dieser Waffe und der dazugehörigen Plattform, dem Flugzeugträger, herzustellen. Es sind daher in der nachfolgenden Tabelle nur diejenigen Informationen enthalten, die diesem Ziel dienen. Erfaßt sind dort nur die Flugzeugtypen, die ab etwa 1935 zur Flotte kamen. Zum Vergleich sind hier – nicht zuletzt auch im Hinblick auf Vergleiche mit der Tabelle der „Air Groups" – sowohl die alten als auch auch die ab 1962 geltenden Typenbezeichnungen, wie auch die volkstümlichen Bezeichnungen nebeneinandergesetzt worden.

Die nachfolgenden Informationen enden mit dem Jahr 1985.

alte Typen-bezeich-nung	Typen-bezeich-nung seit 1962	Hersteller	volks-tümliche Bezeich-nung	Angaben gelten für Version	Maxi-mal-Geschw. Meilen/h	Maxi-mal-Abflug-gewicht to.	Datum der Einführung in Staffel	Ende der Dauer-verwen-dung	Bemerkungen
Jagdflugzeuge (Kolbenmaschinen)									
F2F		Grumman		F3F	264	2,2	2/1935 VF-2B	9/1940	F2F auf CV-2, 3, 4, 5, 7; ab 4/1936 F3F in VF-5B; bis 10/1941 auch in VMF-Staffeln
F2A		Brewster	Buffalo	F2A-3	321	3,25	12/1939 VF-3	9/1942	auf CV-2, 3; ebenfalls bei VMF-221 (Midway)
F4F		Grumman	Wildcat	F4F-4	318	3,6	12/1940 VF-4	11/1945	auf CV-3, 4, 6, 7, 8; ebenfalls in VMF
F4U		Vought	Corsair	F4U-4	446	6,7	10/1942 VF-12	12/1955	in großer Anzahl in mehreren Werken gebaut; auch in VMF-Staffeln in Korea
F6F		Grumman	Hellcat	F6F-5	380	7,0	1/1943 VF-9	8/1953	Hauptjäger der USN im II. Weltkrieg
F7F		Grumman	Tigercat	F7F-3	435	11,7	1/1944 VMF-911	3/1954	Erster zweimotoriger Jäger der USN, geplant für *Midway*-Klasse; Nachtjäger des USMC, kein Bordeinsatz
F8F		Grumman	Bearcat	F8F-1	421	5,9	5/1945 VF-19	1/1953	Kam zu spät, um noch im II. Weltkrieg eingesetzt zu werden; eingeführt in 23 VF-Staffeln
Jagdflugzeuge (Strahlantrieb)									
FH		McDonnell	Phantom	FH-1	479	5,5	7/1947 VF-17A	7/1950	Hauptsächlich in VMF-Staffeln
FJ-1		North American	Fury	FJ-1	547	7,1	11/1947 VF-5A	10/1949	Nur bei einer Staffel auf CV-21

alte Typenbezeichnung	Typenbezeichnung seit 1962	Hersteller	volkstümliche Bezeichnung	Angaben gelten für Version	MaximalGeschw. Meilen/h	MaximalAbfluggewicht to.	Datum der Einführung in Staffel	Ende der Dauerverwendung	Bemerkungen
F2H	F-2	McDonnell	Banshee	F2H-2	532	10,1	3/1949 VF-171	9/1959	Auch in VMF-Staffeln in Korea
F9F	F-9	Grumman	Panther	F9F-5	579	8,5	5/1949 VF-51	10/1958	Mit CV-21 in Korea; als DF-9E bis 1962 im Dienst
F3D	F-10	Douglas	Skynight	F3D-2	600	12,2	2/1951 VC-3	1968	Elektronik-Version EF-10B vom USMC bis in die 70er Jahre geführt
F7U		Vought	Cutlass	F7U-3	680	14,4	4/1954 VF-81	11/1957	Nur in 4 VF-Staffeln eingesetzt
F9F	F-9	Grumman	Cougar	F9F-6	690	9,1	11/1952 VF-32	2/1960	Auch in VMF-Staffeln; Schulmaschine TF-9J bis 2/1974 im Dienst
FJ-2	F-1	North American	Fury	FJ-4	680	10,8	1/1954 VMF-122	9/1962	In insgesamt 21 Navy- und USMC-Staffeln
F4D	F-6	Douglas	Skyray	F4D-1	695	11,4	4/1956 VC-3	2/1964	In Navy- und USMC-Staffeln, ab 1962 in Reservestaffeln
F3H	F-3	McDonnell	Demon	F-3B	647	15,4	3/1956 VF-14	8/1964	Wurde durch F-4 ersetzt
F11F	F-11	Grumman	Tiger	F-11A	750	10,1	3/1957 VA-156	4/1961	In nur 5 Navy-Staffeln eingeführt
F8U	F-8	LTV	Crusader	F-8E	1120	15,5	3/1957 VF-32	1977	Foto-Aufklärer RF-8G 1985 noch bei NARF
F4H	F-4	McDonnell	Phantom II	F-4B	1485	24,8	12/1960 VF-121		In Navy- und USMC-Staffeln, beim USMC auch als Foto-Aufklärer RF-4B
	F-14	Grumman	Tomcat	F-14A	Mach 2,34	32,7	12/1972 VF-124		Wird später ergänzt durch F-14D
	F/A-18	McDonnell Douglas	Hornet	F/A-18A	1190	25,4	4/1980 VFA-125		Bei der Navy Ersatz für A-7. Beim USMC Ersatz für F-4

Aufklärer-Bomber

SB2U		Vought	Vindicator	SB2U-3	243	4,3	12/1937 VB-3	2/1943	Eingesetzt auf CV-2, 3, 4, 7 und bei USMC-Staffeln
SBD		Douglas	Dauntless	SBD-5	245	4,9	4/1938 VB-5	9/1945	Haupt-Bordbomber im II. Weltkrieg, eingesetzt auf CV-2, 3, 5, 6 und *Essex*-Klasse
SB2C		Curtiss	Helldiver	SB2C-4	295	7,5	12/1942 VS-9	6/1949	Eingesetzt auf *Essex*-Klasse und beim USMC

Torpedoflugzeuge

TBD		Douglas	Devastator	TBD-1	206	4,6	10/1937 VT-3	8/1942	Eingesetzt auf CV-2, 3, 5, 6, 8; VT-8 bei Midway komplett vernichtet
TBF/TBM		Grumman	Avenger	TBF-1	271	7,2	3/1942 VT-8	10/1954	Mehrere Versionen; zuletzt für U-Jagd in VS-Staffeln

Flugzeuge und Hubschrauber (bis 1985)

alte Typenbezeichnung	Typenbezeichnung seit 1962	Hersteller	volkstümliche Bezeichnung	Angaben gelten für Version	Maximal-Geschw. Meilen/h	Maximal-Abfluggewicht to.	Datum der Einführung in Staffel	Ende der Dauerverwendung	Bemerkungen
Angriffsflugzeuge									
AD	A-1	Douglas	Skyraider	AD-7	318	11,4	12/1946 VA-19A	ca. 1974	Zahlreiche Versionen, Produktion 1957 eingestellt; anfangs auch Stuka- und Torpedomaschine; zuletzt Radarflugzeug auf *Essex*-Klasse
AM		Martin	Mauler	AM-1	367	10,6	3/1948 VA-17A	10/1950	Erster „attack"-Typ; ab 1950 nach Ersatz durch AD in Reservestaffeln
AF		Grumman	Guardian	AF-2S	317	11,6	10/1950 VS-25	8/1955	AF-2S = U-Jagd-Version, Vorgänger von S-2; AF-2W = Radar-Frühwarnversion
A4D	A-4	McDonnell Douglas	Skyhawk	A-4M	670	11,1	9/1956		1985 noch bei VMA-Staffeln
A2F	A-6	Grumman	Intruder	A-6E	648	27,4	2/1963 VA-12		Kann Atombomben abwerfen; auch in VMA-Staffeln; Tanker-Version KA-6D, ECM-Version EA-6A/B
	A-7	LTV	Corsair II	A-7E	698	19,1	10/1966 VA-147		Mehrere Versionen
Schwere Angriffsflugzeuge									
AJ	A-2	North American	Savage	AJ-1	471	24,0	9/1949 VC-5	1/1960	Erster Atombomber der Navy, zuletzt als schwerer Foto-Aufklärer AJ-2P und als Tanker eingesetzt
A3D	A-3	Douglas	Skywarrior	A-3B	610	37,3	3/1956 VAH-1		In 8 VAH-Staffeln; Foto-Version RA-3B, ECM-Version EA-3B und als Tanker EKA-3B
A3J	A-5	North American	Vigilante	RA-5C	1385	36,2	A-5A 6/1961 in VAH-3 RA-5C 6/1964 in RVAH-5	ca. 1978	Zuerst Atombomber A-5A/B, dann Fernaufklärer RA-5C; ab 1977 Aussonderung
U-Jagdflugzeuge									
S2F	S-2	Grumman	Tracker	S-2E	253	12,2	2/1954 VS-26	1976	Version C-1A als Kuriermaschine, E-1 als ECM-Version; S-2 auf CVS der *Essex*-Klasse eingesetzt
	S-3	Lockheed	Viking	S-3A	514	23,9	2/1974 VS-41		Strahlflugzeug; ab *Forrestal*-Klasse; Kurierversion US-3A.
Radar-Frühwarnflugzeuge									
W2F	E-2	Grumman	Hawkeye	E-2C	374	23,4	1/1964 VAW-11		Ab *Midway*-Klasse; E-2B in Reservestaffeln

alte Typenbezeichnung	Typenbezeichnung seit 1962	Hersteller	volkstümliche Bezeichnung	Angaben gelten für Version	Maximal-Geschw. Meilen/h	Maximal-Abfluggewicht to.	Datum der Einführung in Staffel	Ende der Dauerverwendung	Bemerkungen
Kurz- und Senkrechtstarter									
	AV-8	Hawker Sideley	Harrier	AV-8A	730	9,6	1/1971 VMA-513		In 3 VMA-Staffeln
	AV-8	McDonnell Douglas	Harrier II	AV-8B	668	13,5	10/1983 VMA-331		In 8 VMA-Staffeln an Stelle von A-4M
Hubschrauber									
HO4S HRS	H-19	Sikorsky		HRS-2	101	3,6	HO4S-1 12/1950 in HU-2 HRS-4/1951 in HMX-1	12/1960	HO4S = Jagdversion; HRS = Transportversion des USMC
HSS	H-34	Sikorsky	Seabat	UH-34D	123	6,4	HSS-8/1955 in HS-3 HUS-2/1957 in HMRL-363	ca. 1974	In mehreren Versionen gebaut; vor allem für U-Jagd
HSS-2	H-3	Sikorsky	Sea King	SH-3D	166	9,3	6/1961 HSS-1		In mehreren Versionen gebaut; vor allem für U-Jagd
HU2K	H-2	Kaman	Seasprite	SH-2F	160	6,0	12/1962 HU-2		In mehreren Versionen gebaut; SH-2D/F als LAMPS I auf Kreuzern, Zerstörern und Fregatten; UH-2 für Kurier- und Bergungsaufgaben
HU	H-1	Bell	Iroquois/ Sea Cobra/ Huey Cobra	UH-1N	127	4,5	3/1964 VMO-1		In mehreren Versionen hauptsächlich für USMC gebaut; AH-1G Kampfhubschrauber, in der Regel keine Trägermaschine
	H-53	Sikorsky	Sea Stallion	CH-53D	196	19,1	11/1966 in HMH-463 RH-53D 9/1973 in HM-12		Schwerer Transporter des USMC; CH-53E in Einführung; RH-53D für Minenräumaufgaben der Navy; in der Regel nur auf LHA/LPH eingesetzt
	H-46	Boeing/ Vertol	Sea Knight	CH-46D	166	10,4	6/1964 HMM-265		In mehreren Versionen für die Navy und das USMC gebaut; in der Regel nicht auf Flugzeugträgern eingesetzt
	H-60	Sikorsky	Sea Hawk	SH-60B	167	9,9	10/1983 HSL-41		Hubschrauber-Komponente für das LAMPS III-System auf Kreuzern, Zerstörern und Fregatten

Das Träger-Flugzeuggeschwader (CVW) des Jahres 1998

Die Flugzeugträger waren seit ihren ersten Tagen schwimmende Flugplätze. Während längerer Hafenliege- und Werftliegezeiten befinden sich die Flugzeuge eines Trägers nicht an Bord. Wenn sie aber an Bord sind, dann hat es seit der Einführung der Trägerwaffe stets Formen der Gliederung gegeben, so „Carrier Air Group", „Carrier Task Group", oder – wie zuletzt bis zur Gegenwart – „Carrier Air Wing", abgekürzt CVW.

In den CVW eines Flugzeugträgers wurden stets und werden auch noch gegenwärtig mehrere Staffeln („Squadrons") sowie sogenannte „Detachments" (Teilstaffeln) unter dem CVW-Kommando zusammengefaßt. Im Laufe der vielen Jahre unterlagen diese Bordgeschwader z. T. wesentlichen Veränderungen. Die diversen Formen und Zusammensetzungen derselben, etwa zwischen den Jahren 1950 und 1985, wurden im vorherigen Abschnitt ausführlich dargestellt. Die hierbei praktizierte Darstellungsform wurde in der 3. Auflage dieses Buches aus räumlichen Gründen nicht fortgeführt.

In den letzten Jahren hat sich jedoch eine Gliederung der CVW herauskristallisiert, die – mit geringfügigen Abweichungen – für alle Flugzeugträger Gültigkeit hat. Die aktuelle Gliederung der CVW steht u. a. im Zusammenhang mit der Beendigung des sogenannten „Kalten Krieges" und mit der seitdem entstandenen Neubewertung der Struktur der Gesamtstreitkräfte.

Infolge der starken Drosselung der für die Streitkräfte jährlich bewilligten Geldmittel erfolgte eine bedeutende Schwächung der US-Navy, die bereits ein gutes Jahrzehnt andauert. Die Anzahl der aktiven Flugzeugträger wurde von 15 auf 12 reduziert, für die es z. Zt. nur noch 10 CVW gibt. Die effektive Zahl der Flugzeuge auf einem Träger blieb dabei mit ca. 75 in etwa gleich. Die Zusammensetzung eines CVW, wie sie gegenwärtig zum Standard gehört, ist Gegenstand dieser Betrachtung. Zunächst folgt hier die Schilderung der CVW-Standard-Zusammensetzung, wonach hierzu einige Kommentare folgen.

Zu einem CVW gehörende Flugzeug- und Hubschrauberstaffeln

1	1 Jagdstaffel	(VF)	mit	12	F-14A/D	Tomcat
2	3 Angriffsstaffeln	(VFA)	mit	36	F/A-18A/C	Hornet
3	1 Radarwarnstaffel	(VAW)	mit	4	E-2C	Hawkeye
4	1 Elektronikstaffel	(VAQ)	mit	4	EA-6B	Prowler
5	1 Seeüberwachungsstaffel	(VS)	mit	8	S-3B	Viking
6	1 Hubschrauber-U-Jagdstaffel	(HS)	mit	4	SH-60F	Ocean Hawk
				2	HH-60H	Rescue Hawk
7	1 Detachment Flottenerkundungsstaffel		mit	2	ES-3A	Sea Shadow
	insgesamt			72	Maschinen	

wobei es bei der Anzahl leichte Abweichungen geben kann.

Anmerkungen zur vorstehenden Aufstellung:

zu 1) Durch Alterung bedingt verringert sich die Zahl der F-14-Jagdflugzeuge. Neue werden nicht mehr nachgebaut. Ersatz folgt zunächst mit der Einführung des neuen Typs F/A-18F, und – wesentlich später – durch „Joint Strike Fighter" (JSF). Nach der bereits praktizierten Reduktion auf 12 F-14 je Staffel wird erwogen, auf zehn Maschinen zu limitieren. Von den zehn CVW haben gegenwärtig nur noch zwei CVW zwei VF-Staffeln an Bord, die übrigen nur noch eine.

zu 2) In vier von zehn CVW befindet sich eine VMFA-Staffel des Marine Corps *an Stelle* einer Navy-Staffel an Bord. F/A-18B und D werden derzeitig nicht auf Trägern geführt.

zu 3) Manchmal verringert sich die Zahl der E-2C von vier auf drei.

zu 4) Dies gilt manchmal auch für die Anzahl der EA-6B in den VAQ-Staffeln.

zu 5) Hier findet gerade ein Wandel statt: die S-3B-Vikings werden ihrer U-Jagd-Ausstattung beraubt, wonach sie als bordgestützte Seeüberwachungs-Flugzeuge Verwendung finden, mit der Befähigung, gegnerische Überwasserschiffe mit Flugkörpern zu bekämpfen. Die S-3B wird seit einiger Zeit auch als Luftbetankungsflugzeug verwendet. Eine Verringerung der Anzahl der Flugzeuge auf sechs je Staffel kann nicht ausgeschlossen werden.

Zu 6) Die Kombination von Helikoptern der Typen SH-60F und HH-60H hat sich als brauchbar erwiesen. Dies gilt solange, bis mit SH-60R eine neue Version eingeführt wird, die die Eigenschaften von F und H vereint.

zu 7) Nach einem anfänglichen Fortschritt ein bedauerlicher Schritt in die falsche Richtung: nach nur wenigen Jahren der Bordverwendung werden die VQ-Detachments von allen Flugzeugträgern abgezogen – wegen nicht ausreichender Geldmittel. Vermutlich werden danach sämtliche 16 Sea Shadows stillgelegt. Deren Tätigkeit soll von umgerüsteten landgestützten Fernaufklärern des Typs P-3C übernommen werden, was einer völlig unzureichenden Lösung gleichkommt.

Die Bord-Kurierflugzeuge des Typs C-2A Greyhound landen zwar regelmäßig auf den Trägern und fahren eine gewisse Zeit mit ihnen. Sie gehören jedoch nicht zum CVW, sondern unterstehen jeweils einer der beiden Lufttransportstaffeln VRC-30 bzw. VRC-40.

Im Zuge der Reduktionen bei der Naval Aviation wurden auch die Reserveverbände halbiert. Von den beiden Reservegeschwadern wurde CVWR-30 an der Westküste deaktiviert, während CVWR-20 an der Ostküste weiterhin Zeit-Reservisten beschäftigt.

Nachfolgende Übersicht veranschaulicht die Zugehörigkeit der CVW zu den einzelnen Flugzeugträgern. Diese Übersicht hat jedoch **nur Gültigkeit für den 1. 6. 1998**. Alles bei der Naval Aviation unterliegt einem steten Wandel, so auch die Zuordnung der CVW.

Zuordnung der CVW zu den Flugzeugträgern (Stand: 1. 6. 1998)

CVW	Code	Träger-Name	Kennung	Bemerkungen
1	AB	*John F. Kennedy*	(CV-67)	Zwölfter (Reserve-)Träger, der gelegentlich zu längeren Einsatzfahrten kommandiert wird.
2	NE	*Constellation*	(CV-64)	
3	AC	*Enterprise*	(CVN-65)	
5	NF	*Independence*	(CV-62)**	Ab 7/1998 Wechsel zu *Kitty Hawk* (CV-63).
7	AG	*John C. Stennis*	(CVN-74)	Nur bis zum Wechsel des Trägers zur Westküste 8/1998; zwei VF-Staffeln.
8	AJ	*Theodore Roosevelt*	(CVN-71)	Zwei VF-Staffeln.
9	NG	*Nimitz*	(CVN-68)*	CVW-9 wechselte ab 8/1998 auf *John C. Stennis*.
11	NH	*Carl Vinson*	(CVN-70)	
14	NK	*Abraham Lincoln*	*(CVN-72)*	
17	AA	*Dwight D. Eisenhower*	(CVN-69)	

*   *Nimitz* und *George Washington* (CVN-73) befanden sich im Juni 1998 in der Werft.
     Harry S. Truman (CVN-75) wurde am 25. 7. 1998 in Dienst gestellt und hat noch kein CVW zugeteilt bekommen.
** *Independence* (CV-62) wurde am 30. 9. 1998 außer Dienst gestellt.

Inhalt

Vorwort 7	Sangamon-Klasse 67
Abkürzungs- und Stichwortverzeichnis 9	Casablanca-Klasse 74
Berichtigungen und Ergänzungen zu Band 1 12	Commencement Bay-Klasse 134
Namensgebung amerikanischer Geleit-	
Flugzeugträger 13	Hilfsschiffe der Luftwaffe 163–196
Klassifikation und Kennungen	Einführung und Klassifikation 164
amerikanischer Geleit-Flugzeugträger 15	Hilfsschiffs-Kategorien und -klassen 165
Waffen 15	
Schiffs-Elektronik/Ortungsgeräte 16	Anhang 197–200
Schiffs-Elektronik/Feuerleitgeräte 18	Literaturverzeichnis 198
Farbanstriche und Tarnungen 19	Schiffsnamenregister 199
Kriegsteilnahme, Totalverluste und Beschädigungen 22	
Bordflugzeuge und ihre Gliederung 24	Tabellenteil 201–229
	Baudaten britischer CVE 202
Entstehung und Entwicklung amerikanischer	Bau- und Reklassifizierungsdaten amerikanischer
Geleit-Flugzeugträger 25–34	CVE 204
	Technische Angaben, Bewaffnung
Geleitträger-Klassen 35–162	(Geleitflugzeugträger) 214
Anmerkungen zum Abschnitt Geleitträger-Klassen 36	Baudaten der Hilfsschiffe 217
Long Island-Klasse und CVE-30 Charger 37	Technische Angaben, Bewaffnung (Hilfsschiffe) 220
AVG-2 bis AVG-5 41	Geschwader und Staffeln im Trägereinsatz 224
Bogue/Prince William-Klasse 42	

Vorwort

Dieser Band ist als direkte Fortsetzung des im Herbst 1978 erschienenen Bandes I – Flottenflugzeugträger – zu betrachten. Er ist zwar für sich allein voll aussagefähig, aus Zweckmäßigkeitsgründen wird jedoch manches, was im ersten Band ausgeführt wurde, hier nicht nochmals wiederholt.

Während Band I den Flottenträgern gewidmet war („... alles was groß und/oder schnell war..."), einer Gattung, deren Schiffe – in welcher Form auch immer – auch künftig im Flottenbestand der größeren Seemächte zu finden sein werden, bildet Band II eine komplette, abgeschlossene Dokumentation zu einem geschichtlichen Bereich. So werden wieder zu jeder der CVE-Klassen mindestens drei Zeichnungen gebracht, wobei die beiden Umbauten zu CVHA bzw. zu AGMR selbstverständlich mit eingeschlossen sind. Jeder der fertiggestellten Geleitträger ist durch mindestens eines, zumeist aber durch mehrere Fotos vertreten, wobei wie stets der Versuch unternommen wurde, Fotos aus verschiedenen Dienstperioden auszuwählen. Dem zum Ausdruck gebrachten Wunsch einiger Leser nach der Erfassung auch der *modernen* Hubschrauberträger (LHA und LPH) in diesem Band konnte aus zweierlei Gründen nicht entsprochen werden:
□ Der Umfang der hier zu behandelnden Materie und die Notwendigkeit, auch die Hilfsschiffe der Luftwaffe in diesem Band zu behandeln, geboten die Beschränkung auf die hier vorhandenen Schiffsgattungen.
□ Die modernen Hubschrauberträger werden im Rahmen eines bereits in Bearbeitung befindlichen Gesamtwerkes über moderne amerikanische Kriegsschiffe ausreichend dokumentiert.

Mit dem vorliegenden Band wird erstmalig in so umfangreichem Maße einer Kriegsschiffskategorie gedacht, deren Anteil am Weltkriegs-Geschehen sowohl im Pazifik wie auch im Atlantik beträchtlich war. Dabei wurden alle bekanntgewordenen Fakten erschöpfend ausgewertet. Verbleibende Unsicherheiten – insbesondere hinsichtlich der genauen Bezeichnung mancher Tarnanstriche und einiger wenigen elektronischen Geräte – werden möglicherweise zu einem späteren Zeitpunkt Gegenstand besonderer Veröffentlichungen sein.
Die mit den Flugzeugträgern und den Navy-Flugzeugen eng liierten „Aviation Auxiliaries" wurden bewußt in diesen Band einbezogen. Zu jeder Klasse dieser Hilfsschiffe werden eines bis mehrere Fotos gebracht. Sowohl für die Geleitträger wie auch für die Hilfsschiffe sind die Baudaten und die wichtigsten technischen Angaben im Tabellenteil am Ende des Buches zusammengefaßt.

Wie auch bei den übrigen Bänden der begonnenen Serie über die Schiffsgattungen der U.S. Navy steht das *Aussehen* der Schiffe, deren *Ausrüstung* und die mit dem jeweiligen Wechsel derselben verbundenen *Veränderungen* im Mittelpunkt. Schiffbauliche wie schiffbau-technische Details können hier nur gestreift werden.

Sämtliche Zeichnungen dieses Bandes – wie stets im Maßstab 1:1250 abgedruckt – wurden von Herrn Eberhard Kaiser angefertigt. Er hat es verstanden, über das rein zeichnerisch-handwerkliche hinaus, ein tiefes Verständnis für die Schiffe der U.S. Navy zu entwickeln. Er ist somit für den Autor ein stets wertvoller und hilfreicher Helfer geworden. Hierfür sei ihm Dank gesagt.

Bei der Foto-Beschaffung galt es, diesmal auch zusätzliche Quellen zu erfassen. Das Gros der Fotos sind „USN officials". Sie entstammen den Sammlungen des Autors, der Bibliothek für Zeitgeschichte in Stuttgart, des United States Naval Institute in Annapolis, USA (einschließlich der ehemaligen OUR NAVY-Kollektion), der „International Naval Research Organization" (INRO) und des bekannten amerikanischen Marine-Experten W.H. Davis. Einige wenige Fotos wurden von Berufsfotografen, wie Real Photographs, Marius Bar, Anthony Pavia, Aldo Fraccaroli und Ted Stone erworben. Besonderer Dank sei gesagt
□ Mr. Robert Heller aus San Bruno, California, für die Vermittlung einiger Fotos aus der J.A. Casoly-Kollektion
□ Mr. Don McPherson (†), der mit einigen Fotos und Informationen aushalf, und dessen unerwarteter Tod im Oktober 1978 eine spürbare Lücke hinterließ
□ Wie stets dem Chief of Naval Informations sowie des Military Sealift Command beim Navy Department in Washington, für Foto-Zusendungen

☐ Dem Office of Naval Aviation History und Mr. Jim Dresser aus Ames. USA. für ergänzende Informationen hinsichtlich der eingesetzten Flugzeugverbände
☐ Der Ingalls-Werft in Pascagoula. USA. die über ihren Europa-Pressebetreuer. Herrn Dirk Koerber. einige Fotos lieferte. wie auch Herrn Friedrich Villi aus Maria Enzersdorf. der ebenfalls mit Fotos aushalf sowie den Herren Gerhard Albrecht. Franz Mrva und Siegfried Breyer
☐ Herrn Prof. Dr. Jürgen Rohwer für die Genehmigung. Fotos aus der Sammlung der BfZ verwenden zu dürfen
☐ Nicht zuletzt immer wieder auch dem Verlag Bernard und Graefe. der zielbewußt die Herausgabe auch dieses Bandes gefördert und unterstützt hat. Dank seinen Bemühungen entsteht im Rahmen dieser Buch-Serie die zweifellos umfangreichste Foto-Dokumentation über amerikanische Kriegsschiffsgattungen. die es jemals gab.

Der Verlag und der Autor notierten mit Genugtuung und mit Freude den Erfolg des Bandes I dieses Werkes. Hierzu erhielt der Autor zahlreiche Zuschriften, für die er dankt und die alle er bemüht ist, schnellstmöglich zu beantworten. Aus dem Schriftverkehr ergaben sich manch positive Anregungen, denen – soweit sie im Rahmen des realisierbaren liegen – nachgegangen wird.

725 Leonberg, im Sommer 1979

Stuttgarter Str. 25   Stefan Terzibaschitsch

Abkürzungs- und Stichwort-Verzeichnis

Abkürzung bzw. Stichwort	englische Bedeutung	deutsche Bedeutung
Schiffs-Kategorien		
AC	Collier	Kohlenfrachter
AV	Seaplane Tender	Seeflugzeugtender (hier Reparaturschiff)
AGMR	Major Communication Relay Ship	Nachrichtenverbindungs- und Relaisschiff
CC	Command Ship	Kommando- und Hauptquartier-Schiff
CV	Aircraft Carrier	Flugzeugträger
CVA	Attack Aircraft Carrier	Angriffs-Flugzeugträger
CVAN/CVN	Attack Aircraft Carrier, nuclear powered	Atomangetriebener Angriffs-Flugzeugträger
CVB	Large Aircraft Carrier	Schwerer Flugzeugträger
CVL	Small Aircraft Carrier	Leichter Flugzeugträger
CVE/ACV/AVG	Escort Aircraft Carrier	Geleit-Flugzeugträger
CVS	ASW-Support Carrier	U-Jagd-Flugzeugträger
CVT	Training Aircraft Carrier	Schul-Flugzeugträger
CVU	Utility Aircraft Carrier	Hilfs-Flugzeugträger
LHA	Multi-purpose Amphibious Assault Ship	Mehrzweck-Hubschrauberträger
LPH/CVHA	Amphibious Assault Ship	Hubschrauberträger
AVT	Auxiliary Aircraft Transport	Flugzeugtransporter
IX	Unclassified Miscellaneous	Sonstiges Hilfsschiff
Schiffsverbände		
ASW-Group	Anti-Submarine Warfare Group	U-Jagd-Trägergruppe (CVS + Begleitschiffe)
CARDIV	Carrier Division (heute nicht mehr gültig)	Trägerdivision
CARGRU	Carrier Group (heutige Bezeichnung)	Trägerdivision
CTF	Carrier Task Force	Träger-Einsatzverband
TF	Task Force	Einsatzverband
TG	Task Group	Einsatzgruppe (mehrere bilden eine TF)
TU	Task Unit	Teil-Verband
I, III etc FL	I, III etc Fleet	I., III usw. Flotte (Kurzbezeichnung für den größtmöglichen Schiffsverband der Navy)
HUK	Hunter/Killer Group	Andere Bezeichnung für den U-Jagdverband der früheren 50er Jahre
Träger-Flugzeugverbände		
CVG/CAG/ CVBG/CVW/ CVLG/ CVSG/CVEG	Carrier Air Group/Wing	Verschiedene Kürzungen für die diversen Bezeichnungen der Träger-Flugzeuggeschwader zwischen ca. 1940 und 1978
CVG (N)	Night Carrier Air Group	Nacht-Flugzeuggeschwader der End-40er Jahre
ATG	Air Task Group	Ad-hoc-Geschwader, zumeist zusammengesetzt aus verschiedenen, nicht zueinander gehörenden Staffeln verschiedener anderer Geschwader
Sq.	Squadron	Staffel (Grundeinheit auch bei der bordgestützten Seeluftwaffe)
VF	Fighting Sq.	Jagdstaffel
VF (N)	Night Fighting Sq.	Nachtjagdstaffel
VB	Bombing Sq.	Bomberstaffel
VS	Scouting Sq.	Bordaufklärungsstaffel (bis Kriegsende)

Abkürzung bzw. Stichwort	englische Bedeutung	deutsche Bedeutung
VS	Air Anti-Submarine Sq.	U-Jagdstaffel (ab 1955)
VSB	Scouting/Bombing Sq.	Bomber/Aufklärerstaffel (sowohl für VB, wie für VS als auch VSB wurden zumeist die selben Flugzeugtypen – mit unterschiedlicher Zuladung – verwendet)
VT	Torpedo Sq.	Torpedostaffel (bis Kriegsende)
VT	Training Sq.	Schulstaffel (gegenwärtig)
VTB	Torpedo/Bombing Sq.	Torpedo/Bomberstaffel
VC	Composite Sq.	Zumeist größere Staffel, in denen mehrere Flugzeugtypen vorhanden waren
VA	Attack Sq.	Jagdbomberstaffel
VAH	Heavy Attack Sq.	Bomberstaffel (ab ca. 1951)
RVAH	Reconnaissance Attack Sq.	Bord-Fernaufklärerstaffel
VAP	Heavy Photographic Sq.	Fotoaufklärungsstaffel mit A-3-Maschinen
VFP	Light Photographic Sq.	Fotoaufklärungsstaffel mit F-8-Maschinen
VAW	Carrier Early Warning Sq.	Radar-Frühwarnstaffel
VAQ	Tactical Electronic Sq.	ECM-Staffel
VQ	Fleet Air Reconnaissance Sq.	Flotten-Erkundungsstaffel
HS	Helicopter Anti-Submarine Sq.	Hubschrauber-U-Jagdstaffel
HSL	Helicopter Sea Control Sq.	Hubschrauber-U-Jagdstaffel mit Maschinen für den Einsatz auf Zerstörern und Fregatten
HU	Helicopter Utility Sq.	Hubschrauber-Hilfsdienststaffel (aufgehoben)
HC	Helicopter Combat Support Sq.	Neue Bezeichnung für die HU-Staffeln
MAW	Marine Air Wing	Flugzeuggeschwader des Marine Corps
MAG	Marine Air Group	Flugzeug- bzw. Hubschraubergruppe des USMC
VMF/VMFA	Marine Fighting Sq.	USMC-Jagdstaffel
VMA	Marine Attack sq.	USMC-Jagdbomberstaffel
VMA/AW	Marine All-Weather Attack Sq.	USMC-Allwetter-Bomberstaffel (mit A-6)
VMAQ	Marine Tactical Electronic Sq.	USMC-ECM-Staffel
VMFP	Marine Light Photographic Sq.	USMC-Fotoaufklärerstaffel
VMCJ	Marine Composite Reconnaissance Sq.	Alte Bezeichnung für die nunmehr getrennten VMAQ- und VMFP-Staffeln
VMC	Marine Composite Sq.	Gemischte USMC-Staffel (nicht mehr vorhanden)
HMH	Marine Heavy Helicopter Sq.	Schwere USMC-Hubschrauber-Transportstaffel
HMM	Marine Medium Helicopter Sq.	Mittlere USMC-Hubschrauber-Transportstaffel
HML	Marine Ligth Helicopter Sq.	Leichte USMC-Hubschrauber-Transportstaffel
HMA	Marine Attack Helicopter Sq.	USMC-Erdkampf-Unterstützungsstaffel (AH-1)

Sonstige Abkürzungen und Stichworte

AN/SPS...		voll ausgeschriebener Serien-Prefix bei neueren Radargeräten der Army/Navy-Serie
BPDMS	Basis Point Defence Missile System	Abkürzung für Nahabwehrbereichs-Lenkwaffenanlagen mit (z. Zt.) Sea Sparrow-Flugkörpern
CHAFROC	Chaff Rocket	Radartäusch- (Düppel-)Raketen
CTOL	Conventional Take-off and Landing	Konventionell startende und landende Flugzeuge

Abkürzung bzu. Stichwort	englische Bedeutung	deutsche Bedeutung
COD	Carrier-on-board-delivery	Abkürzung für die Bord-Kurierflugzeuge der Flugzeugträger (bisher C-1A und C-2A)
CV-Konzept		Neue Zusammensetzung des Bord-Flugzeuggeschwaders in den 70er Jahren, wobei neben taktischen auch U-Jagdstaffeln mitgeführt werden
ESM	Electronic Countermeasures (passive)	Elektronische Kriegsführung (passiv)
ECM	Electronic Countermeasures (active)	Elektronische Kriegsführung (aktiv)
ECCM	Electronic Counter-Countermeasures	Abwehr Elektronischer Gegenmaßnahmen
FLG		Feuerleitgerät
FL-Radar		Feuerleitradar
FRAM	Fleet Rehabilitation and Modernization Program	Umfangreiches Modernsierungsprogramm der U.S. Navy in den frühen 60er Jahren
IFF	Identification friend/foe	Gerät zur Freund-Feind-Unterscheidung
L/25		Kaliber × 25 = Rohrlänge (bei Geschützen)
Mk 51, Mod. 3	Mark 51 Model 3	Seriennummer und Version eines Gerätes
NRT	Naval Reserve Training Ship	Trainingsschiffe der Marine-Reserve
NTDS	Naval Tactical Data System	Datenverarbeitendes Kommando- und Übermittlungsgerät auf größeren Kriegsschiffen
SCB	Ship Characteristic Board	In Verbindung mit einer Serienzahl: Bau- bzw. Umbaumaßnahmen-Bezeichnung (nur bis 1966)
SLEP	Service Life Extension Program	FRAM-ähnliches Modernisierungsprogramm für Flugzeugträger ab *Forrestal*-Klasse, beginnend Anfang der 80er Jahre
SPN...		Standard-Prefix bei Landeanflug-Radarantennen
SPS...		Standard-Prefix bei Radargeräten (ab etwa 1950)
SPG...		Standard-Prefix bei Flugkörper-Leitgeräten
SQS...		Standard-Prefix bei Sonargeräten auf Überwasserschiffen
SRN...		Standard-Prefix bei Satelliten-Empfangsantennen
STOL	Short take-off and landing	Kurzstreckenstarter
TACAN	Tactical Air Navigation Aid	Navigationshilfe für Flugzeuge und Hubschrauber
URN...		Standard-Prefix bei TACAN-Anlagen
USMC	United States Marine Corps	Abkürzung für das Marine Corps
USN	United States Navy	Abkürzung für die Marine der U.S.A.
USS	United States Ship	Prefix vor Schiffsnamen U.S. Navy
USNS	United States Naval Ship	Prefix vor Schiffsnamen nicht kommissionierter U.S.-Schiffe
USAAF	United States Army Air Force	Abkürzung für die Luftstreitkräfte der U.S.A., als diese noch keine selbständige Waffengattung waren, sondern dem Heer (U.S. Army) unterstanden
USAF	United States Air Force	Luftwaffe der Vereinigten Staaten
VTOL	Vertical take-off and landing	Senkrechtstarter

Berichtigungen und Ergänzungen zu Band 1

Seite	Spalte von oben	Bildunterschrift	streichen	dafür setzen
38	13 links	—	CC-2	CC-3
43	mittleren und rechten Text zur Zeichnung austauschen!			
51	—	oben	32/11A	32/1A
66	28 links	ab: „Angeblich soll…" * streichen bis zum Punkt!		—
87	beim Kurzlebenslauf		7/1977	7/1944
94	—	unten	am 16. Oktober 1946	etwa im Sommer 1946
110	bei Tarnschemata hinter 3/1943		ganzen Text	Fertigstellung mit Schema 13
177	—	unten	Außenbordtanks	Zusatztanks
251	hinter „Ende 1970"		VC-	CV-
284	hinter „Ende 1970"		nachfolgende 4 Reihen	—
354	Tabellenteil CV-62 Independence 1973, in der VF-Kol.		14 F-4J	—
309	Tabellenteil bei CV-32 Leyte		19–20 mm	28–20 mm
338	Tabellenteil bei CV-32 Leyte und 9/1946	neu: F8F F6F	VF F8F	VB SB2C	VMC TBF 75 TBM
359	neu setzen zwischen AF Grumman Guardian und A2F Frumman Intruder unter die entsprechenden Kolonnen: AD4 A-4 McDonnel-Douglas A-4M 670 11,1 A-4M seit 4/1971 in fünf VMA-Staffeln			

* An der vorstehend beschriebenen Stelle steht in Band I folgender Text:

„Angeblich soll es so gewesen sein, daß nur die ersten 5 Schiffe (CV-9 bis 13) und die späte *Oriskany* Getriebeturbinen hatten, während die anderen Schiffe mit direkter Kraftübertragung fuhren."

Diese auch vom Verfasser mit Skepsis aufgenommene, jedoch weitergegebene Information war nur in einer einzigen Quelle enthalten. Nach Rücksprache mit deutschen Antriebs-Experten hat es sich zwischenzeitlich herausgestellt, daß diese Information nicht dem wahren Sachverhalt entspricht. Vielmehr hatten alle Einheiten der *Essex*-Klasse Dampfturbinenantrieb.

Der Verfasser

Namensgebung amerikanischer Geleit-Flugzeugträger

Die Namensgebung ist genau so bunt und vielseitig wie die Geschichte der CVE und ihrer Verwendung selbst. Prinzipiell wurden AVG/ACV/CVE zunächst nach Buchten benannt. Manche Schiffe behielten diese Namen bis zum Schluß ihrer Verwendung.

Alle an die britische Marine abgegebenen Schiffe erhielten vor der Abgabe ihre eigenen britischen Namen, wobei es einige wenige Schiffe gab, die sofort ihren britischen Namen erhielten, ohne vorher einen U.S.-Namen gehabt zu haben. In einem Falle (bei CVE-30 *Charger*) behielt das Schiff den Namen, den es im Falle der erfolgten Übergabe an die Briten erhalten hätte. Manche später fertiggestellten U.S.-Schiffe erhielten dann Namen, die zunächst wegen der Abgabe an die Royal Navy aufgegeben werden mußten. Grundsätzlich waren jedoch für alle Schiffe bis einschließlich CVE-119 Namen nach Buchten ausgewählt.

Beginnend mit der *Casablanca*-Klasse wurde bereits ab Frühjahr 1943 mit der Umbenennung zahlreicher CVE begonnen, deren neue Namen nach bedeutenden Landungsorten der amerikanischen Truppen während des Zweiten Weltkrieges, aber auch aus der Zeit davor, ausgesucht wurden.

Es waren dies naturgemäß zahlreiche Insel-, Archipel- und ebenfalls Buchten-Namen.

Zunächst begann man dann, CVE auch nach großen See-/Luft-Schlachten des Zweiten Weltkrieges zu benennen, dies wurde jedoch bald aufgegeben und die Namen *Midway* und *Coral Sea* blieben den großen Flottenträgern vorbehalten.

Ab CVE-120 waren dann keine Buchten-Namen mehr reserviert. Die acht Einheiten des Etats 1944 erhielten direkt Namen nach Kampforten. Nur zwei von diesen Schiffen – *Mindoro* und *Palau* – führten diese Namen noch bis zu ihrer Aussonderung Mitte der 50er Jahre.

Die später eingeführten Hubschrauberträger (LPH) übernahmen die Tradition dieser Namensgebung und so findet man unter ihnen heute erneut Namen wie *Tripoli*, *Guadalcanal* und *Okinawa*.

Die vier Schiffe der *Sangamon*-Klasse machten letztlich insofern eine Ausnahme, als sie auch als CVE ihre nach Flüssen ausgesuchte Namen behielten, die sie als Marine-Öltanker geführt hatten.

Im nachfolgenden Hauptabschnitt dieses Buches werden die einzelnen Namen, die jedes Schiff geführt hat, in der jeweiligen Überschrift angegeben.

Klassifikation und Kennungen amerikanischer Geleit-Flugzeugträger

Bei der Klassifikation der amerikanischen Geleit-Flugzeugträger gab es während der Zeit, in der sie in mannigfaltiger Weise eingesetzt waren, zahlreiche Veränderungen. Die Kennung AVG = *Aircraft Escort Vessel* wurde am 31. März 1941 eingeführt und entsprechend dem ersten Buchstaben A war dies eine Hilfsschiffskategorie. Bereits am 20. August 1942 erfolgte die Änderung der Bezeichnung in ACV = *Auxiliary Aircraft Carrier*. Die erneute Reklassifizierung, nunmehr zu CVE = *Escort Aircraft Carrier*, wurde am 15. Juli 1943 gültig und bescherte dieser Schiffskategorie den Status von Kampfschiffen (*Combatant Ships*). Bis zur Baunummer 55 wurden die Schiffe als AVG zum Bau vergeben, ab 56 als ACV, wie aus den Überschriften zu den einzelnen Schiffs-Lebensläufen ersehen werden kann. Dort steht auch zumeist verzeichnet, unter welchen Kennbuchstaben ein Schiff auf Stapel gelegt worden ist. Soweit bekannt, sind nur sehr wenige Geleitträger unter der Kennung AVG gefahren. Weitere Reklassifizierungen der einzelnen Schiffe ergeben sich aus den am Ende des Buches abgedruckten Tabellen. Denn nach dem Ende des Zweiten Weltkrieges gab es für die CVE unterschiedliche Unterstellungsverhältnisse. Nachdem während des Krieges sechs CVE verlorengegangen waren, gab es solche, die durch rastlosen Einsatz und durch Beschädigungen so verbraucht waren, daß sie bald nach dem Kriege ausgesondert und verschrottet wurden. Einige wenige wurden in Handelsschiffe verwandelt. Sieben Schiffe, alle der CVE-105-Klasse angehörend, blieben nach dem Kriege im aktiven Dienst, andere sieben wurden etwa ab 1951 nach kurzer Reserve-Zugehörigkeit reaktiviert und dienten noch mehrere Jahre bis zur erneuten Außerdienststellung. Elf weitere CVE wurden ab etwa 1950–1965 nacheinander reaktiviert, um unter Zivilbesatzung des MSTS fahrend Transportaufgaben zu übernehmen. Der Rest wurde zwischen 1946 und 1948 außer Dienst gestellt und „eingemottet". All dies wirkte sich auch bei der Klassifikation aus, so daß nach Beginn der 50er Jahre, als die fortgeschrittene Flugzeugtechnologie den künftigen Einsatz von Flugzeugen von Bord der CVE so gut wie ausschloß und als der Hubschrauber zu einem wesentlichen Faktor der bordgestützten Luftwaffe geworden war, klar wurde, daß im Mobilisationsfalle die CVE noch bestenfalls als Flugzeugtransporter oder als Hubschrauberplattformen würden dienen können. So wurden dann ab 12. Mai 1955 einige CVE zu CVU = *Utility Aircraft Carriers*, bzw. CVHE = *Escort Helicopter Carriers* umklassifiziert. Für die künftige Kategorie der Hubschrauberträger wurde am 17. Dezember 1954 die Kennung CVHA = *Assault Helicopter Aircraft Carrier* eingeführt. Nur ein Schiff, die *Thetis Bay* fuhr unter dieser Kennung, die dann am 27. Oktober 1955 in LPH = *Amphibious Assault Ship* umgewandelt wurde. Mit dem Anfangsbuchstaben L (für *landing!*) waren die dazugehörigen Schiffe eindeutig den amphibischen Streitkräften zugeordnet. Einzelfall blieb die Umklassifizierung der umgebauten *Gilbert Islands* zu AGMR-1. Letztlich waren am 7. Mai 1959 36 vormalige CVU und CVHE zu AKV umklassifiziert (siehe nachfolgend unter „Hilfsschiffe der Luftwaffe"!). Mit der Streichung der letzten aktiven und der restlichen eingemotteten früheren CVE sind – mit Ausnahme der LPH – sämtliche vorgenannte Kennungen erloschen.

Waffen

Die Bewaffnung der Geleitträger war verständlicherweise weit schwächer, als die der weit geräumigeren und exponiert operierenden CV. Auch bei den CVE waren jedoch die Kaliber 12,7 cm, 40 mm und 20 mm vertreten, wenn auch in weit geringerer Anzahl. Der Einsatz der 12,7-cm-L/51-Kanone und der 7,6-cm-L/50-Geschütze auf CVE-30 *Charger* war Ausnahme geblieben. Fast alle Klassen hatten eine bis zwei 12,7-cm-L/38-Kanonen an Bord. Dies waren ausnahmslos offene Lafetten, die sich auf dem Achterschiff befanden. Die *Bogue-*, *Sangamon-* und *Commencement Bay-*Klassen hatten auch 40-mm-Vierlinge an Bord, die *Casablanca-*Klasse führte nur Zwillingslafetten, deren Anzahl im Laufe des Krieges erhöht wurde. Die 20-mm-Flak gehörte zum festen Bestandteil aller CVE während des Krieges, während kein CVE jemals mit Maschinenflak 28 mm ausgerüstet war. Beim beginnenden Zugang der Geleitträger war die 28-mm-Flak bereits ausrangiert.

CVE-107 *Gilbert Islands* war der einzige ehemalige CVE, der nach seinem Umbau und nach der Reklassifizierung als AGMR-1 *Annapolis* vier Doppellafetten des Kalibers 7,6-cm-L/50 führte.

Schiffs-Elektronik – Ortungsgeräte

Auf den Geleit-Flugzeugträgern war während des Zweiten Weltkrieges vornehmlich Radarelektronik installiert. Wegen der geringen Abmessungen und der zumeist niedrigen Wasserverdrängung gab es auf jedem Schiff meist nur drei Radarantennen.
- Eine Navigations- und Überwasser-Ortungsantenne
- Eine weiter reichende Luftraum-Überwachungsantenne und
- Eine Nahbereichs-Anflugantenne (sog. „homing beacon")

Das Inventar an Radarantennen auf den CVE ist ebenfalls – wie auf den großen Flugzeugträgern auch – Spiegelbild der seinerzeitigen Entwicklung auf diesem Gebiet. Im Zusammenhang damit wird auf den entsprechenden Abschnitt in Band I dieses Werkes, Seite 23 hingewiesen, in dem die einzelnen Radarsysteme aufgezählt werden.

Auf fast allen Geleitträgern gab es – zumeist am höchsten Punkt des Mastes – die Anflug-Antenne **YE**, die auf den nach dem 2. Weltkrieg weiter dienenden CVE in den 50er Jahren durch TACAN ersetzt wurde. Die Überwasser-Ortungsantenne **SG** findet man ebenfalls auf so gut wie allen Geleitträgern. Lediglich bei der Ausrüstung mit den weiter reichenden Luftraum-Überwachungsantennen gab es Unterschiede. So findet man auf den frühen CVE noch die fast quadratische **SC**-Antenne, und auf einigen wenigen Schiffen die länglich-rechteckige Antenne **SC-2**, die bei den Flottenträgern als Gegenstück zu SK in großer Zahl eingeführt war. Das Gros der *Bogue*- und *Casablanca*-Klasse war mit der großen, ebenfalls fast quadratischen Ortungsantenne **SK** ausgerüstet. Eine Umrüstung dieser Schiffe auf SK-2 konnte nicht festgestellt werden; vielmehr war es so, daß diese Schiffe in einigen Fällen (z. B. CVE-92 *Windham Bay* und 88 *Cape Esperance*) die SK-Antenne noch in den 50er Jahren geführt hatten, als sie nicht mehr mit Navy-Besatzungen fuhren, sondern mit Zivilbesatzungen des MSTS. Ab CVE-98 kam es dann erst zur systematischen Ausrüstung mit der kreisrunden Antenne **SK-2**. Dies wurde auch folgerichtig auf den Schiffen der *Commencement Bay*-Klasse fortgesetzt. Außerdem waren es gerade Schiffe dieser letzten CVE-Klasse, auf denen bereits ab 1945 die etwas später als **SPS-4** bezeichnete Radarantenne **SG-6** zusätzlich installiert wurde.

Nach Abgabe ihrer SK-Antennen fuhren die in den 60er Jahren reaktivierten CVE, die unter dem MSTS fuhren, zumeist mit nur einer länglichen Navigations-Radarantenne, deren Bezeichnung bislang nicht bekanntgeworden ist. Die neuen CVE dagegen erhielten nach dem Kriege **SPS-6** und zum Teil auch **SP**. Bisher nicht bekannt geworden ist die Bezeichnung einer etwas größeren Parabolantenne, die sowohl auf CVL-48 *Saipan* wie auch nach Kriegsende auf CVE-115 *Bairoko* festgestellt werden kann. Sie ist insgesamt auf nur wenigen Schiffen installiert worden. Bereits zu Beginn der 50er Jahre kann man auf den damals noch aktiven CVE einige kaum wahrnehmbaren ECM-Antennen feststellen. Die zu diesem Abschnitt gehörenden Fotos zeigen, daß es auf den CVE in den 50er Jahren noch zahlreiche weitere Sensoren gegeben hat, von deren Bezeichnungen bzw. Abkürzungen man in manchen Fällen Rückschlüsse auf die Verwendung ziehen kann. Etwas kompliziert wird die Identifikation der elektronischen Anlagen dadurch, daß manche der abgebildeten Anlagen noch nicht nach dem einheitlichen, von der Navy und der Army gemeinsam eingeführten Kürzungssystem gekennzeichnet sind. Dieses System ist noch gegenwärtig gültig und nachfolgend werden die für den maritimen Bereich wichtigen Buchstaben vorgestellt. Die korrekte Bezeichnung der nach diesem System gekennzeichneten Geräte sollte stets mit dem Prefix AN/... beginnen, wodurch dokumentiert würde, daß das Gerät zur Standard-Serie gehört. In der Praxis jedoch werden in der Regel nur die drei letzten Buchstaben hinter dem Schrägstrich genannt, aus deren Kombination dann die in der Praxis oft vorkommenden, mit einer laufenden Nummer versehene Serien bekanntgeworden sind, wie z. B.

AN/SPS	für Radar-Ortungsanlagen
SPN	für Anflug-Radaranlagen
SPG, SPQ, SPW	für Feuerleitanlagen für Geschütze und Flugkörper
SRN, WSC	für Satelliten-Empfangsanlagen
SQS	für Sonaranlagen
SQA	für VDS-Anlageteile, die in Verbindung mit anderen Sonaranlagen stehen
BQQ, BQS	für U-Boots-Sonaranlagen
SLQ	für ECM- und ECCM-Anlagen
UPX	für IFF-Anlagen
URN	für TACAN-Anlagen
SPY	kombinierte Radar- und Feuerleitanlagen

Schiffs-Elektronik

Die schmale Insel von AKV-12 *Copahee*, aufgenommen im August 1942, mit der offenen Brücke, einem Scheinwerfer davor und dem kurzen Gittermast, auf dem nur wenig Elektronik der frühen CVE-Zeit angebracht ist: SG auf der vorderen Mastplattform, die SC-Antenne erhöht dahinter und die Anflug-Antenne YE auf der Mastspitze. Foto: USN, Sammlung BfZ ▶

Ebenfalls unter der Regie des MSTS fuhr CVE-92 *Windham Bay* am 25. Januar 1954, als dieses Foto der Insel aufgenommen wurde. Die elektronische Ausrüstung weist Ähnlichkeit mit derselben auf *Cape Esperance* auf. Beachtenswert ist die gegenüber SG leicht veränderte Form der Antenne SG-1b. Foto: USN, Sammlung BfZ

Noch fünf Jahre nach der Reaktivierung für den MSTS: CVE-88 *Cape Esperance* mit weißer Kenn-Nummer an der Insel-Flanke, wie sie später auf MSTS-Schiffen nicht mehr benutzt wurde. Auf dem kurzen Gittermast findet man neben kleineren, neueren Geräten auch noch die aus dem Zweiten Weltkrieg stammende Radarantenne SK, hier ohne den IFF-Zusatzbalken BT-5. Anstelle von YE befindet sich nunmehr die Anflugantenne SPN-5 auf der Mastspitze. Die Aufnahme wurde am 15. Oktober 1954 in der Marinewerft San Francisco gemacht.
▼ Foto: USN, Sammlung BfZ

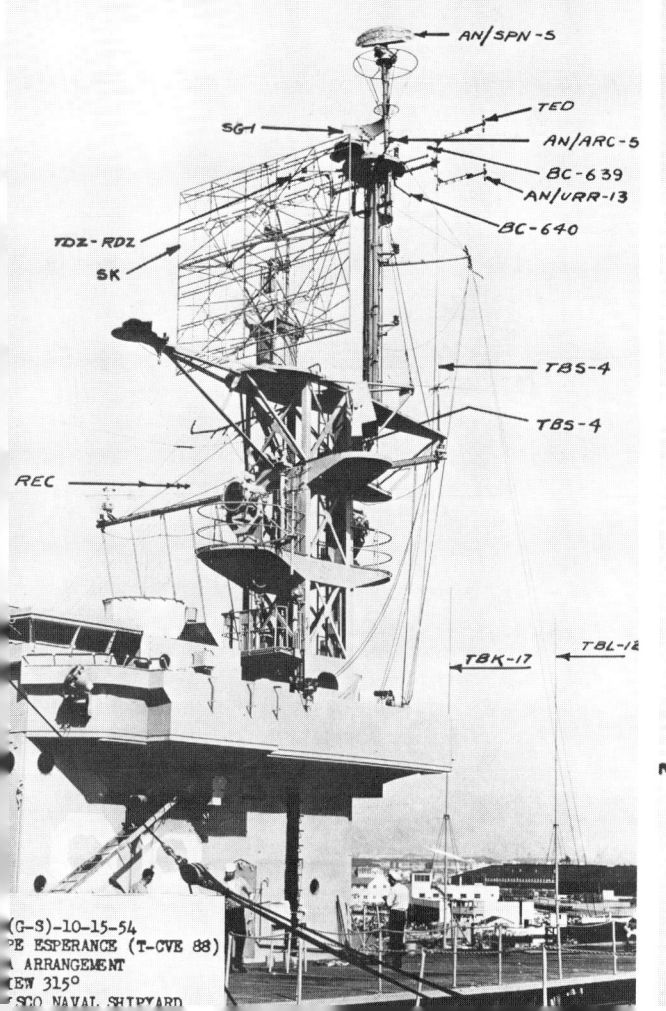

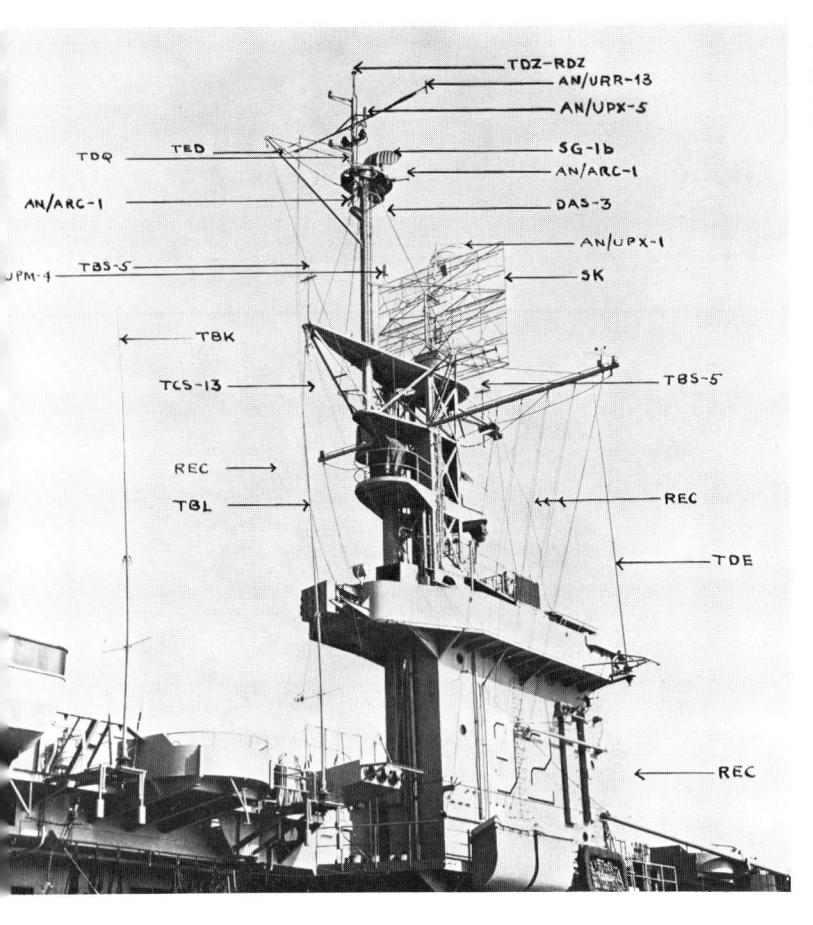

Die Steuerbordseite der Insel von *Windham Bay* weist im Gegensatz zu der auf der anderen Seite befindlichen Kenn-Nummer eine solche mit Schattenwirkung auf. Ganz links im Bild ein Rauchabzug.

Foto: USN, Sammlung BfZ

Schiffs-Elektronik – Feuerleitgeräte

Auf den Geleit-Flugzeugträgern gab es zu keinem Zeitpunkt Feuerleitgeräte etwa in der Größe von Mk 37. Auch die 12.7-cm-Geschütze wurden optisch kontrolliert, höchstwahrscheinlich in der Hauptsache durch FLG Mk 51, wie die 40-mm-Flak auch. Es liegen keine amtlichen Informationen über die Verwendung von FLG eines bestimmten Typs auf den CVE vor. Auch die Foto-Auswertung bringt keinen Nachweis für die mögliche Verwendung von radargestützten FLG der Typen Mk 51 Mod. 3, Mk 57 oder Mk 63. Mit Sicherheit aber hatten die 20-mm-Flak die dazugehörigen Sichtgeräte Mk 14.

Kennzeichnung von Nachrichtenverbindungs- und sonstigen elektronischen Anlagen der AN/...-Serie

Die Kürzung AN/ vor dem Schrägstrich ist gleichbleibend bei allen Geräten dieser Serie. Die hinter dem Schrägstrich angebrachten drei Buchstaben haben folgende Bedeutung:

Buchstabe	amerikanische Bedeutung	deutsche Bedeutung
Erster Buchstabe: Ort der Installation		
A	Airborne	installiert und betrieben im Flugzeug
B	Underwater mobile, submarine	installiert und betrieben im Unterseeboot
D	Pilotless carrier	unbemanntes Fahrzeug, Drohne
F	Fixed	ortsfeste Installation
G	Ground, general ground use	beinhaltet zwei oder mehrere landgebundene Installationen
K	Amphibious	Installation für amphibische Zwecke
M	Ground, mobile	landgebundene Installation, angebracht auf Sonder-Kfz.
P	Pack, portable	tragbare Geräte

Schiffs-Elektronik

Am 26. Oktober 1953 nähert sich die Dienstzeit von *Sicily* (CVE-118) ihrem Ende zu. Die obere Brücke ist jetzt ganz abgedeckt und an Radarantennen findet man nunmehr – von oben nach unten gesehen – YE, SG-1b, SP und SPS-6b. Anstelle des Gittermastes wurde jetzt ein konischer Röhrenmast mit aufgesetztem längerem Pfahlmast angebracht. Wie man feststellen kann, ist ein Teil der vorstehend bezeichneten Geräte bereits nach dem AN/...-System gekennzeichnet. Zum Zeitpunkt dieser Aufnahme waren die ECM-Antennen noch recht klein.

Foto: USN, Sammlung BfZ

S	Water surface craft	installiert auf Überwasserfahrzeugen
T	Ground, transportable	transportable Bodengeräte
U	General utility	allgemeine Geräte, die auch zwei oder mehrere Anlagen über, unter Wasser und in der Luft enthalten
V	Vehicular, ground	Bodengeräte, nicht auf Sonder-Kfz. installiert
W	Waterborne, underwater	im und unter Wasser installierte Geräte

Zweiter Buchstabe: Art des Gerätes

A	Invisible light, heat radiation	Strahlungsanzeiger, Infrarot-Geräte
F	Photographic	fotografische Geräte
G	Telegraph, teletype	Fernmelde- und Fernschreibgeräte
K	Telematic	Fern-Meßgeräte
L	Countermeasures	Geräte für elektronische Gegenmaßnahmen
M	Meteorological	meteorologische Geräte
N	Sound in air	Luftschall-Meßgeräte
P	Radar	Radar-Ortungsgeräte
Q	Sonar and underwater sound	Sonar- und Unterwasser-Schallgeräte
R	Radio	Radiogeräte
S	Special types, magnetic or combination of types	Spezialgeräte
T	Telephone (wire)	Drahtfunk
W	Armament	zu Waffenanlagen zugehörig

Dritter Buchstabe: Zweck des Gerätes

A	Auxiliary assemblies	allein für sich nicht wirkende Teile anderer Anlagen
C	Communications	Nachrichtenwesen
G	Fire Control	Feuerleitung
N	Navigational aids	Navigationshilfen und Anfluggeräte
Q	Fire Control	Feuerleitung
S	Detecting, range and bearing	Ortung, Bereichsmessung und Peilung
W	Control	Bahnverfolgung
X	Identification and recognition	Erkennungs- und Selektiergeräte, IFF-Geräte
Y	Special	Sondergeräte mit mehr als einer Aufgabe

Farbanstriche und Tarnungen

Hinsichtlich der allgemeinen Betrachtungen über Farbanstriche und Tarnungen wird auf die Ausführungen im gleich überschriebenen Abschnitt in Band I dieses Werkes, Seite 25, hingewiesen. Das dort Ausgesagte gilt hinsichtlich des Zwecks der Anbringung von Tarnanstrichen und Tarnmustern sinngemäß auch für die Geleit-Flugzeugträger.

Zahlreiche CVE erhielten während ihrer Dienstzeit im Zweiten Weltkrieg sowohl Tarnanstriche wie auch Tarnmuster. Während die Tarnschemata („measures"), von wenigen Ausnahmen abgesehen, denen bei den Flottenträgern entsprachen, gab es hier verständlicherweise andere – eigene – Tarnmuster („designs"), wie nachfolgend festzustellen sein wird.

Während bei den Flottenträgern eine nahezu lückenlose Evidenz sowohl über die Tarnschemata wie auch über die Tarnmuster vorliegt, sind bei den Geleitträgern die Forschungsergebnisse weder abschließend bearbeitet noch veröffentlicht. Nach Abschluß dieser Forschungen und nach Vorlage der Ergebnisse beabsichtigt der Verfasser dieses Buches, das Gesamtthema „Tarnanstriche amerikanischer Flugzeugträger und Schlachtschiffe" einer zusammenfassenden Untersuchung zu unterziehen.

Die gegenwärtig mögliche Untersuchung der auf den Geleitträgern angebrachten Tarnanstriche stützt sich vor allem auf zwei Quellen:
☐ Die bereits veröffentlichten Teilergebnisse über die Tarnschemata und die dazugehörigen Muster
☐ Die eigene Foto-Auswertung

Vorab sei der Ordnung halber vermerkt, daß manche Geleitträger während ihrer Dienstzeit zwei oder mehr Tarnanstriche erhalten haben. Soweit bekannt, werden die Tarnanstriche nachfolgend bei den einzelnen Schiffen aufgezählt. Ohne den späteren, definitiven Forschungsergebnissen vorzugreifen, soll nachfolgend versucht werden, den gegenwärtigen Stand der Auswertungen zusammenzufassen, mit der bewußten Inkaufnahme von Unzulänglichkeiten und Unsicherheitsfaktoren.

Besondere Schwierigkeiten gibt es bei der Foto-Auswertung von einfarbigen, dunklen Tarnanstrichen. Soweit bekannt, gab es auf den CVE solche in den Jahren 1942/43 und dann – nach einer Periode der Bevorzugung der „dazzle pattern" – erneut wieder etwa 1944/45. Amtliche Gesamt-Veröffentlichungen hierüber gibt es nicht, die Unterscheidung nur aufgrund von schwarz-weißen Fotos, die unter den verschiedensten Lichtverhältnissen angefertigt worden waren, ist sehr schwierig. Obschon theoretisch auch das „sea blue" von **Schema 11** in Frage kommen könnte, scheint es eher so gewesen zu sein, daß vor allem das „ocean grey" des **Schemas 14** und das „navy blue" des **Schemas 21** aufgetragen wurden. Obwohl es hierüber keine Gewißheit gibt, so sieht es aus, als wenn Schema 14 vornehmlich in der vorstehend aufgeführten früheren Kriegsperiode aufgetragen wurde, Schema 21 dagegen bei Kriegsende. Auf den Fotos sind diese beiden Anstriche so gut wie überhaupt nicht zu unterscheiden. Aufgrund der bisher möglichen Foto-Auswertung steht fest, daß mindestens 24 CVE einen dieser Anstriche geführt haben, mancher von ihnen möglicherweise auch zweimal. Soweit *Gewißheit* hinsichtlich der Verwendung *eines* dieser beiden Schemata besteht, wird dies nachfolgend bei den einzelnen Schiffen erwähnt.

Hinsichtlich der zweifarbigen Tarnschemata gibt es weniger Identifikationsprobleme. Theoretisch gibt es die Möglichkeit, daß anstelle von **Schema 22** das eine oder andere Schiff auch die spätere Fassung von **Schema 12** (ohne Farbkleckse) geführt hat; in der Regel wird es sich jedoch um Schema 22 gehandelt haben. Die Foto-Auswertung ergab, daß mindestens 11 Schiffe zweifarbigen Tarnanstrich geführt haben, die wirkliche Zahl dürfte jedoch gewiß höher sein.

Die Teilergebnisse der Erforschung von Mehrfarben-Tarnschemata erlaubten die Feststellung folgender Resultate. Es führten:

Schema/Muster	Anzahl der Schiffe	nachgewiesene Schiffe/CVE:
17	1	29
32/9a	1	1
32/4a	5	9, 11, 13, 67, 69
32/2a	1	16
32/12a	3	55, 57, 87
32/15a	7	63, 73, 77, 79, 81, 83, 85
32/16a	4	91, 101, 105, 115
33/10a	5	65, 66, 76, 80, 84
33/18a	3	94, 96, 106
bisher unbekannt	12	12, 20, 31, 58, 59, 60, 62, 72, 82, 93, 97, 102

Das bedeutet, daß mindestens 30 Schiffe nach Schema 17, 32 bzw. 33, also mit „dazzle pattern" getarnt waren.

Einmalig soll die Tarnung von CVE-29 *Santee* nach

Schema 17 gewesen sein. Für dieses Schema war typisch, daß die Muster an Backbord und Steuerbord gleich waren. Bei den vier Tönungen des Schemas handelt es sich wahrscheinlich um „navy blue", „light grey", „haze grey" und „ocean grey". *Santee* führte diese Tarnbemalung bereits bei der Indienststellung im September 1942. Außer ihr soll es nur noch etwa drei Schiffe mit diesem Schema gegeben haben. Die Foto-Auswertung hat ergeben, daß mindestens weitere 12 Geleitträger zu irgendeinem Zeitpunkt während des Krieges irgendeinen mehrfarbigen Tarnanstrich geführt haben. Vorerst muß jedoch auf die Identifikation dieser Tarnbemalungen verzichtet werden.

Im Laufe der ersten Nachkriegsjahre erhielten nacheinander die noch im Dienst verbliebenen CVE das „haze grey", den üblichen friedensgrauen Anstrich, der noch gegenwärtig von den meisten Überwasserschiffen geführt wird; er gehörte – soweit die Schiffe ganz mit „haze grey" gepönt waren – dem damaligen Schema 13 an.

Kriegsteilnahme, Totalverluste und Beschädigungen

Die Kriegsteilnahme der Geleitträger war sehr unterschiedlich. Bedenkt man, daß diese Gattung ursprünglich für den Transport von Flugzeugen und für die U-Boot-Sicherung im Atlantik konzipiert war, so ist man erstaunt über die Vielzahl anders gearteter Kriegsoperationen, an denen zahlreiche CVE beteiligt waren. Hiervon zeugen die Lebensläufe dieser Schiffe, aber auch deren Beschädigungen und Verluste im Laufe des Krieges.

Von den ersten drei Klassen beteiligte sich CVE-30 *Charger* in seiner Eigenschaft als Trainingsschiff überhaupt nicht an Kampfeinsätzen, CVE-1 *Long Island* nur wenig, ebenso wie auch CVE-12 *Copahee*, der vor allem Fährdienste verrichtete. Viele anderen Schiffe waren am Kriegsgeschehen beteiligt, wobei die vier Einheiten der *Sangamon*-Klasse besonders hart gefordert wurden, sowohl im Atlantik, wie auch später im Pazifik.

Das Leitschiff der *Casablanca*-Klasse fungierte vor allem als Trainingsschiff und Transportschiff, die zahlreichen Folgeschiffe trugen dafür die Hauptlast der Kriegs-Handlungen. Fünf der sechs als Totalverlust abgebuchten Schiffe gehören dieser Klasse an, wie auch die meisten Beschädigungen von ihnen eingesteckt werden mußten, dies um so mehr, als sie zu der schiffreichsten Klasse gehörten. Von den letzten Schiffen der *Casablanca*-Klasse gibt es mehrere, die nicht direkt an Kriegsoperationen teilnahmen, sondern nur Transportaufgaben nachgingen.

Von den erst kurz vor Kriegsende hinzugekommenen Einheiten der *Commencement Bay*-Klasse kamen nur CVE-106, 107, 109 und 111 in geringem Ausmaß zum Kriegseinsatz im Pazifik. Einige Schiffe dieser Klasse (CVE-107, 108, 110, 112, 114, 115, 116, 118 und 119) wurden um 1950/51 reaktiviert. Von ihnen waren es CVE-114, 115, 116, 118 und 119, die auch an Kriegsoperationen vor der koreanischen Küste teilnahmen.

Sechs Geleitträger gingen im Laufe des Zweiten Weltkrieges infolge Feindeinwirkung verloren, allein zwei davon in der legendären Schlacht von Samar im Golf von Leyte, am 25. Oktober 1944, in der die Task Unit 77.4.3 (auch Taffy 3 genannt!) schwerem Geschützfeuer und Flugzeugangriffen überlegener japanischer Überwasserstreitkräfte ausgesetzt war. Hierbei wurden auch sechs weitere von insgesamt 16 CVE der Task Group 77.4 beschädigt. Zwei Totalverluste gingen auf das Konto von U-Boot-Torpedos, und die beiden letzten CVE fielen Anfang 1945 Kamikaze-Fliegern zum Opfer. Im Laufe des Zweiten Weltkrieges gingen folgende Geleitträger verloren:

Kennung CVE	Name	Datum	Ort und Ursache der Versenkung
21	*Block Island*	29. 5. 44	bei den Kanarischen Inseln durch U-Boot-Torpedo
56	*Liscome Bay*	24. 11. 43	bei den Gilbert-Inseln durch U-Boot-Torpedo
63	*St. Lo*	25. 10. 44	in der Schlacht von Samar durch Kamikaze
73	*Gambier Bay*	25. 10. 44	in der Schlacht von Samar durch Geschützfeuer
79	*Ommaney Bay*	4. 1. 45	bei den Philippinen durch Kamikaze
95	*Bismarck Sea*	21. 2. 45	bei Iwo Jima durch Kamikaze

Soweit bekannt, gab es während des Korea-Krieges nur einen Fall der Beschädigung eines CVE, der jedoch nicht durch Feindeinwirkung ausgelöst worden war. Während des Zweiten Weltkrieges dagegen wurden zahlreiche CVE beschädigt, und dies nicht nur durch direkte feindliche Einwirkung, sondern auch durch Kollisionen, Betriebsunfälle und Taifun-Einwirkung, wie nachfolgend festgestellt werden kann.

▶

Der einzige im Atlantik von deutschen U-Booten versenkte amerikanische Geleitträger CVE-21 *Block-Island*. Die Tarnung entspricht Schema 22.
Foto: USN amtlich

Kriegsteilnahme, Totalverluste und Beschädigungen

Kennung CVE	Name	Datum	Ursache der Beschädigung
11	Card	2. 5. 64	Minentreffer in Saigon
18	Altamaha	18. 12. 44	Taifun
26	Sangamon	19. 10. 44	Flugzeugbomben
26	Sangamon	25. 10. 44	Kamikaze
26	Sangamon	4. 5. 45	Kamikaze
27	Suwannee	25. 10. 45	Sturzkampfflugzeuge
27	Suwannee	26. 10. 45	Sturzkampfflugzeuge
27	Suwannee	24. 5. 45	interne Explosion
28	Chenango	9. 4. 45	eigenes abstürzendes Flugzeug
29	Santee	25. 10. 44	U-Boot- und Flugzeug-Torpedo
29	Santee	7. 45	Betriebsunfall eigenes Flugzeuges
61	Manila Bay	5. 1. 45	Kamikaze
62	Natoma Bay	7. 6. 45	Kamikaze
65	Wake Island	3. 4. 45	Kamikaze
66	White Plains	25. 10. 44	Kamikaze und Geschützfeuer
68	Kalinin Bay	25. 10. 44	Kamikaze und Geschützfeuer
70	Fanshaw Bay	25. 10. 44	Geschützfeuer
71	Kitkun Bay	25. 10. 44	Kamikaze
71	Kitkun Bay	8. 1. 45	Kamikaze
74	Nehenta Bay	18. 12. 44	Taifun
74	Nehenta Bay	17. 1. 45	Taifun
75	Hoggatt Bay	15. 1. 45	interne Explosion
76	Kadashan Bay	8. 1. 45	Kamikaze
77	Marcus Island	18. 12. 44	Taifun
78	Savo Island	5. 1. 45	Kamikaze
83	Sargent Bay	3. 1. 45	Kollision
85	Shipley Bay	16. 5. 45	Kollision
87	Steamer Bay	25. 4. 45	Kollision
87	Steamer Bay	16. 6. 45	Flugzeugunfall
88	Cape Esperance	18. 12. 44	Taifun
92	Windham Bay	5. 6. 45	Taifun
94	Lunga Point	21. 2. 45	Kamikaze
96	Salamaua	13. 1. 45	Kamikaze
96	Salamaua	5. 6. 45	Taifun
98	Kwajalein	18. 12. 44	Taifun
100	Bougainville	5. 6. 45	Taifun
102	Attu	5. 6. 45	Taifun
115	Bairoko	9. 5. 51	Explosion vor Korea

Bordflugzeuge und ihre Gliederung

Die Geleit-Flugzeugträger waren relativ kleine und leichte Schiffe. Ihre Flugzeugdecks reichten zwar bei den meisten Klassen über die ganze Schiffslänge, trotzdem waren sie so kurz, daß nur die kleinen und leichten Flugzeuge – einen ausreichenden Gegenwind vorausgesetzt – sicher starten und landen konnten.

In den Anfängen des Einsatzes der *Long Island* (AVG-1) gab es im Rahmen der „Scouting Squadron 201" noch das Jagdflugzeug F2A Buffalo und den leichten Aufklärer SOC Sea Gull. Bei der SOC handelt es sich um die letzte Doppeldecker-Maschine der Firma Curtiss: sie hatte ein Startgewicht von 2,5 t, war 165 Meilen/Stunde schnell und wurde auch in einer Schwimmer-Version geliefert. Dies war ein auslaufendes Modell, das sehr bald ausgesondert wurde. Nach anfänglichem Einsatz der SBD Dauntless auf der *Long Island* gab es diese Maschine dann nur noch auf den vier „Sangamons".

Zur Standard-Ausrüstung der CVE während des Krieges gehörte das Jagdflugzeug FM, eine von General Motors hergestellte Version der F4F Wildcat, sowie das Torpedoflugzeug Avenger in seinen beiden Versionen TBF und TBM. F6F Hellcats gab es später und zwischendurch nicht nur auf der *Sangamon*-Klasse. Das Jagdflugzeug F4U Corsair wurde – insbesondere innerhalb der Staffeln des Marine Corps – während des Korea-Krieges verwendet. Im Rahmen von Flugzeugtransportfahrten wurden selbstverständlich alle möglichen Flugzeugtypen an Bord genommen.

Die Bordflugzeuge auf den Geleitträgern erfuhren eine zweifache Gliederung:
☐ Diejenigen auf Schiffen der *Sangamon-* und der *Commencement Bay*-Klasse zeitweise auf Geschwader-Ebene
☐ Diejenigen auf Schiffen der anderen Klassen auf Staffel-Ebene.

Die wenigen auf CVE eingesetzten Geschwader wurden „Escort Carrier Air Groups" (CVEG) genannt. Sie setzten sich anfangs aus einer VGF- und einer VGS-Staffel zusammen. Insgesamt gab es, allerdings nur nominell, 22 CVEG, von denen allerdings während des Zweiten Weltkrieges nur CVEG-24, 25, 26, 27, 28, 33, 35, 36, 37, 40 und 60 längere Einsatzperioden zu verzeichnen hatten.

Die spätere Normal-Sortierung einer CVEG bestand aus einer VF-Staffel mit 12 F6F und einer VC-Staffel mit 9 SBD und 10 TBF/TBM, in allem ca. 30 Maschinen. Aber auch hierbei gab es extreme Sortierungen – je nach Einsatzziel – z. B.:
☐ Eine VF-Staffel mit 22 F6F und eine VT-Staffel mit 9 TMF/TBM, oder
☐ Insbesondere anfangs, vier Staffeln, zwei VGF und zwei VGS, wobei auch in einer der VGS-Staffeln F4F, in der anderen TBF/TBM-Maschinen mitgeführt wurden.

Mitte 1945 gab es auch einige Geschwader mit der Bezeichnung MCVEG, so z. B. unter anderem auf CVE-110, bestehend aus Marine Corps-Staffeln.

Der Normalfall jedoch war der Einsatz von größeren, zusammengesetzten „Composite Squadrons", abgekürzt VC. Vor ihrer Einführung gab es eine kurze Zeit lang einige VGF- und VGS-Staffeln, die bereits Mitte 1943 allesamt zu VC-Staffeln reklassifiziert wurden. Nominell gab es 84 VC-Staffeln, von denen ein Teil nur kurze Zeit in Dienst war, um dann in einen anderen Staffel-Typ umgewandelt zu werden, wie z. B. VF, VB, VT usw. Die VC-Staffeln wurden, sofern dies die Umstände erlaubten, für jede Art des Einsatzes gesondert maßgeschneidert. Sie umfaßten im Normalfall 19 bis 24 Maschinen (auf *Bogue*-Klasse), von denen 9 bis 12 Jagdmaschinen und 12 bis 15 Torpedoflugzeuge waren. Auch hier gab es je nach Bedarf Extrem-Sortierungen von z. B. 3 FM- und 16 TBF/TBM-Maschinen. Schiffe der *Casablanca*-Klasse führten in der Regel etwa 24, gelegentlich aber auch bis zu 32 Flugzeuge, von denen ein wenig mehr als die Hälfte Jagdflugzeuge waren. Die Sonderstaffel VOC-1 auf CVE-65 hatte Anfang 1945 sogar 35 Maschinen an Bord, manch andere Staffel ebenfalls.

Eine Übersicht über sämtliche bekanntgewordenen CVEG und VC befindet sich im Tabellenteil am Ende dieses Buches. Im Anschluß an die einzelnen Schiffs-Lebensläufe werden ebenfalls die an Bord befindlichen CVEG bzw. VC erwähnt. Hinsichtlich der wichtigsten Eigenschaften der hier erwähnten Flugzeuge wird auf die entsprechende Übersicht im Tabellenteil von Band I hingewiesen.

Entstehung und Entwicklung amerikanischer Geleit-Flugzeugträger

„Die Geschichte der Geleit-Flugzeugträger ist eine Geschichte mit einem überraschenden Schluß. Als die Vereinigten Staaten begannen, Geleit-Flugzeugträger zu bauen, so war deren Zweck klar umrissen: U-Jagd-Operationen und Geleitschutz-Sicherung. Jedoch demonstrierten im Verlaufe des Krieges diese kleinen Träger überraschend ihre Vielseitigkeit. Sie wurden weit mehr, als sie ihrer Bezeichnung nach sein sollten. Bestimmt für rein defensive Aufgaben, entpuppten sie sich als eine Offensivwaffe."

Flottenadmiral Chester W. Nimitz, 1945

Die Bemühungen der Marine der Vereinigten Staaten, ihre damals noch sehr junge bordgestützte Luftwaffe auszubauen und deren Wirkungsbereich zu erweitern, vollzogen sich in den 20er und 30er Jahren in drei zueinander parallel verlaufenden Richtungen:

☐ Dem Ausbau der Trägerflotte im Rahmen der durch die Flottenverträge beschränkten Möglichkeiten
☐ Den Versuchen, weitere kleinere Schiffstypen zu entwickeln, die ebenfalls Flugzeuge mitführen konnten
☐ Dem Einsatz von leichten Aufklärungsflugzeugen auf Kreuzern und Schlachtschiffen. Über die Entwicklung der Flotten-Flugzeugträger („... alles was groß und schnell war"!) wurde in Band I dieses Werkes berichtet. Über die bekanntgewordenen Projekte bzw. Ideen bezüglich der Schaffung kleinerer Träger soll nachfolgend berichtet werden. Erkennbar sind dabei zwei Komplexe:

☐ Die in den 20er und 30er Jahre aufgekommene Idee zur Schaffung von sog. „Flugdeck-Kreuzern", die letzlich niemals realisiert wurde und
☐ Die ab Ende der 30er Jahre aus freilich ganz anderen Aspekten entstandene Idee der Schaffung von Hilfs-Flugzeugträgern bzw. später von Geleit-Flugzeugträgern durch Umbau von Handelsschiffen.

Der „Flugdeck-Kreuzer" (*Flying-deck cruiser*)

Gleich zu Beginn der Flugzeugträger-Ära, d.h. noch lange vor der Entstehung der später so bezeichneten Geleit-Flugzeugträger, bewegte die Verantwortlichen der U.S. Navy die Idee der Planung und Entwicklung von „leichten Flugzeugträgern". Im Mai 1927 gab es eine Studie hierüber, in der die Schaffung von „light aircraft carriers" in Vergleich gesetzt wird zu den Erfahrungen mit den damals übergroßen CV *Lexington* und *Saratoga* einerseits, und mit der Entwicklung und Verwendung der damaligen leichten Kreuzern, von denen zehn Einheiten der *Omaha*-Klasse gerade fertiggestellt waren. Man dachte an den Bau von kleineren, trägerartigen Schiffen, die so schnell sein sollten wie Kreuzer. Deren Aufgaben waren wie folgt umrissen:

☐ Bombenangriffe der Flugzeuge auf „capital ships"
☐ Unterstützung der Flottenoperationen
☐ U-Abwehr- und U-Jagdaufgaben
☐ Aufklärung und Schiffserkennung
☐ Bekämpfung gegnerischer Landstützpunkte

Auf den ersten Blick ergeben sich hierbei kaum nennenswerte Unterschiede zu den Aufgaben derjenigen Flugzeuge, die von den Flottenträgern aus operierten. Wie jedoch nachfolgend noch festzustellen sein wird, waren die damals geplanten „light aircraft carriers" sowohl hinsichtlich ihrer Beschränkungen wie auch hinsichtlich ihrer Vorteile als Einheiten der Aufklärungs-Streitkräfte gedacht, so daß vom ursprünglichen Aufgabenbereich nur ein Teil übrigbleiben konnte.
Wie ging es nun weiter mit der Idee von der Entwicklung leichter und schneller Träger? Jede Idee ist abhängig von den Umständen, unter denen sie sich bis zur Realisation entwickeln kann. Die damaligen Umstände muß man sich – wenigstens in großen Zügen – nochmals vergegenwärtigen.

☐ Die Ergebnisse der Washingtoner Flottenkonferenz („Five Power Treaty") des Jahres 1921 brachten für die USA die Beschränkung der Gesamt-Tonnage für Flugzeugträger auf 135000 ts, wobei die einzelnen Träger nicht schwerer als 27000 ts Standard sein durften. Die Erlaubnis, die beiden als Schlachtkreuzer begonnenen *Lexington* und *Saratoga* als Träger von je 33000 ts (später 36000 ts) fertigzustellen, war eine Sonderregelung.
☐ Die Londoner Flottenkonferenz von 1930 bescherte den drei Großmächten Großbritannien, USA und Japan eine weitere Einschränkung des Schlachtschiff-Baues und bewirkte außerdem eine Begrenzung der Tonnage für Kreuzer, Zerstörer und Unterseeboote.
☐ Die U.S. Navy – endgültig von der Idee der Realisation der bordgestützten Luftwaffe überzeugt – suchte frühzeitig Mittel und Wege, um die Beschränkungen der Flottenverträge zu überwinden und die Verbreitung der Trägerwaffe voranzutreiben.

Bei den weiteren Überlegungen über die Art und Weise, mit der man dieses Ziel erreichen könnte, waren zwei Artikel des Washingtoner Abkommens als die gewünschte Hintertür anzusehen. Der § 3 des ersten Teiles enthielt die Einschränkung, wonach „Kreuzer und andere Überwasserschiffe mit Flugdeck nicht als Flugzeugträger zu zählen sind, sofern sie nicht ausschließlich als solche benutzt werden". Ihre Wasserverdrängung fiel demzufolge nicht unter das Limit für die Träger-Tonnage. Merkwürdigerweise bezog sich dieser Paragraph auf eine Schiffskategorie, die es damals noch gar nicht gab: Indiz genug für die Annahme, daß geschickte amerikanische Unterhändler diese Bestimmung in das Vertragswerk eingebracht haben, eben *um* später eventuell noch eine Hintertür offen zu haben. In Verbindung hiermit gab es noch den § 16 des dritten Teiles des Abkommens, wonach gestattet war, daß 25% der zugestandenen Kreuzer-Tonnage auf Schiffe verbaut werden können, die ein Flugdeck aufzuweisen haben. Diese Bestimmung traf genau auf die Art von Schiffsprojekten zu, die zu den Überlegungen der U.S. Navy gehörten.

Diese Überlegungen wurden allerdings schon lange vor der eingangs erwähnten Studie angestellt. Ende 1920, als die Entscheidung zur Umwandlung eines Kohlenfrachters in einen Flugzeugträger (später CV-1 *Langley*) gefallen war, prüfte das „General Board of the Navy" im Navy Department die Durchführbarkeit des Umbaues eines von zehn im Bau befindlichen „scout cruisers", sprich leichter Kreuzer, der *Omaha*-Klasse, unter Einbeziehung eines Flugdecks. Neben der *Langley* sollte es möglichst rasch auch noch eine zweite brauchbare seegehende Flugzeugplattform geben, und es erschien am Wirtschaftlichsten, hierfür ein bereits vorhandenes Schiff umzurüsten. Dieser Plan fiel ins Wasser, weil sich nach etlichen Diskussionen doch die Meinung durchsetzte, daß es nicht klug sein würde, einen ohnedies dringend benötigten Kreuzer hierfür abzuzweigen, dessen niedrige Wasserverdrängung (knapp über 7000 ts Standard!) keine Garantie dafür sein würde, daß aus diesem Schiff ein halbwegs guter Träger werden würde. Der damalige Admiral W. S. Sims, einer der profiliertesten Flaggoffiziere der Navy, war gegenteiliger Meinung; sie ging dahin, daß die zusätzliche Flugzeug-Kapazität des Verlustes den Eigenschaften eines normalen leichten Kreuzers durchaus wert war. Seiner Meinung nach würden nur zwei Flugdeck-Kreuzer die Aufklärungs-Kapazität der gesamten Kreuzer-Flotte verdoppeln.

Unbeschadet der ablehnenden Entscheidung des „General Board" ging die Diskussion über die Möglichkeiten des Zugangs zusätzlicher Träger weiter. Der Entscheidungs-Zwiespalt wiederholte sich, nachdem 1924 der Bau von acht schweren Kreuzern genehmigt wurde und etliche Offiziere erneut forderten, daß zumindest ein solches Schiff mit einem Flugdeck ausgestattet werden sollte. Indessen – bis Ende 1925 – bewilligte der Kongreß die Mittel zum Bau von nur zwei dieser acht Schiffe, deren Zugang damals wichtiger erschien, als der von weiteren Trägern. Immerhin befanden sich zu diesem Zeitpunkt *Lexington* und *Saratoga* bereits im Umbau.

Wohlgemerkt, sämtliche seit 1920 angestellten Erwägungen bezogen sich auf die Möglichkeit des Total-Umbaus vorhandener Schiffe. Aus einem vollwertigen Kreuzer sollte nach dem Umbau ein vollwertiger, kleiner, schneller Träger entstehen. Seit etwa 1925 kam jedoch ein neues Element in die Diskussion. Irgend jemand schlug vor, man möge doch bei einem Umbau oder gar bei einer Neukonstruktion die Prioritäten halbieren und einen Zwitter-Typ entwerfen, der je zur Hälfte Kreuzer bzw. Träger sein würde. Dies lief fortan unter dem Begriff „Hybrid Vessel". Unter dem Hinweis auf offensichtlich nicht zufriedenstellende Resultate der Engländer bei ähnlichen Umbau-Varianten argumentierte das „General Board", daß mit Doppelzweck-Schiffen in der Vergangenheit keine guten Erfahrungen gemacht worden waren.

1930, zur Zeit der Londoner Flottenkonferenz, suchte die Navy verzweifelt nach Wegen, die Wirksamkeit ihrer Flotte mit möglichst wenig Kosten zu erhöhen. Ein Jahr zuvor, 1929, passierte den Kongreß ein letztlich von ihm genehmigtes Bauprogramm, das u.a. den Bau eines weiteren Flugzeugträgers sowie von 15 Kreuzern vorsah, jedoch konnte damals niemand mit Sicherheit sagen, ob dafür auch die erforderlichen Mittel gesichert sein würden. Die Wirtschaftskrise diktierte die Höhe der für Kriegsschiffs-Neubauten bewilligten Mittel und dies gerade zu einem Zeitpunkt, als die japanische Flotte – insbesondere im Bereich der Kreuzer und Unterseeboote – eine beträchtliche Expansion zu verzeichnen hatte. Um diese Zeit war man in den Staaten eher bereit, sich auf Experimente einzulassen, um trotz aller Beschränkungen und Nachteile sowohl zu mehr Kreuzern als auch zu mehr Trägern zu kommen. Lediglich zur ergänzenden Information: Der damalige Präsident Herbert Hoover war alles andere als marinefreundlich; während seiner Präsidentschaft wurde kein einziges Kriegsschiff für die U.S. Navy zum Bau in Auftrag gegeben. Der damalige Leiter des „Bureau of Aeronautics", der später im April 1933 mit dem Flugschiff *Akron* tödlich verunglückte Konter-Admiral W. E. Moffett, führte später aus, daß bei der Londoner Flottenkonferenz die amerikanischen Forderungen dahin gingen, daß aus den in Washington zugestandenen 135000 ts nur die größeren Flottenträger gebaut werden sollten, während die kleineren aus einem Teil der Kreuzer-Tonnage hätten entstehen müssen.

Gestützt auf den bereits erwähnten § 16 erarbeitete das „Bureau of Construction and Repair" nur wenige Monate nach Abschluß der Londoner Konferenz den Vorentwurf für einen „Flying-deck Crui-

ser", der nicht mehr als die in Washington ausgehandelten 10000 ts Standard verdrängen durfte. Dieser Vorentwurf stand damals inmitten der allgemeinen Diskussion um die – unter dem Aspekt der zugestandenen Gesamt-Tonnage mögliche – optimale Mindestgröße von Flottenträgern, die man zu jener Zeit mit rd. 14000 ts anvisierte. Die Wahl dieser Größe war jedoch eher von den Tonnage-Beschränkungen diktiert, als von der Einsicht über die technischen Notwendigkeiten. Und später hat es sich auch tatsächlich herausgestellt, daß die 14000 ts verdrängende *Ranger* (CV-4) zu leicht war, um bei schwerer See eine solide Flugzeugplattform abzugeben. Bei diesem allgemeinen Dilemma waren die Marine-Verantwortlichen eher bereit, auch fragwürdigen und unvollkommenen Lösungen den Vorrang zu geben, wie es der Kreuzer/Träger-Zwittertyp war, nur um mehr Flugzeuge auf die See zu kriegen. Bis Ende des Jahres 1930 lief das Experiment „Flying-deck Cruiser" auf vollen Touren, ein Projekt, das noch sieben Jahre zuvor verworfen wurde. Dies geschah einmal unter dem Eindruck der Notwendigkeit einer prinzipiellen Erweiterung der Luftkomponente der Navy; hilfreich war dabei auch der Fortschritt bei der Flugzeug-Technologie, der es gestattete, daß die damaligen Flugzeuge bereits von kleineren Plattformen aus operieren konnten. Nach abgeschlossenem Vorentwurf wurde im Oktober 1930 seitens des „General Board" der Bau des ersten Flugdeck-Kreuzers aus dem Etat 1932 gefordert (das Haushaltsjahr 1932 begann damals bereits am 1. Juli 1931!). In diesem Etat wurden insgesamt gefordert: Ein Flugzeugträger, zwei leichte Kreuzer, ein Flottillenführer, zehn Zerstörer und vier Unterseeboote. Einer der beiden leichten Kreuzer sollte mit Flugdeck gebaut werden. Bei den Kongreß-Hearings über diesen neuen Typ setzten sich die Admirale W. V. Pratt und W. E. Moffett leidenschaftlich für den neuen Typ ein. Moffett verriet sogar, daß die Amerikaner 1930 in London um Erlaubnis nachgesucht haben, ihre Gesamt-Kreuzertonnage zu Flugdeck-Kreuzern verbauen zu dürfen. Der später dabei herausgekommene Prozentsatz von 25% war lediglich ein Kompromiß. Dennoch war der Einsatz der Admirale vor dem Kongreß vergebliche Mühe. Bis zum Ende der Session für den Etat 1932 wurde vom Kongreß in dieser Richtung keine Aktion beschlossen. Die Navy aber wiederholte ihre Forderung und setzte den „Flying-deck Cruiser" auf die Liste der benötigten Schiffe des Etats 1933. *Sie brauchte damals dieses Schiff unbedingt!*
Währenddessen arbeiteten die Marine-Konstrukteure weiter an dem Vorentwurf des Flugdeck-Kreuzers. Es war etwas viel, was man in ein 10000-ts-Schiff alles hineinpacken wollte:

☐ Ausreichend Flugdeck- und Hangarfläche, um eine halbwegs vernünftige Anzahl an Flugzeugen aufnehmen zu können,

☐ andererseits aber auch ausreichend Bewaffnung und Panzerschutz, damit das Schiff auch voll als leichter Kreuzer operieren kann.

☐ Für beide Rollen aber war eine hohe Geschwindigkeit erforderlich: Als Voraussetzung für sichere Starts und Landungen der Flugzeuge sowie um als leichter Kreuzer ausreichend Abstand halten zu können von den damals schon recht schnellen schweren Kreuzern eines potentiellen Gegners, wobei zu jener Zeit nur Japan in Frage kam.

Der erste Vorentwurf wurde Anfang 1931 dem „General Board" vorgelegt; er war so etwas wie ein Meisterstück in der Ausnutzung der vorgegebenen Beschränkungen.

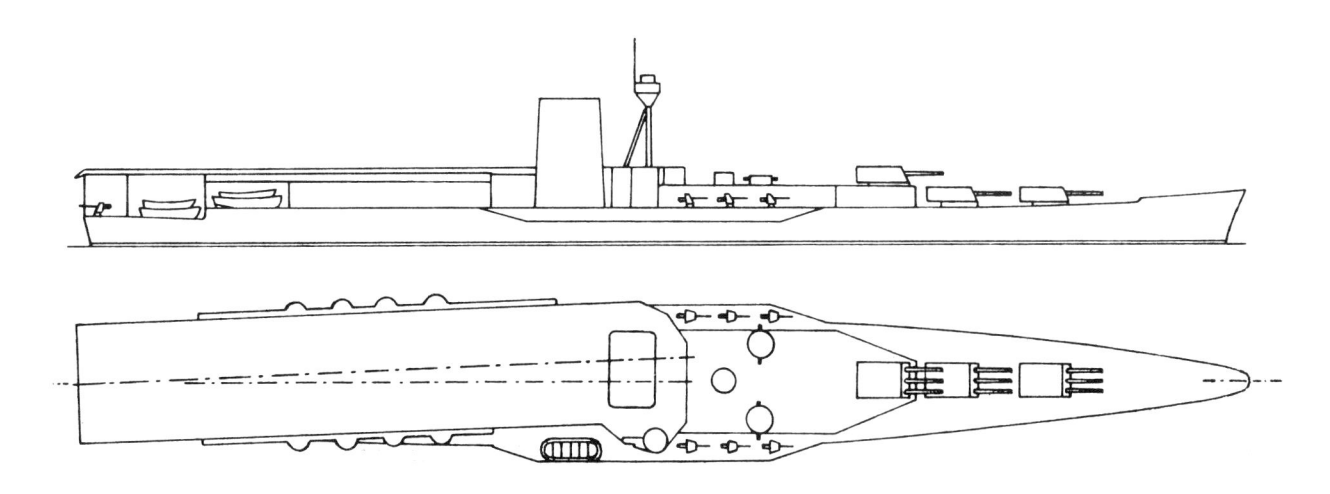

Das mutmaßliche Aussehen des nicht über das Stadium von Planungen hinausgekommenen „Flying-Deck Cruiser", entsprechend Vorentwurfsskizze aus dem Jahre 1931.

Wie aus der Entwurfsskizze ersehen werden kann, war dies ein Schiff mit einem relativ niedrigen Schiffskörper bei ca. 200 m Länge. Die vordere Schiffshälfte war der Kreuzer-Komponente vorbehalten: hier findet man drei Dillingstürme mit Geschützen des Kalibers 15 cm und weitere sechs Geschütze – offensichtlich Flak – auf den seitlich etwas vom Schiffskörper abstehenden Seitendecks. Über der achteren Hälfte des Schiffskörpers wurde ein 107 m langes, leicht nach Backbord schräg angelegtes Flugdeck aufgesetzt, an dessen vorderem Ende sich ein Flugzeug-Aufzug befand, als Verbindung zum darunterliegenden Hangar, der immerhin 24 leichte Bomber bzw. Spähflugzeuge aufnehmen sollte. Vor dem Flugdeck, jedoch ein Deck tiefer und nach Steuerbord versetzt, befand sich die Kommandobrücke für die Schiffsführung. Ein breiter, flacher Schornstein und ein Dreibeinmast befanden sich ebenfalls an der Steuerbordkante des Schiffskörpers, ähnlich wie später die Inseln der Flugzeugträger. Die vorgesehene Geschwindigkeit betrug 32 kn, der Fahrbereich bei der wirtschaftlichsten Geschwindigkeit 10000 Meilen. Bemerkenswert ist, daß dieser Entwurf eine Schräglandefläche enthielt, ganze 25 Jahre früher, als sich die Briten die Vorteile eines solchen endgültig zunutze machten. Vom Aussehen her gab es in der Schiffbau-Geschichte nur ein vergleichbares Objekt: Die Anfang 1944 durchgeführten japanischen Umbauten der Schlachtschiffe der *Hyuga*-Klasse, bei denen das achtere Drittel in Form eines Hangars und eines Flugdecks der Flugzeug-Komponente vorbehalten war, eines Flugdecks freilich, von dem aus niemals Rad-Flugzeuge gestartet sind. Die beiden vorderen Drittel waren jedoch ein immer noch sehr imponierendes Schlachtschiff. Gewisse Ähnlichkeiten mit der Form des Flugdeck-Kreuzers findet man auch bei den Ende der 60er Jahre durchgeführten Umbauten der britischen Kreuzer *Blake* und *Tiger* zu Hubschrauber-Kreuzern, wobei die Dimensionen allerdings keinesfalls übereinstimmen. Ähnlichkeiten dagegen mit den von den Briten gegenwärtig so bezeichneten „Through Deck Cruiser", die ab 1981 Senkrechtstartern als Plattform dienen werden, sind überhaupt nicht vorhanden. Dieser neue Schiffstyp ist im Grunde ein normaler leichter Flugzeugträger, nur eben auf die VTOL-Technologie spezialisiert.

Die Verwirklichung des Projektes „Flying-deck Cruiser" scheiterte damals an den Folgen der Wirtschaftskrise. Nachdem die erste Forderung im Etat 1932 fehlschlug und dieselbe 1933 nochmals präsentiert wurde, gab es in diesem Jahr wieder keine Mittel für dieses Projekt. Wie angespannt damals die finanzielle Situation gewesen war, geht schon aus der Tatsache hervor, daß im Dezember 1932 im Kongreß eine Gesetzesvorlage eingebracht wurde, bei deren Annahme damals die gesamte Schlachtschiff-Flotte der Vereinigten Staaten aus dem aktiven Dienst gezogen worden wäre. Der Kampf ging damals nicht mehr um die Schaffung neuer Schiffe, sondern um die mühevolle Bemühung zur Erhaltung der vorhandenen Kampfkraft der Flotte. Die Wendung kam auch für die Marine als Folge der Präsidentschaftswahlen, aus denen Franklin Delano Roosevelt als Sieger hervorging und Herbert Hoover ablöste. Die in Roosevelt gesetzten Hoffnungen erfüllten sich; von dem vormaligen stellvertretenden Marineminister durfte man Verständnis für die Belange der Navy erwarten. Bereits Mitte 1933 wirkte sich Roosevelts „new deal" auch auf die Navy wohltuend aus. Die Bekämpfung der Arbeitslosigkeit wurde mit dem Bedürfnis der Navy nach neuen Schiffen gekoppelt und die Dinge kamen ins Rollen. Am 16. Juni 1933 stellte Präsident Roosevelt dem Marineministerium 238 Mio $ zur Verfügung, womit neue Schiffe gebaut werden sollten. Mit Hilfe dieser Gelder begann die Navy erneut, sich in der Reihe der ersten Seemächte zu behaupten. Zugleich war der intensivierte Schiffsbau u. a. eines der geeigneten Mittel zur Beseitigung der Arbeitslosigkeit. Nun war die Navy wieder in der Lage, ihre in den vergangenen Jahren immer wieder verschobenen Programme endlich zu realisieren, jedoch... der Flugdeck-Kreuzer befand sich nicht mehr darunter. Und dies war durchaus verständlich. Der „Flying-deck Cruiser" wurde stets als eine Notlösung angesehen, gedacht für die Zeiten der Einschränkungen. Diese aber waren inzwischen vorüber, man konnte wieder ziemlich aus dem vollen schöpfen. Wer dachte noch an fragwürdige Kreuzungen von Schiffstypen, wenn man im Rahmen der zugestandenen Tonnage endlich wieder das Geld für „echte" Flugzeugträger hatte. Von den 238 Mio $ finanzierte die Marine immerhin den Bau von zwei Flugzeugträgern (*Yorktown* und *Enterprise*), einen schweren und drei leichte Kreuzer, 20 Zerstörer und vier U-Boote. Bei den späteren Beratungen der Navy-Forderungen des Haushaltplans 1936 im Kongreß fragten einige Senatoren, weswegen denn die nur wenige Jahre zuvor so dringend geforderten Flugdeck-Kreuzer nicht in der Wunschliste stünden. Die lakonische Antwort der Navy war dahingehend, daß „zunehmende Zweifel über den Wert dieses Typs bestünden".

Ganz tot war der Flugdeck-Kreuzer damals jedoch noch nicht. Zahlreiche Offiziere waren der Meinung, daß dies zwar nicht ein Schiffstyp wäre, den man in größeren Stückzahlen bauen sollte. Der größte Teil von ihnen hätte gern einen Prototyp gesehen, mit dem man Erfahrungen sammeln konnte für den Fall, daß sich zu einem späteren Zeitpunkt erneut Notwendigkeiten zum Umbau vorhandener Kreuzer ergeben sollten. Noch im Herbst 1938 wurde der Chef der Seekriegsleitung (Chief of Naval Operations) aufgefordert, Mittel für einen Flugdeck-Kreuzer zu fordern, wobei die Erläuterung der Zielsetzung der von früher entsprach: Es sollte ein „scout-cruiser" entstehen, der nicht mit der Hochseeflotte, sondern mit den Kreuzern operieren würde. Die Vorentwurfsplanung schritt jedoch nur zögernd voran und erst nach etwa zwei Jahren kristallisierten sich die vorgesehenen Eigenschaften dieses nunmehr von den Zwängen der inzwischen ausgelaufenen Flottenabkommen befreiten Vorentwurfs:

☐ Rd. 12 000 ts Wasserverdrängung, 195 m Schiffslänge, 33 kn Geschwindigkeit, Flugdeck über die achteren ⅔ des Schiffskörpers, zwei 15-cm-Drillingstürme (davon einer vorne vor dem Flugdeck, der andere achtern und unter demselben).

Dieser verbesserte Vorentwurf bevorzugte deutlich die Träger-Komponente gegenüber der Kreuzer-Komponente. Trotz all dieser Verbesserungen fiel 1940 die Entscheidung über die Suspendierung aller Bemühungen in dieser Richtung mit der Option für eine mögliche spätere erneute Inangriffnahme. Hierzu kam es jedoch nie mehr. Ein Jahr später ereignete sich der Überfall der Japaner auf Pearl Harbor, und die Marine sah sich gezwungen, auf sämtliche nutzlosen Experimente zu verzichten zugunsten der Konstruktion einer großen Anzahl von Schiffen erprobter Typen. Der Übergang von der Idee des Flugdeck-Kreuzers zu der des Hilfs-Flugzeugträgers bzw. des später so bezeichneten Geleit-Flugzeugträgers fand jedoch in etwa zur gleichen Zeit statt.

Neue Prioritäten: Geleit-Flugzeugträger anstelle des Flugdeck-Kreuzers

Schon im März 1939 ergriff der damalige Kommandant von CV-4 *Ranger*, der später bekannt gewordene Admiral John S. McCain die Initiative und stellte in einem Brief an den Marineminister die Forderung nach der Konstruktion von mindestens acht „pocket-size"-Trägern *mit der Geschwindigkeit von Kreuzern* auf. Diese sollten keineswegs dazu bestimmt sein, etwa die größeren CV zu ersetzen, vielmehr sollten sie bei solchen Aufgaben ergänzend mitwirken, bei denen es verschwenderisch sein würde, die dringend benötigten Flugzeuge von den CV abzuzweigen. Indessen beschäftigte sich 1939 das damalige „Bureau of Construction and Repair" pflichtgemäß in seinen Konstruktions-Überlegungen auch mit den Möglichkeiten des Umbaus von 20 kn fahrenden Handelsschiffen zu Hilfs-Flugzeugträgern. Diese Überlegungen wurden noch im November 1940 seitens des Chefs der Seekriegsleitung (CNO) abrupt gestoppt; er berief sich dabei auf ein recht negatives Schreiben des damaligen Marineministers an den Leiter der „Maritime Commission", in dem zum Ausdruck kam, daß sich die Charakteristika der damaligen Flugzeuge inzwischen so verändert hätte, daß ihre Verwendung auf umgebauten Handelsschiffen nicht mehr zufriedenstellend zu bewerkstelligen sei. Damit schienen alle Aktivitäten bezüglich der Schaffung von kleineren Hilfs-Flugzeugträgern zunächst gestoppt worden zu sein.

Indessen, wie es gelegentlich auch bei hoffnungslosen Fällen vorkommt, kam dann doch noch Hilfe von unerwarteter Seite. Kein geringerer als der damalige Präsident der Vereinigten Staaten, Franklin D. Roosevelt, der selbst von Marinedingen viel verstand und der Navy zugetan war, wurde zum eigentlichen Initiator der späteren CVE. Er schaltete sich persönlich in die bewußte Debatte ein, freilich zunächst unter einem anderen Aspekt. Noch vor dem Eintritt der USA in den Zweiten Weltkrieg lieferten die Vereinigten Staaten große Mengen von Flugzeugen an Großbritannien, das damals noch gegen eine deutsche Luftüberlegenheit zu kämpfen hatte. Es bestand daher gesteigerter Bedarf nach Schiffen, die diese komplett zusammengesetzten, betriebsfertigen Flugzeuge transportieren konnten. Ähnlicher Bedarf ergab sich auch beim Transport von U.S.-Heeres-Flugzeugen in Richtung der amerikanischen Übersee-Stützpunkte im Pazifik. Der damalige Konter-Admiral und spätere Flottenadmiral W. F. Halsey äußerte sich im Februar 1941 seinem Flottenbefehlshaber gegenüber darüber besorgt, daß seine Flottenträger *Enterprise* und *Saratoga* zweckentfremdet zum Transport von je 80 Flugzeugen nach Hawaii benutzt werden, wodurch sie zeitweilig entscheidend von ihren eigentlichen Aufgaben abgehalten wurden.

Jedoch bereits vor dieser Beschwerde, nämlich im Oktober 1940, erhielt der CNO ein Memorandum vom Marine-Adjutanten des Präsidenten Roosevelt, in dem er von diesem angewiesen wird, ein Handelsschiff zu erwerben und es so umbauen zu lassen, daß auf ihm acht bis zwölf Hubschrauber (obwohl damals bei der Navy noch keine Hubschrauber fest eingeführt waren!) oder Flugzeuge auf engem Raum landen und starten könnten. Der Zweck des möglichen Einsatzes dieser Flugzeuge war wie folgt umrissen:

☐ Überwachung von Geleitzügen aus der Luft.
☐ Ortung von U-Booten.
☐ Abwurf von Rauchbomben zur Markierung von entdeckten U-Booten.

Anfang Januar 1941 wurde beim CNO, Admiral H. R. Stark, in dieser Angelegenheit eine Konferenz abgehalten, bei der zunächst die Fragwürdigkeit des Hubschrauber-Einsatzes festgestellt wurde; damals konnten die leichten Hubschrauber noch kaum mehr an Ladung mitführen, als einige Rauchbomben. Alle weiteren Überlegungen konzentrierten sich also auf die Verwendung kleinerer, offensiv einsetzbarer Flugzeuge. Man einigte sich endlich auf ein Schiff mit durchgehendem Flugzeugdeck. Diesel-Antrieb wurde erwogen, weil dadurch die Anbringung größerer Schornsteine vermieden werden konnte. Unmittelbar darauf wurde dem CNO gemeldet, daß zwei Diesel-angetriebene Schiffe des Standard-Typs C3 vorhanden waren, die man umbauen könnte. Es waren dies die *Mormacmail* und die *Mormacland*. Besonderen Nachdruck erfuhr die ganze Aktion dadurch, daß Präsident Roosevelt forderte, daß ein Einzel-Umbau nicht länger als etwa drei Monate in Anspruch nehmen dürfte, ansonsten wäre er für ihn indiskutabel.

Die *Mormacmail* wurde am 6. März 1941 erworben und ihr Umbau war am 2. Juni zu Ende, fast genau innerhalb des Dreimonatslimits. Aus diesem Umbau entstand der erste Geleit-Flugzeugträger der U.S. Navy USS *Long Island* (AVG-1). Ursprünglich war die Installation eines 93 m langen Flugzeugdecks vorgesehen, aber zum sicheren Betrieb des in Frage kommenden Flugzeugtyps SOC Sea Gull benötigte man ein längeres, das dann letztlich 110 m lang wurde. *Long Island* hatte einen Flugzeugaufzug, fuhr mit einer Geschwindigkeit von 17,6 kn, konnte 16 Flugzeuge aufnehmen und hatte Unterkünfte für 190 Offiziere und 780 Mann. Zugleich wurde die *Mormacland* in ähnlicher Weise umgebaut und bereits im November 1941 als BAVG-1 *Archer* an die Royal Navy übergeben.

Ergänzend muß an dieser Stelle noch erwähnt werden, daß die britische Marine bereits ab Spätsommer 1941 ihren ersten Geleitträger zur Sicherung von Geleitzügen auf der Gibraltar-Route eingesetzt hat. Es war dies die HMS *Audacity*, die 1940/41 durch den Umbau des ehemaligen deutschen Passagierschiffes *Hannover* entstand. Es konnten auf diesem Träger, der nur knapp 6000 ts verdrängte, nur sechs Flugzeuge eingesetzt werden. Deren Aufgabe bestand vor allem darin, den Einsatz der deutschen Flugzeuge des Typs Focke Wulf 200 zu stören, deren Aufgabe es wiederum war, britische Geleitzüge zu entdecken und mit ihnen Kontakt zu halten, bis U-Boote zu ihrer Bekämpfung herangeschafft werden konnten. Auf den Bau der amerikanischen Geleitträger mögen die mit der *Audacity* gemachten Erfahrungen kaum einen Einfluß gehabt haben, für die Briten jedoch waren diese Erfahrungen so positiv, daß sie sich fortan noch mehr um die Lieferung von in den USA gebauten CVE bemühten. Dies um so mehr, als die *Audacity* bereits im Dezember 1941 von einem U-Boot versenkt wurde.

AVG-1 *Long Island* aber fungierte nach der Fertigstellung als Versuchs- und Trainingsschiff, ähnlich wie seinerzeit der erste Flugzeugträger *Langley* (CV-1). Es sollten vor allem Erfahrungswerte für den Umbau weiterer Handelsschiffe erlangt werden. Wesentliche Erkenntnisse aus den mit der *Long Island* gemachten Erfahrungen führten dazu, daß

☐ zwei Flugzeugaufzüge anstatt eines einzelnen,
☐ ein längeres Flugzeugdeck, und
☐ stärkere Flugzeugabwehr

als unbedingt erforderlich erachtet wurden.

Am 26. Dezember 1941 beauftragte der Marineminister im Rahmen des Etats 1942 den Umbau von 24 Handelsschiffs-Rümpfen. Parallel dazu kam etwas später die Order zum Umbau von neun begonnenen Kreuzer-Rümpfen zu leichten Flugzeugträgern (CVL). Damit waren nach 15 Jahren die Forderungen der seinerzeitigen Navy-Studie aus dem Jahr 1927 letztlich exakt realisiert, freilich aus einer völlig anderen Ausgangssituation heraus.

Wie nachfolgend in den Beschreibungen der einzelnen Klassen noch nachzulesen sein wird, waren zunächst nur 20 C3-Rümpfe verfügbar, die für einen sofortigen Umbau in Frage kamen. Je zehn davon waren für die Verwendung bei der U.S. Navy bzw. bei der britischen Marine vorgesehen. Diese Schiffe bildeten später die *Bogue*-Klasse, benannt nach dem ersten für die U.S. Navy fertiggestellten Schiff. Das eigentliche Klassenschiff war jedoch HMS *Tracker* (BAVG-6). Zum Unterschied von der *Long Island* gab es hier ein 133 × 24 m vermessendes Flugzeugdeck, Dampfantrieb statt Dieselmotor und beträchtlich mehr Hangarfläche.

In Ermangelung weiterer verfügbarer C3-Rümpfe wurden dann noch vier bereits fertiggestellte Marine-Öltanker umgebaut, die dann die *Sangamon*-Klasse bildeten. Hierbei war allerdings schon ein beträchtlicher Fortschritt zu verzeichnen. Das Flugzeugdeck war 153,4 m lang und 26 m breit, und es konnten zwei Flugzeugstaffeln aufgenommen werden. Der Umbau dieser Schiffe wurde während des Sommers 1942 stark beschleunigt, weil sie dringend für die Invasion Nord-Afrikas benötigt wurden, die für den Herbst 1942 vorgesehen war. Bei immerhin 18,3 kn Geschwindigkeit hatten diese Schiffe eine Besatzung von 120 Offizieren und 960 Mann. Die Rohrbewaffnung bestand aus nunmehr zwei 12,7-cm-L/38-Geschützen, zwei 40-mm-Vierlings- und zehn Zwillings-Lafetten. Auch hatten die Schiffe je ein hydraulisches Katapult auf dem vorderen Ende des Flugzeugdecks. Wie zeitlich knapp vor dem Nord-Afrika-Einsatz diese Schiffe fertiggestellt wurden, geht aus der Tatsache hervor, daß die Ausrüstung des letzten Schiffes, der *Santee*, in aller Eile hat durchgeführt werden müssen, daß weiterhin während der Probefahrten noch Werftarbeiter an Bord tätig waren, und daß die

Ende September 1942 hastig übernommene Flugzeugstaffel vor ihrem Einsatz nicht länger als einen Tag Zeit für Probestarts und Landungen gehabt hat. Ähnliches galt für die Schießpraxis und die Kalibrierung der nagelneuen Geschütze. Dennoch waren diese Schiffe am besten für ihre Rolle geeignet. Hätte die Navy zu jener Zeit mehr als nur diese vier Öltanker zur Verfügung gehabt, bzw. hätte an Öltankern nicht ein genauso großer Bedarf bestanden, so wäre dies zweifellos *der* Typ des Standard-Geleitträgers geworden. Die Vielseitigkeit dieser Schiffe während der Nordafrika-Operationen konnte am Beispiel der *Chenango* ermessen werden. Auf dem Marsch zum Einsatzgebiet transportierte sie Jagdflugzeuge der USAAF; während der Ankerung in Casablanca fungierte sie als Tankschiff für andere Schiffe und während der Rückfahrt übernahm das Schiff eine ausgeliehene Flugzeugstaffel und betrieb mit dieser Flugoperationen im Atlantik. Währenddessen griffen TBF Avengers, F4F Wildcats und SBD Dauntless der drei Schwesterschiffe im Rahmen der Task Force 34 in die Erdkämpfe bei der Invasion Nord-Afrikas ein.

Ein echtes Handicap bei den Flugoperationen war schon damals, jedoch auch später, als nach dem Krieg die schwerere F4U Corsair des Marine Corps von den CVE aus operierten, die zu niedrige Schiffsgeschwindigkeit. Wie auch in der Gegenwart, konnten damals Landungen nur durchgeführt werden, wenn über dem Landedeck ein Gegenwind von 30 kn herrschte. Im Mittelmeer gab es oft Flauten bzw. nur so schwache Winde, daß man gefährliche Landungen bei nur 22 kn Gegenwind praktizieren mußte. Gab es gar keinen Gegenwind, mußten die Flugoperationen eingestellt werden, weil die Trägerschiffe mit ihren im Durchschnitt 18 kn Geschwindigkeit einfach zu langsam waren. Da hatten es die mit Antriebsanlagen von Kreuzern ausgestatteten CVL schon wesentlich leichter und die großen CV erst recht. Nachfolgend wird noch festzustellen sein, daß das Problem der niedrigen Geschwindigkeit bei Operationen im Rahmen von Geleitzügen besonders gravierend war.

In den ersten Kriegsjahren vernichteten die deutschen U-Boote zahlreiche gegnerische Handelsschiffe, die innerhalb der Geleitzüge fuhren. Es bestand dringende Notwendigkeit, die lauernden U-Boote aus der Luft zu erfassen, und zwar nach Möglichkeit, bevor diese direkten Kontakt zu einem Geleitzug aufgenommen hatten. Hierfür wurden zunächst Langstreckenflugzeuge eingesetzt, die von Landstützpunkten in Island, Neufundland und Nord-Irland operierten. Zur Überbrückung von noch bestehenden Überwachungslücken, aber auch, um erkannte U-Boote zusätzlich aus der Luft bekämpfen zu können, beabsichtigte die britische Marine – nicht zuletzt aufgrund der mit der *Audacity* gemachten Erfahrungen – die Geleitzüge mit Hilfs-Flugzeugträgern auszustatten. Die überlastete britische Werftindustrie war auf die Hilfe des mächtigen, inzwischen in den Krieg eingetretenen amerikanischen Verbündeten angewiesen. Der Umfang und die zeitliche Folge der Lieferung amerikanischer BAVG/AVG an die Royal Navy werden nachfolgend noch ausführlich beschrieben. Als erstes Schiff wurde BAVG-1 HMS *Archer* bereits am 17. November 1941 übergeben. Bis Mitte 1942 folgten dann noch drei weitere Einheiten. Man hätte meinen sollen, daß diese Schiffe von den Briten nun schnellstmöglich zum Einsatz gebracht werden würden. Statt dessen beurteilten die Briten die amerikanischen Schiffe als ausgesprochen dürftig und unvollkommen und schickten sie allesamt erst einmal für etwa ein halbes Jahr in die Werft, um sie gemäß den britischen Standard-Vorstellungen zu modifizieren. Dies führte später zu heftigen Kontroversen zwischen den beiden Marinen. Einmal ging es dabei um verschiedenartige Auffassungen bei der Anlage des Treibstoffsystems, dann um Fragen des Ballastausgleiches. Die Briten fügten jedem Schiff bis zu 2000 ts Ballast hinzu, weil sie es nicht gewohnt waren, den verbrauchten Treibstoff durch Meerwasser zu kompensieren, wie dies die Amerikaner taten. Nach amerikanischen Feststellungen gab es de facto Zeitdifferenzen von 24 bis 30 Wochen zwischen der Ablieferung durch die USA und dem ersten Einsatz der CVE. Die Amerikaner warfen den Briten vor, daß sie aus den gelieferten Trägern denkbar schlechten Gebrauch machen würden. Die Kommandanten der britischen Schiffe waren jedoch Seeleute und keine Fliegeroffiziere wie bei den Amerikanern; weiterhin waren die Swordfish-Maschinen für ihre Aufgabe zu gebrechlich für ihre Rolle als U-Jagdflugzeuge. Letztlich gab es auf den britischen Schiffen – wegen des Personalmangels – weit weniger Decks-Mannschaften als auf den amerikanischen. Aus diesem Grunde konnten Starts und Landungen nur wesentlich langsamer durchgeführt werden.

Wegen all dieser Verzögerungen, aber auch weil dann die zur Einsatzreife gelangten britischen CVE für die Invasion Nord-Afrikas dringend benötigt wurden, verzögerte sich erneut ihre Verwendung bei der Sicherung von Geleitzügen im Nordatlantik. Das Ergebnis war, daß der erste CVE-Einsatz auf der Nordatlantik-Route erst im März 1943 erfolgte, nicht jedoch durch einen britischen Geleitträger, sondern durch die amerikanische *Bogue* (ACV-9).

In Verbindung mit den beiden ersten Geleitzug-Einsätzen erscheint es wissenswert zu erfahren, was der seinerzeitige Marinefliegeroffizier auf der *Bogue* über den taktischen Einsatz seines Schiffes zu berichten hatte. Im März 1943 fuhr das Schiff noch mitten im Geleitzug, umgeben von den Kolonnen

Entstehung und Entwicklung

der zu schützenden Handelsschiffe, während die übrigen Sicherungsschiffe ihre Positionen rund um den Geleitzug einnahmen. Der Start der damals noch leichten Flugzeuge erfolgte mittels Katapults, wobei die sehr niedrige Geschwindigkeit des Geleitzuges von nur ca. 9 kn nicht ausreichte, wenn nicht ein sehr starker Gegenwind herrschte. War dies nicht der Fall, so ergab sich – und dies insbesondere auch wieder bei der Landung der Maschinen – die Notwendigkeit der Drehung des CVE gegen den Wind, was nicht nur zu Risiken im relativ eng fahrenden Verband führte, sondern auch den Träger vom Geleitzug abzog. Hierbei entstand dann das Problem, ihn als wertvolles Objekt ebenfalls schützen zu müssen. Obwohl auch bei dieser Taktik bereits Erfolge gegen U-Boote erzielt worden waren, erwiesen sich diese dennoch eher als defensiv. Die Bordflugzeuge fanden die aufgetaucht fahrenden U-Boote, nachdem diese schon längst mit dem Geleitzug Kontakt hatten und nun versuchten, sich an ihre Zielobjekte heranzupirschen.

Später wurde eine andere Technik entwickelt, die sich als weit wirkungsvoller erwiesen hat. Ein Geleitträger und mehrere Sicherungsfahrzeuge bildeten gemeinsam einen selbständig fahrenden Verband, den man fortan „Escort Groups" nannte. Dieser Verband fuhr außerhalb des Geleitzuges und zwar zumeist in der Weise, daß er nach Möglichkeit gleichzeitig zwei entgegenlaufende Geleitzüge „bedienen" konnte. Er spürte die deutschen U-Boote auf, als diese selbst noch keinen direkten Kontakt zu Konvois hatten und hinderte sie an ihrer Sucharbeit und dem weiteren Vormarsch. Dies hatte außerdem den Vorteil, daß die Start- und Landeoperationen des CVE frei von den Beschränkungen der Operationsfreiheit innerhalb des eng fahrenden und langsamen Geleitzuges durchgeführt werden konnten.

Von den britischen Schiffen waren bis Mai 1943 auf dieser Route nur die *Archer* und die *Biter* zum Einsatz gekommen, während die ebenfalls hierfür vorgesehene *Dasher* schon im März 1943 durch Explosion verlorenging. Die Briten kreideten diesen Verlust der Unzulänglichkeit des amerikanischen Treibstoffsystems an Bord dieses Schiffes an.

Die Erfolge der „Escort Groups" im April und Mai 1943 waren das Ergebnis dieser neuen Taktik. Insgesamt gesehen war jedoch der Einsatz der Geleitträger von nur begrenzter Wichtigkeit – immer gemessen an der Anzahl der nachfolgend hinzugekommenen CVE. Als diese hinzukamen, war die entscheidende Wende im Nordatlantik bereits eingetreten, denn ab Mitte 1943 waren die deutschen U-Boot-Operationen in diesem Gebiet schon praktisch eingestellt.

In bezug auf den Bau weiterer Geleitträger gingen zusätzliche Anstrengungen und Realisationen seitens der britischen Marine vor sich, die letztlich zum gesteigerten Einsatz britischer CVE sowohl bei den „Escort Groups" wie auch bei Landungsunternehmen geführt haben. Diese Entwicklung zu beschreiben ist nicht Aufgabe dieses Buches, in dem lediglich auf die von den USA für Großbritannien gebauten Geleitträger eingegangen wird. Wissenswert ist, daß neben den britischen auch rund ein Dutzend amerikanischer CVE zu verschiedenen Zeitpunkten, sich jeweils abwechselnd, an der globalen Konvoi-Sicherung im Nord- und später vornehmlich im Mittelatlantik beteiligt waren. Siehe hierzu die entsprechende Aufstellung im Tabellenteil von Band I.

Die Erfolge der ab Mitte 1943 vor allem im Mittel- und Südatlantik operierenden amerikanischen CVE-Verbände waren augenscheinlich, jedoch zeigen Forschungsergebnisse der allerletzten Zeit eindeutig, daß diese Erfolge vornehmlich der Tatsache zu verdanken waren, daß es den Engländern gelungen war, die deutschen Funksprüche lange Zeit hindurch zu entziffern, so daß die Positionen der deutschen U-Boote im Atlantik weitgehend bekannt waren. So konnten die Einsätze der CVE und deren Geleitfahrzeuge erfolgreich in Richtung der Versorgungs-Treffpunkte der deutschen U-Boote gelenkt werden. Nach dem Sommer 1943 erfolgte eine Aufgabenteilung. Während die Amerikaner im Mittel- und Südatlantik operierten, unterhielten die Briten und die Kanadier weiterhin „Escort Groups" im Nordatlantik, im Rahmen derer im begrenzten Maße auch CVE eingesetzt wurden. Ab Herbst 1943 fuhren zur Eigensicherung der Geleitzüge britische „Merchant Aircraft Carriers" mit, die nur je vier Flugzeuge an Bord hatten und dazu noch Fracht mitführen konnten. Sie fuhren unter Zivilbesatzung, und nur das Geschütz-Personal um die kleine Flugzeugstaffel war dem Militär unterstellt.

Kehren wir zurück zur weiteren Betrachtung der Entwicklung amerikanischer CVE-Klassen. Nachdem einerseits die Invasion Nord-Afrikas abgeschlossen war, andererseits aber Ende 1942 die Amerikaner im Pazifik an großen Flugzeugträgern nur noch die *Enterprise* und die *Saratoga* zur Verfügung hatten, wurden die so vielseitig verwendbaren CVE der *Sangamon*-Klasse zur Verstärkung in den Pazifik verlegt. Aus den nachfolgenden Lebensläufen kann ersehen werden, in welch intensiver Weise diese vier Schiffe am Kriegsgeschehen im Pazifik teilgenommen hatten.

Zwischenzeitlich beschloß Präsident Roosevelt, weitere Geleit-Flugzeugträger bauen zu lassen. Besonders beeindruckt war er dabei von den Rationalisierungsvorschlägen des Werftbesitzers Henry J. Kaiser, der einen exakten Plan zur Massenproduktion von Geleitträgern auf seiner Werft in Vancouver, Wash., vorgelegt hatte. Nach erfolgter Beauftragung entstanden hier die 50 CVEs der *Casablanca*-Klasse, die allesamt innerhalb eines Jahres – vom Juli 1943 bis Juli 1944 – abgeliefert wurden; eine einmalige Leistung, die auf den weiteren Einsatz der U.S.-Trägerwaffe entscheidenden Einfluß hatte. Bei einer Probefahrt-Wasserverdrängung von rd. 9570 ts fuhren diese Schiffe mit 19,3 kn Geschwindigkeit; sie hatten bei einer Besatzung von 110 Offizieren und 750 Mann eine Flugzeugkapazität von 12 Torpedo- und 16 Jagdflugzeugen, die mittels eines einzelnen hydraulischen Katapultes gestartet wurden.

Im Januar 1943 wurden Aufträge für den Bau der ersten Schiffe einer weiteren CVE-Klasse vergeben, die diesmal aufgrund der mit den vorherigen Klassen gemachten Erfahrungen von der Navy selbst entworfen wurden. Das Leitschiff *Commencement Bay* (CVE-105) wurde Ende 1944 in Dienst gestellt. Mit einer Probefahrt-Wasserverdrängung von 23 100 ts und einer Geschwindigkeit von 19 kn entsprachen diese Schiffe in etwa der *Sangamon*-Klasse. Neun weitere Einheiten dieser Klasse wurden bis zum Kriegsende fertiggestellt, die meisten von ihnen fanden jedoch keine Kriegsverwendung mehr.

Nach der Beteiligung der *Sangamon*-Klasse bei der Invasion in Nord-Afrika bewährten sich acht CVEs bei der wirkungsvollen Unterstützung der Landungen auf den Gilbert- und Marshall-Inseln, wobei Schiffe der ersten drei Klassen anwesend waren.

Die vermehrten Einsatzmöglichkeiten dieser vielseitigen Schiffe dokumentierten sich auch in der zweimaligen Änderung der Klassifikation. Während AVG und ACV Hilfsschiffs-Kategorien waren, zählten ab Juli 1943 die nunmehr so eingestuften CVE als Kampfschiffe („combatants"). Ende 1944 wurde ein Funktions-Kommando „Escort Carrier Force, Pacific" gebildet, und deren erster Befehlshaber, Konter-Admiral C.T. Durgin, umriß schon vorher – nach der Invasion in Nord-Afrika – die Einschränkungen des CVE-Einsatzes. Wegen ihrer geringen Geschwindigkeit, der mangelnden Panzerung und der schwachen Bewaffnung war es gefährlich, sie dort einzusetzen, wo mit wirksamen Aktionen eines überlegenen Gegners gerechnet werden mußte. Das fatale Schicksal der TU 77.4.3 (Taffy 3) in der Schlacht bei Samar am 25. Oktober 1944 während der Leyte-Operationen bestätigte dies nur zu deutlich. Im Rahmen eigener stärkerer Verbände jedoch, bzw. unter ausreichendem Schutz durch eigene Luft- und Seestreitkräfte waren die CVE befähigt, in freilich beschränktem Umfang all diejenigen Aufgaben durchzuführen, wie ihre „großen Brüder" auch. Durch die Etablierung des vorstehend genannten neuen Kommandos sollte eben eine zielbewußtere und zweckmäßigere Einsatzplanung im Einklang mit den Erfordernissen der schnellen Träger-Kampfgruppen vorgenommen werden. Konter-Admiral Durgin unterstanden im Pazifik sämtliche CVE's mit Ausnahme derjenigen, die nur mit Trainings- und Transportaufgaben betraut waren.

Weitere Höhepunkte des CVE-Einsatzes waren u. a.
☐ Im Dezember 1944 die Landung auf Mindoro.
☐ Im Januar 1945 die Landung auf Luzon, wo 17 Geleitträger der TG 77.4 permanent starken Kamikaze-Angriffen ausgesetzt waren.
☐ Ebenfalls im Januar 1945 weitere Landungen auf den philippinischen Inseln, wobei sechs CVE eingesetzt wurden.
☐ Im Februar 1945 bei der Unterstützung der Landung auf Iwo Jima.
☐ Ab März 1945 bei der Unterstützung der Landung auf Okinawa, wobei 18 CVE der TG 52.1 zum Einsatz kamen.

Über die Totalverluste und Beschädigungen bei den Geleit-Flugzeugträgern wurde bereits in einem der ersten Abschnitte berichtet. Fünf der versenkten CVE's gingen im Pazifik verloren, nur einer im Atlantik. Während der Kriegsjahre und kurz davor stellte die U.S. Navy 77 Geleitträger in Dienst. Weitere neun wurden nach Kriegsschluß fertiggestellt. Außerdem wurden in allem 38 in den Staaten erbaute Geleitträger an die Royal Navy ausgeliehen; vier davon gingen durch Kriegseinwirkung verloren.

Im Rahmen der gesteckten Aufgaben, nämlich
☐ beim Transport von Flugzeugen und Mannschaften
☐ bei den U-Jagdoperationen innerhalb und außerhalb der Geleitzüge und
☐ bei der Luftunterstützung
haben sich die Geleitträger bestens bewährt. Ein kleiner Teil von ihnen wurde nach dem Krieg für Sonderzwecke umgebaut und diente damit noch bis zum Ende der 60er Jahre.

Zu diesem Zeitpunkt schien die Ära der kleinen Träger zugunsten von sehr großen Super-Flugzeugträgern definitiv zu Ende gegangen zu sein. Doch kein volles Jahrzehnt nach der Aussonderung der letzten dieser „jeep carriers", wie sie im Scherz, aber auch mit Hochachtung, bezeichnet wurden, besteht erneut Bedarf nach kleineren, wirtschaftlichen Trägern, die diesmal helfen sollen, die Senkrechtstarter-Technologie zu unterstützen und die Anzahl der auf den Meeren einzusetzenden Flugzeug-Plattformen zu vermehren. *Konkrete* Projekte gibt es allerdings bis zum Abschluß dieses Buches zumindest bei der U.S. Navy noch nicht, wenngleich man sich – und dies insbesondere auch bei anderen Nationen, wie Großbritannien, Italien und Spanien – mit diversen Vorprojekten befaßt. Die letztgenannten drei Länder bauen bereits VTOL- und Hubschrauberträger.

Geleitträger-Klassen

Anmerkungen zum Abschnitt „Geleitträger-Klassen"

1. Bei den Überschriften zu den einzelnen Schiffen ist diejenige Kennung dem Namen vorgesetzt, die das Schiff bei *Beauftragung* hatte. Alle späteren Änderungen der Klassifikation sind in der Übersicht im Tabellenteil erfaßt.
2. In den Überschriften steht zunächst in *Magerdruck* der erste Name, den das Schiff hatte. Spätere Namen befinden sich hinter dem Pfeil, wobei die während der Dienstzeit bei der U.S. Navy wirklich geführten Namen in *kursiv* gedruckt sind.
3. Vormals als Handelsschiff geführte Namen werden im laufenden Text ebenfalls in *kursiv* gedruckt.
4. Die Angaben über die eingeschifften Flugzeugstaffeln sind aus verschiedenen Veröffentlichungen zusammengetragen worden. Sie sind keinesfalls komplett. Die Angabe des Monats und des Jahres bezieht sich nicht immer auf die Zeit der Anbordnahme einer Staffel, sondern auf den Monat, in dem das Vorhandensein dieser Staffel nachgewiesen werden konnte. Insbesondere die Angaben unter 7/1943 und 3/1944 stellen oft nur Soll-Kommandierungen von Staffeln dar, die zumeist *mehrere Monate vor der Einsatzbereitschaft* des Schiffes ausgesprochen wurden. In manchen Fällen wurde die tatsächliche Kommandierung der Staffel infolge zwischenzeitlich abgeänderter Aufgabenstellung des Schiffes nicht realisiert.
Dies gilt in besonderem Maße für die späteren Einheiten der *Casablanca*-Klasse, die dann vornehmlich mit Transportaufgaben betraut worden waren.
5. Die Zeitangaben über geführte Tarnanstriche entstammen in vielen Fällen der Foto-Auswertung; auf Vermutungen oder Unsicherheiten bei der Auswertung wird ausdrücklich hingewiesen.

Long Island-Klasse und CVE-30 Charger

Im Frühjahr 1941 erwarb die U.S. Navy sechs moderne Handelsschiffe, um sie nach dem Vorbild des ersten britischen Geleitträgers *Audacity* der vor dem Umbau als deutsches Handelsschiff *Hannover* als Prise vereinnahmt wurde – in einer durchschnittlichen Werftzeit von nur 75 Arbeitstagen zu Geleit-Flugzeugträgern umzubauen. Das Leitschiff der Klasse erhielt damals die Kennung AVG-1 und der Handelsschiffname *Mormacmail* wurde in *Long Island* geändert. Während *Long Island* vormals dem Standardschiff-Typ C3 Cargo (M) angehörte, gehörten die fünf restlichen Schiffe dem Typ C3 P&C (M) an. Es waren allesamt Schwesterschiffe der *Mormacmail*, die zwischen 1939 und 1941 vom Stapel gelaufen waren. Sie wurden unter „lend/lease"-Konditionen zur leihweisen Abgabe an die britische Marine bestimmt und erhielten die Kennungen BAVG 1 bis 5. Ihr Umbau vollzog sich etwas unterschiedlich von dem der *Long Island*, wie noch festzustellen sein wird. Entsprechend den vertraglichen Bedingungen übernahm die U.S. Navy auch die Ausbildung der britischen Geleitträger-Piloten. BAVG-4 *Charger* war dazu auserkoren, als Trainingsschiff zu fungieren, und wurde gleich in den Vereinigten Staaten zurückbehalten, wo sie dann unter Beibehaltung des Namens 1942 als AVG-30 reklassifiziert und von der U.S. Navy übernommen wurde. Im weiteren Verlauf des Krieges diente *Charger* hauptsächlich als Trainingsschiff für britische Flugzeug-Besatzungen.

Über dem größten Teil des Rumpfes der *Long Island* wurde ein aus Holzplanken bestehendes Flugzeugdeck installiert, an dessen Stirnseite unterhalb des Deck-Niveaus eine schmale Brücke angebracht wurde. Ein Hangar sowie Flugzeugwerkstätten wurden in der achteren Hälfte des Schiffes zwischen dem Flugzeugdeck und dem Rumpf vorgesehen. Der Hangar war nach vorn zu offen. Die übrigen britischen Umbauten erhielten einen etwas größeren Hangar und ein nach vorn zu längeres Flugzeugdeck, auf dem sich ein Katapult befand.

Zum Unterschied von *Long Island* hatten die britischen Umbauten einen stärkeren Deckssprung sowie eine kleine Insel an der Steuerbordseite des Flugzeugdecks. Später, im Herbst 1942, wurde *Long Island* ebenfalls modifiziert, wobei das Flugzeugdeck nach vorn zu verlängert wurde. Die Brücke wurde dabei aufgegeben, so daß beidseits nur noch je ein Navigationsstand verblieb. Das Schiff erhielt ebenfalls ein Katapult sowie ein Radargerät, die 20-mm-Flak wurde um fünf Geschütze verstärkt.

Infolge ihrer beschränkten Rolle als Trainingsschiff wurde *Charger* während des weiteren Kriegsverlaufes nicht mehr modernisiert. Bei *Long Island* aber erreichte man, daß nach dem erfolgten Umbau 21 Flugzeuge an Bord genommen werden konnten.

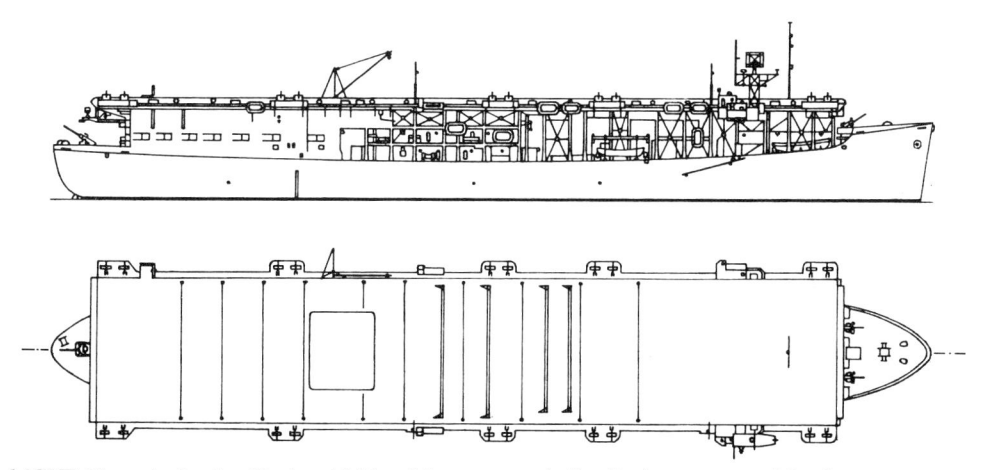

Long Island (CVE-1) nach der im Herbst 1942 erfolgten Verlängerung des Flugdecks nach vorne zu. Bei dieser Gelegenheit erhielt das Schiff einen kurzen Radarmast und die Radarantenne SC, die noch vor Kriegsschluß durch SC-2 ersetzt wurde.

Es sei an dieser Stelle noch vermerkt, daß offensichtlich nur die ersten sechs britischen Umbauten die Kennung BAVG erhielten (wobei BAVG-6 bereits der nachfolgenden *Bogue*-Klasse angehörte!), während alle späteren Schiffe als AVG bzw. ACV an die Royal Navy ausgeliehen wurden. Dies wird um so plausibler, wenn man weiß, daß es neben BAVG-2 bis 6 auch noch – wenigstens theoretisch – AVG-2 bis 5 gab, wie nachfolgend noch dargestellt wird.

AVG-1 *Long Island*

Umbau aus Handelsschiff *Mormacmail* bei Newport News S. B. & D. D.

Lebenslauf

Mitte 1941	Ostküste: Testreihe über die Möglichkeiten des Einsatzes von Flugzeugen auf umgebauten Frachtschiffen
5/1942	Westküste: kurzer Pazifik-Einsatz
8/1942	Flugzeugtransport für das Marine Corps in den Südpazifik: Guadalcanal
1942/1943	Pilotentraining Westküste
1944/1945	Transport von Flugzeugen und Besatzungen in den Pazifik
9/1945	Teilnahme an „Magic Carpet"-Fahrten
26. 3. 1946	außer Dienst, gestrichen

Flugzeuge, Staffeln

Sommer 1942	VGS-1 mit SOC-3 und F2A
12/1941	VS-201 mit 7 F2A und 13 SOC = 20
8/1942	als Fähre: 19 F4F und 12 SBD = 31 Flugzeuge des Marine Corps

Tarnschemata

1942	möglicherweise Schema 12 mit Farbklecksen
12/1942	möglicherweise Schema 14
1944	Schema 32/9a

Radarantennen

12/1942	SC
1944	SC-2

USS *Long Island*, der erste Geleit-Flugzeugträger der U.S. Navy, hier noch als AVG-1, aufgenommen am 7. August 1941, vier Monate vor Kriegseintritt der USA. Bemerkenswert ist hier die vorne unter den beiden Flugzeugen sichtbare Brücke und die davor an Deck befindlichen Beiboote. Die an beiden Enden des hier noch nicht verlängerten Flugdecks angebrachten, sowohl von vorne wie auch von achtern lesbaren Kenn-Buchstaben LI und die ganze Deckslänge gespannten Bremsseile sind Indiz dafür, daß zu jener Zeit auch auf Geleitträgern mit einer Landung der Flugzeuge über den Bug gerechnet wurde. Foto: USN, Sammlung BfZ

Long Island-Klasse

Achterliche Ansicht von *Long Island*, etwa Mitte 1942. Man beachte die einfachen Signalmaste und die seitlich herausragenden Brückennocks. Das Schiff führt einen Tarnanstrich, der dem ähnelt, der zur gleichen Zeit auf CV-7 *Wasp* und CV-8 *Hornet* angebracht war und somit zum frühen Schema 12 gehören könnte.

Foto: USN, Sammlung BfZ

Dieses Foto der *Long Island* wurde am 19. Dezember 1942 aufgenommen, im Anschluß an eine Liegezeit in der Marine-Werft Mare Island. Die Brücke fiel der Flugdeck-Verlängerung zum Opfer, so daß nun von den Seitennocks navigiert werden mußte. Der Anstrich entspricht offensichtlich dem Ozeangrau des Schemas 14. Bemerkenswert ist der neu hinzugekommene Radarmast mit der darauf angebrachten SC-Antenne.

Foto: USN, Sammlung BfZ

AVG-30 Charger → *Charger*

Vormals Handelsschiff *Rio de la Plata*. Umbau bei Newport News S.B. & D.D. 9/1941 an Royal Navy als BAVG-4/HMS *Charger*. Rückgabe an die U.S. Navy bereits am 4.10.1941. Am 24.1.1942 als AVG-30 reklassifiziert, unter Beibehaltung des Namens am 3.3.1942 in Dienst der U.S. Navy gestellt.

Lebenslauf
Während des ganzen Krieges Training von Piloten und Träger-Besatzungen in der Chesapeake-Bucht; lediglich

10/1942	Trainingsfahrt zu den Bermudas
9/1945	Trainingsfahrt nach Guantanamo, Kuba
15.3.1946	außer Dienst, gestrichen

Tarnschemata
1942	Schema 22

Radarantennen
1942	vermutlich SC, SG
1944	SC-2

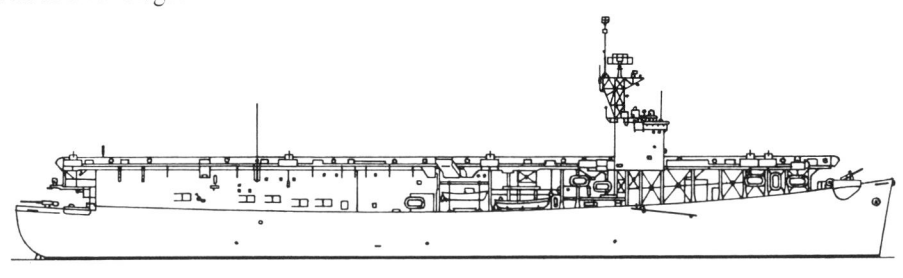

Auf der Zeichnung der *Charger* (CVE-30) werden die Unterschiede zum Schwesterschiff *Long Island* deutlich: vorne etwas längeres Flugdeck, Schwalbennester für die 7,6-cm-Geschütze, Vorhandensein einer kleinen Insel, hier mit SC-2-Radar, das 1944 installiert wurde.

Die Vorschrift des Schemas 22 ist hier korrekt befolgt worden! Der Kenn-Nummern-Außenseiter USS *Charger* (ACV-30), aufgenommen im Jahre 1942. Die Verwandtschaft mit *Long Island* ist unverkennbar, die Unterschiede sind jedoch offensichtlich: Längerer Hangar, der vom Achterschiff bis zur Schiffsmitte reicht, kleine Insel an Stelle der Navigationsstände.

Foto: USN, Sammlung BfZ

AVG-2 bis AVG-5

Die vorstehenden Kenn-Nummern waren zwar offiziell vergeben, sie wurden jedoch niemals von einem Schiff geführt. Mitte 1941, also noch vor dem Eintritt der USA in den Zweiten Weltkrieg, bestand bereits die Absicht – ähnlich wie bei der deutschen Kriegsmarine – vier mittelgroße Passagierschiffe zu Hilfs-Flugzeugträgern umzubauen. Diese Umbauten wurden genehmigt und es erfolgten bereits die ersten Materialbestellungen. Bis zum Dezember 1941 wurden jedoch diese Umbauabsichten aufgegeben und die ersten drei Schiffe dann als Truppentransporter umgebaut. Dies entsprach weitgehend ihrer Beschaffenheit. So entstand

aus *Washington*   1942   AP-22 *Mount Vernon*
aus *Manhattan*   1942   AP-21 *Wakefield*
aus *America*   1942   AP-23 *West Point*

Der Umbau des Passagierdampfers *Kungsholm* wurde – ebenfalls im Dezember 1941 – suspendiert.

Als Ersatz für diese entfallenen Umbauten wurden dann 21 Rümpfe von Frachtern des Standard-Typs C3 dazu auserkoren, um als Geleit-Flugzeugträger fertiggestellt zu werden (*Bogue*-Klasse). Hinzu kamen die vier Umbauten aus T3-Tankern (*Sangamon*-Klasse). Später wurden weitere 24 Einheiten der *Prince William*-Klasse (Standard-Typ C3-S-A1) als CVE fertiggestellt, von denen allerdings nur die *Prince William* selbst bei der U.S. Navy verblieb, während die übrigen Schiffe an die Royal Navy ausgeliehen wurden.

Im Gespräch stand zu jener Zeit auch die mögliche Verwendung der großen Passagierschiffe *Normandie*, *President Coolidge*, *Lurline*, *Mariposa* und *Monterey* als Hilfs-Flugzeugträger. In dieser Richtung erfolgten jedoch keine realisierenden Beschlüsse.

USS *Charger*, aufgenommen am 28. Januar 1944. Tarnung und Schema 22 immer noch festzustellen. Dunkelblaue Kenn-Nummer auf Flugdeck ist aus größerer Höhe kaum zu erkennen; dagegen kontrastieren die weißen Decksmarkierungen. In den „Schwalbennestern" sind 20-mm-Flakgeschütze festzustellen.

Foto: USN amtlich

Bogue / Prince William-Klasse

Die Handelsschiffe des Typs C3-S-A1, die zur Fertigstellung als AVG vorgesehen wurden, waren allesamt noch nicht vom Stapel gelaufen, als damit begonnen wurde, sie für ihre neue Rolle umzurüsten. Somit waren die Umbaumaßnahmen nach erfolgter Umplanung schneller zu bewerkstelligen, als dies bei der Vorgänger-Klasse möglich war. Kennzeichnend für diese Klasse war der geschlossene Flugzeug-Hangar, der sich hier unter dem ebenfalls holzbeplankten Flugzeugdeck erstreckte. Zwei Flugzeug-Aufzüge verbanden den Hangar mit dem Flugzeugdeck. Etliche Konsolen und Schwalbennester wurden an den Schiffen seitlich, in Höhe des Hauptdecks, angebracht. Sie dienten unter anderem der Aufnahme der Maschinen-Flak. Während *Bogue*, *Card* und *Core* am vorderen Ende des Flugzeugdecks zwei Katapulte hatten, mußten sich die meisten anderen Schiffe dieser Klasse mit nur einem begnügen. Im Gegensatz zur *Long Island*-Klasse, deren Schiffe durch Diesel-Motoren angetrieben wurden, wählte man hier Dampfturbinenantrieb. Die Rauchgase wurden durch kleine Rauchabzüge beidseits des Flugzeugdecks, etwas achterlich von der Schiffsmitte, abgeleitet. Bei Gewährleistung eines normalen Flugbetriebes konnten hier 28 Flugzeuge mitgeführt werden, während bei Transporteinsätzen bis zu 90 Maschinen im Hangar und auf dem Flugdeck Platz hatten. Die ursprünglich aus zwei Vierlingslafetten bestehende 40-mm-Flak wurde später durch vier Zwillingslafetten verstärkt, von denen zwei am vorderen Ende des Flugzeugdecks, die beiden anderen achtern auf dem Hauptdeck angebracht wurden. Auch wurden im Durchschnitt je zehn weitere Maschinenflak des Kalibers 20 mm installiert. Eine Radaranlage gehörte bereits zu der Grundausrüstung der Schiffe.

Bei manchen Quellen findet man die Trennung zwischen der *Bogue*- und der *Prince William*-Klasse. In Wirklichkeit war *Prince William* (CVE-31) mit *Bogue* praktisch identisch, wobei der Hauptunterschied in der Anordnung der 40-mm-Flak bestand. Dieses Schiff war auch das einzige der ganzen Klasse, das bei der U.S. Navy verblieb, während alle nachfolgenden Einheiten bis einschließlich CVE-54 an die Royal Navy ausgeliehen wurden.

Die Bauzeiten der Schiffe dieser Klasse (wie auch der nachfolgenden *Casablanca*-Klasse) spiegeln deutlich die Realisierung der notwendig gewordenen Steigerung der Kriegskapazität amerikanischer Werften. Die gesamte Klasse von 45 Einheiten wurde in etwas weniger als einem Jahr so rasch fertiggestellt, daß deren meisten Schiffe noch im entscheidenden Jahr 1943 abgeliefert werden konnten. Die anfänglichen Bauzeiten von fast 15 Monaten wurden bei den letzten Einheiten auf nur knapp 8½ Monate reduziert.

Vier Schiffe dieser Klasse wurden 1958 reaktiviert, mit Zivilbesatzungen des MSTS bemannt und fortan – einschließlich Teilnahme am Vietnam-Krieg – als Flugzeug-Fährschiffe eingesetzt.

Bedingt durch den gesteigerten Bedarf an Werftkapazität mußte 1942 teilweise eine Neuverteilung der Bauaufträge erfolgen, so daß manche Schiffe nicht auf der Werft fertiggestellt worden waren, auf der sie begonnen wurden. So gingen die Bauaufträge von CVE-31 bis 44 sowie CVE-46 bis 54 am 1. Mai 1942 an die Werft Todd, Pacific. CVE-45 sollte von Commercial Iron Works gebaut werden, wurde aber nach erfolgter Kiellegung an Todd, Pacific, übergeben. CVE-31 wurde zwar bei Todd, Pacific, begonnen, jedoch bereits am 1. Juni 1942 an die Marinewerft am Puget Sound übergeben, die das Schiff fertigstellte. Auch CVE-32 wurde bei Todd begonnen, dann aber am 24. Juli 1942 an Willamette Iron zur Fertigstellung übergeben. CVE-33 wurde erst gar nicht bei Todd begonnen, sondern bereits am 1. Juni 1942 an Puget Sound N. Sh. zum Bau vergeben. Desgleichen ging CVE-40 am 24. Juli 1942 direkt an Willamette. CVE-37 lief bei Todd vom Stapel, das Schiff ging jedoch am 22. Dezember 1942 zu Commercial Iron Works zur Fertigstellung. CVE-45 wurde gar zweimal „umgeleitet", um letztlich am 24. Juli 1942 an Willamette zum Bau vergeben zu werden. CVE-47 lief bei Todd, Pacific, vom Stapel, der Fertigstellungsauftrag ging aber am 17. Juni 1943 an Commercial Iron Works.

BAVG-1 HMS Archer

Umbau aus Handelsschiff *Mormacland* bei Newport News S.B. & D.D. 17. 11. 1941 an Royal Navy. Rückgabe an U.S. Navy am 9. Januar 1946. Gestrichen 26. Februar 1946.

BAVG-1 HMS *Archer*. Unverkennbar ist die Ähnlichkeit mit dem Leitschiff USS *Long Island*, jedoch mit ganz kleiner Insel, einem zusätzlichen kurzen Mast dahinter und getarnt nach britischem Muster. Das Schiff führt die britische Kriegsflagge, es befinden sich jedoch amerikanische Flugzeuge an Bord.

Foto: USN, Sammlung Barilli

BAVG-2 HMS Avenger

Umbau aus Handelsschiff *Rio Hudson* bei Bethlehem, Staten Island. 2. 3. 1942 an Royal Navy. 15. 11. 1942 torpediert und bei Gibraltar gesunken. Gestrichen 16. 5. 1944.

BAVG-3 HMS Biter → Dixmude

Umbau aus Handelsschiff *Rio Parana* bei Atlantic Basin Iron Works. 5. 5. 1942 an Royal Navy. 9. 4. 1945 Rückgabe und am selben Tag Leihgabe an Frankreich als *Dixmude*. Nachfolgend Dienst als Flugzeugfähre. Später Flugzeugtransporte zwischen den USA und Indochina. 1959 Depotschiff in St. Mandrier. 10. 6. 1966 Rückgabe an USA. 1966 als Zielobjekt versenkt.

Dieses schöne achterliche Foto der *Dixmude* zeigt die achtere Geschützwanne mit dem britischen 10,2-cm-Geschütz und dem gesondert aufgestellten Elektronik-Mast. Bei der Radarantenne auf dem Insel-Mast handelt es sich um die amerikanische Antenne SA.
Foto: H. Emery, Sammlung BfZ

BAVG-4 HMS Charger → AVG-30 *Charger*

(siehe auch unter AVG-30)
Umbau aus Handelsschiff *Rio de la Plata* bei Newport News S.B. & D.D. 9/1941 an Royal Navy; in Dienst gestellt als HMS *Charger*. 4. 10. 1941 von der U.S. Navy zurückgenommen. 24. 1. 1942 als AVG-30 klassifiziert und 3. 3. 1942 im Dienst bei der U.S. Navy.

BAVG-5 HMS Dasher

Umbau aus Handelsschiff *Rio de Janeiro* bei Tietjen and Lang Dr. Co., 2. 7. 1942 an Royal Navy. 27. 3. 1943 durch interne Explosion zerstört. 2. 6. 1945 gestrichen.

BAVG-6 HMS Tracker

Gehört zum Typ *Bogue*. Fertiggestellt durch Willamette Iron. 31. Januar 1943 an Royal Navy. Rückgabe an U.S. Navy am 29. November 1946. Gestrichen 21. Januar 1946.

Das erste Schiff von vier bei Ingalls gebauten Einheiten, die dann an die Royal Navy übergeben wurden, war HMS *Battler* (AVG-6), dem Typ *Bogue* angehörend. An Bewaffnung befindet sich vorerst nur 20-mm-Flak an Bord.

Foto: Ingalls

AVG-6 Altamaha → HMS Battler

31. 10. 1942 von der U.S. Navy erworben und am selben Tage an Royal Navy übergeben. Rückgabe 12. 2. 1946.

AVG-7 Barnes → HMS Attacker

Auf Stapel gelegt als Handelsschiff *Steel Artisan*, dann in *Barnes* umbenannt. 30. September 1942 an Royal Navy als HMS *Attacker*. Rückgabe an U.S. Navy 5. Januar 1946.

AVG-8 Block Island → HMS Trailer → HMS Hunter

Auf Stapel gelegt als Handelsschiff *Marmacpenn*. Bei Übernahme durch die U.S. Navy in *Block Island* umbenannt. 9. Januar 1943 an Royal Navy als HMS *Trailer*; 1943 in HMS *Hunter* umbenannt. Rückgabe an U.S. Navy 29. Dezember 1945.

AVG-9 *Bogue*

Auf Stapel gelegt als Handelsschiff *Steel Advocate*.

Lebenslauf

2/1943	Atlantik; Hunter-killer-Einsatz bei mehreren Geleitzug-Begleitfahrten. Durch Bordflugzeuge sieben deutsche U-Boote versenkt
2/1944	Transport von Flugzeugen der USAAF nach Schottland
3/1944	Wiederaufnahme der U-Jagd-Operationen im Nordatlantik
9/1944	Trainingsfahrten Ostküste
2/1945	Transport von Flugzeugen der USAAF nach Schottland
4/1945	Wiederaufnahme der U-Jagd-Operationen
7/1945	Pazifik; eine Einsatzfahrt nach Alaska, dann ab
9/1945	„Magic Carpet"
30.11.1946	außer Dienst, Reserveflotte

Flugzeuge, Staffeln

3–7/1943	VC-9 mit 12 F4F und 12 TBF = 24
9–12/1943	VC-19 mit 9 FM und 13 TBF = 22
3/1944	VC-95 mit 9 FM und 12 TBF = 21
4/1944	VC-19 mit 9 FM und 13 TBF = 22
5–7/1944	VC-69 mit 9 FM und 12 TBM = 21
8–9/1944	VC-42 mit 9 FM und 14 TBM = 23
4–5/1945	VC-19 mit 3 FM und 16 TBM = 19

Tarnschemata

9/1942	wahrscheinlich Schema 14
6/1943	Schema 22
1/1944	Schema 32/4a
1945	vermutlich Schema 21

Radarantennen

11/1942	SC, SG, YE

Am 20. Juni 1943 wurde *Bogue* hier mit Tarnanstrich nach Schema 22 irgendwo im Atlantik aufgenommen. Das Foto vermittelt einen guten Blick auf die achtern angebrachten Geschützstände. Das Backbord-12,7-cm-Geschütz ist ausgeschwenkt, hinter der 40-mm-Flak befinden sich die Feuerleitstände. Foto: USN

AVG-10 Breton → HMS Chaser

Auf Stapel gelegt als Handelsschiff *Mormac Gulf*. 9. 4. 1943 als HMS *Chaser* an Royal Navy. Rückgabe 12. 5. 1946.

◄

USS *Bogue*, hier als ACV-9, aufgenommen am 3. November 1942 im Puget Sound, also etwa eineinhalb Monate nach der Indienststellung. Der dunkle Anstrich entspricht offensichtlich Schema 14. SG-, SC- und YE-Radar sind sichtbar. Foto: USN, Sammlung BfZ

AVG-11 *Card*

Lebenslauf

5–6/1943	Atlantik; Truppen- und Flugzeugtransport von New York nach Casablanca
7–10/1943	TG 21.14; U-Jagd-Operationen. Während der ersten Einsatzfahrt vier deutsche U-Boote versenkt
10–11/1943	Zweite U-Jagd-Einsatzfahrt, weitere vier U-Boote versenkt
11/1943 bis 2/1944	Dritte U-Jagd-Einsatzfahrt
3–5/1944	Transportfahrten Ostküste/Casablanca
6/1944	TG 22.10; U-Jagd-Operationen
9/1944	TG 22.2; noch zwei Einsatzfahrten
2/1945	Flugzeugtransport nach Liverpool
3–5/1945	Trainingsschiff für Pilotenqualifikation
6/1945	Pazifik; Materialtransport nach Pearl Harbor und Guam
8–12/1945	Drei „Magic Carpet"-Fahrten im pazifischen Raum
13.5.1946	außer Dienst, Reserveflotte
1.7.1958	für MSTS Pazifik als T-CVU-11 reaktiviert
2.5.1964	am Pier in Saigon durch Minentreffer auf ebenen Kiel gesunken. Gehoben und nach Reparatur am
11.12.1964	wieder im Transporteinsatz
1966	an Steuerbord neuer Schornstein zwischen Insel und Heck unter gleichzeitigem Ausbau der vier Seiten-Schornsteine
10.3.1970	außer Dienst, gestrichen

Flugzeuge, Staffeln

7–9/1943	VC-1 mit 6 F4F und 11 TBF = 17
9–11/1943	VC-9 mit 6 F4F und 12 TBF = 18
11/1943 bis 1/1944	VC-55 mit 9 FM und 12 TBF = 21
7/1944	VC-12 mit 9 FM und 12 TBM = 21

Tarnschemata

3/1943	Schema 22
1944	möglicherweise Schema 32/4a

Radarantennen

3/1943	SC, SG, YE
1944	SK, SG, YE

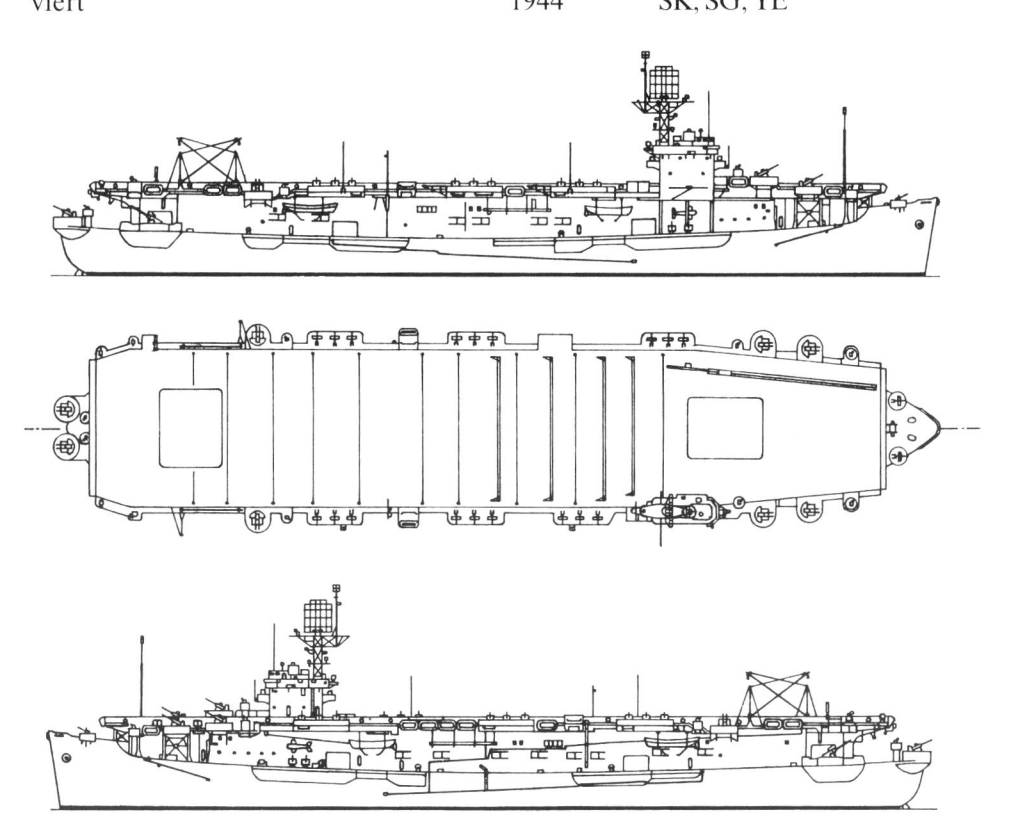

Alle drei Zeichnungen zeigen CVE-11 *Card* im Jahre 1944, nach Übernahme von SK-Radar anstelle des vorher geführten SC. Der Mast vor dem vordersten 40-mm-Zwilling sowie der achtere, leicht überhöhte 40-mm-Flakstand fehlten auf *Breton, Nassau, Barnes* und möglicherweise einigen anderen im Pazifik eingesetzten Schiffen dieser Klasse. Auf den im Pazifik operierenden CVE war übrigens die Maststenge hinter dem SK-Gerät etwas länger.

USS *Card* (ACV-11) mit Tarnanstrich nach Schema 22 und der Radarantenne SK, die während einer Werftzeit im Frühjahr 1943 installiert wurde. 13 Flugzeuge können auf dem Flugdeck gezählt werden. Foto: USN

CVE-11 *Card*, getarnt nach Schema 32/4a   Foto: USN, Sammlung Barilli

"USNS CARD" steht jetzt an der Bordwand, ein Nachweis dafür, daß das Schiff mit Zivilbesatzung des MSTS fährt. Dieses Foto mag nach 1966 entstanden sein, als *Card* mit Transportaufgaben für Vietnam betraut war.

Beachtenswert sind: der neue, längere Schornstein hinter dem Steuerbordkran, die rippenartige Verstärkung der Insel-Flanke und die für viele MSTS-Schiffe typische Navigations-Radarantenne. Foto: USN

AVG-12 *Copahee*

Auf Stapel gelegt als Handelsschiff *Steel Architekt*. Umbau bei Puget Sound N.Sh.

Lebenslauf

9/1942	Pazifik; Flugzeugtransport nach Guadalcanal
1943–1945	diverse Transportfahrten zwischen Westküste und den pazifischen Brennpunkten
9–12/1945	„Magic Carpet"-Fahrten zwischen Saipan, Guam, Eniwetok, Philippinen und der Westküste
5.7.1946	außer Dienst, Reserveflotte

Flugzeuge, Staffeln

zu irgendeinem Zeitpunkt soll sich CVEG-50 an Bord befunden haben
11/1942   VGS-12 mit F4F und TBF

Tarnschemata

9/1942 und
7/1943   vermutlich Schema 14
nach 7/1943 Schema ?

Radarantennen

8/1942 bis	
5/1943	SC, SG, YE
7/1943	SK, SG, YE

▶

ACV-12 *Copahee* verläßt am 9. Mai 1943 die Bucht von San Francisco mit einer Decksladung von verschiedenartigen Flugzeugen in Richtung Pazifik. SC-Radarantenne befindet sich auf dem Mast. Die Sonneneinstrahlung läßt den ozeangrauen Anstrich heller erscheinen, als er in Wirklichkeit ist. (Bild oben)

Nur zwei Monate später: Nach Beendigung einer Liegezeit in der Marine-Werft Mare Island präsentiert sich *Copahee* nunmehr mit der Radarantenne SK, jedoch immer noch mit Einfarben-Anstrich. Drei Fesselballons sind über dem Schiff sichtbar. Bei dem „Reißverschluß" entlang der Bordwand könnte es sich um eine Entmagnetisierungs-Schiene handeln. (Bild unten)

Bug- und Heckansicht der *Copahee*, ebenfalls aufgenommen am 14. Juli 1943. SK-Antenne mit IFF-Zusatz BT-5 ist in voller Breite sichtbar. Mehrere Zerstörer des Typs *Fletcher* befinden sich in der Werft. (Bilder Mitte)
Fotos: USN, Sammlung BfZ

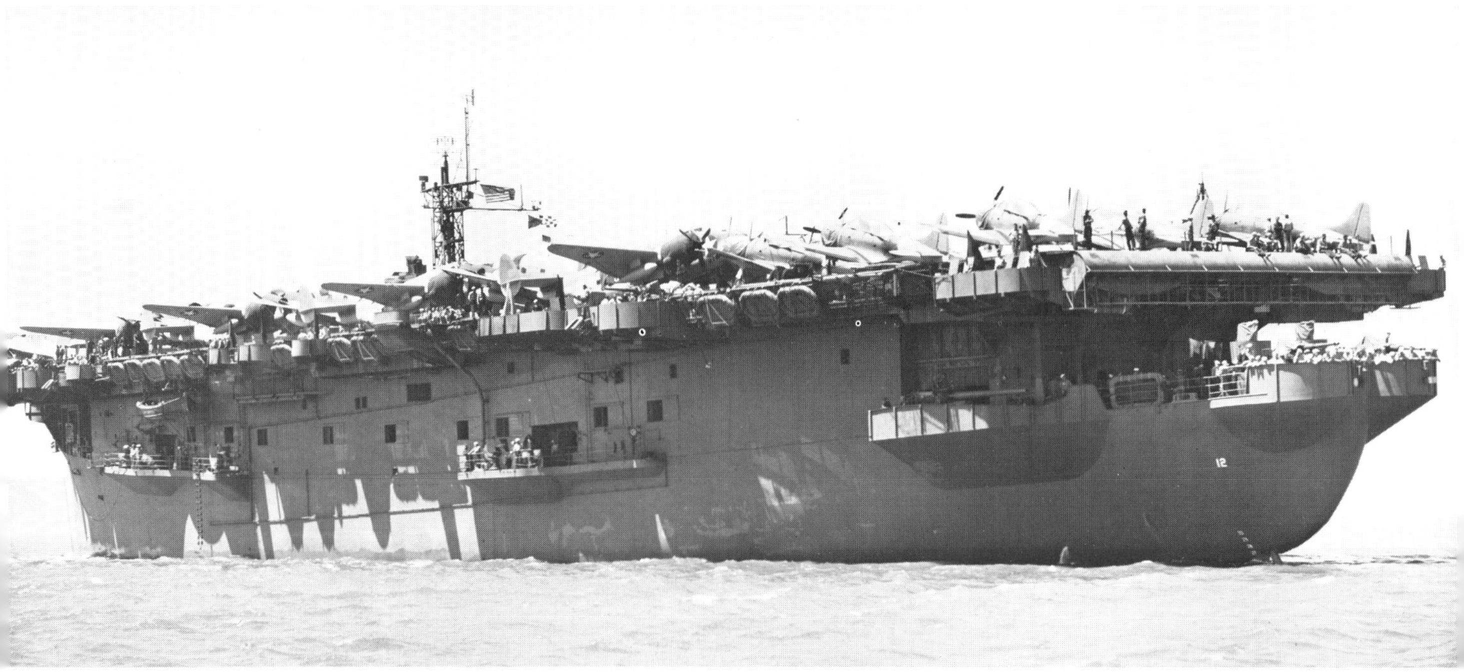

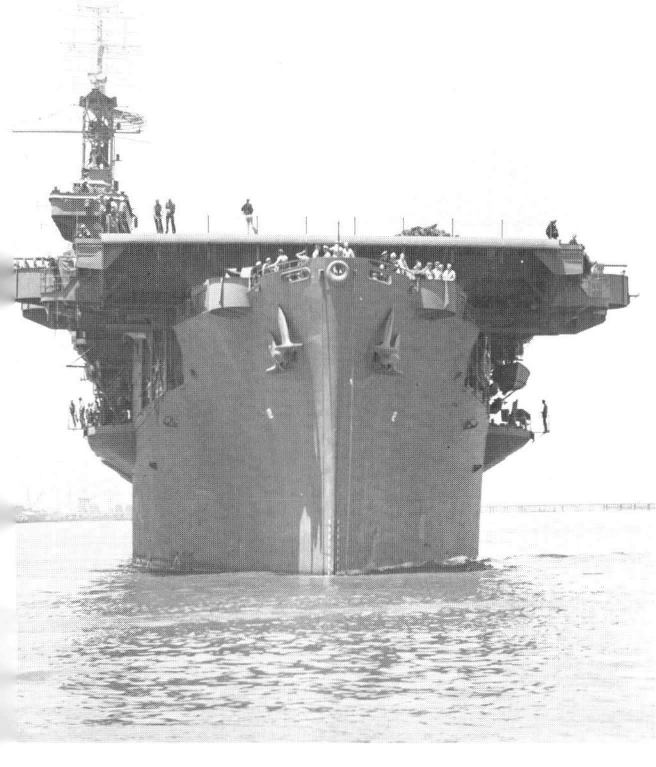

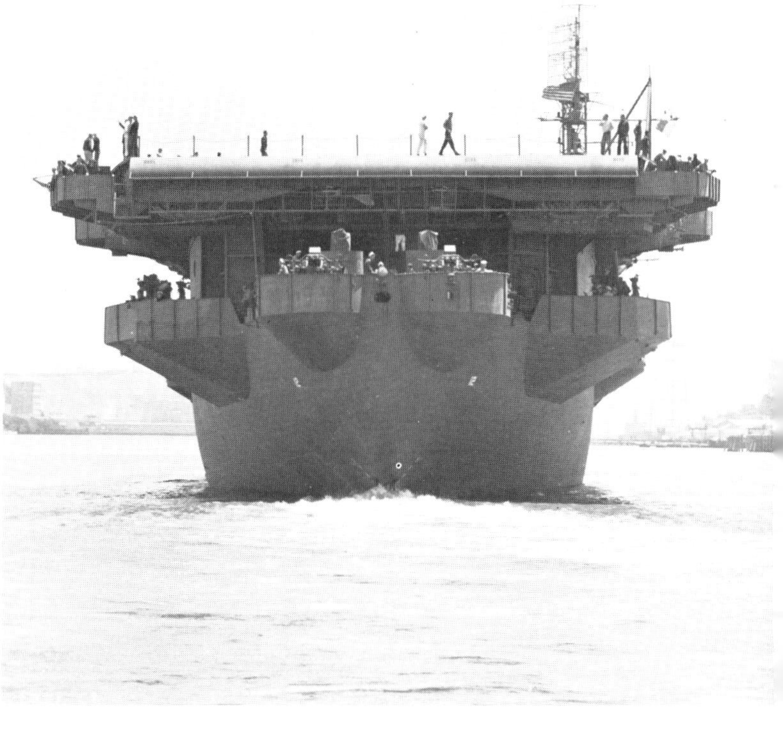

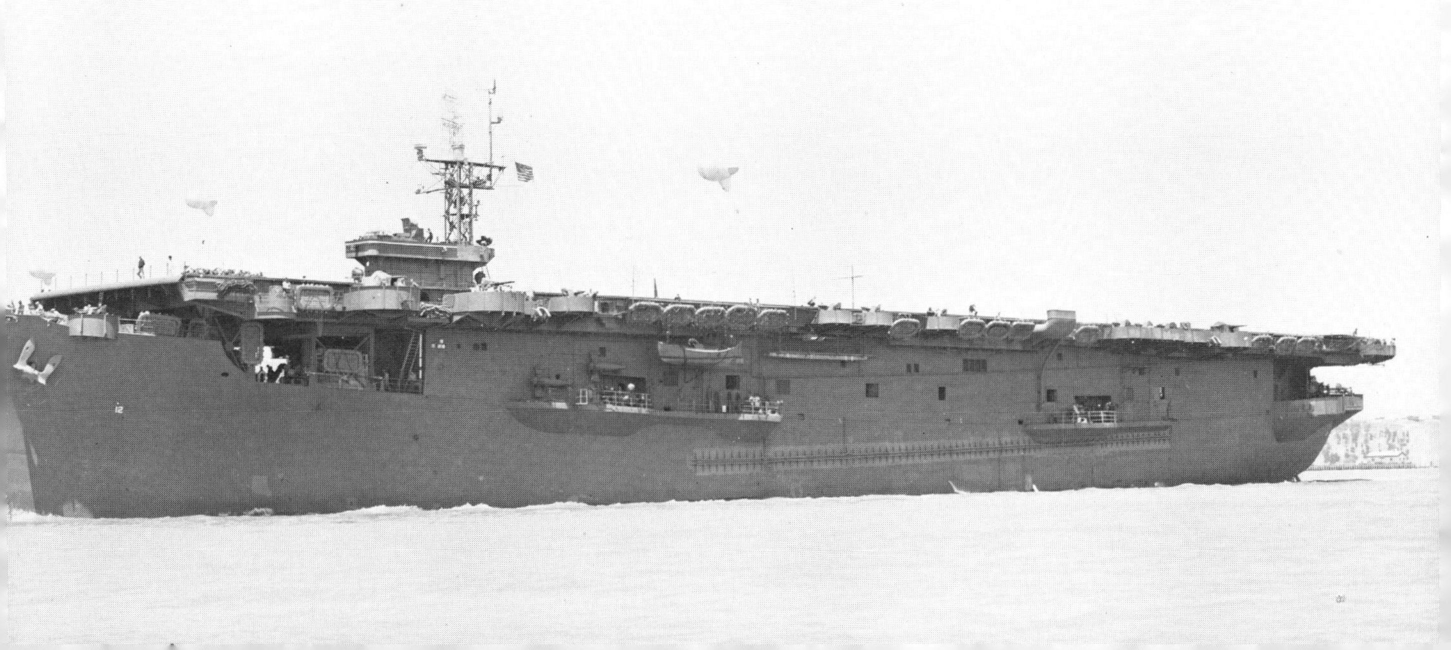

AVG-13 *Core*

Lebenslauf

2/1943	Pazifik; Piloten-Qualifikation
4/1943	Atlantik; Piloten-Trainingsfahrten
6/1943	TG 21.12; U-Jagd-Operationen. Während der ersten Einsatzfahrt zwei deutsche U-Boote versenkt
8–9/1943	zweite und dritte Einsatzfahrt; drei U-Boote versenkt, dann fortgesetzter U-Jagd-Einsatz
12/1943	Flugzeugtransport Ostküste/Liverpool
4/1944	TG 21.16; anschließend Transportfahrt nach Glasgow
8/1944	U-Jagd-Operationen und Trainingsfahrten
6/1945	Pazifik; Flugzeugtransporte nach Pearl Harbor und Samar
10/1945	„Magic Carpet" nach Yokohama; insges. zwei Fahrten, bis
1/1946	
4.10.1946	außer Dienst, Reserveflotte
1.7.1958	reaktiviert; MSTS-Zivilbesatzung
24.11.1969	außer Dienst, gestrichen

Flugzeuge, Staffeln

6–11/1943	VC-13 mit 6 F4F und 12 TBF = 18
4–5/1945	VC-12 mit 3 FM und 16 TBM = 19

Tarnschemata

1/1943 und	
11/1943	Schema 22
1944	Schema 32/4a

Radarantennen

1/1943	SC, SG, YE

Luftaufnahme von CVE-13 *Core*, fotografiert am 19. November 1943 mit deutlich kontrastierenden Flächen des Tarnschemas 22. Auch hier findet man bereits die Radarantenne SK. Foto: USN

Einige CVE dienten in den 50er und 60er Jahren als Flugzeugtransporter und fuhren mit Zivilbesatzungen des „Military Sealift Command" – damals noch mit MSTS abgekürzt. Sie wurden zum Teil leicht modifiziert und hatten danach unterschiedliches Aussehen. Diese Zeichnung zeigt das Aussehen von T-AKV-41 *Core* im Jahre 1968. Beachtenswert sind die rippenartigen Verstärkungen der Insel-Flanke, die seitlich angebrachten Schornsteine und der große Kran auf dem ehemaligen Flugdeck.

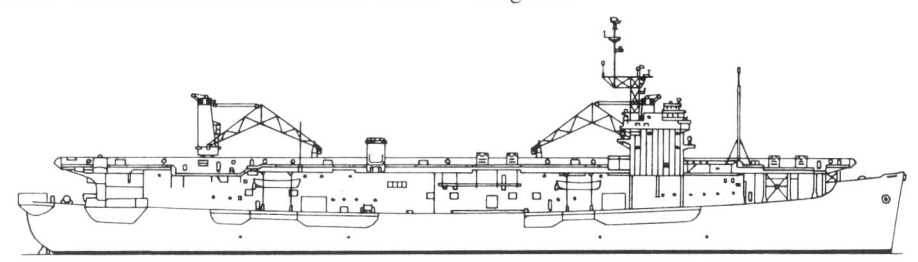

Am 17. Juni 1966 nähert sich *Core*, nunmehr unter der MSTS-Regie fahrend, ihrem Liegeplatz im Hafen von Saigon. Das Schiff transportierte damals über 70 für den Krieg in Vietnam benötigte Flugzeuge. Beachtenswert ist der Wind-Abweiser am vorderen Ende des Flugdecks, der verlängerte Rauchabzug und die hier höher als auf *Card* angebrachte Radarantenne.

Foto: USN

AVG-14 Croatan → HMS Fencer

1. 3. 1943 an Royal Navy als HMS *Fencer*.

AVG-15 Hamlin → HMS Stalker

21. 12. 1942 an Royal Navy als HMS *Stalker*. Rückgabe 29. 12. 1945.

AVG-16 *Nassau*

Umbau beendet bei Puget Sound N. Sh.

Lebenslauf

10/1942	Pazifik; zwei Flugzeugtransportfahrten zu den Neu-Hebriden
4/1943	Piloten-Trainingsfahrten Westküste; VC-21 an Bord, damit Fahrt nach Alaska mit TG 51.1
5/1943	Attu
6/1943	Flugzeugtransport nach Australien
7/1943	Rückkehr zur Westküste
10/1943	Flugzeugtransport nach Samoa
12/1943 bis 2/1944	TG 51.2; Marshall-Inseln. Ab
3/1944	VC-66 von Bord gegeben, dafür Transport von Flugzeugen und Besatzungen zu den Marshall-Inseln, nach Neu-Guinea, den Admiralitätsinseln und den Neu-Hebriden
9/1944	TG 30.8; Transport von Ersatzflugzeugen und Besatzungen für die Flottenträger sowie zugleich Luftsicherung der Versorgungsgruppen
10/1944	Mit TG 38.1 und 38.3 zu den Carolinen; Transport von Ersatzflugzeugen für die Flottenträger. Bis Kriegsende mehrere Transportfahrten nach Guam, Marcus, Samar und Saipan
28. 10. 1946	außer Dienst, Reserveflotte

Flugzeuge, Staffeln

11/1942	als Fähre: 38 F4F, SBD und TBD des Marine Corps
4/1943	VC-21 mit FM und TBM
7/1943 (Soll)	VC-18 mit 2 F4F und 9 TBF = 11
11–12/1943	als Fähre: 22 F6F von VF-1
1–3/1944	VC-66 mit 14 FM und 9 TBM = 23

Tarnschemata

9/1942 und 12/1942	vermutlich Schema 14
4/1944	Schema 32/2a
11/1945	vermutlich Schema 21

Radarantennen

4/1942	SC, SG, YE
11/1945	SK, SG, YE

Im April 1944 aufgenommen wurde dieses Foto von CVE-16 *Nassau*. Die frisch aufgetragenen Farben des Schemas 32 sind ebenso zu erkennen wie die Backbord-Anordnung des Musters 2a. Foto: USN

Mit einer Decksladung verschiedenartiger Flugzeuge kehrt USS *Nassau* am 21. November 1945 mit stark verwittertem Anstrich nach Schema 21 nach San Francisco zurück. Foto: J. A. Casoly (†)

AVG-17 St. George → HMS Pursuer

Auf Stapel gelegt als Handelsschiff *Mormacland*. 14. 6. 1943 an Royal Navy als HMS *Pursuer*. Rückgabe 12. 2. 1946.

AVG-18 *Altamaha*

Fertiggestellt bei Puget Sound N. Sh.

Lebenslauf

9/1943	Pazifik; Flugzeugtransporte zwischen Westküste und den pazifischen Inseln
3/1944	in Pearl Harbor VC-66 an Bord genommen
4/1944	U-Jagd-Operationen bei den Marshall-Inseln
5/1944	Werft Westküste
11/1944 2/1945	Versorgung der 3. Flotte bis dabei am 18. 12. 1944 Beschädigung durch Taifun. Bis Kriegsende Transportfahrten zwischen Kalifornien und Pearl Harbor
1945–1946	nach Kriegsende „Magic Carpet"-Fahrten zwischen Okinawa und der Westküste
27. 9. 1946	außer Dienst, Reserveflotte

Flugzeuge, Staffeln

3–4/1944	VC-66 mit 12 FM und 9 TBM = 21

Tarnschemata

9/1942 und 7/1943	vermutlich Schema 14
1945	vermutlich Schema 21

Radarantennen

7/1943	SC, SG, YE
1945	SK, SG, YE

CVE-18 *Altamaha* mit einer Decksladung von für die USAAF im pazifischen Raum bestimmten Jagdflugzeugen des Typs P-51. Das Foto wurde am 16. Juli 1943 vor San Francisco aufgenommen und es zeigt, daß zu diesem Zeitpunkt die Radarantenne SC auf dem Mast angebracht war. Der Anstrich ist bereits stark verwittert. Neben den 40-mm-Zwillingsflak können zahlreiche 20-mm-Oerlikons beobachtet werden.

Foto: USN, Sammlung BfZ

AVG-19 Prince William → HMS Striker

28. 4. 1943 an Royal Navy als HMS *Striker*. Rückgabe 12. 2. 1946.

AVG-20 *Barnes*

Lebenslauf
1943	Pazifik; Transportfahrten Westküste/Westpazifik
11–12/1943	Tarawa, Gilbert-Inseln
9–10/1944	Carolinen, Luzon
8–11/1945	Besetzung Japans
3/1946	Rückkehr zur Westküste
29. 8. 1946	außer Dienst, Reserve

Flugzeuge, Staffeln
7/1943	VC-34 mit 1 FM und 6 TBF = 7
11–12/1943	als Fähre: 22 F6F von VF-1
3/1944	als Fähre: VF-34 mit 30 F6F
2/1945 bis 7/1945	VF-82

Tarnschemata
3/1943	Schema („dazzle pattern")
1944/45	vermutlich Schema 21

Radarantennen
3/1943	SC, SG, YE

CVE-20 *Barnes*, offensichtlich nach Schema 14 ozeangrau angestrichen. Wenn dies zutrifft, so wäre das Foto etwa im Februar 1943, also bei Indienststellung aufgenommen worden. Hierfür spricht auch das Vorhandensein der SC-Antenne. Allerdings müßte das Schiff – wenn man der Datumsangabe eines anderen Fotos Glauben schenkt – bereits im März 1943 nach einem vorerst noch unbekannten „dazzle-pattern"-Muster umgetarnt worden sein. Sollte es sich bei diesem Foto aber um den navy-blauen Anstrich von Schema 21 handeln, so wäre als Aufnahme-Zeitpunkt etwa Anfang bis Mitte 1945 zu vermuten. Damit folgt aber auch die Erkenntnis, daß – was unwahrscheinlich erscheint – SC-Radar niemals gegen SK ausgetauscht worden war. Foto: USN

AVG-21 *Block Island* I

Lebenslauf
5/1943	Atlantik; bis zum Sommer zwei Flugzeugtransportfahrten nach Irland, danach U-Jagd-Operationen. Dabei zwei deutsche U-Boote versenkt
29.5.1944	versenkt durch U-Boots-Torpedo nordwestlich der Kanarischen Inseln

Flugzeuge, Staffeln
7/1943	VC-25 mit 6 FM und 12 TBF = 18
12/1943 bis 2/1944	VC-58 mit 9 FM und 12 TBF = 21
2–3/1944	VC-6 mit 9 FM und 12 TBF = 21
4–5/1944	VC-58 mit 9 FM und 12 TBF = 21
5/1944	VC-55 mit 9 FM und 12 TBF = 21

Tarnschemata
10/1943	Schema 22

Radarantennen
10/1943	SK, SG, YE

Auch das Aufnahmedatum der hier abgebildeten *Block Island* (CVE-21) ist unbekannt. Vermutlich ist das Foto Ende 1943 aufgenommen worden. SK-Antenne und Anstrich nach Schema 22 lassen darauf schließen. Mindestens 13 20-mm-Flak sind hier auszumachen.

Foto: USN

AVG-22 HMS Searcher

Fertiggestellt bei Commercial Iron Works. Erhielt keinen US-Namen. 7. April 1943 an Royal Navy als HMS *Searcher*. Rückgabe an U.S. Navy am 29. November 1945.

AVG-23 *Breton*

Lebenslauf

1943–1944	Während des ganzen Krieges Transportfahrten im Rahmen der „Carrier Transport Squadron Pacific".
6–8/1944	Saipan, Tinian, Philippinen, Bonin Inseln
4/1945	Okinawa, danach Besetzung Japans
9–11/1945	„Magic Carpet"
30.8.1946	außer Dienst, Reserveflotte
1.7.1958	reaktiviert für den MSTS
26.10.1970	außer Dienst, gestrichen

Flugzeuge, Staffeln

7/1943	VC-16 mit angeblich 36 F6F und 18 F4F (wahrscheinlich Transport)
3/1944	VF-33 mit 24 F6F
3–4/1945	als Fähre: Transport von F4U und F6F

Tarnschemata

12/1943	vermutlich Schema 14
11/1945	vermutlich Schema 21

Radarantennen

11/1945	SK, SG, YE
12/1949	wie vorstehend

Breton, aufgenommen am 17. November 1945 bei der Rückkehr von einer „Magic Carpet"-Fahrt in die Bucht von San Francisco, dunkel-blau angestrichen, entsprechend Schema 21. Foto: J. A. Casoly (†)

USNS *Breton* (T-CVE-23). Verändertes Aussehen nach der 1958 erfolgten Reaktivierung. Man beachte die beiden nachträglich installierten Bordkräne, die etwas verlängerten Rauchabzüge, das Fehlen von schwereren Radarantennen und jeglicher Bewaffnung. Bei den wahrscheinlich für den Einsatz in Vietnam bestimmten Flugzeugen handelt es sich u. a. um einen ehemaligen Bomber des Typs B-26 sowie um etliche A-1 Skyraiders.

Foto: MSTS

AVG-24 HMS Ravager

Fertiggestellt bei Willamette Steel. 25. April 1943 an Royal Navy. Sollte angeblich zuvor den Namen *Charger* erhalten. Rückgabe an U.S. Navy am 27. Februar 1946.

AVG-25 Croatan

Lebenslauf

7/1943	Atlantik;
8/1943	U-Boot-Sicherung von Geleitzügen
10/1943	Zwei Flugzeugtransportfahrten nach Nordafrika. Ab
1/1944	U-Jagd-Operationen, mehrere Einsätze
9–11/1945	Piloten-Qualifikation Ostküste
11/1945	„Magic Carpet" zwischen Ostküste und Frankreich
20.5.1946	außer Dienst, Reserveflotte
16.6.1958	reaktiviert für MSTS als T-CVHE-25, dann am
1.7.1958	als T-CVU-25
27.10.1964	mit MSTS-Zivilbesatzung der NASA unterstellt. Diente zeitweilig als seegehende Startplattform bei Versuchen im Südpazifik. Am Heck und um den achteren Aufzug herum waren Raketenstarter angebracht sowie Bahnverfolgungsantennen installiert. Dies alles wurde ab
5/1965	entfernt; ab
20.5.1965	wieder normaler Flugzeugfährendienst für den MSTS. Steuerbord-Schornstein wie bei CVE-11 *Card*
1970	außer Dienst, gestrichen

Flugzeuge, Staffeln

7/1943	VC-19 mit 6 FM und 12 TBF = 18
4–5/1944	VC-42 mit 9 FM und 11 TBM = 20
6/1944	VC-95 mit 9 FM und 10 TBF = 19
3–4/1945	VC-55 mit 3 FM und 16 TBM = 19

Tarnschemata

5/1943	Schema 22

Radarantennen

5/1943	SC, SG, YE
1944	SK, SG, YE

USS *Croatan*, hier noch als ACV-25 eingestuft, am 20. Mai 1943 in der Höhe von Restoration Point, Wisconsin, aufgenommen. Das Bild zeigt sie nur vier Wochen nach Indienststellung, bei der offensichtlich schon der Anstrich nach Schema 22 angebracht war. Zunächst noch Radarantenne SC auf dem Mast; sie wurde später durch SK ersetzt. Foto: USN, Sammlung BfZ

Diese beiden Fotos zeigen das Aussehen von *Croatan* als T-AKV-43 im Zeitraum 1964/65, als das Schiff im Dienste der „National Space Administration" (NASA) stand und als Testplattform für verschiedene Versuche zur Verfügung stand. Die Rauchabzüge wurden durch Verlängerung zu gekrümmten Schornsteinen, die eine Ähnlichkeit mit denen der *Independence*-Klasse hatten. Beachtenswert sind die beiden starken Kräne sowie die zahlreichen an Deck verteilten Messgeräte und Antennen. Foto: MSC

AVG-31 *Prince William*

Als AVG-31 auf Stapel gelegt. Fertiggestellt bei Puget Sound N. Sh.

Lebenslauf

7/1943	Pazifik; Flugzeugtransportfahrten zwischen der Westküste, Neu-Kaledonien, Samoa, Espiritu Santo
4/1944	kurzer Aufenthalt Westküste, Transportfahrt nach Australien
5/1944	Übergang in den Atlantik
7–8/1944	Piloten-Qualifikation in der Chesapeake-Bucht, eine Flugzeugtransportfahrt nach Casablanca
10/1944 bis 1/1945	Schulträger
6/1945	wieder Wechsel in den Pazifik; Flugzeugtransportfahrten nach Hawaii bis zum Kriegsende
9/1945	sieben Monate „Magic Carpet"-Fahrten
4/1946	Übergang in den Atlantik
29.8.1946	außer Dienst, Reserveflotte

Flugzeuge, Staffeln

7/1943	VC-64 mit 11 FM und 4 TBF = 15

Tarnschemata

4/1943	vermutlich Schema 14
1944	Schema

Radarantennen

4/1943	SC oder SC-2, SG, YE
1944	SK, SG, YE

ACV-31 *Prince William*, der einzige amerikanische Vertreter der zweiten Serie der *Bogue*-Klasse, aufgenommen am 15. April 1943 vor der Marinewerft am Puget Sound, eine Woche nach der Indienststellung. Anstrich nach Schema 14.   Foto: USN, Sammlung BfZ

Diese Luftaufnahme der *Prince William* stammt vom 7. August 1943 und zeigt 17 Flugzeuge an Deck, die zu einem Einsatzort im Pazifik transportiert werden. Von der kleinen Transportmaschine wurden vor dem Verladen die Tragflächen abmontiert. Zu einem späteren Zeitpunkt wurde CVE-31 noch mit einem „dazzle pattern"-Tarnschema ausgestattet.   Foto: USN

AVG-32 Chatham → HMS Slinger

Als AVG-32 *Chatham* auf Stapel gelegt. Bei Willamette Iron fertiggestellt. 11. August 1943 an Royal Navy als HMS *Slinger*. Rückgabe an U.S. Navy am 27. Februar 1946.

AVG-33 Glacier → HMS Atheling

Als AVG-33 auf Stapel gelegt und am 3. 7. 1943 in Dienst gestellt. 31. 7. 1943 außer Dienst gestellt und als CVE-33 HMS *Atheling* an die Royal Navy übergeben. Rückgabe 13. 12. 1946.

HMS *Atheling* (AVG-33) gehörte der zweiten Gruppe der *Bogue*-Klasse an, von der mit Ausnahme von *Prince William* (AVG-31) sämtliche Einheiten unter der britischen Flagge fuhren. Dieses foto wurde 1947 im Hafen von la Valetta, Malta, gemacht.

Foto: Pavia, Sammlung BfZ

AVG-34 Pybus → HMS Emperor

Als AVG-34 auf Stapel gelegt. 31. 5. 1943 in Dienst gestellt. 6. 8. 1943 außer Dienst gestellt und als HMS *Emperor* an Royal Navy übergeben. Rückgabe 12. 2. 1946.

AVG-35 Baffins → HMS Ameer

Als AVG-35 auf Stapel gelegt. 28. 6. 1943 in Dienst gestellt. 19. 7. 1943 außer Dienst gestellt und als HMS *Ameer* an Royal Navy übergeben. Rückgabe 17. 1. 1946.

AVG-36 Bolinas → HMS Begum

Als AVG-36 auf Stapel gelegt. 22. 7. 1943 in Dienst gestellt. 2. 8. 1943 außer Dienst gestellt und als HMS *Begum* an Royal Navy übergeben. Rückgabe 4. 1. 1946.

AVG-37 Bastian → HMS Trumpeter

Auf Stapel gelegt als ACV-37 *Bastian*. Fertiggestellt bei Commercial Iron Works. 4. 8. 1943 als HMS *Trumpeter* an Royal Navy übergeben. Sollte ursprünglich HMS *Lucifer* heißen. Rückgabe 6.4.1946

AVG-38 Carnegie → HMS Empress

9. 8. 1943 als CVE-38 in Dienst gestellt. 12. 8. 1943 außer Dienst gestellt und am selben Tage als HMS *Empress* an Royal Navy übergeben. Rückgabe 4. 2. 1946.

AVG-39 Cordova → HMS Khedive

Als ACV-39 auf Stapel gelegt. 25. 8. 1943 als HMS *Khedive* an Royal Navy übergeben. Rückgabe 26. 1. 1946.

AVG-40 Delgada → HMS Speaker

Als ACV-40 auf Stapel gelegt. 20. 11. 1943 als HMS *Speaker* an Royal Navy übergeben. Rückgabe 27. 7. 1946.

AVG-41 Edisto → HMCS Nabob

Als ACV-41 auf Stapel gelegt. 7. 9. 1943 als CVE-41 HMCS *Nabob* an Royal Canadian Navy übergeben, blieb jedoch unter der operativen Kontrolle der Royal Navy.

AVG-42 Estero → HMS Premier

Als ACV-42 auf Stapel gelegt. Fertiggestellt bei Commercial Iron Works. 3. 11. 1943 als HMS *Premier* an Royal Navy übergeben. Rückgabe 12. 4. 1946.

AVG-43 Jamaica → HMS Shah

Als ACV-43 auf Stapel gelegt. 27. 9. 1943 als HMS *Shah* an Royal Navy übergeben. Rückgabe 6. 12. 1945.

AVG-44 Keweenaw → HMS Patroller

Als ACV-44 auf Stapel gelegt. 22. 10. 1943 als HMS *Patroller* an Royal Navy übergeben. Rückgabe 13. 12. 1946.

AVG-45 McClure → USS Prince → HMS Rajah

Als ACV-45 *McClure* auf Stapel gelegt. 13. 12. 1943 in USS *Prince* umbenannt. 17. 1. 1944 als HMS *Rajah* an Royal Navy übergeben. Rückgabe 13. 12. 1946.

AVG-46 Niantic → HMS Ranee

Als ACV-46 auf Stapel gelegt. 8. 11. 1943 als HMS *Ranee* an Royal Navy übergeben. Rückgabe 21. 11. 1946.

AVG-47 Perdido → HMS Trouncer

Als ACV-47 auf Stapel gelegt. 31. 1. 1944 als HMS *Trouncer* an Royal Navy. Rückgabe 3. 3. 1946.

AVG-48 Sunset → HMS Thane

Als ACV-48 auf Stapel gelegt. 19. 11. 1943 als HMS *Thane* an Royal Navy übergeben. 15. 1. 1945 durch U-Boots-Torpedo schwer beschädigt. Formelle Rückgabe 5. 12. 1945.

AVG-49 St. Andrews → HMS Queen

Als ACV-49 auf Stapel gelegt. 7. 12. 1943 als HMS *Queen* an Royal Navy übergeben. Rückgabe 31. 10. 1946.

AVG-50 St. Joseph → HMS Ruler

Als ACV-50 auf Stapel gelegt. 22. 12. 1943 als HMS *Ruler* an Royal Navy übergeben. Rückgabe 29. 1. 1946.

AVG-51 St. Simon → HMS Arbiter

Als ACV-51 auf Stapel gelegt. 31. 12. 1943 als HMS *Arbiter* an Royal Navy übergeben. Rückgabe 3. 3. 1946.

AVG-52 Vermillion → HMS Smiter

Als ACV-52 auf Stapel gelegt. 20. 1. 1944 als HMS *Smiter* an Royal Navy übergeben. Rückgabe 6. 4. 1946.

Bogue/Prince William-Klasse 65

Aus dem Jahre 1945 stammt diese Aufnahme von HMS *Ranee* (AVG-46) mit der Kenn-Nummer 03. Beachtenswert ist hier die amerikanische Radarantenne SK mit IFF-Zusatzgerät sowie die Anflug-Antenne YE. Der Schiffs-Anstrich zeigt Spuren des langen Einsatzes.

Sammlung BfZ

HMS *Ruler* (AVG-50) mit noch recht frischem britischen Tarnanstrich und der typischen großen Kenn-Nummer, die hier anders als bei den Amerikanern statt auf der Insel, auf der Außenhaut des Vorderschiffes angebracht war.

Foto: USN, Sammlung Barilli

HMS *Smiter* (AVG-52), mit britischer Kriegsflagge, Erkennungssignal und Tarnanstrich sowie britischen Flugzeugen an Bord. Auch auf den Seiten-Galerien sind 20-mm-Flak erkennbar. Foto: USN, Sammlung Barilli

AVG-53 Willapa → HMS Puncher

Als ACV-53 auf Stapel gelegt. 5. Februar 1944 als HMS *Puncher* an Royal Navy übergeben. Rückgabe an U.S. Navy am 17. Januar 1946.

AVG-54 Winjah → HMS Reaper

Als ACV-54 auf Stapel gelegt. 18. Februar 1944 als HMS *Reaper* an Royal Navy übergeben. Rückgabe an U.S. Navy am 20. Mai 1946.

Sangamon-Klasse

Diese Klasse ist parallel zur *Bogue*-Klasse entstanden. In Ermangelung weiterer C3-Handelsschiffsrümpfe beschloß die Navy im Jahre 1942 den Umbau von vier bereits fertiggestellten Öltankern des Typs T3-S2-A1. Diese Schiffe wurden als Tanker der Handelsmarine begonnen, dann nach Fertigstellung 1940/41 von der Navy übernommen und in Dienst gestellt, um schon 1942 als ACV umgebaut zu werden.

Die achtern untergebrachte Antriebsanlage begünstigte die recht achterliche Plazierung der Rauchabzüge, die an den Kanten des Flugzeugdecks waagrecht achtern angebracht werden konnten. Diese Schiffe waren größer als die der beiden ersten Klassen und damit auch leistungsfähiger. Der Hangar war hier geschlossen und es konnten dort 30 Flugzeuge untergebracht werden. Auf dem vorderen Ende befanden sich zwei Katapulte. Das zweite Katapult wurde allerdings erst im Spätherbst 1944 installiert. Die Bordwand war hier flach, da es im Gegensatz zur *Bogue*-Klasse keine Schwalbennester gab. Etliche Öffnungen an den Seiten dieser Schiffe dienten der besseren Entlüftung des Hangars. Sie waren typisch für diese Klasse. Im Laufe des Krieges erhielten die Schiffe z. T. zusätzlich zwei 40-mm-Vierlinge und sechs Zwillings-Lafetten sowie etwa zehn 20-mm-Flak. Bei normalem Flugbetrieb konnten bis zu 34 Maschinen mitgeführt werden.

Wie nachfolgend festzustellen sein wird, wurden diese vier CVE weit öfter bei Gefechten eingesetzt, als die übrigen Artgenossen, die sehr oft über längere Zeitperioden nur Transportfahrten unternahmen. Sowohl im Atlantik wie auch später im Pazifik operierten diese Schiffe oft zusammen in einem Verband, im pazifischen Raum im Rahmen von CARDIV 22.

AO-28 / AVG-26 *Sangamon*

Fertiggestellt als Handelsschiff-Tanker *Esso Trenton*. 27. 10. 1940 von der U.S. Navy übernommen. 12. 4. 1941 als AO-28 klassifiziert und in *Sangamon* umbenannt. 23. 10. 1941 als AO-28 in Dienst gestellt. 14. 2. 1942 als AVG-26 reklassifiziert und danach AVG-Umbau bei Newport News S.B. & D.D. durchgeführt.

Lebenslauf

25.8.1942	Indienststellung als ACV-26
10/1942	Atlantik; TF 34 bei „Operation Torch"
11/1942	Rückkehr zur Ostküste. Wechsel in den Pazifik
1/1943	Pazifik; CARDIV 22; Neu-Hebriden, acht Monate bei den Salomonen
8/1943	Espiritu Santo
9/1943	Werft Westküste
11/1943	Espiritu Santo, TF 53, Tarawa
1/1944	Westküste, Pearl Harbor, Kwajalein
2/1944	Eniwetok; Werft in Pearl Harbor
3–4/1944	TG 50.15; Admiralitätsinseln, Versorgung der Flottenträger bei den Palau-Inseln
6/1944	TF 53; Kwajalein, Marianen, TF 52 bei Saipan
7/1944	Saipan
8/1944	Guam, Marcus
9/1944	Morotai
10/1944	TG 77.4 bei Leyte (Taffy 1); Teilnahme an der Schlacht bei Samar. Dabei beschädigt: am 19. 10. 1944 durch Fliegerbomben, am 25. 10. 1944 durch Kamikaze
11/1944	Werft Westküste, u.a. zweites Katapult installiert
2/1945	Training von VC-33 bei Hawaii
3/1945	TU 52.1.1 bei den Japanischen Inseln
4/1945	TU 52.1.3; Okinawa; dabei am 4. 5. 1945 durch Kamikaze beschädigt: 11 Tote, 25 Vermißte, 21 Schwerverwundete
6/1945	über Ulithi nach Pearl Harbor und Wechsel zur Ostküste: Werft, jedoch
8/1945	bei Bekanntwerden der Kapitulation Japans Reparaturarbeiten eingestellt
24.10.1945	außer Dienst, verschrottet

Flugzeuge, Staffeln
11/1942   VGF-26 mit 12 F4F und VGS-26 mit 9 SBD + 9 TBF = 30
7/1943   CVEG-26 mit VF-26 (17 F4F) und VC-26 (9 SBD + 8 TBF) = 34
11–12/1943 VC-26 mit 12 F6F, 9 SBD und 9 TBF = 30
1–2/1944   CVEG-37 mit VF-37 (12 F6F) und VC-37 (9 SBD + 10 TBF/TBM) = 31
7–8/1944   CVEG-37 mit VF-37 (22 F6F) und VT-37 (9 TBF/TBM) = 31
10/1944   CVEG-37 mit VF-37 (17 F6F) und VT-37 (9 TBM) = 26
3–4/1945   VC-33 mit 24 F6F und 6 TBM = 30

Tarnschemata
1942/1943   vermutlich Schema 14

Radarantennen
1942   SC, SG, YE
10/1943   SC-2, SG, YE

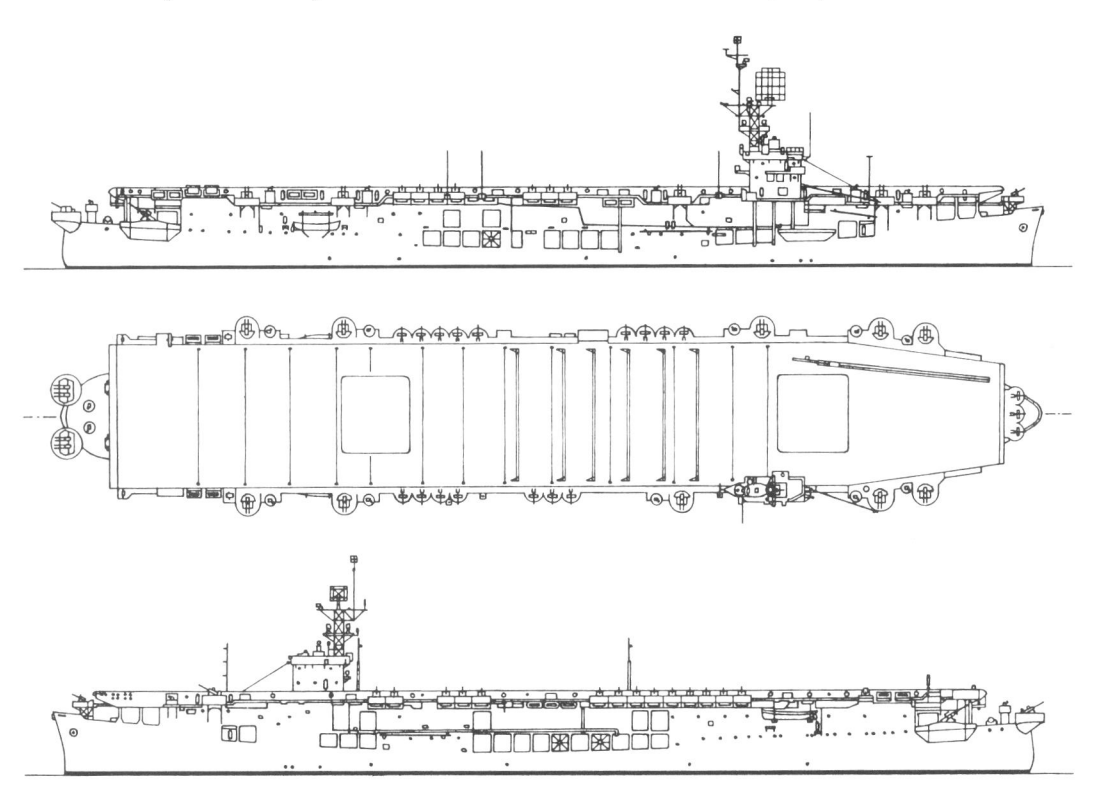

Die Backbord-Zeichnung entspricht dem Aussehen aller vier Einheiten der *Sangamon*-Klasse zur Zeit der ersten Operationen im Atlantik. Vorerst nur 8-40-mm-Flak in Zwillingslafetten und SC-Radar. Steuerbordansicht und Decksplan entsprechen CVE-29 *Santee* im Jahre 1945, nach Verstärkung der 40-mm-Flak und Übernahme von SK-Radar.

Diese Luftaufnahme der *Sangamon* verdeutlicht, daß sich die Anordnung der Öffnungen entlang der Steuerbordseite des Hangars von der an Backbord etwas unterscheidet. Foto: USN

ACV-26 *Sangamon*, aufgenommen 1942 mit Anstrich nach Schema 14. Die hier sichtbare Radarantenne SC wurde 1943 durch SC-2 ersetzt. Das auf der Brücke befindliche Feuerleitgerät wurde vermutlich später entfernt. Die lange Reihe von zehn ähnlichen Öffnungen entlang des Hangars ist kennzeichnend für diese Klasse.

Foto: USN, Sammlung BfZ

AO-33 / AVG-27 *Suwannee*

Fertiggestellt als Handelsschiffs-Tanker *Markay*. 12. 4. 1941 als AO-33 von der U.S. Navy übernommen und in *Suwannee* umbenannt. 9. 7. 1941 als AO-33 in Dienst gestellt. 30. 1. 1942 als AVG-27 reklassifiziert und nachfolgend bei Newport News S. B. & D. D. als AVG umgebaut.

Lebenslauf

24. 9. 1942	Indienststellung als ACV-27
11/1942	Atlantik; Invasion Nordafrikas, Rückkehr zur Ostküste
12/1942	Pazifik; Südpazifik, Guadalcanal, Salomonen
1/1943	Neu-Caledonien, dort 7 Monate lang verblieben
10/1943	Westküste
11/1943	Gilbert-Inseln, Tarawa, Makin
12/1943	Westküste
1/1944	Hawaii, Marshall-Inseln, Roi, Namur
2/1944	Kwajalein, Eniwetok
3/1944	Pearl Harbor, Palau-Inseln
4/1944	Salomonen, Hollandia
6/1944	Saipan, Marianen, Guam; Luft- und U-Boots-Sicherung
9/1944	Morotai
10/1944	Leyte; TG 77.4 (Taffy 1) während der Schlacht bei Samar; dabei am 25. und 26. 10. 1944 durch Sturzkampfbomber beschädigt
11/1944	Werft Westküste
2/1945	über Pearl Harbor nach Tulagi, dann über Ulithi nach Okinawa
4/1945	Okinawa, Japanische Inseln
24. 5. 1945	bei Okinawa Beschädigung durch interne Explosion
6/1945	Leyte, Borneo
8/1945	Okinawa
9/1945	Rückkehr zur Ostküste
10/1946	Bereitschaftsreserve
28. 10. 1946	außer Dienst, Reserveflotte

Flugzeuge, Staffeln

11/1942	VGF-27 (11 F4F), VGF-28 (12 F4F), VGS-27 (9 TBF), VGS-30 (6 F4F) = 38
12/1942	VGF 27 mit 18 F4F und VGS-27 mit 15 TBF = 33
7/1943	CVEG-27 mit VF-27 (18 F4F) und VT-27 (15 TBF) = 33
11–12/1943	CVEG-60 mit VF-60 (12 F6F) und VC-60 (9 SBD + 9 TBF) = 30
1–2/1944	wie vorstehend
4–5/1944	VC-3
7–8/1944	CVEG-60 mit VF-60 (22 F6F) und VT-60 (9 TBM) = 31
10/1944	wie vorstehend
3–4/1945	CVEG-40 mit VF-40 (17 F6F) und VT-40 (10 TBM) = 27
11/1943	VGF-27 mit 18 F4F und VGS-27 mit 15 TBF = 33

Tarnschemata

10/1943	vermutlich Schema 14
3/1945	möglicherweise Schema 22

Radarantennen

1944	SC-2, SG, YE
3/1945	SK, SG, YE

Dieses Foto von CVE-27 *Suwannee* stammt vom 12. Oktober 1943, als sich das Schiff bereits im Pazifik befand. Der Kriegszensor hat die Radarausrüstung wegretuschiert. Foto: USN

AO-31 / AVG-28 *Chenango*

Fertiggestellt 1939 als Handelsschiff-Tanker *Esso New Orleans*. 12. 4. 1941 als AO-31 klassifiziert, in *Chenango* umbenannt und 31. 5. 1941 von der U.S. Navy übernommen. 20. 6. 1941 als AO-31 in Dienst gestellt. 16. 3. 1942 außer Dienst gestellt und am selben Tage bei Beginn des Umbaus bei Bethlehem Staten Island als AVG-28 reklassifiziert.

Lebenslauf

10/1942	Atlantik; Invasion Nordafrikas
12/1942	Pazifik; Geleitzugsicherung bei Guadalcanal
8/1943	Werft Westküste
10/1943	Gilbert-Inseln, dann ab
1/1944	Roi, Kwajalein, Eniwetok, Hollandia
7/1944	Marianen
10/1944	Leyte, Teilnahme an der Schlacht bei Samar (Taffy 1)
11/1944	Flugzeugtransporte für Flottenträger bei Leyte
3/1945	Okinawa; dabei am 9. 4. 1945 Beschädigung durch eigenes, abstürzendes Flugzeug
7/1945	Versorgung der 3. Flotte
11/1945	„Magic Carpet"-Fahrt von Okinawa und Pearl Harbor zur Westküste
14. 8. 1946	außer Dienst, Reserveflotte

Flugzeuge, Staffeln

11/1942	Transport von 76 P-40 für die USAAF
1/1943	VGF-28 mit 11 F4F und VGS-28 mit 8 SBD und 9 TBF = 28
7/1943	CVEG-28 mit VF-28 (18 F4F) und VC-28 (9 SBD + 8 TBF) = 35
11/1943 bis 2/1944	CVEG-35 mit VF-35 (12 F6F) und VC-35 (9 SBD + 9 TBF/TBM) = 30
7–8/1944	CVEG-35 mit VF-35 (22 F6F) und VT-35 (9 TBM) = 31
10/1944	wie vorstehend
3–7/1945	CVEG-25 mit VF-25 (18 F6F) und VT-25 (12 TBM) = 30
8/1945	CVEG-33 mit F6F und TBM

Tarnschemata

9/1943	vermutlich Schema 14
7/1945	vermutlich Schema 21

Radarantennen

1942/1943	SC, SG, YE

Sangamon-Klasse

USS *Chenango* (CVE-28), etwa 1943. Der vormalige Öltanker hatte seine Antriebsanlage achtern, somit befinden sich die beiden hier sichtbaren Rauchabzüge ebenfalls recht weit achtern. Bei der hier sichtbaren 12,7-cm-L/51-Kanone handelt es sich um das ältere Modell, wie es auf älteren Schlachtschiffen als Kasemattgeschütz Verwendung fand. Bemerkenswert sind die exponierten Wannen für die 40-mm- und 20-mm-Flak.   Foto: USN

Dieses Foto der *Chenango* ist möglicherweise Mitte 1945 aufgenommen worden.   Foto: USN

AO-29 / AVG-29 *Santee*

Fertiggestellt 1939 als Handelsschiff-Tanker *Esso Seakey*. 30. Oktober 1940 von der U.S. Navy übernommen und als AO-29 *Santee* in Dienst gestellt. 9. Januar 1942 bei Beginn des Umbaus bei Norfolk N. Sh. als AVG-29 reklassifiziert.

Lebenslauf

24. 8. 1942	Indienststellung als ACV-29	1 / 1944	Flugzeugtransport nach Glasgow; Rückkehr zur Ostküste
9 / 1942	Atlantik; TF 22		
30. 10. 1942	TG 34.2; Beschädigung durch irrtümlich abgeworfene eigene Flugzeugbombe; Fahrt nach Westafrika fortgesetzt	2 / 1944	via Panama-Kanal Wechsel zum Pazifik
		3 / 1944	Flugzeutransport nach Pearl Harbor; mit den drei Schwesterschiffen als CARDIV 22 zur 5. Flotte westlich der Palau-Inseln; Neu-Hebriden
11 / 1942	Rückkehr zur Ostküste		
1 / 1943	Fahrt nach Brasilien; TU 23.1.6; Überwachungsfahrten im Südatlantik	4 / 1944	Neu-Guinea, Hollandia
3 / 1943	Rückkehr zur Ostküste	6 / 1944	Flugzeugbesatzungen von Marine Air Group 21 nach Guam transportiert
6–7 / 1943	Fahrt nach Casablanca		
7–11 / 1943	U-Jagd-Operationen südlich der Azoren; zwischendurch Luftsicherung für BB-61 *Iowa*, mit Präsident F. D. Roosevelt an Bord	9 / 1944	TF 77; Morotai
		10 / 1944	Philippinen, Leyte; Teilnahme an der Schlacht bei Samar (Taffy 1); beschädigt durch U-Boot- und Flugzeug-Torpedo am 25. 10. 1944
12 / 1943	TG 21.11		

11/1944	Werft, Reparaturen in Pearl Harbor		

11/1944   Werft, Reparaturen in Pearl Harbor
12/1944   Werft, Westküste
2/1945   Pearl Harbor
3/1945   Leyte
4/1945   Okinawa und Ostchinesische See, Japanische Heimatinseln
7/1945   Luftsicherung bei Minenräumoperationen um Okinawa, Guam; Beschädigung durch eigenes Flugzeug, dessen Fanghaken gebrochen war
8/1945   Saipan, Leyte
9/1945   Evakuierung amerikanischer, britischer und niederländischer Kriegsgefangener von Formosa nach Manila; Besetzung Japans
10/1945   „Magic Carpet"-Fahrten nach Pearl Harbor und Guam
3/1946   Rückkehr zur Ostküste
21.10.1946 außer Dienst, Reserveflotte

Flugzeuge, Staffeln

11/1942   VGF-29 mit 14 F4F und VGS-29 mit 9 SBD + 8 TBF = 31
6–8/1943 VF-29 mit 12 F4F und VC-29 mit 9 SBD + 13 TBF = 34
4–10/1944 CVEG-26 mit VF-26 (24 FM) und VT-26 (9 TBF/TBM) = 33
3–7/1945 CVEG-24 mit VF-24 (18 F6F) und VT-24 (12 TBM) = 30
7–8/1945 CVEG-26 mit VF-26 (F6F) und VT-26 (TBM)

Tarnschemata

9/1942   Schema 17
10/1943   möglicherweise Schema 14

Radarantennen

10/1943   SC, SG, YE
1945   SK, SG, YE

Dieses im September 1942 aufgenommene Erkennungsfoto von ACV-29 *Santee* verdeutlicht das Tarnmuster des Schemas 17, das an Backbord wie an Steuerbord gleich war.   Foto: USN, Sammlung BfZ

Dieses Foto der *Santee*, nun als CVE-29 eingestuft, entstand am 12. Oktober 1943. Es zeigt eine etwas merkwürdige Abkehr von der Vorschrift des Schemas 22, bei der der Eindruck entsteht, daß der Wasserpaß zu hoch geraten sei. Diese Beobachtung wird man später bei noch einem weiteren CVE machen können. Es kann hierbei nicht ausgeschlossen werden, daß es sich möglicherweise um ein eigenes, der Nummer nach noch nicht bekanntgewordenes Tarnschema handelt.

Foto: USN, Sammlung BfZ

Casablanca-Klasse

Alle 50 Schiffe dieser Klasse wurden aus unfertigen Rümpfen von Handelsschiffen des MARCOM-Typs S4-S2-BB3 fertiggestellt. Die Navy übernahm offiziell jedes der Schiffe am Tage der Indienststellung.

Diese Klasse ist ein Musterbeispiel für die Fähigkeiten der USA, in Kriegszeiten bzw. bei Notwendigkeit ihr volles wirtschaftliches und personelles Potential zu entfalten. Es gehört einiges dazu, in knapp weniger als einem Jahr 50 Schiffe von dieser Größe fertigzustellen und auszurüsten. Der Nickname „Jeep-carriers" für diese kleinen Träger steht stellvertretend nicht nur für deren geringe Abmessungen, sondern auch für die schnelle Folge bei der Fertigstellung. Die Kaiser-Werft in Vancouver rationalisierte den Bau weitestgehend, und aus den am Ende des Buches befindlichen Baudaten-Tafeln kann ersehen werden, wie auf den Tag genau planmäßig die Kiellegungen, die Stapelläufe und die Fertigstellungen eingehalten worden waren. Lediglich der Ordnung halber soll hier noch erwähnt werden, daß zur gleichen Zeit die U.S. Navy zahlreiche andere Bauprogramme realisieren mußte, wie die von Hunderten von Zerstörern und Geleitschiffen, von U-Booten, von Kreuzern und vielen anderen Neu- und Umbauten.

Zum Unterschied von den beiden ersten AVG-Klassen wurden keine Schiffe dieser Klasse mehr an die Royal Navy abgegeben. Sie alle wurden zum größten Teil im Pazifik bei mannigfaltigen Aufgaben eingesetzt. Die längste Bauzeit betrug hier acht Monate, die kürzeste dreieinhalb!

Schiffe dieser Klasse hatten ein Katapult und zwei Flugzeug-Aufzüge. Kennzeichnend für sie war die flache Heckfläche, über der das einzige 12,7-cm-L/38-Geschütz in einer Wanne untergebracht war. Außerdem gab es hier wieder – im Gegensatz zur *Sangamon*-Klasse – zahlreiche seitlich unter der Flugdeckkante angebrachte Flakstände.

Wegen des damals offensichtlich herrschenden Engpasses bei der Belieferung von Getriebe-Turbinen mußte die Wahl der Antriebsanlage zugunsten von Kolbenmaschinen ausfallen, die auf zwei Schrauben wirkten. Je zwei Rauchabzüge wurden seitlich, mehr achtern, unter das Flugdeck geleitet.

Einige Schiffe dieser Klasse wurden bei Beginn des Korea-Krieges reaktiviert, wobei sie – mit Zivilbesatzung des MSTS fahrend – vornehmlich als Flugzeug-Fähren eingesetzt worden waren.

AVG-55 HMS Ameer → USS Alazon Bay → *Casablanca*

Als HMS *Ameer* auf Stapel gelegt. 23. 1. 1943 in *Alazon Bay* umbenannt, 3. 4. 1945 in *Casablanca*.

Lebenslauf

8/1943	Pazifik; Trainingsschiff für Geleitträger-Besatzungen.
8/1944	Flugzeugtransportfahrt in den Westpazifik
10/1944	erneut Trainingsschiff, dann ab
3/1945	Transportfahrten nach Guam
9/1945	„Magic Carpet"-Fahrten zwischen den pazifischen Inseln, Japan und der Westküste
10.6.1946	außer Dienst, Reserveflotte

Tarnschemata

1943	Schema 14
1944	Schema 32/12a

Radarantennen

8/1944	SC-2, SG, YE

Casablanca-Klasse

Eines der ersten Fotos von CVE-55 *Casablanca*. Um diese Zeit führte das Schiff die Radarantennen SC-2, SG und YE, die jedoch auf diesem Foto allesamt vom Kriegs-Zensor wegretuschiert worden sind. Beachtenswert sind hier die zahlreichen Wannen für die 40- und 20-mm-Flak. Foto: OUR NAVY PHOTO

AVG-56 *Liscome Bay*

Als ACV-56 vom Stapel gelaufen.

Lebenslauf
10/1943	Pazifik; CARDIV 24, nur ein Einsatz
11/1943	TF 52; Luftunterstützung bei den Gilbert Inseln
24.11.1943	durch U-Boot-Torpedo im Gebiet der Gilbert Inseln versenkt; Rear Admiral Mullinnix, Captain Wiltsie, 53 Offiziere und 591 Mann gefallen, 272 Mann gerettet.

Flugzeuge, Staffeln
7–11/1943	VC-39 mit 11 FM, 2 SBD und 9 TBM = 22
11/1943	VGF-56 mit 16 FM und VGS-56 mit 12 TBM = 28

Tarnschemata
9/1943	vermutlich Schema 14

Radarantennen
9/1943	SC-2, SG, YE

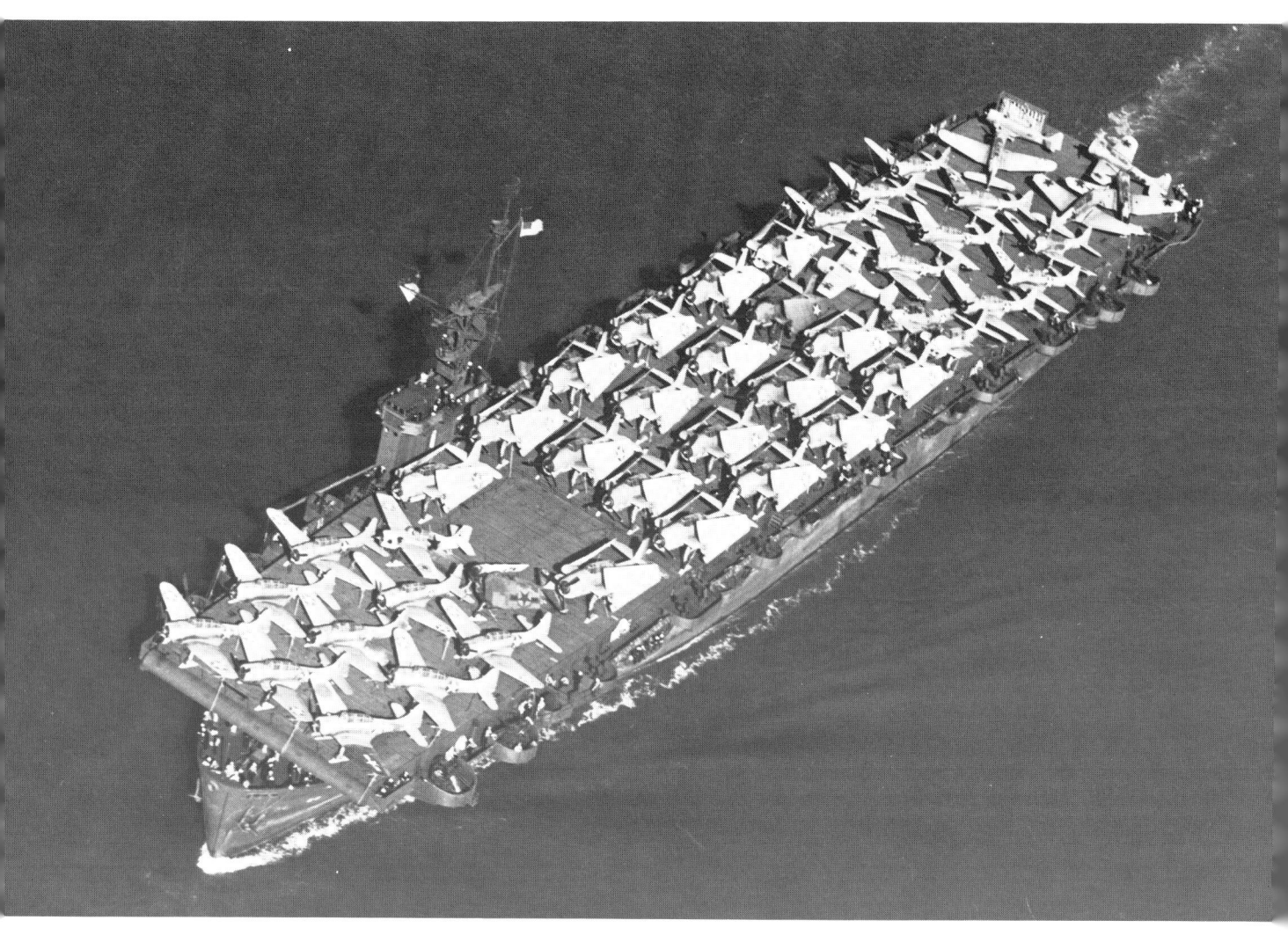

CVE-56 *Liscome Bay*, aufgenommen am 20. September 1943, d.h. ca. sechs Wochen nach Indienststellung, mit SBD- und TBM-Maschinen von VC-39 an Bord. Aus dieser Perspektive paßt sich der dunkle Anstrich des Schemas 14 vorzüglich an die Umgebung an, die Flugzeuge dagegen „leuchten" zu stark. Die Radarantenne SC-2 kann gerade noch ausgemacht werden.

Foto: USN

AVG-57 Alikula Bay → *Coral Sea* → *Anzio*

Als ACV-57 *Alikula Bay* auf Stapel gelegt. 3. April 1943 in *Coral Sea* umbenannt. Als CVE-57 *Coral Sea* in Dienst gestellt. 15. September 1944 in *Anzio* umbenannt.

Lebenslauf

11–12/1943	Pazifik; Makin
1–2/1944	Kwajalein
3/1944	Emirau
4–5/1944	Aitape, Neu-Guinea
6–7/1944	Saipan
8–9/1944	Westküste Werft, als USS *Anzio* Rückkehr in den Pazifik
12/1944	U-Boot-Sicherung bei Leyte und Luzon
2–3/1945	U-Boot-Sicherung bei Iwo Jima
3–6/1945	U-Boot-Sicherung und Luftunterstützung bei Okinawa
7–8/1945	U-Boot-Sicherung bei den Japanischen Heimatinseln; seit 11/1944 vier japanische U-Boote versenkt
9/1945	zwei „Magic Carpet"-Fahrten ab Okinawa, bis
12/1945	dann Westküste
5.8.1946	außer Dienst, Reserveflotte

Flugzeuge, Staffeln

7/1943	VC-33 mit 6 FM, 1 SBD und 12 TBF = 19
11–12/1943	VC-33 mit 16 FM und 12 TBF = 28
1–2/1944	VC-33 mit 5 FM, 9 F4F und 12 TBF/TBM = 26
7–8/1944	VC-3 mit 14 FM und 12 TBF/TBM = 26
10/1944 bis 3/1945	VC-82 mit FM und TBM
3–8/1945	VC-13 mit 12 FM und 12 TBM = 24
8–9/1945	VC-66 mit FM und TBM

Tarnschemata

1943	Schema 22
10/1944	Schema 32/12a

Radarantennen

10/1944	SC-2, SG, YE

Nicht bekanntgeworden ist das Datum dieser Aufnahme von CVE-57 *Anzio*, der hier jedoch sicherlich noch unter dem Namen *Coral Sea* fährt. Beachtenswert sind die beiden Aufzugsschächte mit der Aufzugs-Plattform in der unteren Position. Die Katapultbahn kann auf dem vorderen Teil des Flugdecks ausgemacht werden.

Foto: USN, Sammlung BfZ

Geleitträger

Details des Achterschiffes der *Anzio* zeigt dieses Foto, das am 6. Oktober 1944 aufgenommen wurde, also kurze Zeit nach der Umbenennung und nach der Anbringung des Tarnanstrichs nach Schema 32/12a. Auf dem Mast sind SG- und YE-Radar gut sichtbar.
Foto: USN, Sammlung BfZ

Den Weg allen alten Eisens beschreitet *Anzio* im Schlepptau im Jahre 1960, zum Schluß noch die hier ungewohnte Standard-Kenn-Nummer am Bug führend.
Foto: Sammlung BfZ

AVG-58 Anguilla Bay → *Corregidor*

Als ACV-58 *Anguilla Bay* auf Stapel gelegt. Sollte als HMS *Atheling* an die Royal Navy übergeben werden, verblieb aber bei der USN; dafür wurde CVE-33 abgegeben. 3. April 1943 in *Corregidor* umbenannt und unter diesem Namen vom Stapel gelaufen.

Lebenslauf

10/1943	Pazifik; CARDIV 24 in Pearl Harbor
11–12/1943	Gilbert-Inseln, dann eine Flugzeugtransportfahrt von der Westküste aus
1–3/1944	Marshall-Inseln
3–4/1944	Emirau
4/1944	Hollandia
6/1944	Saipan
7/1944	Guam, dann Westküste in die Werft
10–11/1944	Piloten-Qualifikation
1/1945	U-Jagd-Operationen zwischen Pearl Harbor und Eniwetok
3–4/1945	U-Jagd-Operationen Marshall-Inseln
5–9/1945	Piloten-Qualifikation von Pearl Harbor aus
10/1945	„Magic Carpet"-Fahrt von Pearl Harbor zur Westküste
30.7.1946	außer Dienst, Reserve
19.5.1951	als T-CVE-58 für den MSTS reaktiviert; Transportfahrten nach Korea
1958	Libanon-Krise im Mittelmeer
4.9.1958	außer Dienst

Flugzeuge, Staffeln

7/1943	VC-41 mit 11 F4F und 6 TBF = 17
11–12/1943	VC-44 mit 16 FM und 12 TBF = 28
1–2/1944	VC-44 mit 6 FM, 3 F4F und 11 TBF/TBM = 20
3/1944	VC-41 mit 12 FM, 3 F4F und 10 TBF/TBM = 25
7–8/1944	VC-41 mit 14 FM und 12 TBM = 26
11–12/1944	VC-83 mit FM und TBM
1–5/1945	VC-42 mit FM und TBM

Tarnschemata

1944	Schema

Radarantennen

??	??

CVE-58 *Corregidor* mit geschlossener Brücke und zum Teil eingemotteten 40-mm-Flak.   Foto: OUR NAVY PHOTO

Obwohl unter der Regie des damaligen MSTS fahrend, führt hier T-CVE-58 *Corregidor*, aufgenommen vor Kapstadt im März 1957, die große Kenn-Nummer an der Insel. Beachtenswert sind die verlängerten Rauchabzüge.

Foto: Sammlung Davis

AVG-59 Atheling → *Mission Bay*

Als ACV-59 *Atheling* auf Stapel gelegt. 3. 4. 1943 in *Mission Bay* umbenannt.

Lebenslauf
12/1943	Atlantik; Geleitdienst und U-Boot-Sicherung, dann Rückkehr zur Ostküste
2/1944	Transport von Flugzeugen und Besatzungen via Südafrika nach Indien
3/1944	Ankunft in Indien
5/1944	Rückkehr Ostküste
5–6/1944	Eine Atlantik-Einsatzfahrt
9/1944	U-Jagd-Operationen im Südatlantik
2/1945	Geleit für den Kreuzer *Quincy* (CA-71) mit Präsident Roosevelt an Bord (über den Atlantik bei der Rückkehr von der Konferenz in Jalta)
3/1945	Rückkehr Ostküste
4–5/1945	U-Jagd-Operationen Nordatlantik
7–12/1945	Trainingsoperationen Ostküste
1946	noch in Dienst, aber in Bereitschaftsreserve
21.2.1947	außer Dienst, Reserveflotte

Flugzeuge, Staffeln
7–8/1943 (Soll) VC-58 mit 6 FM und 10 TBF = 16
12/1943   VC-8 mit FM und TBF
9–10/1944   VC-36 mit 9 FM und 12 TBM = 21
3–4/1945   VC-95 mit 9 FM und 10 TBF = 19

Tarnschemata
1943   Schema 22
8/1944   Schema ?

Radarantennen
8/1944   SK, SG, YE

Casablanca-Klasse

CVE-59 *Mission Bay*, aufgenommen im August 1944. Tarnmuster mit bisher noch nicht bekanntgewordener Bezeichnung. Foto: USN

Mission Bay, aufgenommen am 28. Februar 1960 im Hafen Mirao in Japan, auf Verschrottung wartend. Die einkonservierten 40-mm-Flak befinden sich noch an Bord. Foto: N. Itoki, Sammlung BfZ

AVG-60 Astrolabe Bay → *Guadalcanal*

Als ACV-60 *Astrolabe Bay* auf Stapel gelegt. 3. 4. 1943 in *Guadalcanal* umbenannt.

Lebenslauf
11/1943	Atlantik; Flaggschiff der Anti-Submarine-TG 21.12. Ab
1/1944	U-Jagd-Operationen im Atlantik, Westafrikaküste, dabei
5/1944	deutsches U-Boot U-505 als Kriegsbeute aufgebracht. Ab
12/1944	Piloten-Qualifikation Ostküste und Karibik
15. 7. 1946	außer Dienst, Reserveflotte

Flugzeuge, Staffeln
7–8/1943 (Soll) VC-36 mit 6 FM und 11 TBF = 17
3–4/1944 VC-58 mit 9 FM und 12 TBF/TBM = 21
5–6/1944 VC-8 mit 9 FM und 12 TBM = 21

Tarnschemata
9/1944 und
4/1945 Schema?

Radarantennen
1944 SK, SG, YE

Mit demselben, nur etwas weniger verwitterten Tarnanstrich als bei *Mission Bay*, präsentiert sich CVE-60 *Guadalcanal* im September 1944 aus knapp 60 m Höhe irgendwo im Atlantik. Die dunkel gehaltene Decks-Nummer hebt sich vom dunkelblauen Flugdeck nur schwach ab.   Foto: USN

AVG-61 Bucareli Bay → *Manila Bay*

Als ACV-61 *Bucareli Bay* auf Stapel gelegt. 3. 4. 1943 in *Manila Bay* umbenannt.

Lebenslauf

11–12/1943	Pazifik; eine Transportfahrt mit beschädigten Flugzeugen von Pearl Harbor zur Westküste	5.1.1945	durch Kamikaze beschädigt: 14 Tote, 52 Verwundete; Lingayen
1–2/1944	Flaggschiff von CARDIV 24, TF 52; Marshall-Inseln, Kwajalein, Eniwetok, Majuro	2/1945	Westküste Werft
		5/1945	Hawaii, Westpazifik
		6/1945	Okinawa, Guam, Eniwetok
3/1944	Espiritu Santo; TF 37, Kavieng, Salomonen, Rabaul	8/1945	TF 44; Aleuten
		9/1945	Besetzung Nord-Japans
4/1944	Neu-Guinea, Hollandia	10/1945	„Magic Carpet" von Eniwetok aus, insgesamt drei Fahrten
5/1944	Pearl Harbor Werft		
6/1944	Flugzeugtransport zu den Marianen; Rücktransport von Verwundeten nach Pearl Harbor	2/1946	Ostküste
		31.7.1946	außer Dienst, Reserveflotte
7/1944	Westküste		
10/1944	Leyte; TG 77.4 (Taffy 2), Schlacht bei Samar, Cebu		
12/1944	Mindoro		
1/1945	Philippinen, dabei		

Flugzeuge, Staffeln

7/1943 (Soll)	VC-31 mit 6 FM und 12 TBF = 18
1–7/1944	VC-7 mit 16 FM und 12 TBF = 28
10/1944	VC-80 mit 16 FM und 12 TBM = 28
1/1945	VC-80 mit 20 FM und 12 TBM = 32
6–9/1945	VC-71 mit FM und TBM

CVE-61 *Manila Bay*, aufgenommen 1944.   Foto: OUR NAVY PHOTO

AVG-62 HMS Begum → *Natoma Bay*

Als HMS *Begum* auf Stapel gelegt. 3. 4. 1943 in *Natoma Bay* umbenannt und in die U.S. Navy übernommen. Dafür wurde CVE-36 an Royal Navy abgegeben.

Lebenslauf

11/1943	Pazifik; Transport von Flugzeugen und Besatzungen nach Hawaii
1/1944	Flaggschiff von CARDIV 24, TG 51.2; Marshall-Inseln
3/1944	TF 37; Kavieng, Salomonen
4/1944	TF 78; Neu-Guinea
5/1944	Pearl Harbor
6/1944	Flugzeugtransport zu den Marianen
7/1944	Westküste, dann
9/1944	Piloten-Qualifikation für die Staffel VC-81
10/1944	3. Flotte, TG 77.4; Philippinen; bei Leyte Flaggschiff von TU 77.4.2 (Taffy 2), Schlacht bei Samar
12/1944	Mindoro
1/1945	CARDIV 25; Luzon-Landungen
2/1945	TU 52.2.1; Iwo Jima
6/1945	Okinawa, dabei
7. 6. 1945	durch Kamikaze beschädigt, anschließend Guam
8/1945	Westküste
11–12/1945	„Magic Carpet"-Fahrt von den Philippinen aus
2/1946	Übergang zur Ostküste
20. 5. 1946	außer Dienst, Reserveflotte

Flugzeuge, Staffeln

7/1943 (Soll)	VC-55 mit 6 FM und 12 TBF
1–2/1944	VC-63 mit 12 FM und 12 TBM = 24
4–5/1944	VC-63 mit 28 FM und 18 TBM = 46 (offensichtlich im Transport)
10/1944	VC-81 mit 16 FM und 12 TBM = 28
1/1945	VC-81 mit 20 FM und 12 TBM = 32
3–7/1945	VC-9 mit FM und TBM

Tarnschemata

3/1945	Schema ?

Radarantennen

3/1945	SK, SG, YE

Mit kaum erkennbarem Tarnanstrich präsentiert sich CVE-62 *Natoma Bay* am 1. 3. 1945 im Pazifik. Foto: USN

Casablanca-Klasse

AVG-63 Chapin Bay → *Midway* → *St. Lo*

Als ACV-63 *Chapin Bay* auf Stapel gelegt. 3. 4. 1943 in *Midway* umbenannt, unter diesem Namen später vom Stapel gelaufen und in Dienst gestellt. 15. 9. 1944 in *St. Lo* umbenannt.

Lebenslauf

1943/1944	Pazifik; zwei Transportfahrten nach Pearl Harbor, eine nach Australien
6/1944	„Carrier Support Group 1"; Saipan
7/1944	Eniwetok, Tinian
8/1944	Manus
9/1944	TF 77; Morotai, Palau-Inseln (Umbenennung in *St. Lo*)
10/1944	Leyte; TU 77.4.3 (Taffy 3), Schlacht bei Samar, dabei
25. 10. 1944	durch Kamikaze-Treffer gesunken

Flugzeuge, Staffeln

7/1943	(Soll) VC-42 mit 6 FM und 12 TBF/TBM = 18
3/1944	VC-65 mit 12 FM und 9 TBM = 21
6–8/1944	VC-65 mit 12 FM und 9 TBM = 21
10/1944	VC-65 mit 17 FM und 12 TBM = 29

Tarnschemata

4/1944   Schema 32/15a

Radarantennen

??   ??

Am 7. April 1944 aufgenommen wurde CVE-63 *Midway*, der erst einige Monate später, kurz vor der Versenkung während der Schlacht bei Samar in *St. Lo* umbenannt wurde. Das Tarnmuster 15a des Schemas 32, hier offensichtlich noch recht frisch, bietet gute Erkennungshilfe. Die Radarantennen wurden jedoch vom Kriegs-Zensor wegretuschiert.

Foto: USN

AVG-64 Didrickson Bay → *Tripoli*

Als ACV-64 *Didrickson Bay* auf Stapel gelegt und auch in Dienst gestellt. 6. 11. 1943 in *Tripoli* umbenannt.

Lebenslauf

1/1944	während des Werftaufenthaltes im Anschluß an die Werftprobefahrten Explosion (1 tödlich Verunglückter), dadurch Indienststellung verzögert
2/1944	Übergang zur Ostküste
3/1944	VC-13 an Bord; TG 21.15: U-Jagd-Operationen im Gebiet der Kapverdischen Inseln
4/1944	Versorgungsstopp in Recife, Brasilien, danach weiter U-Jagd-Operationen; Rückkehr zur Ostküste
5/1944	VC-6 an Bord; U-Jagd-Operationen bei den Kapverdischen Inseln; Geleitzugsicherung Neu-Schottland
6/1944	Rückkehr zur Ostküste, dann bis
7/1944	Trainingsfahrten Ostküste
8/1944	Operationen von Recife, Brasilien, aus; ein deutsches U-Boot versenkt; 4. Flotte, TG 47.7
9/1944	Rückkehr nach Recife; U-Jagd-Operationen zusammen mit USS *Mission Bay* (CVE-59)
10/1944	von Recife aus eine weitere Einsatzfahrt, dann
11/1944	Rückkehr zur Ostküste
1/1945	via Panama-Kanal Übergang zur Westküste
2/1945	Pazifik; VC-8 nach Hawaii transportiert; Flugzeugtransport nach Roi
8/1945	bis Kriegsende Trainingsoperationen von Pearl Harbor aus; eine „Magic Carpet"-Fahrt zur Westküste
9/1945	von Pearl Harbor aus Nacht-Qualifikationsfahrten, bis
11/1945	dann eine weitere „Magic Carpet"-Fahrt
1/1946	Übergang zur Ostküste
22.5.1946	außer Dienst, Reserveflotte
5.1.1952	für MSTS reaktiviert, als Flugzeugfähre eingesetzt. Während der danach folgenden sechs Jahre insgesamt 44 Transportfahrten nach Europa, Mittelmeer und Japan bis
25.11.1958	dann außer Dienst, gestrichen

Flugzeuge, Staffeln

7/1943	(Soll) VC-66 mit 10 FM und 3 TBF = 13
3/1944	VC-13 mit 9 FM und 12 TBF = 21
8–10/1944	VC-6 mit 13 FM und 17 TBM = 30

Radarantennen

1944	SK, SG, YE
3/1952	wie vorstehend

Zwei Monate nach der Reaktivierung: CVE-64 *Tripoli*, aufgenommen im März 1952 vor New York. Trotz MSTS-Regie und Zivilbesatzung führt das Schiff noch die volle Radarausrüstung und Bewaffnung. Die obere Brücke ist jetzt durch Abdeckung geschützt.

Foto: Ted Stone, Sammlung BfZ

AVG-65 Dolomi Bay → *Wake Island*

Als ACV-65 *Dolomi Bay* auf Stapel gelegt. 3. 4. 1943 in *Wake Island* umbenannt und unter diesem Namen später in Dienst gestellt.

Lebenslauf

12/1943	Pazifik; zunächst Westküste
1/1944	via Panama-Kanal zur Ostküste
2/1944	TG 27.2; Fracht- und Passagiertransport über Brasilien und Südafrika nach Indien
3/1944	Ankunft Indien; nach Entladung Abfahrt über Indischen Ozean
4/1944	Ankunft Ostküste
6/1944	TG 22.6; U-Jagd-Operationen Atlantik, dabei ein deutsches U-Boot versenkt
7/1944	Casablanca, U-Jagd-Operationen bei den Azoren und Nordwest-Afrika
8/1944	Rückkehr Ostküste
3–10/1944	Piloten-Qualifikation Ostküste
11/1944	via Panama-Kanal zur Westküste
12/1944	Pazifik; über Pearl Harbor Transport von Flugzeugen zu den Admiralitätsinseln
1/1945	TG 77.4; Befreiung der Philippinen; Übernahme der Überlebenden von der *Ommaney Bay* (CVE-79); Ulithi
2/1945	Iwo Jima, Luftunterstützung
3/1945	Ulithi; mit TG 52.1 Luftunterstützung bei Okinawa
4/1945	Okinawa, dabei
3.4.1945	durch zwei Kamikaze beschädigt, danach Guam Reparatur der Kampfschäden
5/1945	Rückkehr nach Okinawa
6/1945	eine Flugzeug- und Munitions-Transportfahrt von Guam nach Okinawa
7/1945	Westküste
8/1945 bis 1/1946	Piloten-Qualifikationsfahrten
5.4.1946	außer Dienst, gestrichen

Flugzeuge, Staffeln

7/1943	(Soll) VC-63 mit 3 F4F, 6 FM, 6 SBD und 5 TBF = 20
6–8/1944	VC-58 mit 9 FM und 12 TBM = 21
1/1945	VOC-1 mit 23 FM und 12 TBM = 35
3–4/1945	VOC-1 mit 26 FM und 6 TBM = 32

Tarnschemata

11/1944 und 1/1945	Schema 33/10a

Radarantennen

1/1945	SC, SG, YE

CVE-65 *Wake Island*, aufgenommen am 9. November 1944 nach der Werftliegezeit in der Marinewerft Norfolk. Der Tarnanstrich nach Schema 33/10a wurde frisch angebracht. Zahlreiche Rettungsflöße hängen entlang der Flugdeckkante.

Foto: USN

AVG-66 Elbour Bay → *White Plains*

Als ACV-66 *Elbour Bay* auf Stapel gelegt. 3. 4. 1943 in *White Plains* umbenannt und unter diesem Namen später in Dienst gestellt.

Lebenslauf

1–2/1944	Pazifik; Flugzeugtransport zu den Marshall-Inseln
3/1944	Westküste
4/1944	Piloten-Qualifikationsfahrten Westküste; Übernahme der eigenen Flugzeugstaffel VC-4
5/1944	Ausbildungsfahrten von Pearl Harbor aus
6/1944	Saipan, Rota, Tinian, Hebriden
8–9/1944	5. Flotte; Marianen; 3. Flotte; Palau-Inseln, Ulithi
10/1944	7. Flotte; Leyte TU 77.4.3 (Taffy 3); Schlacht bei Samar, dabei
25.10.1944	durch Kamikaze und Geschützfeuer beschädigt
11/1944	Pearl Harbor, Reparatur der Kampfschäden, dann ab
1/1945	bis Kriegsende Transportfahrten nach Okinawa, Roi, Guam, Saipan, Ulithi, Samar, Leyte und Manus
8/1945	Westküste Werft
9–10/1945	erste „Magic Carpet"-Fahrt nach Okinawa: 800 Mann ohne Einbau zusätzlicher Unterkünfte überführt. Danach erst Ergänzungsausrüstung für weitere Rückführungsfahrten erhalten
10.7.1946	nach Übergang zur Ostseeküste außer Dienst, Reserveflotte

Flugzeuge, Staffeln

7/1943	(Soll) VC-68 mit 1 F4F, 2 FM, 3 SBD u. 2 TBM = 8
3/1944	(Soll) VC-68 mit 12 FM u. 9 TBM = 21
4–8/1944	VC-4 mit 16 FM u. 9 TBF/TBM = 25
10/1944	VC-4 mit 16 FM und 12 TBM = 28
3–6/1945	als Fähre: F4U und F6F

Tarnschemata

11/1943	vermutlich Schema 14
1944	Schema 33/10a

Radarantennen

?? ??

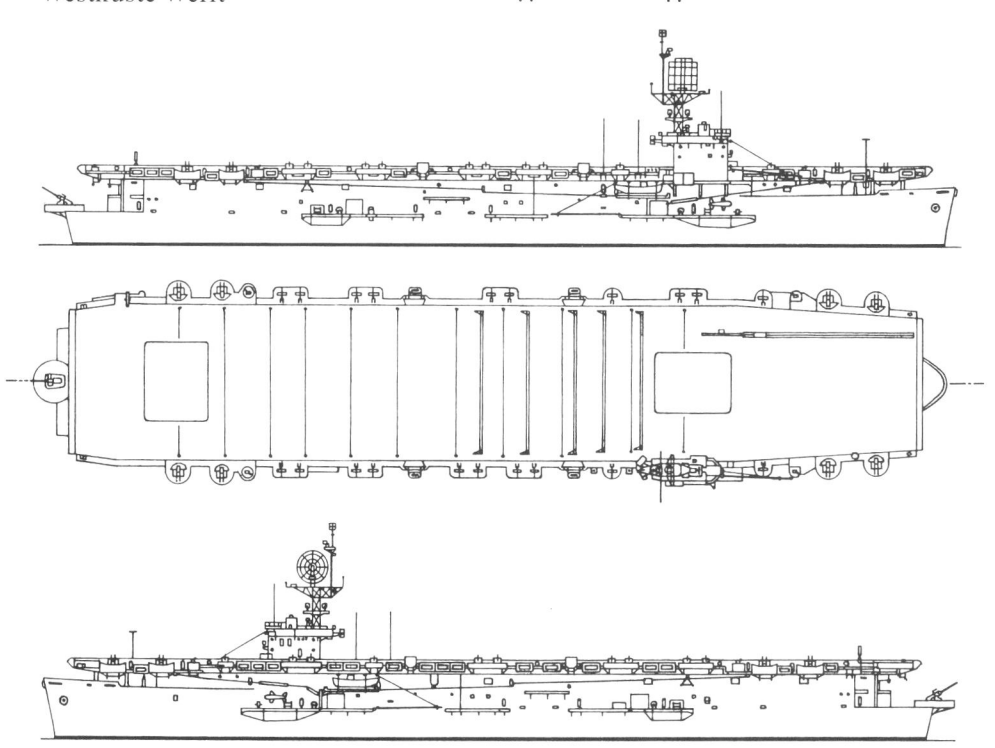

Den einzigen nennenswerten Unterschied bei den CVE der *Casablanca*-Klasse gab es bei der Ausrüstung mit Radarantennen. Die Steuerbordzeichnung und der Deckplan zeigen CVE-66 *White Plains;* diese Ansichten entsprachen dem Aussehen der meisten Schiffe zwischen CVE-55 und 97, mit Ausnahme von CVE-65, der bei Kriegsende noch die SC-Antenne hatte und CVE-96, der 1945 noch SC-2 hatte. Mit SC-2 waren auch die ersten vier Einheiten dieser Klasse ausgestattet. Die Backbordansicht entspricht dem Aussehen ab CVE-98 *Kwajalein* bis CVE-104.

Casablanca-Klasse 89

CVE-66 *White Plains.* Der über dem achteren Teil des Schiffes sichtbare Mast gehört einem anderen Schiff.
Foto: Sammlung Davis

CVE-67 *Solomons* verläßt den Hafen von San Diego am 30. Dezember 1943 in Richtung Pearl Harbor. Tarnanstrich nach Schema 22. Foto: USN

AVG-67 Emperor → Nassuk Bay → *Solomons*

Als ACV-67 *Nassuk Bay* auf Stapel gelegt, sollte jedoch als HMS *Emperor* an die Royal Navy übergeben werden. Dafür wurde dann CVE-34 abgegeben. 6. November 1943 in *Solomons* umbenannt und unter diesem Namen später in Dienst gestellt.

Lebenslauf
1/1944	Pazifik; eine Transportfahrt mit Flugzeugen und Besatzungen von Pearl Harbor zur Westküste, dann via Panama-Kanal
2/1944	zur Ostküste
3/1944	4. Flotte im Atlantik; Flugzeugtransporte nach Brasilien und U-Jagd-Operationen
6/1944	Rückkehr zur Ostküste
10/1944	Flugzeugtransport nach Casablanca
11/1944	Rückkehr zur Ostküste; für den Rest des Krieges Piloten-Training Ostküste
15.5.1946	außer Dienst, gestrichen

Flugzeuge, Staffeln
7/1943	(Soll) VC-65 mit 2 F4F, 6 FM, 5 SBD und 5 TBM = 18
3/1944	(Soll) VC-9 mit 13 FM und 18 TBF/TBM = 31
6/1944	VC-9 mit 9 FM und 12 TBF/TBM = 21

Tarnschemata
1/1944	Schema 22
1944	Schema 32/4a

Radarantennen
1/1944	SK, SG, YE

AVG-68 *Kalinin Bay*

Als ACV-68 auf Stapel gelegt.

Lebenslauf

1/1944	Pazifik; Versorgung der Flottenträger
4/1944	mit VC-3 U-Boot-Sicherung Marshall-Inseln, mehrere Monate, dazwischen
6/1944	Flugzeugtransport nach Eniwetok
10/1944	Luftsicherung bei Leyte, Schlacht bei Samar TU 77.4.3 (Taffy 3),
25.10.1944	durch Kamikaze und Geschützfeuer schwer beschädigt: trotzdem nur 5 Tote und 55 Verwundete
11/1944	Westküste Werft, Reparatur der Kampfschäden; dann ab
1/1945	Flugzeugtransporte nach Pearl Harbor und Guam, ab
9/1945	drei „Magic Carpet"-Fahrten nach Samar und Pearl Harbor
12/1945	durch Sturmeinwirkung Flugzeugdeck beschädigt
2/1946	Übergang zur Ostküste
15.5.1946	außer Dienst, gestrichen

Flugzeuge, Staffeln
4–8/1944	VC-3 mit 14 FM und 9 TBM = 23
10/1944	VC-3 mit 16 FM u. 12 TBF/TBM = 28

Radarantennen
1/1944	SK, SG, YE

Ein Luftfoto von CVE-68 *Kalinin Bay*, aufgenommen am 17. Januar 1944. Die Deckslasung wird durch Windabweiser geschützt.   Foto: USN

AVG-69 *Kasaan Bay*

Als ACV-69 auf Stapel gelegt.

Lebenslauf

1/1944	Pazifik; Transport von Flugzeugen und Personal nach Pearl Harbor
2/1944	Übergang zur Ostküste
5/1944	Atlantik; Flugzeugtransport nach Casablanca
7/1944	Luft- und U-Boot-Sicherung im Mittelmeer
8/1944	Invasion Südfrankreichs
10/1944	Flugzeugtransport von der Ostküste nach Casablanca
1/1945	Übergang in den Pazifik; Flugzeugtransport für die Flottenträger
2/1945	Piloten-Trainingsfahrten
6/1945	Sicherungsfahrten Marshall-Inseln und Marianen
9/1945	„Magic Carpet"-Fahrten nach Saipan, Philippinen und Hawaii
1/1946	Übergang zur Ostküste
6.7.1946	außer Dienst, Reserveflotte

Flugzeuge, Staffeln
7/1943	(Soll) VC-69 mit 6 FM und 2 TBF = 8
3/1944	(Soll) VC-12 mit 9 FM und 12 TBM = 21
6–8/1944	VF-74 mit 24 F6F
6–9/1945	VC-72 mit FM und TBM

Tarnschemata
1/1944	Schema 32/4a

Radarantennen
1/1944	SK, SG, YE

Casablanca-Klasse

CVE-69 *Kasaan Bay* mit Tarnanstrich nach Schema 32/4a. Foto: Sammlung Barilli

Kasaan Bay wurde in Deutschland verschrottet. Das Foto wurde im März 1960 in Hamburg aufgenommen. Auch hier befinden sich die 40-mm-Flageschütze noch unter den halbkugelförmigen Konservierungshauben.

Foto: Bödecker u. Drauz, Sammlung BfZ

AVG-70 *Fanshaw Bay*

Als ACV-70 auf Stapel gelegt.

Lebenslauf

4/1944	Pazifik; Flaggschiff CARDIV 25; U-Boot-Sicherung bei Majuro
6/1944	Saipan
17.6.1944	bei den Marianen durch Flugzeugbomben beschädigt
10/1944	Leyte; Schlacht bei Samar, TU 77.4.3 (Taffy 3), dabei
25.10.1944	durch Geschützfeuer beschädigt
11/1944	Pearl Harbor Werft, Reparatur der Kampfschäden
3/1945	Flaggschiff von CARDIV 26; Japanische Heimatinseln
8/1945	Besetzung Nord-Japans
10–11/1945	Rückkehr zur Westküste mit Truppen an Bord
14.8.1946	außer Dienst, Reserveflotte

Flugzeuge, Staffeln

3/1944	VC-4 mit 12 FM und 8 TBM = 20
6–9/1944	VC-68 mit 16 FM und 12 TBM = 28
9–11/1944	VC-66 mit FM und TBM
2–3/1945	VC-8 mit FM und TBM
3–8/1945	VOC-2 mit 24 FM und 6 TBM = 30
8–9/1945	VC-10 mit FM und TBM

Tarnschemata

1/1944	Schema 22

Radarantennen

1/1944	SK, SG, YE

CVE-70 *Fanshaw Bay*, das „glückhafte" Schiff von „Taffy 3" in der Schlacht bei Samar, das nur relativ leichte Beschädigungen davontrug. Dieses Foto wurde am 17. Januar 1944 aufgenommen, während der ersten Transportfahrt in den pazifischen Raum. Tarnanstrich nach Schema 22. Foto: USN

AVG-71 *Kitkun Bay*

Als ACV-71 auf Stapel gelegt.

Lebenslauf

1–3/1944	Pazifik; eine Transportfahrt zu den Neu-Hebriden
5/1944	Flaggschiff CARDIV 26; Trainingsfahrten mit VC-5 von Pearl Harbor aus
6/1944	Tinian, Saipan
8/1944	Guam
9/1944	Palau-Inseln
10/1944	Leyte; TU 77.4.3 (Taffy 3), Schlacht bei Samar, dabei am
25.10.1944	durch Kamikaze beschädigt; erste Reparatur der Kampfschäden auf Marcus
1/1945	Flugzeugtransport für die Invasion von Luzon
8.1.1945	bei den Philippinen durch Kamikaze-Treffer beschädigt: 16 Tote, 37 Verletzte; dann über Leyte
2/1945	Westküste Werft, Reparatur der Kampfschäden. Ab
6/1945	3. Flotte; Unterstützung der Flottenträger vor den Japanischen Heimatinseln
8/1945	TF 44; Adak, Alaska
10/1945	„Magic Carpet": Rückführung amerikanischer Kriegsgefangener von Honshu. Weitere Fahrten von Pearl Harbor und Okinawa aus
19.4.1946	außer Dienst, gestrichen

Flugzeuge, Staffeln

5–8/1944	VC-5 mit 12 FM und 8 TBM = 20
8–11/1944	VC-5 mit 14 FM und 12 TBM = 26
11/1944 bis 2/1945	VC-91 mit 17 FM und 11 TBM = 28
5–9/1945	VC-63 mit FM und TBM

Tarnschemata

2/1944	vermutlich Schema 14

Radarantennen

2/1944	SK, SG, YE

Am 10. Februar 1944 wurde CVE-71 *Kitkun Bay* im Pazifik während einer Transportfahrt aufgenommen. Tarnanstrich nach Schema 14 wirkt durch Sonneneinstrahlung z. T. sehr hell. Foto: USN

AVG-72 Fortezela Bay → *Tulagi*

Als ACV-72 *Fortezela Bay* auf Stapel gelegt. 6. 11. 1943 in *Tulagi* umbenannt und unter diesem Namen später in Dienst gestellt.

Lebenslauf

1/1944	Pazifik; Flugzeug- und Passagierfahrt nach Hawaii
3/1944	via Panama-Kanal Übergang zur Ostküste
6/1944	Flugzeugtransport nach Casablanca, Rückkehr zur Ostküste
7/1944	Flaggschiff TG 27.7; Fahrt nach Oran und Malta
8/1944	Vorbereitung und Teilnahme an der Invasion Südfrankreichs
9/1944	Rückkehr zur Ostküste
10/1944	Übergang zur Westküste; Flugzeugtransport nach Hawaii
11/1944	U-Jagd-Ausbildungsfahrten von Pearl Harbor aus
12/1944	U-Jagd-Operationen bei den Palau-Inseln und Süd-Marianen
1/1945	Philippinen
2/1945	Ulithi
3/1945	Luftunterstützung bei Iwo Jima, Ulithi
3–6/1945	Okinawa
6/1945	Rückkehr zur Westküste
9/1945	Flugzeug-Rücktransportfahrt von Samar
1/1946	Rückkehr zur Westküste
30.4.1946	außer Dienst, gestrichen

Flugzeuge, Staffeln

3/1944	(Soll) VC-15 mit 9 FM und 12 TMB = 21
7/1944	VGF-1 mit 24 F6F
12/1944 bis 3/1945	VC-92 mit 11 FM und 12 TBM = 23
4–7/1945	VC-92 mit 19 FM und 12 TBM = 31

Tarnschemata

5/1944	Schema ?

Radarantennen

5/1944	SK, SG, YE

CVE-72 *Tulagi*, gesehen am 31. Mai 1944 von CVE-59 *Mission Bay* aus, während einer Flugzeug-Transportfahrt nach Casablanca. Der Tarnanstrich, dessen Bezeichnung bisher noch nicht bekanntgeworden ist, entspricht dem auf *Mission* bzw. *Guadalcanal* und scheint demnach speziell für die atlantischen Verhältnisse entworfen worden zu sein. Ein Windabweiser schützt die Flugzeugladung. Foto: USN

AVG 73 Gambier Bay

Als ACV-73 auf Stapel gelegt.

Lebenslauf
2/1944	Pazifik; Flugzeugtransport nach Pearl Harbor und für CV-6 *Enterprise*
5/1944	TG 52.11; Marianen
6/1944	Luftunterstützung bei Saipan
7/1944	Tinian
9/1944	Palau-Inseln
10/1944	Leyte; TU 77.4.3 (Taffy 3); Schlacht bei Samar, dabei am
25.10.1944	durch Geschützfeuer versenkt

Flugzeuge, Staffeln
3–8/1944	VC-10 mit 16 FM und 12 TBM = 28
10/1944	VC-10 mit 18 FM und 12 TBM = 30

Tarnschemata
2/1944	vermutlich Schema 14
1944	Schema 32/15a

Radarantennen
2/1944	SK, SG, YE

Zwei Monate nach Indienststellung: CVE-73 *Gambier Bay*, gesehen am 19. Februar 1944, noch mit ozeangrauem Anstrich. Während der Schlacht bei Samar, in der sie versenkt wurde, führte *Gambier Bay* Tarnanstrich nach Schema 32/15a.

Foto: USN

AVG-74 Nehenta Bay

Als CVE-74 auf Stapel gelegt. Sollte als HMS *Khedive* an Royal Navy übergeben werden. Dafür wurde dann CVE-39 abgegeben.

Lebenslauf

2/1944	Pazifik; Flugzeug- und Mannschaftstransport nach Pearl Harbor
3–4/1944	Flugzeug- und Mannschaftstransport nach Hawaii
6/1944	TF 51; Marianen
7/1944	Guam, Saipan
8/1944 bis 1/1945	3. Flotte; Carolinen, Philippinen, chinesische Küste, Palau-Inseln. Am
18.12.1944 und 17.1.1945	bei Taifunen zweimal beschädigt
2/1945	Westküste Werft
5/1945	Okinawa
6–8/1945	3. Flotte; Japanische Heimatinseln
9/1945	Pearl Harbor; „Magic Carpet"-Fahrten zu den Marshall-Inseln und zu den Philippinen
1/1946	Wechsel zur Ostküste
15.5.1946	außer Dienst, Reserveflotte

Flugzeuge, Staffeln

6/1944 bis 2/1945	VC-11 mit 12 FM und 9 TBM = 21
4–9/1945	VC-8 mit FM und TBM

Tarnschemata

3/1944	Schema 22

Radarantennen

3/1944	SK, SG, YE

Nach Beendigung einer Werftzeit unternimmt CVE-74 *Nehenta Bay* – 15. März 1944 – eine Transportfahrt, an deren Ende der Einsatz des Schiffes bei Okinawa steht.

An Deck sind einige Seeflugzeuge und Transportflugzeuge sowie ein Bomber des Typs B-26 sichtbar. Tarnanstrich nach Muster 22. Foto: USN

AVG-75 *Hoggatt Bay*

Als CVE-75 auf Stapel gelegt.

Lebenslauf

3/1944	Pazifik; Transport von Flugzeugen und Besatzungen nach Pearl Harbor
5–6/1944	von Pearl Harbor aus U-Jagd-Operationen im Südwest-Pazifik
7–8/1944	Marianen
11/1944	Luftunterstützung bei den Philippinen
12/1944 bis 1/1945	Lingayen
15.1.1945	beschädigt durch Explosion
2/1945	Westküste Werft
5–6/1945	Okinawa
6/1945	Leyte
9/1945	Besetzung Japans
10/1945	„Magic Carpet"-Einsatz
20.7.1946	außer Dienst, Reserveflotte

Flugzeuge, Staffeln

5–12/1944	VC-14 mit 12 FM und 9 TBM = 21
12/1944 bis 2/1945	VC-88 mit 16 FM und 12 TBM = 28
4–9/1945	VC-99 mit FM und TBM

Tarnschemata

1/1944	vermutlich Schema 14

Radarantennen

1/1944	SK, SG, YE

CVE-75 *Hoggatt Bay*, aufgenommen im Januar 1944, also etwa in der Zeit der Indienststellung. Der dunkle Anstrich entspricht vermutlich dem Schema 14.

Foto: USN

AVG-76 *Kadashan Bay*

Als CVE-76 auf Stapel gelegt.

Lebenslauf

3–4/1944	Pazifik; zwei Transportfahrten mit insgesamt 154 Flugzeugen nach Espiritu Santo
5/1944	Westküste Werft
7/1944	zu CARDIV 27 in Pearl Harbor
9/1944	Palau-Inseln
1/1944	Leyte; TG 77.4, Schlacht bei Samar (Taffy 2)
1/1945	Philippinen, dabei
8.1.1945	durch Kamikaze-Treffer beschädigt
2/1945	Westküste Werft
4–7/1945	Flugzeugtransport für 3. Flotte; ab
9/1945	„Magic Carpet"-Fahrten nach Guam, Okinawa und China
1/1946	Übergang zur Ostküste
14.6.1946	außer Dienst, Reserveflotte

Flugzeuge, Staffeln

8–12/1944	VC-20 mit 15 FM und 11 TBM = 26
1–2/1945	VC-20 mit 24 FM und 11 TBM = 35

Tarnschemata

6/1944	Schema 33/10a
12/1946	vermutlich Schema 21

Radarantennen

6/1944	SK, SG, YE
12/1946	wie vorstehend

CVE-76 *Kadashan Bay*, aufgenommen am 4. Dezember 1946 beim Rücktransport von Flugzeugen aus dem pazifischen Raum. Die Sonneneinstrahlung bewirkt starke Schattenwirkung. Foto: USN

AVG-77 Kanalku Bay → *Marcus Island*

Als CVE-77 *Kanalku Bay* auf Stapel gelegt. 6. 11. 1943 in *Marcus Island* umbenannt und unter diesem Namen später vom Stapel gelaufen.

Lebenslauf
5–7/1944	Pazifik; Transportfahrten Süd-Pazifik
8–9/1944	Tulagi; Flaggschiff von CARDIV 27; Palau-Inseln, Peleliu, Angnar
10/1944	Admiralitätsinseln; TU 77.4.2 (Taffy 2) bei Leyte, Schlacht bei Samar; Mindoro
12/1944	Lingayen, Luzon
18.12.1944	bei den Philippinen durch Taifun beschädigt
2/1945	Ulithi; Flaggschiff von CARDIV 24
3/1945	Japanische Heimatinseln
5/1945	Transport von beschädigten Flugzeugen von Guam zur Westküste
7/1945	noch eine Transportfahrt nach Pearl Harbor und Guam
9–12/1945	mehrere „Magic Carpet"-Fahrten
2/1946	Übergang zur Ostküste
12.12.1946	außer Dienst, Reserve

Flugzeuge, Staffeln
8/1944	VC-21 mit 12 FM und 11 TBM = 23
1–2/1945	VC-21 mit 24 FM und 9 TBM = 33
2–4/1945	VC-87 mit 20 FM und 12 TBM = 32
4–7/1945	VOC-1 mit FM und TBM

Tarnschemata
5/1944	Schema 32/15a

Radarantennen
5/1944	SK, SG, YE

CVE-77 *Marcus Island*. Das Foto stammt vom 8. Mai 1944 und wurde vor der kalifornischen Küste aufgenommen. Der Tarnanstrich entspricht dem Schema 32/15a. Foto: USN, Sammlung BfZ

AVG-78 Kaita Bay → *Savo Island*

Als CVE-78 *Kaita Bay* auf Stapel gelegt. 6. 11. 1943 in *Savo Island* umbenannt und unter diesem Namen später vom Stapel gelaufen.

Lebenslauf

3–7/1944	Pazifik; zwei Flugzeug-Transportfahrten in den Südwest-Pazifik
7/1944	Übernahme der Flugzeugstaffel
8/1944	3. Flotte, Pearl Harbor
9/1944	Peleliu
10/1944	7. Flotte; TG 77.4, Schlacht bei Samar (Taffy 2)
11/1944	Sicherungsfahrten
12/1944	Landung auf Mindanao
1/1945	Lingayen, Philippinen, dabei
5. 1. 1945	durch Kamikaze-Treffer beschädigt
3–4/1945	Okinawa
5/1945	Westküste Werft
7/1945	Transportfahrten nach Pearl Harbor
8/1945	Transportfahrt zu den Aleuten, Besetzung Nord-Japans
9/1945	drei „Magic Carpet"-Fahrten nach Guam, Pearl Harbor und Okinawa
1/1946	Übergang zur Ostküste
12. 12. 1946	außer Dienst, Reserveflotte

Flugzeuge, Staffeln

8–12/1944	VC-27 mit 16 FM und 12 TBM = 28
1–2/1945	VC-27 mit 19 FM und 12 TBM = 31
2–5/1945	VC-91 mit 20 FM und 15 TBM = 35
8–9/1945	VC-3 mit FM und TBM

Tarnschemata

2/1944	vermutlich Schema 14
9/1945	wahrscheinlich Schema 22

Radarantennen

2/1944	SK, SG, YE
9/1945	wie vorstehend

Diese Ansichten von CVE-78 *Savo Island*, aufgenommen vor der Küste des Bundesstaates Washington am 27. Februar 1944, drei Wochen nach der Indienststellung. Die Decksmarkierungen fehlen hier noch, die 40-mm-Flak befindet sich unter Planen abgedeckt.

Fotos: USN, Sammlung BfZ

AVG-79 Ommaney Bay

Als CVE-79 auf Stapel gelegt.

Lebenslauf

3/1944	Pazifik; Flugzeugtransport nach Australien
4/1944	Westküste, Piloten-Trainingsfahrten
6–8/1944	Trainingsfahrten von Pearl Harbor aus
9/1944	Palau-Inseln
10/1944	Leyte; TU 77.4.2, Schlacht bei Samar (Taffy 2)
12/1944	Mindanao
4.1.1945	bei den Philippinen durch Kamikaze-Treffer zerstört und am selben Tage durch eigene Streitkräfte versenkt

Flugzeuge, Staffeln

8–12/1944	VC-75 mit 16 FM und 11 TBM = 27
1/1945	VC-75 mit 19 FM und 12 TBM = 31

Tarnschemata

7/1944 Schema 32/15a

Radarantennen

7/1944 SK, SG, YE

▲
Luftfoto von CVE-79 *Ommaney Bay*, aufgenommen am 6. Juli 1944 in den Gewässern um Hawaii. Tarnanstrich nach Schema 32/15a. Foto: USN

▶
Dieses am 4. Januar 1945 aufgenommene Foto zeigt die vernichtende Wirkung des Kamikaze-Treffers auf *Ommaney Bay*, infolgedessen das Schiff nachfolgend aufgegeben werden mußte. Es wurde durch eigene Kräfte zum Sinken gebracht. Das Backbord-Tarnmuster 15a ist gerade noch auf dem Vorschiff sichtbar.
Foto: D. McPherson (†)

AVG-80 *Petrof Bay*

Als CVE-80 auf Stapel gelegt.

Lebenslauf

3/1944	Pazifik; Flugzeug- und Mannschaftstransport nach Espiritu Santo
4/1944	Flugzeugabgabe an Flottenträger; Truk
5/1944	Majuro, Westküste
8/1944	Pearl Harbor; TG 32.4; Guadalcanal, Tulagi
9/1944	TU 32.7.3; Peleliu
10/1944	Leyte; TU 77.4.1 (Taffy 1), Schlacht bei Samar
11/1944	Leyte; TU 77.4.5
1/1945	TG 77.4, Philippinen
2/1945	TG 52.19, Iwo Jima
3/1945	Guam, Ulithi; TU 52.1.2 Okinawa
5/1945	Guam
6/1945	Westküste Werft
8/1945	Pearl Harbor, Bucht von Tokio; „Magic Carpet", auch von Guam aus
1/1946	Westküste
2/1946	Übergang zur Ostküste
31.7.1946	außer Dienst, Reserve

Flugzeuge, Staffeln

8–12/1944	VC-76 mit 16 FM und 10 TBM = 26
1–3/1945	VC-76 mit 20 FM und 12 TBM = 32
3–4/1945	VC-93 mit 16 FM und 12 TBM = 28
5–7/1945	VC-90 mit FM und TBM

Tarnschemata

3/1944	vermutlich Schema 14
1944	Schema 33/10a

Radarantennen

3/1944	SK, SG, YE

CVE-80 *Petrof Bay*, aufgenommen genau einen Monat nach Indienststellung, d. h. am 18.3.1944, hier noch ohne Flugzeug-Zuladung. Beachtenswert die Reelings entlang der Aufzugsschächte. Foto: USN, Sammlung BfZ

AVG-81 Rudyerd Bay

Als CVE-81 auf Stapel gelegt.

Lebenslauf

4–5/1944	Pazifik; Flugzeugtransport nach Espiritu Santo
7/1944	Trainingsfahrten Westküste, Flugzeugtransport nach Majuro
8/1944	Eniwetok; TG 30.8
9/1944	Luftunterstützung der Versorgungsgruppen bei den Palau-Inseln
1/1945	Philippinen, Südchinesische See, Ulithi
2/1945	Saipan; TG 51.17, Vulcan-Inseln
3–4/1945	TG 52.2; Iwo Jima, Ulithi; TU 52.1.2, Okinawa; TG 50
5/1945	TG 50.8; Japanische Heimatinseln, Okinawa; Guam: Staffel VC-85 zur Westküste transportiert, danach Werft
8/1945	Flugzeugtransport zu den Marshall-Inseln, VC-33 nach Okinawa transportiert und andere Staffel zur Westküste gebracht
10/1945	„Magic Carpet"-Fahrten
2/1946	Übergang zur Ostküste
11.6.1946	außer Dienst, Reserveflotte

Flugzeuge, Staffeln

3–8/1944	VC-77 mit 12 FM und 9 TBF/TBM = 21
3–7/1945	VC-96 mit 20 FM und 11 TBM = 31

Tarnschemata

1944	Schema 32/15a

Radarantennen

1944	SK, SG, YE

CVE-81 *Rudyerd Bay*, Aufnahmedatum unbekannt. Tarnschema 32/15a. Man beachte die hellen Seitenmarkierungen auf dem Flugdeck. Wegen bevorstehender Flugzeuglandung sind die Funkantennen seitlich abgeklappt.

Foto: USN

AVG-82 *Saginaw Bay*

Als CVE-82 auf Stapel gelegt.

Lebenslauf
4/1944	Pazifik; Flugzeug- und Mannschaftstransport nach Pearl Harbor
5–7/1944	Piloten-Trainingsfahrten Westküste, zweite Transportfahrt nach Pearl Harbor, Flugzeugtransporte nach Eniwetok und Majuro
8/1944	Palau-Inseln
10/1944	Leyte
1/1945	Lingayen, Ulithi
3/1945	Okinawa
5/1945	Westküste Werft
8/1945	Flugzeugtransport nach Guam, Westküste
9/1945	„Magic Carpet"-Fahrten nach Samar, Philippinen, Okinawa
2/1946	Übergang zur Ostküste
19.6.1946	außer Dienst, Reserveflotte

Flugzeuge, Staffeln
3–10/1944	VC-78 mit 15 FM und 12 TBM = 27
1–3/1945	VC-78 mit 20 FM und 12 TBM = 32
3–5/1945	VC-88 mit 20 FM und 12 TBM = 32

Tarnschemata
4/1944	Schema ?

Radarantennen
4/1944	SK, SG, YE

CVE-82 *Saginaw Bay* mit Tarnanstrich von noch nicht bekanntgewordener Bezeichnung. Helle gestrichelte Seitenmarkierungen auf dem Flugdeck.
Foto: Sammlung Davis

AVG-83 *Sargent Bay*

Als CVE-83 auf Stapel gelegt.

Lebenslauf

8/1944	Pazifik; eine Transportfahrt in den Zentral-Pazifik, dann 3. Flotte; Pearl Harbor, Eniwetok, Manus
11/1944 bis 1/1945	Luftsicherung der Versorgungsgruppen bei den Philippinen, dabei
3.1.1945	bei Kollision mit DE-419 *Robert F. Kellar* beschädigt
2/1945	Iwo Jima
3–6/1945	Okinawa, zwischendurch zwei Wochen Guam
6/1945	Leyte
8/1945	Westküste Werft
10/1945	zwei „Magic Carpet"-Fahrten nach Hawaii
11–12/1945	zwei „Magic Carpet"-Fahrten nach Eniwetok und Okinawa
3/1946	Übergang zur Ostküste
23.7.1946	außer Dienst, Reserveflotte

Flugzeuge, Staffeln

3/1944 bis 2/1945	VC-79 mit 10 FM, 4 F4F und 9 TBF/TBM = 23
3–7/1945	VC-83 mit 16 FM und 12 TBM = 28
7–8/1945	VC-33 mit FM und TBM

Tarnschemata

5/1944	Schema 32/15a
9/1945	vermutlich Schema 21

Radarantennen

5/1944	SK, SG, YE
9/1945	wie vorstehend

Die Bug- und Heckansicht von CVE-83 *Sargent Bay*, aufgenommen am 30. Mai 1944 vor der kalifornischen Küste. Das Tarnschema 32/15a ist besonders am Heck-Muster klar zu identifizieren. Ein Teil der 40-mm-Flak ist noch unter Schutzplanen, ebenfalls des achtern befindliche 12,7-cm-L/38-Geschütz.

Foto: USN, Sammlung BfZ

▲
Diese Aufnahme der *Sargent Bay* dürfte etwa bei Kriegsende gemacht worden sein, als auf einigen Geleitträgern das „navy blue" des Schiffskörpers (Schema 21) mit einer hell angemalten Insel gekoppelt wurde.
Foto: USN

◄
Eine weitere Achteransicht von *Sargent Bay* mit Anstrich nach Schema 21, der sich deutlich absetzt vom „sea blue" des matt gehaltenen Decksanstrichs. Die Aufnahme wurde am 29. September 1945 vor der kalifornischen Küste gemacht. Foto: USN, Sammlung BfZ

AVG-84 *Shamrock Bay*

Als CVE-84 auf Stapel gelegt.

Lebenslauf

9–10/1944	Ausbildungsfahrten Westküste, dann Übergang zur Ostküste; Atlantik; zwei Flugzeug-Transportfahrten nach Casablanca
11/1944	Übergang zur Westküste mit VC-44
12/1944	Pazifik; Transport von VC-93 nach Hawaii; VC-42 von Bord gegeben, VC-94 an Bord genommen
1/1945	Philippinen, dann TG 77.17 in Ulithi
2/1945	mit TU 50.8.25 nach Iwo Jima
3/1945	mit TU 52.1.1 nach Okinawa
5/1945	Guam
6/1945	TU 32.1.1; Japanische Heimatinseln, Rücktransport von Flugzeug-Motoren zur Westküste, Abgabe von VC-96 von Bord
8/1945	Flugzeug-Transportfahrten nach Guam
10/1945	drei „Magic Carpet"-Fahrten nach Pearl Harbor, Okinawa, Honshu
3/1946	Übergang zur Ostküste
6.7.1946	außer Dienst, Reserve

Flugzeuge, Staffeln

3/1944	VC-80 mit 12 FM und 9 TBM = 21
11/1944	VC-42
1/1945	VC-94 mit 20 FM und 12 TBM = 32
3–5/1945	VC-94 mit 18 FM und 12 TBM = 30
5/1945	VC-96 mit 20 FM und 11 TBM = 31

Tarnschemata

4/1944 und 2/1945	Schema 33/10a

Radarantennen

10/1944	SK, SG, YE

CVE-84 *Shamrock Bay*, aufgenommen aus 120 m Höhe am 23. Oktober 1944 vor der amerikanischen Ostküste. Tarnschema 33/10a. Außer den beiden gestrichelten Seitenmarkierungen des Flugdecks findet man zusätzlich auch eine Mittelachsen-Markierung.
Foto: USN, Sammlung BfZ

AVG-85 *Shipley Bay*

Als CVE-85 auf Stapel gelegt.

Lebenslauf

5–10/1944	Flugzeug-Transportfahrten nach Pearl Harbor und in den Süd-Pazifik. Majuro, Guadalcanal, Tulagi
10/1944	Versorgung der schnellen Trägergruppen von TF 38 bei den Philippinen
2–4/1945	Trainingsfahrten von Pearl Harbor aus
4/1945	über Guam nach Okinawa
16.5.1945	bei Okinawa durch Kollision beschädigt
6/1945	Japanische Heimatinseln
7/1945	Westküste Werft
9/1945	„Magic Carpet"-Fahrten nach Pearl Harbor, Okinawa, Kwajalein
2/1946	Übergang zur Ostküste
28.6.1946	außer Dienst, Reserveflotte

Flugzeuge, Staffeln

3/1944	(Soll) VC-81 mit 12 FM und 9 TBF/TBM = 21
5–7/1945	VC-97 mit 14 FM und 12 TBM = 26

Tarnschemata

5/1944	Schema 32/15a

Radarantennen

5/1944	SK, SG, YE

CVE-85 *Shipley Bay*, vor dem Majuro-Atoll ankernd. Das Foto wurde am 18. Mai 1944 aufgenommen. *Shipley Bay* kam von der Westküste der USA mit einer Deckladung von Flugzeugen, die für die Besatzungen auf den Marshall-Inseln bestimmt waren. Der Tarnanstrich nach Schema 32/15a befindet sich noch in einem guten Zustand.

Foto: USN

AVG-86 *Sitkoh Bay*

Als ACV-86 auf Stapel gelegt.

Lebenslauf

1944	Pazifik; Versorgungsfahrten für die 3. und 7. Flotte. Ab
1/1945	Versorgung der 3. Flotte bei den Philippinen, Iwo Jima und Okinawa
8/1945	TG 30.8; Besetzung Japans
9/1945	„Magic Carpet"-Fahrten nach Guam, Samar, Philippinen, Okinawa und Pearl Harbor
30.11.1946	außer Dienst, Reserve
29.7.1950	anläßlich des Korea-Krieges als T-CVE-86 für den MSTS reaktiviert; Fahrten zwischen der Westküste und Japan. Unterstützung von UN-Truppen; fuhr dabei offensichtlich trotz Zivilbesatzung noch mit Bewaffnung
3/1951	Flugzeugtransport nach Saigon
27.7.1954	außer Dienst, Reserveflotte

Flugzeuge, Staffeln

3/1944	(Soll) VC-82 mit 7 FM, 5 F4F und 6 TBM = 18
3–6/1945	Transport von F4U und F6F des Marine Corps

Tarnschemata

1943	Schema 14
8/1945	vermutlich Schema 21

Radarantennen

8/1945	SK, SG, YE
9/1954	wie vorstehend

Ähnliche Aufgaben wie im Zweiten Weltkrieg übernahm *Sitkoh Bay* auch während des Korea-Krieges. Dieses etwa 1951 aufgenommene Foto zeigt das Schiff nach der Reaktivierung als T-CVE-86. An Deck befindet sich eine Ladung verschiedenartiger Flugzeuge, manche davon so groß, daß deren Tragflächen seitlich über die Flugdeck-Kanten hinausragen. Die achtern befindlichen 40-mm-Zwillingsflak blieben auch nach der Reaktivierung konserviert. Dagegen sind die vorderen Geschütze wie auch die SK-Radarantenne betriebsbereit.

Foto: USN

Dieses Foto der *Sitkoh Bay* stammt vom 6. November 1953. Die vormals eingemotteten achteren 40-mm-Zwillingsflak sind zwischenzeitlich entfernt worden, die dazugehörigen Wannen sind leer. Die Wanne für das 12,7-cm-Geschütz, das Katapult und die SK-Antenne sind immer noch vorhanden. Obwohl das Schiff nominell unter Zivilbesatzung fährt, kann angenommen werden, daß sich auch Navy-Angehörige zur Bedienung der Geschütze und der Radaranlage an Bord befunden haben.
Foto: Sammlung Davis

AVG-87 *Steamer Bay*

Als CVE-87 auf Stapel gelegt.

Lebenslauf

5/1944	Pazifik; Transport von Flugzeugen und Besatzungen von MAG-61 nach Neu-Hebriden; Espiritu Santo
6–7/1944	Westküste, Flugzeugtransporte zu den Marshall-Inseln, Majuro
8/1944	Flugzeugtransport nach Manus; Transport von Ersatzflugzeugen und Piloten für TF 38 zu den Palau-Inseln und den Philippinen
11/1944	Pearl Harbor Werft
1/1945	TG 77.4, Lingayen
2/1945	Ulithi; Iwo Jima
3/1945	Leyte, Okinawa
4–5/1945	Okinawa, dabei am
25.4.1945	Beschädigung durch Kollision mit DD-642 *Hale*, sowie am
16.6.1945	ebenfalls bei Okinawa Beschädigung durch Flugzeug-Unfall
6/1945	Guam Reparatur der erlittenen Schäden; 3. Flotte; Japanische Heimatinseln, Ulithi
8/1945	Ulithi, Guam, Pearl Harbor, Westküste Werft
10/1945	„Magic Carpet"-Fahrten
1/1947	außer Dienst, Reserveflotte

Flugzeuge, Staffeln

3/1944	(Soll) VC-83 mit 4 FM, 8 F4F und 8 TBF/TBM = 20
12/1944 bis 2/1945	VC-90 mit 16 FM und 12 TBM = 28
3–5/1945	VC-90 mit 19 FM und 12 TBM = 31

Tarnschemata

1943 bis 4/1944	vermutlich Schema 14
7/1944	Schema 32/12a

Radarantennen

7/1944	SK, SG, YE

Am 22. April 1944 wurde dieses Foto von CVE-87 *Steamer Bay* aufgenommen. Der dunkle Anstrich entspricht vermutlich dem Schema 14; drei Monate später wurde dann noch „dazzle pattern" angebracht.
Foto: USN

Das Heck-Foto der *Steamer Bay* wurde am 17. Juli 1944 unmittelbar nach der Werftliegezeit aufgenommen, bei der das Tarnschema 32/12a angebracht wurde. Hier ist die Mittelachsen-Markierung in hell gehalten, die Seitendeck-Markierung dagegen ist dunkel.
Foto: USN, Sammlung BfZ

AVG-88 Tananek Bay → *Cape Esperance*

Als CVE-88 auf Stapel gelegt. Noch vor der Kiellegung in *Cape Esperance* umbenannt.

Lebenslauf

5/1944	Pazifik; Transportfahrten zu den südpazifischen Stützpunkten; ab
11/1944	TG 30.8; Leyte, Luzon, dabei Ersatzflugzeuge an Flottenträger abgegeben; mehrere Transportfahrten zwischen der Westküste und dem westpazifischen Raum, am
18.12.1944	bei den Philippinen durch Taifun beschädigt. Ab
9/1945	Rückführung von Flugzeugen und Truppen zur Westküste
22.8.1946	außer Dienst, Reserveflotte
5.8.1950	für den MSTS reaktiviert, jedoch offensichtlich noch mit Bewaffnung; zahlreiche Transportfahrten nach Korea, Thailand, Hongkong, Europa und Pakistan
15.1.1959	außer Dienst

Flugzeuge, Staffeln

3/1944	(Soll) VC-84 mit 7 FM, 5 F4F und 9 TBF/TBM = 21

Auch *Cape Esperance* (CVE-88) war einer der Geleitträger, die nach knapp vierjähriger Reservezugehörigkeit für Transportaufgaben des Korea-Krieges für den MSTS reaktiviert wurde, dabei aber die vormals vorhandenen Waffen (teilweise) und die Elektronik beibehielt. Das Foto entstand etwa 1952, als die achteren 40-mm-Zwillinge noch eingemottet waren.

Foto: Sammlung USNI

Casablanca-Klasse

Wesentlich später entstand dieses Foto der *Cape Esperance*, die immerhin noch bis Ende 1958 fuhr. Wie man feststellen kann, entspricht der Zustand des Schiffes dem der viel später reaktivierten CVE bzw. AKV: Die Geschützwannen sind leer, die SK-Radarantenne wurde entfernt. Eine C-47 Skytrain und mehrere Strahljäger befinden sich auf dem Flugdeck, an dessen vorderem Ende ein Windabweiser aufgestellt wurde.

Foto: Real Photographs

AVG-89 *Takanis Bay*

Als CVE-89 auf Stapel gelegt.

Lebenslauf
5–8/1945	Piloten-Qualifikationsfahrten Westküste
9/1945	„Carrier Transport Squadron": Installation von Kojen für 800 Passagiere; Teilnahme an „Magic Carpet", insgesamt fünf Fahrten nach Hawaii und Japan bis
1/1946	dann
1.5.1946	außer Dienst, Reserveflotte

Flugzeuge, Staffeln
3/1944	(Soll) VC-85 mit 5 FM, 6 F4F und 9 TBF/TBM = 20

Tarnschemata
5/1944	vermutlich Schema 14

Aus ca. 100 m Höhe wurde am 8. Mai 1944 CVE-89 *Takanis Bay* fotografiert. Beachtenswert sind die vier kurzen gekrümmten Rauchabzüge an den Flugdeckkanten.

Foto: USN

Takanis Bay am 23. Mai 1946 in der Marinewerft am Puget Sound während der Krängungsversuche, zwischenzeitlich offensichtlich friedens-grau nach Schema 13 gepönt. Der rechts im Bild sichtbare Gefechtsmast gehört einem Schlachtschiff der *Colorado*-Klasse. Da *West Virginia* nach dem Umbau keinen Korbmast mehr hatte, kann es sich nur entweder um *Colorado* oder um *Maryland* handeln, die beide erst 1947 außer Dienst gestellt wurden.

Foto: USN, Sammlung BfZ

AVG-90 *Thetis Bay*

Als CVE-90 auf Stapel gelegt.

Lebenslauf

6/1944	Pazifik; Transport von Flugzeugen und Passagieren nach Makin, Majuro und Kwajalein. Rückfahrt mit heimkehrenden Truppen und reparaturbedürftigen Flugzeugen
8–9/1944	drei weitere Transportfahrten nach Hawaii und zu den Marshall-Inseln
12/1944 bis 1/1945	Zwei Transportfahrten nach Neu-Guinea
6–8/1945	bei Guam zu TG 30.8; Abgabe von Ersatzflugzeugen an Flottenträger
9/1945	Rückkehr zur Westküste, dann im Rahmen von TG 16.12 Teilnahme an „Magic Carpet"-Fahrten bis
1/1946	dann
7.8.1946	außer Dienst, Reserve
6/1955	Umbau bei San Francisco Naval Shipyard als Hubschrauberträger
20.7.1956	Indienststellung als CVHA-1 *Thetis Bay*.
28.5.1959	Umklassifizierung als LPH-6; ab
8/1956	der pazifischen amphibischen Flotte unterstellt, nicht mehr der Seeluftwaffe
12/1961	Atlantik
10/1962	Bereitschaftsschiff während der Kuba-Krise
1963	Sicherheitsschiff in Hamburg während des Besuches von Präsident John F. Kennedy in der Bundesrepublik und in West-Berlin
1.3.1964	außer Dienst, gestrichen – als letztes ehemaliges Schiff der *Casablanca*-Klasse
8/1965	da noch nicht verschrottet, wurde Abgabe an die spanische Marine erwogen, jedoch wurde diese Absicht
1966	aufgegeben

Flugzeuge, Staffeln

3/1944 (Soll) VC-86 mit 11 FM und 9 TBF/TBM = 20

Tarnschemata

12/1945 vermutlich Schema 21

Radarantennen

12/1945 SK, SG, YE
1956–1963 SPS-12, SPS-10

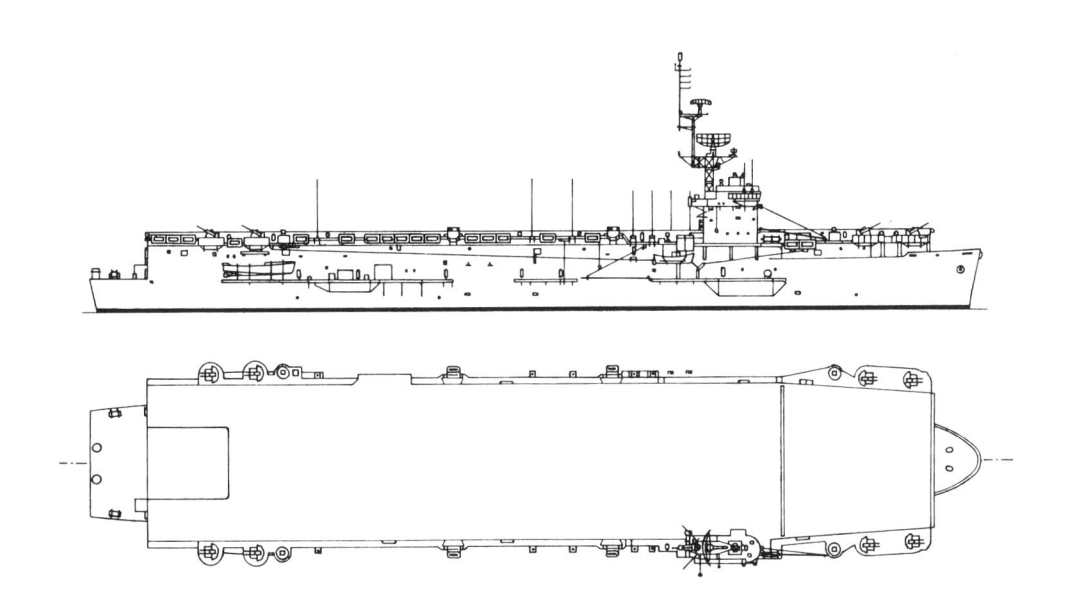

CVE-90 *Thetis Bay*, Aussehen ab 1956, nach erfolgtem Umbau als erster Hubschrauberträger der US Navy, mit der vorläufigen Kennung CVHA-1, die später in LPH-6 geändert wurde. Ersichtlich sind die vorn und achtern erfolgte Verkürzung des Flugdecks und die Anlage des neuen, achtern angebrachten Aufzuges, die leicht modifizierte Brücke, der Gittermast und der Wegfall der Schwalbennester für die 20-mm-Geschütze. *Thetis Bay* war der einzige ehemalige CVE, der jemals die Radarantenne SPS-12 führte.

CVE-90 *Thetis Bay*, hier bei der Rückkehr vom pazifischen Kriegsschauplatz im Rahmen einer „Magic Carpet"-Fahrt, aufgenommen am 12. Dezember 1945 in der Bucht von San Francisco. Die Flak befindet sich unter den Planen, zahlreiche zurückkehrende Angehörige der Streitkräfte stehen auf dem Flugdeck und freuen sich auf das Wiedersehen mit ihren Angehörigen. Der Anstrich entspricht höchstwahrscheinlich dem Schema 21.

Foto: J. A. Casoly (†)

Der Umbau der *Thetis Bay* zum Hubschrauberträger war einer von nur zwei CVE-Umbauten, der dem Schiff doch ein recht verändertes Aussehen verlieh. Dies wird nicht so deutlich bei der Betrachtung der Breitseite, wie bei der Beobachtung der am 15. August 1956 vor der Marinewerft San Francisco aufgenommenen Bug- und Heckansicht. Insbesondere die erweiterte Brücke und die Breitansichten der Radarantennen SPS-10 (oben) und SPS-12 (darunter) sind hier gut sichtbar. An der Backbordseite des Mastes hängt eine Illuminationsanlage zur Ausleuchtung des Flugdecks. Die Heckansicht zeigt, daß die Geschützwanne für das 12,7-cm-Geschütz entfernt wurde. Die Plattform des achtern neu installierten Hubschrauber-Aufzuges befindet sich in unterer Position.

Foto: USN, Sammlung BfZ

Casablanca-Klasse 117

Diese beiden achterlichen Aufnahmen zeigen nochmals die Details des neuen Aufzuges, dessen Plattform sich hier in der unteren Position befindet. Auch diese beiden Fotos entstanden am 15. August 1956 in der San Francisco-Bay.

Foto: USN, Sammlung BfZ

Diese beiden Aufnahmen der *Thetis Bay* vermitteln einen weiteren Eindruck über das Ausmaß der durch den Umbau bewirkten Veränderungen. Das obere Foto wurde am 17. September 1956 aufgenommen. Da die Katapultspur noch vorhanden ist, liegt die Vermutung nahe, daß die Katapultanlage verblieben und lediglich beim Umbau am Ort stillgelegt worden war. Beide Mittel-Aufzüge wurden entfernt und an deren Stelle am achtern Ende ein neuer – hier mit einer Achs-Markierung – angebracht. Beachtenswert ist die Deck-Kennung CV HA und die an der Insel angebrachte Kenn-Nummer 1. Auf dem unteren Foto, das ebenfalls 1956 aufgenommen wurde, sieht man zwei dunkel angestrichene Hubschrauber des Marine Corps und zwei helle der Navy. Auf der Backbordseite wurde die Kenn-Nummer 1 fast an der Kante der Insel angebracht, wo sie kaum wirksam wahrgenommen werden kann.

Fotos: Sammlung Davis, Real Photographs

Vier Jahre später: *Thetis Bay* ist nun als LPH klassifiziert und führt die an drei Stellen sichtbare neue Kenn-Nummer 6. Deutlich wahrnehmbar sind hier: der nunmehr durchgehende vordere 40-mm-Flakstand, die seitlich abgeklappten Funkantennen an beiden Seiten des Flugdecks und der zusätzliche kleine Munitionsaufzug an der Backbordkante des Flugdecks, etwas achtern befindlich. Das Foto entstand am 5. Juni 1960. Das Schiff nimmt teil am „Rose Festival" der Stadt Portland, und die Besatzungsmitglieder grüßen die Stadt durch die Namens-Formation.

Foto: USN, Sammlung BfZ

Im Sommer 1963 war *Thetis Bay* Wachschiff während des Besuches von Präsident John F. Kennedy in der Bundesrepublik Deutschland und in West-Berlin. Dieses Foto wurde während der Bereitschaft des Schiffes in Hamburg aufgenommen.

Foto: Sammlung BfZ

AVG-91 Ulitka Bay → *Makassar Strait*

Als CVE-91 auf Stapel gelegt. Noch vor Kiellegung in *Makassar Strait* umbenannt.

Lebenslauf

6/1944	Pazifik; Transportfahrten nach Pearl Harbor und zu den Marshall-Inseln
7/1944	Westküste
9–10/1944	Flugzeugtransport nach Hawaii und zu den Admiralitätsinseln
10/1944 bis 1/1945	Piloten-Qualifikationsfahrten von Pearl Harbor aus
2–4/1945	Eniwetok; TG 50.8; Okinawa, Japanische Heimatinseln
5/1945	Piloten-Trainingsfahrten
8–10/1945	Westküste; Piloten-Trainingsfahrten
11/1945	„Magic Carpet"-Fahrten nach Kwajalein, zweimal nach Guam
9.8.1946	außer Dienst, Reserveflotte

Flugzeuge, Staffeln

3/1944	(Soll) VC-87 mit 12 FM und 9 TBF/TBM = 21
2–5/1945	VC-97 mit 14 FM und 12 TBM = 26

Tarnschemata

1944	Schema 32/16a

Radarantennen

1944	SK, SG, YE

CVE-91 *Makassar Strait*, etwa 1944 aufgenommen und mit lädiertem Anstrich nach Schema 32/16a.
Foto: Sammlung Davis

AVG-92 *Windham Bay*

Als CVE-92 auf Stapel gelegt.

Lebenslauf

6–7/1944	Pazifik; nach Ausbildungsfahrten Pearl Harbor, dort zu „Carrier Transport Squadron"; Flugzeugtransporte nach Majuro. Transport von VMF(N)-532 nach Saipan; Rücktransport von erbeutetem japanischen Material und Flugzeugen
8/1944	Westküste Werft
9/1944	Transportfahrten zu den Admiralitätsinseln und den Neu-Hebriden sowie Neu-Guinea
10/1944	Rückkehr zur Westküste
11/1944	Nächste Transportfahrt zu den Admiralitätsinseln
12/1944	Westküste Werft; weitere Transportfahrt nach Midway
1/1945	Flugzeug-Trainingsfahrten bei Hawaii
2/1945	Flugzeugtransporte für Flottenträger der TF 58 bei Iwo Jima
3–6/1945	das gleiche bei Okinawa, dabei am
5.6.1945	durch Taifun beschädigt
7–8/1945	Westküste Werft, Reparatur der erlittenen Schäden; Flugzeugtransport von VMF-312 nach Guam. Rücktransport von Flugzeugen und Passagieren von Samar
10/1945	„Magic Carpet"-Fahrten von Pearl Harbor aus
ca. 1/1947	außer Dienst, Reserveflotte
31.10.1951	für den MSTS reaktiviert, bis
1959	dann Streichung

Casablanca-Klasse

Flugzeuge, Staffeln
3/1944	(Soll) VC-88 mit 2 FM, 10 F4F und 9 TBF/TBM = 21

Radarantennen
1944	SK, SG, YE
1952	wie vorstehend

Aus dem Jahre 1952 stammt dieses Foto von CVE-92 *Windham Bay*. Damals fuhr das Schiff als Flugzeugtransporter des MSTS. Wie bei manchen anderen um diese Zeit für den MSTS fahrenden Geleitträgern findet man auch hier die große Kenn-Nummer an der Insel, die SK-, SG- und YE-Antenne sowie die nur halbe betriebsbereite 40-mm-Flak.

Foto: Sammlung USNI

AVG-93 Woodcliff Bay → *Makin Island*

Als CVE-93 auf Stapel gelegt. Noch vor Kiellegung in *Makin Island* umbenannt.

Lebenslauf
6/1944	Pazifik; Flugzeugtransporte nach Pearl Harbor, Majuro, Kwajalein
11/1944	Ulithi; Geleitschutz bei der Invasion von Leyte; Luzon
12/1944	Flaggschiff TG 77.4
1/1945	Lingayen
2/1945	Iwo Jima
3/1945	Okinawa
6/1945	Guam
7/1945	Ostchinesische See, Japanische Heimatinseln
8/1945	Okinawa
9/1945	Besetzung von Honshu
11–12/1945	eine „Magic Carpet"-Fahrt nach Shanghai
19.4.1946	außer Dienst, Reserveflotte

Flugzeuge, Staffeln
3/1944	(Soll) VC-90 mit 14 FM und 9 TBF/TBM = 23
11/1944 bis 2/1945	VC-84 mit 16 FM und 12 TBM = 28
3–4/1945	VC-84 und VC-91 mit je 16 FM und 11 TBM = 27

Tarnschemata
2/1945	Schema ?
11/1945	vermutlich Schema 21

Radarantennen
2/1945	SK, SG, YE

Am 28. Februar 1945, als dieses Foto aufgenommen wurde, fuhr CVE-93 *Makin Island* noch mit einem Tarnanstrich, dessen Bezeichnung gegenwärtig noch nicht bekannt ist.
Foto: USN

Dem liebenswerten Eifer des vor wenigen Jahren verstorbenen Amateur-Fotografen J.A. Casoly aus San Francisco ist es zu verdanken, daß er nach Kriegsende als „skipper" eines Hafenschleppers systematisch alle in diesen Hafen heimkehrenden Schiffe fotografierte. Er lieferte u. a. den Nachweis dafür, daß die meisten dieser Schiffe zu jenem Zeitpunkt nach Schema 21, d. h. „navy blue" angestrichen waren, so auch hier CVE-93 *Makin Island* am 17. November 1945.
Foto: J. A. Casoly (†)

AVG-94 Alazon Bay → *Lunga Point*

Als CVE-94 auf Stapel gelegt. Noch vor Kiellegung in *Lunga Point* umbenannt.

Lebenslauf

Mitte 1944	Pazifik; Flugzeugtransport nach Neu-Guinea
10/1944	CARDIV 29; Leyte
11/1944	Manus
12/1944 bis 1/1945	Lingayen, Ulithi
2/1945	Iwo Jima, dabei am
21.2.1945	bei Iwo Jima durch Kamikaze-Treffer beschädigt
3/1945	Okinawa, Japanische Heimatinseln
7–8/1945	chinesische Küste. Okinawa; Evakuation alliierter Gefangener aus Japan
10/1945	Abfahrt aus der Tokio-Bucht nach Pearl Harbor
11/1945	„Magic Carpet"-Fahrten
24.10.1946	außer Dienst, Reserveflotte

Flugzeuge, Staffeln

3/1944	(Soll) VC-91 mit 4 FM, 8 F4F und 9 TBF/TBM = 21
11/1944 bis 2/1945	VC-85 mit 14 FM und 12 TBM = 26
3–4/1945	VC-85 mit 18 FM und 12 TBM = 30
6–9/1945	VC-98 mit FM und TBM

Tarnschemata

1944	Schema 33/18a

CVE-94 *Lunga Point* mit Tarnanstrich nach Schema 33/18a, wobei hier die dunkelste Fläche des Tarnmusters eher nach „dull black" des Schemas 32 aussieht.
Foto: USN, Sammlung BfZ

AVG-95 Alikula Bay → *Bismarck Sea*

Als CVE-95 auf Stapel gelegt und als *Alikula Bay* vom Stapel gelaufen. 16.5.1944, wenige Tage vor der Indienststellung, in *Bismarck Sea* umbenannt.

Lebenslauf

7–8/1944	Geleitfahrten zwischen der Westküste und den Marshall-Inseln; ab
11/1944	7. Flotte; Leyte
2/1945	Iwo Jima
21.2.1945	bei Iwo Jima durch Kamikaze-Einwirkung versenkt: 318 Tote

Flugzeuge, Staffeln

3/1944	(Soll) VC-92 mit 11 FM, 1 F4F und 9 TBF/TBM = 21
1–2/1945	VC-86 mit 16 FM und 12 TBM = 28
2/1945	VC-81

Tarnschemata

6/1944	vermutlich Schema 14

Radarantennen

6/1944	SK, SG, YE

CVE-95 *Bismarck Sea*, gesehen irgendwo im pazifischen Raum. Mit dem eigenen Ladegeschirr werden gerade von einem Ladeprahm zwei Flugzeuge übernommen.
Foto: USN

Welch eine unruhige Plattform ein CVE beim schweren Seegang sein konnte, dokumentiert dieses Foto der *Bismarck Sea*, das am 24. Juni 1944 aus 150 m Höhe aufgenommen wurde. Man kann sich gut vorstellen, daß die Durchführung des Flugbetriebes auf einem CVE nicht nur vom ausreichend vorhandenen Gegenwind abhängig war, sondern auch von einem Mindestbedarf an Stabilität des Schiffes.
Foto: USN

AVG-96 Anguilla Bay → *Salamaua*

Als CVE-96 auf Stapel gelegt, noch vor Kiellegung in *Salamaua* umbenannt.

Lebenslauf

8/1944	Pazifik; je eine Flugzeugtransportfahrt nach Pearl Harbor und Neu-Guinea
11/1944	Ulithi, Palau, Philippinen, Leyte
1/1945	Lingayen; am
13.1.1945	bei den Philippinen durch Kamikaze beschädigt: 15 Tote, 80 Verwundete; provisorisch repariert
2/1945	Westküste Werft
5/1945	Guam, Okinawa, dabei
5.6.1945	durch Taifun beschädigt; Reparatur auf Guam
7/1945	U-Jagd-Operationen im Bereich Marianen und Okinawa
8/1945	Okinawa, Leyte
9/1945	Bucht von Tokio; drei „Magic Carpet"-Fahrten
9.5.1946	außer Dienst, gestrichen

Flugzeuge, Staffeln

3/1944	(Soll) VC-93 mit 4 FM, 6 F4F und 10 TBF/TBM = 20
11/1944 bis 2/1945	VC-87 mit 14 FM und 10 TBM = 24
5–9/1945	VC-70 mit FM und TBM

Tarnschemata

1944	Schema 33/18a
11/1945	vermutlich Schema 21

Radarantennen

11/1945	SC-2, SG, SPS-4, YE

Etwa Ende 1945 entstand diese Aufnahme von CVE-96 *Salamaua*. Indiz dafür ist das Vorhandensein der Radarantenne SPS-4 auf der vorderen Mastplattform, die damals möglicherweise noch als SG-6 bezeichnet worden sein mochte. *Salamaua* ist außerdem einer der wenigen CVE der *Casablanca*-Klasse, der mit SC-2-Radar ausgerüstet war. Die Flageschütze sind abgedeckt, außerdem tummeln sich allerlei Personen auf dem Flugdeck. Vom bekannten Wohnort des Fotografen schließend, kann gefolgert werden, daß dieses Foto in der Nähe von San Francisco aufgenommen wurde und das Schiff bei der Ankunft von einer „Magic Carpet"-Fahrt zeigt.

Foto: D. McPherson (†)

AVG-97 Astrolabe Bay → *Hollandia*

Als CVE-97 auf Stapel gelegt und als *Astrolabe Bay* vom Stapel gelaufen. 30. 5. 1944, zwei Tage vor der Indienststellung, in *Hollandia* umbenannt.

Lebenslauf

7/1944	Pazifik; Übungsfahrt nach Espiritu Santo, mit Flugzeugtransport verbunden; danach bis
4/1945	mehrere Versorgungsfahrten nach Manus, Ulithi, Guam
4/1945	Okinawa
6–8/1945	Transporte von Ersatzflugzeugen für die Flottenträger
9/1945	vier „Magic Carpet"-Fahrten
2/1946	endgültige Rückkehr zur Westküste
17. 1. 1947	außer Dienst, Reserveflotte

Flugzeuge, Staffeln

3/1944	(Soll) VC-94 mit 3 FM, 9 F4F und 10 TBF/TBM = 22
3–4/1945	Transport von F4U und F6F für das Marine Corps

Tarnschemata

9/1944	Schema ?
11/1945	vermutlich Schema 21

Radarantennen

9/1944	SK, SG, YE

Dieses Foto von CVE-97 *Hollandia* wurde am 18. September 1944 vor der kalifornischen Küste aufgenommen. Es zeigt das Schiff mit „dazzle pattern"-Tarnanstrich von bisher unbekannter Bezeichnung. Die Radarantenne SK ist von der Sonne angestrahlt. Besatzungsangehörige sind mit der Pflege der Katapultanlage beschäftigt.

Foto: USN, Sammlung BfZ

Casablanca-Klasse

Hollandia, aufgenommen am 29. November 1945. Die größere Kenn-Nummer ist noch nicht an der Insel angebracht, obwohl der Krieg schon vor drei Monaten zu Ende ging. Foto: Sammlung Davis

CVE-98 *Kwajalein* bei hoher Fahrt. Foto: USN

AVG-98 Buccareli Bay → *Kwajalein*

Als CVE-98 *Buccareli Bay* auf Stapel gelegt. 26. 4. 1944 in *Kwajalein* umbenannt.

Lebenslauf

7/1944	Pazifik; Transport von Flugzeugen, Besatzungen und Treibstoff nach Espiritu Santo
8/1944	Flugzeugtransport nach Guam; bei Rückfahrt zur Westküste Mitnahme von erbeuteten japanischen Ausrüstungsgegenständen
10/1944	Transport von Ersatzflugzeugen für Träger der TF 38
18.12.1944	bei den Philippinen durch Taifun beschädigt
2/1945	Westküste Werft
3–8/1945	Transportfahrten nach Pearl Harbor, zum Westpazifik und zu den Flottenträgern bei den Japanischen Heimatinseln
9/1945	vier „Magic Carpet"-Fahrten
2/1946	endgültige Rückkehr zur Westküste
16.8.1946	außer Dienst, Reserveflotte

Flugzeuge, Staffeln
3/1944   (Soll) VC-96 mit 11 FM u. 9 TBM = 20

Tarnschemata
7/1944   vermutlich Schema 14 oder 21

Radarantennen
7/1944   SK-2, SG, YE

Bugansicht der *Kwajalein* während einer Transportfahrt, aufgenommen am 19. Juli 1944 aus ca. 90 m Höhe. Anstrich nach Schema 21. Hier wird deutlich, in welcher Weise die Windabweiser-Lamellen im Flugdeck verankert sind. *Kwajalein* war der erste CVE der *Casablanca*-Klasse, der die Radarantenne SK-2 erhielt.
Foto: USN

AVG-99 Chapin Bay → *Admiralty Islands*

Als CVE-99 *Chapin Bay* auf Stapel gelegt. 26. 4. 1944 in *Admiralty Islands* umbenannt.

Lebenslauf

1944	Pazifik; „Carrier Transport Squadron, Pacific"; Transportfahrten zwischen der Westküste und dem Westpazifik
2/1945	Versorgung von TF 58 bzw. TF 38
2–3/1945	Iwo Jima
3–6/1945	Okinawa
7/1945	Japanische Heimatinseln, dann Westküste Werft und ab
9/1945	Teilnahme an „Magic Carpet"-Fahrten
26. 4. 1946	außer Dienst, gestrichen

Flugzeuge, Staffeln

3/1944	(Soll) VC-97 mit 4 FM, 8 F4F und 9 TBF/TBM = 21

Tarnschemata

11/1945	vermutlich Schema 21

Radarantennen

8/1945	SK-2, SG, YE

Zwei Ansichten von CVE-99 *Admiralty Islands*. Beide Fotos wurden am 30. August 1945 vor der kalifornischen Küste aufgenommen. Der Krieg ist vorüber, die Geschützrohre sind abgedeckt. Die Decks-Kenn-Nummer fehlt hier. Dafür werden Einzelheiten der Flugdeck-Markierung deutlich.

Fotos: USN und Sammlung BfZ

Am 25. November 1945 kehrt CVE-99 von einer „Magic Carpet"-Fahrt nach San Francisco zurück. Zahlreiche Passagiere sind auf dem Flugdeck versammelt. Infolge des langen Einsatzes hat der Schiffs-Anstrich gelitten.

Foto: J. A. Casoly (†)

AVG-100 Didrickson Bay → *Bougainville*

Als CVE-100 *Didrickson Bay* auf Stapel gelegt. 26. 4. 1944 in *Bougainville* umbenannt.

Lebenslauf

8/1944	Pazifik; „Carrier Transport Squadron, Pacific"; Transportfahrten zu den pazifischen Inseln
2/1945	zu „Service Squadron 6"; Versorgung von TF 58 bzw. TF 38
2–6/1945	Iwo Jima, Okinawa, dabei
5. 6. 1945	bei Okinawa durch Taifun beschädigt
10/1945	Verbleib im Westpazifik
3. 11. 1946	außer Dienst, Reserveflotte

Flugzeuge, Staffeln

3/1944   (Soll) VC-98 mit 2 FM, 10 F4F und 3 TBM = 15

Tarnschemata

1/1945   Schema 21

Radarantennen

1/1945   SK-2, SG, YE

Der 100. CVE! *Bougainville* (CVE-100), aufgenommen am 30. Dezember 1944. Eines der wenigen amtlichen USN-Fotos, auf denen Tarnanstrich nach Schema 21 ausdrücklich erwähnt wird. Foto: USN, Sammlung BfZ

AVG-101 Dolomi Bay → *Matanikau*

Als CVE-101 *Dolomi Bay* auf Stapel gelegt. 26. 4. 1944 in *Matanikau* umbenannt.

Lebenslauf

8/1944	Pazifik; Flugzeugtransport in den Südpazifik und zu den Admiralitätsinseln
9/1944	Rückkehr zur Westküste mit beschädigten Flugzeugen
10/1944	Piloten-Qualifikationsfahrten bis
7/1945	dann Flugzeugtransport zu den Marshall-Inseln im Rahmen der „Carrier Transport Squadron, Pacific"
8/1945	Roi, Kwajalein
9/1945	TF 4; Honshu
10/1945	Rückkehr zur Westküste
11/1945	„Magic Carpet"-Fahrt nach Saipan
12/1945	„Magic Carpet"-Fahrt nach Guam
1/1946	„Magic Carpet"-Fahrt nach China
2/1946	Westküste; acht Monate lang inaktiv
11.10.1946	außer Dienst, Reserveflotte

Flugzeuge, Staffeln

3/1944	(Soll) VC-99 mit 3 F4F und ?
10/1944	VC-93

Tarnschemata

1944	Schema 32/16a
7/1944	vermutlich Schema 21

Radaranlagen

7/1944	SK-2, SG, YE

Im Juli 1944 aufgenommen wurde hier CVE-101 *Matanikau* auf einer Fahrt im Pazifik. Die mit SK-2 nunmehr moderner gewordene Radarausrüstung ist hier gut sichtbar. Foto: USN

Casablanca-Klasse 131

AVG-102 Elbour Bay → *Attu*

Als CVE-102 auf Stapel gelegt. 6. 11. 1943, noch vor Kiellegung in *Attu* umbenannt.

Lebenslauf
8/1944	Transportfahrten zu den pazifischen Inseln
2–6/1945	Transportfahrten nach Iwo Jima und Okinawa, dabei
5. 6. 1945	bei Okinawa durch Taifun beschädigt. Nach Kriegsende 4000 Mann im Rahmen von „Magic Carpet"-Fahrten zurückgeführt
8. 6. 1946	außer Dienst, gestrichen

Tarnschemata
9/1944   Schema

Radaranlagen
9/1944   SK-2, SG, YE

Luftaufnahme von CVE-102 *Attu*, entstanden am 28. September 1944 vor der Küste Kaliforniens. Beachtenswert ist, wie unterschiedlich stark hier die diversen Farben des noch unbekannten Tarnmusters kontrastieren.
Foto: USN, Sammlung BfZ

Attu, aufgenommen am 3. September 1945 beim Personalaustausch mit AG-85 *Fox*.   Foto: USN

AVG-103 Alava Bay → *Roi*

Als CVE-103 *Alava Bay* auf Stapel gelegt.

Lebenslauf
8–12/1944 Pazifik; „Carrier Transport Squadron, Pacific"; Flugzeugtransporte nach Espiritu Santo, Manus, Eniwetok, Guam, zu den Marshall-Inseln und zu den Marianen; mehrere Monate Versorgung der Flottenträger von TF 38 im Rahmen der TG 30.8
7/1945 Versorgungsfahrten; Guam
8/1945 Besetzung Japans; „Magic Carpet"-Fahrten
9.5.1946 außer Dienst, gestrichen

Tarnschemata
1945/46 vermutlich Schema 21

Radarantennen
1945/1946 SK-2, SG, YE

CVE-103 *Roi*, aufgenommen 1945. Foto: OUR NAVY PHOTO

AVG-104 Tonowek Bay → *Munda*

Als CVE-104 auf Stapel gelegt, noch vor Kiellegung in *Munda* umbenannt.

Lebenslauf

8/1944	Pazifik; „Carrier Transport Squadron, Pacific"; Flugzeugtransport nach Espiritu Santo
12/1944	zweite und dritte Transportfahrt, später noch drei weitere
7–8/1945	TG 30.8; Transport von Ersatzflugzeugen und Besatzungen für die Flottenträger der TF 38; Japanische Heimatinseln, dann in Guam bis zur Kapitulation Japans
9/1945	Bucht von Tokio
10/1945	„Magic Carpet"-Fahrten bis
1/1946	dann
13.9.1946	außer Dienst, Reserveflotte

Tarnschemata

1945/46	vermutlich Schema 21

Radarantennen

1945	SK-2, SG, YE

In der Bucht von San Francisco ankernd wurde 1945 CVE-104 *Munda* aufgenommen. Auf der Insel findet man schon die große Kenn-Nummer.

Foto: D. McPherson (†)

Commencement Bay-Klasse

Dies war die letzte Klasse von Geleit-Flugzeugträgern der U.S. Navy und zugleich die einzige Klasse, die von vornherein für diesen Zweck entworfen war. In den Abmessungen eher der *Sangamon*-Klasse ähnelnd, war dieser Entwurf von den Erfahrungen mit den Vorgänger-Klassen geprägt. Die größere Länge resultierte in einer größeren Flugzeugkapazität. Auf dem vorderen Flugzeugdeck befanden sich nun zwei Katapulte. Unter Beibehaltung des Doppelschraubenantriebs konnte man hier wieder zum Dampfturbinenantrieb zurückkehren. Auch der Bau all dieser Schiffe wurde einer einzigen Werft übertragen, nämlich der Werft Todd Pacific in Tacoma im Bundesstaat Washington. Bedingt durch den weiterentwickelten Entwurf betrugen die Bauzeiten hier jedoch im Durchschnitt 1¼ Jahre.

Auch bei Schiffen dieser Klasse wurde die Maschinenflak im nachhinein verstärkt, und zwar durch die Aufstellung eines 40-mm-Vierlings auf dem Vorderdeck, von zwei Vierlingen desselben Kalibers auf dem Achterdeck sowie von vier Zwillingslafetten auf den Seitendecks in überhöhter Anordnung. Kennzeichnend für diese Klasse waren die beiden 40-mm-Flakstände auf dem Flugzeugdeck vor der kleinen Insel.

Die späte Fertigstellung dieser Schiffe – eine Einheit 1944, die übrigen fast alle 1945 – gestattete die Installation neuerer Radar-Elektronik. Nur wenige Schiffe dieser Klasse kamen noch im Pazifik zum Einsatz. Da sie relativ unverbraucht waren, konnten einige wenige Schiffe bis weit in die 50er Jahre bei der aktiven Flotte Verwendung finden. Einige von ihnen wurden bei Beginn des Korea-Krieges reaktiviert, ein weiteres für andere Zwecke (als AGMR) umgebaut. Zwei Einheiten fuhren als Flugzeugfähren während des Vietnam-Krieges.

Von den 23 aus den Etats 1943 und 1944 zum Bau freigegebenen Schiffen dieser Klasse wurden 19 fertiggestellt. Die nicht mehr gebauten CVE-128 bis 139 aus dem Etat 1945 sollten eine etwas verbesserte Version der *Commencement Bay*-Klasse darstellen.

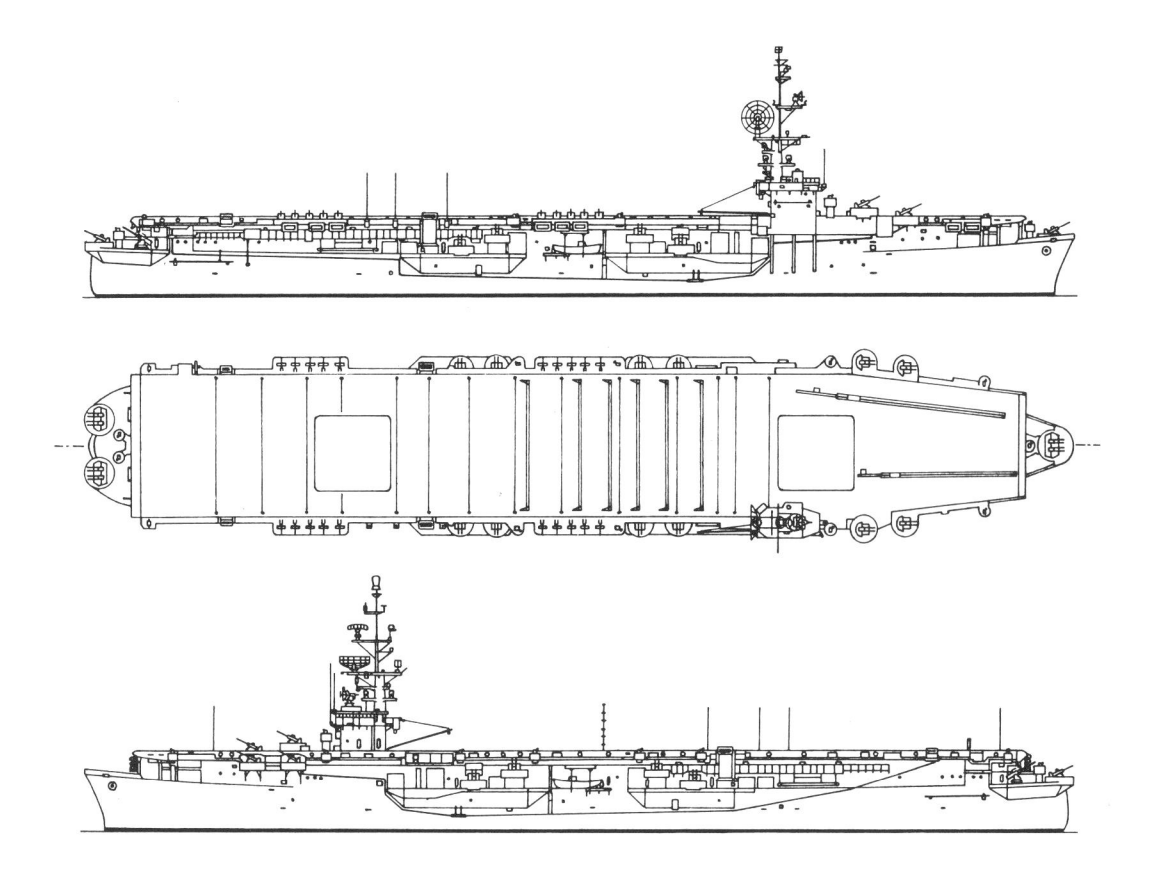

ACV-105 St. Joseph Bay → *Commencement Bay*

Als CVE-105 *St. Joseph Bay* auf Stapel gelegt und auch vom Stapel gelaufen. 10. 4. 1944 in *Commencement Bay* umbenannt.

Lebenslauf
2–10/1945　Pazifik; vom Puget Sound aus Trainingsschiff für Geleitträgerbesatzungen und Piloten, dies kurze Zeit auch von Pearl Harbor aus.
30. 11. 1946　außer Dienst, Reserveflotte

Tarnschemata
10/1944　Schema 32/16a
12/1945　Schema 21

Radarantennen
10/1945　SK-2, SG, YE

Dieses Foto von CVE-105 *Commencement Bay*, dem Leitschiff der gleichnamigen Klasse, wurde wahrscheinlich etwa Ende 1944 aufgenommen. Voll sichtbar ist der Tarnanstrich nach Schema 32/16a, hier mit seinem Backbord-Muster.

Foto: USN

◄
Steuerbord- und Decksansicht zeigen das Aussehen von CVE-105 *Commencement Bay* nach Fertigstellung im Jahre 1944. Beachtenswert sind hier die divergierenden Katapulte, die 2 m nach Steuerbord aus der Schiffsachse versetzten Aufzüge und die zahlreichen 20-mm-Flak. Die Backbordansicht zeigt das Aussehen eines der späten Schiffe dieser Klasse, CVE-119 *Point Cruz*, das noch bis 1956 im aktiven Dienst stand und während der letzten Dienstperiode SPS-6 und 10-Radar hatte, wie auch TACAN an der Mastspitze. Allerdings befand sich die hier dargestellte 12,7-cm-Kanone zu diesem Zeitpunkt nicht mehr an Bord, ähnlich wie bei anderen aktiven, mit Navy-Besatzung fahrenden CVE.

Am 16.12.1945 kehrt CVE-105 mit einer kleinen Flugzeugladung nach San Francisco zurück. Beachtenswert ist die Wirkung des dunklen Anstrichs nach Schema 21 und die auf den Seitendecks angebrachten 40-mm-Flakstände. Die weiße Friedensnummer an der Insel ist bereits angebracht. Foto: J. A. Casoly (†)

ACV-106 Sunset Bay → *Block Island* II

Als CVE-106 *Sunset Bay* auf Stapel gelegt und auch vom Stapel gelaufen. 5. 7. 1944 in *Block Island* umbenannt, zu Ehren des gesunkenen CVE-21.

Lebenslauf

3/1945	Pazifik;
5/1945	Flugoperationen vor Okinawa
5–6/1945	Leyte, Balikpapan; nach Kriegsende
9/1945	Evakuierung von Kriegsgefangenen von Formosa; Verbleib im Fernen Osten bis
12/1945	dann Rückkehr zur Westküste
28.5.1946	außer Dienst, Reserve, dabei ab
29.5.1946	Stationsschiff der Naval Academy in Annapolis, Maryland; dort als schwimmendes stationäres Klassenzimmer-Schiff benutzt. Dies dauerte bis
1950	dann Übergang ins Reserve-Verhältnis
28.4.1951	reaktiviert, Atlantik;
1951–1953	lokale Flugoperationen Ostküste
4–6/1953	Fahrt nach Europa
27.8.1954	außer Dienst, Reserveflotte
22.12.1957	als LPH-1 klassifiziert
6/1958	Umbau als Hubschrauberträger suspendiert; dafür wurde *Thetis Bay* CVHA-1 und später LPH-6

Flugzeuge, Staffeln

5–8/1945	MCVG-1 mit VMF-511 (F6F und F4U) und VMTB-233 (TBM)

Tarnschemata

1/1945	Schema 33/18a

Radarantennen

1/1945	SK-2, SG, YE
1/1952	SPS-6, SPS-4, YE

Die zweite *Block Island* (CVE-106) wurde zur Erinnerung an den 1944 im Atlantik durch U-Boot-Torpedos versenkten Vorgänger CVE-21 benannt. Beide Fotos wurden kurz nach der Indienststellung am 10. Januar 1945 aufgenommen, wobei die frisch aufgetragenen Farben des Tarnschemas 33/13a gut wahrnehmbar sind. Die Luftaufnahme vermittelt einen Blick auf die divergierenden Katapultbahnen auf dem Flugdeck.

Foto: USN, Sammlung BfZ

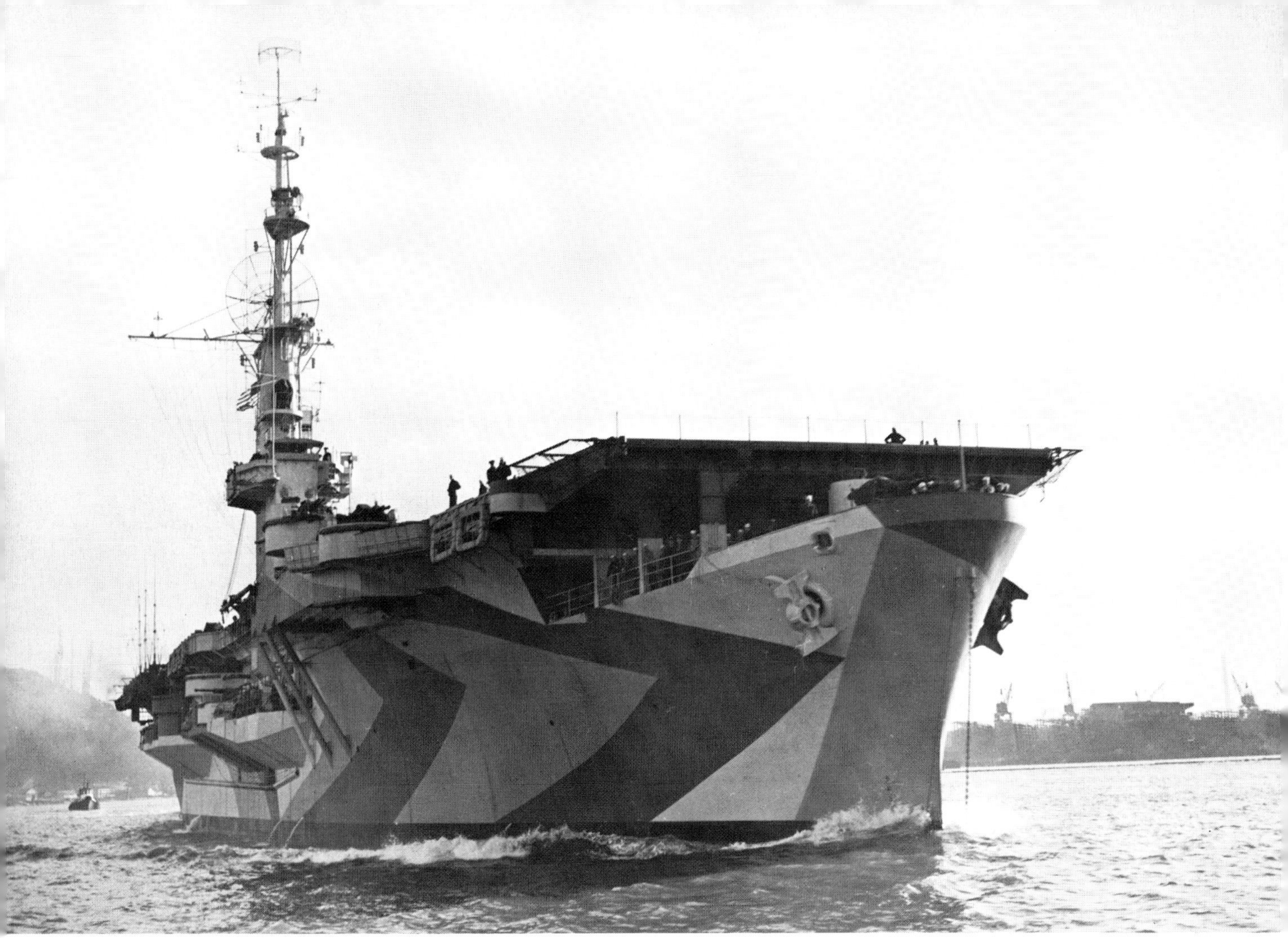

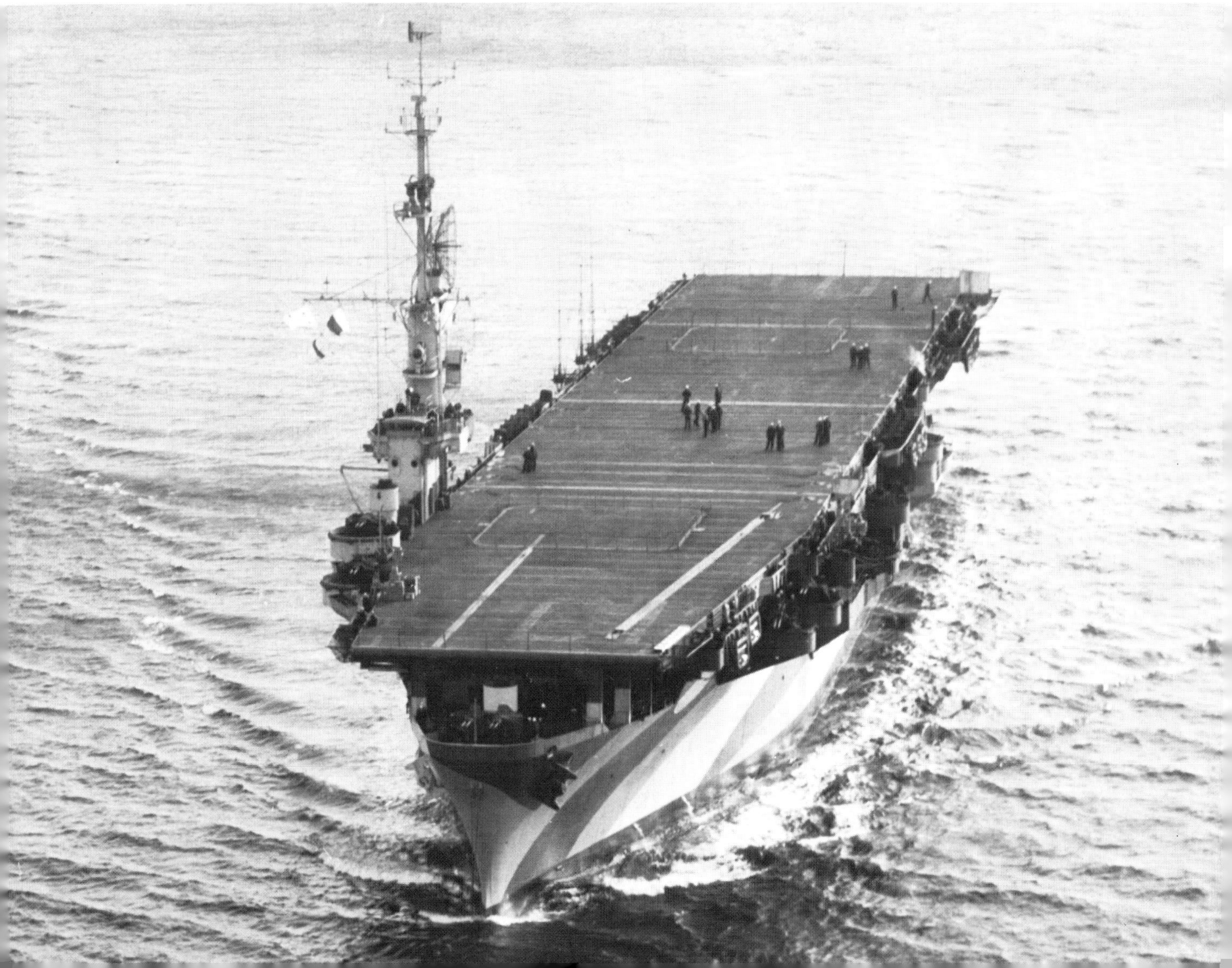

Diese beiden Fotos zeigen *Block Island* sieben Jahre später, am 5. Januar 1952, vor der Marinewerft Philadelphia. Das dunstige Wetter läßt das Friedens-Grau des Anstrichs dunkler erscheinen, als es ist. Zu bemerken sind die Radarantennen SPS-6 und SPS-4 sowie die ausladenden Seitendecks mit den 40-mm-Flakständen. Die beiden 12,7-cm-Kanonen „verstecken" sich unter dem Flugdeck und haben einen nur begrenzten Bestreichungswinkel. Foto: USN, Sammlung BfZ

Diese aus dem Zeitraum 1952/1954 stammende Luftaufnahme der *Block Island* verdeutlicht vor allem Veränderungen bei der Decksmarkierung. Die Bug-Nummer fehlt hier. Foto: Sammlung USNI

▼

ACV-107 St. Andrews Bay → *Gilbert Islands* → AGMR-1 *Annapolis*

Als CVE-107 *St. Andrews Bay* auf Stapel gelegt. 26. 4. 1944 in *Gilbert Islands* umbenannt.

Lebenslauf

4/1945	Pazifik; Übungen bei Hawaii
5–6/1945	Okinawa, Erdkampf- und Luftunterstützung; Marine Corps-Staffeln an Bord
8/1945	Unterstützung der 3. Flotte bei den Japanischen Heimatinseln
10/1945	Besetzung Formosas
12/1945	Rückkehr zur Westküste
21. 5. 1946	außer Dienst, Reserveflotte
7. 9. 1951	für den Korea-Krieg reaktiviert
8–9/1952	Transport von Strahlflugzeugen nach Japan
10/1952	Rückkehr zur Ostküste
1/1954	Mittelmeer-Fahrt
15. 1. 1955	außer Dienst, Reserveflotte
1. 6. 1961	gestrichen
1. 11. 1961	nach bereits erfolgter Streichung wieder in die Schiffsliste aufgenommen und zum Umbau als Nachrichtenverbindungs- und Relaisschiff AGMR-1 vorgesehen
22. 6. 1963	nach der Marine-Funkstelle in *Annapolis* umbenannt
7. 3. 1964	nach Umbau als AGMR-1 in Dienst gestellt
6/1965	Übergang zur Westküste
9/1965	Einsatz vor Vietnam
20. 12. 1969	außer Dienst, Reserveflotte

Flugzeuge, Staffeln

5–8/1945	MCVG-2 mit VMF-512 (FG, F6F und F4U) und VMTB-143 (TBM)

Tarnschemata

7/1945	vermutlich Schema 21

Radarantennen

7/1945	SK-2, SPS-4, SG, YE
1963	SPS-10

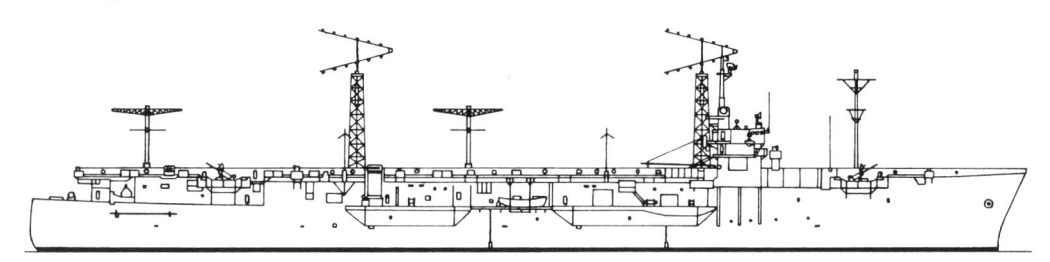

So sah ex-CVE-107 *Gilbert Islands* nach Umbau als Relaisschiff und nach Umbenennung in *Annapolis* (AGMR-1) aus. Das vormalige Flugdeck wurde als Antennendeck umfunktioniert. *Annapolis* war der einzige ehemalige CVE, der 7,6-cm-L/50-Geschütze an Bord hatte.

CVE-107 *Gilbert Islands*, aufgenommen am 2. Mai 1945 und am 18. Juli 1945, wobei insbesondere bei der zweiten Aufnahme der navy-blaue Anstrich nach Schema 21 deutlich identifizierbar ist. Foto: USN, Sammlung BfZ

CVE-107 nach abgeschlossenem Umbau als Nachrichtenverbindungsschiff, Umklassifizierung in AGMR-1 und nach Umbenennung in *Annapolis*. Festzustellen sind wesentliche Veränderungen an Schiffskörper, Brücke und Deck. Obwohl nach diesem Umbau als Hilfsschiff eingestuft, erhielt *Annapolis* als einziger der ehemaligen CVE vier offene Doppellafetten mit radargesteuerten Geschützen des Kalibers 7,6-cm-L/50. Auf dem vormaligen Flugdeck wurden vier Antennenmaste angebracht; für eine provisorische Hubschrauber-Landefläche verblieb an Backbord Mitte noch etwas Platz. Das Foto stammt vom 12. Juni 1964; in dieser Rolle blieb das Schiff nur 4½ Jahre im aktiven Dienst.

Annapolis, eingemottet in San Diego, aufgenommen 1971. Bemerkenswert ist, daß die 7,6-cm-Geschütze auch konserviert wurden, während die elektronischen Geräte – wie bei allen in Reserve gehenden Schiffen – vor der Konservierung entfernt wurden.

Fotos: USN/Sammlung INRO

ACV-108 Vermillion Bay → *Kula Gulf*

Als CVE-108 auf Stapel gelegt. 6. 11. 1943 noch vor Kiellegung in *Kula Gulf* umbenannt. Fertiggestellt bei Willamette Iron Works.

Lebenslauf
8/1945	Pazifik; 7. Flotte im Westpazifik
11/1945	zwei „Magic Carpet"-Fahrten von Guam aus
2/1946	Übergang zur Ostküste
3.7.1946	außer Dienst, Reserveflotte
15.2.1951	reaktiviert
8/1951	Flugzeugtransport nach Casablanca; dann ab
9/1951	Piloten-Trainingsfahrten für Korea-Einsatz
5/1952	Operationen an der Ostküste
1–7/1953	Werft, danach
1953–1955	Teilnahme an Entwicklungen von U-Jagd-Taktiken; Übungsfahrten Ostküste
15.12.1955	außer Dienst, Reserveflotte
30.6.1965	reaktiviert als T-AKV-8, als Flugzeugfähre für den MSTS; dabei auch Installation eines Kranes mit 150 t Hebekraft und Vergrößerung des vorderen Aufzuges; Hubschrauber-Transportfahrten nach Vietnam, bis
1970	dann außer Dienst, gestrichen

Flugzeuge, Staffeln
1945	(Soll) CVEG(N)-63

Tarnschemata
9/1945	entweder Schema 22 oder Schema 12

Radarantennen
9/1945	SK-2, SPS-4, SG, YE
10/1950	SPS-6, SPS-4, YE

CVE-108 *Kula Gulf*, aufgenommen am 5. September 1945 mit Anstrich nach Schema 22; theoretisch könnte es sich auch um die neue Form des Schemas 12 handeln, doch wird diese Annahme durch nichts untermauert. SG-6 bzw. SPS-4-Radar ist in der Seitenansicht kaum wahrzunehmen. Foto: USN

Fünf Jahre später: *Kula Gulf*, angeblich aufgenommen am 1. Oktober 1950, also vermutlich nach der ersten Reaktivierung, jedoch noch vor der zweiten Indienststellung. SPS-6-Radar anstelle von SK-2. Auf dem Deck befinden sich Navy-Flugzeuge. Foto: USN

Aussehen der *Kula Gulf* in den Jahren 1951/1954, also nach der zweiten Reaktivierung. Gegenüber dem Zustand auf dem vorigen Foto sind kaum nennenswerte Veränderungen festzustellen. Foto: Sammlung USNI

ACV-109 Willapa Bay → *Cape Gloucester*

Als CVE-109 *Willapa Bay* auf Stapel gelegt. 26. 4. 1944 noch vor dem Stapellauf in *Cape Gloucester* umbenannt.

Lebenslauf

7/1945	Pazifik; 3. Flotte; Bekämpfung von Kamikazes, Sicherung von Minenräumoperationen entlang der japanischen Küste; ab
9/1945	vier „Magic Carpet"-Fahrten von Okinawa und Pearl Harbor zur Westküste
5.11.1946	außer Dienst, Reserveflotte
1.7.1960	einen Monat nach der ersten Streichung vom 1. 6. 1960 wieder in die Schiffsliste aufgenommen, jedoch nicht mehr reaktiviert

Flugzeuge, Staffeln

1945	MCVG-4 mit VMF-351 (FG und F6F) und VMTB-132 (TBM)

Tarnschemata

1945	Schema 22 oder Schema 12

Radarantennen

3/1945	SK-2, SPS-4, SG, YE

CVE-109 *Cape Gloucester*, gesehen am 17. März 1945 vor der Küste des Bundesstaates Washington. Die Trennlinie der beiden Tönungen des Tarnanstrichs (vermutlich nach Schema 22) verläuft hier tiefer als üblich.

Foto: USN

Eine gelungene Aufnahme der aufgelegten *Cape Gloucester* im Jahre 1971, kurz vor der Streichung aus der Schiffsliste. Alle 40-mm-Zwillingslafetten sind mit konserviert, die Elektronik dagegen entfernt.

Foto: Sammlung INRO

ACV-110 Winjah Bay → *Salerno Bay*

Als CVE-110 auf Stapel gelegt. 6. 11. 1943, noch vor Kiellegung in *Salerno Bay* umbenannt. Fertiggestellt bei Commercial Iron Works.

Lebenslauf
6/1945	Pazifik; MCVEG-5 an Bord genommen
9/1945	Okinawa
12/1945	Westküste; Wechsel zur Ostküste, dort Piloten-Trainingsfahrten bis
1947	dann
4. 10. 1947	außer Dienst, Reserveflotte
20. 6. 1951	reaktiviert für die U.S. Navy
10/1951	CARDIV 18; Routine-Operationen
8/1952	TF 173; NATO-Manöver Norwegen
10/1952	6. Flotte im Mittelmeer
12/1952	Ostküste
16. 2. 1954	außer Dienst, Reserveflotte

Flugzeuge, Staffeln
6/1945	MCVEG-5 mit VMF-514 und VMTB-144
danach	MCVEG-3 mit VMF-513 und VMTB-234

Tarnschemata
5/1945 und	
5/1946	Schema 21

Radarantennen
6/1945	SK-2, SPS-4, SG, YE
~1952	SPS-6, SPS-4, SG, YE

Dieses aus ungewöhnlicher Perspektive aufgenommene Foto von CVE-110 *Salerno Bay* wurde am 8. Mai 1945 vor Portland, Oregon, aufgenommen, elf Tage vor der Indienststellung. Die Kenn-Nummern fehlen hier noch, der Anstrich nach Schema 21 erscheint auf dem Foto wegen der Sonneneinstrahlung heller. Das Schiff liegt noch ziemlich hoch im Wasser.

Foto: Commercial Iron Works, Sammlung BfZ

Commencement Bay-Klasse 145

▲
Ein am 3. Juni 1945 entstandenes Foto der *Salerno Bay*. Divergierende Katapultbahnen, relativ deutlich sichtbare Radar-Elektronik, Funkantennen an der Steuerbordseite des Flugdecks und 40-mm-Vierlinge auf dem Vor- und Achterschiff.   Foto: USN, Sammlung BfZ

▶
Ein weiteres, am 2. Juni 1945 aufgenommenes Foto der *Salerno Bay* vermittelt einen Einblick auf die Konzentration der Schiffswaffen auf dem Achterschiff, auf die beidseits auf den Seitendecks befindlichen Flak-Wannen und auf die Galerie entlang des Flugdecks. Die Feuerleitgeräte der achteren 40-mm-Vierlinge sind innen aufgestellt und haben einen nur beschränkten Sichtwinkel.
   Foto: Commercial Iron Works, Sammlung BfZ

Friedensaufnahme der *Salerno Bay* in den Jahren 1951/1953 als Flaggschiff von CARDIV 18, im Dienste der Atlantischen Flotte. An Bord befinden sich die Radaranlagen SPS-6, SPS-4, SG und YE. Am Mast weht die Kommandoflagge eines Konter-Admirals.
▼   Foto: Sammlung USNI

ACV-111 Totem Bay → *Vella Gulf*

Als CVE-111 *Totem Bay* auf Stapel gelegt. 26. 4. 1944, noch vor dem Stapellauf, in *Vella Gulf* umbenannt.

Lebenslauf

5/1945	Pazifik; Übernahme einer Marine Air Group
6/1945	Trainingsfahrten von Pearl Harbor aus
7/1945	Guam, Rota, Pagan, Saipan
8/1945	Okinawa, Besetzung der japanischen Heimatinseln
9/1945	Bucht von Tokio; Rückführung von 650 Mann Truppen von Okinawa über Pearl Harbor zur Westküste
10/1945 bis 3/1946	Westküste; Trainingsschiff für CVE-Besatzungen
9.8.1946	außer Dienst, Reserveflotte
1.11.1960	nur wenige Monate nach der ersten Streichung wieder in die Schiffsliste aufgenommen.
1964	Sollte aus dem Etat 1964 als Nachrichtenverbindungs- und Relaisschiff nach Muster *Annapolis* (AGMR-1) umgebaut werden. Umbau-Absicht wurde aufgegeben zugunsten des bereits zu 60% als CC-3 umgebauten ex CVL-48 *Saipan*, der dann als AGMR-2 reklassifiziert und als *Arlington* fertig umgebaut wurde

Flugzeuge, Staffeln

7–9/1945	MCVEG-3 mit VMF-513 (FG, F6F und F4U) und VMTB-134 (TBM)

Tarnschemata

8/1945	Schema 21

Radarantennen

8/1945	SK-2, SPS-4, SG, YE

CVE-111 *Vella Gulf*, aufgenommen am 25. August 1945 in westpazifischen Gewässern. Obwohl der Anschein entsteht, handelt es sich hier nicht um ein Tarnmuster.
Foto: USN

ACV-112 Frosty Bay → *Siboney*

Als CVE-112 *Frosty Bay* auf Stapel gelegt. Am 26. 4. 1944, noch vor dem Stapellauf, in *Siboney* umbenannt.

Lebenslauf

8–9/1945	Pazifik; eine Transportfahrt nach Pearl Harbor, dann Fahrten nach Okinawa, über die Marshall-Inseln, Karolinen und Philippinen
10/1945	im Gebiet der Japanischen Heimatinseln, Bucht von Tokio
1/1946	Westküste
2–4/1946	Operationen im Westpazifik
6/1947	Übergang in den Atlantik
11/1947	außer Dienst, Reserveflotte
3/1948	reaktiviert
5/1948	Flugzeugtransport in die Türkei
10/1948	Ostküste Werft
1–12/1949	Operationen Ostküste
6.12.1949	außer Dienst, Reserveflotte
22.11.1950	erneut reaktiviert für die U.S. Navy, Atlantik, Ostküste
9–11/1951	Mittelmeerfahrt
1/1953	nach Werftzeit Ostküste, U-Jagd-Verband Ostküste
9–12/1953	Mittelmeerfahrt
1954–1955	Operationen Ostküste, darunter
9/1954 bis 1/1955	Ostküste Werft
1955–1956	Operationen Ostküste
5–7/1956	Mittelmeerfahrt
31.7.1956	außer Dienst, Reserveflotte

Flugzeuge, Staffeln

9/1945	CVEG-36 mit F6F und TBM

Radarantennen

5/1951	SPS-6, SPS-4, SG, YE

CVE-112 *Siboney* gehört zu den wenigen Geleitträgern, die nach Beendigung des Zweiten Weltkrieges sehr rasch zweimal hintereinander reaktiviert wurden. Dieses Foto wurde während der ersten Nachkriegsjahre 1945–1948 aufgenommen. Erstmalig stellt man hier die Kombination der Radarantennen SK-2 und SP fest.

Foto: Sammlung USNI

Am 22. Mai 1951, also nach der zweiten Reaktivierung, entstand diese Luftaufnahme der *Siboney*. Anstelle von SK-2 findet man jetzt die Radarantenne SPS-6. SP befindet sich noch immer auf der vorderen Mastplattform. Die Brücke wurde nach achtern etwas erweitert. Einige der 40-mm-Geschütze scheinen radargesteuert zu sein.

Foto: USN

Einige Jahre später, etwa Mitte der 50er Jahre, entstand dieses Luftbild der *Siboney*. Man beachte die veränderten Decksmarkierungen, die nunmehr auf zwei Decks erweiterte Brücke, die veränderte Aufstellung der Radarantennen und das Fehlen des vorderen 40-mm-Vierlings. Hier wird deutlich, daß sich die beiden Flugzeugaufzüge außerhalb der Schiffsachse, etwas nach Steuerbord versetzt, befinden.

Foto: Sammlung INRO

ACV-113 Hobart Bay → *Puget Sound*

Als CVE-113 *Hobart Bay* auf Stapel gelegt. 5. 6. 1944, noch vor dem Stapellauf, in *Puget Sound* umbenannt.

Lebenslauf
7/1945	Pazifik; Übernahme einer Marine Air Group an Bord
9/1945	über Hawaii Fahrt zur Besetzung Japans
10–12/1945	Trainingsfahrten bei den Philippinen, Hongkong und den Marianen
1/1946	Rücktransport von Flugzeugen von Guam aus, dann zwei „Magic Carpet"-Fahrten nach Pearl Harbor und Okinawa bis
2/1946	dann
18.10.1946	außer Dienst, Reserveflotte

Flugzeuge, Staffeln
?	VMTB-114

Tarnschemata
6/1946	Schema 21

Radarantennen
6/1946	SK-2, SG, YE

Zwei Ansichten von CVE-113 *Puget Sound*, einem Geleitträger, der insgesamt nur knapp etwas mehr als ein Jahr im aktiven Dienst war. Die Fotos entstanden am 29. Juni 1945, elf Tage nach der Indienststellung. Die SPS-4-Radarantenne fehlt hier, ebenso wie die Kenn-Nummer an der Bordwand. Das Schiff fährt mit einer Geschwindigkeit von 18 kn.   Fotos: USN

ACV-114 Mosser Bay → *Rendova*

Als CVE-114 auf Stapel gelegt. 6. 11. 1943 noch vor der Kiellegung in *Rendova* umbenannt. Fertiggestellt bei Willamette Iron Works.

Lebenslauf

3/1946	Pazifik; Westküste
4/1946	in Dienst, jedoch stillgelegt; stationär aktiv als Flaggschiff CARDIV 15 bis Frühjahr, dann
1947	Operationen Westküste und Hawaii
4/1948	via Panama-Kanal Flugzeugtransport in die Türkei
7/1948	via Suez, Indischen Ozean und Pazifik zur Westküste
8/1948	Fahrt nach Tsingtau
1–4/1949	Westpazifik
10/1949	Westküste
27.1.1950	außer Dienst, Reserveflotte
3.1.1951	reaktiviert für die U.S. Navy
8/1951	Yokosuka, Okinawa, Kobe; Übernahme von VMF-212 mit F4U-Maschinen; Korea
12/1951	Westküste
1/1952	Trainingsoperationen Westküste
9/1952	Teilnahme am Atombombentest bei den Marshall-Inseln
1953	beschränkter Reserve-Status
1954	wieder voll aktiv; U-Jagd-Operationen Westpazifik
6–10/1954	Westküste
30.6.1955	außer Dienst, Reserveflotte

Flugzeuge, Staffeln

8/1951	VMF-212 mit F4U
1/1954	TBM-3W und TBM-3S

Radarantennen

1951	SPS-6, SP, YE

Dieses Foto von CVE-114 *Rendova* wurde vermutlich Anfang der 50er Jahre, d. h. nach der erfolgten Reaktivierung, aufgenommen.

Foto: USN, Sammlung BfZ

ACV-115 Portage Bay → *Bairoko*

Als CVE-115 auf Stapel gelegt. 5. 6. 1944, noch vor der Kiellegung, in *Bairoko* umbenannt. Zu spät fertiggestellt, um am Zweiten Weltkrieg teilzunehmen.

Lebenslauf
1945–1949	Pazifik; Friedensoperationen mit zwei Fernostfahrten; Teilnahme am Atombombentest
14. 4. 1950	außer Dienst, Reserveflotte
12. 9. 1950	reaktiviert für U.S. Navy; Pazifik
1950–1953	drei Westpazifik-Einsätze; Flugoperationen über Korea, dabei
9. 5. 1951	durch Explosion 5 Tote, 13 Verletzte
8/1953	Rückkehr zur Westküste
1/1954	Teilnahme an den Wasserstoffbomben-Experimenten bei der Insel Eniwetok
18. 2. 1955	außer Dienst, Reserveflotte

Tarnschemata
1945	Schema 32/16a
10/1945	Schema 21, jedoch mit heller Insel und hellem Mast

Radarantennen
7/1945	SK-2, SG, YE
10/1945	SK-2, SP, SG, YE

Eine Aufnahme von CVE-115 *Bairoko* in der Bauwerft, Mitte 1945 entstanden, offensichtlich nur wenige Tage vor der Indienststellung. Frischer Anstrich nach Schema 21. Die Bug-Kenn-Nummer fehlt noch ebenso wie das Radargerät SP. Die Rauchabzüge scheinen hier länger zu sein als auf den anderen Fotos, oder aber sie waren einziehbar.

Foto: USN, Sammlung BfZ

Nur wenige Wochen später: *Bairoko* am 10. Oktober 1945 vor der kalifornischen Küste. Nach Kriegsende wurde die Insel hellgrau gepönt. Die Radarantennen SP und YE sind jetzt voll sichtbar. SK-2 präsentiert sich im „Profil". Beachtenswert ist hier die Abstüzung der seitlich über die Deckskante reichenden Insel.

Foto: USN, Sammlung BfZ

Nach nur fünfmonatiger Reserve-Zugehörigkeit wurde *Bairoko* im September 1950 reaktiviert. Dieses Foto wurde nach der erfolgten Reaktivierung aufgenommen. Der vordere 40-mm-Vierling wurde entfernt, eine neu eingeführte Radarantenne, deren Bezeichnung z. Zt. noch nicht bekannt ist, ersetzte damals SK-2. Soweit bekannt, war *Bairoko* der einzige Geleitträger, der diese Antenne führte. Einige 40-mm-Flak sind radargesteuert, einige 20-mm-Oerlikons befinden sich noch an Bord. Man beachte die auf dem Flugdeck geführten Beiboote.

Foto: USN, Sammlung BfZ

ACV-116 San Alberto Bay → *Badoeng Strait*

Als CVE-116 auf Stapel gelegt. 6. 11. 1944, noch vor Kiellegung, in *Badoeng Strait* umbenannt. Fertiggestellt bei Commercial Iron Works.

Lebenslauf
3/1946	Pazifik;
20.4.1946	außer Dienst, Reserve
6.1.1947	reaktiviert; Pazifik
6/1950	Testschiff für U-Abwehr-Ausrüstung; zeitweilig Flaggschiff von CARDIV 15 und 17
1950–1953	drei Korea-Einsätze mit TF 95, TF 77; dabei vor allem U-Jagd-Operationen und Erdkampfunterstützung
4–9/1953	Werft, Modernisierung; Einführung neuer Waffen und Geräte für die U-Abwehr
2–7/1956	Westpazifik
17.5.1957	außer Dienst, Reserve

Flugzeuge, Staffeln
1950–1953	VMF-… mit F4U

Tarnschemata
12/1945	Schema 21

Radarantennen
12/1945	SK-2, SP, SG, YE
1/1952	wie vorstehend
1956	SPS-6

CVE-116 *Badoeng Strait*, aufgenommen am 10. Dezember 1945 in der Bucht von San Francisco, knapp einen Monat nach der Indienststellung. Der navy-blaue Anstrich des Schemas 21 hat beträchtlich gelitten.

Foto: J. A. Casoly (†)

Badoeng Strait war einer der wenigen Geleitträger, die fast ununterbrochen im aktiven Dienst standen, insgesamt über elf Jahre. Das Luftfoto wurde am 13. Januar 1952 aufgenommen. Es zeigt das Schiff mit einer neuen Kenn-Nummer an der Insel sowie mit F4U Corsairs des Marine Corps an Bord. Noch immer findet man SK-2-Radar auf der Mastplattform.

Foto: USN

Dieses Foto der *Badoeng Strait* stammt aus dem Jahr 1956. Offensichtlich befinden sich zu diesem Zeitpunkt keine 12,7-cm-Geschütze mehr an Bord. Auch die Radarantenne SP wurde entfernt und durch SPS-10 und SPS-6 ersetzt. YE wanderte dagegen in eine niedrigere Position.

Foto: Real Photographs

ACV-117 Saltery Bay → *Saidor*

Als CVE-117 auf Stapel gelegt. 5. 6. 1944, noch vor Kiellegung, in *Saidor* umbenannt.

Lebenslauf
12/1945 bis 3/1946	Pazifik; Operationen von Pearl Harbor aus	1947	Westküste
4/1946	eine Woche an der Ostküste, dann	12. 9. 1947	außer Dienst, Reserveflotte
5–8/1946	schwimmendes Fotolabor zur Dokumentation der Atombomben-Tests bei Bikini; dann bis		

Radarantennen
1945   SK-2, SP, SG, YE

CVE-117 *Saidor*, aufgenommen 1945 im Pazifik.   Foto: OUR NAVY PHOTO

ACV-118 Sandy Bay → *Sicily*

Als CVE-118 auf Stapel gelegt. 5. 6. 1944, noch vor Kiellegung, in *Sicily* umbenannt. Fertiggestellt bei Willamette Iron Works.

Lebenslauf
4/1946	Westküste	bis 4/1950	dann Operationen Ostküste; Übergang zur Westküste
5/1946	Übergang zur Ostküste		
9/1946	Kaltwetter-Training bei Neufundland		

5/1950	Pazifik
7/1950	erster Korea-Einsatz
8/1950	Flaggschiff CARDIV 15; Erdkampf-Unterstützung Korea
2/1951	Westküste
5–10/1951	zweiter Korea-Einsatz
5–12/1952	dritter Korea-Einsatz
7/1953 bis 2/1954	Westpazifik
5.7.1954	außer Dienst, Reserveflotte

Flugzeuge, Staffeln

8/1950	VMF-214 mit F4U

Tarnschemata

6/1948	möglicherweise immer noch Schema 21

Radarantennen

6/1948	SK-2, SP, SG, YE
3/1952 bis 10/1953	SPS-6, SP, YE

CVE-118 *Sicily*, aufgenommen am 6. Juni 1948 am Ankerplatz Hampton Roads vor Norfolk, Virginia.
◄ Foto: W. H. Davis

Diese Luftaufnahme der *Sicily* zeigt das Aussehen des Schiffes zu Beginn der 50er Jahre, nunmehr mit geschlossener oberer Brücke, fehlendem vorderen 40-mm-Vierling und der Radar-Kombination SPS-6, SP und YE. Einige der 40-mm-Zwillinge sind radargesteuert. Flugzeugteile liegen auf dem Flugdeck: Die Tragflächen von zwei Maschinen und ein Radardom einer Frühwarnmaschine. Beachtenswert sind auch die klappbaren Funkantennen an der Steuerbordkante des Flugdecks.
▼ Foto: Sammlung USNI

Commencement Bay-Klasse 157

ACV-119 Trocadero Bay → *Point Cruz*

Als CVE-119 auf Stapel gelegt. 5. 6. 1944, noch vor Kiellegung, in *Point Cruz* umbenannt.

Lebenslauf

10/1945 bis 3/1946	Pazifik; Piloten-Trainingsfahrten Westküste, danach Flugzeugtransport zum Westpazifik	31. 8. 1956	außer Dienst, Reserveflotte
30. 6. 1947	außer Dienst, Reserveflotte	23. 8. 1965	reaktiviert als AKV-9 für den MSTS
26. 7. 1951	reaktiviert für U.S. Navy und spezialisiert auf U-Jagd-Operationen	9/1965	reklassifiziert als T-AKV-9; Versorgung der Streitkräfte in Südostasien bis
1/1953	von Japan aus Operationen vor Korea	1970	dann außer Dienst und gestrichen
12/1953	Westküste		
8/1955	Westpazifik; 7. Flotte, Flaggschiff CARDIV 15		

Radarantennen

1953	SPS-6, SP, SG, YE
1955	wie vorstehend

Aus dem Jahre 1953 stammt dieses Foto von CVE-119 *Point Cruz*. Radar-Kombination SPS-6/SP.
Foto: Sammlung INRO
▶

Auf diesem Foto von *Point Cruz*, das nach 1953 entstanden sein muß, ist die um ein Deck tiefer erweiterte Brücke gut sichtbar.
Foto: USN
▼

Etwa 1954/55 mag dieses Foto der *Point Cruz* aufgenommen worden sein, nachdem die 12,7-cm-Geschütze entfernt worden waren. Das Schiff wurde seinerzeit mit der Radar-Kombination SG/SPS-6/SP/TACAN ausgestattet.
Foto: Real Photographs

Am 23. Juni 1955 präsentiert sich *Point Cruz* als U-Jagd-Geleitträger mit S2A Trackers an Bord; diese waren damals, zur Zeit ihrer Einführung, noch dunkel angestrichen. Die Bug-Nummer ist hier größer, als die andere, die mangels ausreichender Fläche auf der Insel unter den FL-Stand ausweichen mußte. Foto: USN

So sah *Point Cruz* in den Jahren 1965/1970 aus, während sie in Diensten des MSTS stand. Die Doppelbrücke ist geblieben, die Radarausrüstung wurde vereinfacht, die Flakstände entfernt. Das Schiff liegt hoch im Wasser und auf dem Flugdeck befindet sich eine Decksladung. Foto: Sammlung USNI

ACV-120 *Mindoro*

Als CVE-120 auf Stapel gelegt.

Lebenslauf
2/1946 Atlantik; CARDIV 14; Operationen Ostküste: Piloten-Trainingsfahrten und U-Jagd-Übungen, dies neun Jahre lang, darunter
1950 + 1954 auch Europa- und Mittelmeerfahrt
4.8.1955 außer Dienst, Reserveflotte

Radarantennen
7/1949 SK-2, SP, SG, YE
1954 SPS-6, SP, SG, YE

▲
CVE-120 *Mindoro*, aufgenommen 1949. Zu diesem Zeitpunkt kann keine Kenn-Nummer festgestellt werden.
Foto: USN amtlich

▶
Mindoro, aufgenommen am 28. April 1950. Der vordere 40-mm-Vierling wurde zwischenzeitlich entfernt. Auf dem Flugdeck befindet sich ein Klein-Luftschiff („Blimp"). Foto: dpa, Sammlung Breyer

Mindoro, aus der Luft gesehen, zu Beginn der 50er Jahre. Gegenüber dem vorigen Foto leichte Veränderungen der Brücke. Einige 40-mm-Zwilling sind jetzt radargesteuert. Die meisten der Bordmaschinen sind Radarwarnflugzeuge.

Foto: Sammlung USNI

Mindoro, aufgenommen 1954, nunmehr mit skurriler Decks-Markierung und der Radarkombination SPS-6/SP/YE. Die 12,7-cm-Geschütze wurden entfernt.

Foto: Real Photographs

Commencement Bay-Klasse 161

ACV-121 *Rabaul*

Als CVE-121 auf Stapel gelegt. Fertiggestellt bei Commercial Iron Works. Fertiggestellt und abgeliefert, jedoch nicht offiziell in Dienst gestellt. Nach Übergabe an die Navy zur Reserveflotte verlegt.

ACV-122 *Palau*

Als CVE-122 auf Stapel gelegt.

Lebenslauf

5/1946	Atlantik; bis
5/1947	immobil, dann eine Afrikafahrt, danach
12/1947 bis 3/1948	erneut immobil, jedoch in Dienst
6/1948	Flugzeugtransport in die Türkei, danach Verbleib im Westatlantik
4/1952	6. Flotte im Mittelmeer bis
6/1952	danach 2. Flotte Ostküste; sollte
1953	außer Dienst gestellt werden; Außerdienststellung verschoben
8–10/1953	Flugzeugtransport nach Japan
15.6.1954	außer Dienst, Reserveflotte

Radarantennen

1946   SK-2, SP, SG, YE

CVE-122 *Palau*, aufgenommen während der ersten Nachkriegsjahre. Foto: Sammlung BfZ
▶

Palau während der Dienstperiode 1952/1954. Radarkombination SPS-6/SP/YE. Funkantennen an der Deckskante. Foto: Sammlung USNI
▼

ACV-123 Tinian

Als CVE-123 auf Stapel gelegt. Fertiggestellt, jedoch nicht offiziell in Dienst gestellt. Nach Ablieferung an die Navy zur Reserveflotte verlegt.

Radarantennen
2/1946   SK-2, SP, SG, YE

CVE-123 *Tinian*, neben CVE-121 *Rabaul* das zweite fertiggestellte, jedoch nicht in Dienst genommene Schiff der *Commencement Bay*-Klasse. Dieses Foto wurde am 21. Februar 1946 während der Werftprobefahrten aufgenommen. Nach Übergabe an die Navy wurde *Tinian* sofort in die Reserveflotte überführt.
◀   Foto: D. McPherson (†)

Und so sah *Tinian*, der letzte fertiggestellte CVE, als AKV-23 im konservierten Zustand aus. Dieses Foto wurde am 26. November 1971 aufgenommen, als *Tinian* bereits aus der Schiffsliste gestrichen war.
▼   Foto: L. R. Cote

ACV-124 Bastogne

Als CVE-124 auf Stapel gelegt, jedoch Weiterbau eingestellt und Schiff auf dem Stapel abgebrochen.

ACV-125 Eniwetok

Als CVE-125 auf Stapel gelegt, jedoch Weiterbau eingestellt und Schiff auf dem Stapel abgebrochen.

ACV-126 Lingayen

Als CVE-126 auf Stapel gelegt, jedoch Weiterbau eingestellt und Schiff auf dem Stapel abgebrochen.

ACV-127 Okinawa

Als CVE-127 auf Stapel gelegt, jedoch Weiterbau eingestellt und Schiff auf dem Stapel abgebrochen.

Hilfsschiffe der Luftwaffe

Einführung und Klassifikation

Bereits in den ersten Jahren nach der Gründung der amerikanischen Seeluftwaffe gab es Luftwaffen-Hilfsschiffe, wenn auch in weit bescheidenerem Maße als später während des Zweiten Weltkrieges und in den Jahren danach. Schon Mitte des Jahres 1920 wurden die Kategorien

☐ AV für See-Flugzeugtender
☐ AZ für Luftschiff-Tender

geschaffen. Nachdem es nur einen Luftschiff-Tender (AZ-1 *Wright*) gegeben hat, verschwand die Kürzung AZ bald aus der Klassifikationsliste. Die Kategorie AV hielt sich aber während der 20er und 30er Jahre, um während des Zweiten Weltkrieges die größte Anzahl an Schiffen zu beinhalten. Erst Ende der 60er Jahre, nach Aufgabe der letzten „seaplanes", wurden sie eliminiert.

Die AV waren jedoch beileibe nicht die einzigen Schiffe, die der Unterstützung von Flugzeugen und deren Besatzungen dienten. Insbesondere die über den ganzen Erdkreis verteilten amerikanischen Heeres- und Marine-Luftwaffenstaffeln mußten oft weit weg von festen und ausgebauten Stützpunkten versorgt, gewartet und repariert werden. Ihre Besatzungen mußten zwischen den einzelnen Einsätzen verpflegt und untergebracht, die Flugzeuge selbst über große Entfernungen transportiert und zu den vorgeschobenen Stützpunkten gebracht werden. All dies betraf nicht nur die bordgestützte Seeluftwaffe, sondern vor allem auch die an Land stationierten Seeaufklärer der Marine und Flugzeuge der Heeres-Luftwaffe (USAAF). Eine eigenständige Luftwaffe als selbständige Teil-Streitkraft gab es bekanntlich erst nach dem Zweiten Weltkrieg.

Die Notwendigkeit, auch seitens der U.S. Navy Voraussetzungen zu schaffen für einen erfolgreichen Einsatz all dieser Luftwaffenverbände, führte insbesondere ab Ende der 30er Jahre zu einer deutlichen zahlenmäßigen Zunahme der Anzahl derjenigen Schiffe, die später unter dem Sammelbegriff „Aviation Auxiliaries" bekannt wurden.

Nachdem es gegenwärtig keine Hilfsschiffs-Kategorie mehr gibt, die in *ausschließlicher* Beziehung zu Luftwaffeneinheiten steht, bietet die nachfolgende Aufstellung eine lückenlose Übersicht über sämtliche Kategorien der „Aviation Auxiliaries". Dies waren in der alphabetischen Reihenfolge:

AKV	*Cargo Ships and Aircraft Ferries*	Frachtschiffe und Flugzeugfähren
APV	*Transports and Aircraft Ferries*	Flugzeugtransporter und -Fähren
ARV	*Aircraft Repair Ships*	Flugzeug-Reparaturschiffe
ARV(E)	*Aircraft Repair Ships (Engine)*	(Motoren)
ARV(A)	*Aircraft Repair Ships (Airframe)*	(Flugzeugzellen)
ARVH	*Aircraft Repair Ships (Helicopter)*	Hubschrauber-Reparaturschiff
AV	*Seaplane Tenders*	Seeflugzeug-Tender
AVD	*Seaplane Tenders (Destroyer)*	kleine Seeflugzeug-Tender
AVP	*Small Seaplane Tenders*	Kleine Seeflugzeug-Tender
AVB	*Advanced Aviation Base Ships*	Vorgeschobene Flugzeug-Stützpunktschiffe
AVS	*Aviation Supply Ships*	Luftwaffen-Versorger
AVT	*Auxiliary Aircraft Transports*	Hilfs-Flugzeugtransporter
AZ	*Lighter-than-Air Aircraft Tender*	Luftschiffs-Tender

Innerhalb dieser Kategorien gab es zahlreiche Schiffe, von denen

☐ ein Teil von der Navy direkt für den Zweck entworfen und gebaut,
☐ der andere Teil durch Umbau anderer Kriegs- oder Handelsschiffe entstanden war.

Im nachfolgenden Abschnitt werden die einzelnen Hilfsschiffs-Kategorien und -Klassen generell vorgestellt, während die kompletten Baudaten und technischen Angaben im Tabellenteil am Ende des Buches zu finden sind. Insofern erübrigt sich die zusätzliche Erfassung der einzelnen Schiffsnamen im Schiffsnamenregister.

Hilfsschiffs-Kategorien und -Klassen

AKV – Frachtschiffe und Flugzeugfähren

In dieser Kategorie gab es vier Klassen mit insgesamt 43 Einheiten, von denen jedoch nur ein geringer Teil unter dieser Kennung gefahren ist. Erinnern wir uns daran, daß ab 1959 fast alle damals noch bei der Reserveflotte weilenden vormaligen Geleit-Flugzeugträger nominell als AKV reklassifiziert wurden, ohne daß man die meisten von ihnen jemals wieder reaktivierte. Im Zweiten Weltkrieg fuhren praktisch nur zwei Schiffe unter dieser Kennung.

Kitty Hawk-Klasse

Die beiden Schiffe dieser Klasse

AKV-1 *Kitty Hawk*, ex Seatrain New York
AKV-2 *Hammondsport*, ex Seatrain Havana

waren bis zum 15. September 1943 noch als Flugzeugtransporter (APV) eingestuft (siehe auch nachfolgend unter APV!). Nach Kriegsschluß wurden sie an die Eigentümer zurückgegeben.

Lt. James E. Robinson-Klasse

Bereits vor Beginn des Korea-Krieges erwarb die U.S. Navy von der U.S. Army drei *Victory*- und zwei *Liberty*-Frachter, um sie unter der Kennung T-AKV als Flugzeugfähren einzusetzen. Die drei *Victory*-Frachter gehörten dem Standard-Typ VC2-S-AP3 an, und sie behielten die beim Heer geführten Namen:

T-AKV-3 *Lt. James E. Robinson*,
　　　　 ex Czechoslovakia Victory
T-AKV-4 *Pvt. Joseph E. Merrell*,
　　　　 ex Grange Victory
T-AKV-5 *Sgt. Jack J. Pendleton*,
　　　　 ex Mandan Victory

Wie solide diese während des Zweiten Weltkrieges im Schnellverfahren fertiggestellten Frachter gebaut waren, ersieht man daraus, daß alle drei Schiffe noch 1959 als Marine-Frachter mit der Kennung T-AK reklassifiziert wurden. Sie fuhren dann noch bis 1974 beständig im Dienste des Military Sea Transportation Service (MSTS, später MSC).

AKV-2 *Hammondsport*, hier noch als APV-2 klassifiziert, mit einer Ladung von Trägerflugzeugen, deren Tragflächen beigeklappt sind, auf der Fahrt zum Einsatzort.
Foto: Sammlung Davis

AKV-4 *Joseph F. Merrell*, aufgenommen am 21. Januar 1953. Foto: Sammlung Davis

Das Aussehen von AKV-5 *Jack J. Pendleton* ist typisch für das Aussehen der meisten der in sehr großer Anzahl während des Zweiten Weltkrieges erbauten *Victory*-Frachter. Die Wannen der während des Krieges installierten Geschütze sind nun leer. Die längliche Radarantenne nicht bekanntgewordener Bezeichnung ist von vielen MSTS-Schiffen viele Jahre lang geführt worden.
Foto: Sammlung Davis

Albert M. Boe-Klasse

Dies sind die beiden restlichen, im Mai 1950 von der U.S. Army durch die Navy übernommenen Frachter. Sie gehörten dem Standard-Typ Z-EC2-S-C5 an und behielten ebenfalls ihre Namen, die sie als Heeres-Schiffe führten:

T-AKV-6 *Albert M. Boe*
T-AKV-7 *Cardinal O'Connell*

Auch diese beiden Schiffe fuhren mit Zivilbesatzung des MSTS, ihre Dienstzeit war jedoch recht kurz. Nach Beendigung des Korea-Krieges wurden sie im März 1953 aus der Schiffsliste gestrichen.

Ebenfalls unbewaffnet fuhr auch AKV-7 *Cardinal O'Connell*, einer der Vertreter des Standard-Typs *Liberty*. Man beachte die verschiedenartigen Portal-Lademasten. Foto: Sammlung Davis

Kula Gulf-Klasse

Die einzige noch verbliebene Klasse der Kategorie AKV umfaßt 36 ehemalige Geleit-Flugzeugträger, die allesamt im Mai 1959 als AKV reklassifiziert wurden. Dies offensichtlich, weil damals klargeworden war, daß diese Schiffe – sollten sie tatsächlich noch reaktiviert werden – nur als Flugzeugfähren würden eingesetzt werden können, weil es ihnen an allen für die Aufnahme moderner Flugzeuge und Hubschrauber benötigten Einrichtungen mangelte. Diese Klasse umfaßte bunt durcheinander Schiffe der ehemaligen CVE-Klassen *Commencement Bay*, *Casablanca* und *Bogue*, wie aus der nachfolgenden Auflistung ersehen werden kann.

AKV-8	*Kula Gulf*	ex CVE-108
AKV-9	*Cape Gloucester*	ex CVE-109
AKV-10	*Salerno Bay*	ex CVE-110
AKV-11	*Vella Gulf*	ex CVE-111
AKV-12	*Siboney*	ex CVE-112
AKV-13	*Puget Sound*	ex CVE-113
AKV-14	*Rendova*	ex CVE-114
AKV-15	*Bairoko*	ex CVE-115
AKV-16	*Badoeng Strait*	ex CVE-116
AKV-17	*Saidor*	ex CVE-117
AKV-18	*Sicily*	ex CVE-118
AKV-19	*Point Cruz*	ex CVE-119
AKV-20	*Mindoro*	ex CVE-120
AKV-21	*Rabaul*	ex CVE-121
AKV-22	*Palau*	ex CVE-122
AKV-23	*Tinian*	ex CVE-123
AKV-24	*Nehenta Bay*	ex CVE-74
AKV-25	*Hoggatt Bay*	ex CVE-75
AKV-26	*Kadashan Bay*	ex CVE-76
AKV-27	*Marcus Island*	ex CVE-77
AKV-28	*Savo Island*	ex CVE-78
AKV-29	*Rudyerd Bay*	ex CVE-81
AKV-30	*Sitkoh Bay*	ex CVE-86
AKV-31	*Takanis Bay*	ex CVE-89
AKV-32	*Lunga Point*	ex CVE-94
AKV-33	*Hollandia*	ex CVE-97
AKV-34	*Kwajalein*	ex CVE-98
AKV-35	*Bougainville*	ex CVE-100
AKV-36	*Matanikau*	ex CVE-101
AKV-37	*Commencement Bay*	ex CVE-105
AKV-38	*Block Island*	ex CVE-106
AKV-39	*Gilbert Islands*	ex CVE-107
AKV-40	*Card*	ex CVE-11
AKV-41	*Core*	ex CVE-13
AKV-42	*Breton*	ex CVE-23
AKV-43	*Croatan*	ex CVE-25

Nur wenige Schiffe dieser Klasse fuhren während der 60er Jahre unter der Kennung AKV, wie aus den vorangegangenen Lebensläufen der CVE ersehen werden kann. Erst zu Beginn der 70er Jahre wurden die letzten Einheiten dieser Klasse aus der Schiffsliste gestrichen.

APV – Flugzeugtransporter und -Fähren

Diese Kategorie umfaßte im Zweiten Weltkrieg nur eine Klasse mit drei Schiffen. Ihre Kennung stand zeitlich vor der Kennung AKV und wurde durch die letztere ersetzt. Die Reklassifizierung als AKV war offensichtlich nicht mehr als ein Verwaltungsakt. Die Aufgabenbereiche der APV und der AKV waren dieselben. Die Kennung APV war schon in den späten 20er Jahren eingeführt worden, jedoch gab es in dieser Kategorie keine Schiffe, bis 1941 die

Kitty Hawk-Klasse

mit ihren drei Einheiten

APV-1 *Kitty Hawk*, ex Seatrain New York
APV-2 *Hammondsport*, ex Seatrain Havana
APV-3 *Lakehurst*, ex Seatrain New Jersey

entstand. Hierbei handelte es sich um drei von der Navy übernommene Eisenbahn-Transportfähren, von denen APV-3 nur zwei Monate lang diese Kennung führte, bevor es am 3. Dezember 1942 erneut, diesmal als APM-1, reklassifiziert wurde. Die beiden ersten Schiffe dagegen wurden am 15. September 1943 von APV zu AKV reklassifiziert (siehe dort).

APV-4 *Lafayette*

Das einzige Schiff, das damals noch – zumindest nominell – die Kennung APV erhielt, war der französische Passagierdampfer *Normandie*. Dieser sollte von der U.S. Navy als Truppentransporter mit der Kennung AP-53 umgebaut werden. Während der Umbauarbeiten in New York brannte das Schiff im Herbst 1942 aus und kenterte. Es wurde zwar etwa ein Jahr später gehoben und zur Umwandlung in einen APV vorgesehen, der Zustand des Rumpfes und der Antriebsanlage jedoch war so schlecht, daß das Schiff niemals in Dienst gestellt wurde.

Das Schwesterschiff der *Hammondsport* war APV-1 *Kitty Hawk*. Beachtenswert sind die beiden Kräne und das plumpe, unschöne Aussehen der Schiffe dieser Klasse.
Foto: Sammlung Davis

Im Gegensatz zur harmlos wirkenden *Cardinal O'Connell* (AKV-7) ist dieser *Liberty*-Frachter stark bewaffnet, weil er noch gegen Ende des Zweiten Weltkrieges eingesetzt wurde. Es handelt sich um das Reparatur- und Werkstattschiff *Chourre* (ARV-1). Auf der Back erkennt man zwei 40-mm-Zwillinge, achtern die 12,7-cm-L/38-Kanone und den überhöhten 40-mm-Vierling sowie mehrere 20-mm-Flak. Auf dem achteren Mast befindet sich die kleine Radarantenne SG, auf dem vorderen eine Antenne, die höchstwahrscheinlich der SA-Serie angehört.
Foto: USN

ARV/ARV(E)/ARV(A)/ARVH – Flugzeug- bzw. Hubschrauber-Reparaturschiffe

Diese Hilfsschiffs-Gattung untergliederte sich in vier Kategorien, von denen jede auch nur eine Klasse umfaßte. Insgesamt gab es hier nur sieben Schiffe. Drei Klassen waren Produkte des Zweiten Weltkrieges, eine entstand während des Vietnam-Krieges.

Die ARV waren zwei *Liberty*-Frachter des Maritime Commission Typs EC2-S-C1 und demnach relativ geräumig. Indessen ergab sich aus der Praxis der während des Krieges durchgeführten Reparaturen, daß eine bessere Spezialisierung vonnöten sei. Je zwei Tanklandungsschiffe (LST) spezialisierten sich danach als ARV(E) auf Reparaturen der Kolbenmotoren bzw. als ARV(A) auf die Instandsetzung der Flugzeugzellen. Die eingeklammerten Buchstaben in der Kennung stehen stellvertretend somit

☐ E für „engine"
☐ A für „airframe"

Insbesondere die vier ehemaligen LST befanden sich nach dem Krieg noch sehr lange Zeit bei der Reserveflotte.

Der einzige aktive ARVH diente einige Jahre lang als vorgeschobene Reparaturbasis zur Instandsetzung von über Vietnam beschädigten Hubschraubern der U.S. Army. Neben der Zivilbesatzung des MSTS befanden sich hier Werkstätten mit 308 Heeres-Handwerkern.

Im einzelnen umfaßten die vier Kategorien bzw. Klassen folgende Schiffe mit gemeinsamer Kenn-Nummern-Serie (nur ARVH-1 blieb hiervon ausgenommen!):

ARV – *Chourre*-Klasse

ARV-1 *Chourre*, ex ARG-14 Dumaran
ARV-2 *Webster*, ex ARG-15 Masbate

Die Reklassifizierung als ARV erfolgte am 22. Februar 1944

ARV(E) – Aventinus-Klasse

ARV(E)-3 *Aventinus*, ex LST-1092
ARV(E)-4 *Chloris*, ex LST-1094

Die Reklassifizierung als ARV(E) erfolgte am 14. Dezember 1944

ARV(A) – Fabius-Klasse

ARV(A)-5 *Fabius*, ex LST-1093
ARV(A)-6 *Megara*, ex LST-1095

Die Reklassifizierung als ARV(A) erfolgte am 14. Dezember 1944

ARVH – Corpus Christi Bay

T-ARVH-1 *Corpus Christi Bay*,
    ex AV-5 Albemarle

Die Reklassifizierung als ARVH erfolgte am 27. März 1965. Der beabsichtigte Umbau eines zweiten, in Reserve befindlichen, AV zu ARVH-2 wurde nicht mehr durchgeführt. Die Streichung von ARVH-1 erfolgte 1974.

Auch nach der Fertigstellung als Werkstattschiff behielt ARV(E)-3 *Aventinus* das für die LST typische Bugtor. Beachtenswert sind die deutlich sichtbaren Schweißnähte des Rumpfes und die hinzugefügten Aufbauten.
Foto: USN

Die Breitseitaufnahme zeigt das zweite Schiff dieser Klasse ARV(E)-4 *Chloris*, aufgenommen in den 50er Jahren, mit zwei gleich großen Kenn-Nummern und der Luftwaffen-Kokarde hinter der Bug-Nummer. An der Bordwand in der Mitte des Schiffes sieht man Spuren der Auspuffgase der Dieselmotoren.
Foto: USN

Keinen Unterschied gegenüber den ARV(E) kann man bei ARV(A)-6 *Megara* feststellen. Ebenfalls mit der Luftwaffen-Kokarde ausgestattet, wurde das Schiff am 22. April 1954 vor Toulon aufgenommen. Die Signalflaggen sind zum Trocknen aufgehängt.

Foto: Marius Bar

Aus dem seinerzeit doch relativ schmucken Tender *Albemarle* (AV-5) ist nach dem 1965 erfolgten Umbau zur „floating aeronautical maintenance facility" ein relativ unschönes Schiff geworden. Es war T-ARVH *Corpus Christi Bay*. Es besaß nunmehr zwei Hubschrauberplattformen, von denen die achtere durch Verlängerung der ehemaligen Werkstatthalle nach achtern entstanden ist. Man beachte den auf die Brücke ausgesetzten Hubschrauber-Kontrollstand und die beiden gleichartigen Radarantennen. Das Foto entstand im Jahre 1966.

Foto: USN/MSTS

AV/AVP/AVD – Seeflugzeug-Tender

In der Zeit vor dem Zweiten Weltkrieg besaßen einige Marinen Seeflugzeug-Tender. Darunter verstand man im allgemeinen Schiffe, die permanent mehrere Seeflugzeuge, d.h. solche mit Schwimmern, an Bord hatten. Diese Seeflugzeuge konnten im Rahmen von Flottenoperationen für Aufklärungsaufgaben eingesetzt werden. Sie wurden im Normalfall durch Bord-Katapulte gestartet und nach Beendigung des Einsatzes per Schiffskran wieder an Bord gehievt.

Im amerikanischen Sprachgebrauch jedoch verstand man unter Seeflugzeug-Tendern Stützpunkt- und Reparaturschiffe, die so relativ klein waren, daß sie bestenfalls ein bis zwei Flugzeuge auf eine Arbeitsplattform hieven konnten, um an ihnen Reparaturen vorzunehmen. Neben dieser primären Aufgabe wurden die AV und deren Abwandlungen AVP und AVD als Schwimmende Stützpunkte verwendet, die all das an Bord hatten, was an Versorgungsgütern, Waffen, Geräten, Ersatzteilen, Treibstoffen usw. fern von festen Stützpunkten an Seeflugzeuge abgegeben werden mußte. Zugleich boten diese Schiffe den Flugzeugbesatzungen Unterkünfte und Gelegenheit zur Erholung nach anstrengenden Einsätzen. Dies war Grund dafür, daß die größeren AV und die kleineren AVP bis fast in die 70er Jahre auch als Stabs- und Hauptquartier-Schiffe eingesetzt wurden, auch dann noch, als es – nach der Aussonderung der P-5 Marlin – bereits längst keine Seeflugzeuge bei der U.S. Navy mehr gab.

Zu Beginn des gesteigerten Einsatzes von Seeflugzeugen in Übersee, als noch keine speziell für diesen Zweck entworfenen und gebauten Schiffe zur Verfügung standen, behalf sich die Navy, indem sie Mitte der 30er Jahre einige alte Minenräumer (AM) zu AVP reklassifizierte und sie als Seeflugzeug-Tender herrichtete. 1937 wurde der erste Flugzeugträger der U.S. Navy, CV-1 *Langley,* als AV-3 reklassifiziert, während man bei der Navy begann, die ersten „echten" AV und AVP zu entwerfen. Diese wurden allerdings erst knapp vor dem Eintritt der USA in den Zweiten Weltkrieg fertiggestellt, als der Bedarf noch weit größer war. Man besann sich zusätzlich der noch in großer Zahl vorhandenen Vierschornstein-Zerstörer aus der Zeit des Ersten Weltkrieges, die inzwischen für Zerstöreraufgaben mit der Flotte zu gebrechlich und ungenügend bewaffnet waren, die aber nach relativ geringfügigem Umbau noch sehr gut Sonderaufgaben erfüllen konnten. Sieben davon wurden 1938/39 als AVP eingesetzt, um dann mit weiteren sieben 1940 zu AVD reklassifiziert zu werden. Zugleich wurde der gesteigerte Bedarf an Tendern dadurch gedeckt, daß man sieben Frachtschiffe zu Tendern umbaute. Kurz vor dem Zweiten Weltkrieg wie auch in der Zeit danach gab es folgende Klassen bei den Seeflugzeug-Tendern:

AV-1 Wright

Erster von der Navy erbauter Seeflugzeug-Tender, der bis zum 11. November 1923 Tender für Luftschiffe war. Er blieb Einzelgänger und wurde am 30. Dezember 1944 als Sonderschiff mit der Kennung AG-79 reklassifiziert sowie in *San Clemente* umbenannt. Den Namen *Wright* erhielt dann bekanntlich CVL-49.

AV-1 *Wright*, zunächst eingesetzt als Flugschiff-Tender (AZ-1), war der erste Seeflugzeug-Tender der U.S. Navy.

Foto: USN

AV-2 Jason

Der ehemalige Marine-Kohlenfrachter *Jason* (AC-12) wurde 1930 als AV-2 eingesetzt, jedoch bereits vor dem Zweiten Weltkrieg ausgesondert. Er findet nachfolgend keine weitere Berücksichtigung.

AV-3 Langley

Dies war der erste Flugzeugträger der U.S. Navy (siehe Band I), der zunächst als Marine-Kohlenfrachter *Jupiter* (AC-3) in Dienst kam. Die Reklassifizierung als AV erfolgte am 21. April 1937. Wegen seiner relativen Geräumigkeit wurde das Schiff nach Kriegsbeginn vor allem als Flugzeugtransporter eingesetzt. Während dieser Tätigkeit wurde es dann auch Anfang 1942 von den Japanern versenkt.

AV-3 *Langley*, ex CV-1 Langley, ex AC-3 Jupiter

Als Luftschifftender fungierte seit 1924 der Marine-Öltanker *Patoka* (AO-9), der jedoch zu keinem Zeitpunkt die Kennung AZ führte. Für einen kurzen Zeitraum zwischen 1939 und 1940 wurde das Schiff als AV-6 reklassifiziert, um dann noch vor Kriegseintritt der USA wieder als AO-9 zurückklassifiziert zu werden. Auch dieses Schiff wird daher nachfolgend nicht mehr berücksichtigt.

CV-1 *Langley*, gesehen im Februar 1937, unmittelbar nach dem Umbau, jedoch noch vor der Umklassifizierung als AV-3. Nach Kürzung des vormaligen Flugzeugdecks wird die zuvor darunter versteckte Brücke sichtbar, davor zwei der vier 12,7-cm-L/51-Geschütze.
Foto: USN

AV – Curtiss-Klasse

Dies war die erste Klasse, die von Kiel auf als Seeflugzeug-Tender geplant und entworfen war. Sie bestand aus

AV-4 *Curtiss*
AV-5 *Albemarle*

Für diese wie für die nachfolgende *Currituck*-Klasse waren einige Eigenschaften typisch:

☐ hoher Rumpf und kompakte Aufbauten;
☐ Unterbringung der Unterkünfte und sonstiger Räume in der vorderen Schiffshälfte;
☐ geräumige Werkstatthalle als achterer Abschluß der Aufbauten;
☐ geräumige Arbeitsplattform auf dem Achterschiff;
☐ zwei schwere Standard-Kräne zur Anbordnahme von schweren Flugzeugen;

Dieses Foto zeigt AV-4 *Curtiss* im Jahre 1945, offensichtlich nach Schema 21 navy-blau angestrichen. Beachtenswert ist, daß das Schiff hier eine der nach Austausch gegen neuere Radargeräte freigewordene Radarantenne des Typs CXAM-1 auf der Radarstütze führt. Diese Antenne wurde später noch gegen SK-2 ausgetauscht. Auffallend sind auch die beiden schweren Standard-Kräne, mit deren Hilfe die Seeflugzeuge aus dem Wasser gehoben und auf die Arbeitsfläche gehievt werden konnten. An den Seiten hängen zahlreiche Rettungsflosse.
Foto: USN

□ relativ starke Bestückung mit Rohrwaffen, was angesichts der Verwendung dieser Schiffe in vorgeschobener Position verständlich war.

Erkennungstechnisch waren die beiden Schiffe dieser Klasse von denen der nachfolgenden *Currituck*-Klasse daran zu unterscheiden, daß sie zwei Schornsteine hatten. Beide Schiffe wurden 1940 fertiggestellt und *Curtiss* wurde beim japanischen Angriff auf Pearl Harbor beschädigt. *Albemarle* diente während des Zweiten Weltkrieges im Atlantik. Beide Einheiten wurden bis zum Ende der 50er Jahre stillgelegt, *Albemarle* jedoch 1965 als ARVH umgebaut und (siehe dort) während des Vietnam-Krieges als Hubschrauber-Reparaturschiff eingesetzt.

▲ Zwischen 1951 und 1954 ist dieses Foto von *Curtiss* aufgenommen worden. Im Gegensatz zum Schwesterschiff *Albemarle* befindet sich die vordere überhöhte 12,7-cm-Kanone nicht im Turm. Auf der Radarstütze findet man jetzt SPS-6-Radar. Foto: USN

▲ AV-5 *Albemarle*, gesehen im Januar 1958, nach beendetem Umbau des Achterschiffes, bei dem einer der beiden Kräne entfernt wurde. Das Achterschiff wurde zu einem kurzen Trockendock umgestaltet, mit einer davor angebrachten Rampe. Dieser Umbau war eine Voraus-Maßnahme zur Wartung des damals in Entwicklung befindlichen ersten Seeflugzeuges mit Strahlantrieb, der P6M Seamaster. Nachdem das Seamaster-Programm abgesetzt wurde, stellte man *Albemarle* 1960 außer Dienst, um sie nach zunächst erfolgter Streichung aus der Schiffsliste 1965 erneut, diesmal unter dem Namen *Corpus Christi Bay* (ARVH-1) als Hubschrauber-Reparaturschiff einzusetzen. Foto: Sammlung Davis

Nur ein knappes Jahr vor der Außerdienststellung als AV: *Albemarle*, aufgenommen im September 1959 in der Gegend der Azoren. Keine Radarstütze mehr, dafür SPS-12-Radarantenne auf dem Dreibeinmast. Immer noch befinden sich 40-mm-Bofors-Vierlinge an Bord.
▼ Foto: USN

AV – Currituck-Klasse

Diese Klasse bestand aus vier Schiffen:

AV-7 Currituck
AV-11 Norton Sound
AV-12 Pine Island
AV-13 Salisbury Sound, ex Puget Sound

Als Nachfolger der Curtiss-Klasse hatten sie mit dieser sehr viel Ähnlichkeit, obwohl hier nur ein Schornstein vorhanden war. Wegen ihrer Geräumigkeit wurden diese Schiffe gern für besondere Aufgaben eingesetzt. So übernahm Norton Sound sehr bald nach dem Krieg die Rolle eines Lenkwaffen-Versuchsschiffes; dieser Aufgabe widmet sich das Schiff noch gegenwärtig, 30 Jahre nach Fertigstellung und nachdem es mehrmals umgebaut worden ist. Die Umklassifizierung von AV-11 zu AVM-1 erfolgte allerdings erst am 8. August 1951. Die drei Schwesterschiffe dagegen lösten sich bis 1967 jeweils gegenseitig in der Rolle des Flaggschiffs des „Commander Fleet Air West Pacific", der in Personalunion gleichzeitig auch „Commander Taiwan Patrol Force" war. Ihm unterstanden zwar früher auch Seeflugzeuge, später jedoch nur landgebundene Aufklärungsflugzeuge der Typen P-2 Neptune und P-3 Orion.

Im Jahre 1945 präsentierte sich AV-7 Currituck mit der SK-Antenne auf dem Pfahlmast. Vorübergehend wurden die beiden vorderen 12,7-cm-Türme entfernt, um einer provisorischen Hubschrauberplattform Platz zu machen. Später wurde der alte Zustand wieder hergestellt. Es kann noch kein FLG Mk 37 für die 12,7-cm-Geschütze festgestellt werden. Foto: Sammlung Davis ▶

Im Februar 1954 entstand diese Aufnahme der Currituck mit einem Seeflugzeug des Typs P5M Marlin in seiner ersten Version mit tiefer angebrachtem Höhenleitwerk. Auf dem Pfahlmast befindet sich jetzt SPS-6-Radar. Einige 20-mm-Flak sind immer noch an Bord, jedoch noch immer kein FLG Mk 37. Foto: USN
▼

Dieses Foto zeigt die *Currituck* in ihrem letzten Zustand, Mitte der 60er Jahre. Sämtliche 20-mm- und 40-mm-Flak sind verschwunden; der Feuerleitung der 12,7-cm-Geschütze dient nunmehr ein FLG Mk 37 mit FL-Radar Mk 25. Auf der Back befindet sich eine Funkantenne, auf der Spitze des durch die Achse des oberen Standard-Kranes gezogenen Mastes ist die Navigationshilfsantenne TACAN montiert. Foto: USN

AV-11 *Norton Sound*, aufgenommen am 8. Februar 1945, nur einen Monat nach der Indienststellung, getarnt offensichtlich nach Schema 32. Auf dem Mast befindet sich Radar SK-2, auf der Radarstütze nunmehr ein Scheinwerfer.

Foto: USN

Hilfsschiffs-Kategorien und -Klassen 177

Norton Sound am 16. Juli 1949, bereits in der Rolle als schwimmendes Lenkwaffen-Laboratorium, jedoch noch mit der AV-Kennung. Provisorische Hubschrauberplattform anstelle der beiden vorderen Geschütztürme. Neuer Portalmast mit Sonder-Antenne. Der achtere Kran wurde entfernt. Foto: USN

1979 befindet sich *Norton Sound* als AVM-1* nunmehr 34 Jahre alt, nach mehreren Umbauten immer noch im aktiven Dienst als Versuchsschiff der „Pacific Missile Range", von Point Mugu, Cal., aus operierend. Dieses Foto wurde im März 1975 aufgenommen und zeigt das Schiff in der Konfiguration als Testschiff für das Lenkwaffenprogramm Aegis, zu dem hier eine kombinierte Ortungs- und Feuerleitanlage SPY-1 (über der Brücke) und ein Lenkwaffenstarter Mk 26 (auf dem Achterschiff) gehören. Auf dem Vierbein-Gittermast findet man SPS-40-Radar. Foto: USN

---

* Mehr über die diversen Umbau-Stadien von AVM-1 *Norton Sound* erfährt der Leser aus dem Beitrag „Waffenschul- und Erprobungsschiffe der U.S. Navy 1930–1976", der vom Verfasser dieses Buches stammt und im Heft 6/1976 der „Marine-Rundschau" abgedruckt ist.

Wie sich die Bilder gleichen! Zweimal achterliche Ansicht auf AV-12 *Pine Island.* Nahezu ein Jahrzehnt liegt zwischen den beiden Aufnahmen. Auf dem oberen Foto, das am 7. Dezember 1946 in der Panamakanal-Zone aufgenommen wurde, sieht man zwei PBM-5-Maschinen auf der Arbeitsfläche. Unsymmetrische Anbringung der Wanne für einen 40-mm-Vierling auf der Schanz. SK- und SG-Radar auf dem vorderen Mast, YE auf dem Kranmast. Gerade noch sichtbar ist rechts im Bild das Schutznetz der auf dem Vorschiff errichteten Hubschrauberplattform.

Foto: USN, Sammlung BfZ

Etwa 10 Jahre später: *Pine Island* ohne 40-mm-Flak-Wanne; eine SP-5B (vormals P5M-2) Marlin am Haken des Krans, zur Fernaufklärerstaffel VP-50 gehörend. Auf dem vorderen Mast findet man nun die Radarantennen SPS-6 und 10.

Foto: USN

Hilfsschiffs-Kategorien und -Klassen 179

AV-13 *Salisbury Sound*, über die Toppen geflaggt, gesehen am 22. Februar 1951, immer noch mit SK-2 und SG-Radarantennen. Zwei PBM-Maschinen befinden sich auf der Arbeitsfläche. Foto: Sammlung Davis

Dieses ebenfalls Mitte der 60er Jahre aufgenommene Foto der *Pine Island* vermittelt einen Eindruck der unsymmetrischen Anbringung der beiden oberen 12,7-cm-Geschütze und des Kranes. Foto: USN

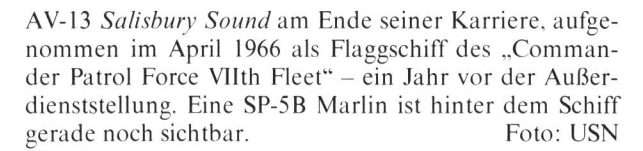

AV-13 *Salisbury Sound* am Ende seiner Karriere, aufgenommen im April 1966 als Flaggschiff des „Commander Patrol Force VIIth Fleet" – ein Jahr vor der Außerdienststellung. Eine SP-5B Marlin ist hinter dem Schiff gerade noch sichtbar. Foto: USN

AV – Tangier-Klasse

AV-8 *Tangier*, ex Sea Arrow
AV-9 *Pocomoce*, ex Exchequer

gehörten dem Standard-Handelsschiffstyp C3-Cargo(S) an und wurden schon während der Bauzeit als Tender umgeplant und als solche fertiggestellt. Kurz nach Kriegsende wurden sie ausgesondert.

◄

Das Schwesterschiff *Pocomoke* (AV-9), kurz nach der Fertigstellung im Jahre 1941. Der Kranpfosten ist bereits angebracht, der Kran selbst fehlt noch. Beachtenswert sind die Portalmaste mit den Ladebäumen.

Foto: Sammlung Davis

AV-8 *Tangier*, der erste aus einem Handelsschiffstyp modifizierte Tender des Standard-Typs C3-Cargo(S). Die Arbeitsplattform befindet sich hier zwischen den Ladebäumen, zwischen dem Schornstein und dem achtern sichtbaren Kran.

Foto: Sammlung Davis

AV – Chandeleur

AV-10 *Chandeleur*

gehörte als Einzelgänger dem Standard-Typ C3-S-B1 an. Auch dieses Schiff wurde gleich als Tender fertiggestellt. Hier wie auch bei der *Tangier*-Klasse gab es den schweren Standard-Kran wie auch eine halbwegs geräumige Arbeitsfläche für reparaturbedürftige Seeflugzeuge. Alle AV hatten stets eine der größeren Radaranlagen an Bord, *Chandeleur* z. B. SK. Obwohl bereits 1947 außer Dienst gestellt, diente dieses Schiff noch lange Jahre als Hafenanlieger und fungierte als Hauptquartierschiff des Befehlshabers der Reserveflotte im Atlantik.

Ganz ähnliches lay-out wie *Tangier* hatte auch AV-10 *Chandeleur*, hier aufgenommen am 7. November 1945 beim Rücktransport von Truppen aus dem pazifischen Raum im Rahmen der „Magic Carpet"-Aktion. Die Gemeinsamkeiten des Grundtyps C3, dem beide Schiffe angehörten, sind unverkennbar. Auf dem Mast befindet sich SK-Radar.

Foto: Sammlung INRO

AV – Kenneth Whiting-Klasse

AV-14 *Kenneth Whiting*
AV-15 *Hamlin*
AV-16 *St. George*
AV-17 *Cumberland Sound*
AV-18 *Townsend*   (nicht fertiggestellt)
AV-19 *Calibogue*   (nicht fertiggestellt)
AV-20 *Hobe Sound* (nicht fertiggestellt)

Schiffe dieser Klasse gehörten dem Standard-Typ C3-special an und wurden gleich als AV konzipiert und fertiggestellt, mit ähnlichen Eigenschaften wie die beiden vorherigen Klassen. Während AV-15 bis -17 bereits 1947 außer Dienst gestellt wurden, verblieb *Kenneth Whiting* noch mehr als ein Jahrzehnt im aktiven Dienst. Lange Zeit nach der Streichung aus der Schiffsliste wurde *St. George* aus der MA-RAD-Bereitschaftsflotte herausgelöst und Ende 1968 an die Marine Italiens abgegeben, wo sie noch heute als Hilfsschiff fährt, als allerletztes Schiff, das noch die Radarantenne SK-2 führt. Der Bau von AV-18 bis -20 wurde bei Kriegsende 1944/45 suspendiert.

Kenneth Whiting (AV-14), Leitschiff einer Klasse von vier Einheiten des Typs C3-S Special, aufgenommen im August 1944 vor Saipan und getarnt offensichtlich nach Schema 32. SK- und YE-Radarantennen. Auf dem Schiff selbst und in der Nähe wassernde Seeflugzeuge des Typs PBM-5 Mariner.

Foto: USN

Im Jahre 1952, als dieses Foto entstand, führte *Kenneth Whiting* immer noch die SK-Antenne. Eine Benzinleitung zur Betankung von Seeflugzeugen läuft entlang der Bordwand. Foto: Sammlung INRO

Kenneth Whiting war das einzige Schiff der gleichnamigen Klasse, das bis zum Herbst 1958 im aktiven Dienst blieb. Das Foto zeigt sie 1½ Jahre vor Außerdienststellung, am 5. März 1957 vor der Marine-Werft am Puget Sound. SPS-6-Radarantenne befindet sich jetzt auf dem zweiten Portalmast. Foto: USN, Sammlung BfZ

AV-15 *Hamlin* während des Zweiten Weltkrieges, getarnt nach dem selben Tarnmuster wie das Klassenschiff. Foto: USN

Hilfsschiffs-Kategorien und -Klassen 183

Am 5. August 1944 aufgenommen: AV-16 *St. George*, ebenfalls nach dem selben Tarnmuster angestrichen. Das Foto vermittelt eine Vorstellung über die Größe der Arbeitsfläche. SK-2-Radarantenne anstelle von SK. Offene 12,7-cm-Lafette auf der Schanz.   Foto: USN
▶

▲ 5½ Jahre nach der Streichung aus der Schiffsliste wurde *St. George* an die italienische Marine abgegeben, so sie als Hilfsschiff unter dem Namen *Andrea Bafile* fuhr. Sie befindet sich gegenwärtig noch bei den Reserveschiffen. Dieses schöne Foto entstand am 30. März 1971 und es verdeutlicht, daß neben SPS-6 auch noch die SK-2-Antenne vorhanden war.   Foto: A. Fraccaroli
▶

Diese Kriegsaufnahme von AV-17 *Cumberland Sound* zeigt, daß auch dieses Schiff denselben Tarnanstrich gehabt hat, wie die Schwesterschiffe.
Foto: Sammlung Davis

AV – Ashland-Klasse

AV-21 *Ashland*, ex LSD-1
AV-22
AV-23

Ende der 50er Jahre war die Entwicklung des ersten strahlangetriebenen Seeflugzeugs der U.S. Navy, des P-7 Seamaster, im Gange und es galt hierfür geeignete Tender bereitzustellen. Im November 1959 war bereits beschlossene Sache, daß das Docklandungsschiff *Ashland* (LSD-1) als AV-21 hergerichtet werden sollte und daß noch zwei Schwesterschiffe folgen sollten. Indessen wurde nachfolgend das ganze Seamaster-Programm aufgegeben und damit auch die Absicht, weitere AV bereitzustellen.

Seitdem es bei der U.S. Navy keine Seeflugzeuge mehr gibt, erfüllen landgebundene Fernaufklärer Überwachungsaufgaben in aller Welt. Sie operieren von ausgebauten, festen Stützpunkten in aller Welt aus und es gibt zu deren Unterstützung zur Zeit keine aktiven Hilfsschiffe mehr.

AVP – Lapwing-Klasse

Dies waren die ersten kleinen Seeflugzeug-Tender, die allesamt am 22. Januar 1936 aus neun ehemaligen Minenräumern der *Bird*-Klasse nach Modifizierung als AVP eingestuft wurden. Die *Lapwing*-Klasse bestand aus

AVP-1	*Lapwing*	ex AM-1
AVP-2	*Heron*	ex AM-10
AVP-3	*Thrush*	ex AM-18
AVP-4	*Avocet*	ex AM-19
AVP-5	*Teal*	ex AM-23
AVP-6	*Pelican*	ex AM-37
AVP-7	*Swan*	ex AM-34
AVP-8	*Gannett*	ex AM-41
AVP-9	*Sandpiper*	ex AM-51

Im Gegensatz zu den alten Zerstörern blieben diese Schiffe, die ebenfalls allesamt aus der Zeit unmittelbar nach dem Ersten Weltkrieg stammten, Tender bis zum Kriegsschluß. Lediglich *Gannett* ging durch Kriegseinwirkung verloren.

AVP-5 *Teal (Lapwing*-Klasse), hier noch aufgenommen mit der alten AM-Nummer 34. Das relativ kleine Seeflugzeug des Typs Keystone PK-1 konnte von dem Schiffs-Ladebaum achtern an Bord gehievt werden.

Foto: Sammlung Davis

Mit der Kommando-Flagge eines Konter-Admirals am Großmast präsentiert sich AVP-7 *Swan* in Breitseite.
Foto: Sammlung Davis

Wie dies dann ausgesehen hat, sieht man auf diesem Luftfoto von AVP-6 *Pelican*, das auch noch die AM-Nummer führt, jedoch daneben schon die Luftwaffen-Kokarde zeigt.
Foto: Sammlung Davis

AVP – *Childs*-Klasse

Nachdem AVP-1 bis -9 alte Minenräumer waren und zu jener Zeit die Baunummern 10 bis 13 bereits für die neuen Tender der *Barnegat*-Klasse reserviert waren, wurden 1938/39 sieben alte Vier-Schornstein-Zerstörer für ihre Rolle als kleine Seeflugzeug-Tender umgerüstet und als AVP klassifiziert. Es waren dies:

AVP-14	*Childs*	ex DD-241
AVP-15	*Williamson*	ex DD-244
AVP-16	*George E. Badger*	ex DD-196
AVP-17	*Clemson*	ex DD-186
AVP-18	*Goldsborough*	ex DD-188
AVP-19	*Hulbert*	ex DD-342
AVP-20	*William B. Preston*	ex DD-344

Die Kennung AVP behielten diese Schiffe jedoch nur kurze Zeit. Bereits am 2. August 1940 wurden diese sowie noch sieben weitere Schiffe zu

AVD – *Childs*-Klasse

reklassifiziert, wobei nun die neue Klasse aus folgenden Schiffen bestand:

AVD-1	*Childs*	ex AVP-14, ex DD-241
AVD-2	*Williamson*	ex AVP-15, ex DD-244
AVD-3	*George E. Badger*	ex AVP-16, ex DD-196
AVD-4	*Clemson*	ex AVP-17, ex DD-186
AVD-5	*Goldsborough*	ex AVP-18, ex DD-188
AVD-6	*Hulbert*	ex AVP-19, ex DD-342
AVD-7	*William B. Preston*	ex AVP-20, ex DD-344
AVD-8	*Belknap*	ex DD-251
AVD-9	*Osmond Ingram*	ex DD-255
AVD-10	*Ballard*	ex DD-267
AVD-11	*Thornton*	ex DD-270
AVD-12	*Gillis*	ex DD-260
AVD-13	*Greene*	ex DD-266
AVD-14	*McFarland*	ex DD-237

Dies war sicherlich nur eine Notlösung, denn die

relativ kleinen Schiffe konnten nicht sehr wirkungsvoll eingesetzt werden. So wurden dann auch nach Zugang der neuen AVP der *Barnegat*-Klasse Ende 1943 neun AVD wieder als Zerstörer zurückgestuft, während vier kurz nach dem Kriegsende verschrottet wurden. *Thornton* wurde im April 1945 nach einer Kollision aufgegeben.

Die alten Vierschornstein-Zerstörer wurden im Laufe des Zweiten Weltkrieges nach verschiedenen Mustern modifiziert und dies insbesondere vor der jeweiligen Neuverwendung als AVD, AVP, APD, DM, DMS, oder vor der leihweisen Abgabe an die britische Marine. Vor allem gab es bei den Antriebsanlagen Unterschiede. Je nachdem, ob die komplette Antriebsanlage belassen oder teilweise ausgebaut wurde, gab es hierbei Schiffe mit zwei, drei oder vier Schornsteinen, und diese führten entweder keine oder aber verschiedenartige Schornsteinkappen. USS *Childs*, hier als AVD-1, präsentiert sich mit modifizierter Brücke, mit nur zwei Schornsteinen und mit hohen Schornsteinkappen.
Foto: Sammlung Davis

Alle vier Schornsteine scheint hier AVD-12 *Gillis* noch zu besitzen, sie sind aber kürzer als ursprünglich bei Fertigstellung des Schiffes. Beachtenswert sind: Der Splitterschutz um das vordere Geschütz wie auch die Treibstoffleitung entlang der Bordwand.
◀
Foto: Sammlung Davis

AVP – Barnegat-Klasse

Wegen der relativ großen Anzahl an fertiggestellten Einheiten, die sowohl während des Zweiten Weltkrieges als auch noch lange danach in mannigfaltiger Weise eingesetzt wurden, aber auch wegen ihres zum Teil sehr unterschiedlichen Ausrüstungsstandes, ist diese Klasse eine der interessantesten unter den Hilfsschiffen der Luftwaffe. Nominell waren alle AVP natürlich Hilfsschiffe, aber manche Einheiten der *Barnegat*-Klasse waren so stark wie Zerstörer bewaffnet, was angesichts ihres Einsatzes im vorgeschobenen Frontgebiet, und dadurch, daß sie bevorzugte Ziele der japanischen Luftstreitkräfte waren, nur zu selbstverständlich erscheint. Die Realisierung dieser Klasse begann ab 1938. Wie die großen AV, so wurden diese ersten zweckgebundenen kleineren Tender nach Buchten benannt. Die Klasse sollte in allem 51 Einheiten enthalten und hierfür waren zunächst die Baunummern AVP-10 bis 13 und AVP-21 bis 67 reserviert. Der Bau von AVP-42 bis 47 und von AVP-58 bis 67 wurde im Laufe des Krieges suspendiert, so daß in Wirklichkeit zwischen 1941 und 1944 nur 35 Schiffe fertiggestellt worden sind. Während des Krieges stieg jedoch nicht nur der Bedarf an Seeflugzeug-Tendern, sondern auch der an anderen Schiffskategorien. Es kam daher auch bei dieser Klasse zu Umschichtungen und Umklassifizierungen, wie nachfolgend ersehen werden kann.

☐ AVP-11 wurde 1944 als amphibisches Flaggschiff eingerichtet und in AGC-18 umklassifiziert – später wurde das Schiff an die Küstenwache abgegeben;
☐ AVP-27, 28, 56 und 57 wurden als Schnellboottender fertiggestellt und erhielten die Kennungen AGP-7, 6, 8 und 9; AGP-6 wurde später, 1951, an Italien abgegeben *(Pietro Cavezzale)*; AGP-8 und 9 wurden nach dem Krieg der Küstenwache zugeteilt;
☐ der Rest diente während des Krieges entsprechend der ursprünglichen Bestimmung.

Aber auch nach dem Krieg gab es diverse Aufgaben für diese vielseitigen Schiffe. Einige wenige wurden eingemottet, die meisten jedoch anderen Aufgaben zugeführt:
☐ 1948/49 wurden 15 Schiffe, nämlich AVP-12, 13, 21 bis 26, 29 und 31 bis 36 an die Küstenwache abgegeben, wo sie sich wegen ihrer Seefähigkeit und der großen Reichweite als Stationsschiffe bewährten;
☐ AVP-51 wurde als ozeanographisches Forschungsschiff (AGOR-1) eingesetzt und später an Griechenland abgegeben *(Hephaistos);*
☐ AVP-30 und 50 wurden 1957 Vermessungsschiffe (AGS) unter Beibehaltung ihrer Kenn-Nummern;
☐ AVP-39 ging 1958 an Norwegen *(Haakon VII.)* und AVP-49 1961 an Äthiopien *(Ethiopia);*
☐ Letztlich gab es drei Schiffe, die ab Anfang der 60er Jahre als Flaggschiffe des COMMIDEASTFOR (= *Commander Middle East Force*) im Persischen Golf ausgerüstet wurden.

Die letztgenannten waren AVP-38 *Duxbury Bay*, 41 *Greenwich Bay* und 55 *Valcour*. Die drei Schiffe lösten sich im Rotationsverfahren alle sechs Monate im Persischen Golf ab. Wegen der starken Sonneneinstrahlung wurden sie weiß angestrichen, die Kenn-Nummern waren schwarz und wegen der traditionellen Verbundenheit zur Seeluftwaffe führte man zunächst neben der Kenn-Nummer die Kokarde der Luftwaffe. Mitte 1966 wurden AVP-38 und 41 gestrichen, und *Valcour* blieb bis zur 1972 erfolgten Außerdienststellung allein dieser Aufgabe vorbehalten. Am 15. Dezember 1965 wurde *Valcour* die neue Kennung AGF zugeteilt und die Kenn-Nummer von 55 in 1 geändert. Nach der Streichung der *Valcour* am 15. Januar 1973 wurde das weit größere Docklandungsschiff LPD-3 *La Salle* unter Beibehaltung seiner LPD-Nummer als AGF-3 eingestuft und unter ähnlichen Bedingungen in den Persischen Golf geschickt, wo es noch heute Flaggschiffaufgaben erfüllt.

Zu verschiedenen Zeitpunkten während des Zweiten Weltkrieges und kurz danach waren diese Schiffe unterschiedlich bewaffnet, wobei bemerkenswert ist, daß sie insbesondere bei An- und Rückfahrten über lange Distanzen von und zu den Einsatzorten auch als Geleitfahrzeuge bei der U-Boot-Sicherung eingesetzt werden konnten. Sie verfügten allesamt über Wasserbombengestelle *(depth charge racks* = DCR) und Wasserbombenwerfer *(depth charge throwers* = DCT).
Wesentlich jedoch war hier die Fähigkeit, die gleichen Aufgaben – wenn auch in bescheidenerem Umfang – wie die großen AV übernehmen zu können. Hierzu gab es an Bord Vorrats- und Unterkunftsräume, Treibstofftanks, Werkstätten für die Reparatur von Motoren und Zellen, vor allem aber den schweren Standard-Kran, der so ausgelegt war, daß er ein Flugzeug komplett aus dem Wasser heben konnte.

Wie aus den nachfolgenden Aufstellungen ersehen werden kann, wurden 15 AVP dieser Klasse nach dem Ende des Zweiten Weltkrieges an die U.S. Coast Guard (USCG), die amerikanische Küstenwache, übergeben, wo sie dann noch viele Jahre ihren Dienst als Stationsschiffe verrichteten. Wie zahlreiche Schiffe und Boote der USCG waren auch diese weiß angestrichen, um die Sonnenstrahlen besser reflektieren zu können. Dies gilt in gleicher Weise auch für die drei Schiffe dieser Klasse, die später als Vermessungsschiffe (AGS) bzw. als hydrographische Forschungsschiffe (AGOR) umklassifiziert wurden, aber auch für die beiden an Italien und Äthiopien abgegebenen Schiffe.

AVP-21 *Humboldt* (*Barnegat*-Klasse), getarnt nach einem besonderen Muster des Schemas 32, wie es scheint. Die Aufnahme wurde am 17. November 1944 gemacht.
◀ Foto: Sammlung Davis

Einheiten der *Barnegat*-Klasse und ihre Bewaffnung

Kenn-Nr.	Name	Bew.-Stand	Anzahl der					Bemerkungen
			12,7/L38$_1$	40 mm Vierlinge	40 mm Zwillinge	20 mm	MG	
10	Barnegat	8/1945	1	1	2	6	–	
(11)	(Biscayne)		–	–	–	–	–	10/1944 = AGC-18; 8/1946 = WAVP-385
12	Casco	8/1945	3	1	2	8	–	4/1949 = WAVP-370
13	Mackinac	8/1945	1	1	2	6	–	4/1949 = WAVP-371
21	Humboldt	12/1944	1	1	2	6	–	1/1949 = WAVP-372
22	Matagorda	12/1944	2	1	2	8	–	3/1949 = WAVP-373
23	Absecon	8/1945	2	–	–	4	–	1/1949 = WAVP-374
24	Chinoteague	8/1945	2	1	2	8	–	3/1949 = WAVP-375
25	Coos Bay	8/1945	4	1	2	8	7	1/1949 = WAVP-376
26	Half Moon	8/1945	3	1	2	8	6$_2$	9/1948 = WAVP-378
(27)	Mobjack		–	–	–	–	–	als AGP-7 in Dienst
(28)	Oyster Bay		–	–	–	–	–	als AGP-6 in Dienst; an Italien
29	Rockaway	12/1944	1	1	2	6	–	12/1948 = WAVP-377
30	San Pablo	8/1945	4	–	–	8	9	1957 AGS-30
31	Unimak	8/1945	1	1	2	4$_2$	–	9/1948 = WAVP-379
32	Yakutat	8/1945	3	1	2	8	–	8/1948 = WAVP-380
33	Barataria	8/1945	1	1	2	6	–	9/1948 = WAVP-381
34	Bering Strait	8/1945	3	1	2	8	6	9/1948 = WAVP-382
35	Castle Rock	8/1945	1	1	2	6	–	9/1948 = WAVP-383
36	Cook Inlet	8/1945	1	1	2	6	–	9/1948 = WAVP-384
37	Corson	8/1945	1	1	2	6	–	9/1948 = WAVP-384
38	Duxbury Bay	8/1945	1	1	2	6	–	
39	Gardiners Bay	8/1945	1	1	2	6	–	5/1968 an Norwegen
40	Floyds Bay	8/1945	1	1	2	6	–	
41	Greenwich Bay	8/1945	1	1	2	6	–	
42–47								22.4.1943 Bau suspendiert
48	Onslow	8/1945	3	1	2	8	–	
49	Orca	8/1945	3	1	2	8	–	1961 an Äthiopien
50	Rehoboth	8/1945	1	1	2	4$_2$	–	1957 = AGS-50
51	San Carlos	8/1945	3	1	2	8	–	1958 = AGOR-1 *J. W. Gibbs*
52	Shelikof	8/1945	3	1	2	8	–	
53	Suisun	8/1945	1	1	2	6	–	
54	Timbalier	9/1946	1	1	2	4$_2$	–	
55	Valcour	9/1946	1	1	2	4$_2$	–	1965 = AGF-1
(56)	Wachapreague							als AGP-8 in Dienst; 5/1946 = WAVP-386
(57)	Willoughby							als AGP-9 in Dienst; 6/1946 = WAVP-387
(58–67)								19.10.1942 Bau suspendiert

USS *Matagorda* (AVP-22), aufgenommen am 11. Mai 1942 vor der Marine-Werft in Boston, Mass. Beide 12,7-cm-Türme befinden sich vorne. Das Tarnmuster steht vermutlich mit Schema 12 in Verbindung. Die Seitenverkleidung unter dem Brückenaufbau ist an der oberen Kante mit Öffnungen versehen. Foto: USN

WHEC-374 *Absecon*, vormals AVP-23, aufgenommen am 2. August 1971 in deutschen Gewässern. Bemerkenswert sind die Veränderungen an dem Schiff, nachdem dieses an die Küstenwache abgegeben wurde, um als Stationsschiff eingesetzt zu werden. Nur noch ein 12,7-cm-Geschützturm, entfernte Seitenverkleidung unter dem Brückenhaus, oker angemalter Schornstein mit schwarzem Rand, ansonsten weißer Anstrich. Auf dem achteren Dreibeinmast befindet sich die Luftraum-Überwachungsantenne SPS-29D.
Foto: Dr. W. Noecker (†)

WHEC-375 *Chinoteague*, ex AVP-24, aufgenommen im Mittelmeer. Es weist die gleiche Form wie *Absecon* auf, hat jedoch das etwas größere FLG Mk 56 auf der Brücke, das noch den grauen Navy-Anstrich führt. Die Seitenverkleidung ist bis zur Hälfte mit Öffnungen versehen. Foto: C. Martinelli

San Pablo, ex AVP-30, hier aufgenommen in den 50er Jahren nach Umklassifizierung als Vermessungsschiff mit der Kennung AGS-30. Von den urprünglich vorhandenen vier 12-cm-Türmen sind nur noch die beiden vorderen verblieben. Die Seitenverkleidung ist völlig geschlossen. Foto: USN

Als diese Schiffe bereits lange nichts mehr mit der Seeluftwaffe zu tun hatten, trugen sie noch aus Traditionsgründen die Luftwaffen-Kokarde in Verbindung mit der Kenn-Nummer. Diese Nummer ist schwarz, weil das ganze Schiff weiß angestrichen ist, um den tropischen Temperaturen des Persischen Golfes besser zu widerstehen. Abgebildet ist AVP-38 *Duxbury Bay*, eines von drei Schiffen dieser Klasse, die abwechselnd als Flaggschiffe des „Commander Middle East Fleet" dienten. Das Foto entstand 1960, als auf dem Pfahlmast noch eine Radarantenne der SA-Serie angebracht war.
◀ Foto: Sammlung INRO

Zwei Jahre später: *Duxbury Bay* am 2. Mai 1962 in der selben Rolle. Zwischenzeitlich wurde auf die Mast-Konsole SPS-12-Radar gesetzt und auf die Hütte eine schwerere Funkantenne. Um diese Zeit bestand die Rohrbewaffnung nur noch aus dem vorderen 40-mm-Bofors-Vierling. Foto: USN, Sammlung BfZ

AVP-40 *Floyds Bay*, ein Vertreter derjenigen Schiffe dieser Klasse, die nur einen 12,7-cm-Geschützturm hatten. Kleine Kenn-Nummer und kleine Luftwaffenkokarde, diesmal *vor* der Kenn-Nummer. Foto: Ted Stone

AVP-48 *Onslow* hatte bei Kriegsende drei 12,7-cm-Geschütze. Auf dieser Nachkriegsaufnahme sieht man nur zwei davon, das auf dem Achterdeck als offene Lafette.
Foto: Sammlung Davis
▶

Ex *Oyster Bay* (AGP-6) war zwar als AVP-28 zum Bau vergeben, kam jedoch in Dienst als Schnellboot-Tender. Aufgenommen wurde das Schiff am 22. Juli 1967 im Hafen von La Valetta, Malta. Hier fährt es unter italienischer Flagge und mit dem Namen *Pietro Cavezzale*. Es ist gegenwärtig noch aktiv. Auf dem Dreibeinmast befindet sich SPS-6-Radar und die Bewaffnung besteht aus einem 7,6-cm- und zwei 40-mm-Geschützen.
▼ Foto: Pavia

AVB – Vorgeschobene Flugzeug-Stützpunktschiffe

Als in den 50er Jahren Fernaufklärerstaffeln der U.S. Navy (im Rahmen der VP-Staffeln = *Patrol Squadrons*) mit ihren P-2 Neptunes und später P-3 Orions nicht nur im Westpazifik auf dem Rotationswege zeitweilig stationiert waren, sondern auch auf Island und im Mittelmeerraum zur Unterstützung der 2. bzw. 6. Flotte, letztlich von Rota (Spanien) und von Sigonella (Sizilien) aus operierend, ergab sich die Notwendigkeit – insbesondere im Mittelmeer – ein Stützpunktschiff zu stationieren. Es sollte alles an Bord als Vorrat mitführen, was notwendig war, um den Einsatz der VP-Staffeln im Ernstfall zu ermöglichen und einige Zeit lang zu unterstützen, bis Nachschub aus den Staaten herangeschafft werden konnte. Als später die Landstützpunkte ausgebaut werden konnten, entfiel die Notwendigkeit, solche Schiffe zu unterhalten. In den Jahren zwischen 1957 und 1969 gab es in der Kategorie AVB nur zwei Einzelgänger, die beide aus vormaligen Kampfwagen-Landungsschiffen (LST) durch Umbau hergerichtet worden waren.

AVB-1 *Alameda County*, ex LST-32
AVB-2 *Tallahatchie County*, ex LST-1154

Beide Schiffe waren nur im Mittelmeer stationiert.

Alameda County (AVB-1) wurde im November 1962 an Italien abgegeben, wo sie unter dem Namen *Anteo* als Hilfsschiff weiter diente. Dieses Foto wurde am 5. April 1967 aufgenommen. Das Aussehen des Schiffes hat sich nach der Abgabe an Italien nicht verändert. Lediglich das vormals auf dem Gittermast ruhende Radargerät SPS-6 wurde durch ein kleineres ersetzt.
◄
Foto: A. Fraccaroli

AVB-2 *Tallahatchie County*, aufgenommen am 11. Mai 1962. Es wird deutlich, daß durch Überbauen des Ladedecks sowohl eine provisorische Hubschrauberplattform geschaffen wurde, wie auch zusätzlicher Innenraum. Verblieben sind das vordere Tor und die Scheuerleisten entlang der Bordwand, die in Verbindung mit der Mitnahme von Lande-Pontons standen.   Foto: USN

Hilfsschiffs-Kategorien und -Klassen

Zwei Jahre später: AVB-2 am 10. Juni 1964 im Hafen von La Valetta. Beachtenswert sind der Ladebaum, die beiden LCVP-Boote auf dem Ladedeck und die langen Funkantennen. Foto: Pavia

Das Achterschiff der *Tallahatchie County*, aufgenommen am 28. Mai 1968, etwa ein Jahr vor der Außerdienststellung, als das achtern in der Wanne befindliche 12,7-cm-Geschütz bereits entfernt wurde. Auf dem Dreibeinmast befindet sich nur eine kleine Navigations-Radarantenne. Foto: G. Gotuzzo

AVB-1 *Alameda County*

wurde nicht so grundlegend umgebaut und beendete seine Dienstzeit bei der U.S. Navy im November 1962 mit der Abgabe an die italienische Marine, wo sie dann unter dem Namen *Anteo* noch viele Jahre als Hilfsschiff diente.

AVB-2 *Tallahatchie County*

dagegen wurde für einige Millionen Dollar weitgehend umgebaut. Sie erhielt neue, recht hohe Leichtmetall-Aufbauten mit weit mehr Decksfläche als vorher. Der Umbau erstreckte sich vom Dezember 1960 bis zum Februar 1962. Das Schiff hatte nach dem Umbau sämtliche Einrichtungen zur Errichtung und Inbetriebnahme eines provisorischen Feld-Flugplatzes für Marine-Aufklärer des Typs SP-2H Neptune. Im vormaligen Kampfwagen-Deck befanden sich Trecker-Jeeps, ein Unfall-Lastwagen, Treibstoff- und Öltankwagen, Bulldozer, Batterie-Startfahrzeuge, Generatoren-Fahrzeuge, Anhängerfahrzeuge mit Funkgeräten, eine meteorologische Station mit der Befähigung, Wetterprognosen aufzustellen. Es gab weiterhin Versorgungs-, Werkstatt-, Fachbücherei- und Schreibstuben-Container, die allesamt bei Bedarf auf dem Luftwege an den Einsatzort geflogen werden konnten, denn AVB-2 hatte auch eine Hubschrauber-Plattform. Durch diese Mobilität wurde die Möglichkeit geschaffen, den Ort eines Flugplatzes so auszuwählen, daß die Fernaufklärer ihre Reichweite voll ausnutzen konnten. Ein solcher Feld-Flugplatz konnte innerhalb von drei Stunden in Betriebsbereitschaft gebracht werden. Weiterhin führte das Schiff als Vorrat Ersatzteile für die Flugzeuge sowie Waffen und Geräte mit. Kleinere und größere Reparaturen an den Flugzeugen konnten von der geschulten Mechaniker-Mannschaft vorgenommen werden. Zu den 20 Offizieren und 200 Mann Besatzung gehörten nicht nur seemännisch und fachtechnisch ausgebildete Männer, sondern auch Marine-Pioniere mit ihrem Gerät. Einsatzmäßig war das Schiff dem COMNAVAIRLANT unterstellt und der Kommandant wie der Erste Offizier waren Fliegeroffiziere. Außer den Unterkünften für die Besatzung gab es noch solche für weitere 200 Mann. Während ihres mehrjährigen Mittelmeer-Einsatzes stütze sich *Tallahatchie County* auf zahlreiche Häfen und besuchte einige von ihnen mehrmals.

AVS – Luftwaffen-Versorger

Diese Kategorie enthielt während des Krieges und in der Zeit danach nur Frachtschiffe, deren Aufgabe darin bestand, permanent all diejenigen Güter zu transportieren, die die in Übersee stationierten Flugzeugstaffeln benötigten: Ersatzteile, Motoren, Geräte, Ausrüstungsteile usw. Die Kategorie AVS wurde erst im Mai 1945 eingeführt. Mit der Streichung von AVS-8 *Jupiter* im Jahre 1965 erlosch sie dann. Von diesem Zeitpunkt an übernahmen die in den 60er Jahren von der Navy entworfenen „Combat Store Ships" (AFS) der *Mars*-Klasse zusätzlich auch den Transport des Flugzeug-Materials. In der Kategorie AVS gab es insgesamt vier Klassen.

AVS-2 *Fortune* (*Supply*-Klasse). Der alte, nicht besonders schöne Frachter aus den 20er Jahren liegt recht hoch und plump im Wasser.

Foto: Sammlung Davis

AVS-4 *Allioth* (*Grumium*-Klasse). Foto: Sammlung Davis

AVS – *Supply*-Klasse

AVS-1 *Supply*, ex IX-147, ex Ward
AVS-2 *Fortune*, ex IX-146, ex City of Elwood

Dies waren alte Frachtschiffe aus den 20er Jahren, die 1944 für die Navy requiriert und zunächst unter der Hilfsschiffs-Kennung IX-147 bzw. 146 fuhren.

AVS – *Grumium*-Klasse

Die beiden dieser Klasse angehörenden Schiffe waren damals neu und gehörten dem Standard-Typ EC2-S-C1 *Liberty* an. Es waren dies:

AVS-3 *Grumium*, ex IX-174, ex AK-112,
           ex William G. McAdoo

AVS-7 *Pontotoc* gehörte der *Gwinnett*-Klasse an und war ein Vertreter des kleineren Handelsschiffs-Typs

AVS-4 *Allioth*, ex IX-204, ex AK-109,
           ex James Rowan

AVS – *Gwinnett*-Klasse

bestand aus den etwas kleineren Einheiten

AVS-5 *Gwinnett*, ex AG-92, ex AK-185
AVS-6 *Nicollet*, ex AG-93, ex AK-199
AVS-7 *Pontotoc*, ex AG-94, ex AK-206

die dem Standard-Typ C1-M-AV1 angehörten.

AVS-3 bis 7 dienten vor der im Mai 1945 vollzogenen Reklassifizierung als AVS als Marine-Frachter (AK), ebenso wie der letzte Vertreter dieser Kategorie,

C1-M-AV1 mit Dieselantrieb.
Foto: Sammlung Davis

AVS-8 Jupiter

der allerdings wieder größer war und dem Standard-Typ C2-Cargo(S) angehörte.
AVS-8 *Jupiter*, ex AK-43, ex Santa Catalina, ex Flying Cloud

Als einziges Schiff dieser Kategorie führte *Jupiter* in den 60er Jahren bis zur Außerdienststellung achtern eine Hubschrauberplattform.

Der letzte AVS der U.S. Navy: USS *Jupiter* (AVS-8), aufgenommen am 18. Juli 1960, fünf Jahre vor der Streichung. Das C2-Frachtschiff besaß achtern eine Hubschrauberplattform. In den Wannen befinden sich 7,6-cm-L/50-Geschütze.

Foto: USN

AVT – Hilfs-Flugzeugtransporter

Dies ist eine Kategorie, die erst 1959 eingeführt wurde, um eine Anzahl derjenigen außer Dienst in Reserve befindlichen Flugzeugträger zusammenzufassen, die im Falle einer Reaktivierung lediglich als Flugzeugtransporter eingesetzt würden. Kein aktives Schiff ist jemals unter dieser Kennung gefahren. Folgende eingemottete Träger waren z.T. bis zu ihrer jeweiligen Streichung als AVT klassifiziert:

ex-CVL Independence/Saipan-Klasse

AVT-1	*Cowpens*	ex CVL-25
AVT-2	*Monterey*	ex CVL-26
AVT-3	*Cabot*	ex CVL-28
AVT-4	*Bataan*	ex CVL-29
AVT-5	*San Jacinto*	ex CVL-30
AVT-6	*Saipan*	ex CVL-48
AVT-7	*Wright*	ex CVL-49

ex-CV Typ Essex

AVT-8	*Franklin*	ex CVS-13
AVT-9	*Bunker Hill*	ex CVS-17
AVT-10	*Leyte*	ex CVS-32
AVT-11	*Philippine Sea*	ex CVS-47
AVT-12	*Tarawa*	ex CVS-40
AVT-16	*Lexington*	ex CVT-16

Lediglich *Tarawa* wurde am 1. Mai 1961 als AVT reklassifiziert, AVT-8 bis 11 bereits am 15. Mai 1959, AVT-16 dagegen erst im Jahre 1978.

Anhang

Literaturverzeichnis

Auf das ausführliche Literaturverzeichnis in Band I dieses Werkes, Seite 293, wird hingewiesen. Die dort aufgeführte Literatur wurde zum Teil auch bei der Bearbeitung dieses zweiten Bandes verwendet. Außerdem kommen für diesen Band noch folgende Veröffentlichungen hinzu:

E. Andrade, Jr.: *The Ship that never was: the Flying-Deck Cruiser,* Artikel in „Military Affairs", Dezember 1968

H. E. Musgrove: *U.S. Naval Ships Data, arranged by Hull Classification.* Verlag Nautical Books, Stoughton, USA, Band I–III

K. Poolman: *Escort Carrier 1941–1945,* Verlag Ian Allan, London, 1972

A. Wetterhahn: *US-Standard-Fracht- und Passagierschiffe 1938–1956,* Eckardt & Messtorf, Hamburg, 1957

Schiffsnamenregister

Kursiv gedruckte Namen sind diejenigen Namen, unter denen die betreffenden Schiffe während ihrer Dienstzeit bei der U.S. Navy gefahren sind. Alle anderen Namen erscheinen in normaler Schrift. Den Namen derjenigen Schiffe, die an die Royal Navy ausgeliehen wurden, ist ein „HMS" bzw. „HMCS" vorangesetzt. Namen mit einem +) dahinter stellen die Namen von Leitschiffen einer Klasse dar.

Kennung CVE	Namen	Seite
99	*Admiralty Islands*	128
103	Alava Bay → *Roi*	132
55	Alazon Bay → *Casablanca*	74
94	Alazon Bay → *Lunga Point*	123
57	Alikula Bay → *Coral Sea*	76
95	Alikula Bay → *Bismarck Sea*	123
6	Altamaha → HMS Battler	45
18	*Altamaha*	55
58	Anguilla Bay → *Corregidor*	79
96	Anguilla Bay → *Salamaua*	125
AGMR-1	*Annapolis*	139
57	*Anzio*	76
60	Astrolabe Bay → *Guadalcanal*	82
97	Astrolabe Bay → *Hollandia*	126
59	Atheling → *Mission Bay*	80
102	*Attu*	131
116	*Badoeng Strait*	153
35	Baffins → HMS Ameer	62
115	*Bairoko*	151
7	Barnes → HMS Attacker	45
20	*Barnes*	56
37	Bastian → HMS Trumpeter	63
124	*Bastogne*	162
95	*Bismarck Sea*	123
8	Block Island → HMS Trailer → HMS Hunter	46
21	*Block Island* I	57
106	*Block Island* II	136
9	*Bogue* +)	46
36	Bolinas → HMS Begum	63
100	*Bougainville*	129
10	Breton → HMS Chaser	47
23	*Breton*	58
61	Buccareli Bay → *Manila Bay*	83
98	Buccareli Bay → *Kwajalein*	127
88	*Cape Esperance*	112
109	*Cape Gloucester*	142
11	*Card*	48
38	Carnegie → HMS Empress	63
55	*Casablanca* +)	74

Kennung CVE	Namen	Seite
63	Chapin Bay → *Midway* → *St. Lo*	85
99	Chapin Bay → *Admiralty Islands*	128
30	*Charger*	40
32	Chatham → HMS Slinger	62
28	*Chenango*	70
105	*Commencement Bay* +)	135
12	*Copahee*	50
57	*Coral Sea* → *Anzio*	76
39	Cordova → HMS Khedive	63
13	*Core*	52
58	*Corregidor*	79
14	Croatan → HMS Fencer	54
25	*Croatan*	59
40	Delgada → HMS Speaker	63
64	Didrickson Bay → *Tripoli*	86
100	Didrickson Bay → *Bougainville*	129
65	Dolomi Bay → *Wake Island*	87
101	Dolomi Bay → *Matanikau*	130
41	Edisto → HMCS Nabob	63
66	Elbour Bay → *White Plains*	88
102	Elbour Bay → *Attu*	131
125	*Eniwetok*	162
42	Estero → HMS Premier	63
70	*Fanshaw Bay*	92
72	Fortezela Bay → *Tulagi*	94
112	Frosty Bay → *Siboney*	147
73	*Gambier Bay*	95
107	Gilbert Islands → *Annapolis*	139
33	Glacier → HMS Atheling	62
60	*Guadalcanal*	82
15	Hamlin → HMS Stalker	54
113	Hobart Bay → *Puget Sound*	149
75	*Hoggatt Bay*	97
97	*Hollandia*	126
43	Jamaica → HMS Shah	63
76	*Kadashan Bay*	98
78	Kaita Bay → *Savo Island*	100
68	*Kalinin Bay*	90
77	Kanalku Bay → *Marcus Island*	99
69	*Kasaan Bay*	90

Kennung CVE	Namen	Seite
44	Keweenaw → HMS Patroller	63
71	*Kitkun Bay*	93
108	*Kula Gulf*	141
98	*Kwajalein*	127
126	*Lingayen*	162
56	*Liscome Bay*	75
1	*Long Island+)*	38
94	*Lunga Point*	123
91	*Makassar Strait*	120
93	*Makin Island*	121
61	*Manila Bay*	83
77	*Marcus Island*	99
101	*Matanikau*	130
45	McClure → Prince → HMS Rajah	64
63	Midway → *St. Lo*	85
120	*Mindoro*	159
59	*Mission Bay*	80
114	Mosser Bay → *Rendova*	150
104	*Munda*	133
16	*Nassau*	54
67	Nassuk Bay → *Solomons*	89
62	*Natoma Bay*	84
74	*Nehenta Bay*	96
46	Niantic → HMS Ranee	64
127	*Okinawa*	162
79	*Ommaney Bay*	101
122	*Palau*	161
47	Perdido → HMS Trouncer	64
80	*Petrof Bay*	102
119	*Point Cruz*	157
115	Portage Bay → *Bairoko*	151
45	Prince → HMS Rajah	64
19	Prince William → HMS Striker	56
31	*Prince William*	61
113	*Puget Sound*	149
34	Pybus → HMS Emperor	62
121	*Rabaul*	161
114	*Rendova*	150
103	*Roi*	132
81	*Rudyerd Bay*	103
82	*Saginaw Bay*	104
117	*Saidor*	155
49	St. Andrews → HMS Queen	64
107	St. Andrews Bay → *Gilbert Islands* → *Annapolis*	139
17	St. George → HMS Pursuer	55
50	St. Joseph → HMS Ruler	64
105	St. Joseph Bay → *Commencement Bay*	135
63	*St. Lo*	85
51	St. Simon → HMS Arbiter	64
96	*Salamaua*	125
110	*Salerno Bay*	144
117	Saltery Bay → *Saidor*	155
116	San Alberto Bay → *Badoeng Strait*	153
118	Sandy Bay → *Sicily*	155
26	*Sangamon+)*	67
29	*Santee*	71
83	*Sargent Bay*	105
78	*Savo Island*	100
84	*Shamrock Bay*	107
85	*Shipley Bay*	108
112	*Siboney*	147
118	*Sicily*	155
86	*Sitkoh Bay*	109
67	*Solomons*	89
87	*Steamer Bay*	110
48	Sunset → HMS Thane	64
106	Sunset Bay → *Block Island* II	136
27	*Suwannee*	69
89	*Takanis Bay*	113
88	Tananek Bay → *Cape Esperance*	112
90	*Thetis Bay*	115
123	*Tinian*	162
104	Tonowek Bay → *Munda*	133
111	Totem Bay → *Vella Gulf*	146
64	*Tripoli*	86
119	Trocadero Bay → *Point Cruz*	157
72	*Tulagi*	94
91	Ulitka Bay → *Makassar Strait*	120
111	*Vella Gulf*	146
52	Vermillion → HMS Smiter	64
108	Vermillion Bay → *Kula Gulf*	141
65	*Wake Island*	87
66	*White Plains*	88
53	Willapa → HMS Puncher	66
109	Willapa Bay → *Cape Gloucester*	142
92	*Windham Bay*	120
54	Winjah → HMS Reaper	66
110	Winjah Bay → *Salerno Bay*	144
93	Woodcliff Bay → *Makin Island*	121

ID# Tabellenteil

Kenn-Nr. CVE	Schiffsname	Etat	Bauwerft	Von der Navy erworben K = Kiellegung	Stapellauf	Fertiggestellt C = Indienststellung	Zurück an USA	Gestrichen	Kriegsverlust
BAVG-1	Archer		Sun S.B.		14.12.39	17.11.41	9. 1.46	26. 2.46	
BAVG-2	Avenger		Bethlehem, St. Island		27.11.40	2. 3.42		16. 5.44	15.11.42
BAVG-3	Biter		Atl. Basin Iron Work		18.12.40	5. 5.42	9. 4.45 / 10. 6.66*	24. 1.51	
BAVG-5	Dasher		Tietjen & Lang		12. 4.41	2. 7.42		2. 6.45	27. 3.43
BAVG-6	Tracker		Willamette Iron Work		7. 3.42	31. 1.43	29.11.46	2.11.46	
6	Battler	1942	Ingalls	31.10.42	7. 3.42	31.10.42	12. 2.46	28. 3.46	
7	Attacker	1942	Western Pipe	30. 9.42	27. 9.41	30. 9.42	5. 1.46	26. 2.46	
8	Hunter	1942	Ingalls	9. 1.43	22. 5.42	9. 1.43	29.12.45	26. 2.46	
10	Chaser	1942	Ingalls	9. 4.43	19. 6.42	9. 4.43	12. 5.46	3. 7.46	
14	Fencer	1942	Western Pipe	27. 2.43	4. 4.42	25. 3.43	11.12.46	28. 1.47	
15	Stalker	1942	Western Pipe	21.12.42	5. 3.42	21.12.42	29.12.45	20. 3.46	
17	Pursuer	1942	Ingalls	14. 6.43	18. 7.42	14. 6.43	12. 2.46	28. 3.46	
19	Striker	1942	Western Pipe	28. 4.43	7. 5.42	18. 5.43	12. 2.46	28. 3.46	
22	Searcher	1942	Todd, Tacoma	27. 7.42	20. 6.42	7. 4.43	29.11.45	7. 2.46	
24	Ravager	1942	Todd, Tacoma	1. 5.42	16. 7.42	25. 4.43	27. 2.46	12. 4.46	
32	Slinger	1942	Todd, Tacoma	K 25. 5.42	19. 9.42	11. 8.43	27. 2.46	12. 4.46	
33	Atheling	1942	Puget Sound N.Sh.	K 9. 6.42	7. 9.42	30. 7.43	13.12.46	7. 2.47	
34	Emperor	1942	Todd, Tacoma	K 23. 6.42	7.10.42	C 31. 5.43	12. 2.46	28. 3.46	
35	Ameer	1942	Todd, Tacoma	K 18. 7.42	18.10.42	C 28. 6.43	17. 1.46	20. 3.46	
36	Begum	1942	Todd, Tacoma	K 3. 8.42	11.11.42	C 22. 7.43	4. 1.46	19. 6.46	
37	Trumpeter	1942	Todd, Tacoma	K 25. 8.42	15.12.42	4. 8.43	6. 4.46	21. 5.46	
38	Empress	1942	Todd, Tacoma	K 9. 9.42	31.12.42	C 9. 8.43	4. 2.46	28. 3.46	
39	Khedive	1942	Todd, Tacoma	K 22. 9.42	30. 1.43	25. 8.43	26. 1.46	19. 7.46	
40	Speaker	1942	Todd, Tacoma	K 9.10.42	20. 2.43	20.11.43	27. 7.46	.	
41	Nabob (RCN)	1942	Todd, Tacoma	K 20.10.42	9. 3.43	7. 9.43	16. 3.45	16. 3.45	
42	Premier	1942	Todd, Tacoma	K 31.10.42	22. 3.43	3.11.43	12. 4.46	21. 5.46	
43	Shah	1942	Todd, Tacoma	K 13.11.42	21. 4.43	27. 9.43	6.12.46	7. 2.46	
44	Patroller	1942	Todd, Tacoma	K 27.11.42	6. 5.43	22.10.43	13.12.46	7. 2.47	
45	Rajah	1942	Wilamette Iron Works	K 17.12.42	18. 5.43	17. 1.44	13.12.46	7. 2.47	

Baudaten britischer CVE

Kenn-Nr. CVE	Schiffsname	Etat	Bauwerft	Von der Navy erworben K = Kiellegung	Stapellauf	Fertiggestellt C = Indienststellung	Zurück an USA	Gestrichen	Kriegsverlust
46	Ranee	1942	Todd, Tacoma	K 5. 1.43	2. 6.43	8.11.43	21.11.46	·	
47	Trouncer	1942	Commercial Iron Works	K 1. 2.43	16. 6.43	28. 1.44	3. 3.46	12. 4.46	
48	Thane	1942	Todd, Tacoma	K 23. 2.43	15. 7.43	19.11.43	5.12.45	16.11.45	
49	Queen	1942	Todd, Tacoma	K 12. 3.43	2. 8.43	7.12.43	31.10.46	·	
50	Ruler	1942	Todd, Tacoma	K 25. 3.43	21. 8.43	20.12.43	29. 1.46	20. 3.46	
51	Arbiter	1942	Todd, Tacoma	K 26. 4.43	9. 9.43	31.12.43	3. 3.46	12. 4.46	
52	Smiter	1942	Todd, Tacoma	K 10. 5.43	27. 9.43	20. 1.44	6. 4.46	21. 5.46	
53	Puncher	1942	Todd, Tacoma	K 21. 5.43	8.11.43	5. 2.44	17. 1.46	12. 3.46	
54	Reaper	1942	Todd, Tacoma	K 5. 6.43	22.11.43	18. 2.44	20. 5.46	3. 7.46	

* nach Verwendung in Frankreich

Kenn-Nr. CVE	Schiffsname	Etat	Bauwerft	Kiellegung bzw. * von der Navy erworben	Stapellauf	Erste Indienststellung bzw. * fertiggestellt	Erste Außerdienststellung	Reaktivierung	Zweite Außerdienststellung	Kriegsverlust
1	Long Island	—	Sun S.B.	* 6. 3.41	11. 1.40	2. 6.41	26. 3.46			
9	Bogue	1942	Todd, Tacoma	* 1. 5.42	15. 1.42	26. 9.42	30.11.46			
11	Card	1942	Todd, Tacoma	* 1. 5.42	21. 4.42	8.11.42	13. 5.46	1. 7.58*	10. 3.70	
12	Copahee	1942	Todd, Tacoma	* 8. 2.42	21.10.41	15. 6.42	5. 7.46			
13	Core	1942	Todd, Tacoma	* 1. 5.42	15. 5.42	10.12.42	4.10.46	1. 7.58*	25.11.69	
16	Nassau	1942	Todd, Tacoma	* 1. 5.42	4. 4.42	20. 8.42	28.10.46			
18	Altamaha	1942	Todd, Tacoma	* 1. 5.42	25. 5.42	15. 9.42	27. 9.46			
20	Barnes	1942	Todd, Tacoma	* 1. 5.42	22. 5.42	20. 2.43	29. 8.46			
21	Block Island I	1942	Todd, Tacoma	* 1. 5.42	6. 6.42	8. 3.43				29. 5.44
23	Breton	1942	Todd, Tacoma	* 1. 5.42	27. 6.42	12. 4.43	30. 8.46	1. 7.58	.	
25	Croatan	1942	Todd, Tacoma	* 1. 5.42	3. 8.42	28. 4.43	20. 5.46	16. 6.58	23.10.69	
26	Sangamon	1942	Federal, Kearny	13. 3.39	4.11.39	* 25. 8.42	24.10.45			
27	Suwannee	1942	Federal, Kearny	* 26. 6.41	4. 3.39	* 24. 9.42	28.10.46			
28	Chenango	1942	Sun S.B.	* 31. 5.41	1. 4.39	20. 6.41	14. 8.46			
29	Santee	1942	Sun S.B.	* 18.10.40	4. 3.39	30.10.40	21.10.46			
30	Charger	—	Sun S.B.	* 4.10.41	1. 3.41	3. 3.42	15. 3.46			
31	Prince William	1942	Todd, Tacoma	18. 5.42	23. 8.42	9. 4.43	29. 8.46			
55	Casablanca	1942	Kaiser, Vancouver	3.11.42	5. 4.43	8. 7.43	10. 6.46			
56	Liscome Bay	1942	Kaiser, Vancouver	9.12.42	19. 4.43	7. 8.43				24.11.43
57	Anzio	1942	Kaiser, Vancouver	12.12.42	1. 5.43	27. 8.43	5. 8.46			
58	Corregidor	1942	Kaiser, Vancouver	17.12.42	12. 5.43	31. 8.43	30. 7.46	19. 5.51*	4. 9.58	

Reklassifizierungsdaten

gestrichen	Verbleib	\multicolumn{6}{c}{reklassifiziert als}	Bemerkungen
		ACV	CVE	CVHE	CVU	LPH	AKV	
12. 4.46	1949 Handelsschiff	20. 8.42	15. 7.43					
1. 3.59	1960 Schrott	20. 8.42	15. 7.43	12. 6.55				
15. 9.70	1971 Schrott	20. 8.42	15. 7.43	12. 6.55	1. 7.59		7. 5.59	* Reaktiviert als T-CVE-11
1. 3.59	1961 Schrott	20. 8.42	15. 7.43	12. 6.55				
15. 9.70	1971 Schrott	20. 8.42	15. 7.43	12. 6.55	1. 7.58		7. 5.59	* Reaktiviert als T-CVE-13
1. 3.59	1961 Schrott	20. 8.42	15. 7.43	12. 6.55				
1. 3.59	1961 Schrott	20. 8.42	15. 7.43	12. 6.55				
1. 3.59	1959 Schrott	20. 8.42	15. 7.43	12. 6.55				
28. 6.44	†	20. 8.42	15. 7.43					
6. 8.71	1972 Schrott	20. 8.42	15. 7.43	12. 6.55			7. 5.59	
15. 9.70	1971 Schrott	20. 8.42	15. 7.43	12. 6.55	1. 7.58		7. 5.59	
24.10.45	1948 Schrott	20. 8.42	15. 7.43					
1. 3.59	1962 Schrott	20. 8.42	15. 7.43	12. 6.55				
1. 3.59	1962 Schrott	20. 8.42	15. 7.43	12. 6.55				
1. 3.59	1960 Schrott	20. 8.42	15. 7.43	12. 6.55				
28. 3.46	1947 Handelsschiff	20. 8.42	15. 7.43					
1. 3.59	1961 Schrott	20. 8.42	15. 7.43	12. 6.55				
3. 7.46	1947 Schrott	20. 8.42	15. 7.43					
6.12.43	†	20. 8.42	15. 7.43					
1. 3.59	1960 Schrott	20. 8.42	15. 7.43	12. 6.55				
1.10.58	1960 Schrott	20. 8.42	15. 7.43	12. 6.55	12. 6.55			* Reaktiviert als T-CVE-58

Kenn-Nr. CVE	Schiffsname	Etat	Bauwerft	Kiellegung bzw. * von der Navy erworben	Stapellauf	Erste Indienststellung bzw. * fertiggestellt	Erste Außerdienststellung	Reaktivierung	Zweite Außerdienststellung	Kriegsverlust
59	Mission Bay	1942	Kaiser, Vancouver	28.12.42	26. 5.43	13. 9.43	21. 2.47			
60	Guadalcanal	1942	Kaiser, Vancouver	5. 1.43	15. 6.43	25. 9.43	15. 7.46			
61	Manila Bay	1942	Kaiser, Vancouver	15. 1.43	10. 7.43	5.10.43	31. 7.46			
62	Natoma Bay	1942	Kaiser, Vancouver	17. 1.43	20. 7.43	14.10.43	20. 5.46			
63	St. Lo	1942	Kaiser, Vancouver	23. 1.43	17. 8.43	23.10.43				25.10.44
64	Tripoli	1942	Kaiser, Vancouver	1. 2.43	2. 9.43	31.10.43	22. 5.46	5. 1.52	25.11.58	
65	Wake Island	1942	Kaiser, Vancouver	6. 2.43	15. 9.43	7.11.43	5. 4.46			
66	White Plains	1942	Kaiser, Vancouver	11. 2.43	27. 9.43	15.11.43	10. 7.46			
67	Solomons	1942	Kaiser, Vancouver	19. 3.43	6.10.43	21.11.43	15. 5.46			
68	Kalinin Bay	1942	Kaiser, Vancouver	26. 4.43	15.10.43	27.11.43	15. 5.46			
69	Kasaan Bay	1942	Kaiser, Vancouver	11. 5.43	24.10.43	4.12.43	6. 7.46			
70	Fanshaw Bay	1942	Kaiser, Vancouver	18. 5.43	1.11.43	9.12.43	14. 8.46			
71	Kitkun Bay	1942	Kaiser, Vancouver	31. 5.43	8.11.43	15.12.43	19. 4.46			
72	Tulagi	1942	Kaiser, Vancouver	7. 6.43	15.11.43	21.12.43	30. 4.46			
73	Gambier Bay	1942	Kaiser, Vancouver	10. 7.43	22.11.43	28.12.43				25.10.44
74	Nehenta Bay	1942	Kaiser, Vancouver	20. 7.43	28.11.43	3. 1.44	15. 5.46			
75	Hoggatt Bay	1942	Kaiser, Vancouver	17. 8.43	4.12.43	11. 1.44	20. 7.46			
76	Kadashan Bay	1942	Kaiser, Vancouver	2. 9.43	11.12.43	18. 1.44	14. 6.46			
77	Marcus Island	1942	Kaiser, Vancouver	15. 9.43	16.12.43	26. 1.44	12.12.46			
78	Savo Island	1942	Kaiser, Vancouver	27. 9.43	22.12.43	3. 2.44	12.12.46			
79	Ommaney Bay	1942	Kaiser, Vancouver	6.10.43	29.12.43	11. 2.44				4. 1.45

Reklassifizierungsdaten 207

gestrichen	Verbleib	\multicolumn{6}{c}{reklassifiziert als}	Bemerkungen
		ACV	CVE	CVHE	CVU	LPH	AKV	
1. 9.58	1960 Schrott	20. 8.42	15. 7.43		12. 6.55			
27. 5.58	1960 Schrott	20. 8.42	15. 7.43		12. 6.55			
27. 5.58	1960 Schrott	20. 8.42	15. 7.43		12. 6.55			
1. 9.58	1960 Schrott	20. 8.42	15. 7.43		12. 6.55			
27.11.44	†	20. 8.42	15. 7.43					
1. 2.59	1960 Schrott	20. 8.42	15. 7.43		12. 6.55			
17. 4.46	1947 Schrott	20. 8.42	15. 7.43					
27. 6.58	1959 Schrott	20. 8.42	15. 7.43		12. 6.55			
5. 6.46	1947 Schrott	20. 8.42	15. 7.43					
5. 6.46	1947 Schrott	20. 8.42	15. 7.43					
1. 3.59	1960 Schrott	20. 8.42	15. 7.43	12. 6.55				
1. 3.59	1959 Schrott	20. 8.42	15. 7.43	12. 6.55				
8. 5.46	1947 Schrott	20. 8.42	15. 7.43					
8. 5.46	1947 Schrott	20. 8.42	15. 7.43					
27.11.43	†	20. 8.42	15. 7.43					
1. 8.59	1960 Schrott	20. 8.42	15. 7.43		12. 6.55		7. 5.59	
1. 9.59	1960 Schrott	20. 8.42	15. 7.43	12. 6.55			7. 5.59	
1. 8.59	1960 Schrott	20. 8.42	15. 7.43		12. 6.55		7. 5.59	
1. 9.59	1960 Schrott	20. 8.42	15. 7.43	12. 6.55			7. 5.59	
1. 9.59	1960 Schrott	20. 8.42	15. 7.43	12. 6.55			7. 5.59	
23. 2.45	†	20. 8.42	15. 7.43					

Kenn-Nr. CVE	Schiffsname	Etat	Bauwerft	Kiellegung bzw. * von der Navy erworben	Stapellauf	Erste Indienststellung bzw. * fertiggestellt	Erste Außerdienststellung	Reaktivierung	Zweite Außerdienststellung	Kriegsverlust
80	*Petrof Bay*	1942	Kaiser, Vancouver	15. 10. 43	5. 1. 44	18. 2. 44	31. 7. 46			
81	*Rudyerd Bay*	1942	Kaiser, Vancouver	24. 10. 43	12. 1. 44	25. 2. 44	11. 6. 46			
82	*Saginaw Bay*	1942	Kaiser, Vancouver	1. 11. 43	19. 1. 44	2. 3. 44	19. 6. 46			
83	*Sargent Bay*	1942	Kaiser, Vancouver	8. 11. 43	31. 1. 44	9. 3. 44	23. 7. 46			
84	*Shamrock Bay*	1942	Kaiser, Vancouver	15. 11. 43	4. 2. 44	15. 3. 44	6. 7. 46			
85	*Shipley Bay*	1942	Kaiser, Vancouver	22. 11. 43	12. 2. 44	21. 3. 44	28. 6. 46			
86	*Sitkoh Bay*	1942	Kaiser, Vancouver	23. 11. 43	19. 2. 44	28. 3. 44	30. 11. 46	29. 7. 50*	27. 7. 54	
87	*Steamer Bay*	1942	Kaiser, Vancouver	4. 12. 43	26. 2. 44	4. 4. 44	1. 7. 46			
88	*Cape Esperance*	1942	Kaiser, Vancouver	11. 12. 43	3. 3. 44	9. 4. 44	22. 8. 46	5. 8. 50*	15. 1. 59	
89	*Takanis Bay*	1942	Kaiser, Vancouver	16. 12. 43	10. 3. 44	15. 4. 44	1. 5. 46			
90	*Thetis Bay*	1942	Kaiser, Vancouver	22. 12. 43	16. 3. 44	21. 4. 44	7. 8. 46	20. 7. 56	1. 3. 64	
91	*Makassar Strait*	1942	Kaiser, Vancouver	29. 12. 43	22. 3. 44	27. 4. 44	9. 8. 46			
92	*Windham Bay*	1942	Kaiser, Vancouver	5. 1. 44	29. 3. 44	3. 5. 44	1. 47	31. 10. 51*	1959	
93	*Makin Island*	1942	Kaiser, Vancouver	12. 1. 44	5. 4. 44	9. 5. 44	19. 4. 46			
94	*Lunga Point*	1942	Kaiser, Vancouver	19. 1. 44	11. 4. 44	14. 5. 44	24. 10. 46			
95	*Bismarck Sea*	1942	Kaiser, Vancouver	31. 1. 44	17. 4. 44	20. 5. 44				21. 2. 45
96	*Salamaua*	1942	Kaiser, Vancouver	4. 2. 44	22. 4. 44	26. 5. 44	9. 5. 46			
97	*Hollandia*	1942	Kaiser, Vancouver	12. 2. 44	28. 4. 44	1. 6. 44	17. 1. 47			
98	*Kwajalein*	1942	Kaiser, Vancouver	19. 2. 44	4. 5. 44	7. 6. 44	16. 8. 46			
99	*Admiralty Islands*	1942	Kaiser, Vancouver	26. 2. 44	10. 5. 44	13. 6. 44	26. 4. 46			
100	*Bougainville*	1942	Kaiser, Vancouver	3. 3. 44	16. 5. 44	18. 6. 44	3. 11. 46			

Reklassifizierungsdaten

gestrichen	Verbleib	reklassiert als						Bemerkungen
		ACV	CVE	CVHE	CVU	LPH	AKV	
27. 6.58	1959 Schrott	20. 8.42	15. 7.43		12. 6.55			
1. 8.59	1960 Schrott	20. 8.42	15. 7.43		12. 6.55		7. 5.59	
1. 3.59	1960 Schrott	20. 8.42	15. 7.43	12. 6.55				
27. 6.58	1959 Schrott	20. 8.42	15. 7.43		12. 6.55			
27. 6.58	1959 Schrott	20. 8.42	15. 7.43		12. 6.55			
1. 3.59	1961 Schrott	20. 8.42	15. 7.43	12. 6.55				
1. 4.60	1961 Schrott	20. 8.42	15. 7.43		12. 6.55		7. 5.59	* Reaktiviert als T-CVE-86
1. 3.59	1959 Schrott	20. 8.42	15. 7.43	12. 6.55				
1. 3.59	1961 Schrott	20. 8.42	15. 7.43		12. 6.55			* Reaktiviert als T-CVE-88
1. 8.59	1960 Schrott	20. 8.42	15. 7.43		12. 6.55		7. 5.59	
1. 3.64	1966 Schrott	20. 8.42	15. 7.43			28. 5.59		Reklassifiziert als CVHA am 1.7.55
1. 9.58	1958 Zielobjekt	20. 8.42	15. 7.43		12. 6.55			
1. 2.59	1961 Schrott	20. 8.42	15. 7.43		12. 6.55			* Reaktiviert als T-CVE-92
1. 7.46	1947 Schrott	20. 8.42	15. 7.43					
1. 4.60	1966 Schrott	20. 8.42	15. 7.43		12. 6.55		7. 5.59	
30. 3.45	†	20. 8.42	15. 7.43					
1. 9.46	1947 Schrott	20. 8.42	15. 7.43					
1. 4.60	1960 Schrott	20. 8.42	15. 7.43		12. 6.55		7. 5.59	
1. 4.60	1961 Schrott	20. 8.42	15. 7.43		12. 6.55		7. 5.59	
8. 5.46	1947 Schrott	20. 8.42	15. 7.43					
1. 6.60	1960 Schrott	20. 8.42	15. 7.43		12. 6.55		7. 5.59	

Kenn-Nr. CVE	Schiffsname	Etat	Bauwerft	Kiellegung bzw. * von der Navy erworben	Stapellauf	Erste Indienststellung bzw. * fertiggestellt	Erste Außerdienststellung	Reaktivierung	Zweite Außerdienststellung	Kriegsverlust
101	Matanikau	1942	Kaiser, Vancouver	10. 3.44	22. 5.44	24. 6.44	11.10.46			
102	Attu	1942	Kaiser, Vancouver	16. 3.44	27. 5.44	30. 6.44	8. 6.46			
103	Roi	1942	Kaiser, Vancouver	22. 3.44	2. 6.44	6. 7.44	9. 5.46			
104	Munda	1942	Kaiser, Vancouver	29. 3.44	27. 5.44	8. 7.44	13. 9.46			
105	Commencement Bay	1943	Todd, Tacoma	23. 9.43	9. 5.44	27.11.44	30.11.46			
106	Block Island II	1943	Todd, Tacoma	25.10.43	10. 6.44	30.12.44	28. 5.46	28. 4.51	27. 8.54	
107	Gilbert Island/ Annapolis	1943	Todd, Tacoma	29.11.43	20. 7.44	5. 2.45	21. 5.46	7. 9.51*	15. 1.55**	
108	Kula Gulf	1943	Todd, Tacoma	16.12.43	15. 8.44	12. 5.45	3. 7.46	15. 2.51*	15.12.55**	
109	Cape Gloucester	1943	Todd, Tacoma	10. 1.44	12. 9.44	5. 3.45	5.11.46			
110	Salerno Bay	1943	Todd, Tacoma	7. 2.44	26. 9.44	19. 5.45	4.10.47	20. 6.51	16. 2.54	
111	Vella Gulf	1943	Todd, Tacoma	7. 3.44	19.10.44	9. 4.45	9. 8.46			
112	Siboney	1943	Todd, Tacoma	1. 4.44	9.11.44	14. 5.45	11.47*	22. 1.50	3. 7.56	
113	Puget Sound	1943	Todd, Tacoma	12. 5.44	30.11.44	18. 6.45	18.10.46			
114	Rendova	1943	Todd, Tacoma	15. 6.44	28.12.44	22.10.45	27. 1.50	3. 1.51	30. 6.55	
115	Bairoko	1943	Todd, Tacoma	25. 7.44	25. 1.45	16. 7.45	14. 4.50	12. 9.50	18. 2.55	
116	Badoeng Strait	1943	Todd, Tacoma	18. 8.44	15. 2.45	14.11.45	20. 4.46	6. 1.47	17. 5.57	
117	Saidor	1943	Todd, Tacoma	29. 9.44	19. 3.45	4. 9.45	12. 9.47			
118	Sicily	1943	Todd, Tacoma	23.10.44	14. 4.45	27. 2.46	5. 7.54			

Reklassifizierungsdaten

gestrichen	Verbleib	ACV	CVE	CVHE	CVU	LPH	AKV	Bemerkungen
				reklassifiziert als				
1. 4.60	1960 Schrott	20. 8.42	15. 7.43	12. 6.55			7. 5.59	
3. 7.46	1949 Schrott	20. 8.42	15. 7.43					
21. 5.46	1947 Schrott	20. 8.42	15. 7.43					
1. 9.58	1960 Schrott	20. 8.42	15. 7.43		12. 6.55			
1. 4.71	·	*	*	12. 6.55			7. 5.59	* Ab hier als CVE begonnen
1. 7.59	1960 Schrott		17. 2.59*			22.12.57	7. 5.59	* Zum zweitenmal als CVE klassifiziert
1. 6.61 15.10.76	·						7. 5.59	Reklassifiziert als AGMR 1. 6.63 * als AGMR-1 am 7. 3.64 in Dienst ** als AGMR-1 am 20.12.69 außer Dienst
15. 9.70	1971 Schrott						7. 5.59	* zweite Reaktivierung am 30. 6.65 ** dritte Außerdienstellung am 6.10.69
1. 6.60* 1. 4.71	·			12. 6.55			7. 5.59	* Am 1. 7.60 wieder in Schiffsliste aufgenommen
1. 6.61	1962 Schrott						7. 5.59	
1. 6.60* 1.12.70	1971 Schrott			12. 6.55			7. 5.59	* Am 1.11.60 wieder in Schiffsliste aufgen.
1. 6.70	1971 Schrott						7. 5.59	* offensichtlich nicht ganz außer Dienst, vordem zeitweilig Hafenanlieger
1. 6.60	1962 Schrott			12. 6.55			7. 5.59	
1. 4.71	1971 Schrott						7. 5.59	
1. 4.60	1961 Schrott						7. 5.59	
1.12.70	1972 Schrott						7. 5.59	
1.12.70	1971 Schrott			12. 6.55			7. 5.59	
1. 7.60	1961 Schrott						7. 5.59	

Kenn-Nr. CVE	Schiffsname	Etat	Bauwerft	Kiellegung bzw. * von der Navy erworben	Stapellauf	Erste Indienststellung bzw. * fertiggestellt	Erste Außerdienststellung	Reaktivierung	Zweite Außerdienststellung	Kriegsverlust
119	*Point Cruz*	1943	Todd, Tacoma	4. 12. 44	18. 5. 45	16. 10. 45	30. 6. 47	26. 7. 51*	31. 8. 56**	
120	*Mindoro*	1944	Todd, Tacoma	2. 1. 45	27. 6. 45	4. 12. 45	4. 8. 55			
121	*Rabaul*	1944	Todd, Tacoma	29. 1. 45	14. 7. 45	* 30. 8. 46				
122	*Palau*	1944	Todd, Tacoma	19. 2. 45	6. 8. 45	15. 1. 46	15. 6. 54			
123	*Tinian*	1944	Todd, Tacoma	20. 3. 45	5. 9. 45	* 30. 7. 46				
124	*Bastogne*	1944	Todd, Tacoma	2. 4. 45	Weiterbau am 12. 8. 45 suspendiert					
125	*Eniwetok*	1944	Todd, Tacoma	20. 4. 45	Weiterbau am 12. 8. 45 suspendiert					
126	*Lingayen*	1944	Todd, Tacoma	1. 5. 45	Weiterbau am 12. 8. 45 suspendiert					
127	*Okinawa*	1944	Todd, Tacoma	22. 5. 45	Weiterbau am 12. 8. 45 suspendiert					

Reklassifizierungsdaten

gestrichen	Verbleib	reklassifiziert als						Bemerkungen
		ACV	CVE	CVHE	CVU	LPH	AKV	
15. 9.70	1971 Schrott						7. 5.59	* zweite Reaktivierung am 23.8.65 ** dritte Außerdienstellung am 16.10.69
1.12.59	1960 Schrott						7. 5.59	
1. 9.71	1972 Schrott			12. 6.55			7. 5.59	
1. 4.60	1960 Schrott						7. 5.59	
1. 6.70	1971 Schrott			12. 6.55			7. 5.59	
								Auf dem Stapel abgebrochen
								Auf dem Stapel abgebrochen
								Auf dem Stapel abgebrochen
								Auf dem Stapel abgebrochen

214 Technische Angaben und Bewaffnung (Geleit-Flugzeugträger)

Klassen-bezeichnung	Kenn-Nr. CVE-*	Anzahl der Schiffe*	Wasserverdrängung		Abmessungen, m				Höhen, m		Be-satzung	Flug-zeuge	Kata-pulte
			Standard ts	voll beladen ts	Länge über alles	Breite Fl.Deck Breite WL	Tief-gang	Flug-zeug-deck	Brücke	Mast			
Long Island	1 (BAVG 1–3, 5, 6)	1 (5)	7886	14055*	150,00	31,10 / 21,20	7,80	17,70	—	21,00	970	21	1
Bogue/ Prince William	9, 11–13, 16, 18, 20, 21, 23, 25 (6–8, 10, 14, 15, 17, 19, 22, 24, 32–54)	10 (33)	7800	15400*	151,20	34,00 / 21,20	7,90	16,50	22,30	27,50	890	28	2
Sangamon	26–29	4	11400*	24275*	168,70	34,80 / 22,90	9,80	12,80	18,00	32,90 / 25,60	1080	30	1
Charger	30	1	8000	14055*	150,00	33,90 / 21,20	8,00	15,90	21,00	26,80	856	21	1
Casablanca	55–104	50	7800*	10400**	156,20	32,90 / 19,90	6,90	12,50	18,30	34,50 mit Stenge	860	28	1
Commence-ment Bay	105–122	19	11373*	24275**	169,90***	32,10 / 22,90	9,80				1066	34	2

* Zahlen in Klammern: an Großbritannien abgegebene Schiffe

Bewaffnung (Geleit-Flugzeugträger)

Bewaffnung	Antriebs-anlage	PS/Schrauben	Ge-schw. kn	Treib-stoff ts	Fahrstrecke Sm/ bei Geschw. kn	Bemerkungen
1–12,7 cm L/51, 2–7,6 cm L/50, 20–20 mm	Diesel	8500/1	16	1429**		* nach anderen Quellen: 13500 ts ** nach anderen Quellen: 1295 ts
2–12,7 cm L/38, 20–40 mm$_2$**, 27–20 mm	Getriebe-Turbinen, 2 Wasserrohr-kessel	8500/1	18	2423***	22500/17 26300/15	* nach anderen Quellen: 13890 ts ** CVE-18, 20 nur 16–40 mm$_2$ *** nach anderen Quellen: 3420 ts
2–12,7 cm L/38, 8–40 mm$_4$,** 14–40 mm$_2$, 21–20 mm	Getriebe-Turbinen, 4 Wasserrohr-kessel	13500/2	18	5268***	20000/17 23900/15	* nach anderen Quellen: 12000 bzw. 23875 ts ** CVE-29 hatte 1945 28–40 mm *** nach anderen Quellen: 4780 ts
1–12,7 cm L/51, 2–7,6 cm L/50, 10–20 mm	Diesel	8500/1	17	3205**		* nach anderen Quellen: 15126 ts ** nach anderen Quellen: nur 1295 ts
1–12,7 cm L/38, 16–40 mm$_2$, 20–20 mm	Kolbenmaschinen, 4 Wasserrohr-kessel	9000/2	19	2113****	7200/19 10200/15	* nach anderen Quellen: 6730 ts ** nach anderen Quellen: 10982 bzw. 10200 ts *** CVE-90 als LDH-6 Länge = 152,80 m **** nach anderen Quellen: 2279 ts
2–12,7 cm L/38, 12–40 mm$_4$, 24–40 mm$_2$, 20–20 mm	Getriebe-Turbinen, 4 Wasserrohr-kessel	16000/2	19	3134****		* nach anderen Quellen: 12000 ts ** nach anderen Quellen: 24100 bzw. 23875 ts *** CVE-107 als AGMR-1 Länge = 171,70 m **** nach anderen Quellen: 1783 ts

Kennung	Schiffsname	Bauwerft	Kiellegung bzw. * von der Navy erworben	Stapellauf	Indienststellung bzw. * fertiggestellt	Außerdienststellung	Kriegsverlust	gestrichen	Bemerkungen
AKV-1	*Kitty Hawk*	Sun S.B.	21. 2.32 * 25. 6.41	14. 9.32	26.11.41	24. 1.46			1946 an Eigner zurückgegeben
AKV-2	*Hammondsport*	Sun S.B.	24. 2.32 * 2. 7.41	26. 9.32	11.12.41	7. 3.46			
AKV-3	*Lt. James E. Robinson*	Oregon S.B.	25.11.43 * 1. 3.50 als AKV	20. 2.44	1. 3.50				7.5.59 = AK-274
AKV-4	*Pvt. Joseph E. Merrell*	Calif. S.B.	27. 5.45 * 1. 3.50 als AKV	17. 7.44	1. 3.50			31. 1.74	AK-275
AKV-5	*Sgt. Jack J. Pendleton*	Oregon S.B.	15. 4.44 * 1. 3.50 als AKV	26. 5.44	1. 3.50			15. 2.74	AK-276
AKV-6	*Albert M. Boe*	New England S.B.	26. 5.45 * 1. 3.50	11. 7.45	1. 3.50	1.12.53		11. 3.54	
AKV-7	*Cardinal O'Connell*	New England S.B.	11. 6.45 * 1. 3.50	31. 8.45	1. 3.50	1.54		11. 3.54	
AKV-8 bis 43		siehe unter Geleit-Flugzeugträger							
APV-1	*Kitty Hawk*	siehe vorstehend unter AKV							
APV-2	*Hammondsport*	siehe vorstehend unter AKV							
APV-3	*Lakehurst*	Sun S.B.	1939	26. 3.40	13.10.42	2. 8.43*			* 3.12.42 als APM-1 an das Heer
ARV-1	*Chourre*	Bethlehem, Baltimore	20. 4.44 * 31. 5.44	22. 5.44	7.12.44	13. 9.55		1961	bis 22.2.44 = ARG-14
ARV-2	*Webster*	Bethlehem, Baltimore	1. 7.44 * 26. 8.44	5. 8.44	17. 3.45	28. 6.46		1962	bis 22.2.44 = ARG-15
ARV(E)-3	*Aventinus*	American Bridge	8. 1.45	24. 3.45	19. 5.45	4. 4.52		1. 6.73	8.63 an Chile
ARV(E)-4	*Chloris*	American Bridge	17. 1.45	21. 4.45	19. 6.45	9.12.55		1. 6.73	
ARV(A)-5	*Fabius*	American Bridge	12. 1.45	11. 4.45	31. 5.45	4. 4.52		1. 6.73	
ARV(A)-6	*Megara*	American Bridge	22. 1.45	25. 4.45	27. 6.45	16. 1.56		1. 6.73	Abgabe an Mexico
ARVH-1	*Corpus Christi Bay*	Umbau bei Charleston N.Sh.	* 8.64 siehe AV-5 *Albemarle*			1973		31.12.74	
AV-1	*Wright*	American Int. S.B.	1919	28. 4.20	16.12.21				30.12.44 = AG-79 *San Clemente*
AV-3	*Langley*	Umbau als AV bei Mare Island N.Sh.	siehe Band I		* 26. 2.37		27. 2.42		
AV-4	*Curtiss*	New York S.B.	25. 3.38	20. 4.40	15.11.40	24. 9.57		1. 7.63	1972 Schrott
AV-5	*Albemarle*	New York S.B.	12. 6.39	13. 7.40	20.12.40	1960		1. 9.62	27.3.65 = ARVH-1 *Corpus Christi Bay*

Baudaten der Hilfsschiffe

Kennung	Schiffsname	Bauwerft	Kiellegung bzw. * von der Navy erworben	Stapellauf	Indienststellung bzw. * fertiggestellt	Außerdienststellung	Kriegsverlust	gestrichen	Bemerkungen
AV-7	Currituck	New York S.B.	14.12.42	11. 9.43	26. 6.44	31.10.67		1. 4.71	
AV-11	Norton Sound	Los Angeles S.B.	7. 9.42	28.11.43	8. 1.45				8.8.51 = AVM-1
AV-12	Pine Island	Los Angeles S.B.	16.11.42	26. 2.44	26. 4.45	17. 6.67		1. 2.71	
AV-13	Salisbury Sound	Los Angeles S.B.	10. 4.43	18. 6.44	26.11.45	31. 3.67			
AV-8	Tangier	Moore Dr.D.	13. 3.39 *8. 7.40	15. 9.39	25. 8.41	5.10.46		1. 6.61	
AV-9	Pocomoke	Ingalls	14. 8.39 *16.10.40	8. 6.40	18. 7.41	10. 7.46		1. 6.61	
AV-10	Chandeleur	Western Pipe	29. 5.41 *19.11.42	29.11.41	19.11.42	12. 2.47		1. 4.71	
AV-14	Kenneth Whiting	Todd, Pacific	19. 6.43	15.12.43	8. 5.44	30. 9.58		1. 7.61	
AV-15	Hamlin	Todd, Pacific	19. 7.43	11. 1.44	26. 6.44	15. 1.47		1. 7.63	
AV-16	St. George	Todd, Pacific	4. 8.43	14. 2.44	24. 7.44	10. 4.47		1. 7.63	10.12.68 an Italien
AV-17	Cumberland Sound	Todd, Pacific	25. 8.43	11. 1.44	21. 8.44	27. 5.47		1. 7.61	
AVD-1	Childs	New York S.B.	19. 3.19	15. 9.20	22.10.20	10.12.45		3. 1.46	
AVD-2	Williamson	New York S.B.	27. 3.19	16.10.19	29.10.20				1.12.43 = DD-244
AVD-3	George E. Badger	Newport News S.B.	24. 9.18	6. 3.20	28. 7.20				4.11.43 = DD-196
AVD-4	Clemson	Newport News S.B.	11. 5.18	5. 9.18	29.12.19				1.12.43 = DD-186
AVD-5	Goldsborough	Newport News S.B.	8. 6.18	20.11.18	26. 1.20				1.12.43 = DD-188
AVD-6	Hulbert	Norfolk N.Sh.	18.11.18	28. 6.18	27.10.20				1.12.43 = DD-342
AVD-7	William B. Preston	Norfolk N.Sh.	18.11.18	9. 8.19	23. 8.20	7.12.45		3. 1.46	
AVD-8	Belknap	Bethlehem, Quincy	3. 9.18	14. 1.19	28. 4.19				14.11.43 = DD-251
AVD-9	Osmond Ingram	Bethlehem, Quincy	15.10.18	28. 2.19	28. 6.19				14.11.43 = DD-255
AVD-10	Ballard	Bethlehem, Squantum	3. 6.18	7.12.18	5. 6.19	5.12.45		1946	
AVD-11	Thornton	Bethlehem, Squantum	3. 6.18	23. 3.19	15. 7.19		5. 4.45*	13. 8.45	* nach Kollision
AVD-12	Gillis	Bethlehem, Quincy	27.12.18	29. 5.19	3. 9.19	15.10.45		1.11.45	
AVD-13	Greene	Bethlehem, Squantum	3. 6.18	2.11.18	9. 5.19	23.11.45		5.12.45	
AVD-14	McFarland	New York S.B.	31. 7.18	30. 3.20	30. 9.20				1.12.43 = DD-237
AVP-1	Lapwing	Todd, N.Y.	25.10.17	14. 3.18	12. 6.18	29.11.45		1946	
AVP-2	Heron	Standard S.B. New York	26. 8.17	18. 5.18	30.10.18	12. 2.46		1946	
AVP-3	Thrush	Pusey & Jones	27. 5.18	15. 9.18	25. 4.19	23.11.45		1946	
AVP-4	Avocet	Baltimore S.B.	13. 9.17	9. 3.18	17. 9.18	10.12.45		1946	
AVP-5	Teal	Sun S.B.	8.10.17	25. 5.18	20. 8.18	25. 8.45		1947	
AVP-6	Pelican	Gas Engine	10.11.17	15. 6.18	10.10.18	30.11.45		19.12.45	

Baudaten der Hilfsschiffe

Kennung	Schiffsname	Bauwerft	Kiellegung bzw. * von der Navy erworben	Stapellauf	Indienststellung bzw. * fertiggestellt	Außerdienststellung	Kriegsverlust	gestrichen	Bemerkungen
AVP-7	Swan	Alabama S.B.	10.12.17	4.7.18	31.1.19	7.12.45		1946	
AVP-8	Gannett	Todd, New York	1.10.18	19.3.19	10.7.19		7.6.42	24.6.42	
AVP-9	Sandpiper	Philadelphia N.Sh.	15.11.18	28.4.19	9.10.19	18.12.45		1946	
AVP-10	Barnegat	Puget Sound N.Sh.	26.10.39	23.5.41	3.7.41	17.5.46		23.5.58	
AVP-12	Casco	Puget Sound N.Sh.	30.5.40	15.11.41	27.12.41	10.4.47			
AVP-13	Mackinac	Puget Sound N.Sh.	29.5.40	15.11.41	24.1.42	1.47			
AVP-21	Humboldt	Boston N.Sh.	6.9.40	17.3.41	7.10.41	17.3.47			
AVP-22	Matagorda	Boston N.Sh.	6.9.40	18.3.41	16.12.41	10.2.46			
AVP-23	Absecon	Lake Wash. Sh.	23.7.41	8.3.42	28.1.43	7.1.47			
AVP-24	Chinoteague	Lake Wash. Sh.	23.7.41	15.4.42	12.4.43	21.12.46			
AVP-25	Coos Bay	Lake Wash. Sh.	15.8.41	15.5.42	15.5.43	30.4.46			
AVP-26	Half Moon	Lake Wash. Sh.	15.8.41	12.7.42	15.6.43	4.9.46			
AVP-29	Rockaway	Assoc. S.B.	30.6.41	14.2.42	6.1.43	21.3.46			
AVP-30	San Pablo	Assoc. S.B.	2.7.41	31.3.42	15.3.43			1.6.69 als AGS	25.8.49 = AGS-30
AVP-31	Unimak	Assoc. S.B.	15.2.42	27.5.42	31.12.43	25.1.46			
AVP-32	Yakutat	Assoc. S.B.	1.4.42	2.7.42	31.3.44	17.4.46			
AVP-33	Barataria	Lake Wash. Sh.	19.4.43	2.10.43	13.8.44	24.7.46			
AVP-34	Bering Strait	Lake Wash. Sh.	7.6.43	15.1.44	19.7.44	21.6.46			
AVP-35	Castle Rock	Lake Wash. Sh.	12.7.43	11.3.43	10.8.44	6.8.46			
AVP-36	Cook Inlet	Lake Wash. Sh.	23.8.43	13.5.44	5.11.44	31.3.46			
AVP-37	Corson	Lake Wash. Sh.	5.10.43	15.7.44	3.12.44	9.3.56		1.4.66	
AVP-38	Duxbury Bay	Lake Wash. Bay	17.1.44	2.10.44	31.12.44	30.4.66		1.5.66	
AVP-39	Gardiners Bay	Lake Wash. Sh.	14.3.44	2.12.44	11.2.45	1.2.58		1.5.68	17.5.58 an Norwegen
AVP-40	Floyds Bay	Lake Wash. Sh.	16.5.44	28.1.45	25.3.45	26.2.60		1.3.60	
AVP-41	Greenwich Bay	Lake Wash. Sh.	18.7.44	18.3.45	20.5.45	.		1.7.66	
AVP-48	Onslow	Lake Wash. Sh.	18.5.42	20.9.42	22.12.43	22.4.60		1.6.60	
AVP-49	Orca	Lake Wash. Sh.	13.7.42	4.10.42	23.1.44	3.60			1.62 an Äthiopien
AVP-50	Rehoboth	Lake Wash. Sh.	3.8.42	8.11.42	23.2.44	.		15.4.70 als AGS	1.11.49 = AGS-50
AVP-51	San Carlos	Lake Wash. Sh.	17.9.42	20.12.42	21.3.44	30.6.47			15.12.58 = AGOR-1
AVP-52	Shelikof	Lake Wash. Sh.	20.9.42	31.3.43	17.4.44	18.7.54		5.60	
AVP-53	Suisun	Lake Wash. Sh.	4.10.42	14.3.43	13.9.44	24.5.55		1.4.66	
AVP-54	Timbalier	Lake Wash. Sh.	9.11.42	18.4.43	24.5.46	15.8.54		5.60	

Baudaten der Hilfsschiffe

Kennung	Schiffsname	Bauwerft	Kiellegung bzw. * von der Navy erworben	Stapellauf	Indienststellung bzw. * fertiggestellt	Außerdienststellung	Kriegsverlust	gestrichen	Bemerkungen
AVP-55	Valcour	Lake Wash. Sh.	21.12.42	5. 6.43	5. 7.46	.		15. 6.73 als AGF	15.12.66 = AGF-1
AVP-14	Childs	siehe vorstehend bei AVD							
AVP-15	Williamson	siehe vorstehend bei AVD							
AVP-16	George E. Badger	siehe vorstehend bei AVD							
AVP-17	Clemson	siehe vorstehend bei AVD							
AVP-18	Goldsborough	siehe vorstehend bei AVD							
AVP-19	Hulbert	siehe vorstehend bei AVD							
AVP-20	William B. Preston	siehe vorstehend bei AVD							
AVB-1	Alameda County	Dravo Sh.	17. 2.43	22. 5.43	12. 7.43	15. 6.62		1. 7.62	11.62 an Italien
AVB-2	Tallahatchie County	Boston N.Sh.	4. 8.45	19. 7.46	24. 5.49	1969		15. 1.70	
AVS-1	Supply	Doullut & Williams	1921 * 5. 2.44	1921	8. 2.44	.		.	
AVS-2	Fortune	Doullut & Williams	1921 * 16. 2.44	1921	19. 2.44	18.10.45		.	
AVS-3	Grumium	Permanente Metals	12.11.42 * 5.10.43	20.12.42	20.10.43	20.12.45		.	
AVS-4	Allioth	Permanente Metals	1943 * 3.10.43	25. 7.43	25.10.43	18. 5.46		.	
AVS-5	Gwinnett	W. Butler S.B.	21.12.43 * 24. 2.45	14. 5.44	10. 4.45	11.12.46		7.46	
AVS-6	Nicollet	Globe S.B.	9. 2.44 * 4. 4.45	31. 7.44	27. 4.45	17. 6.46		3. 7.46	
AVS-7	Pontotoc	L.D. Smith S.B.	15. 1.44 * 28. 2.45	2. 7.44	22. 3.45	26. 4.46		8. 5.46	
AVS-8	Jupiter	Federal S.B.	16. 3.39 * 19. 6.41	30. 9.39	22. 8.41	.		1. 8.65	
AVT-1 bis 7		siehe CVL Independence- und Saipan-Klasse in Band I							
ATV-8 bis 12 und 16*		siehe CVS Essex-Klasse in Band I							* 1978 wurde CVT-16 Lexington als AVT-16 reklassifiziert

Technische Angaben, Bewaffnung

Kategorie und Kennnummern	Klassenbezeichnung/ ggf. Typ	Anzahl der Schiffe	Wasserverdrängung voll beladen ts	Abmessungen, m			Besatzung	Bewaffnung
				Länge	Breite	Tiefgang		
AKV 1, 2	*Kitty Hawk*	2	16480	145,80	19,40	6,80	17/238	1–12,7 cm L/38, 4–7,6 cm L/50$_1$, 4–40 mm$_2$, 16–20 mm
AKV 3–5	*Lt. James E. Robinson*/ VC2-S-AP3	3	15200	138,80	18,90	8,80	14/35*	keine
AKV 6, 7	*Albert M. Boe*/ Z-EC2-S-C5	2	14245	134,60	17,30	8,10	11/28*	keine
AKV 8–43	*Kula Gulf*	36	siehe vorstehend unter CVE					
APV 1–3	*Kitty Hawk*	3	siehe vorstehend unter AKV					
ARV 1, 2	*Chourre*/ EC2-S-C1	2	14350*	134,70	17,10	6,70	71/507	1–12,7 cm L/38, 4–40 mm$_4$, 4–40 mm$_2$, 14–20 mm
ARV(E) 3, 4	*Aventinus*	2	3960	100,00	15,30	3,40	20/225	8–40 mm$_4$, 6–20 mm
ARV(A) 5, 6	*Fabius*	2	3960	100,00	15,30	3,40	20/225	8–40 mm$_4$, 6–20 mm
ARVH 1	*Corpus Christi Bay*	1	15300	160,80	21,10	5,80	*	keine
AV 1	*Wright*	1	11500	136,60	17,80	8,30	27/284	2–12,7 cm L/51, 2–7,6 cm L/50
AV 3	*Langley*	1	14500	165,30	20,00	8,50	66/648	4–12,7 cm L/51
AV 4, 5	*Curtiss*	2	12053*	160,80	21,10	6,50	160/1035	4–12,7 cm L/38, 12–40 mm$_4$, 4–40 mm$_2$, 2–20 mm
AV 7, 11–13	*Currituck*	4	14300	164,80	21,10	6,80	162/1085	4–12,7 cm L/38, 12–40 mm$_4$, 8–40 mm$_2$, 20–20 mm
AV 8, 9	*Tangier*/ C3-Cargo(S)	2	11760	150,00	21,20	6,80	120/955	1–12,7 cm L/38, 4–7,6 cm L/50, 8–40 mm$_2$, 15–20 mm
AV 10	*Chandeleur*/ C3-S1-B1	1	13700	150,00	21,20	7,30	120/955	1–12,7 cm L/38, 4–7,6 cm L/50, 8–40 mm$_2$, 15–20 mm
AV 14–17	*Kenneth Whiting*/ C3-Special	4	12610	150,00	21,20	7,30	113/964	2–12,7 cm L/38, 8–40 mm$_4$, 4–40 mm$_2$, 16–20 mm
AVD 1–14	*Childs*	14	1900	95,90	9,70	3,70	34/145	2–7,6 cm L/50, 7 bis 8–20 mm, 2 DCT
AVP 1–9	*Lapwing*	9	1400	57,10	10,80	4,10	15/170	2–7,6 cm L/50, 4–20 mm, MG, 2 DCT
AVP 10, 12, 13, 21–26, 29–41, 48–55	*Barnegat*	30	2411 bis 2619	94,80 bis 95,10	12,50	3,40 bis 3,80	73/294	Verschieden siehe Tabelle bei der Klassenbeschreibung

Hilfsschiffe

Antriebsanlage	PS/Schrauben	Geschwindigkeit kn	Treibstoff ts	Bemerkungen
Getriebe-Turbinen 3 Wasserrohrkessel	8 000/1	17	2 385	
Getriebe-Turbinen 2 Wasserrohrkessel	8 500/1	17		* MSTS-Zivilbesatzung
Kolben-Maschinen 2 Wasserrohrkessel	2 500/1	11		* MSTS-Zivilbesatzung
Kolben-Maschinen 2 Wasserrohrkessel	2 500/1**	12,5***	1 130	* nach anderen Quellen 14 200 ts ** nach anderen Quellen 1 950/1 PS *** nach anderen Quellen nur 11 kn
Diesel	1 800/2	11,6		
Diesel	1 800/2	11,6		
Getriebe-Turbinen 4 Wasserrohrkessel	12 000/2	18		* Zivilbesatzung des MSTS + 308 Werkstattangehörige des Heeres
Getriebe-Turbinen 6 Wasserrohrkessel	6 000/1	15		
Turbo-elektrische Kraftübertragung 3 Wasserrohrkessel	7 152/2	15		
Getriebe-Turbinen 4 Wasserrohrkessel	12 000/2	19**	2 164	* nach anderen Quellen 13 880 ts ** nach anderen Quellen 20 kn
Getriebe-Turbinen 4 Wasserrohrkessel	12 000/2	19,2*	2 324	* nach anderen Quellen nur 18 kn
Getriebe-Turbinen 2 Wasserrohrkessel	8 500/1	18,4*	1 309	* nach anderen Quellen nur 16,5 kn
Getriebe-Turbinen 2 Wasserrohrkessel	8 500/1*	18,4**	1 313	* nach anderen Quellen 9 350 PS ** nach anderen Quellen nur 17 kn
Getriebe-Turbinen 2 Wasserrohrkessel	8 500/1	18,7	1 556	
Getriebe-Turbinen 2 Wasserrohrkessel	27 000/2**	27,5***	360	* nach anderen Quellen 1 800 ts ** einige Schiffe nur 26 000 bis 26 500 PS *** nach anderen Quellen nur 25 kn
Kolben-Maschinen 2 Wasserrohrkessel	1 400/1	14	230	
Diesel	6 080/2	18,5	260	

Kategorie und Kennnummern	Klassenbezeichnung/ ggf. Typ	Anzahl der Schiffe	Wasserverdrängung voll beladen ts	Abmessungen, m			Besatzung	Bewaffnung
				Länge	Breite	Tiefgang		
AVP 14–20	Childs	7	1 900	95,90	9,70	3,70	34/145	2–7,6 cm L/50, 7 bis 8–20 mm, 2 DCT
AVB 1	Alameda County	1	4 080	100,00	15,30	4,40	13/106	4–40 mm$_2$, 4–40 mm$_1$
AVB 2	Tallahatchie County	1	6 000	116,50	16,50	5,20	14/255	2–12,7 cm L/38, 4–40 mm$_2$
AVS 1, 2	Supply	2	13 250*	125,60	16,80	8,30	AVS-1: 15/153 AVS-2: 13/150	AVS-2: 1–12,7 cm L/51**, 1–7,6 cm L/50, 8–20 mm
AVS 3, 4	Grumium/ EC2-S-C1	2	14 550*	134,70	17,10	8,60		1–12,7 cm L/38, 1–7,6 cm L/50, 8–20 mm
AVS 5–7	Gwinnett/ C1-M-AV1	3	7 450	103,30	15,40	6,40	9/96	1–7,6 cm L/50, 6–20 mm
AVS 8	Jupiter/ C2-Cargo(S)	1	14 230	140,00	19,20	8,10	20/194	1–12,7 cm L/38, 4–7,6 cm L/50, 8–20 mm
AVT 1–7	Cowpens	7	siehe Tabellenteil in Band I unter *Independence*-Klasse					
AVT 8–12, 16	Franklin	6	siehe Tabellenteil in Band I unter *Essex*-Klasse					

Hilfsschiffe

Antriebsanlage	PS/ Schrauben	Geschwin-digkeit kn	Treibstoff ts	Bemerkungen
Getriebe-Turbinen 2 Wasserrohrkessel	27 000/2	27,5	360	
Diesel	1 700/2	11,6		
Getriebe-Turbinen 2 Wasserrohrkessel	6 000/2	14		
Diesel	3 500/1***	11****		* nach anderen Quellen 13 900 ts ** AVS-1: 1–10,2 cm L/50 *** nach anderen Quellen 3 950 PS **** nach anderen Quellen 11,8 kn
Kolben-Maschinen 2 Wasserrohrkessel	2 500/1**	11		* nach anderen Quellen nur 12 400 ts ** nach anderen Quellen nur 1 950 PS
Diesel	1 700/1	11	857	
Getriebe-Turbinen 2 Wasserrohrkessel	6 000/1	16,5		

Air Group	aufgestellt	aufgelöst	ursprünglich aufgestellt		danach umklassifiziert		nachgewiesener Einsatz auf		Staffeln
			am	als	am	als	CVE	ab ca.	
1	15.11.46	1. 9.48	26. 3.45	CVEG-41	1. 9.48	VC-21			
2	15.11.46	1. 9.48	19. 7.45	CVEG-42	—	—			
24								3.–7.45	VF-24, VT-24
25	28. 8.44	20. 9.45	15. 2.43	CVLG-25	—	—	28	3.–7.45	VF-25, VT-26
26	4. 5.42	13.11.45					26	7.43	VF-26, VC-26
							29	10.44	VF-26, VT-26
							29	7.–8.45	
27							27	7.43	VF-27, VT-27
28							28	7.43	VF-28, VC-28
33	15. 5.44	19.11.45					28	8.45	
35	15. 7.43	19.11.45					28	11.43–2.44	VF-35, VC-35
							28	7.–8.45	wie vorstehend
							28	10.45	wie vorstehend
36	15. 5.44	28. 1.46					112	9.45	VF-36, VT-36
37	15. 7.43	20.12.45					26	1.–2.44	VF-37, VC-37
							26	7.–8.44	wie vorstehend
							26	10.44	wie vorstehend
38	15. 8.44	31. 1.46	16. 6.43	CVLG-38					
39	15. 3.45	27. 7.45			27. 7.45	CVLG-39			
40	15. 6.43	19.11.45					27	3.–4.45	
41	26. 3.45	15.11.46			15.11.46	CVEG-1			
42	19. 7.45	15.11.46			15.11.46	CVEG-2			
43	9. 8.45	17. 6.46							
49	10. 8.44	2. 1.45			2. 1.45	CVLG-49			
50	1.10.44	29.10.45	10. 8.43	CVLG-50					
60	15. 7.43	19.11.45					27	1.–2.44	VF-60, VC-60
							27	7.–8.44	VF-60, VT-60
							27	10.44	wie vorstehend
63 (N)							108	1945	
66	1. 1.45	6. 7.45							

Staffeln im Trägereinsatz

unter dieser Bezeichnung		ursprünglich aufgestellt		danach umklassifiziert		nachgewiesener Einsatz auf		Bemerkungen
aufgestellt	aufgelöst	am	als	am	als	CVE	ab ca.	
1 (A) 1. 3.43	1. 4.44	5. 4.41	VS-201			1	7.41	Diese Staffel wurde zweimal
		1. 4.42	VGS-1			11	7.–9.43	als VC-1 aufgestellt
						77	4.45	
1 (B) 1. 8.45	17. 9.45	15.12.43	VOF-1			65	1.–4.45	Trägereinsatz als VOC-1
		18.12.44	VOC-1			77	4.–7.45	
2 (A) 1. 3.43	15. 9.43			15. 9.43	VC-25			Diese Staffel wurde zweimal als VC-2 aufgestellt
2 (B) 20. 8.45	13. 9.45	1. 3.44	VOF-2					
		13.12.44	VOC-2			70	3.–8.45	Trägereinsatz als VOC-2
3 26. 8.43	28.10.45					27	4.– 5.44	
						57	7.– 8.44	
						68	4.–10.44	
						78	8.– 9.45	
4 2. 9.43	16.10.45					70	3.44	
						66	6.–10.44	
5 16. 9.43	1.10.45					71	5.–11.44	
6 1. 9.43	5.10.45	1. 1.43	VGS-25			21	2.– 3.44	
		1. 3.43	VC-25			64	8.–10.44	
7 1. 9.43	1.10.45	24. 2.43	VGS-31			61	1.–7.44	
		1. 3.43	VC-31					
8 9. 9.43	9.10.45					59	12.43	
						60	5.–6.44	
						70	2.–3.45	
						74	4.–9.45	
9 1. 3.43	19. 9.45	6. 8.42	VGS-9			9	3.– 7.43	
						11	9.–11.43	
						67	3.– 6.44	
						62	3.– 7.45	
10 23. 9.43	25.10.45					73	3.–10.44	
						70	8.– 9.45	
11 (A) 1. 3.43	16. 5.43	5. 8.42	VGS-11	16. 5.43	VF-21			Diese Staffel wurde zweimal
11 (B) 30. 9.43	10.10.45					74	6.44–2.45	als VC-11 aufgestellt
12 (A) 1. 3.43	16. 5.43	28. 5.42	VGS-12	16. 5.43	VT-21	12	11.42	Diese Staffel wurde zweimal
12 (B) 6.10.43	7. 6.45					69	3.44	als VC-12 aufgestellt
						11	7.44	
						13	4.–5.45	
13 1. 3.43	24. 9.45	5. 8.42	VGS-13			13	6.–11.43	
						64	3.44	
						57	3.– 8.45	
14 12.10.43	1.10.45					75	5.–12.44	
15 18.10.43	14. 6.45					72	3.44	
16 1. 3.43	15.11.45	8. 8.42	VGS-16	15.11.45	VF-33	23	7.43	
						23	3.44	
17 1. 5.43	15. 9.43			15. 9.43	VC-31			
18 1. 3.43	15. 8.43	15.10.42	VGS-18	15. 8.43	VF-36	16	7.43	

unter dieser Bezeichnung		ursprünglich aufgestellt		danach umklassifiziert		nachgewiesener Einsatz auf		Bemerkungen
aufgestellt	aufgelöst	am	als	am	als	CVE	ab ca.	
19 1. 3.43	14. 6.45	1. 1.43	VGS-23			25	7.43	
						9	9.–12.43	
						9	2.– 4.44	
						9	4.– 5.45	
20 (A) 1. 3.43	15. 6.43	6. 8.42	VGS-20			76	8.44–2.45	Diese Staffel wurde zweimal
20 (B) 24.10.43	1.10.45							als VC-20 aufgestellt
21 (A) 1. 3.43	16. 6.43	15.10.42	VGS-21					Diese Staffel wurde zweimal
21 (B) 30.10.43	15. 9.45					16	4.43	als VC-21 aufgestellt
						77	8.44–2.45	
22 1. 3.43	15.12.43	16.11.42	VS-22	15.12.43	VT-22			
23 1. 3.43	15.11.43	16.11.42	VS-23	15.11.43	VT-23			
24 1. 3.43	15.12.43	31.12.42	VS-24	15.12.43	VB-98			
25 (A) 15. 9.43	15.12.43	15. 2.43	VS-25	15.12.43	VT-25	28	3.–4.45	Trägereinsatz auf CVE-28
25 (B) 1. 3.43	1. 9.43	1. 3.43	VC-2			21	7.43	als VT-25
26 1. 3.43	15.11.43	5. 5.42	VGS-26	15.11.43	VT-26	26	11.42	
						26	11.–12.43	
						29	10.44	
27 5.11.43	11. 9.45					27	11.42	
						27	12.42	
						27	11.43	
						78	8.44–2.45	
28 1. 3.43	20. 1.44	4. 5.42	VGS-28	20. 1.44	VT-28	27	11.42	
						28	11.43	
29 1. 3.43	15.12.43	20. 7.42	VGS-29	15.12.43	VT-29	29	6.–8.43	
30 1. 4.43	15.12.43			15.12.43	VT-30			
31 (A) 1. 3.43	1. 9.43	24. 2.43	VGS-31	1. 9.45	VC-7	61	7.43	
31 (B) 15. 9.43	1.11.43	1. 5.43	VC-17	1.11.43	VT-31			
32 1. 6.43	1.11.43			1.11.43	VT-32			
33 1. 3.43	16.11.45	22. 1.43	VGS-33			57	7.43	
						57	11.–12.43	
						57	1.– 2.44	
						26	3.– 4.45	
						83	7.– 8.45	
34 1. 3.43	15. 8.43	24. 2.43	VGS-34	15. 8.43	VF-34	20	7.43	an Bord als VC-34
						20	3.44	an Bord als VF-34
35 1. 3.43	10. 3.44	28. 1.43	VGS-35	10. 3.43	VT-35	28	1.–2.44	
						28	7.–8.44	
36 1. 3.43	30. 7.45	21. 2.43	VGS-36			60	7.43	
						59	9.–10.44	
37 1. 3.43	10. 3.44	22. 1.43	VGS-37	10. 3.44	VT-37	26	1.– 2.44	
						26	7.– 8.44	
						26	10.44	
38 16. 1.42	11. 5.44			11. 5.44	VT-38			

Staffeln im Trägereinsatz

unter dieser Bezeichnung		ursprünglich aufgestellt		danach umklassifiziert		nachgewiesener Einsatz auf		Bemerkungen
aufgestellt	aufgelöst	am	als	am	als	CVE	ab ca.	
39	1. 4.43	15.12.43					56	7.–11.43	
40	15. 6.43	1. 6.44			1. 6.44	VT-40			
41	5. 5.43	16.11.45					58	7.43	
							58	3.44	
							58	7.–8.44	
42	15. 4.43	5. 7.45					63	7.43	
							25	4.– 5.44	
							9	8.– 9.44	
							84	11.44	
							58	1.– 5.45	
43	1. 8.43	8.11.43							
44	.	.					58	11.43–2.44	
50	10. 8.43	8.11.43			8.11.43	VT-50			
51	22. 9.43	8.11.43			8.11.43	VT-51			
52	1. 9.43	8.11.43							
55	1. 3.43	21. 6.45	16. 1.43	VGS-55			62	7.43	
							11	11.43–1.44	
							21	5.44	
							21	3.–4.45	
58	1. 3.43	8. 6.45	24. 2.43	VGS-58			59	7.43	
							21	12.43–2.44	
							21		
							60	4.– 5.44	
							65	3.– 4.44	
								6.– 8.44	
60	1. 3.43	10. 3.44	24. 2.43	VGS-60			27	1.–2.44	
63	20. 5.43	23.10.43					65	7.43	
							62	1.–2.44	
							71	5.–9.45	
64	1. 6.43	15. 8.43			15. 8.43	VF-39	31	7.43	
65	10. 6.43	8.10.45					67	7.43	
							63	3.–10.44	
66	21. 6.43	12.10.45					64	7.43	
							16	1.– 3.44	
							18	3.– 4.44	
								9.–11.45	
							57	8.– 9.45	
68	1. 7.43	1.10.45					66	7.43	
							66	3.44	
							70	6.–8.44	
69	1. 7.43	22. 6.45					69	7.43	
							9	5.–7.44	
70	5. 8.44	6.10.45					96	5.–9.45	
71	20. 8.44	6.10.45					61	6.–9.45	

Staffeln im Trägereinsatz

unter dieser Bezeichnung		ursprünglich aufgestellt		danach umklassifiziert		nachgewiesener Einsatz auf		Bemerkungen
auf-gestellt	auf-gelöst	am	als	am	als	CVE	ab ca.	
72	1. 9.44	1.10.45					69	6.–9.45	
75	11.11.43	21. 9.45					79	8.44–1.45	
76	17.11.43	11. 9.45					80	8.44–3.45	
77	23.11.43	17. 9.45					81	3.–8.44	
78	29.11.43	21. 9.45					82	3.44–3.45	
79	6.12.43	11. 9.45					83	3.44–2.45	
80	16.12.43	11. 9.45					84	3.44	
						61	10.44	
						61	1.45	
81	22.12.43	20. 9.45					81	3.44	
						62	10.44	
						62	1.–2.45	
						95	2.45	
82	28.12.43	18. 9.45					57	8.45	
						86	3.44	
						20	2.–7.45	
83	3. 1.44	17. 9.45					87	3.44	
						58	11.–12.44	
						83	3.– 7.45	
84	6. 1.44	17. 9.45					88	3.44	
						93	11.44–4.45	
85	12. 1.44	15. 9.45					89	3.44	
						94	11.44–4.45	
86	18. 1.44	7. 6.45					90	3.44	
						95	1.–2.45	
87	24. 1.44	12. 6.45					91	3.44	
						96	11.44–2.45	
						77	2.–4.45	
88	29. 1.44	3. 7.45					92	3.44	
						75	12.44–2.45	
						82	3.–5.45	
89	3. 1.44	1. 4.44							
90	3. 2.44	18. 9.45					93	3.44	
						87	12.44–5.45	
						80	5.–7.45	
91	11. 2.44	22. 9.45					94	3.44	
						71	11.44–2.45	
						78	2.–5.45	
						93	6.45	
92	17. 2.44	18. 9.45					95	3.44	
						72	12.44–7.45	
93	23. 2.44	11. 8.45					96	3.44	
						101	10.44	
						80	3.– 4.45	

Staffeln im Trägereinsatz

unter dieser Bezeichnung		ursprünglich aufgestellt		danach umklassifiziert		nachgewiesener Einsatz auf		Bemerkungen
aufgestellt	aufgelöst	am	als	am	als	CVE	ab ca.	
94	29. 2. 44	27. 7. 45					97	3. 44	
							84	3.–5. 45	
95	1. 2. 44	28. 6. 45					25	6. 44	
							59	3.–4. 45	
96	1. 3. 44	28. 7. 45					98	3. 44	
							81	3.–7. 45	
							84	5. 45	
97	8. 3. 44	24. 7. 45					99	3. 44	
							91	2.–5. 45	
							85	5.–7. 45	
98	15. 3. 44	11. 10. 45					100	3. 44	
							94	6.–9. 45	
99	22. 3. 44	30. 10. 45					101	3. 44	
							75	4.–9. 45	

Historische und aktuelle Marineliteratur

Gerhard Koop/Siegried Breyer
Die Schiffe, Fahrzeuge und Flugzeuge der deutschen Marine von 1956 bis heute
560 Seiten und 24 Farbtafeln, 59 Farb- und 336 Schwarzweiß-Fotos, 347 Schiffsskizzen, 11 graphische Darstellungen, zahlreiche Tabellen. Bildbandformat. Geb.
ISBN 3-7637-5950-6
Die Einleitung gewährt einen aufschlußreichen Einblick in die Vorgeschichte und den Aufbau der Marine. Schwerpunkte sind die Beschreibungen aller seit 1956 eingesetzten Schiffe, Fahrzeuge und Boote, einschließlich jener Einheit, die dem Bundesamt für Wehrtechnik und Beschaffung untersteht, geordnet nach Typen und Klassen, vom Bau bis zum Endschicksal. Ein weiteres Kapitel behandelt die Marineflieger.
Angereichert durch zahlreiche Skizzen und Abbildungen vermittelt das Buch allen an der Geschichte der deutschen Marine Interessierten einen umfassenden Überblick in nationalen und internationalen Gewässern.

Dieter Jung/Arno Abendroth/Norbert Kelling
Anstriche und Tarnanstriche der deutschen Kriegsmarine
2. überarbeitete und erweiterte Auflage.
170 Seiten, über 200 Fotos, Farb- und Schwarzweißabbildungen und Skizzen. Geb.
ISBN 3-7637-5964-6
Ein lange vergriffenes Werk ist wieder lieferbar! Pläne und Fotos beantworten dem Modellbauer die Frage nach dem Anstrich. Der vorliegende Band informiert über die theoretischen Grundlagen ebenso wie über die technische Durchführung und ein ausführlicher, teilweise farbiger Bildteil gibt Aufschluß über die Tarnanstriche.

Axel Grießmer
Große Kreuzer der Kaiserlichen Marine 1906 – 1918
206 Seiten, 48 Fotos, 44 Skizzen, 6 Falttafeln, zahlreiche Tabellen. Bildbandformat. Geb.
ISBN 3-7637-5946-8
Konstruktionen und Entwürfe im Zeichen des Tirpitz-Planes.

Gerhard Koop/Klaus-Peter Schmolke
Die Großen Kreuzer Von der Tann bis Hindenburg
192 Seiten, über 200 Abbildungen (Fotos, Skizzen und Tabellen). Bildbandformat. Geb.
ISBN 3-7637-5972-7
In dem Werk werden neben einer ausführlichen Einleitung alle wichtigen Daten des Schiffbaues, der Bewaffnung und Panzerung sowie der Maschinenanlagen wiedergegeben. Erfaßt sind ebenso die Lebensläufe der Schiffe, wobei die Einsätze besonders hervorgehoben werden.

Weyers Flottentaschenbuch Warships of the World
Herausgegeben von Werner Globke
63. Jahrgang – 1997/98
900 Seiten, 910 Fotos, 1560 Schiffsskizzen.
Deutsch/Englisch. Plastikeinband.
ISBN 3-7637-4510-6
Das internationale Flottenhandbuch erscheint seit 1900 und bietet einen lückenlosen und aktuellen Überblick über die Schiffe und Fahrzeuge aller Marinen der Welt.
»Die Qualität ... bedarf längst keiner Empfehlung.«
Frankfurter Allgemeine

»... für den Fachmann wie für den interessierten Laien eine Fundgrube.« *Die Zeit*

Stefan Terzibaschitsch
Die letzten Giganten der Meere
136 Seiten und 16 Farbtafeln, zahlreiche Abbildungen (Fotos und Skizzen). Bildbandformat. Geb.
ISBN 3-7637-5961-1
Die Ära der Schlachtschiffe nähert sich ihrem Ende. Die letzten noch verbliebenen Schiffe der amerikanischen Seestreitkräfte – im letzten großen Wettrüsten während des Kalten Krieges Anfang der 80er Jahre nochmals in Dienst gestellt – sind inzwischen »eingemottet«. Ihre Einsatzgeschichte wird in diesem Buch in Wort und Bild nachgezeichnet.

Siegfried Breyer/Gerhard Koop
Von der Emden zur Tirpitz
Die Schlachtschiffe, Linienschiffe, Panzerschiffe, Kreuzer und Flugzeugträger der deutschen Marine 1920 – 1945
3., durchgesehene Auflage/Sonderausgabe in einem Band. 304 Seiten, 342 Fotos, 82 Zeichnungen und Skizzen. Bildbandformat. Geb.
ISBN 3-7637-5910-7
»... viele technische Details ... Ein solches Buch erhält seinen Wert aus der Güte des Bildmaterials – da ist höchstes Lob fällig.«
Schiffahrt International

Axel Grießmer
Linienschiffe der Kaiserlichen Marine 1906–1918
183 Seiten, 44 Abbildungen, 17 Skizzen, zahlreiche Tabellen. Bildbandformat. Geb.
ISBN 3-7637-5985-9
Konstruktionen zur Rüstungskonkurrenz und Flottengesetz.

David Brown
Die Tirpitz
Eine schwimmende Festung und ihr Schicksal
2. Auflage/Sonderausgabe. 168 Seiten, 236 Fotos, 4 Kartenskizzen. Geb.
ISBN 3-7637-5987-5
Diese Schiffsbiographie umfaßt Konstruktion, Bau und Lebenslauf der „Tirpitz", des größten, jemals für Deutschland in Dienst gestellten Kriegsschiffes.

Erich Gröner
Die deutschen Kriegsschiffe 1815 – 1945
Begründet von Erich Gröner (†)
Fortgeführt von Dieter Jung und Martin Maass
2., völlig überarbeitete und erweiterte Auflage.
8 Bände, 2357 Seiten, 3470 Seitenrisse und Deckspläne. Bildbandformat. Leinen. Vorzugspreis bei Bestellung des Gesamtwerkes.
ISBN 3-7637-4806-7 (Gesamtwerk)

Die große Dokumentation aller Kriegsschiffe, die zwischen 1815 und 1945 je in Deutschland gebaut oder geplant wurden.

Band 1: Panzerschiffe, Linienschiffe, Schlachtschiffe, Flugzeugträger, Kreuzer, Kanonenboote
ISBN 3-7637-4800-8

Band 2: Torpedoboote, Zerstörer, Schnellboote, Minensuch- und Minenräumboote
ISBN 3-7637-4801-6

Band 3: U-Boote, Hilfskreuzer, Minenschiffe, Netzleger, Sperrbrecher
ISBN 3-7637-4802-4

Band 4: Hilfsschiffe I: Werkstattschiffe, Tender und Begleitschiffe, Tanker und Versorger
ISBN 3-7637-4803-2

Band 5: Hilfsschiffe II: Lazarettschiffe, Wohnschiffe, Schulschiffe, Forschungsfahrzeuge, Hafenbetriebsfahrzeuge (I)
ISBN 3-7637-4804-0

Band 6: Hafenbetriebsfahrzeuge (II: Bagger, Bergungs- und Taucherfahrzeuge, Eisbrecher, Schlepper, Verkehrsfahrzeuge), Yachten und Avisos, Landungsverbände (I)
ISBN 3-7637-4805-9

Band 7: Landungsverbände (II: Landungsfahrzeuge i. e. S. (Teil 2), Landungsfähren, Landungsunterstützungsfahrzeuge, Transporter), Schiffe und Boote des Heeres, Schiffe und Boote der Seeflieger/Luftwaffe, Kolonial- und Flußfahrzeuge
ISBN 3-7637-4807-5

Band 8/1 und 8/2: Ujäger, Hilfsminensucher, Vorpostenboote, Küstenschutzverbände, Kleinkampfverbände
ISBN 3-7637-4808-3

»Schwer vorzustellen, daß dieses Werk an Gründlichkeit und umfassender Information ... überboten werden könnte.« *Marineforum*

Gerhard Koop/Erich Mulitze
Die Marine in Wilhelmshaven
Eine Bildchronik zur deutschen Marinegeschichte von 1853 bis heute
3. Auflage/Sonderausgabe.
240 Seiten, 316 Fotos, 44 Skizzen und Pläne.
Bildbandformat. Geb.
ISBN 3-7637-5977-8

»... eine hochinteressante Marinegeschichte – nicht nur für Wilhelmshavener.«
Wilhelmshavener Zeitung

Bernard & Graefe Verlag · Heilsbachstraße 26 · D-53123 Bonn · Tel. (02 28) 64 83-0

Alles über Uboote:
Fachliteratur für Kenner, Liebhaber und Modellbauer

Sönke Neitzel
Die deutschen Ubootbunker und Bunkerwerften

Bau, Verwendung und Bedeutung verbunkerter Ubootstützpunkte in beiden Weltkriegen

232 Seiten, 157 Fotos, 80 Zeichnungen, zahlreiche Tabellen, Diagramme und Schaubilder.

Bildbandformat. Geb.
ISBN 3-7637-5823-2

Die erste, umfassende und detaillierte Darstellung von Planung, Bau, Verwendung und Bedeutung der verbunkerten Ubootstützpunkte und Ubootwerften im Zweiten Weltkrieg.

Karl Dönitz
Zehn Jahre und zwanzig Tage

Erinnerungen 1935–1945

Mit einem Nachwort von Professor Dr. Jürgen Rohwer: Die Schlacht im Atlantik in der historischen Forschung

11. Auflage. 512 Seiten und 16 Bildtafeln, 60 Fotos, 6 Kartenskizzen. Geb.
ISBN 3-7637-5186-6

»Es ist das bedeutendste und zeitbeständigste Werk über die Geschichte des letzten Seekrieges, das bisher erschienen ist.«
The Times Literary Supplement

Erich Gröner
Die deutschen Kriegsschiffe 1815–1945

Begründet von Erich Gröner
Fortgeführt von Dieter Jung und Martin Maass
2., völlig überarbeitete Auflage in 8 Bänden.

Band 3
U-Boote, Hilfskreuzer, Minenschiffe, Netzleger, Sperrbrecher

295 Seiten, 310 Seitenrisse und Decksplane.
Bildbandformat. Leinen.
ISBN 3-7637-4802-4

Band 3 der Grönerschen Großdokumentation umfaßt auf annähernd 150 Seiten auch alle deutschen Unterseeboote mit technisch-historischen Detailangaben und zahlreichen Seitenrissen und Querschnitten. Bearbeiter dieses Teiles ist Eberhard Rössler.

Eberhard Rössler
Die Unterseeboote der Kaiserlichen Marine

232 Seiten, 264 Abbildungen (Fotos, Zeichnungen, Skizzen und Faksimiledrucke). Bildbandformat. Geb.
ISBN 3-7637-5963-6

Die Ubootwaffe, die zu Beginn des Zweiten Weltkrieges der Kriegsmarine zur Verfügung stand, wurde kontinuierlich aus den Uboottypen der Kaiserlichen Marine abgeleitet. In diesem Band wird die Entwicklung exakt und ausführlich nachgezeichnet. Das Werk erfaßt alle in Auftrag gegebenen Uboote, deren Baudaten und besondere Eigenschaften.

Ulrich Gabler
Unterseebootbau

Entwurf, Konstruktion und Bau von Unterseebooten. Mit einer Ergänzung von Prof. Dr.-Ing. Fritz Abels. 4. Auflage/aktualisierte Sonderausgabe.

173 Seiten und 6 Klapptafeln, 59 Fotos, 302 Skizzen. Bildbandformat. Geb.
ISBN 3-7637-5958-1

Das Werk bietet einen umfassenden Überblick über die Grundlagen und den aktuellen Stand des Unterseebootsbaus, in dessen Elementen sich ein Querschnitt fast der gesamten Technik findet.

Gerhard Koop
Kampf und Untergang der deutschen Uboot-Waffe

Eine Bilanz in Wort und Bild aus der Sicht des Gegners

223 Seiten, 348 Fotos, 9 Tabellen.
Bildbandformat. Geb.
ISBN 3-7637-5980-8

Der Inhalt ist ohne Pathos geschrieben und zeigt in zahlreichen Aufnahmen die Tragödie der Schlachten im Atlantik und in den Heimathäfen, wie sie von Beteiligten gesehen und erlebt wurden.

Eberhard Rössler
Die deutschen Uboote und ihre Werften

Eine Bilddokumentation über den deutschen Ubootbau von 1935 bis heute

Wesentlich veränderte Neuausgabe in einem Band. 336 Seiten, 412 Fotos, 95 Pläne, Zeichnungen und Skizzen. Bildbandformat. Geb.
ISBN 3-7637-5879-8

»… mit einer fundamentalen Dokumentation …, die schon jetzt kaum mehr aus dem Fachschrifttum wegzudenken ist.«
Soldat und Technik

»… eine mustergültige Dokumentation …«
Technikgeschichte

Eberhard Rössler
Vom Original zum Modell: Die großen Walter-Uboote Typ XVIII und Typ XXVI

Eine Bild- und Plandokumentation
ISBN 3-7637-6019-0

Eberhard Rössler
Planmappe: Große Walter-Uboote Typ XVIII und Typ XXVI

ISBN 3-7637-6020-2

Fritz Köhl/Axel Niestlé
Vom Original zum Modell: Uboottyp VII C

Eine Bild- und Plandokumentation
ISBN 3-7637-6002-4

Fritz Köhl/Axel Niestlé
Planrolle: Uboottyp VIIC

ISBN 3-7637-6003-2

Fritz Köhl
Vom Original zum Modell: Uboottyp XXI

Eine Bild- und Plandokumentation
Unter Mitarbeit von Eberhard Rössler
ISBN 3-7637-6000-8

Fritz Köhl
Planrolle: Uboottyp XXI

ISBN 3-7637-6001-6

Fritz Köhl/Axel Niestlé
Vom Original zum Modell: Uboottyp IX C

Eine Bild- und Plandokumentation
ISBN 3-7637-6005-9

Fritz Köhl/Axel Niestlé
Planrolle: Uboottyp IX C

ISBN 3-7637-6006-7

Fritz Köhl/Eberhard Rössler
Vom Original zum Modell: Uboottyp XXIII

Eine Bild- und Plandokumentation
ISBN 3-7637-6007-5

Fritz Köhl/Eberhard Rössler
Planrolle: Uboottyp XXIII

ISBN 3-7637-6008-3

Fritz Köhl/Eberhard Rössler
Vom Original zum Modell: Uboottyp XVII

– Walter-Uboote –

Eine Bild- und Plandokumentation
ISBN 3-7637-6009-1

Fritz Köhl/Eberhard Rössler
Planmappe: Uboottyp XVII

– Walter-Uboote –

ISBN 3-7637-6010-5

Eberhard Rössler/Hans-Jochen Emsmann
Vom Original zum Modell: Ubootklasse 205

– Bundesmarine –

Eine Bild- und Plandokumentation
ISBN 3-7637-6011-3

Eberhard Rössler/Hans-Jochen Emsmann
Planmappe: Ubootklasse 205

– Bundesmarine –

ISBN 3-7637-6012-1

Bernard & Graefe Verlag · Heilsbachstraße 26 · D-53123 Bonn · Tel. (02 28) 64 83-0